普通高等教育经济与管理类规划教材

税法教程

(第4版)

主　编　赵恒群
副主编　李　晶

扫描二维码，可获得
本书的相关阅读资料

清华大学出版社
北京交通大学出版社
·北京·

内容简介

本书是根据我国最新税收法规编写的。全书内容包括：税法概论、增值税、消费税、城市维护建设税、关税、资源税、土地增值税、城镇土地使用税和房产税、车辆购置税和车船税、印花税和契税、耕地占用税和烟叶税、环境保护税、企业所得税、个人所得税、税收征收管理、行政处罚与行政救济等。在各章节中，除基本法规（包括法、暂行条例、实施条例、实施细则）外，对税收规章、规范性文件均采用脚注形式注明，便于实际应用时查阅。

本书可以作为高等院校财政学专业、税收学专业，以及经济管理类各专业的教学用书，也可作为税务干部、注册会计师、税务师和企业会计人员、办税人员继续教育的培训教材。

本书封面贴有清华大学出版社防伪标签，无标签者不得销售。
版权所有，侵权必究。侵权举报电话：010-62782989　13501256678　13801310933

图书在版编目（CIP）数据

税法教程/赵恒群主编. —4版. —北京：北京交通大学出版社：清华大学出版社，2019.11
普通高等教育经济与管理类规划教材
ISBN 978-7-5121-4075-2

Ⅰ.①税⋯　Ⅱ.①赵⋯　Ⅲ.①税法-中国-高等学校-教材　Ⅳ.①D922.22

中国版本图书馆CIP数据核字（2019）第218701号

税法教程
SHUIFA JIAOCHENG

责任编辑：黎　丹
出版发行：清 华 大 学 出 版 社　邮编：100084　电话：010-62776969　http：//www.tup.com.cn
　　　　　北京交通大学出版社　邮编：100044　电话：010-51686414　http：//www.bjtup.com.cn
印　刷　者：北京鑫海金澳胶印有限公司
经　　　销：全国新华书店
开　　　本：185 mm×260 mm　印张：27　字数：674千字
版　　　次：2019年11月第4版　2019年11月第1次印刷
书　　　号：ISBN 978-7-5121-4075-2/F·1850
印　　　数：1～2 000册　定价：69.00元

本书如有质量问题，请向北京交通大学出版社质监组反映。对您的意见和批评，我们表示欢迎和感谢。
投诉电话：010-51686043，51686008；传真：010-62225406；E-mail：press@bjtu.edu.cn。

前　言

税法与税收密不可分。税收以法律的形式确定下来以后，便成为人们普遍遵守的行为准则。税收活动涉及的领域非常广泛，与社会稳定、经济发展和人民生活息息相关。从政府管理的角度看，税收是政府实施宏观调控的重要工具。政府通过制定和实施税收政策，保证财政收入，调节收入分配和经济运行，促进社会经济的健康发展。从企业管理的角度看，纳税本身是企业的一项必要支付，也是企业会计的一项日常工作。依法纳税，维护自身合法权益，已成为企业管理的一项重要内容。从公民个人的角度看，随着收入渠道的多样化和收入总量的增加，纳税日益成为经济生活中的一件大事。

为满足高等院校财政学专业、税收学专业，以及经济管理类各专业教学之需，我们根据最新税收法规编写了本书。本书也可作为广大税务干部、注册会计师、税务师和企业财会人员继续教育的培训教材。全书内容包括：税法概论、增值税、消费税、城市维护建设税、关税、资源税、土地增值税、城镇土地使用税和房产税、车辆购置税和车船税、印花税和契税、耕地占用税和烟叶税、环境保护税、企业所得税和个人所得税、税收征收管理、行政处罚与行政救济。在体例安排上，各章设有：本章要点提示、本章内容引言、本章小结、复习思考题和案例分析题。在内容编写上，本着重在应用的原则，侧重法规解释与案例分析。在各章节中，除基本法规（包括法、暂行条例、实施条例、实施细则）外，对税收规章、规范性文件均采用脚注形式注明其出处，注明发文机关、文件名称、文件号和发文日期，便于实际应用时查阅。本书的特色在于：条文注释清晰，法理阐释透彻；案例丰富，应用性强。

本书由东北财经大学财政税务学院赵恒群教授任主编，李晶教授任副主编。全书共分16章，具体分工为：第1章由吴旭东教授编写；第2、13章由赵恒群教授编写；第3章由赵恒群教授、杨丽副教授编写；第4、12章由杨丽副教授编写；第5、6、7、8章由李晶教授编写；第9、10章由赵金玉副教授编写；第11、15、16章由田雷博士编写；第14章由赵恒群教授、赵心宇助理研究员编写；最后，由赵恒群教授总纂定稿。

在本书编写过程中，我们参考了已出版的同类教材，借鉴了国内外学者已有的研究成果。在此，向他们表示由衷的感谢。

由于税收法规变化较快，再加上编写时间仓促，书中难免会有不当之处，敬请读者批评指正。

编　者
2019年9月

目 录

第1章 税法概论 ··· 1
　1.1 税收与税法 ··· 1
　1.2 税法的制定与实施 ································ 6
　1.3 税收征管与收入划分 ···························· 9
　本章小结 ··· 11
　复习思考题 ··· 11
第2章 增值税 ·· 12
　2.1 征收范围与纳税人 ······························ 13
　2.2 税率与征收率 ····································· 19
　2.3 计税方法与纳税义务发生时间 ············ 20
　2.4 增值税计算与缴纳 ······························ 25
　2.5 起征点与减免税 ·································· 52
　2.6 出口退（免）税 ·································· 66
　2.7 案例分析 ··· 80
　本章小结 ··· 82
　复习思考题 ··· 82
　案例分析题 ··· 82
第3章 消费税 ·· 84
　3.1 征税对象与纳税人 ······························ 85
　3.2 税目税率与计税依据 ·························· 86
　3.3 消费税计算与缴纳 ······························ 98
　3.4 消费税减免与退（免）税 ················ 103
　3.5 案例分析 ··· 107
　本章小结 ·· 108
　复习思考题 ·· 109
　案例分析题 ·· 109
第4章 城市维护建设税 ···························· 111
　4.1 纳税人、计税依据与税率 ················ 111
　4.2 税额计算、减免与缴纳 ···················· 112
　4.3 案例分析 ··· 114
　本章小结 ·· 115
　复习思考题 ·· 115
　案例分析题 ·· 115

第5章 关税 ·· 117
　5.1 征税对象、纳税人和税率 ················ 117
　5.2 关税完税价格 ···································· 120
　5.3 关税减免 ··· 122
　5.4 进境物品进口税 ································ 124
　5.5 关税计算与缴纳 ································ 124
　5.6 案例分析 ··· 126
　本章小结 ·· 128
　复习思考题 ·· 128
　案例分析题 ·· 128
第6章 资源税 ·· 129
　6.1 纳税人、征税对象与税率 ················ 129
　6.2 税额计算、减免与缴纳 ···················· 133
　6.3 水资源税试点办法 ···························· 140
　6.4 案例分析 ··· 143
　本章小结 ·· 144
　复习思考题 ·· 144
　案例分析题 ·· 144
第7章 土地增值税 ···································· 145
　7.1 征收范围与纳税人 ···························· 145
　7.2 计税依据与适用税率 ························ 147
　7.3 税额计算、减免与缴纳 ···················· 151
　7.4 土地增值税清算 ································ 154
　7.5 案例分析 ··· 159
　本章小结 ·· 161
　复习思考题 ·· 161
　案例分析题 ·· 161
第8章 城镇土地使用税和房产税 ············ 162
　8.1 城镇土地使用税 ································ 162
　8.2 房产税 ··· 170
　8.3 案例分析 ··· 176
　本章小结 ·· 177
　复习思考题 ·· 177

案例分析题 ·· 177

第9章　车辆购置税和车船税 ············ 178
9.1　车辆购置税 ································ 179
9.2　车船税 ······································ 184
9.3　案例分析 ··································· 189
本章小结 ·· 190
复习思考题 ·· 190
案例分析题 ·· 190

第10章　印花税和契税 ······················ 191
10.1　印花税 ····································· 191
10.2　契税 ·· 201
10.3　案例分析 ································· 208
本章小结 ·· 209
复习思考题 ·· 209
案例分析题 ·· 210

第11章　耕地占用税和烟叶税 ············ 211
11.1　耕地占用税 ······························ 211
11.2　烟叶税 ····································· 213
11.3　案例分析 ································· 214
本章小结 ·· 215
复习思考题 ·· 215
案例分析题 ·· 216

第12章　环境保护税 ·························· 217
12.1　征税对象与纳税人 ··················· 217
12.2　税目税率与计税依据 ················ 218
12.3　税额计算与减免 ······················ 225
12.4　税款缴纳与管理 ······················ 227
12.5　案例分析 ································· 229
本章小结 ·· 229
复习思考题 ·· 230
案例分析题 ·· 230

第13章　企业所得税 ·························· 231
13.1　纳税人、征税对象与税率 ········· 232
13.2　应纳税所得额的计算 ················ 234
13.3　资产的税务处理 ······················ 255
13.4　资产处置与划转的税务处理 ····· 260
13.5　企业重组业务的税务处理 ········· 266

13.6　特别纳税调整 ·························· 274
13.7　税收优惠 ································· 279
13.8　境外所得税收抵免 ··················· 304
13.9　税额计算与缴纳 ······················ 308
13.10　案例分析 ······························· 319
本章小结 ·· 321
复习思考题 ·· 321
案例分析题 ·· 322

第14章　个人所得税 ·························· 324
14.1　纳税人与所得来源地 ················ 325
14.2　征税对象与适用税率 ················ 326
14.3　减免税优惠 ······························ 331
14.4　采用综合征收方式的税额计算 ··· 337
14.5　采用分类征收方式的税额计算 ··· 347
14.6　特殊情形的税额计算 ················ 351
14.7　扣缴申报与自行申报 ················ 372
14.8　案例分析 ································· 377
本章小结 ·· 379
复习思考题 ·· 379
案例分析题 ·· 380

第15章　税收征收管理 ······················ 381
15.1　税务管理 ································· 381
15.2　税款征收 ································· 386
15.3　税务检查 ································· 394
15.4　法律责任 ································· 396
15.5　案例分析 ································· 401
本章小结 ·· 402
复习思考题 ·· 403
案例分析题 ·· 403

第16章　行政处罚与行政救济 ············ 404
16.1　税务行政处罚 ·························· 404
16.2　税务行政救济 ·························· 407
16.3　案例分析 ································· 422
本章小结 ·· 424
复习思考题 ·· 424
案例分析题 ·· 424

第1章 税法概论

【本章要点提示】
◇ 税收与税法的关系　　　　◇ 税收法律关系
◇ 税法体系与税法分类　　　◇ 税法的制定与实施
◇ 税收征管与税种划分

本章内容引言

　　税收是存在了几千年的财政收入形式，也是现代各国普遍存在的社会经济现象。税收与税法密不可分，税收以法律的形式确定下来以后，便成为人们普遍遵守的行为准则。税法调整对象是国家与纳税人之间在征纳税方面的权利与义务关系。税法有广义与狭义之分。广义概念上的税法，包括调整税收关系的所有税收法律、税收法规、税收规章和规范性文件，是税法体系的总称。本书所介绍的就是广义概念上的税法。

　　税法是国家法律的重要组成部分。税法的重要性是由税收在社会经济生活中的重要性决定的。税收活动涉及的领域非常广泛，与社会稳定、经济发展和人民生活息息相关。正确制定和实施税法，对于保障国家利益和纳税人的合法权益，促进经济发展和社会进步具有重要意义。

　　本章主要介绍税法基础知识，包括税收与税法的关系、税收法律关系、税法体系、税法的分类、税收立法原则、税收立法机关、税收立法程序、税法适用原则、税收执法原则、税收征管范围和中央政府与地方政府之间的收入划分。

1.1　税收与税法

1.1.1　税收与税法的关系

　　税收不是从来就有的。它是人类社会发展到一定历史阶段的产物，是随着私有制的出现和国家的产生而产生的。税收，中国古代又称税、租税、赋税、捐税，既是一种存在了几千年的财政收入形式，又是现代各国普遍存在的社会经济现象。无论是国家机器的运转，还是人民的生活与生产，都与税收有密切的联系。

近些年来，关于税收的概念有许多解释。但主要观点有两种：一种观点认为，税收是国家为了行使职能的需要，凭借政治权力，按照预先规定的标准，无偿地参与社会产品或国民收入分配的一种形式；另一种观点认为，税收是国家为公民提供公共物品的成本补偿。也就是说，纳税人之所以要纳税，是因为他享受了国家提供的公共物品；国家之所以要征税，是因为国家要为公民提供公共物品，只能采用税收形式来补偿公共物品的成本。无论哪种说法，税收都是一个经济范畴，是一定社会形态下的客观存在。在市场经济条件下，税收既是国家取得财政收入的重要形式，也是国家调控社会经济的重要杠杆。

税收与税法是两个既有区别又有联系的不同概念。税法是国家制定的用以调整国家与纳税人之间在征纳税方面的权利与义务关系的法律规范的总称。税法的目的是维护正常的税收秩序，保障国家利益和纳税人的合法权益。税收反映的是国家与纳税人之间的经济利益分配关系，而税法反映的是国家与纳税人之间的权利与义务关系。

税收与税法密不可分。税收是税法产生、存在和发展的基础，是决定税法性质和内容的重要因素。税收产生以来的历史表明，有税必有法，无法不成税。税收与税法之间的关系，是一种经济内容与法律形式内在结合的关系。税收作为产品分配形式，是税法的具体内容。税法作为特殊的行为规范，是税收的法律形式。

1.1.2 税收法律关系

税收以法律的形式确定下来以后，国家与纳税人之间的经济关系便上升为一种特定的法律关系——税收法律关系。

1. 税收法律关系的性质

税收法律关系是由税收法律所调整的国家及其税务机关与纳税人之间的权利与义务关系。它是以国家及其税务机关为一方，以纳税人为另一方，以征税对象为客体，以征纳双方享有的权利和承担的义务为主要内容的一种特殊的法律关系。

关于税收法律关系的性质，学者们有不同的认识。

德国法学家奥特·麦雅（Otto Mayer）认为，税收法律关系是国民对国家课税权的服从关系，属于权力关系。在这种关系中，国家作为意志主体出现，处于绝对优势地位，纳税人必须服从国家的意志。纳税人纳税义务的发生，是由国家及其税务机关的"查定处分"这一行政行为来决定的。

另一位德国法学家阿尔巴特·亨塞尔（Albert Hensel）认为，税收法律关系是国家及其税务机关请求纳税人履行税收债务的关系，因而属于债务关系。在这种关系中，国家作为债权人而存在，纳税人作为债务人而存在。纳税人纳税义务的发生，取决于纳税人发生了应当纳税的物件与事实，而不取决于国家及其税务机关的"查定处分"这种行政行为。

日本税法专家金子宏认为，税收法律关系的主要内容，是国家及其税务机关要求纳税人做出金钱的给付，把它理解为债务关系基本上是正确的。但是，税收法律关系并不是单纯的债务关系，如更正、决定、滞纳处分等所构成的关系，从法律的角度看，就属于权利关系。因此，税收法律关系是由各种不同性质的法律关系构成的。

2. 税收法律关系的构成

从总体上看，税收法律关系是由权利主体、权利客体和税收法律关系的内容三个方面构成的。

1）权利主体

权利主体是指税收法律关系中享有权利和承担义务的当事人，包括征税主体和纳税主体两个方面。征税主体是指国家和代表国家行使征税职责的各级税务机关、海关和财政机关。纳税主体是指负有并履行纳税义务的人，包括法人、自然人和其他组织。对纳税主体的确定，我国采取的是属地兼属人的原则。

在税收法律关系中，权利主体双方的法律地位是平等的。但是，由于税收征纳关系的特殊性，决定了征纳双方的权利与义务不对等。这是税收法律关系的一个重要特征。

2）权利客体

权利客体是指税收法律关系中的权利主体的权利和义务所共同指向的对象，也就是征税对象。它表明国家对什么东西征税或人民的什么东西应当纳税。比如，财产税的征税对象是纳税人拥有的应税财产；所得税的征税对象是纳税人取得的应税所得。

3）税收法律关系的内容

税收法律关系的内容是权利主体所享有的权利和所应承担的义务。这是税收法律关系中最实质的东西，也是税法的灵魂。它规定了权利主体应该做什么、不应该做什么，以及相关的法律责任等。

我国税务机关的权利主要有：依法征税权、税务检查权、违章处罚权等；其义务主要有：提供纳税服务、把税款解缴入库、依法受理税务行政复议等。

纳税人的权利主要有：多缴税款申请退还权、依法申请延期纳税权、依法申请减免税权、申请行政复议和提起诉讼权等；其义务主要有：依法办理税务登记、依法办理纳税申报、依法缴纳税款、依法接受税务检查等。

3. 税收法律关系的产生、变更与终止

1）税收法律关系的产生

税收法律关系的产生，是以纳税事项的形成为标志的。在税法规范的范围内，产生了法律事实即形成了纳税事项，税收法律关系就产生了。税收法律关系的产生取决于两个直接原因：一是税收法律行为的产生。如服装厂将服装销售给商场，对服装厂的销售行为所取得的销售收入就要依法征收增值税，形成了增值税的征纳关系。这一销售行为就是新的税收法律关系确立的税收法律事实。二是某种税收法律事实的发生。如企业登记注册，为新的税收法律关系的产生提供了一个重要的前提条件，也是导致税收法律关系产生的一个直接原因。但是，企业登记注册并非立刻导致税收法律关系产生。只有当新办企业在生产经营活动中出现一定的税收法律事实，取得收入或获得收益时，才能形成征纳双方的权利义务关系。

2）税收法律关系的变更

税收法律关系的变更，是指依法已形成的税收法律关系，由于客观情况变化而引起权利义务的变更。但其关系本身变更之后，仍以不同的形态继续保持。这种变更具体表现在税收法律关系"三要素"的改变上：一是主体的变更，如两个税务机关发生合并，但它们与纳税人之间的权利义务关系仍然有效。又如纳税人转产或联合、改组等。但是如果双方同时发生变换，即使关系内容不变，亦不属于税收法律关系的变更，而应属于该关系的消灭。二是客体的变更，既可以是范围的变更，也可以是客体性质的变更。三是内容变更，即税收法律关系主体之间的权利和义务发生变化。

税收法律关系的变更，主要由以下四种情况引起：一是税法的修改或补充；二是征税程序的变动；三是纳税人的应税行为发生了变化；四是因不可抗力或特殊原因使纳税人无法履行纳税义务。

3）税收法律关系的终止

税收法律关系的终止是指税收法律关系主体之间的权利义务关系完全消失或不复存在。税收法律关系的终止，通常有以下两种情况：一是绝对终止，主体双方之间的权利与义务已不存在了；二是相对终止，即税收法律关系部分消失、部分存在。无论是绝对终止还是相对终止都必须依据一定的客观情况。

税收法律关系的终止，通常由以下两种法律事实所引起。

（1）权利主体一方消失，引起原税收法律关系终止。如纳税公民死亡，企业破产撤销均能引起税收法律关系消灭。

（2）权利与义务内容全部消失。这类法律事实又可分为两种情况：一是原关系内容由于纳税人享受了权利或履行了义务而消失，如纳税人符合税法规定免税条件，或纳税人依法履行了纳税义务；二是原关系内容被撤销或被废止，如废止了税法某一内容的执行，或者税务机关撤销了某一具体税务行政行为，或者人民法院依法撤销了某一税务行政行为等。

1.1.3 税法体系

税法体系是指一国税收法律规范有机联系的整体。在我国，各有权机关根据国家立法体制的规定所制定的一系列税收法律、法规、规章和规范性文件，构成了我国的税法体系。我们平时所说的税法，有广义和狭义之分。广义概念上的税法，包括所有调整税收关系的法律、法规、规章和规范性文件，是税法体系的总称。而狭义概念上的税法，特指由立法机关按照立法程序制定和颁布的税收法律。

广义概念上的税法，按其表现形式可分为四种。

（1）税收法律。这里所说的税收法律即狭义概念上的税法，在我国特指由全国人民代表大会及其常务委员会制定的税收法律。如《中华人民共和国企业所得税法》《中华人民共和国个人所得税法》《中华人民共和国车船税法》《中华人民共和国环境保护税法》《中华人民共和国车辆购置税法》《中华人民共和国耕地占用税法》《中华人民共和国税收征收管理法》，就属于这种意义的税法。除《中华人民共和国宪法》外，在我国税法体系中，税收法律具有最高的法律效力，是其他机关制定税收法规、规章的法律依据。

（2）税收法规。税收法规又称授权立法或准法律，是指由最高行政机关在立法机关授权范围内制定的各种税法。如全国人民代表大会及其常务委员会根据需要，授权国务院制定某些具有法律效力的暂行条例或规定等。《中华人民共和国增值税暂行条例》《中华人民共和国消费税暂行条例》《中华人民共和国土地增值税暂行条例》《中华人民共和国城镇土地使用税暂行条例》《中华人民共和国房产税暂行条例》《中华人民共和国资源税暂行条例》等，都属于这种意义上的税法。

（3）税收规章。税收规章是指按照税收法律或法规所明确的权责关系，由财政部、国家税务总局和海关总署制定的各种实施细则等。一般来说，每种税收法律或法规要付诸实施，都要做出具体的说明或解释，相应地就要制定实施细则。我国现行税法中的《中华人民共和国增值税暂行条例实施细则》《中华人民共和国消费税暂行条例实施细则》《中华人民共和国土地增值税暂行条例实施细则》《中华人民共和国资源税暂行条例实施细则》等，就属于税收规章。

（4）规范性文件。规范性文件主要是指在实施条例或实施细则的基础上，为便于税款的征收和缴纳，由财政部、国家税务总局和海关总署，以及各省级税务机关，按照法律、法规的授权规定制定的各种注释和具体规定。例如现行税法中的《增值税若干具体问题的规定》等，就属于规范性文件。

1.1.4 税法的分类

在税法体系中，按照内容、职能、适用范围的不同，税法可以分为不同类型。

1. 税收基本法和税收普通法

按照税法的内容范围和地位，税法可分为税收基本法和税收普通法。

税收基本法又称税法通则，是税法体系的主体和核心，具有税收母法的性质。税收基本法的内容，一般包括：税收立法的依据和宗旨、税收立法的体制与程序、税法体系的基本结构、税收征纳双方的权利与义务、全社会协税护税的责任与义务、税务机关的组织结构等。税收基本法是制定各种单行税法的依据。目前，世界上的一些经济发达国家，如美国、德国、日本等，都制定了税收基本法。我国目前还没有税收基本法。鉴于我国社会经济庞大、国情复杂，《中华人民共和国宪法》（简称《宪法》）对税收的规定比较简单，以及单行税法又较多的实际情况，制定税收基本法是十分必要的。

税收普通法是根据税收基本法的原则，对基本法所规定的事项分别立法实施的法律。在我国，按照税种或税收管理内容制定的各种单行税法，都属于税收普通法的范畴。

2. 税收实体法和税收程序法

按照税法的内容性质和职能，税法可分为税收实体法和税收程序法。

税收实体法是关于纳税义务的税法。它主要是确定税种立法，具体规定各税种的实体要素，包括：纳税义务人、征税对象、税目、税率、减免税、纳税环节、纳税期限、纳税地点等。在我国现行税法体系中，企业所得税法、个人所得税法、车船税法等，都属于税收实体法。

税收程序法是有关税收程序的税法。它主要规定税务机关和纳税人在征纳税过程中必须履行的程序及其管理要求。在我国现行税法体系中，税收征收管理法、税务行政复议规则、发票管理办法等，都属于税收程序法。

3. 商品税法、所得税法、财产税法和其他税法

按照税法所规定的征税对象的性质，税法可分为商品税法、所得税法、财产税法和其他税法。征税对象是国家征税的目的物，是区分不同税种的主要标志。

商品税法是有关商品劳务课税的税法，包括增值税法、消费税法、关税法等。所得税法是有关所得课税的税法，包括企业所得税法、个人所得税法等。财产税法是有关财产课税的税法，包括资源税法、城镇土地使用税法、耕地占用税法、土地增值税法及房产税法、车船税法等。其他税法是指商品税法、所得税法、财产税法之外的税法，主要包括印花税法等。

4. 国内税法和国际税法

按照税法的适用范围或管辖权限，税法可分为国内税法和国际税法。

国内税法是指一个国家的内部税收法规，它适用于国内的税收事务。国际税法是指国家之间形成的税收制度，主要包括双边或多边国家之间的税收协定、条约和国际惯例等，它适用于国际的税收事务。

1.2 税法的制定与实施

1.2.1 税法的制定

税法的制定，通常又称税收立法，是指有权机关按照一定的程序，制定、修改和废止税法的一种专门活动。

1. 税法制定的原则

税收立法是一项非常严肃而细致的工作。税收负担是否公平、税收效率是高是低，在很大程度上取决于税收立法。

我国税收立法的指导思想是公平税负，促进社会经济发展。在此前提下，税法的制定还应遵循以下原则。

（1）实事求是。"立法者应该把自己看作一个自然科学家。他不是在创造法律，不是在发明法律，而仅仅是在表述法律，他把精神关系的内在规律表现在有意识的现行法律之中。"[①]这就是说，立法必须从实际出发，从国情出发。我国的税收立法必须符合经济发展阶段、经济发展水平及党和国家的路线、方针和政策。对国外的做法和经验，只能借鉴，不能照搬。

（2）民主决策。法制本来就是在广泛民主基础上的法制，因而必须走民主化的道路。日本在提出税法之前，一般都要向由企业界、学术界及工会等30人组成的"税制调查会"进行咨询答辩；在制定与修改税法时，还常与由商社等组成的民间组织"租税研究会"共同讨论，征求意见。我国是社会主义国家，人民群众以不同方式参与税法的制定。基本的税法公开让全民进行讨论；具体税收条例的制定不仅广泛征求各级税务机关的意见，还听取众多纳税人的意见，使税法能够代表广大人民的根本利益。我国的税收立法听证会就是这一原则的体现。

（3）原则性与灵活性相结合。这是辩证唯物主义思想在税收立法中的体现。原则性必须坚持，否则立法就会迷失方向。但在坚持原则性时，也必须根据实际情况采取不同的形式灵活处理，留有一定的"余地"。

（4）预见性或超前性。税法不仅是对现行行为的肯定和对成功经验、政策的总结，而且要根据即将到来的经济生活的变化，按照客观经济规律的要求，发挥立法预见性，适当进行超前立法。如果税收立法仅仅为解决已发生和亟待解决的问题，往往会造成日后的被动和不相适应，也会破坏税法的稳定性。

另外，不同社会、不同时期的税法并不是完全互不联系的。各国在漫长的历史发展中积累下来的立法经验和技术，是人类历史文化遗产的重要内容。批判地借鉴和吸收这些经验和技术，有助于提高我国税收立法工作的质量，少走弯路，避免失误。

2. 税法制定的机关

税法是国家法律的重要组成部分，主要是由享有立法权的国家机关制定的。我国税法的制定机关是全国人民代表大会及其常务委员会。广义概念上的税法，其制定机关还包括国务院及其税务主管部门、省级人民代表大会及其常务委员会和省级人民政府，这些机关可以按照授权规定制定税收法规、规章。

[①] 马克思，恩格斯.马克思恩格斯全集:第1卷.北京：人民出版社，1956.

（1）全国人民代表大会及其常务委员会制定税收法律。《宪法》规定："全国人民代表大会和全国人民代表大会常务委员会行使国家立法权。"这就明确了我国税收法律的立法权由全国人民代表大会及其常务委员会行使，其他任何机关都没有制定税收法律的权力。在国家税收中，凡是基本的、全局性的问题，都需要由全国人民代表大会及其常务委员会以税收法律的形式颁布实施。

（2）国务院经授权制定税收法规。经全国人民代表大会及其常务委员会授权，由国务院制定某些具有法律效力的税收条例。如我国现行的各种税的条例或暂行条例，均属于国务院经授权立法制定的。这些税收条例，具有国家法律的性质和地位，其法律效力高于行政法规，在立法程序上还需报全国人民代表大会常务委员会备案。

根据税收法律的授权规定，由国务院制定税法实施条例，行使税法解释权。如个人所得税法实施条例、企业所得税法实施条例等，就是由国务院发布实施的。

（3）地方人民代表大会及其常务委员会制定地方性税收法规。在税收立法上，我国一贯坚持"统一税法"的原则，省级人民代表大会及其常务委员会制定地方性税收法规，必须严格按照税收法律的授权行事。目前，除了海南省、民族自治地区按照全国人民代表大会授权立法规定，在遵循宪法、法律和行政法规的原则基础上，可以制定有关税收的地方性法规外，其他省、市一般都无权自定地方性税收法规。

（4）国务院税务主管部门制定税收部门规章。有权制定税收部门规章的税务主管机关是财政部、国家税务总局和海关总署。税收部门规章的范围，包括对税收条例的具体解释、税收征管的具体规定、办法等。如财政部颁发的增值税暂行条例实施细则、消费税暂行条例实施细则等，就属于税收部门规章。税收部门规章在全国范围内具有普遍适用效力，但不得与税收法律、法规相抵触。

（5）地方政府制定税收地方规章。按照"统一税法"的原则，省级人民政府制定税收规章，必须在税收法律、法规明确授权的前提下进行，并且不得与税收法律、法规相抵触。

3. 税法制定的程序

税法制定程序是指国家机关制定、修改和废止税法所经过的步骤和履行的程序。坚持按照法定程序制定税法，是实现以法治税的重要内容。

我国税收立法程序，一般要经过四个阶段。

（1）提议阶段。税法的制定、修改、补充和废止，通常由国务院授权其税务主管部门（财政部和国家税务总局）负责调查研究，提出税法草案，在广泛征求意见并做修改后，上报国务院。

（2）审议阶段。税收法规由国务院负责审议。税收法律在经国务院审议通过后，以议案形式提交全国人民代表大会常务委员会审议。全国人民代表大会常务委员会法制工作委员会收到议案后，将议案发送给国务院各部委和各省级人民代表大会征求意见，修改后提交全国人民代表大会或常务委员会审议通过。

（3）通过阶段。税收法规须经国务院审议通过。税收法律，在全国人民代表大会或常务委员会开会期间，先听取国务院关于税法议案的说明，然后经过讨论或辩论，以简单多数的方式通过税法议案，成为税法。

（4）发布阶段。税收行政法规由国务院审议通过后，以国务院总理的名义发布实施。税收法律由全国人民代表大会或常务委员会审议通过后，以国家主席的名义发布实施。

1.2.2 税法的解释

税法解释是对税法的含义及所使用的概念、术语等所做的说明。它是税法制定与实施之间一个极为重要的环节。

1. 税法解释的原则

税法的解释，一般遵循以下原则。

（1）统一性原则。除有权或经授权有权解释税法的部门外，政府其他部门无权解释税法。

（2）集中性原则。税法的解释由有权或经授权有权解释税法的部门的最高管理机关做出，不能层层下放。全国性税法，只能由中央税法解释部门负责解释；各省、自治区、直辖市制定的地方性税法，只能由省级税法解释部门负责解释。

（3）忠实性原则。税法的解释应限于阐释、说明税法，不能修改或补充税法的内容。税法的解释主要应限于两个方面：一是对税法条文的进一步明确规定；二是对税法具体运用和征收上的技术规定。

2. 税法解释的种类

税法解释通常带有不同的法律约束力。根据法律约束力的大小和有无，税法解释一般可以分为以下四种。

（1）立法解释。它是指立法机关对所立税法所做的解释。立法解释与所解释的法律本身具有同等的法律效力。立法解释的方式有两种：一是在法律本身的某些条文中加以做出；二是以报告或文件的形式做出。

（2）司法解释。它是指司法机关在将法律适用于具体案件或事项时，对有关法律条文所做的解释。司法解释具有法律效力，但低于立法解释的效力。

（3）行政解释。它是指行政机关对有关法律如何具体运用问题所做的解释。行政解释在一定范围内具有法律约束力。

（4）学理解释。它是指其他单位和个人从法学研究、教育和宣传的角度，对税法所进行的解释。学理解释不具备法律约束力，是一种非正式解释。

1.2.3 税法的实施

税法的实施是税法在实际经济生活中的贯彻和运用。通过税法的实施，把税法规定的权利义务转化成现实的权利义务。税法的实施有两方面要求：一是税务机关及其工作人员严格执行税法；二是纳税主体严格遵守税法。前者属于税法的适用和执行问题，后者属于税法的遵守问题。

1. 税法的适用

税法具有多层次性，并且经常处于变化之中。税法的适用，必须遵循以下原则。

（1）国际法优于国内法。我国与许多国家签订了双边税收协定，即国际税法。在国际法与国内法有矛盾冲突时，贯彻"条约必须遵守"的国际法优先原则。也就是说，国际税收协定所确定的原则和所做出的规定，作为缔约国应当严格遵守，不能用国内法的规定加以改变或否定，不能以本国法律规定为理由来拒绝履行缔约国自己所承担的义务。

（2）层次高的法优于层次低的法。我国广义概念上的税法是多层次的。法律效力依次是：全国人民代表大会及其常务委员会通过的税法，国务院经授权制定的税收条例、行政法规、税收部门规章、地方政府的行政解释。层次低的税法不得与层次高的税法相抵触，否则无效。税收部门规章与地方政府规章具有相等法律效力，但若二者抵触，仍以税收部门规章为优先。

（3）特别法优于普通法。同一层次的税法中，普通规定具有普遍适用性，适用于全国范围内的所有纳税人和征税对象。特别规定如税收优惠等，是国家出于特定政策目标的考虑而制定的，只适用于个别纳税人或征税对象。为确保国家政策目标的实现，在税法的适用上，特别规定要优先于普通规定。

（4）实体法从旧，程序法从新。实体法从旧，是指税制不溯既往。当税制发生变化时，新税制所确定的实体要素不具有溯及既往的效力。也就是说，在新税制实施以前发生的纳税义务行为，在实体上适用行为发生时的旧税制，只有当新税制实施以后发生的纳税义务行为才适用新税制。程序法从新，是指新法优于旧法。当税制发生变化时，无论纳税义务行为发生在何时，只要有关纳税手续等程序是在新法实施之后办理的，均按新法规定执行。

2. 税法的执行

税法的执行遵循以下原则。

（1）以事实为根据，以税法为准绳。这是我国多年来税收执法实践的经验总结。以事实为根据，是指税务机关在执法过程中，必须弄清纳税人经济活动的实际情况，不能主观臆断、捏造事实。以税法为准绳，是指税务机关在执法时必须依法办事，税收的征收、减免、退税，以及对税收违法行为的处罚等，必须有法律依据，必须抵制以言代法、以权代法的现象。

（2）纳税人在税法面前一律平等。在税收执法过程中，对所有的纳税人（无论是法人、合伙人还是自然人）都要平等对待，一视同仁，不允许有凌驾于税法之上的特权。任何单位和个人，只要发生了税法规定的应税行为，税务机关都必须依法征税。纳税人违反了税法，不论是谁，都要受到相应的制裁。对依法享受税收优惠的纳税人，不折不扣地落实各项税收优惠政策，维护纳税人的合法权益。

（3）税务机关独立行使职权，只服从税法。税务机关独立行使税收执法权，只服从税法，不受其他任何部门和个人的干扰。地方各级人民政府应依法加强对本行政区域内税收管理工作的领导或者协调，支持税务机关依法执行职务。司法、工商、审计等各有关部门和单位，应当支持、协助税务机关依法执行职务。

3. 税法的遵守

遵守税法是保证税法得以顺利实施的重要条件。税务机关和纳税主体都必须遵守税法。税务机关依法征税，纳税人依法纳税。

《宪法》规定，一切国家机关、各企事业单位、社会团体和公民都必须遵守宪法和法律。公民有依照法律纳税的义务。为使纳税主体更好地遵守税法，应进行广泛的税法宣传，使纳税主体知法、懂法，从而提高税法遵守度。

1.3 税收征管与收入划分

1.3.1 税收征管范围

我国目前开征的税种，包括：增值税、消费税、城市维护建设税、关税、企业所得税、个人所得税、资源税、土地增值税、车辆购置税、车船税、房产税、城镇土地使用税、耕地占用税、契税、印花税、烟叶税、环境保护税等。这些税种分别由税务系统和海关系统负责征收管理。

1. 海关系统负责征收管理的项目

海关系统负责征收管理的项目，包括：关税、进境物品进口税、进出口环节的增值税和消费税。

2. 由税务系统负责征收管理的项目

除由海关系统负责征收管理的项目外，其他各项目由税务系统负责征收管理，如国内增值税、消费税、城市维护建设税、企业所得税、个人所得税、资源税、土地增值税、车辆购置税、车船税、房产税、城镇土地使用税、耕地占用税、契税、印花税、烟叶税、环境保护税等。

2018年7月，省级及以下国家税务系统和地方税务系统实现合并，负责征收管理国内各类税收。2019年以后，逐步将基本养老保险费、基本医疗保险费、失业保险费、工伤保险费、生育保险费及政府非税收入，划由税务系统负责征收管理。

1.3.2 税收收入的划分

税收收入划分，是指税收收入在中央政府与地方政府之间的划分。

1. 中央政府固定收入

中央政府固定收入包括：国内消费税、车辆购置税、关税、海关代征增值税和消费税。

2. 地方政府固定收入

地方政府固定收入包括：城镇土地使用税、耕地占用税、土地增值税、房产税、遗产税（尚未开征）、车船税、契税、烟叶税、环境保护税等。

3. 中央政府与地方政府的共享收入

（1）国内增值税。在"营改增"期间，所有行业企业缴纳的增值税均纳入中央与地方共享范围。中央分享增值税的50%，地方按税收缴纳地分享增值税的50%。该项政策自2016年5月1日起执行，过渡期暂定2~3年，届时根据中央与地方事权和支出责任划分、地方税体系建设等改革进展情况，研究是否适当调整[①]。

（2）企业所得税。中国铁路总公司、各银行总行及海洋石油企业缴纳的部分归中央政府，其余部分中央与地方政府共享。共享比例为：中央分享60%，地方分享40%。

（3）个人所得税。除对储蓄存款利息所得征收的部分外，其他部分的分享比例与企业所得税相同。

（4）资源税。海洋石油企业缴纳的部分归中央政府，其余部分归地方政府。

（5）城市维护建设税。中国铁路总公司、各银行总行、各保险总公司集中缴纳的部分归中央政府，其余部分归地方政府。

（6）印花税。从2016年1月1日起，证券交易印花税收入归中央政府[②]，其他印花税收入归地方政府。

[①] 国务院.全面推开营改增试点后调整中央与地方增值税收入划分过渡方案.国发〔2016〕26号，2016.4.29.

[②] 国务院.关于调整证券交易印花税中央与地方分享比例的通知.国发明电〔2015〕3号，2015.12.31.

本章小结

　　税收是人类社会发展到一定阶段的产物。税收是税法产生、存在和发展的基础，是决定税法性质和内容的重要因素。税收与税法之间的关系，是一种经济内容与法律形式内在结合的关系。税收以法律形式确定下来以后，国家与纳税人之间的经济关系便上升为一种法律关系，即税收法律关系。税法有广义与狭义之分，广义概念上的税法包括税收法律、税收法规、税收规章和规范性文件。税法是有权机关按照一定的程序、遵循一定的原则制定的。在税法实施过程中，税法的适用、税法的执行都必须遵循一定的原则。我国税收征收机关主要是税务系统和海关系统，按照分税制的规定，将税收收入划分为中央政府收入和地方政府收入。

复习思考题

1. 如何看待税收与税法的关系？
2. 税收法律关系的权利主体、权利客体和核心内容是什么？
3. 广义概念上的税法有哪些表现形式？由哪些有权机关制定？
4. 税法的制定应遵循哪些原则？
5. 税法解释的种类有哪些？
6. 税法的解释应遵循哪些原则？
7. 税法的适用应遵循哪些原则？
8. 税法的执行应遵循哪些原则？

第 2 章

增 值 税

【本章要点提示】
- ◇ 征收范围与纳税人
- ◇ 计税方法与纳税义务发生时间
- ◇ 起征点与减免税
- ◇ 税率与征收率
- ◇ 增值税计算与缴纳
- ◇ 出口退（免）税

本章内容引言

从理论上讲，增值税是对商品生产经营各环节实现的新增价值征收的一种税。新增价值是指商品销售额扣除外购商品价值后的余额。就某一商品而言，一种商品的总增值额，是该商品在生产经营各环节新增加价值之和，它相当于该商品实现消费时的最终销售额。一般来说，增值税应当按照纳税人取得的新增价值和税率计算征收。但在实务中，由于新增价值难以计算，所以实行增值税的国家或地区大都采取间接计算办法：先按照商品销售额和税率计算出整体税款，再扣除外购商品的已纳税款，其余额即为应纳的增值税额。这种计算办法，同样体现了按照新增价值计算征收增值税的基本原理。

以新增价值的构成为标准，可以把增值税分为三种类型：一是生产型增值税。在计算增值税时，不扣除固定资产价值中所含有的税款；或者说在确定新增价值时，不扣除固定资产的价值。就整个社会而言，新增价值大体上相当于国民生产总值。二是收入型增值税。在计算增值税时，可以扣除固定资产折旧部分所含的税款；或者说在确定新增价值时，可以扣除固定资产折旧部分，不扣除未提折旧部分。就整个社会而言，新增价值大体上相当于国民收入。三是消费型增值税。在计算增值税时，可以将固定资产价值中所含的税款全部扣除；或者说在确定新增价值时，允许扣除固定资产的价值。就整个社会而言，新增价值仅相当于社会消费资料的价值。

世界上最早实行增值税的国家是法国。法国在1954年开始实行增值税。此后，增值税相继被世界各国所推行。我国实行增值税的历史较短。1979年，我国曾在部分地区、行业进行增值税试点。1984年10月，国务院发布施行《增值税条例（草案）》，正式实施增值税。1993年12月13日，国务院颁布了《中华人民共和国增值税暂行条例》（简称《增值税暂行条例》），在货物生产领域和流通领域，实施规范化的增值税。2008年11月5日，国务院重新修订了

《增值税暂行条例》；同年12月18日，财政部、国家税务总局颁布了修订后的《增值税暂行条例实施细则》，并自2009年1月1日起实施。此次修订，基本完成了增值税由生产型增值税向消费型增值税的转变。

为促进经济结构调整和社会经济发展，自2012年起，我国逐步实行营业税改征增值税试点（简称"营改增"试点）。自2016年5月1日起，"营改增"试点在全国范围内全面推开。目前，增值税法律依据是国务院于2017年11月修订的《增值税暂行条例》和财政部、国家税务总局于2011年10月28日修订的《增值税暂行条例实施细则》、2016年3月23日颁布的《关于全面推开营业税改征增值税试点的通知》（财税〔2016〕36号），以及目前有效的税收文件。

增值税主要承担组织财政收入的职能。由于增值税是对商品新增价值征税，且商品各环节新增价值之和等于其进入消费时的最终销售额，因而使增值税除具有税收的共性作用外，还具有以下特殊作用：一是有利于消除避税，稳定财政收入；二是避免重复征税，有利于专业化协作发展；三是出口退税彻底，有利于扩大出口贸易。

2.1 征收范围与纳税人

2.1.1 征收范围

增值税征收范围，包括在中国境内销售货物或者加工、修理修配劳务（以下简称劳务），销售服务、无形资产或者不动产及进口货物。

1. 在境内销售货物

货物是指有形动产，包括电力、热力、气体在内。销售货物是指有偿转让货物的所有权。有偿是指从购买方取得货币、货物或者其他经济利益。在境内销售货物，是指销售货物的起运地或者所在地在中国境内。

对单位或者个体工商户发生的下列行为，视同销售货物，按照规定征收增值税。

（1）将货物交付其他单位或者个人代销。

（2）销售代销货物。

（3）设有两个以上机构并实行统一核算的纳税人，将货物从一个机构移送其他机构用于销售，但相关机构设在同一县（市）的除外。

（4）将自产、委托加工的货物用于集体福利或者个人消费。

（5）将自产、委托加工或者购进的货物作为投资，提供给其他单位或者个体工商户。

（6）将自产、委托加工或者购进的货物分配给股东或者投资者。

（7）将自产、委托加工或者购进的货物无偿赠送其他单位或者个人。

2. 在境内销售劳务

在境内销售劳务是指在境内有偿提供的加工、修理修配劳务，但不包括单位或个体经营者聘用员工为本单位或雇主提供的加工、修理修配劳务。有偿是指从购买方取得货币、货物或者其他经济利益。

加工是指受托加工货物，即委托方提供原料及主要材料，受托方按照委托方的要求制造货物并收取加工费的业务；修理修配是指受托对损伤和丧失功能的货物进行修复，使其恢复原状和功能的业务。在境内提供的加工、修理修配劳务，是指所提供的加工、修理修配劳务发生在中国境内。

3. 进口货物

对报关进口的货物，按照规定征收增值税。

4. 在境内销售服务、无形资产或者不动产

1）如何理解"销售服务、无形资产或者不动产"

销售服务、无形资产或者不动产，是指有偿提供服务、有偿转让无形资产或者不动产。有偿，是指取得货币、货物或者其他经济利益。

但是，下列非经营活动，不属于销售服务、无形资产或者不动产。

（1）行政单位收取的同时满足以下条件的政府性基金或者行政事业性收费。由国务院或者财政部批准设立的政府性基金，由国务院或者省级人民政府及其财政、价格主管部门批准设立的行政事业性收费；收取时开具省级以上（含省级）财政部门监（印）制的财政票据；所收款项全额上缴财政。

（2）单位或者个体工商户聘用的员工为本单位或者雇主提供取得工资的服务。

（3）单位或者个体工商户为聘用的员工提供服务。

（4）财政部和国家税务总局规定的其他情形。

2）如何理解"在境内销售服务、无形资产或者不动产"

在境内销售服务、无形资产或者不动产，是指：

（1）服务（租赁不动产除外）或者无形资产（自然资源使用权除外）的销售方或者购买方在境内；

（2）所销售或者租赁的不动产在境内；

（3）所销售自然资源使用权的自然资源在境内；

（4）财政部和国家税务总局规定的其他情形。

值得注意的是，下列情形不属于在境内销售服务或者无形资产：

（1）境外单位或者个人向境内单位或者个人销售完全在境外发生的服务；

（2）境外单位或者个人向境内单位或者个人销售完全在境外使用的无形资产；

（3）境外单位或者个人向境内单位或者个人出租完全在境外使用的有形动产；

（4）财政部和国家税务总局规定的其他情形。比如，境外单位或者个人发生的下列行为，不属于在境内销售服务或者无形资产[①]：

① 为出境的函件、包裹在境外提供的邮政服务、收派服务；

② 向境内单位或者个人提供的工程施工地点在境外的建筑服务、工程监理服务；

③ 向境内单位或者个人提供的工程、矿产资源在境外的工程勘察勘探服务；

④ 向境内单位或者个人提供的会议展览地点在境外的会议展览服务。

3）销售服务、无形资产、不动产的具体范围

（1）销售服务。是指提供交通运输服务、邮政服务、电信服务、建筑服务、金融服务、现代服务、生活服务等。

① 交通运输服务。是指利用运输工具将货物或者旅客送达目的地，使其空间位置得到转移的业务活动，包括陆路运输服务、水路运输服务、航空运输服务和管道运输服务。

[①] 国家税务总局.关于营改增试点若干征管问题的公告.国家税务总局公告2016年第53号，2016.8.18.

值得注意的是，出租车公司向使用本公司自有出租车的出租车司机收取的管理费用，按照陆路运输服务缴纳增值税；水路运输的程租、期租业务，属于水路运输服务；航空运输的湿租业务，属于航空运输服务；航天运输服务，按照航空运输服务缴纳增值税；无运输工具承运业务，按照交通运输服务缴纳增值税；自2018年1月1日起，纳税人已售票但客户逾期未消费取得的运输逾期票证收入，按照"交通运输服务"缴纳增值税；纳税人为客户办理退票而向客户收取的退票费、手续费等收入，按照"其他现代服务"缴纳增值税[①]。

② 邮政服务。是指中国邮政集团公司及其所属邮政企业提供邮件寄递、邮政汇兑和机要通信等邮政基本服务的业务活动，包括邮政普遍服务、邮政特殊服务和其他邮政服务。

③ 电信服务。是指利用有线、无线的电磁系统或者光电系统等各种通信网络资源，提供语音通话服务，传送、发射、接收或者应用图像、短信等电子数据和信息的业务活动，包括基础电信服务和增值电信服务。

卫星电视信号落地转接服务，按照增值电信服务缴纳增值税。

④ 建筑服务。是指各类建筑物、构筑物及其附属设施的建造、修缮、装饰，线路、管道、设备、设施等的安装及其他工程作业的业务活动，包括工程服务、安装服务、修缮服务、装饰服务和其他建筑服务。

值得注意的是，固定电话、有线电视、宽带、水、电、燃气、暖气等经营者向用户收取的安装费、初装费、开户费、扩容费及类似收费，按照安装服务缴纳增值税；物业服务企业为业主提供的装修服务，按照建筑服务缴纳增值税；纳税人将建筑施工设备出租给他人使用并配备操作人员的，按照建筑服务缴纳增值税[②]。

⑤ 金融服务。是指经营金融保险的业务活动，包括贷款服务、直接收费金融服务、保险服务和金融商品转让服务。

值得注意的是，融资性售后回租业务，按照贷款服务缴纳增值税；基金、信托、理财产品等各类资产管理产品和各种金融衍生品的转让，按照其他金融商品转让缴纳增值税；金融商品持有期间（含到期）利息（保本收益、报酬、资金占用费、补偿金等）收入，按照贷款服务缴纳增值税。金融商品持有期间（含到期）取得的非保本的上述收益，不属于利息性质的收入，不征收增值税[③]。

⑥ 现代服务。是指围绕制造业、文化产业、现代物流产业等提供技术性、知识性服务的业务活动，包括研发和技术服务、信息技术服务、文化创意服务、物流辅助服务、租赁服务、鉴证咨询服务、广播影视服务、商务辅助服务和其他现代服务。

值得注意的是，将建筑物、构筑物等不动产或者飞机、车辆等有形动产的广告位出租给其他单位或者个人用于发布广告，按照经营租赁服务缴纳增值税；车辆停放服务、道路通行服务（包括过路费、过桥费、过闸费等）等按照不动产经营租赁服务缴纳增值税；水路运输的光租业务、航空运输的干租业务，按照经营租赁服务缴纳增值税；翻译服务和市场调查服务按照咨询服务缴纳增值税。

纳税人提供武装守护押运服务，按照"安全保护服务"缴纳增值税[④]。自2018年7月25日起，纳税人对安装运行后的机器设备提供的维护保养服务，按照"其他现代服务"缴纳增值

[①] 财政部、税务总局.关于租入固定资产进项税额抵扣等增值税政策的通知.财税〔2017〕90号，2017.12.25.
[②] 财政部、国家税务总局.关于明确金融房地产开发教育辅助服务等增值税政策的通知.财税〔2016〕140号，2016.12.21.
[③] 财政部、国家税务总局.关于明确金融房地产开发教育辅助服务等增值税政策的通知.财税〔2016〕140号，2016.12.21.
[④] 财政部、国家税务总局.关于明确金融房地产开发教育辅助服务等增值税政策的通知.财税〔2016〕140号，2016.12.21.

税；拍卖行受托拍卖取得的手续费或佣金收入，按照"经纪代理服务"缴纳增值税[①]。

⑦ 生活服务。是指为满足城乡居民日常生活需求提供的各类服务活动，包括文化体育服务、教育医疗服务、旅游娱乐服务、餐饮住宿服务、居民日常服务和其他生活服务。

值得注意的是，提供餐饮服务的纳税人销售的外卖食品，按照"餐饮服务"缴纳增值税；宾馆、旅馆、旅社、度假村和其他经营性住宿场所提供会议场地及配套服务的活动，按照"会议展览服务"缴纳增值税；纳税人在游览场所经营索道、摆渡车、电瓶车、游船等取得的收入，按照"文化体育服务"缴纳增值税[②]。

自2016年11月14日起，纳税人以长（短）租形式出租酒店式公寓并提供配套服务的，按照住宿服务缴纳增值税[③]。自2017年5月1日起，纳税人提供植物养护服务，按照"其他生活服务"缴纳增值税[④]。

（2）销售无形资产。是指转让无形资产所有权或者使用权的业务活动。无形资产，是指不具实物形态，但能带来经济利益的资产，包括技术、商标、著作权、商誉、自然资源使用权和其他权益性无形资产。其中，技术，包括专利技术和非专利技术；自然资源使用权，包括土地使用权、海域使用权、探矿权、采矿权、取水权和其他自然资源使用权；其他权益性无形资产，包括基础设施资产经营权、公共事业特许权、配额、经营权（包括特许经营权、连锁经营权、其他经营权）、经销权、分销权、代理权、会员权、席位权、网络游戏虚拟道具、域名、名称权、肖像权、冠名权、转会费等。

自2018年7月25日起，纳税人通过省级土地行政主管部门设立的交易平台转让补充耕地指标，按照销售无形资产缴纳增值税（税率为6%）。补充耕地指标，是指根据《土地管理法》及国务院土地行政主管部门《耕地占补平衡考核办法》的有关要求，经省级土地行政主管部门确认，用于耕地占补平衡的指标[⑤]。

（3）销售不动产。是指转让不动产所有权的业务活动。不动产，是指不能移动或者移动后会引起性质、形状改变的财产，包括建筑物、构筑物等。建筑物，包括住宅、商业营业用房、办公楼等可供居住、工作或者进行其他活动的建造物。构筑物，包括道路、桥梁、隧道、水坝等建造物。

转让建筑物有限产权或者永久使用权的，转让在建的建筑物或者构筑物所有权的，以及在转让建筑物或者构筑物时一并转让其所占土地的使用权的，按照销售不动产缴纳增值税。

4）视同销售服务、无形资产或者不动产

下列情形，视同销售服务、无形资产或者不动产。

（1）单位或者个体工商户向其他单位或者个人无偿提供服务，但用于公益事业或者以社会公众为对象的除外。

自2019年2月1日至2020年12月31日，对企业集团内单位（含企业集团）之间的资金无偿借贷行为，免征增值税[⑥]。

[①] 国家税务总局.关于明确中外合作办学等若干增值税征管问题的公告.国家税务总局公告2018年第42号，2018.7.25.
[②] 财政部、国家税务总局.关于明确金融房地产开发教育辅助服务等增值税政策的通知.财税〔2016〕140号，2016.12.21.
[③] 国家税务总局.关于在境外提供建筑服务等有关问题的公告.国家税务总局公告2016年第69号，2016.11.14.
[④] 国家税务总局.关于进一步明确营改增有关征管问题的公告.国家税务总局公告2017年第11号，2017.4.20.
[⑤] 国家税务总局.关于明确中外合作办学等若干增值税征管问题的公告.国家税务总局公告2018年第42号，2018.7.25.
[⑥] 财政部、税务总局.关于明确养老机构免征增值税等政策的通知.财税〔2019〕20号，2019.2.2.

执行中，注意以下问题：

① 其他个人（自然人）无偿提供服务，不视同销售服务。

② 根据国家指令无偿提供的铁路运输服务、航空运输服务，属于用于公益事业的服务。

③ 纳税人出租不动产，租赁合同中约定免租期的，不属于视同销售服务[①]。

（2）单位或者个人向其他单位或者个人无偿转让无形资产或者不动产，但用于公益事业或者以社会公众为对象的除外。

（3）财政部和国家税务总局规定的其他情形。

5. 混合销售的税务处理

一项销售行为如果既涉及货物又涉及服务，为混合销售。从事货物的生产、批发或者零售的单位和个体工商户（包括以从事货物的生产、批发或者零售为主，并兼营销售服务的单位和个体工商户）发生的混合销售行为，按照销售货物缴纳增值税；其他单位和个体工商户发生的混合销售行为，按照销售服务缴纳增值税。

值得注意的是，自2017年5月1日起，纳税人销售活动板房、机器设备、钢结构件等自产货物的同时提供建筑、安装服务，不属于上述所称的混合销售，应分别核算货物和建筑服务的销售额，分别适用不同的税率或者征收率[②]。自2018年7月25日起，一般纳税人销售自产机器设备的同时提供安装服务，应分别核算机器设备和安装服务的销售额，安装服务可以按照甲供工程选择适用简易计税方法计税；一般纳税人销售外购机器设备的同时提供安装服务，如果已经按照兼营的有关规定，分别核算机器设备和安装服务的销售额，安装服务可以按照甲供工程选择适用简易计税方法计税[③]。

6. 不征收增值税项目

下列情形，不征收增值税。

（1）存款利息。

（2）被保险人获得的保险赔付。

（3）房地产主管部门或者其指定机构、公积金管理中心、开发企业及物业管理单位代收的住宅专项维修资金。

（4）在资产重组过程中，通过合并、分立、出售、置换等方式，将全部或者部分实物资产及与其相关联的债权、负债和劳动力一并转让给其他单位和个人，其中涉及的货物、不动产、土地使用权转让行为。

各党派、共青团、工会、妇联、中科协、青联、台联、侨联收取党费、团费、会费，以及政府间国际组织收取会费，属于非经营活动，不征收增值税[④]。

自2016年5月1日起，社会团体收取的会费，免征增值税。社会团体，是指依照国家有关法律法规设立或登记并取得《社会团体法人登记证书》的非营利法人。会费，是指社会团体在国家法律法规、政策许可的范围内，依照社团章程的规定，收取的个人会员、单位会员和团体会员的会费。社会团体开展经营服务性活动取得的其他收入，一律照章缴纳增值税[⑤]。

---

① 国家税务总局.关于土地价款扣除时间等增值税征管问题的公告.国家税务总局公告2016年第86号，2016.12.24.

② 国家税务总局.关于进一步明确营改增有关征管问题的公告.国家税务总局公告2017年第11号，2017.4.20.

③ 国家税务总局.关于明确中外合作办学等若干增值税征管问题的公告.国家税务总局公告2018年第42号，2018.7.25.

④ 财政部、国家税务总局.关于进一步明确全面推开营改增试点有关再保险不动产租赁和非学历教育等政策的通知.财税〔2016〕68号，2016.6.18.

⑤ 财政部、税务总局.关于租入固定资产进项税额抵扣等增值税政策的通知.财税〔2017〕90号，2017.12.25.

2.1.2 纳税人与扣缴义务人

1. 纳税人

在中国境内销售货物或者加工、修理修配劳务，销售服务、无形资产、不动产，以及进口货物的单位和个人，为增值税的纳税人。单位是指企业、行政单位、事业单位、军事单位、社会团体及其他单位。个人是指个体工商户和其他个人。

单位以承包、承租、挂靠方式经营的，承包人、承租人、挂靠人（统称承包人）以发包人、出租人、被挂靠人（统称发包人）名义对外经营并由发包人承担相关法律责任的，以该发包人为纳税人，否则以承包人为纳税人。

增值税纳税人分为一般纳税人和小规模纳税人，适用不同的计税方法和管理办法。小规模纳税人标准为年应征增值税销售额（简称年应税销售额）500万元及以下[①]。

1）一般纳税人

（1）年应税销售额超过小规模纳税人标准的纳税人，除另有规定外，应向主管税务机关办理一般纳税人登记[②]。

年应税销售额，是指纳税人在连续不超过12个月或4个季度的经营期内累计应征增值税销售额，包括纳税申报销售额、稽查查补销售额、纳税评估调整销售额。其中：经营期，是指在纳税人存续期内的连续经营期间，含未取得销售收入的月份或季度。纳税申报销售额，是指纳税人自行申报的全部应征增值税销售额，包括免税销售额和税务机关代开发票销售额。稽查查补销售额和纳税评估调整销售额计入查补税款申报当月（或当季）的销售额，不计入税款所属期销售额[③]。

纳税人销售服务、无形资产或者不动产有扣除项目、按照"差额计税"的，年应税销售额按未扣除之前的销售额计算。纳税人偶然发生的销售无形资产、转让不动产的销售额，不计入应税行为年应税销售额。

纳税人在年应税销售额超过规定标准的月份（或季度）的所属申报期结束后15日内，按照规定办理相关手续；未按规定时限办理的，主管税务机关在规定时限结束后5日内制作《税务事项通知书》，告知纳税人应在5日内向主管税务机关办理相关手续；逾期未办理的，自通知时限期满的次月起，按销售额依照增值税税率计算应纳税额，不得抵扣进项税额，直至纳税人办理相关手续为止。

（2）年应税销售额未超过小规模纳税人标准的纳税人，会计核算健全，能够提供准确税务资料的，可以向主管税务机关办理一般纳税人登记。会计核算健全，是指能够按照国家统一的会计制度规定设置账簿，根据合法、有效凭证进行核算。

除另有规定外，纳税人自一般纳税人生效之日起，按照一般纳税人适用的计税方法计算应纳税额，并可以按照规定领用增值税专用发票。生效之日，是指纳税人办理登记的当月1日或者次月1日，由纳税人在办理登记手续时自行选择。

纳税人登记为一般纳税人后，不得转为小规模纳税人，国家税务总局另有规定的除外。

2）小规模纳税人

小规模纳税人，是指年应税销售额未超过规定标准（500万元），以及按照规定不需办理

[①] 财政部、税务总局.关于统一增值税小规模纳税人标准的通知.财税〔2018〕33号，2018.4.4.
[②] 国家税务总局.增值税一般纳税人登记管理办法.国家税务总局令第43号，2017.12.29.
[③] 国家税务总局.关于增值税一般纳税人登记管理若干事项的公告.国家税务总局公告2018年第6号，2018.1.29.

一般纳税人登记的纳税人。

下列纳税人，不办理一般纳税人登记：

（1）年应税销售额超过小规模纳税人标准，但不经常发生应税行为的单位和个体工商户，可以选择按照小规模纳税人纳税；

（2）年应税销售额超过小规模纳税人标准的其他个人，按照小规模纳税人纳税。其他个人是指自然人。

2. 扣缴义务人

扣缴义务人是指依法负有代扣代缴税款义务的人。

除另有规定外，境外单位或者个人在中国境内发生应税行为，在境内未设有经营机构的，以购买方为增值税扣缴义务人。

2.2 税率与征收率

2.2.1 税率

1. 基本税率

自2019年4月1日起，纳税人销售货物或者加工、修理修配劳务，提供有形动产租赁服务，以及进口货物，除适用低税率、零税率和征收率外，税率为13%[①]。

2. 低税率

（1）自2019年4月1日起，纳税人销售或者进口下列货物，税率为9%[②]：

① 粮食等农产品、食用植物油、食用盐；

② 自来水、暖气、石油液化气、天然气、冷气、热水、煤气、沼气、二甲醚、居民用煤炭制品；

③ 农机、农膜、饲料、农药、化肥；

④ 图书、报纸、杂志、音像制品、电子出版物；

⑤ 国务院规定的其他货物。

（2）自2019年4月1日起，纳税人提供交通运输服务、邮政服务、基础电信服务、建筑服务、不动产租赁服务，销售不动产，转让土地使用权，税率为9%[③]。

（3）纳税人发生应税行为，除适用13%税率、9%税率和零税率外，税率为6%。具体地说，纳税人提供增值电信服务、金融服务、现代服务（租赁服务除外）、生活服务，以及转让无形资产（不含土地使用权），税率为6%。

3. 零税率

纳税人出口货物，税率为零；但是，国务院另有规定的除外。

境内单位和个人跨境销售国务院规定范围内的服务、无形资产，税率为零。

税率的调整，由国务院决定。

值得注意的是，纳税人兼营不同税率的项目，应当分别核算不同税率项目的销售额；未

---

① 财政部、税务总局、海关总署.关于深化增值税改革有关政策的公告.财政部　税务总局　海关总署公告2019年第39号，2019.3.20.
② 财政部、税务总局、海关总署.关于深化增值税改革有关政策的公告.财政部　税务总局　海关总署公告2019年第39号，2019.3.20.
③ 财政部、税务总局、海关总署.关于深化增值税改革有关政策的公告.财政部　税务总局　海关总署公告2019年第39号，2019.3.20.

分别核算销售额的,从高适用税率。

2.2.2 征收率

增值税征收率为3%。某些特定业务,征收率为5%。比如不动产租赁服务、销售不动产、转让土地使用权、选择"差额计税"的劳务派遣服务等,征收率为5%。

增值税征收率适用于按照简易计税方法计算缴纳增值税的情形。

值得注意的是,纳税人销售货物、加工修理修配劳务、服务、无形资产或者不动产适用不同税率或者征收率的,应当分别核算适用不同税率或者征收率的销售额。未分别核算销售额的,按照以下方法适用税率或者征收率:

（1）兼有不同税率且未分别核算销售额的,从高适用税率;
（2）兼有不同征收率且未分别核算销售额的,从高适用征收率;
（3）兼有不同税率和征收率且未分别核算销售额的,从高适用税率。

2.3 计税方法与纳税义务发生时间

2.3.1 增值税计税方法

增值税的计税方法主要包括一般计税方法和简易计税方法。

1. 一般计税方法

从理论上讲,增值税是对商品新增价值征税。新增价值和应纳税额可以采用以下公式计算:

新增价值额＝产出－投入＝销售金额－外购商品金额

应纳税额＝新增价值额×税率＝（销售金额－外购商品金额）×税率

这种计税方法被称为"扣额法",在实行单一税率的情况下是可行的。但是,在实行多档税率的情况下,"扣额法"比较烦琐。对此,可以将应纳税额的计算公式做如下改进。

应纳税额＝销售金额×税率－外购商品金额×税率

其中,"销售金额×税率"被称为销项税额;"外购商品金额×税率"被称为进项税额。由此,形成以下公式:

应纳税额＝销项税额－进项税额

这种计税方法被称为"扣税法",也称一般计税方法。

增值税制度规定,一般纳税人发生应税销售行为,除适用或者选择适用简易计税方法的特定情形外,适用一般计税方法计算增值税。当期销项税额小于当期进项税额不足抵扣时,其不足部分可以结转下期继续抵扣。

关于应纳税额的具体计算,见2.4节。

2. 简易计税方法

出于纳税人会计核算、税收负担和计税便利的考虑,小规模纳税人销售货物或者加工、修理修配劳务，销售服务、无形资产或者不动产，适用简易计税方法，按照销售额和征收率计算应纳税额，不得抵扣进项税额。应纳税额的计算公式如下：

应纳税额=销售额×征收率

值得注意的是，一般纳税人发生某些特定应税销售行为，可以适用或者选择适用简易计税方法计算增值税。但是，一经选择适用简易计税方法，36个月内不得变更。

1）一般纳税人销售某些自产货物

一般纳税人销售自产的下列货物，可以选择适用简易计税方法计算增值税，征收率为3%[1]。

（1）县级及县级以下小型水力发电单位生产的电力（小型水力发电单位，是指各类投资主体建设的装机容量为5万千瓦及以下的小型水力发电单位）。

（2）建筑用和生产建筑材料所用的砂、土、石料。

（3）以自己采掘的砂、土、石料或其他矿物连续生产的砖、瓦、石灰（不含黏土实心砖、瓦）。

（4）用微生物、微生物代谢产物、动物毒素、人或动物的血液或组织制成的生物制品。

（5）自来水。

（6）商品混凝土（仅限于以水泥为原料生产的水泥混凝土）。

一般纳税人销售上述自产货物，可以自行开具增值税专用发票。

（7）一般纳税人的单采血浆站销售供应非临床用血，可以采用简易计税方法，按照3%的征收率计算缴纳增值税，开具增值税普通发票[2]。

2）一般纳税人销售某些特定货物

一般纳税人销售货物属于下列情形之一的，暂按简易计税方法计算增值税，征收率为3%[3]。

（1）寄售商店代销寄售物品（包括居民个人寄售的物品在内）。

（2）典当业销售死当物品。

（3）经国务院或国务院授权机关批准的免税商店零售的免税品。

（4）自2016年4月1日起，属于一般纳税人的兽用药品经营企业销售兽用生物制品，可以选择简易办法，按照兽用生物制品销售额和3%的征收率计算缴纳增值税[4]。兽用药品经营企业，是指取得兽医行政管理部门颁发的《兽药经营许可证》，获准从事兽用生物制品经营的兽用药品批发和零售企业。

（5）自2016年8月19日起，提供物业管理服务的纳税人，向服务接受方收取的自来水水费，以扣除其对外支付的自来水水费后的余额为销售额，按照简易计税方法依3%的征收率

---

[1] 财政部、国家税务总局.关于部分货物适用增值税低税率和简易办法征收增值税政策的通知.财税〔2009〕9号，2009.1.19；关于简并增值税征收率的通知.财税〔2014〕57号，2014.6.23.

[2] 国家税务总局.关于供应非临床用血增值税政策问题的批复.国税函〔2009〕456号，2009.8.24；财政部、国家税务总局.关于简并增值税征收率的通知.财税〔2014〕57号，2014.6.23.

[3] 财政部、国家税务总局.关于部分货物适用增值税低税率和简易办法征收增值税政策的通知.财税〔2009〕9号，2009.1.19；关于简并增值税征收率的通知.财税〔2014〕57号，2014.6.23.

[4] 国家税务总局.关于兽用药品经营企业销售兽用生物制品有关增值税问题的公告.国家税务总局公告2016年第8号，2016.2.4.

计算缴纳增值税①。

（6）自2018年5月1日起，一般纳税人生产销售和批发、零售抗癌药品，可以选择按照简易办法依照3%的征收率计算增值税；对进口抗癌药品，减按3%征收进口环节增值税②。

（7）自2019年3月1日起，一般纳税人生产销售和批发、零售罕见病药品，可以选择按照简易办法依照3%的征收率计算缴纳增值税。对进口罕见病药品，减按3%征收进口环节增值税③。罕见病药品，是指经国家药品监督管理部门批准注册的罕见病药品制剂及原料药。

3）一般纳税人发生特定应税行为

一般纳税人发生下列应税行为，可以选择适用简易计税方法计算增值税，征收率为3%。

（1）公共交通运输服务，包括轮客渡、公交客运、地铁、城市轻轨、出租车、长途客运、班车（班车是指按固定路线、固定时间运营并在固定站点停靠的运送旅客的陆路运输服务）。

（2）经认定的动漫企业为开发动漫产品提供的动漫脚本编撰、形象设计、背景设计、动画设计、分镜、动画制作、摄制、描线、上色、画面合成、配音、配乐、音效合成、剪辑、字幕制作、压缩转码（面向网络动漫、手机动漫格式适配）服务，以及在境内转让动漫版权（包括动漫品牌、形象或者内容的授权及再授权）。

（3）电影放映服务、仓储服务、装卸搬运服务、收派服务和文化体育服务。

（4）以纳入"营改增"试点之日前取得的有形动产为标的物提供的经营租赁服务。

（5）在纳入"营改增"试点之日前签订的尚未执行完毕的有形动产租赁合同。

（6）一般纳税人提供非学历教育服务④。

（7）一般纳税人提供教育辅助服务（教育测评、考试、招生等服务）⑤。

4）一般纳税人提供的特定建筑服务

（1）一般纳税人提供下列建筑服务，可以选择适用简易计税方法计算增值税，征收率为3%。

① 一般纳税人以清包工方式提供的建筑服务。以"清包工"方式提供建筑服务，是指施工方不采购建筑工程所需的材料或只采购辅助材料，并收取人工费、管理费或者其他费用的建筑服务。

② 一般纳税人为甲供工程提供的建筑服务。"甲供工程"是指全部或者部分设备、材料、动力由工程发包方自行采购的建筑工程。

③ 一般纳税人为建筑工程老项目提供的建筑服务。建筑工程老项目，是指以下项目：《建筑工程施工许可证》注明的合同开工日期在2016年4月30日前的建筑工程项目；未取得《建筑工程施工许可证》的，建筑工程承包合同注明的开工日期在2016年4月30日前的建筑工程项目。

（2）自2017年7月1日起，建筑工程总承包单位为房屋建筑的地基与基础、主体结构提供工程服务，建设单位自行采购全部或部分钢材、混凝土、砌体材料、预制构件的，适用简

---

① 国家税务总局.关于物业管理服务中收取的自来水水费增值税问题的公告.国家税务总局公告2016年第54号，2016.8.19.
② 财政部、海关总署、税务总局、国家药品监督管理局.关于抗癌药品增值税政策的通知.财税〔2018〕47号，2018.4.27.
③ 财政部、海关总署、税务总局、药监局.关于罕见病药品增值税政策的通知.财税〔2019〕24号，2019.2.20.
④ 财政部、国家税务总局.关于进一步明确全面推开营改增试点有关再保险、不动产租赁和非学历教育等政策的通知.财税〔2016〕68号，2016.6.18.
⑤ 财政部、国家税务总局.关于明确金融 房地产开发 教育辅助服务等增值税政策的通知.财税〔2016〕140号，2016.12.21.

易计税方法计税。地基与基础、主体结构的范围，按照《建筑工程施工质量验收统一标准》（GB 50300—2013）附录B中的"地基与基础""主体结构"分部工程的范围执行[①]。

5）一般纳税人销售的房地产老项目

一般纳税人销售自行开发的房地产老项目，可以选择适用简易计税方法，按照5%的征收率计算增值税。

房地产老项目：《建筑工程施工许可证》注明的合同开工日期在2016年4月30日前的房地产项目；《建筑工程施工许可证》未注明合同开工日期，或者未取得《建筑工程施工许可证》，但建筑工程承包合同注明的开工日期在2016年4月30日前的建筑工程项目。

6）一般纳税人销售"营改增"前取得的不动产

一般纳税人销售其2016年4月30日前取得的不动产，可以选择简易计税方法，按照5%的征收率计算增值税。

7）一般纳税人出租"营改增"前取得的不动产

一般纳税人出租其2016年4月30日前取得的不动产，可以选择适用简易计税方法，按照5%的征收率计算增值税。

一般纳税人出租自行开发的房地产老项目，可以选择适用简易计税方法，按照5%的征收率计算增值税。小规模纳税人出租自行开发的房地产项目，按照5%的征收率计算增值税[②]。

纳税人以经营租赁方式将土地出租给他人使用，按照不动产经营租赁服务缴纳增值税。一般纳税人2016年4月30日前签订的不动产融资租赁合同，或以2016年4月30日前取得的不动产提供的融资租赁服务，可以选择适用简易计税方法，按照5%的征收率计算增值税[③]。

8）一般纳税人转让"营改增"前取得的土地使用权

一般纳税人转让2016年4月30日前取得的土地使用权，可以选择适用简易计税方法，以取得的全部价款和价外费用减去取得该土地使用权的原价后的余额为销售额，按照5%的征收率计算增值税[④]。

9）一般纳税人提供的道路通行服务

道路通行服务（包括过路费、过桥费、过闸费等）等按照不动产经营租赁服务缴纳增值税。

一般纳税人收取"营改增"试点前开工（相关施工许可证明上注明的合同开工日期在2016年4月30日前）的高速公路的车辆通行费，可以选择适用简易计税方法，减按3%的征收率计算增值税。

一般纳税人收取"营改增"试点前开工（相关施工许可证上注明的合同开工日期在2016年4月30日前）的一级公路、二级公路、桥、闸通行费，可以选择适用简易计税方法，按照5%的征收率计算增值税。

---

① 财政部、税务总局．关于建筑服务等营改增试点政策的通知．财税〔2017〕58号，2017.7.11．
② 财政部、国家税务总局．关于进一步明确全面推开营改增试点有关再保险、不动产租赁和非学历教育等政策的通知．财税〔2016〕68号，2016.6.18．
③ 财政部、国家税务总局．关于进一步明确全面推开营改增试点有关劳务派遣服务、收费公路通行费抵扣等政策的通知．财税〔2016〕47号，2016.4.30．
④ 财政部、国家税务总局．关于进一步明确全面推开营改增试点有关劳务派遣服务、收费公路通行费抵扣等政策的通知．财税〔2016〕47号，2016.4.30．

10）一般纳税人提供的人力资源服务①

一般纳税人提供劳务派遣服务，选择差额计税的，以取得的全部价款和价外费用，扣除代用工单位支付给劳务派遣员工的工资、福利和为其办理社会保险及住房公积金后的余额为销售额，按照简易计税方法依5%的征收率计算增值税。

小规模纳税人提供劳务派遣服务，选择差额计算的，应纳税额计算办法同上。

一般纳税人提供人力资源外包服务，可以选择适用简易计税方法，按照5%的征收率计算增值税。

11）资管产品管理人发生的资管产品运营业务②

自2018年1月1日起，资管产品管理人运营资管产品过程中发生的增值税应税行为（简称资管产品运营业务），暂适用简易计税方法，按照3%的征收率计算增值税。

资管产品管理人，包括银行、信托公司、公募基金管理公司及其子公司、证券公司及其子公司、期货公司及其子公司、私募基金管理人、保险资产管理公司、专业保险资产管理机构、养老保险公司。

资管产品，包括银行理财产品、资金信托（包括集合资金信托、单一资金信托）、财产权信托、公开募集证券投资基金、特定客户资产管理计划、集合资产管理计划、定向资产管理计划、私募投资基金、债权投资计划、股权投资计划、股债结合型投资计划、资产支持计划、组合类保险资产管理产品、养老保障管理产品。

资管产品管理人接受投资者委托或信托，对受托资产提供的管理服务及管理人发生的除上述规定外的其他业务，按照现行规定计算增值税。

2.3.2 纳税义务发生时间

纳税义务发生时间是纳税人发生纳税义务、应当承担纳税义务的起始时间。具体来说，增值税纳税义务发生时间是确认销售额、销项税额或者应纳税额的起始时间。

1. 销售货物的增值税纳税义务发生时间

纳税人销售货物，增值税纳税义务发生时间为销售货物并收讫销售款或者取得销售款凭据的当天；先开具发票的，为开具发票的当天。

（1）采取直接收款方式销售货物的，无论货物是否发出，纳税义务发生时间均为收到销售款或者取得索取销售款凭据的当天。

（2）采取托收承付或委托银行收款方式销售货物的，纳税义务发生时间为发出货物并办妥托收手续的当天。

（3）采取赊销和分期收款方式销售货物的，纳税义务发生时间为书面合同约定的收款日期的当天；无书面合同的或者书面合同没有约定收款日期的，为货物发出的当天。

（4）采取预收货款方式销售货物的，纳税义务发生时间为货物发出的当天；但生产销售生产工期超过12个月的大型机械设备、船舶、飞机等货物，纳税义务发生时间为收到预收款或者书面合同约定的收款日期的当天。

（5）委托其他纳税人代销货物的，纳税义务发生时间为收到代销单位的代销清单或者收到全部或者部分货款的当天；未收到代销清单及货款的，为发出代销货物满180天的当天。

---

① 财政部、国家税务总局.关于进一步明确全面推开营改增试点有关劳务派遣服务、收费公路通行费抵扣等政策的通知.财税〔2016〕47号，2016.4.30.

② 财政部、税务总局.关于资管产品增值税有关问题的通知.财税〔2017〕56号，2017.6.30.

（6）除委托代销外，纳税人视同销售货物的，纳税义务发生时间为货物移送的当天。

2. 销售劳务的增值税纳税义务发生时间

纳税人提供加工、修理修配劳务，纳税义务发生时间为提供加工、修理修配劳务并收讫销售款或者取得索取销售款的凭据的当天。

3. 销售服务、无形资产或不动产的增值税纳税义务发生时间

（1）纳税人销售服务、无形资产或不动产，纳税义务发生时间为发生应税行为并收讫销售款项或者取得索取销售款项凭据的当天；先开具发票的，为开具发票的当天。

"收讫销售款项"是指纳税人在销售服务、无形资产、不动产过程中或者完成后收到款项。

"取得索取销售款项凭据的当天"是指书面合同确定的付款日期；未签订书面合同或者书面合同未确定付款日期的，为服务、无形资产转让完成的当天或者不动产权属变更的当天。

（2）纳税人提供租赁服务采取预收款方式的，纳税义务发生时间为收到预收款的当天。

（3）纳税人从事金融商品转让的，纳税义务发生时间为金融商品所有权转移的当天。

（4）纳税人发生视同销售服务、无形资产或者不动产情形的，纳税义务发生时间为服务、无形资产转让完成的当天或者不动产权属变更的当天。

（5）纳税人提供建筑服务，被工程发包方从应支付的工程款中扣押的质押金、保证金，未开具发票的，以纳税人实际收到质押金、保证金的当天为纳税义务发生时间[①]。

4. 进口货物的增值税纳税义务发生时间

纳税人进口货物，增值税纳税义务发生时间为报关进口的当天。

5. 增值税扣缴义务发生时间

增值税扣缴义务发生时间为纳税人增值税纳税义务发生的当天。

2.4 增值税计算与缴纳

2.4.1 适用一般计税方法的税额计算

除特定情形外，一般纳税人销售货物或者加工、修理修配劳务，以及销售服务、无形资产或者不动产（简称发生应税销售行为），适用一般计税方法，以当期销项税额抵扣当期进项税额后的余额，为应纳增值税额。

当期应纳税额＝当期销项税额－当期进项税额

若当期销项税额小于当期进项税额不足抵扣时，其不足部分可以结转下期继续抵扣。

1. 销项税额的计算

销项税额是指一般纳税人发生应税销售行为，按照销售额和适用税率计算并向购买方收取的增值税税额。销项税额的计算公式：

销项税额＝销售额×税率

---

① 国家税务总局.关于在境外提供建筑服务等有关问题的公告.国家税务总局公告2016年第69号，2016.11.14.

1）销售额的基本规定

销售额是纳税人发生应税销售行为向购买方收取的全部价款和价外费用，但是不包括收取的增值税税额。价外费用，是指在价外向购买方收取的费用，包括价外收取的手续费、补贴、基金、集资费、返还利润、奖励费、违约金、滞纳金、延期付款利息、赔偿金、代收款项、代垫款项、包装费、包装物租金、储备费、优质费、运输装卸费，以及其他各种性质的价外收费。

但是，下列项目不包括在价外费用内，不并入销售额。

（1）向购买方收取的增值税税额。

（2）受托加工应征消费税的消费品所代收代缴的消费税。

（3）同时符合以下条件的代垫运输费用：承运部门的运输费用发票开具给购买方的；纳税人将该项发票转交给购买方的。

（4）同时符合以下条件代为收取的政府性基金或者行政事业性收费：由国务院或者财政部批准设立的政府性基金，由国务院或省级人民政府及其财政、价格主管部门批准设立的行政事业性收费；收取时开具省级以上财政部门印制的财政票据；所收款项全额上缴财政。

（5）销售货物的同时代办保险等而向购买方收取的保险费，以及向购买方收取的代购买方缴纳的车辆购置税、车辆牌照费。

纳税人以委托方名义开具发票代委托方收取的款项，不属于价外费用。

除上述各项外，纳税人在价外向购买方收取的各项费用，均属于价外费用。凡价外费用，无论纳税人在会计上如何核算，均应并入销售额计算增值税。

一般纳税人向购买方收取的价外费用和逾期包装物押金，在计税时，视为含税收入，换算成不含税收入后并入销售额[①]。一般纳税人采用销售额和销项税额合并定价方法的，在计税时，应将含税销售额换算为不含税销售额。

销售额=含税销售额÷（1+税率）

销售额以人民币计算。纳税人以人民币以外的货币结算销售额的，应当折合成人民币计算。人民币折合率可以选择销售额发生的当天或者当月1日的人民币汇率中间价。纳税人应事先确定采用何种折合率，确定后1年内不得变更。

2）销售额的特殊规定

（1）折扣销售。纳税人以折扣方式发生销售行为，将价款和折扣额在同一张发票上的"金额"栏分别注明的，以折扣后的价款为销售额；未在同一张发票"金额"栏注明折扣额，而仅在发票的"备注"栏注明折扣额，或者将折扣额另开发票的，其折扣额不得从销售额中减除[②]。

（2）以旧换新销售。纳税人采取以旧换新方式销售货物，按照新货物的同期销售价格确定销售额[③]，不得减去旧货物的收购价格。

【例2-1】

某商场（一般纳税人）2019年4月份采取"以旧换新"方式销售彩色电视机。零售价合

[①] 国家税务总局.关于增值税若干征管问题的通知.国税发〔1996〕155号，1996.9.9.

[②] 国家税务总局.关于折扣额抵减增值税应税销售额问题的通知.国税函〔2010〕56号，2010.2.8.

[③] 国家税务总局.增值税若干具体问题的规定.国税发〔1993〕154号，1993.12.28.

计为452 000元；顾客旧彩色电视机作价12 000元，商场收取现金440 000元。

解析：

销售额=452 000÷（1+13%）=400 000（元）

销项税额=400 000×13%=52 000（元）

值得注意的是，考虑到金银首饰以旧换新业务的特殊情况，对金银首饰以旧换新业务，可以按销售方实际收取的不含增值税的全部价款计算增值税[①]。

（3）还本销售。纳税人采取还本销售方式销售货物，不得从销售额中减除还本支出[②]。

（4）包装物押金。纳税人为销售货物而出租出借包装物收取的押金，单独记账核算的，不并入销售额计税。但是，对因逾期未收回包装物不再退还的押金，以及超过1年（含1年）以上仍不退还的押金（无论包装物周转使用期限长短），均并入销售额，按照所包装货物的适用税率计算增值税[③]。

【例2-2】

某涂料厂（一般纳税人）于2019年4月份向某建材公司销售A种涂料200桶，出厂价格为80元/桶。同时，收取包装物押金4 520元，已单独设账核算。同年5月份，因上年销售涂料时出借的包装物无法收回，故没收上年收取的包装物押金2 260元。

解析：2019年4月份销售涂料所收取的包装物押金4 520元，因单独设账核算而不计税，这里仅就销售涂料取得的销售额计税。

销项税额=80×200×13%=2 080（元）

2019年5月份没收上年收取的包装物押金2 260元，按照规定计税。

销项税额=［2 260÷（1+13%）］×13%=260（元）

值得注意的是，从1995年6月1日起，对销售除啤酒、黄酒外的其他酒类产品而收取的包装物押金，无论是否返还及会计上如何核算，均应并入当期销售额计税[④]。

【例2-3】

某酒厂（一般纳税人）2019年4月份销售散装白酒20吨，出厂价格为3 000元/吨，销售额为60 000元。同时收取包装物押金3 390元，已单独设账核算。

解析：

销项税额=［60 000+3 390÷（1+13%）］×13%=8 190（元）

（5）贷款服务和直接收费金融服务，按照以下规定确认销售额。

① 贷款服务，以提供贷款服务取得的全部利息及利息性质的收入为销售额。

金融企业发放贷款后，自结息日起90天内发生的应收未收利息，按现行规定缴纳增值税；自结息日起90天后发生的应收未收利息，暂不缴纳增值税，待实际收到利息时按规定缴纳增值税。

[①] 财政部、国家税务总局.关于金银首饰等货物征收增值税问题的通知.财税字〔1996〕74号，1996.9.14.

[②] 国家税务总局.增值税若干具体问题的规定.国税发〔1993〕154号，1993.12.28.

[③] 国家税务总局.增值税若干具体问题的规定.国税发〔1993〕154号，1993.12.28；关于取消包装物押金逾期期限审批后有关问题的通知.国税函〔2004〕827号，2004.6.25.

[④] 国家税务总局.关于加强增值税征收管理若干问题的通知.国税发〔1995〕192号，1995.10.18.

资管产品管理人运营资管产品提供的贷款服务,以2018年1月1日起产生的利息及利息性质的收入为销售额[①]。

② 直接收费金融服务,以提供直接收费金融服务收取的手续费、佣金、酬金、管理费、服务费、经手费、开户费、过户费、结算费、转托管费等各类费用为销售额。

(6)代理服务。经纪代理服务以取得的全部价款和价外费用,扣除向委托方收取并代为支付的政府性基金或者行政事业性收费后的余额为销售额。

执行中,应注意以下问题。

① 纳税人提供签证代理服务,以取得的全部价款和价外费用,扣除向服务接受方收取并代为支付给外交部和外国驻华使(领)馆的签证费、认证费后的余额为销售额[②]。向服务接受方收取并代为支付的签证费、认证费,不得开具增值税专用发票,可以开具增值税普通发票。

② 纳税人代理进口按规定免征进口增值税的货物,其销售额不包括向委托方收取并代为支付的货款[③]。向委托方收取并代为支付的款项,不得开具增值税专用发票,可以开具增值税普通发票。

③ 境外单位通过教育部考试中心及其直属单位在境内开展考试,教育部考试中心及其直属单位应以取得的考试费收入扣除支付给境外单位考试费后的余额为销售额,按提供"教育辅助服务"缴纳增值税;就代为收取并支付给境外单位的考试费统一扣缴增值税[④]。

④ 自2018年1月1日起,航空运输销售代理企业提供境外航段机票代理服务,以取得的全部价款和价外费用,扣除向客户收取并支付给其他单位或者个人的境外航段机票结算款和相关费用后的余额为销售额[⑤]。

自2018年7月25日起,航空运输销售代理企业提供境内机票代理服务,以取得的全部价款和价外费用,扣除向客户收取并支付给航空运输企业或其他航空运输销售代理企业的境内机票净结算款和相关费用后的余额为销售额[⑥]。

(7)融资租赁和融资性售后回租业务,其销售额的特殊规定如下。

① 经人民银行、银保监会或者商务部批准从事融资租赁业务的试点纳税人,提供融资租赁服务,以取得的全部价款和价外费用,扣除支付的借款利息(包括外汇借款和人民币借款利息)、发行债券利息和车辆购置税后的余额为销售额。

销售额=(全部价款和价外费用-借款利息-发行债券利息-车辆购置税)÷(1+税率)

② 经人民银行、银保监会或者商务部批准从事融资租赁业务的试点纳税人,提供融资性售后回租服务,以取得的全部价款和价外费用(不含本金),扣除对外支付的借款利息(包括外汇借款和人民币借款利息)、发行债券利息后的余额作为销售额。

销售额=[全部价款和价外费用(不含本金)-借款利息-发行债券利息]÷(1+税率)

③ 经商务部授权的省级商务主管部门和国家经济技术开发区批准的从事融资租赁业务

[①] 财政部、税务总局.关于租入固定资产进项税额抵扣等增值税政策的通知.财税〔2017〕90号,2017.12.25.
[②] 国家税务总局.关于在境外提供建筑服务等有关问题的公告.国家税务总局公告.2016年第69号,2016.11.14.
[③] 国家税务总局.关于在境外提供建筑服务等有关问题的公告.国家税务总局公告.2016年第69号,2016.11.14.
[④] 国家税务总局.关于在境外提供建筑服务等有关问题的公告.国家税务总局公告.2016年第69号,2016.11.14.
[⑤] 财政部、税务总局.关于租入固定资产进项税额抵扣等增值税政策的通知.财税〔2017〕90号,2017.12.25.
[⑥] 国家税务总局.关于明确中外合作办学等若干增值税征管问题的公告.国家税务总局公告2018年第42号,2018.7.25.

的试点纳税人，2016年5月1日后实收资本达到1.7亿元的，从达到标准的当月起按照上述①②项规定执行。

（8）航空运输服务。航空运输企业销售额，不包括代收的机场建设费和代售其他航空运输企业客票而代收转付的价款。

（9）客运场站服务。一般纳税人提供客运场站服务，以其取得的全部价款和价外费用，扣除支付给承运方运费后的余额为销售额。

（10）旅游服务。一般纳税人提供旅游服务，可以选择以取得的全部价款和价外费用，扣除向旅游服务购买方收取并支付给其他单位或者个人的住宿费、餐饮费、交通费、签证费、门票费和支付给其他接团旅游企业的旅游费用后的余额为销售额。选择上述办法计算销售额的纳税人，向旅游服务购买方收取并支付的上述费用，不得开具增值税专用发票，可以开具普通发票。

（11）差额扣除凭证。纳税人按照规定从全部价款和价外费用中扣除的价款，应取得合法有效凭证，否则不得扣除。合法有效凭证是指：支付给境内单位或者个人的款项，以发票为合法有效凭证；支付给境外单位或者个人的款项，以该单位或者个人的签收单据为合法有效凭证，税务机关对签收单据有疑议的，可以要求其提供境外公证机构的确认证明；缴纳的税款，以完税凭证为合法有效凭证；扣除的政府性基金、行政事业性收费或者向政府支付的土地价款，以省级以上（含省级）财政部门监（印）制的财政票据为合法有效凭证；国家税务总局规定的其他凭证。

值得注意的是，一般纳税人取得的上述凭证属于增值税扣税凭证的，其进项税额不得从销项税额中抵扣。

（12）核定销售额。纳税人发生应税行为价格明显偏低或者偏高且不具有合理商业目的的，或者发生视同应税行为而无销售额的，主管税务机关有权按照下列顺序确定销售额：

① 按照纳税人最近时期销售同类货物、劳务、服务、无形资产或者不动产的平均价格确定；

② 按照其他纳税人最近时期销售同类货物、劳务、服务、无形资产或者不动产的平均价格确定；

③ 按照组成计税价格确定：

组成计税价格=成本×（1+成本利润率）

其中：属于应征消费税的货物，其组成计税价格应加计消费税税额。

公式中的成本，是指：销售自产货物的，为实际生产成本；销售外购货物的，为实际采购成本。成本利润率由国家税务总局确定（10%）；但属于应征消费税的货物，其成本利润率为消费税制度中规定的成本利润率。

不具有合理商业目的，是指以谋取税收利益为主要目的，通过人为安排，减少、免除、推迟缴纳增值税税款，或者增加退还增值税税款。

2.进项税额的确定

进项税额是指一般纳税人购进货物、劳务、服务、无形资产、不动产支付或者负担的增值税额。

1）准予从销项税额中抵扣的税额

下列进项税额，准予从销项税额中抵扣。

（1）一般纳税人从销售方取得的增值税专用发票（含税控机动车销售统一发票，下同）

上注明的增值税额,准予从销项税额中抵扣。

自2019年4月1日起,一般纳税人取得不动产或者不动产在建工程的进项税额不再分2年抵扣①。

【例2-4】

某公司(一般纳税人)于2019年5月份购进房屋(经营用房)并取得增值税专用发票,发票上注明的价款、税款分别为2 000万元、180万元。该公司取得的增值税专用发票已于取得当月查询确认。

解析:该公司2019年5月份可抵扣的进项税额为180万元;固定资产原值(计税基础)为2 000万元。

【例2-5】

某公司(一般纳税人)于2019年6月份购进建筑材料并取得增值税专用发票,发票上注明的价款、税款分别为100万元、13万元。该批建筑材料拟用于厂房扩建工程,其增值税专用发票已于取得当月查询确认。

解析:该公司6月份可抵扣的进项税额为13万元;建筑材料的实际成本为100万元。

(2)一般纳税人从海关取得的海关进口增值税专用缴款书上注明的增值税额,准予从销项税额中抵扣。

(3)一般纳税人购进农产品,除取得增值税专用发票或者海关进口增值税专用缴款书外,按照农产品收购发票或者销售发票上注明的农产品买价和扣除率计算的进项税额,准予从销项税额中抵扣。买价包括按规定缴纳的烟叶税。

自2019年4月1日起,一般纳税人购进农产品,扣除率为9%;一般纳税人购进用于生产销售或委托加工13%税率货物的农产品,按照10%的扣除率计算进项税额②。

农产品进项税额的抵扣办法有两种:一是购进扣税法;二是核定扣税法。

① "购进扣税法"下,农产品进项税额分以下两种情形计算抵扣。

第一,自2019年4月1日起,一般纳税人购进农产品,除用于生产销售或委托加工13%税率货物外,按照以下规定计算抵扣进项税额③。

- 从一般纳税人购进农产品,以增值税专用发票上注明的增值税额为进项税额。
- 进口农产品,以海关进口增值税专用缴款书上注明的增值税额为进项税额。
- 从小规模纳税人购进农产品,取得税率栏注明3%的增值税专用发票的,以增值税专用发票上注明的金额和9%的扣除率计算进项税额。

【例2-6】

某生产企业(一般纳税人)于2019年4月份从农产品经营单位(小规模纳税人)购入一批农产品,取得税务机关代开的增值税专用发票。发票相关栏目:"金额"100 000元;"税

---

① 财政部、税务总局、海关总署.关于深化增值税改革有关政策的公告.财政部 税务总局 海关总署公告2019年第39号,2019.3.20.
② 财政部、税务总局、海关总署.关于深化增值税改革有关政策的公告.财政部 税务总局 海关总署公告2019年第39号,2019.3.20.
③ 财政部、税务总局、海关总署.关于深化增值税改革有关政策的公告.财政部 税务总局 海关总署公告2019年第39号,2019.3.20.

率"3%;"税额"3 000元;"价税合计"103 000元。该批农产品已运抵企业,拟用于一般计税方法计税项目;款项已付讫。(注:"税率"栏是按征收率填写的)。

解析:

农产品进项税额=100 000×9%=9 000(元)

农产品采购成本=103 000-9 000=94 000(元)

• 从农业生产单位购进农产品(免税农产品),按照取得的普通发票上的买价金额和9%的扣除率计算抵扣进项税额。

【例2-7】

某生产企业(一般纳税人)于2019年4月份从农场购进农场自产的农产品,取得农场开具的增值税普通发票。发票相关栏目:"金额"200 000元;"税率"***;"税额"***;"价税合计"200 000元。该农产品已运抵企业,拟用于适用一般计税方法计税项目;款项已付讫。

解析:

农产品进项税额=200 000×9%=18 000(元)

农产品采购成本=200 000-18 000=182 000(元)

一般纳税人从农业生产者(自然人)购进的农产品(免税农产品),按照自行开具的农产品收购发票上的买价金额和9%的扣除率计算抵扣进项税额。

进项税额=买价×扣除率(9%)

值得注意的是,一般纳税人从批发、零售环节购进适用免征增值税政策的蔬菜、部分鲜活肉蛋而取得的普通发票,不得作为计算抵扣进项税额的凭证,不得抵扣进项税额。

第二,自2019年4月1日起,一般纳税人购进农产品用于生产销售或委托加工13%税率货物的,按照10%的扣除率计算进项税额。执行中,分购进和领用两个环节计算抵扣进项税额[①]。

在购进环节,一般纳税人购进农产品时,按照上述办法计算抵扣进项税额,即从一般纳税人购进农产品,以增值税专用发票上注明的增值税额为进项税额;进口农产品,以海关进口增值税专用缴款书上注明的增值税额为进项税额;从小规模纳税人购进农产品,取得税率栏注明3%的增值税专用发票的,以增值税专用发票上注明的金额和9%的扣除率计算进项税额;从农业生产者购进农产品,以农产品销售发票或者农产品收购发票上注明的农产品买价和9%的扣除率计算进项税额。

在领用环节,一般纳税人将购进农产品用于生产销售或委托加工13%税率货物时,加计扣除农产品进项税额。

加计扣除农产品进项税额=当期生产领用农产品已按9%税率(扣除率)抵扣税额÷9%×(10%-9%)

【例2-8】

某制药厂(一般纳税人)于2019年5月份从药材种植企业购进一批药材,取得的普通发票上列明的买价为100万元;药材已运抵企业,款项已付讫;当月将该批中药材的一部分用

---

① 国家税务总局.关于调整增值税纳税申报有关事项的公告.国家税务总局公告2019年第15号,2019.3.21.

于生产中成药，其进项税额为4.5万元。

解析：
购进时确定的农产品进项税额=100×9%=9（万元）
领用时加计扣除的农产品进项税额=（4.5÷9%）×（10%-9%）=0.5（万元）
当期可抵扣的农产品进项税额=9+0.5=9.5（万元）

执行中应注意的问题，同上。

②"核定扣税法"下农产品进项税额抵扣[①]。"核定扣税法"又称"销售实耗扣除法"。自2012年7月1日起，以购进农产品为原料生产销售液体乳及乳制品、酒及酒精、植物油的一般纳税人，购进农产品无论是否用于生产上述产品，其进项税额均实行核定扣除。一般纳税人委托其他单位或个人加工液体乳及乳制品、酒及酒精、植物油，其购进农产品的进项税额也适用核定扣除规定。

"核定扣税法"下，农产品进项税额分以下三种情形计算抵扣。

第一，以购进农产品为原料生产货物的，农产品进项税额核定方法有三种：投入产出法、成本法、参照法。目前，各省级税务机关大都规定采用"投入产出法"。

采用"投入产出法"的，农产品进项税额计算如下。

当期允许抵扣农产品进项税额=[（当期农产品耗用数量×农产品平均购买单价）÷（1+扣除率）]×扣除率

当期农产品耗用数量=当期销售货物数量（不含采购除农产品以外的半成品生产的货物数量）×农产品单耗数量

农产品单耗数量，是指参照国家标准、行业标准（包括行业公认标准和行业平均耗用值）确定销售单位数量货物耗用外购农产品的数量。

平均购买单价，是指购买农产品期末平均买价，不包括买价之外单独支付的运费和入库前的整理费用。

期末平均买价=（期初库存农产品数量×期初平均买价+当期购进农产品数量×当期买价）÷（期初库存农产品数量+当期购进农产品数量）

如果期初没有库存农产品，当期也未购进农产品的，农产品"期末平均买价"以该农产品上期期末平均买价计算；上期期末仍无农产品买价的，依次类推。

值得注意的是，所称"扣除率"是指销售货物的适用税率。

第二，购进农产品直接销售的，农产品进项税额核定方法如下。

当期允许抵扣农产品进项税额={[当期销售农产品数量÷（1-损耗率）]×[农产品平均购买单价÷（1+扣除率）]}×扣除率

损耗率=损耗数量÷购进数量

其中，2019年4月1日以后，扣除率为9%。

[①] 财政部、国家税务总局.关于在部分行业试行农产品增值税进项税额核定扣除办法的通知.财税〔2012〕38号，2012.4.6；国家税务总局.关于在部分行业试行农产品增值税进项税额核定扣除办法有关问题的公告.国家税务总局公告2012年第35号，2012.7.17.

第三，购进农产品用于生产经营且不构成货物实体的（包括包装物、辅助材料、燃料、低值易耗品等），农产品进项税额核定方法如下。

当期允许抵扣农产品进项税额=[（当期耗用农产品数量×农产品平均购买单价）÷（1+扣除率）]×扣除率

其中，2019年4月1日以后，扣除率一般为9%。

（4）一般纳税人从境外单位或者个人购进加工修理修配劳务、各类服务、无形资产或者不动产，自税务机关或者扣缴义务人取得的解缴税款的完税凭证上注明的增值税额，准予从销项税额中抵扣。

一般纳税人凭完税凭证抵扣进项税额的，应当具备书面合同、付款证明和境外单位的对账单或者发票。资料不全的，其进项税额不得从销项税额中抵扣。

（5）购买公路通行服务的进项税额抵扣[①]。自2018年1月1日起，一般纳税人支付的道路、桥、闸通行费，按照以下规定抵扣进项税额。

① 一般纳税人支付的道路通行费，按照收费公路通行费增值税电子普通发票上注明的增值税额抵扣进项税额。2018年1月1日至6月30日，一般纳税人支付的高速公路通行费，如暂未能取得收费公路通行费增值税电子普通发票，可凭取得的通行费发票（不含财政票据，下同）上注明的收费金额按照下列公式计算可抵扣的进项税额。

高速公路通行费可抵扣进项税额=[通行费发票上注明的金额÷（1+3%）]×3%

② 2018年1月1日至12月31日，一般纳税人支付的一级、二级公路通行费，如暂未能取得收费公路通行费增值税电子普通发票，可凭取得的通行费发票上注明的收费金额按照下列公式计算可抵扣的进项税额。

一级、二级公路通行费可抵扣进项税额=[通行费发票上注明的金额÷（1+5%）]×5%

③ 一般纳税人支付的桥、闸通行费，暂凭取得的通行费发票上注明的收费金额按照下列公式计算可抵扣的进项税额。

桥、闸通行费可抵扣进项税额=[桥、闸通行费发票上注明的金额÷（1+5%）]×5%

（6）购进国内旅客运输服务的进项税额抵扣[②]。自2019年4月1日起，一般纳税人购进国内旅客运输服务，其进项税额允许从销项税额中抵扣。

一般纳税人取得增值税专用发票的，以发票上注明的税额为进项税额。一般纳税人未取得增值税专用发票的，暂按照以下规定确定进项税额：
① 取得增值税电子普通发票的，以发票上注明的税额为进项税额；
② 取得注明旅客身份信息的航空运输电子客票行程单的，按照下列公式计算进项税额：

航空旅客运输进项税额=[（票价+燃油附加费）÷（1+9%）]×9%

③ 取得注明旅客身份信息的铁路车票的，按照下列公式计算进项税额：

---

① 财政部、税务总局.关于租入固定资产进项税额抵扣等增值税政策的通知.财税〔2017〕90号，2017.12.25.
② 财政部、税务总局、海关总署.关于深化增值税改革有关政策的公告.财政部　税务总局　海关总署公告2019年第39号，2019.3.20.

铁路旅客运输进项税额＝［票面金额÷（1+9%）］×9%

④取得注明旅客身份信息的公路、水路等其他客票的，按照下列公式计算进项税额：

公路、水路等其他旅客运输进项税额＝［票面金额÷（1+3%）］×3%

值得注意的是，一般纳税人取得的增值税扣税凭证不符合法律、行政法规或者国家税务总局有关规定的，其进项税额不得从销项税额中抵扣。增值税扣税凭证，是指增值税专用发票、海关进口增值税专用缴款书、农产品收购发票、农产品销售发票、完税凭证、收费公路通行费增值税电子普通发票或通行费发票（暂时）、国内旅客运输增值税专用发票、国内旅客运输增值税电子普通发票，以及注明旅客身份信息的航空运输电子客票行程单、铁路车票、公路、水路等其他客票。

2）不得从销项税额中抵扣的税额

下列项目的进项税额，不得从销项税额中抵扣。

（1）用于简易计税方法计税项目、免征增值税项目、集体福利或者个人消费的购进货物、加工修理修配劳务、服务、无形资产和不动产，其进项税额不得从销项税额中抵扣。其中涉及的固定资产、无形资产、不动产，仅指专用于上述项目的固定资产、无形资产（不包括其他权益性无形资产）、不动产。

执行中，应注意以下问题。

①一般纳税人取得的固定资产、不动产、无形资产（不包括其他权益性无形资产），专门用于简易计税方法计税项目、免征增值税项目、集体福利或者个人消费的，不得抵扣进项税额；既用于一般计税方法计税项目，又用于简易计税方法计税项目、免征增值税项目、集体福利或者个人消费的，可以抵扣进项税额。

固定资产，是指使用期限超过12个月的机器、机械、运输工具，以及其他与生产经营有关的设备、工具、器具等有形动产。

②自2018年1月1日起，一般纳税人租入固定资产、不动产，既用于一般计税方法计税项目，又用于简易计税方法计税项目、免征增值税项目、集体福利或者个人消费的，其进项税额准予从销项税额中全额抵扣①。

（2）非正常损失的购进货物，以及相关的加工修理修配劳务和交通运输服务，其进项税额不得从销项税额中抵扣。

非正常损失，是指因管理不善造成货物被盗、丢失、霉烂变质，以及因违反法律法规造成货物或者不动产被依法没收、销毁、拆除的情形。

（3）非正常损失的在产品、产成品所耗用的购进货物（不包括固定资产）、加工修理修配劳务和交通运输服务，其进项税额不得从销项税额中抵扣。

（4）非正常损失的不动产，以及该不动产所耗用的购进货物、设计服务和建筑服务，其进项税额不得从销项税额中抵扣。不动产所耗用的购进货物，是指构成不动产实体的材料和设备，包括建筑装饰材料和给排水、采暖、卫生、通风、照明、通信、煤气、消防、中央空调、电梯、电气、智能化楼宇设备及配套设施。

（5）非正常损失的不动产在建工程所耗用的购进货物、设计服务和建筑服务，其进项税额不得从销项税额中抵扣。纳税人新建、改建、扩建、修缮、装饰不动产，均属于不动产

---

① 财政部、税务总局.关于租入固定资产进项税额抵扣等增值税政策的通知.财税〔2017〕90号，2017.12.25.

在建工程。不动产在建工程所耗用的购进货物，是指构成不动产实体的材料和设备，包括建筑装饰材料和给排水、采暖、卫生、通风、照明、通信、煤气、消防、中央空调、电梯、电气、智能化楼宇设备及配套设施。

（6）购进贷款服务、餐饮服务、居民日常服务和娱乐服务，其进项税额不得从销项税额中抵扣。在2019年3月31日及以前，一般纳税人购进国内旅客运输服务，其进项税额不允许从销项税额中抵扣[①]。

值得注意的是，凡服务提供方按照贷款服务缴纳增值税的，服务接受方不得抵扣进项税额。纳税人接受贷款服务向贷款方支付的与该笔贷款直接相关的投融资顾问费、手续费、咨询费等费用，其进项税额不得从销项税额中抵扣。

（7）财政部和国家税务总局规定的其他情形，其进项税额不得从销项税额中抵扣。

3）进项税额转出

一般纳税人已申报抵扣进项税额的购进货物、加工修理修配劳务、服务、无形资产或者不动产，发生了不得抵扣进项税额的情形，应将其进项税额从当期的进项税额中扣减，也称"进项税额转出"。

（1）适用一般计税方法的纳税人，兼营简易计税方法计税项目、免征增值税项目而无法划分不得抵扣的进项税额的，按照下列公式计算不得抵扣的进项税额：

不得抵扣的进项税额＝当期无法划分的全部进项税额×（当期简易计税方法计税项目销售额＋免征增值税项目销售额）÷当期全部销售额

主管税务机关可以按照上述公式，依据年度数据，对不得抵扣的进项税额进行清算。

一般纳税人销售自行开发的房地产项目，兼有一般计税方法计税、简易计税方法计税、免征增值税的房地产项目而无法划分不得抵扣的进项税额的，以《建筑工程施工许可证》注明的建设规模为依据进行划分。

不得抵扣的进项税额＝当期无法划分的全部进项税额×（简易计税、免税房地产项目建设规模÷房地产项目总建设规模）

（2）已抵扣进项税额的购进货物（不含固定资产）、劳务、服务，发生不得抵扣进项税额情形（用于简易计税方法计税项目、免征增值税项目除外）的，比如专用于集体福利或者个人消费，以及发生非正常损失的，应将该进项税额从当期进项税额中扣减；无法确定该进项税额的，按照当期实际成本计算应扣减的进项税额。

在产品、产成品发生非正常损失的，其耗用的购进货物（不包括固定资产）、加工修理修配劳务和交通运输服务的进项税额，应从当期进项税额中扣减。

（3）已抵扣进项税额的固定资产、无形资产发生不得抵扣进项税额情形的，比如专用于简易计税方法计税项目、免征增值税项目、集体福利或者个人消费，以及固定资产发生非正常损失的，按照下列公式计算不得抵扣的进项税额：

不得抵扣的进项税额＝固定资产、无形资产净值×适用税率

固定资产或者无形资产净值，是指一般纳税人根据财务会计制度计提折旧或摊销后的余额。

[①] 财政部、税务总局、海关总署.关于深化增值税改革有关政策的公告.财政部 税务总局 海关总署公告2019年第39号，2019.3.20.

【例2-9】

某公司（一般纳税人）将一套生产经营用的器具交付本企业福利部门使用。该套器具原值（不含增值税）50 000元，进项税额6 500元（增值税税率为13%）已在购进月份申报抵扣。公司确定的该套器具折旧年限为5年，现已使用1年，累计折旧10 000元。

解析：

不得抵扣的进项税额=（50 000−10 000）×13%=5 200（元）

【例2-10】

某公司（一般纳税人）因管理不善致使一台生产用设备丢失。该设备原值为（不含增值税）200 000元，进项税额26 000元（增值税税率为13%）已在购进月份申报抵扣。公司确定的该设备折旧年限为10年，现已使用1年，累计折旧20 000元。

解析：

不得抵扣的进项税额=（200 000−20 000）×13%=23 400（元）

（4）已抵扣进项税额的不动产发生非正常损失，或者改变用途，专用于简易计税方法计税项目、免征增值税项目、集体福利或者个人消费的，自2019年4月1日起，按照下列公式计算不得抵扣的进项税额，并从当期进项税额中扣减[①]：

不得抵扣的进项税额=已抵扣进项税额×不动产净值率

不动产净值率=（不动产净值÷不动产原值）×100%

【例2-11】

某公司（一般纳税人）于2016年12月份购进房屋（经营用房）并取得增值税专用发票，发票上注明的价款、税款分别为2 000万元、100万元。增值税专用发票已查询确认，进项税额100万元已全部申报抵扣。公司确定的房屋折旧年限为20年，采用平均法计提折旧，不留残值。该房屋使用5年后，改变用途，专门用作职工食堂。该房屋净值率为75%。

解析：

不得抵扣的进项税额=100×75%=75（万元）

一般纳税人已抵扣进项税额的不动产在建工程发生非正常损失，其所耗用的购进货物、设计服务和建筑服务已抵扣的进项税额应于当期全部转出。

4）进项税额转回

（1）一般纳税人按照规定不得抵扣且未抵扣进项税额的固定资产或者无形资产，发生用途改变，用于允许抵扣进项税额的应税项目，可以在改变用途的次月，按照下列公式计算可以抵扣的进项税额。

可抵扣的进项税额=［固定资产、无形资产净值÷（1+适用税率）］×适用税率

值得注意的是，固定资产或者无形资产进项税额转回，必须凭合法有效的增值税扣税凭证，在改变用途的次月，按照不含税净值计算转回。

---

① 国家税务总局.关于深化增值税改革有关事项的公告.国家税务总局公告2019年第14号，2019.3.21.

（2）一般纳税人按照规定不得抵扣且未抵扣进项税额的不动产，发生用途改变，用于允许抵扣进项税额项目的，按照下列公式在改变用途的次月计算可抵扣进项税额[①]。

可抵扣进项税额＝增值税扣税凭证注明或计算的进项税额×不动产净值率

值得注意的是，不动产进项税额转回必须凭2016年5月1日后取得的合法有效的增值税扣税凭证，在改变用途的次月，按照不动产净值率计算可抵扣的进项税额。

5）进项税额申报抵扣时限

自2017年7月1日起，一般纳税人取得的2017年7月1日及以后开具的增值税专用发票和机动车销售统一发票，自开具之日起360日内认证或登录增值税发票选择确认平台进行确认，并在规定的纳税申报期内，向主管税务机关申报抵扣进项税额[②]。一般纳税人取得的2017年7月1日及以后开具的海关进口增值税专用缴款书，自开具之日起360日内向主管税务机关报送《海关完税凭证抵扣清单》，申请稽核比对[③]。

增值税专用发票认证方式，包括扫描认证和查询确认。自2019年3月1日起，一般纳税人取得增值税发票（包括增值税专用发票、机动车销售统一发票、收费公路通行费增值税电子普通发票）后，可以自愿使用增值税发票选择确认平台查询、选择用于申报抵扣、出口退税或者代办退税的增值税发票信息[④]。

3. 销货退回、折让、服务中止的税务处理

一般纳税人因销货退回、折让、服务中止而退还给购买方的增值税额，应从发生销货退回、折让、服务中止当期的销项税额中扣减；因购进货物退出、折让、服务中止而收回的增值税额，应从发生购进货物退出、折让、服务中止当期的进项税额中扣减。

一般纳税人开具增值税专用发票后，发生销售货物退回或者折让、开票有误等情形，应按照国家税务总局的规定开具红字增值税专用发票。未按规定开具红字增值税专用发票的，增值税额不得从销项税额中扣减。

2.4.2 适用简易计税方法的税额计算

小规模纳税人销售货物或者加工、修理修配劳务，销售服务、无形资产或者不动产，适用简易计税方法计算缴纳增值税。一般纳税人发生某些特定应税销售行为，可以适用或者选择适用简易计税方法计算缴纳增值税。

适用简易计税方法的，以销售额乘以征收率即为应纳税额。销售额是指不含应纳税额的销售额。纳税人采用销售额和应纳税额合并定价方法的，按照下列公式计算销售额。

销售额＝含税销售额÷（1+征收率）

简易计税方法的销售额构成，与一般计税方法的销售额构成基本相同。

纳税人适用简易计税方法的，因销售折让、中止或者退回而退还给购买方的销售额，应从当期销售额中扣减。扣减当期销售额后仍有余额造成多缴的税款，可以从以后的应纳税额中扣减。

[①] 国家税务总局.关于深化增值税改革有关事项的公告.国家税务总局公告2019年第14号，2019.3.21.
[②] 国家税务总局.关于进一步明确营改增有关征管问题的公告.国家税务总局公告2017年第11号，2017.4.20.
[③] 国家税务总局.关于进一步明确营改增有关征管问题的公告.国家税务总局公告2017年第11号，2017.4.20.
[④] 国家税务总局.关于扩大小规模纳税人自行开具增值税专用发票试点范围等事项的公告.国家税务总局公告2019年第8号，2019.2.3.

2.4.3 进口货物应纳税额的计算

从纳税义务上看，凡申报进入中国海关境内的货物均应缴纳增值税。纳税人是进口货物的收货人或者办理报关手续的单位和个人。

纳税人进口货物，按照组成计税价格和适用税率计算应纳税额，不得抵扣任何税额。

组成计税价格=关税完税价格+关税+消费税

应纳税额=组成计税价格×税率

【例2-12】

某进出口公司从某国进口一批小轿车，货价为7 120 000元，运抵我国输入口岸前的包装费、运费、保险和其他劳务费共计360 000元。该型号小轿车进口关税税率为15%，消费税税率为12%，增值税税率为13%。

解析：

（1）关税完税价格（到岸价格）=7 120 000+360 000=7 480 000（元）

应纳关税税额=7 480 000×15%=1 122 000（元）

（2）应纳消费税税额=[（7 480 000+1 122 000）÷（1-12%）]×12%=1 173 000（元）

（3）应纳增值税税额=（7 480 000+1 122 000+1 173 000）×13%=1 270 750（元）

或=[（7 480 000+1 122 000）÷（1-12%）]×13%=1 270 750（元）

2.4.4 几种特殊情形应纳税额的计算

1. 劳务派遣服务应纳税额的计算[①]

1）一般纳税人提供劳务派遣服务

一般纳税人提供劳务派遣服务，可以取得的全部价款和价外费用为销售额，按照一般计税方法计算缴纳增值税；也可以选择差额纳税，以取得的全部价款和价外费用，扣除代用工单位支付给劳务派遣员工的工资、福利和为其办理社会保险及住房公积金后的余额为销售额，按照简易计税方法依5%的征收率计算缴纳增值税。

（1）适用一般计税方法的：

不含税销售额=全部价款和价外费用÷（1+税率（6%））

销项税额=不含税销售额×税率（6%）

应纳税额=当期销项税额-当期进项税额

（2）选择适用简易计税方法的：

不含税销售额=（全部价款和价外费用-代用工单位支付给劳务派遣员工的工资、福利和为其办理社会保险、住房公积金）÷（1+征收率（5%））

应纳税额=不含税销售额×征收率（5%）

值得注意的是，纳税人选择差额计算纳税的，向用工单位收取的用于支付给劳务派遣员

---

① 财政部、国家税务总局.关于进一步明确全面推开营改增试点有关劳务派遣服务、收费公路通行费抵扣等政策的通知.财税〔2016〕47号，2016.4.30.

工工资、福利和为其办理社会保险及住房公积金的费用,不得开具增值税专用发票,可以开具增值税普通发票。

2)小规模纳税人提供劳务派遣服务

小规模纳税人提供劳务派遣服务,可以取得的全部价款和价外费用为销售额,按照简易计税方法依3%的征收率计算缴纳增值税;也可以选择差额纳税,以取得的全部价款和价外费用,扣除代用工单位支付给劳务派遣员工的工资、福利和为其办理社会保险及住房公积金后的余额为销售额,按照简易计税方法依5%的征收率计算缴纳增值税。

(1)选择全额计税的:

不含税销售额=全部价款和价外费用÷(1+征收率(3%))

应纳税额=不含税销售额×征收率(3%)

(2)选择差额计税的:

不含税销售额=(全部价款和价外费用-代用工单位支付给劳务派遣员工的工资、福利和为其办理社会保险、住房公积金)÷(1+征收率(5%))

应纳税额=不含税销售额×征收率(5%)

2. 人力资源外包服务应纳税额的计算[①]

纳税人提供人力资源外包服务,按照经纪代理服务缴纳增值税,其销售额不包括受客户单位委托代为向客户单位员工发放的工资和代理缴纳的社会保险、住房公积金。向委托方收取并代为发放的工资和代理缴纳的社会保险、住房公积金,不得开具增值税专用发票,可以开具增值税普通发票。一般纳税人提供人力资源外包服务,可以选择适用简易计税方法,按照5%的征收率计算缴纳增值税。

3. 销售固定资产(有形动产)应纳税额的计算[②]

1)一般纳税人销售已使用的固定资产(有形动产)

(1)一般纳税人销售已使用过的已抵扣进项税额的固定资产(有形动产),按照适用税率计算增值税:

销售额=含税销售额÷(1+税率)

销项税额=销售额×税率

【例2-13】

某公司(一般纳税人)本月将自己使用过的已抵扣进项税额的设备销售给某公司,含税售价为113万元,增值税税率为13%。

解析:

[①] 财政部、国家税务总局. 关于进一步明确全面推开营改增试点有关劳务派遣服务、收费公路通行费抵扣等政策的通知. 财税〔2016〕47号, 2016.4.30.

[②] 财政部、国家税务总局. 关于全国实施增值税转型改革若干问题的通知. 财税〔2008〕170号, 2008.12.19;关于部分货物适用增值税低税率和简易办法征收增值税政策的通知. 财税〔2009〕9号, 2009.1.19;国家税务总局. 关于增值税简易征收政策有关管理问题的通知. 国税函〔2009〕90号, 2009.2.25;财政部、国家税务总局. 关于简并增值税征收率的通知. 财税〔2014〕57号, 2014.6.23;财政部、税务总局. 关于调整增值税税率的通知. 财税〔2018〕32号, 2018.4.4.

销项税额=[113÷(1+13%)]×13%=13(万元)

该公司可以向购买方开具增值税专用发票。

(2)一般纳税人销售已使用过的未抵扣进项税额的固定资产(有形动产),可以依照3%的征收率减按2%计算缴纳增值税:

销售额=含税销售额÷(1+3%)

应纳增值税额=销售额×2%

【例2-14】

某公司(一般纳税人)本月将自己使用过的未抵扣进项税额的设备销售给某公司,含税售价为103万元,增值税征收率为3%。

解析:

应纳税额=[103÷(1+3%)]×2%=2(万元)

该公司享受减税优惠,只能向购买方开具增值税普通发票,不得开具增值税专用发票。

值得注意的是,从2016年2月1日起,纳税人销售自己使用过的固定资产(有形动产),适用简易办法依照3%征收率减按2%征收增值税政策的,可以放弃减税,按照简易办法依照3%征收率缴纳增值税,并可以开具增值税专用发票[①]。

【例2-15】

沿用例2-14资料。假如该公司(一般纳税人)向税务局申明放弃减税。

解析:

应纳税额=[103÷(1+3%)]×3%=3(万元)

此时,该公司可以向购买方开具增值税专用发票。

2)小规模纳税人销售已使用过的固定资产(有形动产)

小规模纳税人(除自然人外)销售已使用过的属于有形动产的固定资产(有形动产),其计税办法与"一般纳税人销售已使用过的未抵扣进项税额的固定资产(有形动产)"的计税方法相同。

3)纳税人发生固定资产(有形动产)视同销售行为

纳税人发生固定资产(有形动产)视同销售行为,对已使用过的固定资产(有形动产)无法确定销售额的,以固定资产净值为销售额。固定资产净值,是指纳税人按照财务会计制度计提折旧后计算的固定资产净值。

4. 销售不动产应纳税额的计算[②]

1)一般纳税人转让其2016年4月30日前取得的不动产

(1)一般纳税人转让其2016年4月30日前取得的非自建的不动产,可以选择适用简易计税方法计税,以取得的全部价款和价外费用扣除不动产购置原价或者取得不动产时的作价后的余额为销售额,按照5%的征收率计算应纳税额。纳税人按照上述计税方法向不动产所在地主管税务机关预缴税款后,向机构所在地主管税务机关申报纳税。

---

① 国家税务总局.关于营业税改征增值税试点期间有关增值税问题的公告.国家税务总局公告2015年第90号.2015.12.22.

② 国家税务总局.纳税人转让不动产增值税征收管理暂行办法.国家税务总局公告2016年第14号,2016.3.31.

① 向不动产所在地主管税务机关预缴税款：

应预缴税款=［（全部价款和价外费用−不动产购置原价或者取得不动产时的作价）÷（1+5%）］×5%

② 向机构所在地主管税务机关申报纳税：

应纳税额=［（全部价款和价外费用−不动产购置原价或者取得不动产时的作价）÷（1+5%）］×5%

应补或结转抵减税额=应纳税额−预缴税款

【例2-16】

某公司（地处A市，一般纳税人）于2019年4月份将位于B市的一栋房屋销售给某单位，含税售价为2 100万元。该栋房屋是该公司于2015年抵债转入的，抵债时作价金额为1 890万元（取得对方开具的发票）。该公司向主管税务机关备案，选择简易计税方法缴纳增值税。

解析：
① 向房屋所在地B市主管税务机关预缴税款：
应预缴税款=［（2 100−1 890）÷（1+5%）］×5%=10（万元）
② 向机构所在地A市主管税务机关申报纳税：
应纳税额=［（2 100−1 890）÷（1+5%）］×5%=10（万元）
纳税申报：差额计税，应纳税额10万元，预缴税额10万元，无须补税。

（2）一般纳税人转让其2016年4月30日前自建的不动产，可以选择适用简易计税方法计税，以取得的全部价款和价外费用为销售额，按照5%的征收率计算应纳税额。纳税人按照上述计税方法向不动产所在地主管税务机关预缴税款后，向机构所在地主管税务机关申报纳税。

① 向不动产所在地主管税务机关预缴税款：

应预缴税款=［全部价款和价外费用÷（1+5%）］×5%

② 向机构所在地主管税务机关申报纳税：

应纳税额=［全部价款和价外费用÷（1+5%）］×5%

应补或结转抵减税额=应纳税额−预缴税款

【例2-17】

某公司（地处A市，一般纳税人）于2019年4月份将位于B市的一栋房屋销售给某单位，含税售价为2 100万元。该栋房屋是该公司于2015年自建的，建造成本为1 890万元。该公司向主管税务机关备案，选择简易计税方法缴纳增值税。

解析：
① 向房屋所在地B市主管税务机关预缴税款：
应预缴税款=［2 100÷（1+5%）］×5%=100（万元）
② 向机构所在地A市主管税务机关申报纳税：
应纳税额=［2 100÷（1+5%）］×5%=100（万元）

纳税申报:销售额2 000万元[2100÷(1+5%)],应纳税额100万元,预缴税额100万元,无须补税。

2)一般纳税人转让其2016年5月1日后取得的不动产

(1)一般纳税人转让其2016年5月1日后取得的非自建的不动产,适用一般计税方法,以取得的全部价款和价外费用为销售额。纳税人以取得的全部价款和价外费用扣除不动产购置原价或者取得不动产时的作价后的余额,按照5%的预征率向不动产所在地主管税务机关预缴税款后,向机构所在地主管税务机关申报纳税。

① 向不动产所在地主管税务机关预缴税款:

应预缴税款=[(全部价款和价外费用−不动产购置原价或者取得不动产时的作价)÷(1+5%)]×5%(预征率)

② 向机构所在地主管税务机关申报纳税:

销项税额=[全部价款和价外费用÷(1+税率)]×税率
当期应纳税额=当期销项税额−当期进项税额
当期应补或结转抵减税额=当期应纳税额−预缴税款

【例2-18】

某公司(地处A市,一般纳税人)于2019年5月份将位于B市的一栋房屋销售给某单位,含税售价为2 180万元。该栋房屋是该公司于2016年6月抵债转入的,取得对方开具的增值税专用发票,价税合计1 890万元。自2019年4月1日起,销售不动产适用的增值税税率为9%。

解析:
① 向房屋所在地B市主管税务机关预缴税款:
应预缴税款=[(2 180−1 890)÷(1+5%)]×5%=13.81(万元)
② 向机构所在地A市主管税务机关申报纳税:
销项税额=[2 180÷(1+9%)]×9%=180(万元)
纳税申报:销售额2 000万元[2180÷(1+9%)],销项税额180万元,预缴税额13.81万元。

(2)一般纳税人转让其2016年5月1日后自建的不动产,适用一般计税方法,以取得的全部价款和价外费用为销售额。纳税人以取得的全部价款和价外费用,按照5%的预征率向不动产所在地主管税务机关预缴税款后,向机构所在地主管税务机关申报纳税。

① 向不动产所在地主管税务机关预缴税款:

应预缴税款=[全部价款和价外费用÷(1+5%)]×5%(预征率)

② 向机构所在地主管税务机关申报纳税:

销项税额=[全部价款和价外费用÷(1+税率)]×税率
当期应纳税额=当期销项税额−当期进项税额
当期应补或结转抵减税额=当期应纳税额−预缴税款

3）小规模纳税人转让不动产应纳税额的计算

小规模纳税人转让其取得的不动产，除个人转让其购买的住房外，按照以下规定缴纳增值税。

（1）小规模纳税人转让其取得的非自建的不动产，以取得的全部价款和价外费用扣除不动产购置原价或者取得不动产时的作价后的余额为销售额，按照5%的征收率计算应纳税额。

应预缴税款＝［（全部价款和价外费用－不动产购置原价或者取得不动产时的作价）÷（1+5%）］×5%

（2）小规模纳税人转让其自建的不动产，以取得的全部价款和价外费用为销售额，按照5%的征收率计算应纳税额。

应预缴税款＝［全部价款和价外费用÷（1+5%）］×5%（征收率）

除其他个人之外的小规模纳税人，应按照规定的计税方法向不动产所在地主管税务机关预缴税款，向机构所在地主管税务机关申报纳税；其他个人按照规定的计税方法向不动产所在地主管税务机关申报纳税。

4）个人销售住房应纳税额的计算[①]

（1）个人将购买不足2年的住房对外销售的，按照5%的征收率全额缴纳增值税；个人将购买2年以上（含2年）的住房对外销售的，免征增值税。上述政策适用于北京市、上海市、广州市和深圳市之外的地区。

（2）个人将购买不足2年的住房对外销售的，按照5%的征收率全额缴纳增值税；个人将购买2年以上（含2年）的非普通住房对外销售的，以销售收入减去购买住房价款后的差额按照5%的征收率缴纳增值税；个人将购买2年以上（含2年）的普通住房对外销售的，免征增值税。上述政策仅适用于北京市、上海市、广州市和深圳市。

5.经营租赁服务应纳税额的计算

1）出租有形动产应纳税额的计算

（1）一般纳税人出租有形动产，适用一般计税方法，自2019年4月1日起，税率为13%。一般纳税人有以下情形的，可以选择适用简易计税方法，征收率为3%：

① 以纳入"营改增"试点之日前取得的有形动产为标的物，提供的经营租赁服务；

② 在纳入"营改增"试点之日前签订的尚未执行完毕的有形动产租赁合同。

（2）小规模纳税人出租有形动产，适用简易计税方法，征收率为3%。

2）出租不动产应纳税额的计算[②]

（1）一般纳税人出租其2016年4月30日前取得的不动产，可以选择适用简易计税方法，按照5%的征收率计算应纳税额。纳税人不动产所在地与机构所在地不在同一县（市、区）的，先按照上述计税方法向不动产所在地主管税务机关预缴税款，再向机构所在地主管税务机关申报纳税。

① 向不动产所在地主管税务机关预缴税款：

应预缴税款＝［含税租金÷（1+5%）］×5%

[①] 财政部、国家税务总局.关于全面推开营业税改征增值税试点的通知.财税〔2016〕36号（附件3：营业税改征增值税试点过渡政策的规定），2016.3.23.

[②] 国家税务总局.纳税人提供不动产经营租赁服务增值税征收管理暂行办法.国家税务总局公告2016年第16号，2016.3.31.

② 向机构所在地主管税务机关申报纳税：

应纳税额＝［含税租金÷（1+5%）］×5%

应补或结转抵减税额＝当期应纳税额－预缴税款

【例2-19】

甲公司（一般纳税人）于2018年1月份将2016年4月30日前取得的坐落于外县市的房屋出租给乙公司使用。租赁合同约定：租赁期限3年；每年租金（含增值税）126万元；每年1月份收取当年度租金。甲公司已向主管税务机关备案，选择简易计税方法计算缴纳增值税。

解析： 甲公司提供租赁服务，在预收租金时发生增值税纳税义务。

① 在取得租金的次月纳税申报期或房屋所在地主管税务机关核定的纳税期限预缴税款：

应预缴税款＝［1 260 000÷（1+5%）］×5%=60 000（元）

② 在取得租金的次月纳税申报期或机构所在地主管税务机关核定的纳税期限，办理纳税申报。

应纳税额＝［1 260 000÷（1+5%）］×5%=60 000（元）

纳税申报：销售额120万元，应纳税额6万元，预缴税额6万元，无须补税。

（2）一般纳税人出租其2016年5月1日后取得的不动产，适用一般计税方法计税。纳税人不动产所在地与机构所在地不在同一县（市、区）的，先按照3%的预征率在不动产所在地主管税务机关预缴税款，再向机构所在地主管税务机关申报纳税。

① 向不动产所在地主管税务机关预缴税款：

应预缴税款＝［含税租金÷（1+税率）］×3%（预征率）

② 向机构所在地主管税务机关申报纳税：

销项税额＝［含税租金÷（1+税率）］×税率

当期应纳税额＝当期销项税额－当期进项税额

应补或结转抵减税额＝当期应纳税额－预缴税款

【例2-20】

甲公司（一般纳税人）于2019年6月30日将2016年5月1日后取得的坐落于外县市的房屋出租给乙公司使用。租赁合同约定：租赁期限3年；每年租金（含增值税）218万元；每年1月份、7月份各收取半年租金109万元。

解析： 甲公司提供租赁服务，在预收租金时发生增值税纳税义务。

① 在1月份、7月份取得租金的次月（2月、8月）纳税申报期或房屋所在地主管税务机关核定的纳税期限预缴税款：

应预缴税款＝［1 090 000÷（1+9%）］×3%=30 000（元）

② 在1月份、7月份取得租金的次月（2月、8月）纳税申报期或机构所在地主管税务机关核定的纳税期限，办理纳税申报：

销项税额＝［1 090 000÷（1+9%）］×9%=90 000（元）

纳税申报：销售额100万元，销项税额9万元，预缴税额3万元。

（3）小规模纳税人和个人出租不动产，按照以下规定缴纳增值税。

① 单位和个体工商户出租不动产（不含个体工商户出租住房），按照5%的征收率计算应纳税额。

应预缴税款=［含税租金÷（1+5%）］×5%

个体工商户出租住房，按5%的征收率减按1.5%计算应纳税额。

应预缴税款=［含税租金÷（1+5%）］×1.5%

纳税人不动产所在地与机构所在地不在同一县（市、区）的，先按照上述计税方法向不动产所在地主管税务机关预缴税款，再向机构所在地主管税务机关申报。

② 自然人出租不动产（不含住房），按照5%的征收率计算应纳税额，向不动产所在地主管税务机关申报纳税。

应纳税款=［含税租金÷（1+5%）］×5%

自然人出租住房，按照5%的征收率减按1.5%计算应纳税额，向不动产所在地主管税务机关申报纳税。

应纳税款=［含税租金÷（1+5%）］×1.5%

纳税人出租的不动产所在地与其机构所在地在同一直辖市或计划单列市但不在同一县（市、区）的，由直辖市或计划单列市税务局决定是否在不动产所在地预缴税款。

6. 房地产开发企业销售自行开发的房地产项目[①]

1）一般纳税人销售自行开发的房地产老项目

一般纳税人销售自行开发的房地产老项目，可以选择适用简易计税方法，按照5%的征收率计算缴纳增值税。一经选择简易计税方法，36个月内不得变更。

（1）税款预缴。一般纳税人采取预收款方式销售自行开发的房地产老项目，在收到预收款时，按照3%的预征率预缴增值税。选择适用简易计税方法的，预缴税款的计算公式如下。

应预缴税款=［预收款÷（1+征收率（5%））］×预征率（3%）

一般纳税人在取得预收款的次月纳税申报期向主管税务机关预缴税款。

（2）纳税申报。一般纳税人销售自行开发的房地产老项目，选择适用简易计税方法的，按照规定的纳税义务发生时间，以当期销售额和5%的征收率计算当期应纳税额，抵减已预缴税款后，向主管税务机关申报纳税。未抵减完的预缴税款，可以结转下期继续抵减。

应纳税额=销售额（不含税）×征收率（5%）
应缴或结转下期抵减的税额=应纳税额-预缴税款

以预缴税款抵减应纳税额时，以完税凭证作为合法有效凭证。

[①] 国家税务总局. 房地产开发企业销售自行开发的房地产项目增值税征收管理暂行办法. 国家税务总局公告2016年第18号，2016.3.31；财政部、国家税务总局. 关于明确金融 房地产开发 教育辅助服务等增值税政策的通知. 财税〔2016〕140号，2016.12.21.

2)一般纳税人销售自行开发的房地产新项目

一般纳税人销售自行开发的房地产新项目,适用一般计税方法计算缴纳增值税。

(1)税款预缴。一般纳税人采取预收款方式销售自行开发的房地产新项目,在收到预收款时,按照3%的预征率预缴增值税。

应预缴税款=[预收款÷(1+税率)]×预征率(3%)

一般纳税人在取得预收款的次月纳税申报期向主管税务机关预缴税款。

(2)纳税申报。一般纳税人销售自行开发的房地产新项目,按照规定的纳税义务发生时间,依据当期销售额和适用税率计算销项税额;以销项税额抵扣进项税额后的余额为当期应纳税额,抵减已预缴税款后,向主管税务机关申报纳税。未抵减完的预缴税款,可以结转下期继续抵减。

当期应纳税额=当期销项税额-当期进项税额

应缴或结转下期抵减的税额=当期应纳税额-预缴税款

以预缴税款抵减应纳税额时,以完税凭证作为合法有效凭证。

值得注意的是,由于纳税人受让土地使用权时向政府支付土地价款,以及根据拆迁协议向其他单位或个人支付拆迁补偿费用时,不能取得增值税专用发票,因而无法抵扣进项税额,因此适用一般计税方法的房地产项目,在确定据以计算销项税额的销售额时,可以凭合法有效凭证,从销售额中扣除受让土地时向政府部门支付的土地价款,以及取得土地时向其他单位或个人支付的拆迁补偿费用,即以取得的全部价款和价外费用,扣除当期销售房地产项目对应的向政府部门支付的土地价款和向其他单位或个人支付的拆迁补偿费用后的余额计算销售额。

销售额=(全部价款和价外费用-当期允许扣除的土地价款和向其他单位或个人支付的拆迁补偿费用)÷(1+税率)

当期允许扣除的土地价款和向其他单位或个人支付的拆迁补偿费用,按照以下公式计算。

当期允许扣除的金额=支付的土地价款和向其他单位或个人支付的拆迁补偿费用×(当期销售房地产项目建筑面积/房地产项目可供销售建筑面积)

其中:当期销售房地产项目建筑面积,是指当期进行纳税申报的增值税销售额对应的建筑面积。房地产项目可供销售建筑面积,是指房地产项目可以出售的总建筑面积,不包括销售房地产项目时未单独作价结算的配套公共设施的建筑面积。所称面积,是指计容积率地上建筑面积,不包括地下车位建筑面积[①]。

从发票开具和会计核算角度看,销项税额也可以按照以下办法计算。

① 在纳税义务发生时,向购买方全额开具增值税发票。

按全额计算的销项税额=[含税销售额(全部价款和价外费用)÷(1+税率)]×税率

② 按照准予从当期销售额中扣除的"土地价款和向其他单位或个人支付的拆迁补偿费用"和适用税率计算销项税额抵减额。

---

① 国家税务总局.关于土地价款扣除时间等增值税征管问题的公告.国家税务总局公告2016年第86号,2016.12.24.

销项税额抵减额=（当期允许扣除的土地价款和向其他单位或个人支付的拆迁补偿费用）÷（1+税率）×税率

③ 当期申报的销项税额=按全额计算的销项税额−销项税额抵减额。

7. 在同一地级市提供建筑服务应纳税额的计算

自2017年7月1日起，纳税人在同一地级行政区范围内提供建筑服务，采取预收款方式的，在取得预收款时，向机构所在地主管税务机关预缴税款；纳税义务发生时，向机构所在地主管税务机关申报纳税[①]。

1）小规模纳税人在同一地级行政区范围内提供建筑服务

预收款时预缴税款：

应预缴税款=[（预收款−支付的分包款）÷（1+3%）]×3%

纳税义务发生时申报纳税：

应纳税额=[（取得的全部价款和价外费用−支付的分包款）÷（1+3%）]×3%

应缴或结转下期抵减的税额=当期应纳税额−预缴税款

2）一般纳税人在同一地级行政区范围内提供建筑服务

（1）选择适用简易计税方法计税的：

预收款时预缴税款：

应预缴税款=[（预收款−支付的分包款）÷（1+3%）]×3%

纳税义务发生时申报纳税：

应纳税额=[（取得的全部价款和价外费用−支付的分包款）÷（1+3%）]×3%

应缴或结转下期抵减的税额=应纳税额−预缴税款

（2）适用一般计税方法计税的：

收到预收款时，以取得的全部价款和价外费用扣除支付的分包款后的余额，按照2%的预征率计算预缴税款。

应预缴税款=[（预收款−支付的分包款）÷（1+税率）]×预征率（2%）

纳税义务发生时申报纳税：

销项税额=[取得的全部价款和价外费用÷（1+税率）]×税率

当期应纳税额=当期销项税额−当期进项税额

应缴或结转下期抵减的税额=当期应纳税额−预缴税款

8. 跨地级市提供建筑服务应纳税额的计算[②]

纳税人跨地级市提供建筑服务，按照规定的纳税义务发生时间和计税方法，向建筑服务

[①] 财政部、税务总局.关于建筑服务等营改增试点政策的通知.财税〔2017〕58号,2017.7.11.

[②] 国家税务总局.纳税人跨县（市、区）提供建筑服务增值税征收管理暂行办法.国家税务总局公告2016年第17号,2016.3.31；关于进一步明确营改增有关征管问题的公告.国家税务总局公告2017年第11号；2017.4.20；财政部、税务总局.关于建筑服务等营改增试点政策的通知.财税〔2017〕58号,2017.7.11.

发生地主管税务机关预缴税款，向机构所在地主管税务机关进行纳税申报。

自2017年7月1日起，纳税人跨地级市提供建筑服务，采取预收款方式的，在取得预收款时，向建筑服务发生地主管税务机关预缴税款；纳税义务发生时，向机构所在地主管税务机关进行纳税申报。

1）小规模纳税人跨地级市提供建筑服务

向建筑服务发生地预缴税款：

应预缴税款＝［（预收款或者当期全部价款和价外费用－支付的分包款）÷（1＋3%）］×3%

向机构所在地申报纳税：

应纳税额＝［（当期全部价款和价外费用－支付的分包款）÷（1＋3%）］×3%

应缴或结转下期抵减的税额＝当期应纳税额－预缴税款

2）一般纳税人跨地级市提供建筑服务

（1）选择适用简易计税方法计税的：

向建筑服务发生地预缴税款：

应预缴税款＝［（预收款或者当期全部价款和价外费用－支付的分包款）÷（1＋3%）］×3%

向机构所在地申报纳税：

应纳税额＝［（当期全部价款和价外费用－支付的分包款）÷（1＋3%）］×3%

应缴或结转下期抵减的税额＝应纳税额－预缴税款

（2）适用一般计税方法计税的：

向建筑服务发生地预缴税款，按照2%的预征率计算预缴。

应预缴税款＝［（预收款或者当期全部价款和价外费用－支付的分包款）÷（1＋税率）］×2%

向机构所在地申报纳税：

销项税额＝［取得的全部价款和价外费用÷（1＋税率）］×税率

当期应纳税额＝当期销项税额－当期进项税额

应缴或结转下期抵减的税额＝当期应纳税额－预缴税款

3）应当注意的问题

（1）预缴税款。纳税人预收款时和纳税义务发生时预缴税款。按照工程项目分别计算，分别预缴税款。将建筑服务分包给其他单位的，按照扣除分包款后的余额计算预缴税款；扣除分包款后的余额为负数的，可以结转下次预缴税款时继续扣除。

（2）纳税申报。纳税人按照纳税义务发生时间和纳税期限进行纳税申报。对于预缴的增值税款，可以在当期增值税应纳税额中抵减，抵减不完的，结转下期继续抵减。以预缴税款抵减应纳税额时，以完税凭证作为合法有效凭证。

【例2-21】

某建筑公司（地处A地级市，一般纳税人）于2019年7月10日与建设方（地处B地级市，一般纳税人)签订建筑工程承包合同,在B地级市市区建造办公楼。合同规定:工程总价款(含增值税)6 540万元;工期12个月;开工日期为2019年9月1日;开工前,于2019年8月1日,预收工程款1 090万元;开工当年末(2019年12月31日),按实际完成工作量结算并收取工程款;其余款于工程竣工验收合格的次月10日结算收取。假如2019年末累计完工进度为40%;2020年8月份工程完工,9月30日工程验收合格。该项建筑工程适用一般计税方法计算缴纳增值税。

解析:(1)2019年8月份预收款时,向建筑服务发生地B市主管税务机关预缴税款:
应预缴税款=[1 090÷(1+9%)]×2%=20(万元)
(2)开工当年末(合同约定的结算收款日)发生增值税纳税义务:
① 按照完工进度确认的应结算金额=6 540×40%=2 616(万元)
其中:销项税额=[2 616÷(1+9%)]×9%=216(万元)
向建设方开具发票:金额2 400万元、税率9%、税额216万元、价税合计2 616万元。
扣除预收款后,实际收款1 526万元(2 616-1 090)。
② 向建筑服务发生地B市主管税务机关预缴税款:
应预缴税款=[1 526÷(1+9%)]×2%=28(万元)
③ 向机构所在地A市主管税务机关申报纳税:
申报销售额2 400万元,销项税额216万元,已预缴税款48万元(两次预缴:20+28)。
(3)2020年10月10日(合同约定的余款结算收款日)发生增值税纳税义务:
① 应结算余款金额=6 540-2 616=3 924(万元)
其中:销项税额=[3 924÷(1+9%)]×9%=324(万元)
向建设方开具发票:金额3 600万元、税率9%、税额324万元、价税合计3 924万元。
② 向建筑服务发生地B市主管税务机关预缴税款:
应预缴税款=[3 924÷(1+9%)]×2%=72(万元)
③ 向机构所在地A市主管税务机关申报纳税:
申报销售额3 600万元,销项税额324万元,已预缴税款72万元。

小结:
(1)预缴增值税3次:取得预收款后预缴20万元;开工当年年底发生纳税义务后预缴28万元;余款结算收取日发生纳税义务后预缴72万元;共计120万元。
(2)发生增值税纳税义务2次:第1次申报销售额2 400万元、销项税额216万元;第2次申报销售额3 600万元、销项税额324万元。销售额合计6 000万元(2 400+3 600);销项税额合计540万元(216+324)。

9. 转让金融商品应纳税额的计算

1)基本规定

金融商品转让,按照卖出价扣除买入价后的余额为销售额。金融商品的买入价,可以选择按照加权平均法或者移动加权平均法进行核算,选择后36个月内不得变更。

转让金融商品出现的正负差,按盈亏相抵后的余额为销售额。若相抵后出现负差,可结转下一纳税期与下期转让金融商品销售额相抵,但年末时仍出现负差的,不得转入下一个会计年度。

金融商品转让,不得开具增值税专用发票。

【例2-22】

甲公司（一般纳税人）自10月份开始有金融商品买卖业务。10月份，卖出价减去买入价后的差额为10.6万元；11月份，卖出价减去买入价后的差额为-21.2万元；12月份，卖出价减去买入价后的差额为15.9万元。增值税税率为6%。

解析：

（1）10月份，应交增值税额=［106 000÷（1+6%）］×6%=6 000（元）

（2）11月份，金融商品卖出价减去买入价的差额为-21.2万元，无须缴纳增值税。

（3）12月份，金融商品卖出价减去买入价后的差额为15.9万元，与11月份商品买卖差额相抵后，仍有差额-5.3万元，故12月份金融商品转让，无须缴纳增值税。尚未相抵完的负差（-5.3万元），不得转入下一会计年度相抵。

2）特殊规定

（1）自2018年1月1日起，资管产品管理人发生的部分金融商品转让业务，按照以下规定确定销售额[1]：转让2017年12月31日前取得的股票（不包括限售股）、债券、基金、非货物期货，可以选择按照实际买入价计算销售额，或者以2017年最后一个交易日的股票收盘价（2017年最后一个交易日处于停牌期间的股票，为停牌前最后一个交易日收盘价）、债券估值（中债金融估值中心有限公司或中证指数有限公司提供的债券估值）、基金份额净值、非货物期货结算价格作为买入价计算销售额。

（2）单位将其持有的限售股在解禁流通后对外转让的，按照以下规定确定买入价[2]：

上市公司实施股权分置改革时，在股票复牌之前形成的原非流通股股份，以及股票复牌首日至解禁日期间由上述股份孳生的送、转股，以该上市公司完成股权分置改革后股票复牌首日的开盘价为买入价。

公司首次公开发行股票并上市形成的限售股，以及上市首日至解禁日期间由上述股份孳生的送、转股，以该上市公司股票首次公开发行（IPO）的发行价为买入价。

因上市公司实施重大资产重组形成的限售股，以及股票复牌首日至解禁日期间由上述股份孳生的送、转股，以该上市公司因重大资产重组股票停牌前一交易日的收盘价为买入价。上市公司在重大资产重组前已经暂停上市的，以完成资产重组后股票恢复上市首日的开盘价为买入价[3]。

10. 扣缴义务人扣缴税款的计算

除财政部和国家税务总局另有规定外，境外单位或者个人在中国境内发生应税行为，在中国境内未设有经营机构的，以购买方为增值税扣缴义务人。购买方扣缴增值税时，按照不含税价款和适用税率计算扣缴。

应扣缴税额=［购买方支付的价款÷（1+税率）］×税率

2.4.5 税款缴纳

1. 纳税期限

增值税纳税期限分别为1日、3日、5日、10日、15日、1个月或者1个季度。

以1个季度为纳税期限的规定，仅适用于小规模纳税人、银行、财务公司、信托投资公

---

[1] 财政部、税务总局.关于租入固定资产进项税额抵扣等增值税政策的通知.财税〔2017〕90号，2017.12.25.
[2] 国家税务总局.关于营改增试点若干征管问题的公告.国家税务总局公告2016年第53号，2016.8.18.
[3] 国家税务总局.关于明确中外合作办学等若干增值税征管问题的公告.国家税务总局公告2018年第42号，2018.7.25.

司、信用社，以及财政部和国家税务总局规定的其他纳税人。自2016年4月1日起，增值税小规模纳税人原则上实行按季申报缴纳增值税。

纳税人的具体纳税期限由主管税务机关根据纳税人应纳税额的大小分别核定；不能按照固定期限纳税的，可以按次纳税。

航空运输企业的总机构，中国铁路总公司，各省、自治区、直辖市和计划单列市邮政企业的增值税纳税期限为1个季度。

纳税人以1个月或者1个季度为1个纳税期的，自期满之日起15日内申报纳税；以1日、3日、5日、10日或者15日为1个纳税期的，自期满之日起5日内预缴税款，于次月1日起15日内申报纳税并结清上月应纳税款。

纳税人进口货物，自海关填发税款缴纳证之日起15日内缴纳税款。

2. 纳税地点

增值税由税务机关负责征收。进口货物的增值税由海关代为征收。

1）基本规定

（1）固定业户应当向其机构所在地或者居住地的主管税务机关申报纳税。总机构和分支机构不在同一县（市）的，应当分别向各自所在地的主管税务机关申报纳税；经财政部和国家税务总局或者其授权的财政、税务机关批准，可以由总机构汇总向总机构所在地的主管税务机关申报纳税。

固定业户到外县（市）销售货物或者提供应税劳务，应当向机构所在地主管税务机关填报《跨区域涉税事项报告表》并向其机构所在地主管税务机关申报纳税；未填报的，应当向销售地或者劳务发生地的主管税务机关申报纳税；未向销售地或者劳务发生地的主管税务机关申报纳税的，由其机构所在地的主管税务机关补征税款。

（2）非固定业户应当向应税行为发生地主管税务机关申报纳税；未申报纳税的，由其机构所在地或者居住地主管税务机关补征税款。

（3）其他个人提供建筑服务，销售或者租赁不动产，转让自然资源使用权，应向建筑服务发生地、不动产所在地、自然资源所在地主管税务机关申报纳税。

（4）扣缴义务人应当向其机构所在地或者居住地的主管税务机关申报缴纳其扣缴的税款。

（5）纳税人进口货物，应当向报关地海关申报纳税。

2）特殊规定

（1）纳税人跨地级市提供建筑服务，向建筑服务发生地主管税务机关预缴税款，向机构所在地主管税务机关申报纳税。

纳税人在同一直辖市、计划单列市范围内跨地级行政区提供建筑服务的，由直辖市、计划单列市税务局决定是否适用上述规定。

（2）纳税人销售不动产（房地产开发企业销售自行开发的房地产项目除外），向不动产所在地主管税务机关预缴税款，向机构所在地主管税务机关申报纳税。

个人转让其购买的住房，向不动产所在地主管税务机关申报纳税。

（3）房地产开发企业销售自行开发的房地产项目，采取预收款方式的，在取得预收款时向主管税务机关预缴税款。按照规定的纳税义务发生时间，计算当期应纳税额，抵减已预缴税款后，向主管税务机关申报纳税。

（4）纳税人出租不动产所在地与机构所在地不在同一县（市、区）的，向不动产所在地主管税务机关预缴税款,向机构所在地主管税务机关申报纳税。

出租不动产所在地与机构所在地在同一县(市、区)的,向机构所在地主管税务机关申报纳税。

纳税人出租的不动产所在地与其机构所在地在同一直辖市或计划单列市但不在同一县(市、区)的,由直辖市或计划单列市税务局决定是否在不动产所在地预缴税款。

其他个人出租不动产,向不动产所在地主管税务机关申报纳税。

2.5 起征点与减免税

2.5.1 起征点

1. 基本规定

起征点是指开始征税的起点。纳税人销售额未达到起征点的,免征增值税;达到起征点的,依照规定全额计算缴纳增值税。增值税起征点仅适用于个人,但不适用于登记为一般纳税人的个体工商户。

增值税起征点如下。

(1)按期纳税的,为月销售额5 000~20 000元(含本数)。

(2)按次纳税的,为每次(日)销售额300~500元(含本数)。

起征点的调整由财政部和国家税务总局规定。省、自治区、直辖市财政厅(局)和税务局在规定的幅度内,根据实际情况确定本地区适用的起征点,并报财政部和国家税务总局备案。

2. 特殊规定

为支持小微企业发展,自2019年1月1日至2021年12月31日,月销售额10万元以下(含本数)的增值税小规模纳税人,免征增值税[①]。

执行中,应注意以下问题[②]。

(1)月(季)销售额的执行口径。小规模纳税人发生增值税应税销售行为(包括销售货物、劳务、服务、无形资产和不动产),合计月销售额未超过10万元(以1个季度为1个纳税期的,季度销售额未超过30万元,下同)的,免征增值税。小规模纳税人发生增值税应税销售行为,合计月销售额超过10万元,但扣除本期发生的销售不动产的销售额后未超过10万元的,其销售货物、劳务、服务、无形资产取得的销售额免征增值税。

【例2-23】

某小规模纳税人按月缴纳增值税,2019年1月份销售货物4万元,提供服务3万元,销售不动产2万元,合计月销售额为9万元。

解析:该小规模纳税人合计月销售额为9万元,未超过10万元免税标准,可以享受免征增值税政策。

---

① 财政部、税务总局.关于实施小微企业普惠性税收减免政策的通知.财税〔2019〕13号,2019.1.17.
② 国家税务总局.关于小规模纳税人免征增值税政策有关征管问题的公告.国家税务总局公告2019年第4号,2019.1.19.

【例2-24】

某小规模纳税人按月缴纳增值税,2019年1月份销售货物4万元,提供服务3万元,销售不动产12万元,合计月销售额为19万元。

解析: 该小规模纳税人剔除销售不动产后,月销售额为7万元。因此,销售货物和服务7万元可以享受免征增值税政策,但销售不动产12万元应照章缴纳增值税。

(2)差额征税的政策适用。适用增值税差额征税政策的小规模纳税人,以差额后的销售额确定其是否可以享受小规模纳税人免税政策。

【例2-25】

某建筑业小规模纳税人按月缴纳增值税,2019年1月份取得建筑服务收入20万元,同时向其他建筑企业支付分包款11万元。

解析: 该小规模纳税人当月扣除分包款后的销售额为9万元(20-11),未超过10万元免税标准,当月可以享受免征增值税政策。

(3)纳税期限的选择。按照固定期限纳税的小规模纳税人可以选择以1个月或者1个季度为纳税期限,一经选择,一个会计年度内不得变更。

小规模纳税人选择的纳税期限不同,其享受免税政策的效果也有所不同。

【例2-26】

某小规模纳税人2019年1—3月份的销售额分别为5万元、11万元和12万元。

解析: 该小规模纳税人如果选择按月纳税,则只有1月份销售额5万元,可以享受免税政策;如果选择按季纳税,由于该季度销售额为28万元(5+11+12),未超过免税标准,因而全部享受免税政策。在这种情况下,小规模纳税人更愿意选择按季纳税,但一经选择,一个会计年度内不得变更。

【例2-27】

某小规模纳税人2019年1—3月的销售额分别为8万元、11万元和12万元。

解析: 该小规模纳税人如果选择按月纳税,1月份销售额8万元,可以享受免税政策;如果选择按季纳税,由于该季度销售额31万元(8+11+12)已超过免税标准,因而无法享受免税政策。在这种情况下,小规模纳税人更愿意选择实行按月纳税。但一经选择,一个会计年度内不得变更。

(4)其他个人出租不动产的政策适用。其他个人(自然人),采取一次性收取租金形式出租不动产取得的租金收入,可在对应的租赁期内平均分摊,分摊后的月租金收入未超过10万元的,免征增值税。

(5)销售不动产的政策适用。小规模纳税人中的单位和个体工商户销售不动产,应按其纳税期、上述免税政策,以及其他现行规定确定是否预缴增值税;其他个人销售不动产,继续按照现行规定征免增值税。

【例2-28】

某个体工商户系小规模纳税人,销售不动产取得销售额20万元。

解析: 该个体工商户如果选择按月纳税,不动产销售额超过了月销售额10万元的免税标准,则需要在不动产所在地预缴税款;如果选择按季纳税,不动产销售额未超过季度销售额30万元的免税标准,则无须在不动产所在地预缴税款。

其他个人偶然发生销售不动产的行为,按照现行政策规定实行按次纳税。比如,自然人将购买满2年的住房对外销售,符合免税条件的,可以继续享受免税政策;如果不符合免税条件,则照章缴纳增值税。

(6)预缴增值税的政策适用。按照现行规定应当预缴增值税税款的小规模纳税人,在预缴地实现的月销售额未超过10万元的,当月无须预缴税款。选择按季纳税的,在预缴地实现的季度销售额未超过30万元的,当季无须预缴税款。若已预缴税款的,可以向预缴地主管税务机关申请退还。

比如,小规模纳税人跨地区提供建筑服务、销售不动产、出租不动产等,选择按月纳税的,在预缴地实现的月销售额未超过10万元的,当月无须预缴税款;选择按季纳税的,在预缴地实现的季度销售额未超过30万元的,当季无须预缴税款。

2.5.2 减免税

1. 免税项目

1)《中华人民共和国增值税暂行条例》规定的免税货物

《中国人民共和国增值税暂行条例》规定,下列项目免征增值税。

(1)农业生产者销售的自产农产品。农业,是指种植业、养殖业、林业、牧业、水产业。农业生产者,包括从事农业生产的单位和个人。农产品,是指初级农产品,具体范围依据《农业产品征税范围注释》确定。

(2)避孕药品和用具。

(3)古旧图书,是指向社会收购的古书和旧书。

(4)直接用于科学研究、科学试验和教学的进口仪器、设备。

(5)外国政府、国际组织无偿援助的进口物资和设备。

(6)由残疾人的组织直接进口供残疾人专用的物品。

(7)销售的自己使用过的物品。自己使用过的物品,是指其他个人自己使用过的物品。

除上述规定外,增值税的免税、减税项目由国务院规定。任何地区、部门均不得规定免税、减税项目。

2)其他免税货物劳务

其他免税货物劳务,是指按照国务院规定免征增值税的货物,以及加工、修理修配劳务。

3)免税服务、无形资产或者不动产

免税服务、无形资产或者不动产,是指"营改增"试点后,免征增值税的各类服务、无形资产和不动产。

2. 即征即退增值税

即征即退增值税由税务机关按照有关规定办理。

1)软件企业销售自行开发的软件产品[①]

一般纳税人销售其自行开发生产的软件产品,按照适用税率计算缴纳增值税后,增值税实际税负超过3%的部分,实行即征即退政策。

---

① 财政部、国家税务总局.关于软件产品增值税政策的通知.财税〔2011〕100号,2011.10.13.

执行中，应注意以下问题。

（1）一般纳税人将进口软件产品进行本地化改造后对外销售的，可以享受上述即征即退政策。本地化改造，是指对进口软件产品进行重新设计、改进、转换等，单纯对进口软件产品进行汉字化处理不包括在内。

软件产品，是指信息处理程序及相关文档和数据。软件产品包括计算机软件产品、信息系统和嵌入式软件产品。嵌入式软件产品是指嵌入在计算机硬件、机器设备中并随其一并销售，构成计算机硬件、机器设备组成部分的软件产品。

（2）满足以下条件的软件产品，可以享受增值税即征即退政策：取得省级软件产业主管部门认可的软件检测机构出具的检测证明材料；取得软件产业主管部门颁发的《软件产品登记证书》或著作权行政管理部门颁发的《计算机软件著作权登记证书》。

（3）软件产品增值税即征即退税额，按照下列办法计算：

即征即退税额＝当期软件产品增值税应纳税额－当期软件产品销售额×3%

当期软件产品增值税应纳税额＝当期软件产品销项税额－当期软件产品可抵扣进项税额

当期软件产品销项税额＝当期软件产品销售额×税率

（4）嵌入式软件产品增值税即征即退税额，按照下列办法计算：

即征即退税额＝当期嵌入式软件产品增值税应纳税额－当期嵌入式软件产品销售额×3%

当期嵌入式软件产品增值税应纳税额＝当期嵌入式软件产品销项税额－当期嵌入式软件产品可抵扣进项税额

当期嵌入式软件产品销项税额＝当期嵌入式软件产品销售额×税率

其中：

当期嵌入式软件产品销售额＝当期嵌入式软件产品与计算机硬件、机器设备销售额合计－当期计算机硬件、机器设备销售额

计算机硬件、机器设备销售额，按照下列顺序确定：按纳税人最近同期同类货物的平均销售价格计算确定；按其他纳税人最近同期同类货物的平均销售价格计算确定；按计算机硬件、机器设备组成计税价格计算确定。

计算机硬件、机器设备组成计税价格＝计算机硬件、机器设备成本×（1+10%）

（5）一般纳税人在销售软件产品的同时，销售其他货物或者劳务服务的，对于无法划分的进项税额，按照实际成本或销售收入比例确定软件产品应分摊的进项税额；对专用于软件产品开发生产设备及工具的进项税额，不得进行分摊。纳税人应将选定的分摊方式报主管税务机关备案，并自备案之日起一年内不得变更。

专用于软件产品开发生产的设备及工具，包括但不限于用于软件设计的计算机设备、读写打印器具设备、工具软件、软件平台和测试设备。

2）利用风力生产的电力产品[①]

为鼓励利用风力发电，促进相关产业健康发展，自2015年7月1日起，对纳税人销售自产的利用风力生产的电力产品，实行增值税即征即退50%的政策。

---

① 财政部、国家税务总局.关于风力发电增值税政策的通知.财税〔2015〕74号，2015.6.12.

3)利用太阳能生产的电力产品[①]

自2016年1月1日至2018年12月31日,对纳税人销售自产的利用太阳能生产的电力产品,实行增值税即征即退50%的政策。

4)销售自产的新型墙体材料[②]

为加快推广新型墙体材料,促进能源节约和耕地保护,自2015年7月1日起,对纳税人销售自产的列入《享受增值税即征即退政策的新型墙体材料目录》的新型墙体材料,实行增值税即征即退50%的政策。

纳税人销售自产的《享受增值税即征即退政策的新型墙体材料目录》所列新型墙体材料,包括:砖类、砌块类、板材类,以及符合规定标准的混凝土砖、烧结保温砖(砌块)、中空钢网内模隔墙、复合保温砖(砌块)、预制复合墙板(体)、聚氨酯硬泡复合板、以专用聚氨酯为材料的建筑墙体。

纳税人申请享受增值税即征即退50%的政策时,应同时符合下列条件:

(1)销售自产的新型墙体材料,不属于《产业结构调整指导目录》中的禁止类、限制类项目;

(2)销售自产的新型墙体材料,不属于《环境保护综合名录》中的"高污染、高环境风险"产品或者重污染工艺;

(3)纳税信用等级不属于税务机关评定的C级或D级。

值得注意的是,已享受增值税即征即退政策的纳税人,因违反税收、环境保护的法律法规受到处罚(警告或单次1万元以下罚款除外),自处罚决定下达的次月起36个月内,不得享受增值税即征即退政策。

5)资源综合利用产品和劳务[③]

为进一步推动资源综合利用和节能减排,规范和优化增值税政策,自2015年7月1日起,纳税人销售自产的资源综合利用产品和提供资源综合利用劳务(简称"销售综合利用产品和劳务"),可以享受增值税即征即退政策。综合利用的资源名称、综合利用产品和劳务名称、技术标准和相关条件、退税比例等,按照《资源综合利用产品和劳务增值税优惠目录》的相关规定执行。

纳税人从事《资源综合利用产品和劳务增值税优惠目录》所列的资源综合利用项目,申请享受增值税即征即退政策时,应同时符合下列条件:

(1)属于增值税一般纳税人;

(2)销售综合利用产品和劳务,不属于《产业结构调整指导目录》中的禁止类、限制类项目;

(3)销售综合利用产品和劳务,不属于《环境保护综合名录》中的"高污染、高环境风险"产品或者重污染工艺;

(4)综合利用的资源,属于《国家危险废物名录》列明的危险废物的,应取得省级及以上环保部门颁发的《危险废物经营许可证》,且许可经营范围包括该危险废物的利用;

(5)纳税信用等级不属于税务机关评定的C级或D级。

值得注意的是,已享受增值税即征即退政策的纳税人,因违反税收、环境保护的法律法

[①] 财政部、国家税务总局.关于继续执行光伏发电增值税政策的通知.财税〔2016〕81号,2016.7.25.

[②] 财政部、国家税务总局.关于新型墙体材料增值税政策的通知.财税〔2015〕73号,2015.6.12.

[③] 财政部、国家税务总局.关于印发《资源综合利用产品和劳务增值税优惠目录》的通知.财税〔2015〕78号,2015.6.12.

规受到处罚（警告或单次1万元以下罚款除外）的，自处罚决定下达的次月起36个月内，不得享受增值税即征即退政策。

6）"营改增"试点即征即退政策

（1）一般纳税人提供管道运输服务，增值税实际税负超过3%的部分，实行增值税即征即退政策。

（2）经人民银行、银监会或者商务部批准从事融资租赁业务的一般纳税人，提供有形动产融资租赁服务和有形动产融资性售后回租服务，增值税实际税负超过3%的部分，实行增值税即征即退政策。商务部授权的省级商务主管部门和国家经济技术开发区批准的从事融资租赁业务和融资性售后回租业务的一般纳税人，2016年5月1日后实收资本达到1.7亿元的，从达到标准的当月起按照上述规定执行。

增值税实际税负，是指纳税人当期提供应税服务实际缴纳的增值税额占纳税人当期提供应税服务取得的全部价款和价外费用的比例。

7）安置残疾人就业即征即退增值税[①]

自2016年5月1日起，对安置残疾人的单位和个体工商户（以下称纳税人），实行由税务机关按纳税人安置残疾人的人数，限额即征即退增值税的办法。安置的每位残疾人每月可退还的增值税具体限额，由县级以上税务机关根据纳税人所在区县（含县级市、旗）适用的经省（含自治区、直辖市、计划单列市）人民政府批准的月最低工资标准的4倍确定。

（1）享受税收优惠政策的条件如下。

① 纳税人（除盲人按摩机构外）月安置的残疾人占在职职工人数的比例不低于25%（含25%），并且安置的残疾人人数不少于10人（含10人）；盲人按摩机构月安置的残疾人占在职职工人数的比例不低于25%（含25%），并且安置的残疾人人数不少于5人（含5人）。残疾人是指法定劳动年龄内，持有《残疾人证》或者《残疾军人证（1至8级）》的自然人，包括具有劳动条件和劳动意愿的精神残疾人。在职职工人数是指与纳税人建立劳动关系并依法签订劳动合同或者服务协议的雇员人数。

② 依法与安置的每位残疾人签订了1年以上（含1年）的劳动合同或服务协议。

③ 为安置的每位残疾人按月足额缴纳了基本养老保险、基本医疗保险、失业保险、工伤保险等社会保险。

④ 通过银行等金融机构向安置的每位残疾人，按月支付了不低于纳税人所在区县适用的经省人民政府批准的月最低工资标准的工资。

特殊教育学校举办的企业，只要符合上述①规定的条件，即可享受上述优惠政策。这类企业在计算残疾人人数时，可将在企业上岗工作的特殊教育学校的全日制在校学生计算在内；在计算企业在职职工人数时，也要将上述学生计算在内。特殊教育学校举办的企业，是指特殊教育学校主要为在校学生提供实习场所，并由学校出资自办、由学校负责经营管理、经营收入全部归学校所有的企业。

值得注意的是，纳税信用等级为C级或D级的纳税人，不得享受上述优惠政策。

（2）纳税人按照纳税期限向主管税务机关申请退还增值税。应退增值税额按以下公式计算：

月应退增值税额=纳税人本月安置残疾人员人数×本月月最低工资标准的4倍

[①] 财政部、国家税务总局.关于促进残疾人就业增值税优惠政策的通知.财税〔2016〕52号，2016.5.5；国家税务总局.关于发布《促进残疾人就业增值税优惠政策管理办法》的公告.国家税务总局公告2016年第33号，2016.5.27.

本期应退增值税额=本期所含月份每月应退增值税额之和

纳税人本期已缴增值税额小于本期应退税额不足退还的，可在本年度内以前纳税期已缴增值税额扣除已退增值税额的余额中退还，仍不足退还的可结转本年度内以后纳税期退还。年度已缴增值税额大于年度应退税额的，退税额为年度应退税额；年度已缴增值税额小于年度应退税额的，退税额为年度已缴增值税额，不足退还的，不得结转以后年度退还。

纳税人新安置的残疾人从签订劳动合同并缴纳社会保险的次月起计算，其他职工从录用的次月起计算；安置的残疾人和其他职工减少的，从减少当月计算。

（3）该项优惠政策仅适用于生产销售货物，提供加工、修理修配劳务，以及提供"营改增"现代服务和生活服务税目（不含文化体育服务和娱乐服务）范围的服务取得的收入之和，占其增值税应税收入的比例达到50%的纳税人，但不适用于上述纳税人直接销售外购货物（包括商品批发和零售）及销售委托加工的货物取得的收入。

纳税人应分别核算享受优惠政策和不得享受优惠政策业务的销售额，不能分别核算的，不得享受该项优惠政策。

（4）如果纳税人既适用促进残疾人就业增值税优惠政策，又适用重点群体、退役士兵、随军家属、军转干部等支持就业的增值税优惠政策的，可自行选择适用的优惠政策，但不能累加执行。一经选定，36个月内不得变更。

3. 先征后退增值税

先征后退增值税由财政部驻各地财政监察专员办事处及相关财政机关分别按照现行有关规定办理。

1）抽采销售煤层气先征后退增值税[①]

为加快推进煤层气资源的抽采利用，鼓励清洁生产、节约生产和安全生产，自2007年1月1日起，对煤层气抽采企业（一般纳税人）抽采销售煤层气，实行增值税先征后退政策。先征后退税款由企业专项用于煤层气技术的研究和扩大再生产，不征收企业所得税。

煤层气是指赋存于煤层及其围岩中与煤炭资源伴生的非常规天然气，也称煤矿瓦斯。

2）宣传文化事业先征后退增值税[②]

为促进宣传文化事业的发展，自2018年1月1日起至2020年12月31日，继续执行增值税先征后退政策。

（1）对下列出版物，在出版环节执行增值税100%先征后退的政策。

① 中国共产党和各民主党派的各级组织的机关报纸和机关期刊，各级人大、政协、政府、工会、共青团、妇联、残联、科协的机关报纸和机关期刊，新华社的机关报纸和机关期刊，军事部门的机关报纸和机关期刊。上述各级组织不含其所属部门。机关报纸和机关期刊增值税先征后退范围掌握在一个单位一份报纸和一份期刊以内。

② 专为少年儿童出版发行的报纸和期刊，中小学的学生课本。

③ 列举的50种专为老年人出版发行的报纸和期刊，包括《中国老年报》《中老年时报》等26种报纸，以及《中国老年》《老人世界》等24种期刊。

④ 少数民族文字出版物。

⑤ 盲文图书和盲文期刊。

[①] 财政部、国家税务总局.关于加快煤层气抽采有关税收政策的通知.财税〔2007〕16号，2007.2.7.
[②] 财政部、税务总局.关于延续宣传文化增值税优惠政策的通知.财税〔2018〕53号，2018.6.5.

⑥ 经批准在内蒙古、广西、西藏、宁夏、新疆五个自治区内注册的出版单位出版的出版物。

⑦ 列举的19种图书、报纸和期刊，包括《半月谈》《法制日报》《检察日报》等19类特定图书、报纸和期刊。

（2）对下列出版物，在出版环节执行增值税先征后退50%的政策。

① 各类图书、期刊、音像制品、电子出版物，但执行增值税100%先征后退的出版物除外。

② 列举的综合类报纸和行业专业类报纸，包括国际时政类、外宣类、其他类等3类综合类报纸，以及经济类、农业类、科技类等10类行业专业类报纸。

（3）对下列印刷、制作业务，执行增值税100%先征后退的政策。

① 对少数民族文字出版物的印刷或制作业务。

② 列举的新疆维吾尔自治区62家印刷企业的印刷业务。

4. 销售旧货减征增值税[①]

纳税人销售旧货，自2014年7月1日起，按照简易办法依照3%的征收率减按2%计算缴纳增值税。旧货是指进入二次流通的具有部分使用价值的货物（含旧汽车、旧摩托车和旧游艇），但不包括自己使用过的物品。

（1）一般纳税人销售旧货，自2014年7月1日起，按照下列公式确定销售额和应纳税额。

销售额=含税销售额÷（1+3%）

应纳税额=销售额×2%

（2）小规模纳税人销售旧货，其销售额和应纳税额的计算与上述办法相同。

销售额=含税销售额÷（1+3%）

应纳税额=销售额×2%

纳税人销售旧货，开具增值税普通发票，不得自行开具或者由税务机关代开增值税专用发票。

5. 抵减增值税

1）自主就业退役士兵创业就业的税收优惠[②]

自主就业退役士兵，是指依照《退役士兵安置条例》规定退出现役，并按自主就业方式安置的退役士兵。

（1）自主就业退役士兵从事个体经营的，自办理个体工商户登记当月起，在3年（36个月）内按每户每年12 000元为限额依次扣减其当年实际应缴纳的增值税、城市维护建设税、教育费附加、地方教育附加和个人所得税。限额标准最高可上浮20%，各省、自治区、直辖市人民政府可根据本地区实际情况在此幅度内确定具体限额标准。

纳税人年度应缴纳税款小于上述扣减限额的，减免税额以其实际缴纳的税款为限；大于上述

[①] 财政部、国家税务总局. 关于部分货物适用增值税低税率和简易办法征收增值税政策的通知. 财税〔2009〕9号，2009.1.19；国家税务总局. 关于增值税简易征收政策有关管理问题的通知. 国税函〔2009〕90号，2009.2.25；财政部、国家税务总局. 关于简并增值税征收率的通知. 财税〔2014〕57号，2014.6.23.

[②] 财政部、税务总局、退役军人部. 关于进一步扶持自主就业退役士兵创业就业有关税收政策的通知. 财税〔2019〕21号，2019.2.2.

扣减限额的,以上述扣减限额为限。纳税人的实际经营期不足1年的,按月换算其减免税限额。

减免税限额=(年度减免税限额÷12)×实际经营月数

城市维护建设税、教育费附加、地方教育附加的计税依据是享受该项税收优惠政策前的增值税应纳税额。

(2)企业招用自主就业退役士兵,与其签订1年以上期限劳动合同并依法缴纳社会保险费的,自签订劳动合同并缴纳社会保险当月起,在3年(36个月)内按实际招用人数予以定额依次扣减增值税、城市维护建设税、教育费附加、地方教育附加和企业所得税优惠。定额标准为每人每年6 000元,最高可上浮50%,各省、自治区、直辖市人民政府可根据本地区实际情况在此幅度内确定具体定额标准。

企业按招用人数和签订的劳动合同时间核算企业减免税总额,在核算减免税总额内每月依次扣减增值税、城市维护建设税、教育费附加和地方教育附加。企业实际应缴纳的增值税、城市维护建设税、教育费附加和地方教育附加小于核算减免税总额的,以实际应缴纳的增值税、城市维护建设税、教育费附加和地方教育附加为限;实际应缴纳的增值税、城市维护建设税、教育费附加和地方教育附加大于核算减免税总额的,以核算减免税总额为限。

纳税年度终了,如果企业实际减免的增值税、城市维护建设税、教育费附加和地方教育附加小于核算减免税总额,企业在企业所得税汇算清缴时以差额部分扣减企业所得税。当年扣减不完的,不再结转以后年度扣减。

自主就业退役士兵在企业工作不满1年的,按月换算减免税限额。

减免税总额=(∑每名自主就业退役士兵本年度在本单位工作月份÷12)×具体定额标准

城市维护建设税、教育费附加、地方教育附加的计税依据是享受该项税收优惠政策前的增值税应纳税额。

企业是指属于增值税纳税人或企业所得税纳税人的企业等单位。企业招用自主就业退役士兵既可以适用该项税收优惠政策,又可以适用其他扶持就业专项税收优惠政策的,可以选择适用最优惠的政策,但不得重复享受。

上述税收政策执行期限为2019年1月1日至2021年12月31日。纳税人在2021年12月31日享受上述税收优惠政策未满3年的,可继续享受至3年期满为止。以前年度已享受退役士兵创业就业税收优惠政策满3年的,不得再享受上述税收优惠政策;以前年度享受退役士兵创业就业税收优惠政策未满3年且符合上述规定条件的,可按上述规定享受优惠至3年期满。

2)重点群体创业就业的税收优惠[①]

(1)建档立卡贫困人口、持"就业创业证"(注明"自主创业税收政策"或"毕业年度内自主创业税收政策")或"就业失业登记证"(注明"自主创业税收政策")的人员,从事个体经营的,自办理个体工商户登记当月起,在3年(36个月)内按每户每年12 000元为限额依次扣减其当年实际应缴纳的增值税、城市维护建设税、教育费附加、地方教育附加和个人所得税。限额标准最高可上浮20%,各省、自治区、直辖市人民政府可根据本地区实际情况在此幅度内确定具体限额标准。

纳税人年度应缴纳税款小于上述扣减限额的,减免税额以其实际缴纳的税款为限;大于

[①] 财政部、税务总局、人力资源社会保障部、国务院扶贫办.关于进一步支持和促进重点群体创业就业有关税收政策的通知.财税〔2019〕22号,2019.2.2.

上述扣减限额的，以上述扣减限额为限。

上述人员具体包括：①纳入全国扶贫开发信息系统的建档立卡贫困人口；②在人力资源社会保障部门公共就业服务机构登记失业半年以上的人员；③零就业家庭、享受城市居民最低生活保障家庭劳动年龄内的登记失业人员；④毕业年度内高校毕业生。高校毕业生是指实施高等学历教育的普通高等学校、成人高等学校应届毕业的学生；毕业年度是指毕业所在自然年，即1月1日至12月31日。

（2）企业招用建档立卡贫困人口，以及在人力资源社会保障部门公共就业服务机构登记失业半年以上且持"就业创业证"或"就业失业登记证"（注明"企业吸纳税收政策"）的人员，与其签订1年以上期限劳动合同并依法缴纳社会保险费的，自签订劳动合同并缴纳社会保险当月起，在3年内按实际招用人数予以定额依次扣减增值税、城市维护建设税、教育费附加、地方教育附加和企业所得税优惠。定额标准为每人每年6 000元，最高可上浮30%，各省、自治区、直辖市人民政府可根据本地区实际情况在此幅度内确定具体定额标准。城市维护建设税、教育费附加、地方教育附加的计税依据是享受该项税收优惠政策前的增值税应纳税额。

按上述标准计算的税收扣减额应在企业当年实际应缴纳的增值税、城市维护建设税、教育费附加、地方教育附加和企业所得税税额中扣减，当年扣减不完的，不得结转下年使用。

企业是指属于增值税纳税人或企业所得税纳税人的企业等单位。企业招用就业人员既可以适用该项税收优惠政策，又可以适用其他扶持就业专项税收优惠政策的，可以选择适用最优惠的政策，但不得重复享受。

上述税收政策执行期限为2019年1月1日至2021年12月31日。纳税人在2021年12月31日享受上述税收优惠政策未满3年的，可继续享受至3年期满为止。以前年度已享受重点群体创业就业税收优惠政策满3年的，不得再享受上述税收优惠政策；以前年度享受重点群体创业就业税收优惠政策未满3年且符合上述规定条件的，可按上述规定享受优惠至3年期满。

3）购买税控系统专用设备的税收优惠①

为减轻纳税人负担，自2011年12月1日起，纳税人购买增值税税控系统专用设备支付的费用，以及缴纳的技术维护费（简称二项费用）可在增值税应纳税额中全额抵减。

（1）在2011年12月1日（含）以后，初次购买增值税税控系统专用设备（包括分开票机）支付的费用，可凭购买增值税税控系统专用设备取得的增值税专用发票，在增值税应纳税额中全额抵减（抵减额为价税合计额）；不足抵减的，可结转下期继续抵减。非初次购买增值税税控系统专用设备支付的费用，由其自行负担，不得在增值税应纳税额中抵减。

增值税防伪税控系统的专用设备，包括：金税盘、税控盘及特定纳税人使用的报税盘。

增值税税控系统所需通用设备（台式计算机或笔记本电脑、打印机），由纳税人自行选择购买。

（2）技术维护费。2011年12月1日（含）以后缴纳的技术维护费，可凭技术维护服务单位开具的技术维护费发票，在增值税应纳税额中全额抵减；不足抵减的，可结转下期继续抵减。

值得注意的是，一般纳税人初次购买增值税税控系统专用设备支付的费用和每年缴纳的技术维护费，在增值税应纳税额中全额抵减的，其增值税专用发票不作为增值税抵扣凭证，其进项税额不得从销项税额中抵扣。

---

① 财政部、国家税务总局.关于增值税税控系统专用设备和技术维护费用抵减增值税税额有关政策的通知.财税〔2012〕15号，2012.2.7.

6. 加计抵减政策[①]

自2019年4月1日至2021年12月31日,允许生产、生活性服务业纳税人按照当期可抵扣进项税额加计10%,抵减应纳税额(简称加计抵减政策)。

1)加计抵减政策适用范围

加计抵减政策适用于符合条件的生产、生活性服务业的一般纳税人,具体是指提供邮政服务、电信服务、现代服务、生活服务(简称四项服务)取得的销售额占全部销售额的比例超过50%的一般纳税人。

"四项服务"的范围,按照《销售服务、无形资产、不动产注释》执行。

(1)2019年3月31日前设立的一般纳税人,销售额比例按2018年4月至2019年3月期间的累计销售额计算。

"四项服务"销售额占全部销售额的比例=2018年4月至2019年3月期间"四项服务"销售额累计数÷2018年4月至2019年3月期间全部销售额累计数×100%

(2)2019年3月31日前设立的一般纳税人,实际经营期不满12个月的,销售额比例按实际经营期的累计销售额计算。

"四项服务"销售额占全部销售额的比例=(实际经营期"四项服务"销售额累计数÷实际经营期全部销售额累计数)×100%

"四项服务"销售额占全部销售额的比例超过50%的一般纳税人,自2019年4月1日起适用加计抵减政策。

【例2-29】

某企业(一般纳税人)在计算销售额占比的时间段内,国内货物销售额为100万元,出口研发服务销售额为20万元,国内"四项服务"销售额为90万元。

解析:

"四项服务"销售额占全部销售额的比例=[(20+90)÷(20+90+100)]×100%=52.38%>50%
该企业"四项服务"销售额占全部销售额的比例超过50%,可以享受加计抵减政策。但是,不得抵扣的进项税额,不得计提加计抵减额。

【例2-30】

某企业(一般纳税人)提供服务,按照规定可以享受差额计税政策,以差额后的销售额计算缴纳增值税。该企业在计算销售额占比的时间段内,货物销售额为200万元,提供"四项服务"差额前的全部价款和价外费用共1 000万元,差额后的销售额为400万元。

解析:

"四项服务"销售额占全部销售额的比例=[400÷(200+400)]×100%=66.67%>50%
该企业"四项服务"销售额占全部销售额的比例超过50%,可以享受加计抵减政策。

(3)2019年4月1日后设立的一般纳税人,销售额比例按照设立之日起3个月的累计销售额计算。

[①] 财政部、税务总局、海关总署.关于深化增值税改革有关政策的公告.财政部 税务总局 海关总署公告2019年第39号,2019.3.20.

"四项服务"销售额占全部销售额的比例=设立之日起3个月"四项服务"销售额累计数÷设立之日起3个月全部销售额累计数×100%

自设立之日起3个月"四项服务"销售额占全部销售额的比例超过50%的,自登记为一般纳税人之日起适用加计抵减政策。

一般纳税人可计提但未计提的加计抵减额,可在确定适用加计抵减政策当期一并计提。比如,某企业于2019年4月设立并登记为一般纳税人,2019年6月若符合条件(自设立之日起3个月"四项服务"销售额占全部销售额的比例超过50%),可以确定适用加计抵减政策,6月份一并计提4、5、6月份的加计抵减额。

(4)一般纳税人兼有"四项服务"中多项应税行为的,将其"四项服务"中多项应税行为的当期销售额合并计算销售额,再除以纳税人当期全部销售额,以此计算"四项服务"销售额占全部销售额的比例。

(5)一般纳税人确定适用加计抵减政策后,当年内不再调整,以后年度是否适用,根据上年度销售额计算确定。

具体来说,一般纳税人确定适用加计抵减政策后,一个自然年度内不再调整。下一个自然年度,按照上一年度实际情况,重新计算"四项服务"销售额占全部销售额的比例,以此确定是否适用加计抵减政策。

2)可抵减的加计抵减额的计算

一般纳税人按照当期可抵扣进项税额的10%计提当期加计抵减额。按照现行规定不得从销项税额中抵扣的进项税额,不得计提加计抵减额;已计提加计抵减额的进项税额,按照规定作进项税额转出的,在进项税额转出当期,相应调减加计抵减额。

当期计提加计抵减额=当期可抵扣进项税额×10%
当期可抵减加计抵减额=上期末加计抵减额余额+当期计提加计抵减额−当期调减加计抵减额

执行中,应注意以下问题。

(1)按照现行规定不得从销项税额中抵扣的进项税额,不得计提加计抵减额。

(2)已计提加计抵减额的进项税额,按照规定作进项税额转出的,在进项税额转出当期,相应调减加计抵减额。

当期调减加计抵减额=已计提加计抵减额的当期进项税额转出额×10%

(3)一般纳税人出口货物劳务、发生跨境应税行为不适用加计抵减政策,其对应的进项税额不得计提加计抵减额。

(4)一般纳税人兼营出口货物劳务、发生跨境应税行为且无法划分不得计提加计抵减额的进项税额,按照以下公式计算。

不得计提加计抵减额的进项税额=当期无法划分的全部进项税额×当期出口货物劳务和发生跨境应税行为的销售额÷当期全部销售额

3)加计抵减办法

首先,一般纳税人按照现行规定计算一般计税方法下的应纳税额(以下称抵减前的应纳税额);然后,区分以下情形加计抵减。

（1）抵减前的应纳税额等于零的，当期可抵减的加计抵减额全部结转下期抵减。

【例2-31】

某企业（一般纳税人）主要提供现代服务，符合加计抵减政策条件，当期销项税额为100万元，当期进项税额也为100万元，当期应纳税额为0。

解析：

当期可抵减的加计抵减额=100×10%=10（万元）

因当期按照一般计税方法计算的应纳税额为0，无法抵减加计抵减额，故当期可抵减的加计抵减额10万元全部结转下期抵减。

（2）抵减前的应纳税额大于零，且大于当期可抵减的加计抵减额的，当期可抵减的加计抵减额全额从抵减前的应纳税额中抵减。

【例2-32】

某企业（一般纳税人）主要提供现代服务，符合加计抵减政策条件，当期销项税额为100万元，当期发生进项税额80万元；当期进项税额转出额20万元，其中已计提加计抵减额的进项税额转出额为5万元；当期应纳税额为40万元。上期结转尚未抵减的加计抵减额为10万元。

解析：

当期计提加计抵减额=80×10%=8（万元）

当期调减加计抵减额=5×10%=0.5（万元）

当期可抵减的加计抵减额=10+8-0.5=17.5（万元）

因当期按照一般计税方法计算的抵减前的应纳税额（40万元）大于当期可抵减的加计抵减额（17.5万元），故当期可抵减的加计抵减额（17.5万元）可以全额从抵减前的应纳税额中抵减，当期实际加计抵减额为17.5万元。

抵减后的应纳税额=40-17.5=22.5（万元）

（3）抵减前的应纳税额大于零，且小于或等于当期可抵减加计抵减额的，以当期可抵减加计抵减额抵减应纳税额至零。未抵减完的当期可抵减加计抵减额，结转下期继续抵减。

【例2-33】

某企业（一般纳税人）主要提供现代服务，符合加计抵减政策条件，当期销项税额为100万元，当期发生进项税额90万元；已计提加计抵减额的进项税额转出额为5万元；当期应纳税额为15万元。上期结转尚未抵减的加计抵减额为10万元。

解析：

当期计提加计抵减额=90×10%=9（万元）

当期调减加计抵减额=5×10%=0.5（万元）

当期可抵减的加计抵减额=10+9-0.5=18.5（万元）

因当期按照一般计税方法计算的抵减前的应纳税额（15万元）小于当期可抵减的加计抵减额（18.5万元），故当期实际加计抵减额为15万元。

抵减后的应纳税额=15-15=0

结转下期抵减的加计抵减额=18.5-15=3.5（万元）

值得注意的是，一般纳税人既有适用一般计税方法的计税项目，又有适用简易计税方法的计税项目，加计抵减额只可以抵减一般计税方法下的应纳税额，不可以抵减简易计税方法下的应纳税额。

4）执行期满后的处理

加计抵减政策执行期限为2019年4月1日至2021年12月31日。加计抵减政策执行到期后，一般纳税人不再计提加计抵减额，结余的加计抵减额停止抵减。

【例2-34】

某公司（一般纳税人）主要提供现代服务，2019年适用加计抵减政策，截至2019年年底还有20万元的加计抵减额余额尚未抵减完。因该公司2019年经营业务发生较大调整，致使2020年不再适用加计抵减政策，那么这20万元的加计抵减额余额如何处理？

解析： 因该公司2020年不再适用加计抵减政策，则2020年不得再计提加计抵减额。但是，2019年未抵减完的20万元可以在2020年至2021年度继续抵减。

7. 增量留抵税额退税制度[①]

自2019年4月1日起，试行增值税增量期末留抵税额退税制度。

1）增量留抵退税制度适用条件

2019年4月1日起试行的留抵退税制度是全面留抵退税制度，不区分行业，只要一般纳税人符合规定的条件，都可以申请退还增值税增量留抵税额。

一般纳税人同时符合以下条件的，可以向主管税务机关申请退还增量留抵税额。

（1）自2019年4月税款所属期起，连续6个月（按季纳税的，连续2个季度）增量留抵税额均大于零，且第6个月增量留抵税额不低于50万元。

（2）纳税信用等级为A级或者B级。

（3）申请退税前36个月未发生骗取留抵退税、出口退税或虚开增值税专用发票情形的。

（4）申请退税前36个月未因偷税被税务机关处罚两次及以上的。

（5）自2019年4月1日起未享受即征即退、先征后返（退）政策的。

2）增量留抵税额的确定

增量留抵税额，是指与2019年3月底相比新增加的期末留抵税额。

2019年4月1日以后新设立的一般纳税人，2019年3月底的留抵税额为0，因此其增量留抵税额即当期的期末留抵税额。

3）增量留抵退税的计算

一般纳税人当期允许退还的增量留抵税额，按照以下公式计算。

允许退还的增量留抵税额=（增量留抵税额×进项构成比例）×60%

进项构成比例，是指2019年4月至申请退税前一税款所属期内已抵扣的增值税专用发票（含税控机动车销售统一发票）、海关进口增值税专用缴款书、解缴税款完税凭证注明的增值税额占同期全部已抵扣进项税额的比重。计算时，需要将上述发票汇总后计算所占的比重。

[①] 财政部、税务总局、海关总署．关于深化增值税改革有关政策的公告．财政部　税务总局　海关总署公告2019年第39号，2019.3.20.

执行中，应注意以下问题。

（1）一般纳税人出口货物劳务、发生跨境应税行为，适用"免抵退税"办法的，办理免抵退税后，仍符合留抵退税规定条件的，可以申请退还留抵税额，即按照"先免抵退税，后留抵退税"的原则进行判断；适用"免退税"办法的，相关进项税额不得用于退还留抵税额。

（2）加计抵减政策属于税收优惠，按照纳税人可抵扣的进项税额的10%计算，用于抵减纳税人的应纳税额。但加计抵减额并不是纳税人的进项税额，从加计抵减额的形成机制来看，加计抵减不会形成留抵税额，因而也不能申请留抵退税。

4）增量留抵退税的申请

（1）留抵退税申请。一般纳税人于符合留抵退税条件的次月起，在增值税纳税申报期内，完成本期增值税纳税申报后，申请办理留抵退税。

（2）再次申请退税。一般纳税人按照规定再次满足退税条件的，可以继续向主管税务机关申请退还留抵税额，但适用条件规定的连续期间，不得重复计算。

具体地说，一般纳税人取得退还的留抵税额后，又产生了新的留抵税额，要重新按照退税资格条件进行判断。但是，"连续6个月增量留抵税额均大于零"的条件中"连续6个月"不可重复计算，即此前已申请退税"连续6个月"的计算期间，不能再次计算。也就是说，一般纳税人在一个会计年度中，申请留抵退税的次数最多为2次。

2.6 出口退（免）税[①]

出口退（免）税是国际社会的通行惯例。通过退（免）税，使出口商品不受税收因素影响，有利于各国出口商品公平竞争。我国根据出口商品的实际情况，在遵循"征多少、退多少""未征不退和彻底退税"原则的基础上，实行免税和退税相结合的政策，具体包括三种政策：出口退免税政策、出口免税政策和出口征税政策。

2.6.1 出口退免税政策

出口退免税政策，又称"免税并退税"政策，是指对出口商品在出口环节免征增值税，并将其出口前承担的增值税款按照规定退还给出口企业，即实行零税率政策。

1. 适用范围

对下列出口货物或劳务服务，除适用"免税政策"和"征税政策"外，实行"退免税政策"，免税并退税。

1）出口企业出口货物

出口企业是指依法办理工商登记、税务登记、对外贸易经营者备案登记，自营或委托出口货物的单位或个体工商户，以及依法办理工商登记、税务登记但未办理对外贸易经营者备案登记，委托出口货物的生产企业。生产企业是指具有生产能力（包括加工修理修配能力）的单位或个体工商户。

---

① 依据：财政部、国家税务总局.关于出口货物劳务增值税和消费税政策的通知.财税〔2012〕39号，2012.5.25；关于全面推开营业税改征增值税试点的通知.财税〔2016〕36号，2016.3.23；国家税务总局.营业税改征增值税跨境应税行为增值税免税管理办法（试行）.国家税务总局公告2016年第29号，2016.5.6；财政部、国家税务总局.关于调整增值税税率的通知.财税〔2018〕32号，2018.4.4；财政部、税务总局、海关总署.关于深化增值税改革有关政策的公告.财政部 税务总局 海关总署公告2019年第39号，2019.3.20。

出口货物是指向海关报关后实际离境并销售给境外单位或个人的货物，分为自营出口货物和委托出口货物两类。

2）出口企业或其他单位视同出口货物

（1）出口企业对外援助、对外承包、境外投资的出口货物。

（2）出口企业经海关报关进入国家批准的特殊区域并销售给特殊区域内单位或境外单位、个人的货物。特殊区域是指国家批准的出口加工区、保税物流园区、保税港区、综合保税区、珠澳跨境工业区（珠海园区）、中哈霍尔果斯国际边境合作中心（中方配套区域）、保税物流中心（B型）。

（3）免税品经营企业销售的货物，但不包括国家规定不允许经营和限制出口的货物、卷烟和超出免税品经营企业《企业法人营业执照》规定经营范围的货物。

退免税范围包括：中国免税品（集团）有限责任公司向海关报关运入海关监管仓库，专供其经国家批准设立的统一经营、统一组织进货、统一制定零售价格、统一管理的免税店销售的货物；国家批准的其他"免税品经营企业"，向海关报关运入海关监管仓库，专供其所属的首都机场口岸海关隔离区内的免税店销售的货物；国家批准的其他"免税品经营企业"所属的上海虹桥、浦东机场海关隔离区内的免税店销售的货物。

（4）出口企业或其他单位销售给用于国际金融组织或外国政府贷款国际招标建设项目的中标机电产品（简称中标机电产品）。中标机电产品，包括外国企业中标再分包给出口企业或其他单位的机电产品。贷款机构和中标机电产品的具体范围，按照规定执行。

（5）生产企业向海上石油天然气开采企业销售的自产的海洋工程结构物。

值得注意的是，自2017年1月1日起，生产企业销售自产的海洋工程结构物，按照规定缴纳增值税，不再适用出口退税政策，但购买方为按实物征收增值税的中外合作油（气）田开采企业的除外[①]。

（6）出口企业或其他单位销售给国际运输企业用于国际运输工具上的货物。该项规定暂仅适用于外轮供应公司、远洋运输供应公司销售给外轮、远洋国轮的货物，国内航空供应公司生产销售给国内和国外航空公司国际航班的航空食品。

（7）出口企业或其他单位销售给特殊区域内生产企业生产耗用且不向海关报关而输入特殊区域的水（包括蒸汽）、电力、燃气（简称输入特殊区域的水电气）。但是，输入特殊区域的水电气，区内生产企业用于出租、出让厂房的，不得申报退税，进项税额须转入成本。

除财政部和国家税务总局另有规定外，视同出口货物适用出口货物的各项规定。

3）出口企业对外提供加工、修理修配劳务

对外提供加工、修理修配劳务，是指对进境复出口货物或从事国际运输的运输工具进行的加工、修理修配。

4）适用零税率的服务和无形资产

（1）国际运输服务，适用零税率。国际运输服务是指：在境内载运旅客或者货物出境；在境外载运旅客或者货物入境；在境外载运旅客或者货物。

执行中，应注意以下问题。

① 按照国家有关规定应取得相关资质的国际运输服务项目，纳税人取得相关资质的，

[①] 财政部、国家税务总局.关于明确金融房地产开发教育辅助服务等增值税政策的通知.财税〔2016〕140号，2016.12.21.

适用增值税零税率政策；未取得的，适用增值税免税政策。

② 境内的单位或个人提供程租服务，如果租赁的交通工具用于国际运输服务和港澳台运输服务，由出租方按规定申请适用增值税零税率。

③ 境内的单位和个人向境内单位或个人提供期租、湿租服务，如果承租方利用租赁的交通工具向其他单位或个人提供国际运输服务和港澳台运输服务，由承租方适用增值税零税率。

④ 境内的单位或个人向境外单位或个人提供期租、湿租服务，由出租方适用增值税零税率。

⑤ 境内单位和个人以无运输工具承运方式提供的国际运输服务，由境内实际承运人适用增值税零税率；无运输工具承运业务的经营者适用增值税免税政策。

（2）航天运输服务，适用零税率。

（3）向境外单位提供的完全在境外消费的下列服务，适用零税率：研发服务；合同能源管理服务；设计服务；广播影视节目（作品）的制作和发行服务；软件服务；电路设计及测试服务；信息系统服务；业务流程管理服务；离岸服务外包业务，包括信息技术外包服务（ITO）、技术性业务流程外包服务（BPO）、技术性知识流程外包服务（KPO）；转让技术（专利技术和非专利技术）。

值得注意的是，"完全在境外消费"是指：服务的实际接受方在境外，且与境内的货物和不动产无关；无形资产完全在境外使用，且与境内的货物和不动产无关；财政部和国家税务总局规定的其他情形。

（4）财政部和国家税务总局规定的其他适用零税率的服务。

自2014年10月1日起，在全国开展融资租赁货物出口退税政策试点。融资租赁企业（指经商务部批准设立的外商投资融资租赁公司、经商务部和国家税务总局共同批准开展融资业务试点的内资融资租赁企业、经商务部授权的省级商务主管部门和国家经济技术开发区批准的融资租赁公司）、金融租赁公司（指中国银监会批准设立的金融租赁公司），以及上述企业、公司设立的项目子公司，融资租赁出口货物试行出口退税政策[①]。

① 以融资租赁方式租赁给境外承租人且租赁期限在5年（含）以上，并向海关报关后实际离境的货物，包括飞机、飞机发动机、铁道机车、铁道客车车厢、船舶及其他货物（具体应符合《中华人民共和国增值税暂行条例实施细则》关于"固定资产"的相关规定）。

② 上述单位购买的，并以融资租赁方式租赁给境内列名海上石油天然气开采企业且租赁期限在5年（含）以上的国内生产企业生产的海洋工程结构物，视同出口。

值得注意的是，境内的单位和个人销售适用增值税零税率的货物、劳务、服务或者无形资产的，可以放弃适用零税率政策，选择免税政策或者按规定缴纳增值税。放弃适用零税率政策后，36个月内不得再申请适用零税率。

2. 退免税办法

1）"免抵退税"办法

生产企业出口自产货物和视同自产货物、对外提供加工修理修配劳务，以及列名生产企业出口非自产货物，实行"免抵退税"办法，即出口货物劳务免征增值税，相应的进项税额

---

① 财政部、海关总署、国家税务总局. 关于在全国开展融资租赁货物出口退税政策试点的通知. 财税〔2014〕62号，2014.9.1；关于融资租赁货物出口退税政策有关问题的通知. 财税〔2016〕87号，2016.8.2.

抵减内销货物劳务应纳增值税额（不包括适用增值税即征即退、先征后退政策的应纳增值税额），未抵减完的部分予以退还。

境内的单位和个人提供适用增值税零税率的服务或者无形资产，属于适用一般计税方法的，生产企业实行"免抵退税"办法；外贸企业直接将服务或自行研发的无形资产出口，视同生产企业连同其出口货物统一实行"免抵退税"办法。

生产企业视同自产货物的具体范围，包括以下两大类。

（1）持续经营以来，从未发生骗取出口退税、虚开增值税专用发票或农产品收购发票、接受虚开增值税专用发票（善意取得虚开增值税专用发票除外）行为，且同时符合下列条件的生产企业出口的外购货物，可视同自产货物适用增值税退（免）税政策：已取得增值税一般纳税人资格；已持续经营2年及2年以上；纳税信用等级A级；上一年度销售额5亿元以上；外购出口的货物与本企业自产货物同类型或具有相关性。

（2）持续经营以来，从未发生骗取出口退税、虚开增值税专用发票或农产品收购发票、接受虚开增值税专用发票（善意取得虚开增值税专用发票除外）行为，但不能同时符合上述规定的条件的生产企业，出口的外购货物符合下列条件之一的，可视同自产货物适用退（免）税政策。

① 同时符合下列条件的外购货物：与本企业生产的货物名称、性能相同；使用本企业注册商标或境外单位或个人提供给本企业使用的商标；出口给进口本企业自产货物的境外单位或个人。

② 与本企业所生产的货物属于配套出口，且出口给进口本企业自产货物的境外单位或个人的外购货物，符合下列条件之一的：用于维修本企业出口的自产货物的工具、零部件、配件；不经过本企业加工或组装，出口后能直接与本企业自产货物组合成成套设备的货物。

③ 经集团公司总部所在地的地级以上税务局认定的集团公司，其控股（按照《中华人民共和国公司法》第216条规定的口径执行）的生产企业之间收购的自产货物，以及集团公司与其控股的生产企业之间收购的自产货物。

④ 同时符合下列条件的委托加工货物：与本企业生产的货物名称、性能相同，或者是用本企业生产的货物再委托深加工的货物；出口给进口本企业自产货物的境外单位或个人；委托方与受托方必须签订委托加工协议，且主要原材料必须由委托方提供，受托方不垫付资金，只收取加工费，开具加工费（含代垫的辅助材料）的增值税专用发票。

⑤ 用于本企业中标项目下的机电产品。

⑥ 用于对外承包工程项目下的货物。

⑦ 用于境外投资的货物。

⑧ 用于对外援助的货物。

⑨ 生产自产货物的外购设备和原材料（农产品除外）。

2）"免退税"办法

不具有生产能力的出口企业（以下称外贸企业）或者其他单位出口货物劳务，实行"免退税"办法，即出口货物劳务免征增值税，相应的进项税额予以退还。

适用一般计税方法的外贸企业外购服务或者无形资产出口，实行"免退税"办法。

融资租赁企业、金融租赁公司融资租赁出口货物，符合出口退税试点政策规定的，试行出口退税政策①。

3. 出口退税率

1）基本规定

除财政部和国家税务总局根据国务院决定而明确的出口退税率外，出口退税率与适用税率相同。国家税务总局通过退税率文库予以发布，供征纳双方执行。退税率有调整的，除另有规定外，其执行时间以出口货物报关单（出口退税专用）上注明的出口日期为准。

境内的单位或个人销售适用零税率的服务和无形资产的增值税退税率为其增值税税率。

2）特殊规定

（1）外贸企业购进按简易办法征税的出口货物、从小规模纳税人购进的出口货物，其退税率分别为简易办法实际执行的征收率、小规模纳税人征收率。上述出口货物取得增值税专用发票的，退税率按照增值税专用发票上的税率和出口货物退税率孰低的原则确定。

（2）出口企业委托加工修理修配货物，其加工修理修配费用的退税率，为出口货物的退税率。

（3）中标机电产品、出口企业向海关报关进入特殊区域销售给特殊区域内生产企业生产耗用的列名原材料、输入特殊区域的水电气，其退税率为适用税率。如果国家调整列名原材料的退税率，列名原材料自调整之日起，按调整后的退税率执行。

（4）融资租赁企业、金融租赁公司融资租赁出口货物，符合出口退税试点政策规定的，融资租赁出口货物适用的增值税退税率，按照出口货物适用退税率执行。从一般纳税人购进的按简易办法计税的融资租赁货物和从小规模纳税人购进的融资租赁货物，其适用退税率，按照购进货物适用的征收率和退税率孰低的原则确定②。

4. 退免税的计税依据

增值税退免税的计税依据，按出口发票（外销发票）、其他普通发票或购进出口货物劳务的增值税专用发票、海关进口增值税专用缴款书确定。实行退免税办法的服务和无形资产，如果主管税务机关认定出口价格偏高的，有权按照核定的出口价格计算退（免）税；核定的出口价格低于外贸企业购进价格的，低于部分对应的进项税额不予退税，转入成本。

（1）生产企业出口货物劳务，除进料加工复出口货物外，增值税退免税的计税依据是出口货物劳务的实际离岸价（FOB）。实际离岸价，以出口发票上的离岸价为准。如果出口发票不能反映实际离岸价，主管税务机关有权予以核定。

（2）生产企业进料加工复出口货物，增值税退免税的计税依据按出口货物的离岸价（FOB）扣除出口货物所含的海关保税进口料件的金额后确定。

海关保税进口料件，是指海关以进料加工贸易方式监管的出口企业，从境外和特殊区域等进口的料件，包括：出口企业从境外单位或个人购买并从海关保税仓库提取且办理海关进料加工手续的料件，以及保税区外的出口企业从保税区内的企业购进并办理海关进料加工手续的进口料件。

（3）生产企业国内购进无进项税额且不计提进项税额的免税原材料加工后出口的货物，增值税退免税的计税依据，按出口货物的离岸价（FOB）扣除出口货物所含的国内购进免税原材料的金额后确定。

---

① 财政部、海关总署、国家税务总局.关于在全国开展融资租赁货物出口退税政策试点的通知.财税〔2014〕62号，2014.9.1.
② 财政部、海关总署、国家税务总局.关于在全国开展融资租赁货物出口退税政策试点的通知.财税〔2014〕62号，2014.9.1.

（4）外贸企业出口货物，除委托加工、修理修配货物外，增值税退免税的计税依据是购进出口货物的增值税专用发票注明的金额，或者海关进口增值税专用缴款书注明的完税价格。

（5）外贸企业出口委托加工、修理修配货物，增值税退免税的计税依据是加工、修理修配费用增值税专用发票注明的金额。

外贸企业应将加工、修理修配使用的原材料（进料加工海关保税进口料件除外）作价销售给受托加工、修理修配的生产企业，受托加工、修理修配的生产企业应将原材料成本并入加工、修理修配费用开具发票。

（6）出口已使用过的且进项税额未计算抵扣的设备，增值税退免税的计税依据按下列公式确定。

退免税计税依据＝增值税专用发票上的金额或海关进口增值税专用缴款书注明的完税价格×（已使用过的设备固定资产净值÷已使用过的设备原值）

已使用过的设备固定资产净值＝已使用过的设备原值－已使用过的设备已提累计折旧

已使用过的设备，是指出口企业根据财务会计制度已经计提折旧的固定资产。

（7）免税品经营企业销售的货物，增值税退免税的计税依据是购进货物的增值税专用发票注明的金额，或者海关进口增值税专用缴款书注明的完税价格。

（8）中标机电产品的增值税退免税计税依据：生产企业，为销售机电产品的普通发票注明的金额；外贸企业，为购进货物的增值税专用发票注明的金额，或者海关进口增值税专用缴款书注明的完税价格。

（9）生产企业向海上石油天然气开采企业销售的自产的海洋工程结构物，增值税退免税的计税依据是销售海洋工程结构物的普通发票注明的金额。

（10）输入特殊区域的水电气，增值税退免税的计税依据是作为购买方的特殊区域内生产企业购进水（包括蒸汽）、电力、燃气的增值税专用发票注明的金额。

（11）融资租赁企业、金融租赁公司融资租赁出口货物，符合出口退税试点政策规定的，增值税退免税的计税依据是购进融资租赁货物的增值税专用发票注明的金额，或者海关（进口增值税）专用缴款书注明的完税价格[①]。

5. "免抵退税"和"免退税"的计算

1）"免抵退税"的计算

下面以出口货物为例，说明"免抵退税"办法的计算程序和方法。

（1）出口环节，免征增值税。

（2）计算当期不得免征和抵扣税额。在出口货物退税率与出口货物适用税率不一致的情况下，计算不予退还，也不予抵扣的税额。这部分税额应转入出口货物成本。

当期不得免征和抵扣税额＝当期出口货物离岸价×外汇人民币折合率×（出口货物适用税率－出口货物退税率）－当期不得免征和抵扣税额抵减额

其中：

当期不得免征和抵扣税额抵减额＝当期免税购进原材料价格×（出口货物适用税率－出口货物退税率）

[①] 财政部、海关总署、国家税务总局.关于在全国开展融资租赁货物出口退税政策试点的通知.财税〔2014〕62号，2014.9.1.

当期免税购进原材料价格，包括：当期国内购进的无进项税额且不计提进项税额的免税原材料的价格；当期进料加工保税进口料件的组成计税价格。其中：

当期进料加工保税进口料件的组成计税价格＝当期进口料件到岸价格＋海关实征关税＋海关实征消费税

① 采用"实耗法"的，当期进料加工保税进口料件的组成计税价格，为当期进料加工出口货物耗用的进口料件组成计税价格。其计算公式为：

当期进料加工保税进口料件的组成计税价格＝当期进料加工出口货物离岸价×外汇人民币折合率×计划分配率

计划分配率＝（计划进口总值÷计划出口总值）×100%

② 采用"购进法"的，当期进料加工保税进口料件的组成计税价格，为当期实际购进的进料加工进口料件的组成计税价格。

如果当期实际不得免征和抵扣税额抵减额大于"当期出口货物离岸价×外汇人民币折合率×（出口货物适用税率－出口货物退税率）"，则：

当期不得免征和抵扣税额抵减额＝当期出口货物离岸价×外汇人民币折合率×（出口货物适用税率－出口货物退税率）

（3）计算当期应纳税额。

当期应纳税额＝当期销项税额－（期初进项税额＋当期发生的进项税额－当期不得免征和抵扣税额）

（4）计算当期免抵退税额。免抵退税额，是指按出口货物离岸价计算的应退税额。

当期免抵退税额＝当期出口货物离岸价×外汇人民币折合率×出口货物退税率－当期免抵退税额抵减额

当期免抵退税额抵减额＝当期免税购进原材料价格×出口货物退税率

（5）计算当期应退税额和免抵税额。

如果上述第（3）项"当期应纳税额"为正数，则为当期销项税额（内销）与所有进项税额相抵后的应纳税额。出口退税额被当期应纳税额（内销）抵顶了，无须退税。此时，免抵税额（出口货物应退税额与当期应纳税额相抵的金额），即为第（4）项计算的"免抵退税额"，这部分税额已与当期应纳税额（内销）抵顶了，无须退税。

如果上述第（3）项"当期应纳税额"为负数，则为当期销项税额（内销）与所有进项税额相抵后，尚未抵扣完的进项税额，即当期应纳税额与出口退税额相抵后尚未抵顶完的进项税额，是退税前的期末留抵税额。

此时，应分以下两种情况，确定退税额和免抵税额。

① 退税前的期末留抵税额≤当期免抵退税额，则：

当期退税额＝退税前的期末留抵税额

当期免抵税额＝当期免抵退税额－当期退税额

【例2-35】

某生产企业（有进出口经营权）2019年9月份有关资料如下：报关离境出口货物离岸价折合人民币850万元。国内销售货物取得销售额（不含税）150万元。购进生产经营用货物、劳务、服务等，按法定扣税凭证确定的进项税额为120万元。因管理不善致使生产用材料发生非正常损失，实际成本为10万元，该材料在购进时已取得增值税专用发票并查询确认。

该企业各类货物适用的增值税税率、出口退税率均为13%，且无免税购进货物；该企业采用"免抵退"办法办理出口货物退（免）税。

解析：

不得免征或不得抵扣税额=850×（13%-13%）=0

当期应纳税额=150×13%-（120-10×13%）=-99.2（万元）

当期免抵退税额=850×13%=110.5（万元）

因退税前的期末留抵税额99.2万元小于当期免抵退税额110.5万元，故当期实际应退税额为99.2万元。

当期免抵税额=110.5-99.2=11.3（万元）

② 退税前的期末留抵税额＞当期免抵退税额，则：

当期退税额=当期免抵退税额

当期免抵税额=0

留待下期抵扣的税额=退税前的期末留抵税额-当期退税额

【例2-36】

某生产企业（有进出口经营权）2019年9月份有关资料如下：报关离境出口货物离岸价折合人民币650万元。国内销售货物取得销售额（不含税）150万元。购进生产经营用货物、劳务、服务等，按法定扣税凭证确定的进项税额为120万元；上期留抵税额20万元。

该企业各类货物适用的增值税税率、出口退税率均为13%，且无免税购进货物；该企业采用"免抵退"办法办理出口货物退（免）税。

解析：

不得免征或不得抵扣税额=650×（13%-13%）=0

当期应纳税额=150×13%-（20+120）=-120.5（万元）

当期免抵退税额=650×13%=84.5（万元）

因退税前的期末留抵税额120.5万元大于当期免抵退税额84.5万元，故当期实际应退税额为84.5万元。

当期免抵税额=0

留待下期抵扣税额=120.5-84.5=36（万元）

"营改增"试点后，适用一般计税方法的生产企业出口适用零税率的服务或者无形资产，实行"免抵退税"办法；外贸企业直接将服务或自行研发的无形资产出口，视同生产企业连同其出口货物统一实行"免抵退税"办法。其"免抵退税"的计算程序与办法同上。

值得注意的是，出口企业既有适用增值税免抵退项目，也有增值税即征即退、先征后退项目的，增值税即征即退和先征后退项目不参与出口项目"免抵退税"计算。出口企业应分别核算增值税免抵退项目和增值税即征即退、先征后退项目，并分别申请享受增值税即征即退、先征后退和免抵退税政策。用于增值税即征即退或者先征后退项目的进项税额无法划分的,按照下列公式计算。

无法划分进项税额中用于增值税即征即退或者先征后退项目的部分=当月无法划分的全部进项税额×(当月增值税即征即退或者先征后退项目销售额÷当月全部销售额合计)

2)"免退税"的计算

(1)外贸企业出口委托加工、修理修配货物以外的货物。

增值税应退税额=增值税退(免)税计税依据×出口货物退税率

(2)外贸企业出口委托加工、修理修配货物。

增值税应退税额=委托加工、修理修配货物的增值税退税计税依据×出口货物退税率

(3)外贸企业将外购服务或者无形资产出口,适用零税率的,实行"免退税"办法。

应退税额=外购服务或者无形资产的增值税退(免)税计税依据×退税率

(4)融资租赁企业、金融租赁公司融资租赁出口货物,符合出口退税试点政策规定的,增值税应退税额按下列公式计算[①]。

增值税应退税额=购进融资租赁货物的增值税专用发票注明的金额或海关(进口增值税)专用缴款书注明的完税价格×融资租赁货物适用的增值税退税率

2.6.2 出口免税政策

出口免税政策,又称"免税但不退税"政策,是指对出口商品在出口环节免征增值税,但不退还增值税。

1. 适用范围

符合下列条件的,除适用"征税政策"外,适用增值税免税政策,免税但不退税。

1)出口企业或其他单位出口规定的货物

(1)增值税小规模纳税人出口的货物。

(2)避孕药品和用具,古旧图书。

(3)软件产品(具体范围:海关税则号前四位为"9803"的货物)。

(4)含黄金、铂金成分的货物,钻石及其饰品(限于列举货物)。

(5)国家计划内出口的卷烟。

(6)已使用过的设备(具体范围:购进时未取得增值税专用发票、海关进口增值税专用缴款书,但其他相关单证齐全的已使用过的设备)。

(7)非出口企业委托出口的货物。

(8)非列名生产企业出口的非视同自产货物。

(9)农业生产者自产农产品(农产品具体范围按照《农业产品征税范围注释》执行)。

(10)油画、花生果仁、黑大豆等财政部和国家税务总局规定的出口免税的货物。

(11)外贸企业取得普通发票、农产品收购发票、政府非税收入票据的货物。

[①] 财政部、海关总署、国家税务总局.关于在全国开展融资租赁货物出口退税政策试点的通知.财税〔2014〕62号,2014.9.1.

（12）来料加工复出口的货物。

（13）特殊区域内的企业出口的特殊区域内的货物。

（14）以人民币现金作为结算方式的边境地区出口企业，从所在省（自治区）的边境口岸出口到接壤国家的一般贸易和边境小额贸易出口货物。

（15）以旅游购物贸易方式报关出口的货物。

2）出口企业或其他单位视同出口的货物劳务

（1）国家批准设立的免税店销售的免税货物（包括：进口免税货物和已实现退免税的货物）。

（2）特殊区域内的企业为境外的单位或个人提供加工、修理修配劳务。

（3）同一特殊区域、不同特殊区域内的企业之间销售特殊区域内的货物。

3）未按规定申报或未补齐增值税退（免）税凭证的出口货物劳务

（1）未在国家税务总局规定的期限内申报增值税退（免）税的出口货物劳务。

（2）未在规定期限内申报开具《代理出口货物证明》的出口货物劳务。

（3）已申报增值税退（免）税，却未在国家税务总局规定的期限内向税务机关补齐增值税退（免）税凭证的出口货物劳务。

4）境内的单位和个人发生的某些跨境应税行为

境内的单位和个人发生的下列跨境应税行为，免征增值税。

（1）工程项目在境外的建筑服务。工程总承包方和工程分包方为施工地点在境外的工程项目提供的建筑服务，均属于工程项目在境外的建筑服务。

（2）工程项目在境外的工程监理服务。

（3）工程、矿产资源在境外的工程勘察勘探服务。

（4）会议展览地点在境外的会议展览服务。为客户参加在境外举办的会议、展览而提供的组织安排服务，属于会议展览地点在境外的会议展览服务。

（5）存储地点在境外的仓储服务。

（6）标的物在境外使用的有形动产租赁服务。

（7）在境外提供的广播影视节目（作品）的播映服务。在境外提供的广播影视节目（作品）播映服务，是指在境外的影院、剧院、录像厅及其他场所播映广播影视节目（作品）。但是，通过境内的电台、电视台、卫星通信、互联网、有线电视等无线或者有线装置向境外播映广播影视节目（作品），不属于在境外提供的广播影视节目（作品）播映服务。

（8）在境外提供的文化体育服务、教育医疗服务、旅游服务。在境外提供的文化体育服务和教育医疗服务，是指纳税人在境外现场提供的文化体育服务和教育医疗服务。为参加在境外举办的科技活动、文化活动、文化演出、文化比赛、体育比赛、体育表演、体育活动而提供的组织安排服务，属于在境外提供的文化体育服务。但是，通过境内的电台、电视台、卫星通信、互联网、有线电视等媒体向境外单位或个人提供的文化体育服务或教育医疗服务，不属于在境外提供的文化体育服务、教育医疗服务。

（9）为出口货物提供的邮政服务、收派服务、保险服务。为出口货物提供的邮政服务，是指：寄递函件、包裹等邮件出境；向境外发行邮票；出口邮册等邮品。为出口货物提供的收派服务，是指为出境的函件、包裹提供的收件、分拣、派送服务。纳税人为出口货物提供收派服务，免税销售额为其向寄件人收取的全部价款和价外费用。为出口货物提供的保险服务，包括出口货物保险和出口信用保险。

（10）向境外单位销售的完全在境外消费的电信服务。纳税人向境外单位或者个人提供的电信服务，通过境外电信单位结算费用的，服务接受方为境外电信单位，属于完全在境外消费的电信服务。

（11）向境外单位销售的完全在境外消费的知识产权服务。值得注意的是，服务实际接受方是境内单位或者个人的知识产权服务，不属于完全在境外消费的知识产权服务。

（12）向境外单位销售的完全在境外消费的物流辅助服务（仓储服务、收派服务除外）。境外单位从事国际运输和港澳台运输业务经停我国机场、码头、车站、领空、内河、海域时，纳税人向其提供的航空地面服务、港口码头服务、货运客运站场服务、打捞救助服务、装卸搬运服务，属于完全在境外消费的物流辅助服务。

（13）向境外单位销售的完全在境外消费的鉴证咨询服务。值得注意的是，下列情形不属于完全在境外消费的鉴证咨询服务：服务的实际接受方为境内单位或者个人；对境内的货物或不动产进行的认证服务、鉴证服务和咨询服务。

（14）向境外单位销售的完全在境外消费的专业技术服务。值得注意的是，下列情形不属于完全在境外消费的专业技术服务：服务的实际接受方为境内单位或者个人；对境内的天气情况、地震情况、海洋情况、环境和生态情况进行的气象服务、地震服务、海洋服务、环境和生态监测服务；为境内的地形地貌、地质构造、水文、矿藏等进行的测绘服务；为境内的城、乡、镇提供的城市规划服务。

（15）向境外单位销售的完全在境外消费的商务辅助服务。纳税人向境外单位提供的代理报关服务和货物运输代理服务，属于完全在境外消费的代理报关服务和货物运输代理服务。纳税人向境外单位提供的外派海员服务，属于完全在境外消费的人力资源服务。外派海员服务，是指境内单位派出属于本单位员工的海员，为境外单位在境外提供的船舶驾驶和船舶管理等服务。纳税人以对外劳务合作方式，向境外单位提供的完全在境外发生的人力资源服务，属于完全在境外消费的人力资源服务。对外劳务合作，是指境内单位与境外单位签订劳务合作合同，按照合同约定组织和协助中国公民赴境外工作的活动。

但是，下列情形不属于完全在境外消费的商务辅助服务：服务的实际接受方为境内单位或者个人；对境内不动产的投资与资产管理服务、物业管理服务、房地产中介服务；拍卖境内货物或不动产过程中提供的经纪代理服务；为境内货物或不动产的物权纠纷提供的法律代理服务；为境内货物或不动产提供的安全保护服务。

（16）向境外单位销售的广告投放地在境外的广告服务。广告投放地在境外的广告服务，是指为在境外发布的广告提供的广告服务。

（17）向境外单位销售的完全在境外消费的无形资产（技术除外）。值得注意的是，下列情形不属于向境外单位销售的完全在境外消费的无形资产：无形资产未完全在境外使用；所转让的自然资源使用权与境内自然资源相关；所转让的基础设施资产经营权、公共事业特许权与境内货物或不动产相关；向境外单位转让在境内销售货物、应税劳务、服务、无形资产或不动产的配额、经营权、经销权、分销权、代理权。

（18）为境外单位之间的货币资金融通及其他金融业务提供的直接收费金融服务，且该服务与境内的货物、无形资产和不动产无关。为境外单位之间、境外单位和个人之间的外币、人民币资金往来提供的资金清算、资金结算、金融支付、账户管理服务，属于为境外单位之间的货币资金融通及其他金融业务提供的直接收费金融服务。

（19）属于以下情形的国际运输服务：以无运输工具承运方式提供的国际运输服务；以水路运输方式提供国际运输服务但未取得《国际船舶运输经营许可证》的；以公路运输方式提供国际运输服务但未取得《道路运输经营许可证》或者《国际汽车运输行车许可证》，或者《道路运输经营许可证》的经营范围未包括"国际运输"的；以航空运输方式提供国际运输服务但未取得《公共航空运输企业经营许可证》，或者其经营范围未包括"国际航空客货邮运输业务"的；以航空运输方式提供国际运输服务但未持有《通用航空经营许可证》，或者其经营范围未包括"公务飞行"的。

（20）符合零税率政策但适用简易计税方法，或者声明放弃适用零税率而选择免税的应税行为。

纳税人发生上述跨境应税行为，除第（9）项和第（20）项外，必须签订跨境销售服务或无形资产书面合同，否则不予免征增值税。

纳税人向境外单位销售服务或者无形资产，按照规定免征增值税的，该项销售服务或者无形资产的全部收入应从境外取得，否则不予免征增值税。

下列情形视同从境外取得收入。

① 纳税人向外国航空运输企业提供物流辅助服务，从中国民用航空局清算中心、中国航空结算有限责任公司或者经中国民用航空局批准设立的外国航空运输企业常驻代表机构取得的收入。

② 纳税人与境外关联单位发生跨境应税行为，从境内第三方结算公司取得的收入。上述所称第三方结算公司，是指承担跨国企业集团内部成员单位资金集中运营管理职能的资金结算公司，包括财务公司、资金池、资金结算中心等。

③ 纳税人向外国船舶运输企业提供物流辅助服务，通过外国船舶运输企业指定的境内代理公司结算取得的收入。

④ 国家税务总局规定的其他情形。

值得注意的是，纳税人向国内海关特殊监管区域内的单位或者个人销售服务、无形资产，不属于跨境应税行为，应照章征收增值税。

2. 进项税额的税务处理

出口货物、劳务、服务或者无形资产适用"免税征策"的，其进项税额不得退税，也不得抵扣，应当转入成本。

（1）出口卷烟，按照下列公式计算不得抵扣的进项税额。

不得抵扣的进项税额=当期全部进项税额×［出口卷烟含消费税金额÷（出口卷烟含消费税金额+内销卷烟销售额）］

① 当生产企业销售的出口卷烟在国内有同类产品销售价格时：

出口卷烟含消费税金额=出口销售数量×销售价格

"销售价格"为同类产品生产企业国内实际调拨价格。如果实际调拨价格低于税务机关公示的计税价格的，"销售价格"为税务机关公示的计税价格；高于公示计税价格的，"销售价格"为实际调拨价格。

② 当生产企业销售的出口卷烟在国内没有同类产品销售价格时：

出口卷烟含税金额＝（出口销售额＋出口销售数量×消费税定额税率）÷（1－消费税比例税率）

"出口销售额"以出口发票上的离岸价为准。若出口发票不能如实反映离岸价，生产企业应按实际离岸价计算，否则，税务机关有权按照有关规定予以核定调整。

（2）为出口货物提供收派服务，按照下列公式计算不得抵扣的进项税额。

不得抵扣的进项税额＝当期无法划分的全部进项税额×［（当期简易计税方法计税项目销售额＋免征增值税项目销售额－为出口货物提供收派服务支付给境外合作方的费用）÷当期全部销售额］

（3）除出口卷烟和为出口货物提供收派服务外，适用"免税政策"的其他出口货物、劳务、服务，按照增值税免税政策的统一规定执行。其中，如果涉及销售额，除来料加工复出口货物为其加工费收入外，其他均为出口离岸价或销售额。

2.6.3 出口征税政策

出口征税政策，又称"不免税也不退税"政策，是指对出口商品与内销商品一样征收增值税，不免税也不退税。

1. 适用范围

1）适用征税政策的出口货物劳务

下列出口货物劳务，适用增值税征税政策。

（1）出口企业出口或视同出口财政部和国家税务总局根据国务院决定明确的取消出口退（免）税的货物。但是，不包括来料加工复出口货物、中标机电产品、列名原材料、输入特殊区域的水、电、气。

（2）出口企业或其他单位销售给特殊区域内的生活消费用品和交通运输工具。

（3）出口企业或其他单位因骗取出口退税，被税务机关停止办理增值税退（免）税期间出口的货物。

（4）出口企业或其他单位提供虚假备案单证的货物。

（5）出口企业或其他单位增值税退（免）税凭证有伪造或内容不实的货物。

（6）出口企业或其他单位未在国家税务总局规定期限内申报免税核销，以及经主管税务机关审核不予免税核销的出口卷烟。

2）具有某些特定情形的出口货物劳务

出口企业或其他单位具有以下情形之一的出口货物劳务，实行征税政策。

（1）将空白的出口货物报关单、出口收汇核销单等退（免）税凭证交由除签有委托合同的货代公司、报关行，或由境外进口方指定的货代公司（提供合同约定或者其他相关证明）以外的其他单位或个人使用的。

（2）以自营名义出口，其出口业务实质上是由本企业及其投资的企业以外的单位或个人，借该出口企业名义操作完成的。

（3）以自营名义出口，其出口的同一批货物既签订购货合同，又签订代理出口合同（或协议）的。

（4）出口货物在海关验放后，自己或委托货代承运人对该笔货物的海运提单或其他运输单据等上的品名、规格等进行修改，造成出口货物报关单与海运提单或其他运输单据有关内容不符的。

（5）以自营名义出口，但不承担出口货物的质量、收款或退税风险之一的，即出口货物发生质量问题不承担购买方的索赔责任（合同中有约定质量责任承担者除外）；不承担未按期收款导致不能核销的责任（合同中有约定收款责任承担者除外）；不承担因申报出口退（免）税的资料、单证等出现问题造成不退税责任的。

（6）未实质参与出口经营活动、接受并从事由中间人介绍的其他出口业务，但仍以自营名义出口的。

2. 应纳增值税的计算

1）一般纳税人出口货物

一般纳税人出口货物劳务，适用征税政策的，按照以下办法计算增值税。

销项税额＝［（出口货物离岸价－出口货物耗用的进料加工保税进口料件金额）÷（1+适用税率）］×适用税率

出口货物若已按征退税率之差计算不得免征和抵扣税额并已经转入成本的，相应的税额应转回进项税额。

（1）出口货物耗用的进料加工保税进口料件金额，按照下列公式计算。

出口货物耗用的进料加工保税进口料件金额＝主营业务成本×（投入的保税进口料件金额÷生产成本）

主营业务成本、生产成本均为不予退（免）税的进料加工出口货物的主营业务成本、生产成本。当耗用的保税进口料件金额大于不予退（免）税的进料加工出口货物金额时，耗用的保税进口料件金额为不予退（免）税的进料加工出口货物金额。

（2）出口企业应分别核算内销货物和增值税征税的出口货物的生产成本、主营业务成本。未分别核算的，其相应的生产成本、主营业务成本由主管税务机关核定。

进料加工手册海关核销后，出口企业应对出口货物耗用的保税进口料件金额进行清算。清算公式为：

清算耗用的保税进口料件总额＝实际保税进口料件总额－退（免）税出口货物耗用的保税进口料件总额－进料加工副产品耗用的保税进口料件总额

若耗用的保税进口料件总额与各纳税期扣减的保税进口料件金额之和存在差额，应在清算的当期相应调整销项税额。当耗用的保税进口料件总额大于出口货物离岸金额时，其差额部分不得扣减其他出口货物金额。

2）小规模纳税人出口货物

小规模纳税人出口货物劳务，适用征税政策的，按照下列公式计算增值税。

应纳税额＝［出口货物离岸价÷（1+征收率）］×征收率

2.7 案例分析

案例1　生产企业增值税的计算与缴纳

东风仪表厂是增值税一般纳税人,增值税纳税期限为1个月。该厂2019年6月份有关购销情况如下:

(1) 购进质量检测设备并取得增值税专用发票,发票上注明的价款、税款分别为500 000元、65 000元;支付运输费用并取得增值税专用发票,发票上注明的价款、税款分别为2 000元、180元;该套设备已运抵企业,款项已转账付讫。

(2) 购进生产用材料并取得增值税专用发票,发票上注明的价款、税款分别为200 000元、26 000元;该批材料已运抵企业,款项尚未支付。

(3) 购进生产用工器具并取得增值税专用发票,发票上注明的价款、税款分别为100 000元、13 000元;该批工器具已运抵企业,款项已转账付讫。

(4) 购进办公用品并取得增值税专用发票,发票上注明的价款、税款分别为500元、65元;该批办公用品已入备品库,款项已支付。

(5) 因管理不善致使库存的生产用辅助材料丢失,实际成本为5 000元。该批材料的进项税额已在购进月份申报抵扣,增值税税率为13%。

(6) 支付水费,取得自来水公司开具的增值税专用发票,发票中注明的价款、税款分别为20 000元、600元;支付电费,取得供电部门开具的增值税专用发票,发票中注明的价款、税款分别为21 000元、2 730元;上述水、电均为生产、经营、管理耗用。

(7) 支付广告费,取得广告公司开具的增值税专用发票,发票中注明的价款、税款分别为40 000元、2 400元。

(8) 支付餐费,取得某酒店开具的增值税普通发票,金额为5 600元。

(9) 支付会议室装修费,取得装修公司开具的增值税专用发票,发票中注明的价款、税款分别为100 000元、9 000元。

(10) 销售一批自产仪表,取得销售额(不含增值税)1 295 000元,款项已收讫。

其他资料:该企业上月无留抵税额;本例涉及的增值税扣税凭证已查询确认。

【要求】根据上述资料,回答下列问题:
(1) 该厂2019年6月份实现的销项税额是多少?
(2) 该厂2019年6月份可抵扣的进项税额是多少?
(3) 该厂2019年6月份应纳的增值税额是多少?
(4) 该厂应在什么时间内申报缴纳6月份增值税?

【解析】
(1) 销项税额=1 295 000×13%=168 350(元)
(2) 进项税额=65 000+180+26 000+13 000+65−5 000×13%+600+2 730+2 400+9 000=118 325(元)
(3) 应纳增值税额=168 350−118 325=50 025(元)
(4) 该厂应在7月1日至15日内申报缴纳6月份增值税。

案例2　商业企业应纳增值税的计算

东盛百货商场是增值税一般纳税人,增值税纳税期限为1个月。该商场2019年7月份有关购销情况如下。

(1) 购进各类服装、电器和食品并取得增值税专用发票,发票上注明的价款共计800 000元,税额共计104 000元;发生运输费用并取得增值税专用发票,发票上注明的价款共计20 000元,税额共计1 800元;各类商品已运抵商场,款项已转账付讫。

(2) 从南方某果品公司购进各类水果并取得增值税专用发票,发票上注明的价款、税款分别为70 000元、6 300元;发生运输费用并取得增值税专用发票,发票上注明的价款、税款分别为2 100元、189元;水果已运抵商场,款项已转账付讫。

(3) 购进经营用包装材料并取得增值税专用发票,发票上注明的价款、税款分别为3 000元、390元;货物已运抵商场,款项尚未支付。

(4) 购进办公设备作为固定资产使用,取得的增值税专用发票上注明的价款、税款分别为40 000元、5 200元;款项已转账支付。

(5) 支付自有办公车辆油料费用并取得增值税专用发票,发票上注明的价款、税款分别为10 000元、1 300元。

(6) 支付办公系统(软件)维护费并取得增值税专用发票,发票上注明的价款、税款分别为10 000元、600元。

(7) 支付仓库租赁费并取得增值税专用发票,发票上注明的价款、税款分别为40 000元、2 000元。

(8) 购买一栋经营用门市房并取得增值税专用发票,发票上注明价款、税款分别为2 000 000元、100 000元。

(9) 零售各类服装、电器、食品等商品,取得零售收入(含增值税)2 265 650元。

(10) 零售各类水果,取得零售收入(含增值税)114 450元。

其他资料:该商场上月无留抵税额;本例涉及的增值税扣税凭证已查询确认。

【要求】 根据上述资料,回答下列问题:

(1) 该商场2019年7月份实现的销项税额是多少?

(2) 该商场2019年7月份可抵扣的进项税额是多少?

(3) 该商场2019年7月份应纳的增值税额是多少?

【解析】

(1) 销项税额=[2 265 650÷(1+13%)]×13%+[114 450÷(1+9%)]×9%=270 100(元)

(2) 进项税额=104 000+1 800+6 300+189+390+5 200+1 300+600+2 000+100 000=221 779(元)

(3) 应纳税额=270 100-221 779=48 321(元)

本章小结

增值税属于商品劳务税,在我国税收体系中具有重要地位。增值税的征收范围包括在我国境内销售货物或者劳务,销售服务、无形资产和不动产,以及进口货物。纳税人是发生上述应税销售行为的所有单位和个人。纳税人分为一般纳税人和小规模纳税人。一般纳税人发生应税销售行为,除个别情形外,适用一般计税方法计算缴纳增值税;小规模纳税人发生应税销售行为,一般纳税人发生的某些特定应税销售行为,适用简易计税方法计算缴纳增值税。增值税优惠政策较多,优惠形式包括起征点、免税、减征税额、扣减税额、即征即退、先征后退、加计抵减、增量留抵税额退税等。出口退(免)税是国际社会的通行惯例。我国根据出口商品的实际情况,在遵循"征多少、退多少""未征不退和彻底退税"原则的基础上,实行免税和退税相结合的政策,包括出口退免税政策(免税并退税)、出口免税政策(免税但不退税)、出口征税政策(不免税也不退税)。

复习思考题

1. 增值税的特殊作用有哪些?
2. 如何理解在中国境内发生应税销售行为?
3. 如何从法理上理解视同销售货物、服务、无形资产和不动产的规定?
4. 什么是混合销售行为?如何进行税务处理?
5. 什么是兼营行为?如何进行税务处理?
6. 一般纳税人可以选择适用简易计税方法的应税销售行为有哪些特点?
7. 据以确认抵扣进项税额的扣税凭证有哪些?
8. 增值税进项税额申报抵扣的条件有哪些?
9. 不得抵扣进项税额的情形有哪些?
10. 对适用"购进扣税法"的外购农产品,如何计算抵扣其进项税额?
11. 对适用"核定扣税法"的外购农产品,如何计算抵扣其进项税额?
12. 需要做进项税额转出的情形有哪些?
13. 准予进项税额转回的情形有哪些?在计算转回额时应注意哪些问题?
14. 增值税优惠方式有哪些?在优惠方式设计上应考虑哪些因素?
15. 出口退(免)增值税的政策形式有哪些?

案例分析题

某市利群服装厂是增值税一般纳税人,增值税纳税期限为1个月。该厂2019年6月份有关业务资料如下。

(1)购进生产用原料(布四)并取得增值税专用发票,发票上注明的价款、税款分别为210 000元、27 300元;该批货物已运抵企业,货款已付。

(2) 购进缝纫机并取得增值税专用发票,发票上注明的价款、税款分别为10 000元、1 300元;支付运输费用并取得增值税专用发票,发票上注明的价款、税款分别为500元、45元。

(3) 以自制服装100套向某纺织厂换取一批布料,服装厂开具的增值税专用发票上注明的销售额(不含增值税)为50 000元;取得纺织厂开具的增值税专用发票上注明的价款为40 000元、税款为5 200元;其余款以支票结算。

(4) 支付水费并取得自来水公司开具的增值税专用发票,发票上注明的价款、税款分别为20 000元、600元;支付电费并取得供电部门开具的增值税专用发票,发票上注明的价款、税款分别为21 000元、2 730元;上述水、电均为生产、经营、管理耗用。

(5) 支付产品广告费并取得广告公司开具的增值税专用发票,发票上注明的价款、税款分别为40 000元、2 400元。

(6) 支付电话费并取得电信单位开具的增值税专用发票,发票上注明的价款、税款分别为20 000元、1 800元。

(7) 支付借款利息,取得增值税普通发票,金额为30 000元。

(8) 因招待客户支付某酒店餐费,价税合计1 600元,取得增值税普通发票;因员工加班支付某餐馆餐费,价税合计500元,取得增值税普通发票。

(9) 报销本厂营销人员国内交通费,注明本厂营销人员身份信息的铁路客票票价合计3 270元;注明本厂营销人员身份信息的水路客票票价合计1 030元;未注明本厂营销人员身份信息的公路客票票价合计515元;报销本厂营销人员异地住宿费,增值税专用发票上注明的价款、税款分别为10 000元、600元。

(10) 向个体工商户销售服装并开具增值税普通发票,价税合计79 100元,款项已收讫。

(11) 向某百货公司销售一批服装,开具的增值税专用发票上注明的销售额(不含增值税)为300 000元,货已发出,货款尚未收回。

(12) 为某客户加工服装100套。双方商定,服装面料由服装厂按客户要求选购,每套服装价格(含增值税)1 130元。该厂为加工该批服装从某厂购进面料并取得增值税专用发票,价款、税款分别为30 000元、3 900元,货款已付。该批服装已于当月加工完成并送交客户,货款已结清。

(13) 通过市教育局向某学校赠送100套运动服,生产成本共计7 000元;该批运动服无同类产品销售价格。

(14) 上月未抵扣完的进项税额为18 500元。

其他资料:本例涉及的增值税扣税凭证已通过查询确认。

要求:根据上述资料,回答下列问题:

(1) 该厂2019年6月份实现的销项税额是多少?
(2) 该厂2019年6月份可抵扣的进项税额是多少?
(3) 该厂2019年6月份应纳的增值税额是多少?

(答案提示:销项税额 68 601元,进项税额64 675元,应纳增值税额3 926元)

第 3 章

消 费 税

【本章要点提示】
◇ 征税对象和纳税人　　　　◇ 税目税率和计税依据
◇ 消费税计算与缴纳　　　　◇ 出口应税消费品退（免）税

本章内容引言

对消费税的解释，一般有两种：一种是对消费支出，向消费者个人征收的一种税，有时称消费支出税或支出税；另一种是对消费品，向其经营者征收的一种税，税款最终由消费者承担。中国现行的消费税，是对特定消费品向其生产者或经营者征收的一种税。

根据消费税的征税目的，可将消费税分为收入型消费税和调节型消费税。收入型消费税是以取得收入为目的而征收的消费税；调节型消费税是为实施特定的社会经济政策而征收的消费税。根据消费税的征税范围，可将消费税分为有限型消费税、中间型消费税和延伸型消费税。有限型消费税的征税对象仅限于传统的个别的应税消费品，包括劣质品和混合品；中间型消费税的征税对象除包括传统的应税消费品外，还包括一些奢侈品和生活必需品；延伸型消费税的征税对象更广泛些，包括更多的奢侈品和一些用于生产消费的物品。根据消费税的纳税人，可将消费税分为直接消费税和间接消费税。直接消费税是向消费者直接征收的消费税，消费者既是纳税人又是负税人；间接消费税是向消费品的生产者或销售者征收的消费税，税款由生产者或销售者缴纳，最终由消费者承担。中国现行的消费税基本上属于调节性消费税、有限型消费税和间接消费税[①]。

对消费品征税历史悠久。在西方，早在古罗马时代就有对特定消费品征税。在中国，早在公元前81年，汉昭帝改酒专卖为征税。近代中国对消费品的课税始于民国时期的统税。中华人民共和国成立初期，曾对筵席、娱乐、冷饮、旅店等行业开征了特种消费行为税，1953年修订工商税制时取消了该税种。1989年，对彩色电视机和小轿车开征了特别消费税，1994年废止了该税种。现行消费税是1994年税制改革中新设置的一个税种。1993年12月13日，国务院颁布了《中华人民共和国消费税暂行条例》（简称《消费税暂行条例》），同年12月25日，财政部颁发了《中华人民共和国消费税暂行条例实施细则》（简称《消费税暂行条例实施细

---

① 马国强. 中国税收. 8版. 大连：东北财经大学出版社，2018.

则》)。2008年11月5日,国务院重新修订了《消费税暂行条例》;同年12月15日,财政部、国家税务总局颁布了修订后的《消费税暂行条例实施细则》。修订后的暂行条例及其实施细则,自2009年1月1日起实施。近几年,陆续对消费税征税对象、征收环节、计税方法和适用税率进行了调整。

消费税除具有税收的共性作用外,还具有以下特殊作用:一是有利于矫正外部成本,优化资源配置;二是有利于缩小贫富差距,实现社会公平;三是有利于鼓励储蓄,激励投资,促进经济增长;四是有利于节约资源、保护环境,实现经济的可持续发展[1]。

3.1 征税对象与纳税人

3.1.1 征税对象

消费税征税对象是应税消费品。应税消费品包括15类:烟、酒、高档化妆品、贵重首饰及珠宝玉石、鞭炮焰火、成品油、摩托车、小汽车、高尔夫球及球具、高档手表、游艇、木制一次性筷子、实木地板、电池、涂料。

3.1.2 征税环节

消费税主要在应税消费品的生产、委托加工和进口环节征收,但对个别应税消费品在批发、零售环节征收。

(1) 金银首饰(包括铂金首饰)、钻石及钻石饰品消费税由生产、委托加工、进口环节改在零售环节征收[2]。

(2) 卷烟消费税除在生产、委托加工和进口环节征收外,自2009年5月1日起,在批发环节加征一道消费税[3]。

(3) 超豪华小汽车消费税除在生产(进口)环节征收外,自2016年12月1日起,在零售环节加征一道消费税[4]。

(4) 其他应税消费品,其消费税征税环节仍在生产、委托加工和进口环节。

3.1.3 纳税人

在我国境内生产、委托加工和进口应税消费品的单位和个人,以及国务院确定的销售应税消费品的其他单位和个人,为消费税纳税人。

金银首饰(包括铂金首饰)、钻石及钻石饰品消费税以零售者为纳税人。

卷烟消费税以在我国境内生产、委托加工和进口卷烟的单位和个人,以及从事卷烟批发业务的单位和个人为纳税人。但是,卷烟批发者之间销售卷烟不缴纳消费税。

超豪华小汽车消费税除在生产(进口)环节征收外,将超豪华小汽车销售给消费者的单

---

[1] 马国强.中国税收.8版.大连:东北财经大学出版社,2018.
[2] 财政部、国家税务总局.关于调整金银首饰消费税纳税环节有关问题的通知.财税〔1994〕95号,1994.12.24;关于钻石及上海钻石交易所有关税收政策的通知.财税〔2001〕176号,2001.11.3.
[3] 财政部、国家税务总局.关于调整烟产品消费税政策的通知.财税〔2009〕84号,2009.5.26.
[4] 财政部、国家税务总局.关于对超豪华小汽车加征消费税有关事项的通知.财税〔2016〕129号,2016.11.30.

位和个人为超豪华小汽车零售环节纳税人[①]。

单位,是指企业、行政单位、事业单位、军事单位、社会团体及其他单位。个人,是指个体工商户及其他个人。

在境内生产、委托加工和进口应税消费品,是指生产、委托加工和进口应税消费品的起运地或者所在地在中国境内。

3.2 税目税率与计税依据

3.2.1 税目税率

1. 烟

烟,包括卷烟、雪茄烟和烟丝。

(1)卷烟分生产(进口)环节和批发环节确定适用税率[②]。

在生产环节,卷烟适用定额税率和比例税率:定额税率为0.003元/支。比例税率为:甲类卷烟,税率为56%;乙类卷烟,税率为36%。甲类卷烟,是指每标准条(200支)调拨价格在70元(含70元,不含增值税)以上的卷烟;乙类卷烟,是指每标准条调拨价格在70元(不含增值税)以下的卷烟。

在批发环节,卷烟适用定额税率和比例税率:定额税率为0.005元/支;比例税率为11%[③]。

(2)雪茄烟消费税在生产(进口)环节征收,适用税率为36%。

(3)烟丝消费税在生产(进口)环节征收,适用税率为30%。

2. 酒

酒类包括白酒、黄酒、啤酒和其他酒。酒类消费税在生产、委托加工、进口环节征收。

(1)白酒适用定额税率和比例税率:定额税率为0.5元/500克(或者500毫升);比例税率为20%。

(2)啤酒适用定额税率:甲类啤酒单位税额为250元/吨;乙类啤酒单位税额为220元/吨。

财政部、国家税务总局规定,每吨啤酒出厂价格(含包装物及包装物押金)在3 000元(含3 000元,不含增值税)以上的,以及娱乐业、饮食业自制啤酒,单位税额为250元/吨。每吨啤酒出厂价格在3 000元(不含3 000元,不含增值税)以下的,单位税额为220元/吨[④]。在确定出厂价格(含包装物及包装物押金)时,上述包装物押金不包括供重复使用的塑料周转箱的押金[⑤]。

(3)黄酒适用定额税率,单位税额为240元/吨。

(4)其他酒适用比例税率,税率为10%。

按照国家已经出台的调味品分类标准,调味料酒属于调味品,对调味料酒不征收消费税[⑥]。

[①] 财政部、国家税务总局.关于对超豪华小汽车加征消费税有关事项的通知.财税〔2016〕129号,2016.11.30.
[②] 财政部、国家税务总局.关于调整烟产品消费税政策的通知.财税〔2009〕84号,2009.5.26.
[③] 财政部、国家税务总局.关于调整卷烟消费税的通知.财税〔2015〕60号,2015.5.8.
[④] 财政部、国家税务总局.关于调整酒类产品消费税政策的通知.财税〔2001〕84号,2001.5.11.
[⑤] 财政部、国家税务总局.关于明确啤酒包装物押金消费税政策的通知.财税〔2006〕20号,2006.2.27.
[⑥] 国家税务总局.关于调味料酒征收消费税问题的通知.国税函〔2008〕742号,2008.8.21.

值得注意的是，自2011年10月1日起，配制酒消费税适用税率按照以下规定执行①。

① 以蒸馏酒或食用酒精为酒基，同时符合以下条件的配制酒，按照"其他酒"适用10%的税率征收消费税：具有国家相关部门批准的国食健字或卫食健字文号；酒精度低于38度（含）。

② 以发酵酒为酒基，酒精度低于20度（含）的配制酒，按照"其他酒"适用10%的税率征收消费税。

③ 其他配制酒，按照"白酒"适用税率征收消费税。

配制酒（露酒）是指以发酵酒、蒸馏酒或食用酒精为酒基，加入可食用或药食两用的辅料或食品添加剂，进行调配、混合或再加工制成的、并改变了其原酒基风格的饮料酒。以发酵酒为酒基，是指酒基中发酵酒的比重超过80%（含）；以蒸馏酒或食用酒精为酒基，是指酒基中蒸馏酒或食用酒精的比重超过80%（含）。

3. 高档化妆品②

高档化妆品包括高档美容、修饰类化妆品，高档护肤类化妆品和成套化妆品。高档美容、修饰类化妆品和高档护肤类化妆品，是指生产（进口）环节销售（完税）价格（不含增值税）在10元/毫升（克）或15元/片（张）及以上的美容、修饰类化妆品和护肤类化妆品，包括香水及花露水、唇用化妆品、眼用化妆品、指（趾）甲化妆品、粉（不论是否紧压）、其他美容化妆品。

高档化妆品消费税在生产、委托加工、进口环节征收，税率为15%。

4. 贵重首饰及珠宝玉石

金银首饰、铂金首饰和钻石及钻石饰品，在零售环节征收消费税，适用税率为5%。其他贵重首饰和珠宝玉石，在生产、委托加工、进口环节征收消费税，适用税率为10%。

5. 鞭炮、焰火

鞭炮、焰火，在生产、委托加工、进口环节征收消费税，适用税率为15%。体育上用的发令纸、鞭炮药引线不按本税目征税。

6. 成品油

成品油消费税在生产、委托加工、进口环节征收。

成品油，包括：汽油、柴油、石脑油、溶剂油、润滑油、燃料油、航空煤油7个子目。催化料、焦化料属于燃料油的征收范围，自2012年11月1日起征收消费税③。变压器油、导热类油等绝缘油类产品，不属于应征消费税的"润滑油"，不征收消费税④。

自2015年1月13日起，成品油单位税额调整为：汽油、石脑油、溶剂油、润滑油，1.52元/升；柴油、燃料油、航空煤油，1.2元/升⑤。航空煤油继续暂缓征收消费税。

7. 摩托车⑥

摩托车消费税在生产、委托加工、进口环节征收，税率按气缸容量分档设置。气缸容量（排气量，下同）250毫升的，税率为3%；气缸容量在250毫升（不含）以上的，税

---

① 国家税务总局.关于配制酒消费税适用税率问题的公告.国家税务总局公告2011年第53号，2011.9.28.
② 财政部、国家税务总局.关于调整化妆品消费税政策的通知.财税〔2016〕103号，2016.9.30.
③ 国家税务总局.关于催化料、焦化料征收消费税的公告.国家税务总局公告2012年第46号，2012.9.27.
④ 国家税务总局.关于绝缘油类产品不征收消费税问题的公告.国家税务总局公告2010年第12号，2010.8.30.
⑤ 财政部、国家税务总局.关于继续提高成品油消费税的通知.财税〔2015〕11号，2015.1.12.
⑥ 国家税务总局.消费税问题解答.国税函发〔1997〕306号，1997.5.21.

率为10%。

自2014年12月1日起,取消气缸容量250毫升(不含)以下的小排量摩托车消费税[①]。

8. 小汽车

小汽车消费税在生产、委托加工、进口环节征收。超豪华小汽车在零售环节加征一道消费税[②]。

(1)小汽车税目下设三个子目:乘用车、中轻型商用客车、超豪华小汽车。

① 乘用车征收范围。包括含驾驶员座位在内最多不超过9个座位(含)的,在设计和技术特性上用于载运乘客和货物的各类乘用车。

② 中轻型商用客车的征收范围。包括含驾驶员座位在内的座位数在10至23座(含23座)的,在设计和技术特性上用于载运乘客和货物的各类中轻型商用客车。

用排气量小于1.5升(含)的乘用车底盘(车架)改装、改制的车辆属于乘用车征收范围。用排气量大于1.5升的乘用车底盘(车架)或用中轻型商用客车底盘(车架)改装、改制的车辆属于中轻型商用客车征收范围。

电动汽车不属于小汽车税目征收范围,不征收消费税。车身长度大于7米(含7米),并且座位在10至23座(含)以下的商用客车,不属于中轻型商用客车征收范围,不征收消费税。企业购进货车或厢式货车改装生产的商务车、卫星通信车等专用汽车不属于消费税征收范围,不征收消费税。

③ 自2016年12月1日起,对超豪华小汽车,在生产(进口)环节按现行税率征收消费税的基础上,在零售环节加征消费税,税率为10%。超豪华小汽车的征收范围为每辆零售价格为130万元(不含增值税)及以上的乘用车和中轻型商用客车,即乘用车和中轻型商用客车子税目中的超豪华小汽车[③]。

(2)乘用车消费税,按气缸容量设置七档税率:1%,3%,5%,9%,12%,25%,40%;中轻型商用客车消费税税率为5%。

9. 高尔夫球及球具[④]

高尔夫球及球具消费税在生产、委托加工、进口环节征收,税率为10%。高尔夫球及球具,是指从事高尔夫球运动所需的各种专用装备,包括高尔夫球、高尔夫球杆及高尔夫球包(袋)等。高尔夫球杆的杆头、杆身和握把属于本税目的征收范围。

10. 高档手表[⑤]

高档手表消费税在生产、委托加工、进口环节征收,税率为20%。高档手表是指销售价格(不含增值税)每只在10 000元(含)以上的各类手表。

11. 游艇[⑥]

游艇消费税在生产、委托加工、进口环节征收,税率为10%。游艇税目征收范围,包括艇身长度大于8米(含)小于90米(含),内置发动机,可以在水上移动,一般为私人或团体购置,主要用于水上运动和休闲娱乐等非牟利活动的各类机动艇。

---

① 财政部、国家税务总局.关于调整消费税政策的通知.财税〔2014〕93号,2014.11.25.
② 财政部、国家税务总局.关于对超豪华小汽车加征消费税有关事项的通知.财税〔2016〕129号,2016.11.30.
③ 财政部、国家税务总局.关于对超豪华小汽车加征消费税有关事项的通知.财税〔2016〕129号,2016.11.30.
④ 财政部、国家税务总局.关于调整和完善消费税政策的通知.财税〔2006〕33号,2006.3.20.
⑤ 财政部、国家税务总局.关于调整和完善消费税政策的通知.财税〔2006〕33号,2006.3.20.
⑥ 财政部、国家税务总局.关于调整和完善消费税政策的通知.财税〔2006〕33号,2006.3.20.

12. 木制一次性筷子[①]

木制一次性筷子消费税在生产、委托加工、进口环节征收，税率为5%。木制一次性筷子，又称卫生筷子，包括各种规格的木制一次性筷子。未经打磨、倒角的木制一次性筷子属于本税目征税范围。

13. 实木地板[②]

实木地板消费税在生产、委托加工、进口环节征收，税率为5%。实木地板，包括各类规格的实木地板、实木指接地板、实木复合地板及用于装饰墙壁、天棚的侧端面为榫、槽的实木装饰板。未经涂饰的素板属于本税目征收范围。

14. 电池[③]

自2015年2月1日起，对电池征收消费税，在生产、委托加工、进口环节征收，税率为4%。

无汞原电池、金属氢化物镍蓄电池（又称"氢镍蓄电池"或"镍氢蓄电池"）、锂原电池、锂离子蓄电池、太阳能电池、燃料电池和全钒液流电池，免征消费税。

15. 涂料[④]

自2015年2月1日起，对涂料征收消费税，在生产、委托加工、进口环节征收，税率为4%。对施工状态下挥发性有机物（volatile organic compounds，VOC）含量低于420克/升（含）的涂料，免征消费税。

消费税税目税率表如表3-1所示。

表3-1 消费税税目税率表

税　目	税　率
一、烟	
1. 卷烟	
生产环节：（1）甲类卷烟	56%加0.003元/支
（2）乙类卷烟	36%加0.003元/支
批发环节	11%加0.005元/支
2. 雪茄烟	36%
3. 烟丝	30%
二、酒	
1. 白酒	20%加0.5元/500克（或者500毫升）
2. 黄酒	240元/吨
3. 啤酒：（1）甲类啤酒	250元/吨
（2）乙类啤酒	220元/吨
4. 其他酒	10%
三、高档化妆品	15%

[①] 财政部、国家税务总局.关于调整和完善消费税政策的通知.财税〔2006〕33号，2006.3.20.
[②] 财政部、国家税务总局.关于调整和完善消费税政策的通知.财税〔2006〕33号，2006.3.20.
[③] 财政部、国家税务总局.关于对电池 涂料征收消费税的通知.财税〔2015〕16号，2015.1.26.
[④] 财政部、国家税务总局.关于对电池 涂料征收消费税的通知.财税〔2015〕16号，2015.1.26.

续表

税　目	税　率
四、贵重首饰及珠宝玉石	
1. 金银首饰、铂金首饰和钻石及钻石饰品	5%
2. 其他贵重首饰和珠宝玉石	10%
五、鞭炮、焰火	15%
六、成品油	
1. 汽油	1.52元/升
2. 柴油	1.2元/升
3. 航空煤油	1.2元/升
4. 石脑油	1.52元/升
5. 溶剂油	1.52元/升
6. 润滑油	1.52元/升
7. 燃料油	1.2元/升
七、摩托车	
1. 气缸容量（排气量，下同）250毫升的	3%
2. 气缸容量在250毫升以上的	10%
八、小汽车	
1. 乘用车	
（1）气缸容量（排气量，下同）在1.0升（含1.0升）以下的	1%
（2）气缸容量在1.0升以上至1.5升（含1.5升）的	3%
（3）气缸容量在1.5升以上至2.0升（含2.0升）的	5%
（4）气缸容量在2.0升以上至2.5升（含2.5升）的	9%
（5）气缸容量在2.5升以上至3.0升（含3.0升）的	12%
（6）气缸容量在3.0升以上至4.0升（含4.0升）的	25%
（7）气缸容量在4.0升以上的	40%
2. 中轻型商用客车	5%
3. 超豪华小汽车：	
（1）生产（进口）环节	按子税目1和子税目2的规定征收
（2）零售环节	10%
九、高尔夫球及球具	10%
十、高档手表	20%
十一、游艇	10%
十二、木制一次性筷子	5%
十三、实木地板	5%
十四、电池	4%
十五、涂料	4%

注：计量单位的换算标准：黄酒1吨=962升；啤酒1吨=988升；汽油1吨=1 388升；柴油1吨=1 176升；航空煤油1吨=1 246升；石脑油1吨=1 385升；溶剂油1吨=1 282升；润滑油1吨=1 126升；燃料油1吨=1 015升。

纳税人兼营不同税率的应税消费品，应分别核算其销售额、销售数量；未分别核算的，或者将不同税率的应税消费品组成成套消费品销售的，从高适用税率。兼营不同税率的应税消费品，是指纳税人生产销售两种或两种税率以上的应税消费品。

3.2.2 计税办法

消费税计税办法有三种：从价定率、从量定额和复合计税。

适用从价定率计税办法的应税消费品包括：雪茄烟和烟丝；其他酒；高档化妆品；贵重首饰及珠宝玉石；鞭炮、焰火；摩托车；小汽车；高尔夫球及球具；高档手表；游艇；木制一次性筷子；实木地板；电池；涂料。

适用从量定额计税办法的应税消费品包括：黄酒；啤酒；成品油。

适用复合计税办法的应税消费品包括：卷烟；白酒。

3.2.3 计税依据

1. 从价定率：销售额

采用从价定率计税办法的应税消费品，消费税的计税依据是销售额。

1）生产销售应税消费品

纳税人生产的应税消费品于销售时纳税。销售是指有偿转让应税消费品的所有权。有偿是指从购买方取得货币、货物或者其他经济利益。

在生产销售环节，销售额是纳税人销售应税消费品向购买方收取的全部价款和价外费用，但不包括向购货方收取的增值税税款。价外费用是指价外向购买方收取的手续费、补贴、基金、集资费、返还利润、奖励费、违约金、滞纳金、延期付款利息、赔偿金、代收款项、代垫款项、包装费、包装物租金、储备费、优质费、运输装卸费及其他各种性质的价外收费。

但是，下列款项不包括在价外费用之内，不并入销售额。

（1）同时符合以下条件的代垫运输费用：承运部门的运输费用发票开具给购买方的；纳税人将该项发票转交给购买方的。

（2）同时符合以下条件代为收取的政府性基金或者行政事业性收费：由国务院或者财政部批准设立的政府性基金，由国务院或者省级人民政府及其财政、价格主管部门批准设立的行政事业性收费；收取时开具省级以上财政部门印制的财政票据；所收款项全额上缴财政。

应税消费品连同包装物销售的，无论包装物是否单独计价及在会计上如何核算，均应并入应税消费品的销售额中缴纳消费税。如果包装物不作价随同产品销售，而是收取押金，则此项押金不并入应税消费品的销售额；但对因逾期未收回的包装物不再退还的或者已收取的时间超过12个月的押金，应并入应税消费品的销售额，按照应税消费品的适用税率缴纳消费税。对既作价随同应税消费品销售，又另外收取的包装物押金，凡纳税人在规定的期限内没有退还的，均应并入应税消费品的销售额，按照应税消费品的适用税率缴纳消费税。

纳税人销售的应税消费品，以人民币计算销售额。纳税人以人民币以外的货币结算销售额的，可以选择销售额发生的当天或者当月1日的人民币汇率中间价折合成人民币销售额。纳税人应事先确定采用何种折合率，确定后1年内不得变更。

实际上，在生产销售环节，计算消费税所依据的销售额与计算增值税销项税额（或应纳税额）所依据的销售额基本相同。消费税是价内税，增值税是价外税，计算消费税、增值税销项税额（或应纳税额）所依据的销售额，都是含消费税但不包括增值税的销售额。

【例3-1】

某化妆品厂（增值税一般纳税人）本期向商场销售一批高档化妆品，开具的增值税专用发票上注明的销售额（不含增值税）为100万元，增值税税率为13%，消费税税率为15%。

解析：该厂计算增值税销项税额和计算消费税时所依据的销售额都是100万元。

增值税销项税额=100×13%=13（万元）

应纳消费税税额=100×15%=15（万元）

实际上，消费税包含在应税销售额之中；增值税在应税销售额之外收取。

在确定消费税计税依据时，应注意以下问题。

（1）含增值税销售额的换算。在计算消费税时所依据的销售额，不包括向购货方收取的增值税税额。如果纳税人销售应税消费品取得的销售额中包含增值税税额，在计算消费税时，应将其换算为不含增值税的销售额。

应税消费品的销售额=含增值税的销售额÷（1+增值税税率或者征收率）

如果纳税人是增值税一般纳税人，则按照增值税税率换算；如果纳税人是增值税小规模纳税人，则按照增值税征收率换算。

（2）纳税人通过自设非独立核算门市部销售的自产应税消费品，按照门市部对外销售额或者销售数量计算消费税[①]。

（3）纳税人用于换取生产资料和消费资料、投资入股和抵偿债务等方面的应税消费品，以纳税人同类应税消费品的最高销售价格作为计税依据计算消费税[②]。

（4）纳税人将自产的应税消费品与外购或自产的非应税消费品组成套装销售的，以套装产品的销售额（不含增值税）为计税依据[③]。

2）自产自用应税消费品

纳税人将自产的应税消费品用于连续生产应税消费品的，不纳税。也就是说，纳税人将自产的应税消费品作为生产最终应税消费品的直接材料，并构成最终产品实体的，不计算缴纳消费税。比如，卷烟厂用自产的烟丝生产卷烟，对自产自用的烟丝不纳消费税，仅就生产销售的卷烟缴纳消费税。

纳税人将自产的应税消费品用于其他方面的，应于移送使用时缴纳消费税。用于其他方面，是指用于生产非应税消费品和在建工程、管理部门、非生产机构、提供劳务、馈赠、赞助、集资、广告、样品、职工福利、奖励等方面。

纳税人将自产的适用从价定率办法的应税消费品用于其他方面的，按照纳税人生产的同类消费品的销售价格计算纳税；没有同类消费品销售价格的，按照组成计税价格计算纳税。同类消费品的销售价格，是指纳税人当月销售的同类消费品的销售价格。如果当月同类消费品各期销售价格高低不同，则按销售数量加权平均计算。但销售的应税消费品有下列情况之一的，不得列入加权平均计算：一是销售价格明显偏低并且无正当理由的；二是无销售价格的。如果当月无销售或者当月未完结，则按同类消费品上月或者最近月份的销售价格计算纳税。

[①] 国家税务总局.消费税若干具体问题的规定.国税发〔1993〕156号，1993.12.28.

[②] 国家税务总局.消费税若干具体问题的规定.国税发〔1993〕156号，1993.12.28.

[③] 财政部、国家税务总局.关于调整和完善消费税政策的通知.财税〔2006〕33号，2006.3.20.

适用从价定率办法计算纳税的，组成计税价格按下列公式计算。

组成计税价格=（成本+利润）÷（1－比例税率）

或：组成计税价格=成本×（1+成本利润率）÷（1－比例税率）

公式中的成本，是指应税消费品的生产成本。公式中的利润，是指根据应税消费品的全国平均成本利润率计算的利润。应税消费品全国平均成本利润率由国家税务总局确定：甲类卷烟为10%，乙类卷烟为5%，雪茄烟为5%，烟丝为5%；粮食白酒为10%，薯类白酒为5%，其他酒为5%；高档化妆品为5%；鞭炮、焰火为5%；贵重首饰及珠宝玉石为6%；摩托车为6%[①]。高尔夫球及球具为10%；高档手表为20%；游艇为10%；木制一次性筷子为5%；实木地板为5%；乘用车为8%；中轻型商用客车为5%[②]；电池为4%，涂料为7%[③]。

3）委托加工应税消费品

委托加工的应税消费品，是指由委托方提供原料和主要材料，受托方只收取加工费和代垫部分辅助材料加工的应税消费品。对于由受托方提供原材料生产的应税消费品，或者受托方先将原材料卖给委托方，然后再接受加工的应税消费品，以及由受托方以委托方名义购进原材料生产的应税消费品，不论在财务上是否作销售处理，都不得作为委托加工应税消费品，而应按照销售自产应税消费品缴纳消费税。

纳税人委托加工的应税消费品，除受托方为个人外，由受托方在向委托方交货时代收代缴消费税。即委托方是消费税的纳税人，受托方是扣缴义务人。纳税人委托个人加工的应税消费品，由委托方收回后缴纳消费税。纳税人将委托加工收回的已纳消费税的应税消费品直接出售的，不再缴纳消费税；用于连续生产应税消费品的，所缴纳的消费税税款准予按规定抵扣。

值得注意的是，所称"直接销售"，是指委托方将收回的已纳消费税的应税消费品，以不高于受托方的计税价格出售。在这种情形下，不再缴纳消费税。如果委托方以高于受托方的计税价格出售，则不属于直接出售，应当按照规定申报缴纳消费税，在计税时准予扣除受托方已代收代缴的消费税[④]。

纳税人委托加工的适用从价定率办法的应税消费品，按照受托方的同类消费品的销售价格计算纳税；没有同类消费品销售价格的，按照组成计税价格计算纳税。

同类消费品的销售价格，是指受托方（代收代缴义务人）当月销售的同类消费品的销售价格，如果当月同类消费品各期销售价格高低不同，则按销售数量加权平均计算。但销售的应税消费品有下列情况之一的，不得列入加权平均计算：一是销售价格明显偏低并且无正当理由的；二是无销售价格的。如果当月无销售或者当月未完结，则按同类消费品上月或者最近月份的销售价格计算纳税。

适用从价定率办法计算纳税的，组成计税价格按下列公式计算。

组成计税价格=（材料成本+加工费）÷（1－比例税率）

[①] 国家税务总局.消费税若干具体问题的规定.国税发〔1993〕156号，1993.12.28.
[②] 财政部、国家税务总局.关于调整和完善消费税政策的通知.财税〔2006〕33号，2006.3.20.
[③] 国家税务总局.关于明确电池 涂料消费税征收管理有关事项的公告.国家税务总局公告2015年第95号，2015.12.29.
[④] 财政部、国家税务总局.关于《中华人民共和国消费税暂行条例实施细则》有关条款解释的通知.财法〔2012〕8号，2012.7.13.

公式中的材料成本,是指委托方所提供加工材料的实际成本。纳税人必须在委托加工合同上如实注明(或者以其他方式提供)材料成本,凡未提供材料成本的,受托方主管税务机关有权核定其材料成本。公式中的加工费,是指受托方加工应税消费品向委托方所收取的全部费用(包括代垫辅助材料的实际成本),但不包括收取的增值税额。

由此可见,在委托加工环节,受托方即加工劳务提供方,在计算增值税销项税额或应纳税额时所依据的销售额,与计算代收消费税时所依据的销售额是不同的。计算增值税时所依据的销售额是不含增值税的加工费收入(包括代垫的辅助材料费),而计算代收消费税时所依据的销售额,是受托方的同类应税消费品的销售价格或者组成计税价格。

【例3-2】
某烟丝加工厂接受某卷烟厂委托加工烟丝。加工中耗用卷烟厂提供的原材料(烟叶)实际成本为110 000元;加工完成交货时,按照合同规定向卷烟厂收取加工费30 000元(包括受托方代垫辅助材料的实际成本)、增值税3 900元,并向对方开具增值税专用发票。该烟丝加工厂没有同类烟丝销售价格。

解析:
组成计税价格=(110 000+30 000)÷(1-30%)=200 000(元)
代收代缴消费税额=200 000×30%=60 000(元)
烟丝加工厂代收消费税60 000元时,应向卷烟厂开具代扣代收税款凭证。

值得注意的是,在税务检查中,委托方所在地税务局发现纳税人委托加工的应税消费品受托方未按规定代收代缴税款的,则由委托方所在地税务局对委托方补征税款,受托方所在地税务局不得重复征税。对委托方补征税款的计税依据是:如果在检查时,收回的应税消费品已经直接销售的,按照销售额计税;收回的应税消费品尚未销售或不能直接销售的(如收回后用于连续生产等),按照组成计税价格计税。组成计税价格的计算公式与委托加工应税消费品的相同。

4)进口应税消费品

纳税人进口应税消费品,应在报关进口时缴纳消费税。适用从价定率计税办法的,消费税计税依据是组成计税价格。

组成计税价格=(关税完税价格+关税)÷(1-消费税比例税率)

关税完税价格是指海关核定的关税计税价格。

5)零售金银首饰和钻石及钻石饰品[①]

金银首饰、钻石及钻石饰品消费税已由生产环节、进口环节征收改在零售环节征收。改为零售环节征收消费税的金银首饰范围仅限于金、银和金基、银基合金首饰,以及金、银和金基、银基合金的镶嵌首饰(简称金银首饰)。金银首饰与其他产品组成成套消费品销售的,按照销售额全额征收消费税。

(1)纳税人销售金银首饰,其计税依据为不含增值税的销售额。如果纳税人销售金银首饰的销售额包含增值税款,在计算消费税时,应将其换算为不含增值税的销售额。

(2)金银首饰连同包装物销售的,无论包装物是否单独计价,也无论会计上如何核算,

---

① 财政部、国家税务总局.关于调整金银首饰消费税纳税环节有关问题的通知.财税〔1994〕95号,1994.12.24.

均应并入金银首饰的销售额计算消费税。

（3）带料加工的金银首饰，按照受托方销售同类金银首饰的销售价格确定计税依据计算消费税。没有同类金银首饰销售价格的，按照组成计税价格计算纳税。

组成计税价格=（材料成本+加工费）÷（1-金银首饰消费税税率）

（4）采用以旧换新（含翻新改制）方式销售的金银首饰，按照实际收取的不含增值税的全部价款确定计税依据计算消费税。

（5）生产、批发、零售单位用于馈赠、赞助、集资、广告、样品、职工福利、奖励等方面的金银首饰，按照纳税人销售同类金银首饰的销售价格确定计税依据计算消费税；没有同类金银首饰销售价格的，按照组成计税价格计算纳税。

组成计税价格=（购进原价+利润）÷（1-金银首饰消费税税率）

纳税人为生产企业时，公式中的"购进原价"为生产成本。公式中的"利润"一律按6%的利润率计算。

6）将超豪华小汽车销售给消费者[①]

对超豪华小汽车在零售环节加征消费税，按照不含增值税的销售额征收消费税。

应纳税额=零售环节销售额（不含增值税，下同）×零售环节税率（10%）

国内汽车生产企业直接销售给消费者的超豪华小汽车，消费税税率按照生产环节税率和零售环节税率加总计算。消费税应纳税额计算公式为：

应纳税额=销售额×（生产环节税率+零售环节税率）

2. 从量定额：计税数量

采用从量定额计税办法计算消费税的应税消费品（啤酒、黄酒、成品油），以其生产、进口或委托加工的数量作为计税数量。

生产销售应税消费品的，计税数量为应税消费品的销售数量；自产自用应税消费品的，计税数量为应税消费品的移送使用数量；委托加工应税消费品的，计税数量为纳税人收回的应税消费品数量；进口的应税消费品，计税数量为海关核定的应税消费品进口征税数量。

3. 复合计税：计税数量和销售额

在生产、委托加工和进口环节，卷烟和白酒适用复合计税办法计算消费税。卷烟在批发环节也实行复合计税办法计算消费税。计税依据是计税数量和销售额。

1）计税数量的确定

计税数量的确定办法与实行从量定额办法的相同。

2）销售额的确定

（1）生产销售环节：销售额为向购买方收取的全部价款和价外费用。在计算纳税时，卷烟的计税销售额不得低于国家税务总局公布的计税价格。

（2）自产自用环节：纳税人将自产的应税消费品用于除连续生产应税消费品以外的其他方面的，按照纳税人生产的同类消费品的销售价格确定销售额；没有同类消费品销售价

[①] 财政部、国家税务总局.关于对超豪华小汽车加征消费税有关事项的通知.财税〔2016〕129号，2016.11.30.

的，按照组成计税价格确定销售额。

适用复合计税办法计算纳税的，组成计税价格按下列公式计算。

组成计税价格＝（成本＋利润＋自产自用数量×定额税率）÷（1－比例税率）

（3）委托加工环节：纳税人委托加工的应税消费品，按照受托方的同类消费品的销售价格确定销售额；没有同类消费品销售价格的，按照组成计税价格确定销售额。

适用复合计税办法计算纳税的，组成计税价格按下列公式计算。

组成计税价格＝（材料成本＋加工费＋委托加工数量×定额税率）÷（1－比例税率）

（4）进口环节：纳税人进口的应税消费品，按照组成计税价格计算纳税。

适用复合计税办法计算纳税的，组成计税价格按下列公式计算。

组成计税价格＝（关税完税价格＋关税＋进口数量×定额税率）÷（1－比例税率）

（5）批发销售卷烟[①]。从2015年5月10日起，在卷烟批发环节实行复合计税。销售额是纳税人批发卷烟取得的不含增值税的销售额。

执行中，应注意以下问题。

① 纳税人应将卷烟销售额与其他商品销售额分开核算，未分开核算的，一并征收消费税。

② 纳税人销售给纳税人以外的单位和个人的卷烟于销售时纳税；纳税人之间（即卷烟批发商之间）销售的卷烟，不缴纳消费税。

③ 卷烟消费税在生产和批发两个环节征收后，批发企业在计算纳税时不得扣除卷烟价格中已包含的生产环节的消费税税款。

4. 应当注意的问题

1）核定计税价格

纳税人应税消费品的计税价格明显偏低且无正当理由的，由税务机关核定其计税价格。核定权限如下：卷烟、白酒和小汽车的计税价格由国家税务总局核定，送财政部备案；其他应税消费品的计税价格由省、自治区和直辖市税务局核定；进口应税消费品的计税价格由海关核定。

2）白酒消费税计税价格[②]

为保全税基，自2009年8月1日起，对设立销售公司的白酒生产企业，白酒计税价格偏低的，核定消费税最低计税价格。

（1）白酒生产企业销售给销售单位的白酒，生产企业消费税计税价格低于销售单位对外销售价格（不含增值税，下同）70%以下的，由税务机关核定消费税最低计税价格。所称销售单位，是指销售公司、购销公司及委托境内其他单位或个人包销本企业生产白酒的商业机构。销售公司、购销公司，是指专门购进并销售白酒生产企业生产的白酒，并与该白酒生产企业存在关联性质的公司。包销，是指销售单位依据协定价格从白酒生产企业购进白酒，同时承担大部分包装材料等成本费用，并负责销售白酒。

[①] 财政部、国家税务总局.关于调整卷烟消费税的通知.财税〔2015〕60号，2015.5.8.
[②] 国家税务总局.关于加强白酒消费税征收管理的通知.国税函〔2009〕380号，2009.7.17.

（2）白酒消费税最低计税价格由白酒生产企业自行申报，税务机关核定。除国家税务总局已核定消费税最低计税价格的白酒外，其他需要核定消费税最低计税价格的白酒，其最低计税价格由各省、自治区、直辖市和计划单列市税务局核定。

白酒生产企业应将各种白酒的消费税计税价格和销售单位销售价格，在规定的期限内，向主管税务机关申报。主管税务机关将白酒生产企业申报的销售给销售单位的消费税计税价格低于销售单位对外销售价格70%以下、年销售额1 000万元以上的各种白酒，在规定的时限内逐级上报至国家税务总局。国家税务总局选择其中部分白酒核定消费税最低计税价格。

白酒生产企业未按规定向税务机关上报销售单位销售价格的，主管税务机关按照销售单位销售价格征收消费税。

（3）白酒生产企业销售给销售单位的白酒，其消费税最低计税价格核定标准如下。

① 生产企业消费税计税价格高于销售单位对外销售价格70%（含70%）以上的，税务机关暂不核定消费税最低计税价格。

② 生产企业消费税计税价格低于销售单位对外销售价格70%以下的，消费税最低计税价格由税务机关根据生产规模、白酒品牌、利润水平等情况，在销售单位对外销售价格50%至70%范围内自行核定。其中生产规模较大、利润水平较高的企业生产的需要核定消费税最低计税价格的白酒，税务机关核价幅度原则上应选择在销售单位对外销售价格60%至70%范围内。

已核定最低计税价格的白酒，销售单位对外销售价格持续上涨或下降时间达到3个月以上、累计上涨或下降幅度在20%（含）以上的白酒，税务机关重新核定最低计税价格。

（4）已核定最低计税价格的白酒，生产企业实际销售价格高于消费税最低计税价格的，按照实际销售价格申报纳税；实际销售价格低于消费税最低计税价格的，按照最低计税价格申报纳税。

白酒生产企业在办理消费税纳税申报时，应附已核定最低计税价格白酒清单。

3）卷烟消费税计税价格[①]

卷烟（生产环节）消费税计税价格（最低计税价格），是指国家税务总局核定并公布的卷烟消费税计税价格。核定范围为卷烟生产企业在生产环节销售的所有牌号、规格的卷烟。

从2012年1月1日起，计税价格由国家税务总局按照卷烟批发环节销售价格扣除卷烟批发环节批发毛利核定并发布。

（1）计税价格的核定公式为：

某牌号、规格卷烟计税价格＝批发环节销售价格×（1－适用批发毛利率）

卷烟批发环节销售价格，按照税务机关采集的所有卷烟批发企业在价格采集期内销售的该牌号、规格卷烟的数量、销售额进行加权平均计算。

卷烟批发毛利率标准为：调拨价格满146.15元的一类烟为34%，其他一类烟为29%；二类烟为25%；三类烟为25%；四类烟为20%；五类烟为15%。

卷烟类别，是指国家烟草专卖局划分的卷烟类别，分为五类。一类卷烟，是指每标准条（200支，下同）调拨价格满100元的卷烟；二类卷烟，是指每标准条调拨价格满70元不满100元的卷烟；三类卷烟，是指每标准条调拨价格满30元不满70元的卷烟；四类卷烟，是指每标准条调拨价格满16.5元不满30元的卷烟；五类卷烟，是指每标准条调拨价格不满16.5元的卷烟。

[①] 国家税务总局.卷烟消费税计税价格信息采集和核定管理办法.国家税务总局令2011年第26号；2011.10.27.

卷烟调拨价格,是指卷烟生产企业向商业企业销售卷烟的价格。

(2)已经核定计税价格的卷烟,发生下列情况,国家税务总局将重新核定计税价格:卷烟价格调整的;卷烟批发毛利率调整的;通过《卷烟批发企业月份销售明细清单》采集的卷烟批发环节销售价格扣除卷烟批发毛利后,卷烟平均销售价格连续6个月高于国家税务总局已核定计税价格10%,且无正当理由的。

(3)未经国家税务总局核定计税价格的新牌号、新规格卷烟,生产企业应按照卷烟调拨价格申报纳税。

(4)已经国家税务总局核定计税价格的卷烟,生产企业实际销售价格高于计税价格的,按照实际销售价格确定适用税率,计算应纳税款并申报纳税;实际销售价格低于计税价格的,按照计税价格确定适用税率,计算应纳税款并申报纳税。

所称"计税价格""调拨价格""销售价格""销售额",均不含有增值税。

3.3 消费税计算与缴纳

3.3.1 消费税的计算

1. 基本计算办法

(1)适用从价定率计税办法的,按照下列公式计算应纳消费税额。

应纳税额=销售额×税率

(2)适用从量定额计税办法的,按照下列公式计算应纳消费税额。

应纳税额=计税数量×单位税额

(3)实行复合计税办法的,按照下列公式计算应纳消费税额。

应纳税额=销售额×税率+计税数量×单位税额

进口卷烟消费税,按照下列办法计算[①]。

① 计算进口卷烟适用比例税率所依据的价格,确定进口卷烟适用的比例税率。

每标准条进口卷烟(200支)适用比例税率所依据的价格=(关税完税价格+关税+消费税定额税)÷(1-消费税税率)

其中:关税完税价格和关税为每标准条卷烟的关税完税价格及关税税额;消费税定额税率为每标准条(200支)0.6元(依据现行消费税定额税率折算而成);消费税税率固定为36%。

依据上述计算的每标准条进口卷烟的价格,确定进口卷烟适用的比例税率:每标准条进口卷烟(200支)适用比例税率所依据的价格大于或等于70元人民币的,适用比例税率为

---

① 财政部、国家税务总局.关于调整进口卷烟消费税税率的通知.财税〔2004〕22号,2004.1.29;关于调整烟产品消费税政策的通知.财税〔2009〕84号,2009.5.26。

56%；每标准条进口卷烟（200支）适用比例税率所依据的价格小于70元人民币的，适用比例税率为36%。

② 计算进口卷烟消费税组成计税价格。

进口卷烟消费税组成计税价格=（关税完税价格+关税+消费税定额税）÷（1-进口卷烟消费税适用比例税率）

其中：

消费税定额税=海关核定的进口卷烟数量×消费税定额税率（0.003元/支）

进口卷烟消费税适用比例税率有两种：56%，36%。

③ 计算进口卷烟应纳的消费税税额。

应纳消费税税额=进口卷烟消费税组成计税价格×进口卷烟消费税适用比例税率+消费税定额税

2. 以外购已税消费品连续生产的应税消费品的税额计算

1）基本规定

为平衡以自产应税消费品生产的应税消费品与以外购应税消费品生产的应税消费品的税收负担，对下列连续生产的应税消费品，在计税时准予按照当期生产领用数量计算扣除外购应税消费品已纳的消费税税款[①]：

（1）以外购已税烟丝生产的卷烟；
（2）以外购已税高档化妆品生产的高档化妆品；
（3）以外购已税珠宝玉石生产的贵重首饰及珠宝玉石；
（4）以外购已税鞭炮、焰火生产的鞭炮、焰火；
（5）以外购已税摩托车生产的摩托车（如用外购两轮摩托车改装三轮摩托车）；
（6）以外购已税杆头、杆身和握把为原料生产的高尔夫球杆；
（7）以外购已税木制一次性筷子为原料生产的木制一次性筷子；
（8）以外购已税实木地板为原料生产的实木地板；
（9）以外购已税石脑油为原料生产的应税消费品；
（10）以外购已税润滑油为原料生产的润滑油；
（11）以外购已税燃料油为原料生产的应税消费品[②]；
（12）以外购已税汽油、柴油连续生产的甲醇汽油、生物柴油[③]；
（13）以外购的已税汽油、柴油为原料连续的生产汽油、柴油[④]。

应纳税额=最终应税消费品应纳的整体税额-当期准予扣除的外购已税消费品已纳消费税额

[①] 国家税务总局.关于用外购和委托加工收回的应税消费品连续生产应税消费品征收消费税问题的通知.国税发〔1995〕94号，1995.5.19；关于消费税若干征税问题的通知.国税发〔1997〕84号，1997.5.21；财政部、国家税务总局.关于调整酒类产品消费税政策的通知.财税〔2001〕84号，2001.5.11；关于调整和完善消费税政策的通知.财税〔2006〕33号，2006.3.20.

[②] 财政部、国家税务总局.关于调整部分成品油消费政策的通知.财税〔2008〕19号，2008.2.3.

[③] 财政部、国家税务总局.关于提高成品油消费税税率后相关成品油消费税政策的通知.财税〔2008〕168号，2008.12.19.

[④] 财政部、国家税务总局.关于以外购或委托加工汽柴油连续生产汽柴油允许抵扣消费税政策的通知.财税〔2014〕15号，2014.2.19.

2）抵扣办法

（1）抵扣凭证[①]。纳税人在办理纳税申报时，需提供以下抵扣凭证。

① 从增值税一般纳税人（仅限生产企业，下同）购进应税消费品的，提供外购应税消费品增值税专用发票（抵扣联）原件和复印件；如果外购应税消费品的增值税专用发票属于汇总填开的，除提供增值税专用发票（抵扣联）原件和复印件外，还应提供随同增值税专用发票取得的由销售方开具并加盖发票专用章的销货清单原件和复印件；纳税人未提供增值税专用发票和销货清单的，不予扣除外购应税消费品已纳消费税。

② 从增值税小规模纳税人购进应税消费品，外购应税消费品的抵扣凭证为增值税专用发票（主管税务机关在代开增值税专用发票时，同时征收消费税）。

③ 以进口应税消费品连续生产应税消费品的，提供《海关进口消费税专用缴款书》原件和复印件。纳税人不提供《海关进口消费税专用缴款书》的，不予抵扣进口应税消费品已缴纳的消费税。

主管税务机关在受理纳税申报后，将原件退还纳税人，复印件留存。

（2）抵扣税款的计算方法。当期准予扣除外购已税消费品已纳消费税款，采取实耗扣税法计算。

① 适用从价定率办法的，按照下列公式计算抵扣税款。

当期准予扣除外购应税消费品已纳税款=当期准予扣除外购应税消费品买价×外购应税消费品适用税率

当期准予扣除外购应税消费品买价=期初库存外购应税消费品买价+当期购进的外购应税消费品买价-期末库存的外购应税消费品买价

外购应税消费品买价，是指纳税人取得的增值税专用发票（含销货清单）注明的应税消费品的销售额[②]。

② 适用从量定额办法的，按照下列公式计算抵扣税款[③]。

当期准予扣除的外购应税消费品已纳税款=当期准予扣除外购应税消费品数量×外购应税消费品单位税额

当期准予扣除外购应税消费品数量=期初库存外购应税消费品数量+当期购进外购应税消费品数量-期末库存外购应税消费品数量

外购应税消费品数量为增值税专用发票（含销货清单）注明的应税消费品的销售数量。

③ 进口应税消费品，按照下列公式计算抵扣税款。

当期准予扣除的进口应税消费品已纳税款=期初库存的进口应税消费品已纳税款+当期进口应税消费品已纳税款-期末库存的进口应税消费品已纳税款

进口应税消费品已纳税款为《海关进口消费税专用缴款书》注明的进口环节消费税。

（3）单位和个人外购润滑油大包装经简单加工改成小包装，或者外购润滑油不经加工只贴商标的行为，视同应税消费品的生产行为。单位和个人发生的以上行为应申报缴纳消费

[①] 国家税务总局.调整和完善消费税政策征收管理规定.国税发〔2006〕49号，2006.3.31.
[②] 国家税务总局.调整和完善消费税政策征收管理规定.国税发〔2006〕49号，2006.3.31.
[③] 财政部、国家税务总局.关于调整部分成品油消费税政策的通知.财税〔2008〕19号，2008.2.3.

税，准予扣除外购润滑油已纳的消费税款①。

值得注意的是，以外购已税珠宝玉石生产的金银首饰（镶嵌首饰），因已改在零售环节征收，所以计税时一律不得扣除外购已税珠宝玉石的已纳消费税款②。

3. 以委托加工收回的已税消费品连续生产的应税消费品的税额计算

1）基本规定

对下列连续生产的应税消费品，在计税时准予按当期生产领用数量计算扣除委托加工收回的应税消费品已纳的消费税款③：

（1）以委托加工收回的已税烟丝为原料生产的卷烟；

（2）以委托加工收回的已税高档化妆品为原料生产的高档化妆品；

（3）以委托加工收回的已税珠宝玉石为原料生产的贵重首饰及珠宝玉石；

（4）以委托加工收回的已税鞭炮、焰火为原料生产的鞭炮、焰火；

（5）以委托加工收回的已税摩托车生产的摩托车；

（6）以委托加工收回的已税杆头、杆身和握把为原料生产的高尔夫球杆；

（7）以委托加工收回的已税木制一次性筷子为原料生产的木制一次性筷子；

（8）以委托加工收回的已税实木地板为原料生产的实木地板；

（9）以委托加工收回的已税石脑油为原料生产的应税消费品；

（10）以委托加工收回的已税润滑油为原料生产的润滑油；

（11）以委托加工收回的已税燃料油为原料生产的应税消费品④；

（12）以委托加工收回的已税汽油、柴油连续生产的甲醇汽油、生物柴油⑤；

（13）以委托加工收回的已税汽油、柴油为原料连续的生产汽油、柴油⑥。

应纳税额＝最终应税消费品应纳的整体税额－当期准予扣除的委托加工收回已税消费品的已纳消费税款

2）抵扣办法

（1）抵扣凭证⑦。委托加工收回应税消费品的抵扣凭证为《代扣代收税款凭证》。纳税人以委托加工收回的已税消费品连续生产应税消费品的，在纳税申报时，提供《代扣代收税款凭证》原件和复印件；纳税人未提供《代扣代收税款凭证》的，不予扣除受托方代收代缴的消费税。

（2）抵扣税款的计算方法⑧。当期准予扣除的委托加工收回已税消费品的已纳消费税税款，采取实耗扣税法计算。

---

① 国家税务总局.调整和完善消费税政策征收管理规定.国税发〔2006〕49号，2006.3.31.
② 财政部、国家税务总局.关于调整金银首饰消费税纳税环节有关问题的通知.财税〔1994〕95号，1994.12.24.
③ 国家税务总局.关于用外购和委托加工收回的应税消费品连续生产应税消费品征收消费税问题的通知.国税发〔1995〕94号，1995.5.19；关于消费税若干征税问题的通知.国税发〔1997〕84号，1997.5.21；财政部、国家税务总局.关于调整酒类产品消费税政策的通知.财税〔2001〕84号，2001.5.11；关于调整和完善消费税政策的通知.财税〔2006〕33号，2006.3.20.
④ 财政部、国家税务总局.关于调整部分成品油消费税政策的通知.财税〔2008〕19号，2008.2.3.
⑤ 财政部、国家税务总局.关于提高成品油消费税税率后相关成品油消费税政策的通知.财税〔2008〕168号，2008.12.19.
⑥ 财政部、国家税务总局.关于以外购或委托加工汽柴油连续生产汽柴油允许抵扣消费税政策的通知.财税〔2014〕15号，2014.2.19.
⑦ 国家税务总局.调整和完善消费税政策征收管理规定.国税发〔2006〕49号，2006.3.31.
⑧ 国家税务总局.调整和完善消费税政策征收管理规定.国税发〔2006〕49号，2006.3.31.

当期准予扣除的委托加工已税消费品已纳税款＝期初库存的委托加工已税消费品已纳税款＋当期收回的委托加工已税消费品已纳税款－期末库存的委托加工已税消费品已纳税款

委托加工已税消费品已纳税款为代扣代收税款凭证注明的受托方代收代缴的消费税。

值得注意的是，以委托加工收回的已税珠宝玉石生产的金银首饰（镶嵌首饰），因已改在零售环节征收，故计税时一律不得扣除委托加工收回的已税珠宝玉石的已纳消费税款①。

纳税人以外购或委托加工已税消费品为原料生产的应税消费品，在计算消费税时，如果当期投入生产的原材料可抵扣的已纳消费税额大于当期应纳消费税额，按当期应纳消费税的数额申报抵扣，不足抵扣部分结转下一期申报抵扣②。

3.3.2 消费税的缴纳

1. 纳税义务发生时间

纳税人销售应税消费品，消费税纳税义务发生时间分别为：采取赊销和分期收款结算方式的，为书面合同约定的收款日期的当天，书面合同没有约定收款日期或者无书面合同的，为发出应税消费品的当天；采取预收货款结算方式的，为发出应税消费品的当天；采取托收承付和委托银行收款方式的，为发出应税消费品并办妥托收手续的当天；采取其他结算方式的，为收讫销售款或者取得索取销售款凭据的当天。

纳税人自产自用应税消费品应当缴纳消费税的，纳税义务发生时间为移送使用的当天。

纳税人委托加工应税消费品，消费税纳税义务发生时间为纳税人提货的当天。

纳税人进口应税消费品，消费税纳税义务发生时间为报关进口的当天。

2. 纳税期限

消费税的纳税期限分别为1日、3日、5日、10日、15日、1个月或者1个季度。纳税人的具体纳税期限，由主管税务机关根据纳税人应纳税额的大小分别核定；不能按照固定期限纳税的，可以按次纳税。

纳税人以1个月或者1个季度为1个纳税期的，自期满之日起15日内申报纳税；以1日、3日、5日、10日或者15日为1个纳税期的，自期满之日起5日内预缴税款，于次月1日起15日内申报纳税并结清上月应纳税款。

纳税人进口应税消费品，自海关填发海关进口消费税专用缴款书之日起15日内缴纳税款。

3. 纳税地点

纳税人销售的应税消费品，以及自产自用的应税消费品，除国务院财政、税务主管部门另有规定外，应当向纳税人机构所在地或者居住地的主管税务机关申报纳税。

纳税人到外县（市）销售或者委托外县（市）代销自产应税消费品的，于应税消费品销售后，向机构所在地或者居住地主管税务机关申报纳税。

纳税人的总机构与分支机构不在同一县（市）的，应当分别向各自机构所在地的主管税务机关申报纳税；经财政部、国家税务总局或者其授权的财政、税务机关批准，可以由总机构汇总向总机构所在地的主管税务机关申报纳税。

纳税人批发销售卷烟，消费税纳税地点为卷烟批发企业的机构所在地；总机构与分支机

---

① 财政部、国家税务总局.关于调整金银首饰消费税纳税环节有关问题的通知.财税〔1994〕95号，1994.12.24.
② 财政部、国家税务总局.关于消费税若干具体政策的通知.财税〔2006〕125号，2006.8.30.

构不在同一地区的,由总机构申报纳税[①]。

纳税人委托加工的应税消费品,除受托方为个人外,由受托方向机构所在地或者居住地的主管税务机关解缴消费税税款。委托个人加工的应税消费品,由委托方向其机构所在地或者居住地主管税务机关申报纳税。

进口的应税消费品,由进口人或者其代理人向报关地海关申报纳税。

3.4 消费税减免与退(免)税

3.4.1 减免税

除已在"征税对象"中介绍的免征消费税的项目外,消费税减免还包括成品油消费税的减免。

1. 航空煤油

航空煤油,暂缓征收消费税[②]。

2. 乙醇汽油

用外购或委托加工收回的已税汽油生产的乙醇汽油,免征消费税;用自产汽油生产的乙醇汽油,按照生产乙醇汽油所耗用的汽油数量申报纳税[③]。

3. 纯生物柴油

自2009年1月1日起,对利用废弃的动物油和植物油为原料生产的纯生物柴油,免征消费税[④]。

(1)免税的纯生物柴油,必须同时符合下列条件:生产原料中废弃的动物油和植物油用量所占比重不低于70%;生产的纯生物柴油符合《柴油机燃料调合用生物柴油(BD100)》国家标准。

对不符合规定条件的生物柴油,或者以柴油、柴油组分调合生产的生物柴油,照章征收消费税。

(2)废弃的动物油和植物油的范围包括[⑤]:餐饮、食品加工单位及家庭产生的不允许食用的动植物油脂,包括泔水油、煎炸废弃油、地沟油和抽油烟机凝析油等;利用动物屠宰分割和皮革加工修削的废弃物处理提炼的油脂,以及肉类加工过程中产生的非食用油脂;食用油脂精炼加工过程中产生的脂肪酸、甘油脂及含少量杂质的混合物,包括酸化油、脂肪酸、棕榈酸化油、棕榈油脂肪酸、白土油及脱臭馏出物等;油料加工或油脂储存过程中产生的不符合食用标准的油脂。

4. 自产自用成品油

自2009年1月1日起,对成品油生产企业在生产成品油过程中,作为燃料、动力及原料消耗掉的自产成品油,免征消费税。对用于其他用途或直接对外销售的成品油,照章征收消费税[⑥]。

[①] 财政部、国家税务总局.关于调整烟产品消费税政策的通知.财税〔2009〕84号,2009.5.26.
[②] 财政部、国家税务总局.关于提高成品油消费税税率后相关成品油消费税政策的通知.财税〔2008〕168号,2008.12.19.
[③] 财政部、国家税务总局.关于提高成品油消费税税率后相关成品油消费税政策的通知.财税〔2008〕168号,2008.12.19.
[④] 财政部、国家税务总局.关于对利用废弃的动植物油生产纯生物柴油免征消费税的通知.财税〔2010〕118号,2010.12.17.
[⑤] 财政部、国家税务总局.关于明确废弃动植物油生产纯生物柴油免征消费税适用范围的通知.财税〔2011〕46号,2011.6.15.
[⑥] 财政部、国家税务总局.关于对成品油生产企业生产自用油免征消费税的通知.财税〔2010〕98号,2010.11.1.

5. 耗用内购成品油[①]

自2009年1月1日起，油（气）田企业在开采原油过程中耗用的内购成品油，暂按实际缴纳成品油消费税的税额，全额返还所含消费税。

享受税收返还政策的成品油，必须同时符合以下条件。

（1）由油（气）田企业所隶属的集团公司（总厂）内部的成品油生产企业生产。

（2）从集团公司（总厂）内部购买。

（3）油（气）田企业在地质勘探、钻井作业和开采作业过程中，作为燃料、动力（不含运输）耗用。

6. 石脑油和燃料油

（1）自2011年10月1日起，生产石脑油、燃料油的企业（简称生产企业）对外销售的用于生产乙烯、芳烃类化工产品的石脑油、燃料油，恢复征收消费税。生产企业自产石脑油、燃料油用于生产乙烯、芳烃类化工产品的，按实际耗用数量暂免征消费税[②]。

（2）自2011年10月1日起，使用石脑油、燃料油生产乙烯、芳烃的企业（简称使用企业）购进并用于生产乙烯、芳烃类化工产品的石脑油、燃料油，按实际耗用数量暂退还所含消费税[③]。

退还石脑油、燃料油所含消费税的计算公式为：

应退还消费税税额＝石脑油、燃料油实际耗用数量×石脑油、燃料油单位税额

上述退（免）消费税政策，适用于用石脑油、燃料油生产乙烯、芳烃类化工产品的产量占本企业用石脑油、燃料油生产产品总量的50%以上（含50%）的企业。符合条件的企业，应到主管税务机关提请退（免）税资格认定。乙烯类化工产品，是指乙烯、丙烯、丁二烯及衍生品；芳烃类化工产品是指苯、甲苯、二甲苯、重芳烃、混合芳烃及衍生品。

使用企业办理退税时，按照下列规定办理[④]。

① 使用企业仅以国产石脑油、燃料油生产乙烯、芳烃类化工产品的，向主管税务机关申请退税，由主管税务机关核定应退税金额，开具收入退还书，办理退税。

② 使用企业仅以自营或委托方式进口石脑油、燃料油生产乙烯、芳烃类化工产品的，向进口消费税纳税地海关申请退还已缴纳的消费税，由海关核定应退税金额，开具收入退还书，办理退税。

③ 使用企业既以购进国产石脑油、燃料油又以进口石脑油、燃料油生产乙烯、芳烃类化工产品的，应分别核算国产与进口石脑油、燃料油的购进量及其用于生产乙烯、芳烃类化工产品的实际耗用量，向税务机关提出退税申请。税务机关审核后，对国产石脑油、燃料油，由税务机关核定应退税金额，开具收入退还书，办理退税。对进口石脑油、燃料油，由税务机关出具初审意见，连同进口货物报关单、海关专用缴款书和自动进口许可证等材料，送交海关复审；由海关核定应退税金额，开具收入退还书办理退税。

使用企业未分别核算国产与进口石脑油、燃料油的购进量和实际耗用量的，不予办理退税。

[①] 财政部、国家税务总局.关于对油（气）田企业生产自用成品油先征后返消费税的通知.财税〔2011〕7号，2011.2.25.

[②] 财政部、中国人民银行、国家税务总局.关于延续执行石脑油燃料油消费税政策的通知.财税〔2011〕87号，2011.9.15.

[③] 财政部、中国人民银行、国家税务总局.关于延续执行石脑油燃料油消费税政策的通知.财税〔2011〕87号，2011.9.15.

[④] 财政部、中国人民银行、海关总署、国家税务总局.关于完善石脑油 燃料油生产乙烯 芳烃类化工产品消费税退税政策的通知.财税〔2013〕2号，2013.2.1.

7. 废矿物油再生油品①

自2013年11月1日至2023年10月31日,对以回收的废矿物油为原料生产的润滑油基础油、汽油、柴油等工业油料免征消费税。

废矿物油,是指工业生产领域机械设备及汽车、船舶等交通运输设备使用后失去或降低功效更换下来的废润滑油。

(1)纳税人利用废矿物油生产的润滑油基础油、汽油、柴油等工业油料免征消费税,应同时符合下列条件。

① 纳税人必须取得省级以上(含省级)环境保护部门颁发的《危险废物(综合)经营许可证》,且该证件上核准生产经营范围包括"利用"或"综合经营"字样。生产经营范围为"综合经营"的纳税人,还应同时提供颁发《危险废物(综合)经营许可证》的环境保护部门出具的能证明其生产经营范围包括"利用"的材料。

纳税人在申请办理免征消费税备案时,应同时提交污染物排放地环境保护部门确定的该纳税人应予执行的污染物排放标准,以及污染物排放地环境保护部门在此前6个月以内出具的该纳税人的污染物排放符合上述标准的证明材料。

纳税人回收的废矿物油,应具备《危险废物转移联单》,显示其名称、特性、数量、接受日期等项目。

② 生产原料中废矿物油重量必须占到90%以上。产成品中必须包括润滑油基础油,且每吨废矿物油生产的润滑油基础油应不少于0.65吨。

③ 利用废矿物油生产的产品与利用其他原料生产的产品应分别核算。

纳税人销售免税油品时,应在增值税专用发票上注明产品名称,并在产品名称后加注"(废矿物油)"。

(2)符合上述条件的纳税人利用废矿物油生产的润滑油基础油,连续加工生产润滑油,或者纳税人(包括其他纳税人)外购利用废矿物油生产的润滑油基础油,加工生产润滑油,在申报润滑油消费税额时,按当期销售的润滑油数量扣减其耗用的符合免税规定的润滑油基础油数量的余额,计算缴纳消费税。

(3)对未达到相应的污染物排放标准或被取消《危险废物(综合)经营许可证》的纳税人,自发生违规排放行为之日或《危险废物(综合)经营许可证》被取消之日起,取消其享受免征消费税政策的资格,且3年内不得再次申请。纳税人自发生违规排放行为之日起,已申请并办理免税的,应予追缴。发生违规排放行为之日,是指已由污染物排放地环境保护部门查证确认的、纳税人发生未达到应予执行的污染物排放标准行为的当日。

经核实,纳税人弄虚作假骗取免征消费税政策的,税务机关追缴其此前骗取的免税税款,并自纳税人发生上述违法违规行为年度起,取消其享受免征消费税政策的资格,且纳税人3年内不得再次申请。

3.4.2 出口退(免)税

1. 基本政策②

适用增值税出口退免税政策、出口免税政策、出口征税政策的出口货物(见第2章),如

---

① 财政部、国家税务总局.关于对废矿物油再生油品免征消费税的通知.财税〔2013〕105号,2013.12.12;关于延长废矿物油再生油品免征消费税政策实施期限的通知.财税〔2018〕144号,2018.12.7.

② 财政部、国家税务总局.关于出口货物劳务增值税和消费税政策的通知.财税〔2012〕39号,2012.5.25.

果属于应税消费品的，实行下列消费税政策。

（1）出口企业出口或视同出口适用增值税退免税的货物，免征消费税，如果属于购进出口的货物，退还前一环节对其已征的消费税。

（2）出口企业出口或视同出口适用增值税免税政策的货物，免征消费税，但不退还其以前环节已征的消费税，且不允许在内销应税消费品应纳消费税款中抵扣。

（3）出口企业出口或视同出口适用增值税征税政策的货物，按规定缴纳消费税，不退还其以前环节已征的消费税，且不允许在内销应税消费品应纳消费税款中抵扣。

2. 消费税退税的计税依据①

出口货物的消费税应退税额的计税依据，按购进出口货物的消费税专用缴款书和海关进口消费税专用缴款书确定。

（1）属于从价定率计征消费税的，退税计税依据为已征且未在内销应税消费品应纳税额中抵扣的购进出口货物金额。

（2）属于从量定额计征消费税的，退税计税依据为已征且未在内销应税消费品应纳税额中抵扣的购进出口货物数量。

（3）属于复合计征消费税的，退税计税依据按从价定率和从量定额的计税依据分别确定。

3. 消费税退税的计算②

消费税应退税额=从价定率计征消费税的退税计税依据×比例税率+从量定额计征消费税的退税计税依据×定额税率

【例3-3】

某外贸公司从某化妆品厂购进一批高档化妆品，支付价款800 000元、增值税款104 000元，已取得增值税专用发票和出口货物消费税专用缴款书。次月，该公司将该批高档化妆品全部出口，离岸价格折合人民币954 500元。该高档化妆品增值税退税率为13%；消费税退税率为15%。请计算该公司本期应退的增值税额和消费税额。

解析：

应退增值税额=800 000×13%=104 000（元）

应退消费税额=800 000×15%=120 000（元）

4. 退关或国外退货的税务处理

出口的应税消费品办理退税后，发生退关或者国外退货进口时予以免税的，报关出口者必须及时向其机构所在地或者居住地主管税务机关申报补缴已退的消费税税款。

纳税人直接出口的应税消费品办理免税后，发生退关或者国外退货，进口时已予以免税的，经机构所在地或者居住地主管税务机关批准，可暂不办理补税，待其转为国内销售时，再申报补缴消费税。

---

① 财政部、国家税务总局.关于出口货物劳务增值税和消费税政策的通知.财税〔2012〕39号，2012.5.25.
② 财政部、国家税务总局.关于出口货物劳务增值税和消费税政策的通知.财税〔2012〕39号，2012.5.25.

3.5 案例分析

案例1　摩托厂应纳税额的计算

S市顺达摩托车厂是增值税一般纳税人，增值税和消费税的纳税期限均为1个月。该厂2019年7月份有关业务资料如下：

（1）购进生产用原材料并取得增值税专用发票，发票中注明的价款、税款分别为310 000元、40 300元；材料已运抵企业，货款已转账付讫。

（2）购进生产用辅助材料并取得增值税专用发票，发票中注明的价款、税款分别为10 000元、1 300元；货款已付，材料已运抵企业。

（3）将定做的轮胎运回企业并取得增值税专用发票，发票中注明的价款、税款分别为200 000元、26 000元；货款已转账付讫，轮胎已运抵企业。

（4）支付水费，取得自来水公司开具的增值税专用发票，发票中注明的价款、税款分别为20 000元、600元；支付电费，取得供电部门开具的增值税专用发票，发票中注明的价款、税款分别为21 000元、2 730元；上述水、电均为生产、经营、管理耗用。

（5）支付会议室装饰费用，取得的增值税专用发票上注明的价款、税款分别84 100元、7 569元。

（6）购进生产设备并取得增值税专用发票，发票中注明的价款、税款分别为300 000元、39 000元；该设备已运抵企业，款项未付。

（7）销售自产摩托车，取得销售额（不含增值税）936 000元。

（8）销售摩托车零部件，取得销售额（不含增值税）55 000元。

其他资料：本例涉及的增值税扣税凭证已查询确认；摩托车适用的消费税税率为10%。

【要求】根据上述资料，回答下列问题：
（1）该厂本月应纳的增值税额是多少？
（2）该厂本月应纳的消费税额是多少？

【解析】
（1）计算应纳的增值税额。

销项税额=936 000×13%+55 000×13%=128 830（元）

进项税额=40 300+1 300+26 000+600+2 730+7 569+39 000=117 499（元）

应纳增值税额=128 830−117 499=11 331（元）

（2）计算应纳的消费税额。

应纳消费税额=936 000×10%=93 600（元）

案例2

商场应纳税额的计算

S市利民商场是增值税一般纳税人,采取售价核算制,各类商品的进销差价率均为20%;增值税和消费税的纳税期限均为1个月。该商场2019年7月份有关业务资料如下。

(1)账面零售收入(含增值税):服装鞋帽,237 300元;化妆品,452 000元;护肤护发品,169 500元;金银首饰及珠宝玉石,339 000元(其中:金银首饰90 400元,钻石及钻石饰品203 400元);其他商品,158 200元。各类商品适用的增值税税率均为13%。

(2)将部分金银首饰赠给客户,账面价值为22 600元。

(3)购进服装并取得增值税专用发票,发票上注明的价款、税款分别为305 000元、39 650元;发生运输费用并取得增值税专用发票,发票上注明的价款、税款分别为2 000元、180元;上述款项已付讫,商品已运抵商场。

(4)因管理不善致使库存高档化妆品丢失,账面价值为5 500元。

(5)购进护肤护发品并取得增值税专用发票,发票上注明的价款、增值税款分别为250 000元、32 500元;商品已运抵商场,并按价税合计数向对方开具商业承兑汇票。

(6)支付水费、电费并取得增值税专用发票,按专用发票确认的增值税额共计2 620元;水、电均为经营、管理耗用。

其他资料:本例涉及的增值税扣税凭证已查询确认。

【要求】根据上述资料,回答下列问题:

(1)该商场本月应纳的增值税额是多少?

(2)该商场本月应纳的消费税额是多少?

【解析】(1)计算应纳的增值税额。

销项税额=[(237 300+452 000+169 500+339 000+158 200+22 600)÷(1+13%)]×13%=158 600(元)

进项税额=39 650+180−5 500×(1−20%)×13%+32 500+2 620=74 378(元)

应纳税额=158 600−74 378=84 222(元)

(2)计算应纳的消费税额。

应纳税额=[(90 400+22 600+203 400)÷(1+13%)]×5%=14 000(元)

本 章 小 结

我国现行消费税的征税对象是15类应税消费品。征税环节主要在生产环节、委托加工环节和进口环节,但金银首饰、钻石及钻石饰品由生产环节、进口环节改在零售环节征收消费税。卷烟在批发环节加征一道消费税(复合税),超豪华小汽车在零售环节加征一道消费税(从价税)。消费税的计税办法有三种:从价定率、从量定额和复合计税。适用从价定率计税办法的,消费税的计税依据是应税消费品的销售额或组成计税价格;适用从量定额计税办法的，消费税的计税依据是应税消费品的计税数量，包括销售数量、移送使用数量、委托加工收回数量和进口数量；适用复合计税办法的，消费税的计税依据是应税消费品的销售额和计税数量。在计算消费税时，对于列举的以外购或委托加工收回的已税消费品生产的应税消费品，准予按当期生产实际耗用数量计算抵扣外购或委托加工已税消费品的已纳消费税款。消费税优惠较少，优惠方式主要是减免税。对于出口应税消费品，结合增值税政策，并区分企业情况，实行退（免）消费税政策。

复习思考题

1. 消费税的特殊作用有哪些？
2. 消费税的征税对象有哪些？
3. 消费税在哪些环节征收？适用于哪些应税消费品？
4. 消费税计税办法有哪几种？适用于哪些应税消费品？
5. 如何确定出厂销售应税消费品的计税依据？
6. 自产自用应税消费品的计税规定有哪些？
7. 委托加工应税消费品的计税规定有哪些？
8. 为什么对委托加工的应税消费品征收消费税？
9. 以外购或委托加工已税消费品生产应税消费品的计税规定有哪些？
10. 出口应税消费品适用哪些政策？

案例分析题

丽美日化公司是增值税一般纳税人，主营业务是生产化妆品和护肤护发品，增值税和消费税的纳税期限均为1个月。该厂2019年7月份有关业务资料如下。

（1）从农业生产者手中购入初级农产品作生产用材料，开具的农产品收购凭证上列明的买价为200 000元；发生运输费用并取得增值税专用发票，发票上注明的价款、税款分别为3 000元、270元；款项已付，农产品已运抵企业。

（2）购进生产用辅助材料并取得增值税专用发票，发票上注明的价款、税款分别为20 000元、2 600元；款项已付，材料已运抵企业。

（3）购进复合地板并取得增值税专用发票，发票上注明的价款、税款分别为40 000元、5 200元；款项已付，该地板已用于会议室地面铺设。

（4）支付生产设备修理费并取得增值税专用发票，发票上注明的价款、税款分别为10 000元、1 300元。

（5）支付产品广告费并取得增值税专用发票，发票上注明的价款、税款分别为100 000元、6 000元。

（6）支付产品包装设计费并取得增值税专用发票，发票上注明的价款、税款分别为30 000元、1 800元。

（7）购买一栋房屋作为职工食堂使用，取得销售方开具的增值税专用发票，发票上注明的价款、税款分别为1 000 000元、50 000元。

（8）支付税务策划费，取得税务师事务所开具的增值税专用发票，发票上注明的价款、税款分别为20 000元、1 200元。

（9）因管理不善，致使上月购进的已抵扣进项税额的工器具丢失一部分，实际成本为1 000元，增值税税率为13%。

（10）销售自产高档化妆品，取得销售额（不含增值税）500 000元，款项已收讫。

（11）销售自产护肤护发品，取得销售额（不含增值税）200 000元，款项已收讫。

（12）将一批高档化妆品用于市场推广，随机赠与消费者，含税售价金额为11 300元。

其他资料：本月生产化妆品领用的外购农产品，依照9%的扣除率计算抵扣的进项税额为45 000元；本例涉及的增值税扣税凭证已查询确认。

要求：根据上述资料，回答下列问题：

（1）该厂本月应纳的增值税额是多少？

（2）该厂本月应纳的消费税额是多少？

（提示：销项税额92 300元，进项税额41 240元，应纳增值税额51 060元；应纳消费税额76 500元）

第 4 章

城市维护建设税

【本章要点提示】
◇ 纳税人、计税依据与税率　　　　　　　◇ 税额计算、减免与缴纳

本章内容引言

城市维护建设税（简称城建税）是国家对缴纳增值税、消费税（简称"两税"）的单位和个人以其实际缴纳的"两税"税额为计税依据征收的一种税。城市维护建设税附加于"两税"税额，本身没有特定而独立的征税对象，因此它具有附加税性质。开征城市维护建设税的目的是扩大和稳定城市维护建设资金来源，加强城市的维护建设。

现行城市维护建设税的基本规范是1985年2月8日国务院颁布并于同年1月1日实施的《中华人民共和国城市维护建设税暂行条例》，于2011年1月8日，根据国务院令第588号修订。

4.1 纳税人、计税依据与税率

4.1.1 纳税人

城市维护建设税的纳税人，是指负有缴纳增值税、消费税（简称"两税"）纳税义务的单位和个人。

长期以来，我国对外资企业和外籍个人不征收城市维护建设税。自2010年12月1日起，外商投资企业、外国企业及外籍个人适用城市维护建设税的法规、规章和政策[1]；对其2010年12月1日（含）之后发生纳税义务的增值税、消费税，征收城市维护建设税[2]。

增值税、消费税的代扣代缴、代收代缴义务人同时也是城市维护建设税的代扣代缴、代

---

[1] 国务院.关于统一内外资企业和个人城市维护建设税和教育费附加制度的通知.国发〔2010〕35号，2010.10.18.
[2] 财政部、国家税务总局.关于对外资企业征收城市维护建设税和教育费附加有关问题的通知.财税〔2010〕103号，2010.11.4.

收代缴义务人①。

4.1.2 计税依据

城市维护建设税的计税依据,是指纳税人实际缴纳的增值税、消费税税额②。从商品生产到消费流转过程中只要发生增值税、消费税的当中一种税的纳税行为,就要以这种税为依据计算缴纳城市维护建设税。

4.1.3 税率

城市维护建设税按纳税人所在地的不同,设置了三档差别比例税率。纳税人所在地为市区的,税率为7%;纳税人所在地为县城、镇的,税率为5%;纳税人所在地不在市区、县城或者镇的,税率为1%。开采海洋石油资源的中外合作油(气)田所在地在海上,其城市维护建设税适用1%税率③。

下列两种情况,按缴纳"两税"所在地的适用税率就地缴纳城市维护建设税。

(1)按规定由受托方代征代扣"两税"的,其代征代扣的城市维护建设税按受托方所在地的适用税率计算。

(2)流动经营等无固定纳税地点的单位和个人,在经营地缴纳"两税"的,其城市维护建设税按经营地的适用税率计算缴纳④。

4.2 税额计算、减免与缴纳

4.2.1 税额的计算

1. 基本计算办法

应纳税额=纳税人实际缴纳的增值税、消费税税额×适用税率

2. 应注意的问题

(1)非税款项不作为计税依据。城市维护建设税的计税依据是"两税"的正税,不包括非税款项,如"两税"的滞纳金、罚款等。但纳税人在被查补"两税"和被处以罚款时,应同时对其偷漏的城市维护建设税进行补税和罚款⑤。

(2)减免的"两税"税额不作为城市维护建设税的计税依据。城市维护建设税随"两税"同时征收,免征或者减征"两税"的,同时也免征或者减征城市维护建设税。

(3)进口环节不征收城市维护建设税。海关对进口产品代征的增值税、消费税,不征收

---

① 国家税务总局.关于转发《国务院办公厅对〈中华人民共和国城市维护建设税暂行条例〉第五条的解释的复函》的通知,国税函〔2004〕420号,2004.3.31.

② 国家税务总局.关于城市维护建设税征收问题的通知.国税发〔1994〕51号,1994.3.12.

③ 国家税务总局.关于中外合作开采石油资源适用城市维护建设税 教育费附加有关事宜的公告.国家税务总局公告2010年第31号,2010.12.30.

④ 国家税务总局.关于城市维护建设税征收问题的通知.国税发〔1994〕51号,1994.3.12.

⑤ 财政部.关于贯彻执行《中华人民共和国城市维护建设税暂行条例》几个具体问题的规定.财税〔1985〕69号,1985.3.22.

城市维护建设税[1]。

（4）出口环节不退还城市维护建设税。对出口产品退还增值税、消费税的，不退还已缴纳的城市维护建设税[2]。

（5）城市维护建设税退库。因减免税而进行"两税"退库的，城市维护建设税也同时退库[3]。

（6）免抵的增值税额应计算缴纳城市维护建设税。自2005年1月1日起，经国家税务局正式审核批准的当期免抵的增值税税额，应纳入城市维护建设税的征收范围，分别按规定的税（费）率征收城市维护建设税和教育费附加[4]。

（7）对实行增值税期末留抵退税的纳税人，允许其从城市维护建设税、教育费附加和地方教育附加的计税（征）依据中扣除退还的增值税税额。

4.2.2　减免税优惠

城市维护建设税原则上不单独减免，而随"两税"的减免而减免[5]。

为支持国家重大水利工程建设，对国家重大水利工程建设基金免征城市维护建设税和教育费附加[6]。

除国务院另有规定，或财政部、国家税务总局根据国务院的指示精神确定的减免税外，各级财政、税务机关不得自行审批决定减免城市维护建设税[7]。

对"两税"实行先征后返、先征后退、即征即退办法的，除另有规定外，对随"两税"附征的城市维护建设税，一律不予退（返）还[8]。

自2019年1月1日至2021年12月31日，省、自治区、直辖市人民政府根据本地区实际情况，以及宏观调控需要，对增值税小规模纳税人可以在50%的税额幅度内减征城市维护建设税和教育费附加、地方教育附加。增值税小规模纳税人已依法享受城市维护建设税和教育费附加、地方教育附加其他优惠政策的，可叠加享受该项优惠政策[9]。

4.2.3　税款的缴纳

城市维护建设税的纳税环节、纳税地点、纳税期限，与增值税、消费税相同。

（1）代征代扣增值税、消费税的单位和个人，其城市维护建设税的纳税地点为代征代扣地。

（2）跨省开采的油田，下属生产单位与核算单位不在同一省内的，其生产的原油，在油井所在地缴纳增值税。所以，各油井应纳的城市维护建设税，由核算单位计算，随同增值税

---

[1] 财政部.关于贯彻执行《中华人民共和国城市维护建设税暂行条例》几个具体问题的规定.财税〔1985〕69号，1985.3.22。
[2] 财政部.关于城市维护建设税几个具体业务问题的补充规定.财税〔1985〕143号，1985.6.4。
[3] 财政部.关于城市维护建设税几个具体业务问题的补充规定.财税〔1985〕143号，1985.6.4。
[4] 财政部、国家税务总局.关于生产企业出口货物实行免抵退税办法后有关城市维护建设税教育费附加政策的通知.财税〔2005〕25号。
[5] 财政部.关于城市维护建设税几个具体业务问题的补充规定.财税〔1985〕143号，1985.6.4。
[6] 财政部、国家税务总局.关于免征国家重大水利工程建设基金的城市维护建设税和教育费附加的通知.财税〔2010〕44号，2010.5.25。
[7] 财政部、国家税务总局.关于做好取消城市维护建设税审批项目后续管理工作的通知.财税〔2003〕230号，2003.11.10。
[8] 财政部、国家税务总局.关于增值税 营业税 消费税实行先征后返等办法有关城建税和教育费附加政策的通知.财税〔2005〕72号，2005.5.25。
[9] 财政部、税务总局.关于实施小微企业普惠性税收减免政策的通知.财税〔2019〕13号，2019.1.17。

一并汇拨油井所在地,在油井所在地缴纳①。

(3)管道局输油部分的收入,由取得收入的各管道局于所在地缴纳增值税和城市维护建设税②。

(4)流动经营等无固定地点的单位和个人,随同"两税"在经营地按适用税率计算缴纳城市维护建设税。

4.3 案例分析

案例 生产企业应纳税额的计算

利美化妆品厂(地处市区)是增值税一般纳税人,有出口经营权。该厂5月份有关情况如下。

(1)在境内销售高档化妆品,取得销售额(不含增值税)200万元。

(2)出口高档化妆品,离岸价折合人民币300万元,已取得相关凭证并收汇。

(3)上月留抵进项税额4万元;本月购进货物、劳务、服务所支付的增值税额41万元,已取得增值税专用发票且查询确认。

其他资料:该类高档化妆品适用的增值税税率、出口退税率均为13%,消费税税率为15%。

【要求】根据上述资料,回答下列问题:

(1)该厂本月应缴纳的增值税额是多少?免抵税额和退税额是多少?

(2)该厂本月应缴纳的消费税额是多少?

(3)该厂本月应缴纳的城市维护建设税额是多少?

(4)该厂本月应缴纳的教育费附加是多少?

【解析】(1)计算增值税额、免抵税额和退税额。

不得免征或抵扣税额=300×(13%−13%)=0

应纳税额=200×13%−(4+41)=−19(万元)

免抵退税额=300×13%=39(万元)

由此得出:实际缴纳增值税额为0,本月无须缴纳增值税。实际退税额为19万元。免抵税额=39−19=20(万元)。

说明:本月按出口离岸价计算的退税额39万元,实际退税额为19万元,被内销化妆品应纳增值税额抵顶了20万元。

(2)计算应纳消费税额。

内销高档化妆品应纳消费税额=200×15%=30(万元)

出口高档化妆品,直接免征消费税。

(3)计算应纳城建税额。

应纳城建税额=(20+30)×7%=3.50(万元)

---

① 财政部、国家税务总局.关于跨省油田和管道局缴纳城市维护建设税问题的答复.财税地〔1985〕5号,1985.6.25.

② 财政部、国家税务总局.关于跨省油田和管道局缴纳城市维护建设税问题的答复.财税地〔1985〕5号,1985.6.25.

说明：城建税随"两税"的免征而免征；本例出口退还增值税，不退还城建税；内销货物与出口货物的免抵税额，应附征城建税。

（4）计算应交教育费附加。

应交教育费附加=（20+30）×3%=1.50（万元）

说明：为了加快发展地方教育事业，扩大地方教育经费资金，1986年4月28日，国务院颁布了《征收教育费附加的暂行规定》，从同年7月1日开始征收教育费附加（于2005年8月20日第二次修订，2011年1月8日第三次修订）。教育费附加对缴纳"两税"的单位和个人征收，以其实际缴纳的"两税"为计征依据，分别与"两税"同时缴纳。教育费附加征收比例为3%[①]。长期以来，我国对外资企业和外籍个人不征收教育费附加。自2010年12月1日起，外商投资企业、外国企业及外籍个人适用教育费附加的法规、规章和政策[②]；对其2010年12月1日（含）之后发生纳税义务的"两税"征收教育费附加[③]。

本 章 小 结

城市维护建设税是国家对缴纳增值税、消费税的单位和个人以其实际缴纳的"两税"税额为计税依据征收的一种税。城市维护建设税的纳税人是负有缴纳"两税"纳税义务的单位和个人。城市维护建设税的计税依据，是纳税人实际缴纳的"两税"税额。城市维护建设税按纳税人所在地的不同，分别设置了7%、5%、1%的三档差别比例税率。城市维护建设税的纳税环节、纳税地点、纳税期限，与增值税、消费税相同。

复习思考题

1. 城市维护建设税的纳税人包括哪些？
2. 城市维护建设税的计税依据是什么？
3. 计算城市维护建设税应注意哪些问题？

案例分析题

通达外贸公司（地处市区，增值税一般纳税人，有进出口经营权）本月份有关业务情

[①] 国务院.关于修改《征收教育费附加的暂行规定》的决定.国务院令第448号，2005.8.20.
[②] 国务院.关于统一内外资企业和个人城市维护建设税和教育费附加制度的通知.国发〔2010〕35号，2010.10.18.
[③] 财政部、国家税务总局.关于对外资企业征收城市维护建设税和教育费附加有关问题的通知.财税〔2010〕103号，2010.11.4.

况如下。

（1）出口一批高档化妆品，离岸价格折合人民币95.45万元，已取得相关凭证并收汇。该批高档化妆品是从国内S市利美化妆品厂购进的。购进时，支付价款80万元、增值税款10.4万元，并取得了增值税专用发票和出口货物消费税专用缴款书。

（2）向国内S市利民商场销售一批从法国进口的高档化妆品，并开具增值税专用发票，发票上列明的销售额为100万元、增值税款为13万元。

（3）该公司库存商品账分"出口""内销"设置。本月准予从内销商品销项税额中抵扣的进项税额为8万元。

相关资料：该类高档化妆品适用的增值税税率、出口退税率均为13%，消费税退税率为15%。

要求：根据上述资料，回答下列问题：

（1）该公司本月应退的增值税和消费税各是多少？

（2）该公司本月应缴纳的增值税、城建税和教育费附加各是多少？

（答案提示：应退增值税10.4万元，应退消费税12万元；应纳增值税额5万元、城建税0.35万元、教育费附加0.15万元）

第 5 章

关 税

【本章要点提示】
- ◇ 征税对象、纳税人和适用税率
- ◇ 关税的减免
- ◇ 关税的计算与缴纳
- ◇ 关税完税价格的确定
- ◇ 进境物品进口税

本章内容引言

关税是海关依法对进出境货物、物品征收的一种税。关税是一个历史悠久的税种。我国早在周代就对过关上市的商品征收"关市之赋"。开征关税的目的是维护国家主权和经济利益，贯彻对外开放政策，鼓励出口和扩大必需品的进口，保护和促进国民经济的发展。

现行关税的基本规范是全国人民代表大会于2017年7月修正颁布的《中华人民共和国海关法》、国务院于2016年2月6日修正并施行的《中华人民共和国进出口关税条例》。

5.1 征税对象、纳税人和税率

5.1.1 征税对象

关税的征税对象是准许进出境的货物和进境物品。货物是指贸易性商品；物品是指入境旅客随身携带的行李物品、个人邮递物品、各种运输工具上的服务人员携带进口的自用物品、馈赠物品及以其他方式进境的个人物品。

5.1.2 纳税人

进口货物的收货人、出口货物的发货人、进境物品的所有人是关税的纳税人。

5.1.3 适用税率

1. 税率的设置

1) 进口关税税率

进口关税设置最惠国税率、协定税率、特惠税率、普通税率、关税配额税率等。对进口货物在一定期限内可以实行暂定税率。

（1）最惠国税率适用于原产于共同适用最惠国待遇条款的世界贸易组织成员的进口货物、原产于与我国签订含有相互给予最惠国待遇条款的双边贸易协定的国家或者地区的进口货物，以及原产于我国境内的进口货物。

（2）协定税率适用于原产于与我国签订含有关税优惠条款的区域性贸易协定的国家或者地区的进口货物。

（3）特惠税率适用于原产于与我国签订含有特殊关税优惠条款的贸易协定的国家或者地区的进口货物。

（4）普通税率适用于原产于上述（1）（2）（3）所列以外的国家或者地区的进口货物，以及原产地不明的进口货物。

适用最惠国税率的进口货物有暂定税率的，应当适用暂定税率；适用协定税率、特惠税率的进口货物有暂定税率的，应当从低适用税率；适用普通税率的进口货物，不适用暂定税率。

（5）关税配额税率适用于按照国家规定实行关税配额管理的在关税配额内的进口货物。关税配额外的进口货物，不适用关税配额税率，而按上述规定适用税率。

2) 特别关税

特别关税包括报复性关税、反倾销税、反补贴税、保障性关税。

（1）报复性关税。任何国家或者地区违反与我国签订或者共同参加的贸易协定及相关协定，对我国在贸易方面采取禁止、限制、加征关税或者其他影响正常贸易的措施的，对原产于该国家或者地区的进口货物可以征收报复性关税，适用报复性关税税率。

征收报复性关税的货物、适用国别、税率、期限和征收办法，由国务院关税税则委员会决定并公布。

（2）反倾销税、反补贴税和保障性关税。按照有关法律、行政法规的规定对进口货物采取反倾销、反补贴、保障措施的，其税率的适用，按照反倾销条例、反补贴条例和保障措施条例的有关规定执行。

反倾销税、反补贴税的纳税人是倾销或补贴产品的进口经营者。进口产品经初裁确定倾销或者补贴成立，并由此对国内产业造成损害的，可以采取临时反倾销或反补贴措施，实施期限为自决定公告规定实施之日起，不超过4个月。采取临时反补贴措施在特殊情形下，可以延长至9个月。自反倾销立案调查决定公告之日起60天内，不得采取临时反倾销措施。经终裁确定倾销或者补贴成立，并由此对国内产业造成损害的，可以征收反倾销税和反补贴税。反倾销税的征收期限和价格承诺的履行期限不超过5年；但是，经复审确定终止征收反倾销税有可能导致倾销和损害的继续或者再度发生的，反倾销税的征收期限可以适当延长[①]。

[①] 国务院.中华人民共和国反倾销条例.国务院令第328号，2001.11.26.

保障性关税是指当某类商品进口量剧增,对我国相关产业带来巨大威胁或损害时,按照WTO有关规则,可以启动一般保障措施,即在与有实质利益的国家或地区进行磋商后,在一定时期内提高该项商品的进口关税或者采取数量限制措施,以保护国内相关产业不受损害。

3)出口关税税率

出口关税设置出口税率。我国征收出口关税的商品较少,税率较低。

适用出口税率的出口货物有暂定税率的,应当适用暂定税率。自2013年1月1日起,对铬铁等部分出口商品实施暂定税率;对部分化肥征收特别出口关税[①]。

2. 税率的运用

(1)进出口货物,应当适用海关接受该货物申报进口或者出口之日实施的税率。进口货物到达前,经海关核准先行申报的,应当适用装载该货物的运输工具申报进境之日实施的税率。

转关运输货物税率的适用日期,由海关总署另行规定。

(2)有下列情形之一,需要缴纳税款的,应当适用海关接受申报办理纳税手续之日实施的税率:

① 保税货物经批准不复运出境的;

② 减免税货物经批准转让或者移作他用的;

③ 暂准进境货物经批准不复运出境,以及暂准出境货物经批准不复运进境的;

④ 租赁进口货物,分期缴纳税款的。

(3)补征和退还进出口货物关税,应当按照上述规定,确定其适用的税率。

(4)因纳税义务人违反规定,需要追征税款的,应当适用该行为发生之日实施的税率;行为发生之日不能确定的,适用海关发现该行为之日实施的税率。

5.1.4 原产地规定[②]

确定进境货物原产地的主要原因之一是为了正确运用进口货物所适用的税率。我国原产地规定基本上采用了"全部产地生产标准""实质性加工标准"两种国际上通用的原产地标准。

1)全部产地生产标准

全部产地生产标准是指进口货物"完全在一个国家内生产或制造",生产或制造国即为该货物的原产国。

2)实质性加工标准

实质性加工标准是适用于确定有两个或者两个以上国家参与生产的产品的原产国的标准,其基本含义是:经过几个国家加工、制造的进口货物,以最后一个对货物进行经济上可以视为实质性加工的国家作为有关货物的原产国。"实质性加工"是指产品加工后,在进出口税则中四位数税号一级的税则归类已经有了改变;或者加工增值部分所占新产品总值的比例已超过30%及以上的。

3)其他

对机器、仪器、器材或者车辆所用零件、部件、配件、备件及工具,如与主件同时进口且数量合理的,其原产地按主件的原产地确定,分别进口的,则按各自的原产地确定。

[①] 国务院关税税则委员会.关于2013年关税实施方案的通知.税委会〔2012〕22号,2012.12.10.
[②] 国务院.中华人民共和国进出口货物原产地条例.国务院令第416号,2004.9.3.

5.2 关税完税价格

5.2.1 进口货物的完税价格

1. 一般进口货物：以成交价格为基础的完税价格

进口货物的完税价格由海关以符合《中华人民共和国进出口关税条例》(以下简称《进出口关税条例》)所列条件的成交价格，以及该货物运抵我国境内输入地点起卸前的运输及其相关费用、保险费为基础审查确定。

进口货物的成交价格，是指卖方向我国境内销售该货物时，买方为进口该货物向卖方实付、应付的，并按照条例规定调整后的价款总额，包括直接支付的价款和间接支付的价款。

1) 进口货物的成交价格应当符合的条件

（1）对买方处置或者使用该货物不予限制，但法律、行政法规规定实施的限制、对货物转售地域的限制和对货物价格无实质性影响的限制除外。

（2）该货物的成交价格没有因搭售或者其他因素的影响而无法确定。

（3）卖方不得从买方直接或者间接获得因该货物进口后转售、处置或者使用而产生的任何收益，或者虽有收益但能够按照条例的规定进行调整。

（4）买卖双方没有特殊关系，或者虽有特殊关系但未对成交价格产生影响。

2) 完税价格的调整

（1）进口货物的下列费用，应当计入完税价格。

① 由买方负担的购货佣金以外的佣金和经纪费。

② 由买方负担的在审查确定完税价格时与该货物视为一体的容器的费用。

③ 由买方负担的包装材料费用和包装劳务费用。

④ 与该货物的生产和向我国境内销售有关的，由买方以免费或者以低于成本的方式提供并可以按适当比例分摊的料件、工具、模具、消耗材料及类似货物的价款，以及在境外开发、设计等相关服务的费用。

⑤ 作为该货物向我国境内销售的条件，买方必须支付的、与该货物有关的特许权使用费。

⑥ 卖方直接或者间接从买方获得的该货物进口后转售、处置或者使用的收益。

（2）进口时在货物的价款中列明的下列税收、费用，不计入该货物的完税价格。

① 厂房、机械、设备等货物进口后进行建设、安装、装配、维修和技术服务的费用。

② 进口货物运抵境内输入地点起卸后的运输及其相关费用、保险费。

③ 进口关税及国内税收。

按照规定计入或者不计入完税价格的成本、费用、税收，应当以客观、可量化的数据为依据。

2. 一般进口货物：海关估定完税价格

进口货物的成交价格不符合条例规定条件的，或者成交价格不能确定的，海关经了解有关情况，并与纳税人进行价格磋商后，依次以下列方法或者价格估定该货物的完税价格。

（1）与该货物同时或者大约同时，向我国境内销售的相同货物的成交价格。

（2）与该货物同时或者大约同时，向我国境内销售的类似货物的成交价格。

（3）与该货物进口的同时或者大约同时，将该进口货物、相同或者类似进口货物，在第一级销售环节销售给无特殊关系买方最大销售总量的单位价格，但应当扣除下列项目：同等级或者同种类货物在我国境内第一级销售环节销售时,通常的利润和一般费用及通常支付的佣金;进口货物运抵境内输入地点起卸后的运输及其相关费用、保险费;进口关税及国内税收。

(4)按照下列各项总和计算的价格:生产该货物所使用的料件成本和加工费用;向我国境内销售同等级或者同种类货物通常的利润和一般费用;该货物运抵境内输入地点起卸前的运输及其相关费用、保险费。

(5)以合理方法估定的价格。

纳税人向海关提供有关资料后,可以提出申请,颠倒上述第(3)和第(4)项的适用次序。

3. 特殊进口货物的完税价格

1)租赁方式进口货物的完税价格

以租赁方式进口的货物,以海关审查确定的该货物的租金作为完税价格。

纳税人要求一次性缴纳税款的,可以选择按照条例规定估定完税价格,或者按照海关审查确定的租金总额作为完税价格。

2)复运进境的境外加工货物的完税价格

运往境外加工的货物,出境时已向海关报明并在海关规定的期限内复运进境的,应当以境外加工费和料件费,以及复运进境的运输及其相关费用和保险费审查确定完税价格。

3)复运进境的境外修理货物的完税价格

运往境外修理的机械器具、运输工具或者其他货物,出境时已向海关报明并在海关规定的期限内复运进境的,应当以境外修理费和料件费审查确定完税价格。

4)需要补税的监管货物的完税价格[①]

需由海关监管使用的减免税进口货物,在监管年限内转让或者移作他用需要补税的,海关应当根据该货物进口时间折旧估价,补征进口关税。特定减免税进口货物的监管年限由海关总署规定。

完税价格=海关审定的该货物原进口时的价格×[1−申请补税时实际已使用的月数÷(监管年限×12)]

5)留购进口货样的完税价格[②]

对于境内留购的进口货样、展览品和广告陈列品,以海关审定的留购价格作为完税价格。

5.2.2 出口货物的完税价格

1. 出口货物完税价格的确定

出口货物的完税价格由海关以该货物的成交价格及该货物运至中国境内输出地点装载前的运输及其相关费用、保险费为基础审查确定。

出口货物的成交价格,是指该货物出口时卖方为出口该货物应当向买方直接收取和间接收取的价款总额。

出口关税不计入完税价格。

2. 出口货物完税价格的估定

出口货物的成交价格不能确定的,海关经了解有关情况,并与纳税人进行价格磋商后,依次以下列价格估定该货物的完税价格。

[①] 海关总署.中华人民共和国海关审定进出口货物完税价格办法.海关总署令第95号,2001.12.31.

[②] 海关总署.中华人民共和国海关审定进出口货物完税价格办法.海关总署令第95号,2001.12.31.

（1）与该货物同时或者大约同时，向同一国家或者地区出口的相同货物的成交价格。

（2）与该货物同时或者大约同时，向同一国家或者地区出口的类似货物的成交价格。

（3）按照下列各项总和计算的价格：境内生产相同或者类似货物的料件成本、加工费用；通常的利润和一般费用；境内发生的运输及其相关费用、保险费。

（4）以合理方法估定的价格。

5.2.3 完税价格中运输及相关费用、保险费的计算[①]

1. 以一般陆运、空运、海运方式进口的货物

陆运、空运和海运进口货物的运费和保险费，应当按照实际支付的费用计算。如果进口货物的运费无法确定或者未实际发生，海关应当按照该货物进口同期运输行业公布的运费率（额）计算运费；按照"货价加运费"两者总额的3‰计算保险费。

2. 以其他方式进口的货物

邮运的进口货物，应当以邮费作为运输及其相关费用、保险费；以境外边境口岸价格条件成交的铁路或者公路运输进口货物，海关应当按照货价的1%计算运输及其相关费用、保险费；作为进口货物的自驾进口的运输工具，海关在审定完税价格时，可以不另行计入运费。

3. 出口货物

出口货物的销售价格如果包括离境口岸至境外口岸之间的运输、保险费，该运费、保险费应当扣除。

5.3 关税减免

关税减免分为法定减免税、特定减免税和临时减免税。根据海关法规定，除法定减免税外的其他减免税均由国务院决定。

5.3.1 法定减免税

法定减免税是税法中明确列明的减税或免税。

1. 免征关税的进口货物

（1）关税税额在人民币50元以下的一票货物。

（2）无商业价值的广告品和货样。

（3）外国政府、国际组织无偿赠送的物资。

（4）在海关放行前损失的货物。

（5）进出境运输工具装载的途中必需的燃料、物料和饮食用品。

在海关放行前遭受损坏的货物，可以根据海关认定的受损程度减征关税。法律规定的其他免征或者减征关税的货物，海关根据规定予以免征或者减征。

2. 经批准暂时进境或者暂时出境的特定货物

经海关批准暂时进境或者暂时出境的下列货物，在进境或者出境时纳税人向海关缴纳相当于应纳税款的保证金或者提供其他担保的，可以暂不缴纳关税，并应当自进境或者出境之日起6个月内复运出境或者复运进境；经纳税人申请，海关可以根据海关总署的规定延长复

[①] 海关总署.中华人民共和国海关审定进出口货物完税价格办法.海关总署令第95号，2001.12.31.

运出境或者复运进境的期限。
（1）在展览会、交易会、会议及类似活动中展示或者使用的货物。
（2）文化、体育交流活动中使用的表演、比赛用品。
（3）进行新闻报道或者摄制电影、电视节目使用的仪器、设备及用品。
（4）开展科研、教学、医疗活动使用的仪器、设备及用品。
（5）在第（1）至第（4）项所列活动中使用的交通工具及特种车辆。
（6）货样。
（7）供安装、调试、检测设备时使用的仪器、工具。
（8）盛装货物的容器。
（9）其他用于非商业目的的货物。

上述所列暂准进境货物在规定的期限内未复运出境的，或者暂准出境货物在规定的期限内未复运进境的，海关应当依法征收关税。

上述可以暂时免征关税范围以外的其他暂准进境货物，应当按照该货物的完税价格和其在境内滞留时间与折旧时间的比例计算征收进口关税。

3. 其他规定

（1）因品质或者规格原因，出口货物自出口之日起1年内原状复运进境的，不征收进口关税。

（2）因品质或者规格原因，进口货物自进口之日起1年内原状复运出境的，不征收出口关税。

（3）因残损、短少、品质不良或者规格不符原因，由进出口货物的发货人、承运人或者保险公司免费补偿或者更换的相同货物，进出口时不征收关税。被免费更换的原进口货物不退运出境或者原出口货物不退运进境的，海关应当对原进出口货物重新按照规定征收关税[①]。

5.3.2 特定减免税

在法定减免税之外，国家按照国际通行规则和我国实际情况，制定发布的有关进出口货物减免关税的政策，称为特定或政策性减免税。

比如，自2008年11月1日起，对边境贸易进口物资的减免税政策如下：边民通过互市贸易进口的商品，每人每日价值在8 000元以下的，免征进口关税和进口环节增值税；边境小额贸易企业通过指定边境口岸进口原产于毗邻国家的商品，除烟、酒、化妆品及国家规定必须照章征税的其他商品外，进口关税和进口环节增值税减半征收[②]。

再比如，自2016年4月8日起，跨境电子商务零售进口商品的单次交易限值为人民币2 000元，个人年度交易限值为人民币20 000元。在限值以内进口的跨境电子商务零售进口商品，关税税率暂设为0%；进口环节增值税、消费税取消免征税额，暂按法定应纳税额的70%征收。超过单次限值、累加后超过个人年度限值的单次交易，以及完税价格超过2 000元限值的单个不可分割商品，均按照一般贸易方式全额征税[③]。

自2019年1月1日起，将跨境电子商务零售进口商品的单次交易限值由人民币2 000元提高至5 000元，年度交易限值由人民币20 000元提高至26 000元。完税价格超过5 000元单次交

[①] 财政部、海关总署、国家税务总局.关于进口货物进口环节海关代征税税收政策问题的规定.财关税〔2004〕7号，2004.3.16.
[②] 财政部、海关总署、国家税务总局.关于促进边境贸易发展有关财税政策的通知.财关税〔2008〕90号，2008.10.30.
[③] 财政部、海关总署、国家税务总局.关于跨境电子商务零售进口税收政策的通知.财关税〔2016〕18号，2016.3.24.

易限值但低于26 000元年度交易限值，且订单下仅一件商品时，可以自跨境电商零售渠道进口，按照货物税率全额征收关税和进口环节增值税、消费税，交易额计入年度交易总额，但年度交易总额超过年度交易限值的，按一般贸易管理[①]。

5.3.3 临时减免税

临时减免税是指除法定减免税和特定减免税以外的其他减免税，即由国务院根据《中华人民共和国海关法》（以下简称《海关法》）对某个单位、某类商品、某个项目或某批进出口货物的特殊情况，给予特别照顾，一案一批，专文下达的减免税。

5.4 进境物品进口税

5.4.1 纳税人

进境物品的关税及进口环节海关代征税合并为进口税，由海关依法征收。

进境物品的纳税人是携带物品进境的入境人员、进境邮递物品的收件人及以其他方式进口物品的收件人。

5.4.2 税额计算与缴纳

进口税采用从价计征，适用海关填发税款缴款书之日实施的税率和完税价格。完税价格由海关参照该项物品的境外正常零售平均价格确定。

进口税税额＝完税价格×进口税税率

进口税应当在进境物品放行前按照规定缴纳。纳税人可以自行办理纳税手续，也可以委托他人办理纳税手续。

海关总署规定数额以内的个人自用进境物品，免征进口税。超过海关总署规定数额但仍在合理数量以内的个人自用进境物品，由进境物品的纳税人在进境物品放行前按照规定缴纳进口税。超过合理、自用数量的进境物品应当按照进口货物依法办理相关手续。

进口税的减征、免征、补征、追征、退还及对暂准进境物品征收进口税，参照《进出口关税条例》对货物征收进口关税的有关规定执行。

5.5 关税计算与缴纳

5.5.1 关税的计算

进出口货物关税，以从价计征、从量计征或者国家规定的其他方式征收。

从价计征：应纳税额＝完税价格×关税税率

从量计征：应纳税额＝货物数量×单位税额

[①] 财政部、海关总署、国家税务总局.关于完善跨境电子商务零售进口税收政策的通知.财关税〔2018〕49号，2018.11.29.

5.5.2 关税的缴纳

1. 关税的申报

进口货物的纳税人应当自运输工具申报进境之日起14日内,出口货物的纳税人除海关特准的外,在货物运抵海关监管区后、装货的24小时以前,向货物的进出境地海关申报。进出口货物转关运输的,按照海关总署的规定执行。

进口货物到达前,纳税人经海关核准可以先行申报。

2. 关税的缴纳

纳税人应当自海关填发税款缴款书之日起15日内向指定银行缴纳税款。纳税人未按期缴纳税款的,从滞纳税款之日起,按日加收滞纳税款万分之五的滞纳金。

滞纳金自关税缴纳期限届满之次日起,至纳税义务人缴纳关税之日止,按滞纳税款万分之五的比例按日征收,周末或法定节假日不予扣除。

关税滞纳金金额=滞纳关税税额×滞纳金征收比率×滞纳天数

海关可以对纳税人欠缴税款的情况予以公告。

海关征收关税、滞纳金等,按人民币计征。进出口货物的成交价格及有关费用以外币计价的,以中国人民银行公布的基准汇率折合为人民币计算完税价格;以基准汇率币种以外的外币计价的,按照国家有关规定套算为人民币计算完税价格。适用汇率的日期由海关总署规定。

纳税人因不可抗力或者在国家税收政策调整的情形下,不能按期缴纳税款的,经海关总署批准,可以延期缴纳税款,但是最长不得超过6个月。

5.5.3 关税的退补

1. 关税保全与强制执行

进出口货物的纳税人在规定的纳税期限内有明显的转移、藏匿其应税货物及其他财产迹象的,海关可以责令纳税人提供担保;纳税人不能提供担保的,海关可以按照《海关法》的规定采取税收保全措施。

纳税人、担保人自缴纳税款期限届满之日起超过3个月仍未缴纳税款的,海关可以按照《海关法》的规定采取强制措施。

2. 关税的退还

海关发现多征税款的,应立即通知纳税人办理退还手续。纳税人发现多缴税款的,自缴纳税款之日起1年内,可以书面形式要求海关退还多缴的税款并加算银行同期活期存款利息;海关自受理退税申请之日起30日内查实并通知纳税人办理退还手续。纳税人自收到通知之日起3个月内办理有关退税手续。退还税款、利息涉及从国库中退库的,按照法律、行政法规有关国库管理的规定执行。

有下列情形之一的,纳税人自缴纳税款之日起1年内,可以申请退还关税,并以书面形式向海关说明理由,提供原缴款凭证及相关资料。

(1)已征进口关税的货物,因品质或者规格原因,原状退货复运出境的。

(2)已征出口关税的货物,因品质或者规格原因,原状退货复运进境,并已重新缴纳因出口而退还的国内环节有关税收的。

(3)已征出口关税的货物,因故未装运出口,申报退关的。

按照其他有关法律、行政法规规定应当退还关税的，海关应按照有关法律、行政法规的规定退税。

3. 关税的补征与追征

进出口货物放行后，海关发现少征或者漏征税款的，自缴纳税款或者货物放行之日起1年内，向纳税人补征税款。但因纳税人违反规定造成少征或者漏征税款的，海关可以自缴纳税款或者货物放行之日起3年内追征税款，并从缴纳税款或者货物放行之日起按日加收少征或者漏征税款万分之五的滞纳金。

海关发现海关监管货物因纳税人违反规定造成少征或者漏征税款的，自纳税义务人应缴纳税款之日起3年内追征税款，并从应缴纳税款之日起按日加收少征或者漏征税款万分之五的滞纳金。

4. 报关企业和其他单位的法律责任

（1）报关企业接受纳税人的委托，以纳税人的名义办理报关纳税手续，因报关企业违反规定而造成海关少征、漏征税款的，报关企业对少征或者漏征的税款、滞纳金与纳税人承担纳税的连带责任。报关企业接受纳税人的委托，以报关企业的名义办理报关纳税手续的，报关企业与纳税人承担纳税的连带责任。

（2）除不可抗力外，在保管海关监管货物期间，海关监管货物损毁或者灭失的，对海关监管货物负有保管义务的人应承担相应的纳税责任。

（3）欠税的纳税人，有合并、分立情形的，在合并、分立前，应向海关报告，依法缴清税款。纳税人合并时未缴清税款的，由合并后的法人或者其他组织继续履行未履行的纳税义务；纳税人分立时未缴清税款的，分立后的法人或者其他组织对未履行的纳税义务承担连带责任。

纳税人在减免税货物、保税货物监管期间，有合并、分立或者其他资产重组情形的，应向海关报告。按照规定需要缴税的，应依法缴清税款；按照规定可以继续享受减免税、保税待遇的，应到海关办理变更纳税人的手续。

纳税人欠税或者在减免税货物、保税货物监管期间，有撤销、解散、破产或者其他依法终止经营情形的，应在清算前向海关报告。海关依法对纳税人的应缴税款予以清缴。

5. 关税纳税争议

纳税义务人、担保人对海关确定纳税人、确定完税价格、商品归类、确定原产地、适用税率或者汇率、减征或者免征税款、补税、退税、征收滞纳金、确定计征方式以及确定纳税地点有异议的，应当缴纳税款，并可以依法向上一级海关申请复议。对复议决定不服的，可以依法向人民法院提起诉讼。

5.6 案例分析

案例1 进口货物应纳税额的计算

某进出口公司本月份进口一批液体应税消费品，支付如下款项。

（1）应税消费品成交价折合人民币1 085万元。

（2）货物运抵我国关境内输入地点起卸前、起卸后的运费分别为35万元、2万元，保险费分别为5万元、0.4万元。

（3）包装材料费用和包装劳务费10万元。
（4）与货物视为一体的容器的费用15万元。
（5）与该货物有关的特许权使用费50万元。

已知：该应税消费品关税税率为20%，消费税税率为15%，增值税税率为13%。

【要求】根据上述资料，回答下列问题：
（1）该公司在进口环节应缴纳的关税是多少？
（2）该公司在进口环节应缴纳的消费税是多少？
（3）该公司在进口环节应缴纳的增值税是多少？

【解析】（1）计算进口环节应缴纳的关税。

关税完税价格=1 085+35+5+10+15+50=1 200（万元）

应纳关税额=1 200×20%=240（万元）

说明：进口货物运抵境内输入地点起卸后的运输费、保险费不计入该货物的完税价格。

（2）计算进口环节应缴纳的消费税。

应纳消费税额=[（1 200+240）÷（1−15%）]×15%=254.12（万元）

（3）计算进口环节应缴纳的增值税。

应纳增值税额=[（1 200+240）÷（1−15%）]×13%=220.24（万元）

或：应纳增值税额=（1 200+240+254.12）×13%=220.24（万元）

案例2 进口货物应纳税额计算与缴纳

某进出口公司为增值税一般纳税人，地处县城。该公司本月进口一批应税消费品，成交价折合人民币1 990万元（含该货物运抵我国关境内输入地点起卸前的运费、保险费20万元），另支付与货物有关的境外开发设计费用210万元，货物进口后的技术服务费用50万元。

该公司报关进口后，未按规定时间缴纳各项税款，滞纳天数为35天。该货物进口关税税率为50%，消费税税率为15%，增值税税率为13%。

【要求】根据上述资料，回答下列问题：
（1）该公司在进口环节应缴纳的各项税款是多少？
（2）该公司应缴纳的滞纳金是多少？

【解析】（1）计算进口环节应缴纳的各项税款。

关税完税价格=1 990+210=2 200（万元）

说明：由买方负担的与货物有关的境外开发设计费用，应计入完税价格；货物进口后的技术服务费用，不计入完税价格。

应纳关税额=2 200×50%=1 100（万元）

应纳消费税额=[（2 200+1 100）÷（1−15%）]×15%=582.35（万元）

应纳增值税额=[（2 200+1 100）÷（1−15%）]×13%=504.71（万元）

或：应纳增值税额=（2 200+1 100+582.35）×13%=504.71（万元）

（2）计算进口环节应缴纳的滞纳金。

关税滞纳金=1 100×0.5‰×35=19.25（万元）

消费税滞纳金=582.35×0.5‰×35=10.19（万元）

增值税滞纳金=504.71×0.5‰×35=8.83（万元）

本章小结

关税是海关依法对进出境货物、物品征收的一种税。关税的征税对象是准许进出口的货物和进境物品。进口货物的收货人、出口货物的发货人、进境物品的所有人，是关税的纳税人。关税税率分进口关税税率和出口关税税率两种。进口关税设置最惠国税率、协定税率、特惠税率、普通税率、关税配额税率等。对进口货物在一定期限内可以实行暂定税率。特别关税包括报复性关税、反倾销税、反补贴税、保障性关税。我国征收出口关税的商品较少，税率较低。进出口关税的计税依据是关税完税价格。关税减免分为法定减免税、特定减免税和临时减免税。关税由海关负责征收管理。

复习思考题

1. 关税的征税对象是什么？关税纳税人是谁？
2. 进口关税的税率有哪几种？其适用对象包括哪些？
3. 如何确定进口货物的关税完税价格？
4. 如何确定出口货物的关税完税价格？
5. 关税减免的类型有哪几种？
6. 关税补征与追征的规定有哪些？

案例分析题

顺昌公司是一家具有进出口经营权的贸易公司。该公司本月出口一批货物，按境外到岸价格成交，折合人民币685万元，其中境内口岸至境外口岸的运费30万元、保险费5万元。该批货物出口关税税率为30%。

要求：计算该公司应纳的出口关税额。

[答案提示：[(685-30-5)÷(1+30%)]×30%=150（万元）]

第 6 章

资　源　税

【本章要点提示】
◇ 纳税人、征税对象与税率　　　◇ 税额计算、减免与缴纳
◇ 水资源税试点办法

本章内容引言

资源税是对在我国境内开采或生产应税资源产品征收的一种税。开征资源税的目的，主要是合理调节资源级差收入，促进企业间公平竞争；促进国有资源的合理开采、节约使用；保证财政收入。

现行资源税的基本规范是2011年9月30日国务院颁布的《中华人民共和国资源税暂行条例》（简称《资源税暂行条例》）和2011年10月28日财政部颁布实施的《中华人民共和国资源税暂行条例实施细则》（简称《资源税暂行条例实施细则》），以及财政部、国家税务总局颁布的税收文件。

6.1　纳税人、征税对象与税率

6.1.1　纳税人和扣缴义务人

1. 纳税人

在中国领域及管辖海域开采矿产品或者生产盐的单位和个人，为资源税的纳税人。单位，是指企业、行政单位、事业单位、军事单位、社会团体及其他单位；个人，是指个体工商户和其他个人。

资源税在生产环节征收，实行一次课征制度。

自2011年11月1日起，参与合作开采海洋石油资源的中国企业、外国企业，依法缴纳资源税，不再缴纳矿区使用费。此前已依法订立的中外合作开采海洋石油资源的合同，在已约定的合同有效期内，继续依照当时国家有关规定缴纳矿区使用费，不缴纳资源税；合同期满

后,依法缴纳资源税①。

进口的资源产品,不属于资源税的征收范围。所以,进口资源产品的单位和个人不是资源税的纳税人。

2. 扣缴义务人

收购未税矿产品的单位为资源税的扣缴义务人。所称扣缴义务人,是指独立矿山、联合企业及其他收购未税矿产品的单位。独立矿山是指只有采矿或只有采矿和选矿,独立核算、自负盈亏的单位,其生产的原矿和精矿主要用于对外销售;联合企业是指采矿、选矿、冶炼(或加工)连续生产的企业或采矿、冶炼(或加工)连续生产的企业,其采矿单位,一般是该企业的二级或二级以下核算单位②。

购买未税矿产品的单位,应主动向主管税务机关办理扣缴税款登记,依法代扣代缴资源税。资源税代扣代缴的适用范围,应限定在除原油、天然气、煤炭以外的,税源小、零散、不定期开采等难以在采矿地申报缴纳资源税的矿产品。对已纳入开采地正常税务管理或者在销售矿产品时开具增值税发票的纳税人,不采用代扣代缴的征管方式③。

6.1.2 征税对象

1. 开采或生产应税产品

资源税实行"普遍征收,级差调节"的原则,其征税对象主要是矿产品和盐。

1)原油

原油,是指开采的天然原油,不包括人造石油。凝析油视同原油,征收资源税④。

2)天然气

天然气,是指专门开采的天然气和与原油同时开采的天然气。

3)煤炭

从2014年12月1日起,煤炭应税产品(简称应税煤炭)包括原煤和以自采未税原煤加工的洗选煤(简称洗选煤)⑤。原煤是指开采出的毛煤经过简单选矸(矸石直径50 mm以上)后的煤炭,以及经过筛选分类后的筛选煤等。洗选煤是指经过筛选、破碎、水洗、风洗等物理化学工艺,去灰去矸后的煤炭产品,包括精煤、中煤、煤泥等,不包括煤矸石。

4)金属矿

金属矿是指《资源税税目税率幅度表》明确的轻稀土矿(精矿)、中重稀土矿(精矿)、钨矿(精矿)、钼矿(精矿)、铁矿(精矿)、金矿(金锭)、铜矿(精矿)、铝土矿(原矿)、铅锌矿(精矿)、镍矿(精矿)、锡矿(精矿)、未列举名称的其他金属矿产品(原矿或精矿)⑥。

5)非金属矿

非金属矿是指《资源税税目税率幅度表》明确的石墨(精矿)、硅藻土(精矿)、高岭土(原矿)、萤石(精矿)、石灰石(原矿)、硫铁矿(精矿)、磷矿(原矿)、氯化钾(精矿)、

---

① 国务院.关于修改《中华人民共和国对外合作开采海洋石油资源条例》的决定.国务院令第607号,2011.9.30.
② 国家税务总局.关于发布修订后的《资源税若干问题的规定》的公告.国家税务总局公告2011年第63号,2011.11.28.
③ 国家税务总局.资源税征收管理规程.国家税务总局公告2018年第13号,2018.3.30.
④ 国家税务总局.关于发布修订后的《资源税若干问题的规定》的公告.国家税务总局公告2011年第63号,2011.11.28.
⑤ 财政部、国家税务总局.关于实施煤炭资源税改革的通知.财税〔2014〕72号,2014.10.9.
⑥ 财政部、国家税务总局.关于全面推进资源税改革的通知.财税〔2016〕53号,2016.5.9.

硫酸钾（精矿）、井矿盐（氯化钠初级产品）、湖盐（氯化钠初级产品）、提取地下卤水晒制的盐（氯化钠初级产品）、煤层（成）气（原矿）、黏土（原矿）、砂石（原矿）、未列举名称的其他非金属矿产品（原矿或精矿）[①]。

6）海盐

海盐，是指海水晒制的盐，不包括提取地下卤水晒制的盐[②]。

2. 视同销售应税产品

纳税人开采或者生产的应税产品，自用于连续生产应税产品的，不缴纳资源税；自用于其他方面的，视同销售，按规定缴纳资源税。

视同销售包括以下情形[③]：

（1）纳税人以自采原矿直接加工为非应税产品的，视同原矿销售。

（2）纳税人以自采原矿洗选（加工）后的精矿连续生产非应税产品的，视同精矿销售。

（3）以应税产品投资、分配、抵债、赠与、以物易物等，视同应税产品销售。

6.1.3 适用税率

现行资源税采用比例税率和定额税率两种形式。根据《资源税暂行条例》及相关税收文件，资源税税目税率幅度见表6-1。

表6-1 资源税税目税率幅度表

税目		征税对象	税率幅度
原油		原矿	6%~10%
天然气		原矿	6%~10%
煤炭		原矿	2%~10%
金属矿	轻稀土矿	精矿	按地区执行不同的适用税率，其中，内蒙古为11.5%、四川为9.5%、山东为7.5%
	中重稀土矿	精矿	27%
	钨矿	精矿	6.5%
	钼矿	精矿	11%
	铁矿	精矿	1%~6%
	金矿	金锭	1%~4%
	铜矿	精矿	2%~8%
	铝土矿	原矿	3%~9%
	铅锌矿	精矿	2%~6%
	镍矿	精矿	2%~6%
	锡矿	精矿	2%~6%
	未列举名称的其他金属矿产品	原矿或精矿	税率不超过20%

---

① 财政部、国家税务总局.关于全面推进资源税改革的通知.财税〔2016〕53号，2016.5.9.
② 财政部、国家税务总局.关于全面推进资源税改革的通知.财税〔2016〕53号，2016.5.9.
③ 国家税务总局.资源税征收管理规程.国家税务总局公告2018年第13号，2018.3.30.

续表

税目		征税对象	税率幅度
非金属矿	石墨	精矿	3%~10%
	硅藻土	精矿	1%~6%
	高岭土	原矿	1%~6%
	萤石	精矿	1%~6%
	石灰石	原矿	1%~6%
	硫铁矿	精矿	1%~6%
	磷矿	原矿	3%~8%
	氯化钾	精矿	3%~8%
	硫酸钾	精矿	6%~12%
	井矿盐	氯化钠初级产品	1%~6%
	湖盐	氯化钠初级产品	1%~6%
	提取地下卤水晒制的盐	氯化钠初级产品	3%~15%
	煤层(成)气	原矿	1%~2%
	黏土、砂石	原矿	每吨或立方米0.1~5元
	未列举名称的其他非金属矿产品	原矿或精矿	从量税率每吨或立方米不超过30元；从价税率不超过20%
	海盐	氯化钠初级产品	1%~5%

备注：① 铝土矿包括耐火级矾土、研磨级矾土等高铝黏土；② 氯化钠初级产品是指井矿盐、湖盐原盐、提取地下卤水晒制的盐和海盐原盐，包括固体和液体形态的初级产品；③ 海盐是指海水晒制的盐，不包括提取地下卤水晒制的盐。

省级人民政府在确定具体适用税率时，按照以下规定执行[①]。

（1）对《资源税税目税率幅度表》中列举名称的资源品目，由省级人民政府在规定的税率幅度内提出具体适用税率建议，报财政部、国家税务总局确定核准。

（2）对未列举名称的其他金属和非金属矿产品，由省级人民政府根据实际情况确定具体税目和适用税率，报财政部、国家税务总局备案。

（3）省级人民政府在提出和确定适用税率时，要结合当前矿产企业实际生产经营情况，遵循改革前后税费平移原则，充分考虑企业负担能力。

测算具体适用税率时，充分考虑本地区资源禀赋、企业承受能力和清理收费基金等因素，按照改革前后税费平移原则，以近几年企业缴纳资源税、矿产资源补偿费金额（铁矿石开采企业缴纳资源税金额按40%税额标准测算）和矿产品市场价格水平为依据确定。一个矿种原则上设定一档税率，少数资源条件差异较大的矿种可按不同资源条件、不同地区设定两档税率[②]。

值得注意的是，纳税人开采或者生产不同税目应税产品的，应分别核算不同税目应税产品的销售额或者销售数量；未分别核算或者不能准确提供不同税目应税产品的销售额或者销售数量的，从高适用税率。

---

① 财政部、国家税务总局.关于全面推进资源税改革的通知.财税〔2016〕53号，2016.5.9。
② 财政部、国家税务总局.关于资源税改革具体政策问题的通知.财税〔2016〕54号，2016.5.9。

6.2 税额计算、减免与缴纳

6.2.1 计税依据

资源税的计税办法有两种：从价定率和从量定额。目前，大多数应税产品适用从价定率计税办法，以应税产品的销售额和适用税率计算资源税。只有黏土、砂石等应税产品适用从量定额计算办法，以应税产品的销售数量和适用税额计算资源税。

1. 销售额的基本规定

适用从价定率计税办法的应税产品，资源税的计税依据是销售额。销售额是指纳税人销售应税产品向购买方收取的全部价款和价外费用，不包括增值税销项税额和运杂费用[①]。

（1）价外费用，包括价外向购买方收取的手续费、补贴、基金、集资费、返还利润、奖励费、违约金、滞纳金、延期付款利息、赔偿金、代收款项、代垫款项、包装费、包装物租金、储备费、优质费、运输装卸费及其他各种性质的价外收费。但下列项目不包括在内。

① 同时符合以下条件的代垫运输费用：承运部门的运输费用发票开具给购买方的；纳税人将该项发票转交给购买方的。

② 同时符合以下条件代为收取的政府性基金或者行政事业性收费：由国务院或者财政部批准设立的政府性基金，由国务院或者省级人民政府及其财政、价格主管部门批准设立的行政事业性收费；收取时开具省级以上财政部门印制的财政票据；所收款项全额上缴财政。

（2）运杂费用，是指应税产品从坑口或洗选（加工）地到车站、码头或购买方指定地点的运输费用、建设基金，以及随运销产生的装卸、仓储、港杂费用。运杂费用应与销售额分别核算，凡未取得相应凭证或不能与销售额分别核算的，一并计征资源税[②]。

对同时符合以下条件的运杂费用，纳税人在计算应税产品计税销售额时，可予以扣减[③]。

① 包含在应税产品销售收入中。

② 属于纳税人销售应税产品环节发生的运杂费用，具体是指运送应税产品从坑口或者洗选（加工）地到车站、码头或者购买方指定地点的运杂费用。

③ 取得相关运杂费用发票或者其他合法有效凭据。

④ 将运杂费用与计税销售额分别进行核算。

纳税人扣减的运杂费用明显偏高导致应税产品价格偏低且无正当理由的，主管税务机关可以合理调整计税价格。

纳税人以人民币以外的货币结算销售额的，应当折合成人民币计算。其销售额的人民币折合率可以选择销售额发生的当天或者当月1日的人民币汇率中间价。纳税人应在事先确定采用何种折合率计算方法，确定后1年内不得变更。

2. 应税煤炭销售额[④]

（1）纳税人开采原煤直接对外销售的，以原煤销售额作为应税煤炭销售额计算缴纳资源税。原煤销售额不含从坑口到车站、码头等的运输费用。

纳税人将其开采的原煤，自用于连续生产洗选煤的，在原煤移送使用环节不缴纳资源

[①] 财政部、国家税务总局.关于资源税改革具体政策问题的通知.财税〔2016〕54号，2016.5.9.
[②] 财政部、国家税务总局.关于资源税改革具体政策问题的通知.财税〔2016〕54号，2016.5.9.
[③] 国家税务总局.资源税征收管理规程.国家税务总局公告2018年第13号，2018.3.30.
[④] 财政部、国家税务总局.关于实施煤炭资源税改革的通知.财税〔2014〕72号，2014.10.9.

税；自用于其他方面的，视同销售原煤，依照规定确定销售额，计算缴纳资源税。

（2）纳税人将其开采的原煤加工为洗选煤销售的，以洗选煤销售额乘以折算率作为应税煤炭销售额计算缴纳资源税。

应税煤炭销售额=洗选煤销售额×折算率

洗选煤销售额包括洗选副产品的销售额，不包括洗选煤从洗选煤厂到车站、码头等的运输费用。

折算率可通过洗选煤销售额扣除洗选环节成本、利润计算，也可通过洗选煤市场价格与其所用同类原煤市场价格的差额及综合回收率计算。折算率由省、自治区、直辖市财税部门或其授权地市级财税部门确定。

纳税人将其开采的原煤加工为洗选煤自用的，视同销售洗选煤，依照规定确定销售额，计算缴纳资源税。

（3）纳税人同时销售（包括视同销售）应税原煤和洗选煤的，应分别核算原煤和洗选煤的销售额；未分别核算或者不能准确提供原煤和洗选煤销售额的，一并视同销售原煤计算缴纳资源税。

纳税人同时以自采未税原煤和外购已税原煤加工洗选煤的，应分别核算；未分别核算的，一并视为以自采原煤加工洗选煤销售，以洗选煤销售额乘以折算率作为应税煤炭销售额计算缴纳资源税。

3. 应税稀土、钨、钼销售额[①]

稀土、钨、钼应税产品包括原矿和以自采原矿加工的精矿。

（1）纳税人将其开采的原矿加工为精矿销售的，按精矿销售额（不含增值税）和适用税率计算缴纳资源税。精矿销售额按照下列公式计算：

精矿销售额=精矿销售量×单位价格

精矿销售额不包括从洗选厂到车站、码头或用户指定运达地点的运输费用。

① 轻稀土精矿按折一定比例稀土氧化物的交易量和交易价计算确定销售额。轻稀土精矿是指从轻稀土原矿中经过洗选等初加工生产的矿岩型稀土精矿，包括氟碳铈矿精矿、独居石精矿及混合型稀土精矿等。提取铁精矿后含稀土氧化物（REO）的矿浆或尾矿，视同稀土原矿。

② 离子型稀土矿按折92%稀土氧化物的交易量和交易价计算确定销售额。离子型稀土矿是指通过离子交换原理提取的各种形态离子型稀土矿（包括稀土料液、碳酸稀土、草酸稀土等）和再通过灼烧、氧化的混合稀土氧化物。中重稀土精矿包括离子型稀土矿和磷钇矿精矿。

③ 钨精矿按折65%三氧化钨的交易量和交易价计算确定销售额。钨精矿是指由钨原矿经重选、浮选、电选、磁选等工艺生产出的三氧化钨含量达到一定比例的精矿。

④ 钼精矿按折45%钼金属的交易量和交易价计算确定销售额。钼精矿是指钼原矿经过浮选等工艺生产出的钼含量达到一定比例的精矿。

纳税人申报的精矿销售价格明显偏低且无正当理由的、有视同销售精矿行为而无销售额的，依照规定核定计税价格及销售额。

---

① 财政部、国家税务总局.关于实施稀土、钨、钼资源税从价计征改革的通知.财税〔2015〕52号，2015.4.30.

纳税人同时以自采未税原矿和外购已税原矿加工精矿的，应分别核算；未分别核算的，一律视同以未税原矿加工精矿，计算缴纳资源税。

（2）纳税人将其开采的原矿对外销售的，将原矿销售额（不含增值税）换算为精矿销售额计算缴纳资源税。原矿销售额与精矿销售额的换算，可以采用成本法或市场法。

① 成本法公式为：

精矿销售额=原矿销售额+原矿加工为精矿的成本×（1+成本利润率）

② 市场法公式为：

精矿销售额=原矿销售额×换算比
换算比=同类精矿单位价格÷（原矿单位价格×选矿比）
选矿比=加工精矿耗用的原矿数量÷精矿数量

原矿销售额不包括从矿区到车站、码头或用户指定运达地点的运输费用。

4. 其他矿产品和海盐的销售额

《资源税税目税率幅度表》列举的铁矿、金矿、铜矿、铝土矿、铅锌矿、镍矿、锡矿、石墨、硅藻土、高岭土、萤石、石灰石、硫铁矿、磷矿、氯化钾、硫酸钾、井矿盐、湖盐、提取地下卤水晒制的盐、煤层（成）气、海盐21种资源品目，以及未列举名称的其他金属矿实行从价计征，计税依据为原矿、精矿（或原矿加工品）、氯化钠初级产品或金锭的销售额。对于经营分散、多为现金交易且难以控管的黏土、砂石，按照便利征管原则，实行从量定额计征资源。对于未列举名称的其他非金属矿产品，按照从价计征为主、从量计征为辅的原则，由省级人民政府确定计征方式。

1）征税对象与计税办法

金属矿中的铝土矿，非金属矿中的高岭土、石灰石、磷矿、煤层（成）气等，以原矿为征税对象，按照原矿销售额和适用税率计算缴纳资源税。

金属矿中的铁矿、铜矿、铅锌矿、镍矿、锡矿，非金属矿中的石墨、硅藻土、萤石、硫铁矿、氯化钾、硫酸钾等，以精矿为征税对象，按照精矿销售额和适用税率计算缴纳资源税。

金属矿中的金矿，以标准金锭为征税对象，按照金锭销售额和适用税率计算缴纳资源税。

海盐和非金属矿中的井矿盐、湖盐、提取地下卤水晒制的盐，以氯化钠初级产品为征税对象，按照氯化钠初级产品销售额和适用税率计算缴纳资源税。

非金属矿中的黏土、砂石，以原矿为征税对象，按照原矿销售数量和适用税额计算缴纳资源税。

2）原矿销售额与精矿销售额的换算或折算

为公平原矿与精矿之间的税负，对同一种应税产品，征税对象为精矿的，纳税人销售原矿时，应将原矿销售额换算为精矿销售额缴纳资源税；征税对象为原矿的，纳税人销售自采原矿加工的精矿，应将精矿销售额折算为原矿销售额缴纳资源税。换算比或折算率原则上应通过原矿售价、精矿售价和选矿比计算，也可通过原矿销售额、加工环节平均成本和利润计算。

纳税人销售金原矿、金精矿的，比照上述规定将其销售额换算为金锭销售额缴纳资源税。

换算比或折算率应按简便可行、公平合理的原则，由省级财税部门确定，并报财政部、国家税务总局备案。

5. 用已税产品加工应税产品的处理[①]

纳税人以自采未税产品和外购已税产品混合销售或者混合加工为应税产品销售的，在计算应税产品计税销售额时，准予扣减已单独核算的已税产品购进金额；未单独核算的，一并计算缴纳资源税。已税产品购进金额当期不足扣减的可结转下期扣减。

外购原矿或者精矿形态的已税产品与本产品征税对象不同的，在计算应税产品计税销售额时，应对混合销售额或者外购已税产品的购进金额进行换算或者折算。

纳税人核算并扣减当期外购已税产品购进金额，应依据外购已税产品的增值税发票、海关进口增值税专用缴款书或者其他合法有效凭据。

6. 核定计税价格[②]

纳税人有视同销售应税产品行为而无销售价格的，或者申报的应税产品销售价格明显偏低且无正当理由的，税务机关按照下列顺序确定其应税产品计税价格：

（1）按纳税人最近时期同类产品的平均销售价格确定；
（2）按其他纳税人最近时期同类产品的平均销售价格确定；
（3）按应税产品组成计税价格确定：

组成计税价格＝[成本×（1+成本利润率）]÷（1-资源税税率）

（4）按后续加工非应税产品销售价格，减去后续加工环节的成本利润后确定；
（5）按其他合理方法确定。

7. 关联交易的纳税调整[③]

纳税人与其关联企业之间的业务往来，应当按照独立企业之间的业务往来收取或者支付价款、费用。不按照独立企业之间的业务往来收取或者支付价款、费用，而减少其计税销售额的，税务机关可以按照《中华人民共和国税收征收管理法》（以下简征《税收征管法》）及其实施细则的有关规定进行合理调整。

6.2.2 税收减免

资源税一般采取幅度税率。在确定具体适用税率时，考虑了地区资源禀赋、企业承受能力和清理收费基金等因素，税负较低，因而优惠项目较少。

1. 基本规定

有下列情形之一的，减征或者免征资源税。
（1）开采原油过程中用于加热、修井的原油，免税。
（2）纳税人开采或者生产应税产品过程中，因意外事故或者自然灾害等原因遭受重大损失的，由省、自治区、直辖市人民政府酌情决定减税或者免税。
（3）国务院规定的其他减税、免税项目。

纳税人的减税、免税项目，应当单独核算销售额或者销售数量；未单独核算或者不能准

---

① 国家税务总局.资源税征收管理规程.国家税务总局公告2018年第13号，2018.3.30.
② 国家税务总局.资源税征收管理规程.国家税务总局公告2018年第13号，2018.3.30.
③ 国家税务总局.资源税征收管理规程.国家税务总局公告2018年第13号，2018.3.30.

确提供销售额或者销售数量的，不予减税或者免税。

2. 特殊规定

1）原油、天然气资源税优惠政策

自2014年12月1日起，原油、天然气适用以下资源税优惠政策①。

（1）对油田范围内运输稠油过程中用于加热的原油、天然气免征资源税。

（2）对稠油、高凝油和高含硫天然气，资源税减征40%。稠油，是指地层原油黏度大于或等于50毫帕/秒或原油密度大于或等于0.92克/立方厘米的原油。高凝油，是指凝固点大于40℃的原油。高含硫天然气，是指硫化氢含量大于或等于30克/立方米的天然气。

（3）对三次采油，资源税减征30%。三次采油，是指二次采油后继续以聚合物驱、复合驱、泡沫驱、气水交替驱、二氧化碳驱、微生物驱等方式进行采油。

（4）对低丰度油气田，资源税暂减征20%。陆上低丰度油田，是指每平方千米原油可采储量丰度在25万立方米（不含）以下的油田；陆上低丰度气田，是指每平方千米天然气可采储量丰度在2.5亿立方米（不含）以下的气田。海上低丰度油田，是指每平方千米原油可采储量丰度在60万立方米（不含）以下的油田；海上低丰度气田，是指每平方千米天然气可采储量丰度在6亿立方米（不含）以下的气田。

（5）对深水油气田，资源税减征30%。深水油气田，是指水深超过300米（不含）的油气田。

符合上述减免税规定的原油、天然气划分不清的，一律不予减免资源税；同时符合上述两项及两项以上减税规定的，只能选择其中一项执行，不能叠加适用。

（6）为促进页岩气开发利用，有效增加天然气供给，自2018年4月1日至2021年3月31日，对页岩气资源税（按6%的规定税率）减征30%②。

2）煤炭资源税优惠政策

自2014年12月1日起，煤炭适用以下资源税优惠政策③。

（1）对衰竭期煤矿开采的煤炭，资源税减征30%。衰竭期煤矿，是指剩余可采储量下降到原设计可采储量的20%（含）以下，或者剩余服务年限不超过5年的煤矿。

（2）对充填开采置换出来的煤炭，资源税减征50%。

纳税人开采的煤炭，同时符合上述减税情形的，纳税人只能选择其中一项执行，不能叠加适用。

3）其他矿产品资源税优惠政策

自2016年7月1日起，实行以下资源税优惠政策④。

（1）对依法在建筑物下、铁路下、水体下通过充填开采方式采出的矿产资源，资源税减征50%。充填开采是指随着回采工作面的推进，向采空区或离层带等空间充填废石、尾矿、废渣、建筑废料及专用充填合格材料等采出矿产品的开采方法。

（2）对实际开采年限在15年以上的衰竭期矿山开采的矿产资源，资源税减征30%。衰竭期矿山是指剩余可采储量下降到原设计可采储量的20%（含）以下或剩余服务年限不超过5年的矿山，以开采企业下属的单个矿山为单位确定。

（3）对鼓励利用的低品位矿、废石、尾矿、废渣、废水、废气等提取的矿产品，由省级

---

① 财政部、国家税务总局.关于调整原油、天然气资源税有关政策的通知.财税〔2014〕73号，2014.10.9.
② 财政部、税务总局.关于对页岩气减征资源税的通知.财税〔2018〕26号，2018.3.29.
③ 财政部、国家税务总局.关于实施煤炭资源税改革的通知.财税〔2014〕72号，2014.10.9.
④ 财政部、国家税务总局.关于资源税改革具体政策问题的通知.财税〔2016〕54号，2016.5.9.

人民政府根据实际情况确定是否给予减税或免税。

（4）为促进共伴生矿的综合利用，纳税人开采销售共伴生矿，共伴生矿与主矿产品销售额分开核算的，对共伴生矿暂不计征资源税；没有分开核算的，共伴生矿按主矿产品的税目和适用税率计征资源税。财政部、国家税务总局另有规定的，从其规定。

4）小规模纳税人的资源税优惠政策

自2019年1月1日至2021年12月31日，省、自治区、直辖市人民政府根据本地区实际情况，以及宏观调控需要，对增值税小规模纳税人可以在50%的税额幅度内减征资源税。增值税小规模纳税人已依法享受资源税其他优惠政策的，可叠加享受该项优惠政策[①]。

3. 减免税管理

资源税减免实行分类管理。

（1）符合《资源税暂行条例》规定的减征或免征资源税情形的企业，可向主管税务机关提出，由省、自治区、直辖市人民政府决定，税务机关根据省、自治区、直辖市人民政府的决定，减征或免征资源税。

（2）油气田企业按规定的减征比例填报，以纳税申报表及附表作为资源税减免备案资料。

（3）其他应税产品开采或者生产企业，均通过备案形式向主管税务机关申报资源税减免。

6.2.3 资源税的计算

1. 基本公式

1）适用从价定率计税办法的税额计算

应纳税额＝销售额×税率

（1）以原矿为征税对象的税额计算。

应纳税额＝原矿销售额×适用税率

（2）以精矿为征税对象的税额计算。

应纳税额＝精矿销售额×适用税率

2）适用从量定额计税办法的税额计算

应纳税额＝销售数量×适用税额

2. 享受减税优惠的原油、天然气应纳税额的计算[②]

为便于征管，对开采稠油、高凝油、高含硫天然气、低丰度油气资源，以及三次采油的陆上油气田企业，根据以前年度符合减征规定的原油、天然气销售额占其原油、天然气总销售额的比例，确定资源税综合减征率和实际征收率，计算资源税应纳税额。

综合减征率＝∑（减税项目销售额×减征幅度×税率）÷总销售额

[①] 财政部、税务总局.关于实施小微企业普惠性税收减免政策的通知.财税〔2019〕13号，2019.1.17.
[②] 财政部、国家税务总局.关于调整原油、天然气资源税有关政策的通知.财税〔2014〕73号，2014.10.9.

实际征收率＝税率－综合减征率

应纳税额＝总销售额×实际征收率

中石油、中石化的陆上油气田企业的综合减征率和实际征收率，由财政部和国家税务总局确定。海上油气田开采原油、天然气，符合减征资源税优惠规定的，由主管税务机关据实计算资源税减征额。

3. 享受减税优惠的其他矿产资源应纳税额的计算

应纳税额＝销售额×税率×（1－减征比例）

4. 按实物量计算缴纳资源税[①]

开采海洋或陆上油气资源的中外合作油气田，按实物量计算缴纳资源税，以该油气田开采的原油、天然气扣除作业用量和损耗量之后的原油、天然气产量作为课税数量。中外合作油气田的资源税由作业者负责代扣，申报缴纳事宜由参与合作的中国石油公司负责办理。计征的原油、天然气资源税实物随同中外合作油气田的原油、天然气一并销售，按实际销售额（不含增值税）扣除其本身所发生的实际销售费用后入库。

海上自营油气田比照上述规定执行。

6.2.4 资源税的缴纳

1. 纳税义务发生时间

（1）纳税人销售应税产品，纳税义务发生时间为收讫销售款或者取得索取销售款凭据的当天。其中：采取分期收款结算方式的，为销售合同规定的收款日期的当天；采取预收货款结算方式的，为发出应税产品的当天；采取其他结算方式的，为收讫销售款或者取得索取销售款凭据的当天。

（2）纳税人自产自用应税产品且应当缴纳资源税的，纳税义务发生时间为移送使用的当天。

（3）扣缴义务人代扣代缴的纳税义务发生时间，为支付首笔货款或首次开具支付货款凭据的当天[②]。

2. 纳税环节[③]

资源税在应税产品销售或者自用环节计算缴纳。纳税人以自采原矿加工精矿产品的，在原矿移送使用时不缴纳资源税，在精矿销售或者自用时缴纳资源税。

纳税人以自采原矿直接加工为非应税产品，或者以自采原矿加工的精矿连续生产非应税产品的，在原矿或者精矿移送环节计算缴纳资源税。

以应税产品投资、分配、抵债、赠与、以物易物等，在应税产品所有权转移时计算缴纳资源税。

3. 纳税期限

资源税的纳税期限为1日、3日、5日、10日、15日或者1个月。纳税人的纳税期限由主管税务机关根据实际情况具体核定，不能按固定期限计算纳税的，可以按次计算纳税。

[①] 财政部、国家税务总局.关于调整原油、天然气资源税有关政策的通知.财税〔2014〕73号，2014.10.9.
[②] 国家税务总局.关于发布修订后的《资源税若干问题的规定》的公告.国家税务总局公告2011年第63号，2011.11.28.
[③] 国家税务总局.资源税征收管理规程.国家税务总局公告2018年第13号，2018.3.30.

纳税人以1个月为一期纳税的，自期满之日起10日内申报纳税；以1日、3日、5日、10日或者15日为一期纳税的，自期满之日起5日内预缴税款，于次月1日起10日内申报纳税并结清上月税款。

扣缴义务人的解缴税款期限，比照上述规定执行。

4. 纳税地点

资源税由税务机关征收。纳税人开采或者生产资源税应税产品，应当依法向开采地或者生产地主管税务机关申报缴纳资源税。

纳税人在本省、自治区、直辖市范围内开采或者生产应税产品，其纳税地点需要调整的，由省、自治区、直辖市税务机关决定。

跨省、自治区、直辖市开采或者生产资源税应税产品的纳税人，其下属生产单位与核算单位不在同一省、自治区、直辖市的，对其开采或者生产的应税产品，一律在开采地或者生产地纳税。

扣缴义务人代扣代缴的资源税，应当向收购地主管税务机关缴纳。

6.3　水资源税试点办法

自2016年7月1日起，在河北省实施水资源税改革试点，采取水资源"费改税"方式，将地表水和地下水纳入资源税征收范围[①]。自2017年12月1日起，在北京、天津、山西、内蒙古、山东、河南、四川、陕西、宁夏9个省（自治区、直辖市）扩大水资源税改革试点[②]。

6.3.1　水资源税的纳税人

在试点省份，除按规定不缴纳水资源税的情形外，其他直接取用地表水、地下水的单位和个人，为水资源税纳税人，应当按照规定缴纳水资源税。

相关纳税人应当按照《中华人民共和国水法》《中华人民共和国取水许可和水资源费征收管理条例》等规定申领取水许可证。

6.3.2　征税对象和适用税额

1. 征税对象

水资源税的征税对象为地表水和地下水。地表水是陆地表面上动态水和静态水的总称，包括江、河、湖泊（含水库）等水资源。地下水是埋藏在地表以下各种形式的水资源。

下列情形，不缴纳水资源税。

（1）农村集体经济组织及其成员从本集体经济组织的水塘、水库中取用水的。

（2）家庭生活和零星散养、圈养畜禽饮用等少量取用水的。

（3）水利工程管理单位为配置或者调度水资源取水的。

（4）为保障矿井等地下工程施工安全和生产安全必须进行临时应急取用（排）水的。

（5）为消除对公共安全或者公共利益的危害临时应急取水的。

（6）为农业抗旱和维护生态与环境必须临时应急取水的。

[①] 财政部、国家税务总局.关于全面推进资源税改革的通知.财税〔2016〕53号，2016.5.9.

[②] 财政部、国家税务总局.关于印发《扩大水资源税改革试点实施办法》的通知.财税〔2017〕80号，2017.11.24.

2. 适用税额

水资源税实行从量定额征收。

河北省按地表水和地下水分类确定水资源税适用税额标准。对水力发电和火力发电贯流式以外的取用水设置最低税额标准,地表水平均不低于每立方米0.4元,地下水平均不低于每立方米1.5元。水力发电和火力发电贯流式取用水的税额标准为每千瓦时0.005元。

除中央直属和跨省(区、市)水力发电取用水外,试点省份省级人民政府在《试点省份水资源税最低平均税额表》(见表6-2)规定的最低平均税额基础上,分类确定具体适用税额。

试点省份的中央直属和跨省(区、市)水力发电取用水税额为每千瓦时0.005元。跨省(区、市)界河水电站水力发电取用水水资源税税额,与涉及的非试点省份水资源费征收标准不一致的,按较高一方标准执行。

表6-2 试点省份水资源税最低平均税额表　　单位:元/m³

省(区、市)	地表水最低平均税额	地下水最低平均税额
北京	1.6	4
天津	0.8	4
山西	0.5	2
内蒙古	0.5	2
山东	0.4	1.5
河南	0.4	1.5
四川	0.1	0.2
陕西	0.3	0.7
宁夏	0.3	0.7

1)从高确定税额的情形

(1)对取用地下水,从高确定税额。

同一类型取用水,地下水税额要高于地表水,水资源紧缺地区地下水税额要大幅高于地表水。

超采地区的地下水税额要高于非超采地区,严重超采地区的地下水税额要大幅高于非超采地区。在超采地区和严重超采地区取用地下水的具体适用税额,由试点省份省级人民政府按照非超采地区税额的2~5倍确定。

在城镇公共供水管网覆盖地区取用地下水的,其税额要高于城镇公共供水管网未覆盖地区,原则上要高于当地同类用途的城镇公共供水价格。

除特种行业和农业生产取用水外,对其他取用地下水的纳税人,原则上应当统一税额。试点省份可根据实际情况分步实施到位。

(2)对特种行业取用水,从高确定税额。特种行业取用水,是指洗车、洗浴、高尔夫球场、滑雪场等取用水。

(3)对超计划(定额)取用水,从高确定税额。纳税人超过水行政主管部门规定的计划(定额)取用水量,在原税额基础上加征1~3倍,具体办法由试点省份省级人民政府确定。

2)从低确定税额的情形

(1)对超过规定限额的农业生产取用水,以及主要供农村人口生活用水的集中式饮水工程取用水,从低确定税额。农业生产取用水,是指种植业、畜牧业、水产养殖业、林业等取用水。供农村人口生活用水的集中式饮水工程,是指供水规模每天在1 000立方米以上或者供水对象1万人以上,并由企事业单位运营的农村人口生活用水供水工程。

(2)对回收利用的疏干排水和地源热泵取用水,从低确定税额。

6.3.3 水资源税的计算

1. 计税依据

(1)一般情况下,以纳税人实际取用水量为计税依据。

城镇公共供水企业实际取用水量应当考虑合理损耗因素。

疏干排水的实际取用水量按照排水量确定。疏干排水是指在采矿和工程建设过程中破坏地下水层、发生地下涌水的活动。

(2)水力发电和火力发电贯流式(不含循环式)冷却取用水,以实际发电量确定计税依据。

火力发电贯流式冷却取用水,是指火力发电企业从江河、湖泊(含水库)等水源取水,并对机组冷却后将水直接排入水源的取用水方式。火力发电循环式冷却取用水,是指火力发电企业从江河、湖泊(含水库)、地下等水源取水并引入自建冷却水塔,对机组冷却后返回冷却水塔循环利用的取用水方式。

2. 应纳资源税的计算

(1)一般情况下,水资源税应纳税额按照以下公式计算:

$$应纳税额 = 实际取用水量 \times 适用税额$$

(2)水力发电和火力发电贯流式(不含循环式)冷却取用水应纳税额,按照以下公式计算:

$$应纳税额 = 实际发电量 \times 适用税额$$

适用税额,是指取水口所在地的适用税额。

6.3.4 水资源税的减免

下列情形,免征或者减征水资源税。

(1)规定限额内的农业生产取用水,免征水资源税。

(2)取用污水处理再生水,免征水资源税。

(3)除接入城镇公共供水管网以外,军队、武警部队通过其他方式取用水的,免征水资源税。

(4)抽水蓄能发电取用水,免征水资源税。

(5)采油排水经分离净化后在封闭管道回注的,免征水资源税。

(6)财政部、税务总局规定的其他免征或者减征水资源税情形。

6.3.5 水资源税的缴纳

1. 纳税义务发生时间

水资源税的纳税义务发生时间为纳税人取用水资源的当日。

2. 纳税期限

除农业生产取用水外,水资源税按季或者按月征收,由主管税务机关根据实际情况确定。

对超过规定限额的农业生产取用水,水资源税可按年征收。不能按固定期限计算纳税的,可以按次申报纳税。

纳税人应当自纳税期满或者纳税义务发生之日起15日内申报纳税。

3. 纳税地点

除特定情形外,纳税人应当向生产经营所在地的税务机关申报缴纳水资源税。

在试点省份内取用水,其纳税地点需要调整的,由省级财政、税务部门决定。跨省(区、市)调度的水资源,由调入区域所在地的税务机关征收水资源税。跨省(区、市)水力发电取用水的水资源税在相关省份之间的分配比例,比照《财政部关于跨省区水电项目税收分配的指导意见》(财预〔2008〕84号)明确的增值税、企业所得税等税收分配办法确定。试点省份主管税务机关按照规定比例分配的水力发电量和税额,分别向跨省(区、市)水电站征收水资源税。跨省(区、市)水力发电取用水涉及非试点省份水资源费征收和分配的,比照试点省份水资源税管理办法执行。

4. 征收管理

税务机关与水行政主管部门建立协作征税机制。水行政主管部门取用水单位和个人的取水许可、实际取用水量、超计划(定额)取用水量、违法取水处罚等水资源管理相关信息,定期送交税务机关。

纳税人根据水行政主管部门核定的实际取用水量向税务机关申报纳税。税务机关按照核定的实际取用水量征收水资源税,并将纳税人的申报纳税等信息定期送交水行政主管部门。

税务机关定期将纳税人申报信息与水行政主管部门送交的信息进行分析比对。征管过程中发现问题的,由税务机关与水行政主管部门联合进行核查。

纳税人应当安装取用水计量设施。纳税人未按规定安装取用水计量设施或者计量设施不能准确计量取用水量的,按照最大取水(排水)能力或者省级财政、税务、水行政主管部门确定的其他方法核定取用水量。

试点省份开征水资源税后,将水资源费征收标准降为零。

6.4 案例分析

案例

煤矿企业资源税的计算

某煤矿企业本月份有关业务情况如下。

(1)生产原煤10 000吨,对外销售8 000吨,取得销售额(不含增值税)2 400 000元。

(2)职工食堂和锅炉房领用同品质原煤600吨,按成本价72 000元入账。

(3)伴采天然气2 000立方米全部对外销售,取得销售额(不含增值税)8 000元。

其他资料:该省原煤资源税税率为3%,天然气资源税税率为6%。

【要求】计算该煤矿本月份应缴纳的资源税额。

【解析】

(1)同类原煤单价(不含增值税)=2 400 000÷8 000=300(元)

(2) 原煤计税销售额=2 400 000+600×300=2 580 000（元）

(3) 应纳资源税额=2 580 000×3%=77 400（元）

说明：应税天然气是指专门开采的天然气和与原油同时开采的天然气，与煤矿伴采的天然气不征收资源税。职工食堂和锅炉房领用原煤，视同销售。

本章小结

资源税是对在我国境内开采或生产应税资源产品征收的一种税。应税资源产品主要是矿产品和盐，包括原油、天然气、煤炭、金属矿、非金属矿和海盐。纳税人是开采矿产品或者生产盐的单位和个人。资源税实行"普遍征收，级差调节"的原则，采取从价定率为主、从量定额为辅的计税办法，计税依据是应税资源产品的销售额或课税数量。纳税地点是应税资源产品开采地或生产地，代扣税款解缴地点是收购地。

复习思考题

1. 征收资源税的目的是什么？
2. 资源税的征税对象是什么？征收范围包括哪些？
3. 资源税纳税人是谁？扣缴义务人是谁？
4. 资源税在什么环节征收？
5. 资源税的计税办法有哪几种？各适用哪些应税产品？
6. 资源税计税依据如何确定？

案例分析题

某油田本月份有关业务情况如下。

(1) 生产原油30万吨，其中：对外销售22万吨，单价（不含增值税）3 500 元/t；将5万吨原油移送所属化工厂进行加工提炼成品油，1万吨用于加热和修井，还有2万吨待售。

(2) 伴采天然气100 000 m^3；本月销售80 000 m^3，单价（不含增值税）2.50 元/m^3；20 000 m^3用于抵偿债务。

其他资料：该省原油、天然气资源税税率均为6%。

要求：计算该油田本月份应缴纳的资源税额。

（答案提示：应纳资源税额5 671.50万元）

第 7 章

土地增值税

【本章要点提示】
◇ 征收范围和纳税人　　　　　◇ 计税依据和适用税率
◇ 税额计算、减免与缴纳　　　◇ 土地增值税清算

本章内容引言

土地增值税是国家对转让国有土地使用权、地上建筑物及其附着物并取得收入的单位和个人，就其转让房地产所取得的增值额征收的一种税。开征土地增值税是增强国家对房地产开发和房地产市场调控力度的客观需要，其目的在于抑制炒买炒卖土地投机获取暴利的行为，规范国家参与土地增值收益的分配方式，增加国家财政收入。

现行土地增值税的基本规范是1993年12月13日国务院颁布的《中华人民共和国土地增值税暂行条例》（于2011年1月8日进行修订）和1995年1月27日财政部颁布的《中华人民共和国土地增值税暂行条例实施细则》，以及财政部、国家税务总局陆续颁发的规范性文件。

7.1 征收范围与纳税人

7.1.1 征收范围

1. 基本规定

土地增值税征收范围，包括转让国有土地使用权、地上的建筑物及其附着物，即转让房地产。国有土地，是指按国家法律规定属于国家所有的土地。地上的建筑物，是指建于土地上的一切建筑物，包括地上地下的各种附属设施。附着物，是指附着于土地上的不能移动，一经移动即遭损坏的物品。

2. 具体界定

1）征收范围的界定标准

土地增值税征收范围的界定标准有以下三条。

（1）所转让的土地使用权是国有土地的使用权。城市的土地属于国家所有。农村和城市郊区的土地除由法律规定属于国家所有的以外，属于集体所有。国家所有的土地，其使用权转让属于土地增值税的征收范围。而农村集体所有的土地是不得自行转让的，只有根据有关法律规定，由国家征用以后变为国家所有时，才能转让其使用权。

（2）发生房地产权属转让行为。国有土地使用权的转让，是指土地使用者通过交纳出让金等形式取得土地使用权后，将土地使用权再转让的行为，包括出售、交换和赠与。它属于土地的二级市场，属于土地增值税征收范围。

国有土地使用权出让，不属于土地增值税征收范围。国有土地使用权出让，是指国家以土地所有者身份将土地使用权在一定年限内让与土地使用者，并由土地使用者向国家支付土地使用权出让金的行为。这种行为属于由政府垄断的土地一级市场，不属于土地增值税征收范围。

凡国有土地使用权、房产产权未转让的，不属于土地增值税征收范围。

（3）取得收入。土地增值税征收范围不包括房地产的权属虽转让，但未取得收入的行为。比如房地产的继承，就不属于土地增值税征收范围。

2）对若干具体情况的判定

（1）以出售方式转让国有土地使用权、地上的建筑物及附着物，包括出售国有土地使用权、房地产的买卖等，属于土地增值税征收范围。

（2）以继承、赠与方式转让房地产，属于无偿转让房地产的行为，不纳入土地增值税征收范围。不纳入土地增值税征收范围的"赠与"仅指以下情况[①]。

① 将房屋产权、土地使用权赠与直系亲属或承担直接赡养义务人的。

② 将房屋产权、土地使用权通过中国境内非营利的社会团体、国家机关赠与教育、民政和其他社会福利、公益事业的。

（3）房地产的出租，不属于土地增值税的征收范围。

（4）房地产的抵押，在抵押期间，不属于土地增值税征收范围。在抵押期满后，对于以房地产抵债而发生房地产权属转让的，纳入土地增值税征收范围。

（5）房地产的交换，属于土地增值税征收范围。但对个人之间互换自有居住用房地产的，经当地税务机关核实，可以免征土地增值税[②]。

（6）对于一方出地，一方出资金，双方合作建房，建成后按比例分房自用的，暂免征收土地增值税；建成后转让的，征收土地增值税[③]。

（7）在企业兼并中，对被兼并企业将房地产转让到兼并企业中的，暂免征收土地增值税[④]。

（8）房地产开发公司代客户进行房地产开发，开发完成后向客户收取代建收入的行为，不属于土地增值税征收范围。

（9）房地产的重新评估发生增值，不属于土地增值税征收范围。

在判定征收范围时注意，土地使用者转让、抵押或置换国有土地，无论其是否取得了该土地的使用权属证书，无论其在转让、抵押或置换土地过程中是否与对方当事人办理了土地

---

① 财政部、国家税务总局.关于土地增值税一些具体问题规定的通知.财税〔1995〕48号，1995.5.25.
② 财政部、国家税务总局.关于土地增值税一些具体问题规定的通知.财税〔1995〕48号，1995.5.25.
③ 财政部、国家税务总局.关于土地增值税一些具体问题规定的通知.财税〔1995〕48号，1995.5.25.
④ 财政部、国家税务总局.关于土地增值税一些具体问题规定的通知.财税〔1995〕48号，1995.5.25.

使用权属证书变更登记手续，只要土地使用者享有占有、使用、收益或处分该土地的权利，且有合同等证据表明其实质转让、抵押或置换了土地并取得了相应的经济利益，土地使用者及其对方当事人应当依照税法规定缴纳增值税、土地增值税和契税等相关税收[①]。

7.1.2 纳税人

土地增值税的纳税人是转让国有土地使用权、地上的建筑物及其附着物并取得收入的所有单位和个人。

单位，是指各类企业、事业单位、国家机关和社会团体及其他组织；个人，包括个体经营者。

7.2 计税依据与适用税率

7.2.1 计税依据

土地增值税的计税依据是增值额。增值额是纳税人转让房地产所取得的收入减除规定的扣除项目金额后的余额。

自2016年5月1日起，在确定计税依据时，纳税人转让房地产取得的收入为不含增值税收入。免征增值税的，转让房地产取得的收入不扣减增值税额[②]。

1. 房地产开发企业销售开发产品

增值额=开发产品销售收入−法定扣除项目金额

1）开发产品销售收入

开发产品销售收入包括销售开发产品取得的全部价款及有关的经济收益，包括货币收入、实物收入和其他收入。

2）法定扣除项目金额

（1）取得土地使用权所支付的金额，是指纳税人为取得土地使用权所支付的地价款和按国家统一规定交纳的有关费用，包括为取得土地使用权所缴纳的契税。

（2）开发土地和新建房及配套设施的成本（简称房地产开发成本），是指纳税人房地产开发项目实际发生的成本，包括土地征用及拆迁补偿费、前期工程费、建筑安装工程费、基础设施费、公共配套设施费、开发间接费用。

① 土地征用及拆迁补偿费，包括土地征用费、耕地占用税、劳动力安置费及有关地上、地下附着物拆迁补偿的净支出、安置动迁用房支出等。

② 前期工程费，包括规划、设计、项目可行性研究和水文、地质、勘察、测绘、"三通一平"等支出。

③ 建筑安装工程费，是指以出包方式支付给承包单位的建筑安装工程费，以自营方式发生的建筑安装工程费。

---

① 国家税务总局.关于未办理土地使用权证转让土地有关税收问题的批复.国税函〔2007〕645号，2007.6.14.
② 财政部、国家税务总局.关于营改增后契税 房产税 土地增值税 个人所得税计税依据问题的通知.财税〔2016〕43号，2016.4.25.

"营改增"试点后,纳税人接受建筑安装服务取得的增值税发票,应按照规定在发票的备注栏注明建筑服务发生地县(市、区)名称及项目名称,否则不得计入扣除项目金额[①]。

④ 基础设施费,包括开发小区内道路、供水、供电、供气、排污、排洪、通信、照明、环卫、绿化等工程发生的支出。

⑤ 公共配套设施费,包括不能有偿转让的开发小区内公共配套设施发生的支出。

⑥ 开发间接费用,是指直接组织、管理开发项目发生的费用,包括工资、职工福利费、折旧费、修理费、办公费、水电费、劳动保护费、周转房摊销等。

(3) 开发土地和新建房及配套设施的费用(简称房地产开发费用),是指与房地产开发项目有关的销售费用、管理费用、财务费用。但是,在计算土地增值税时,作为扣除项目的房地产开发费用,不按纳税人实际发生的费用进行扣除,而按下列规定标准扣除。

① 利息支出能够按转让房地产项目计算分摊并提供金融机构证明的,允许据实扣除,但最高不能超过按商业银行同类同期贷款利率计算的金额。其他房地产开发费用按照取得土地使用权所支付的金额和房地产开发成本两项金额之和的5%以内计算扣除。计算扣除的具体比例,由各省、自治区、直辖市人民政府规定。

房地产开发费用=分摊的利息支出+(取得土地使用权所支付的金额+房地产开发成本)×5%(以内)

值得注意的是,在确定利息支出扣除额时,利息额最高不能超过按商业银行同类同期贷款利率计算的金额;利息的上浮幅度按国家的有关规定执行,超过上浮幅度的部分不允许扣除[②];对于超过贷款期限的利息部分和加罚的利息不允许扣除[③]。

② 纳税人不能按转让房地产项目计算分摊利息支出或者不能提供金融机构贷款证明的,房地产开发费用按照取得土地使用权所支付的金额和房地产开发成本两项金额之和的10%以内计算扣除。计算扣除的具体比例,由各省、自治区、直辖市人民政府规定。

房地产开发费用=(取得土地使用权所支付的金额+房地产开发成本)×10%(以内)

企业全部使用自有资金,没有利息支出的,按照以上方法扣除[④]。

(4) 与转让房地产有关的税金,是指在转让房地产时缴纳的城市维护建设税、印花税。因转让房地产缴纳的教育费附加,也可视同税金予以扣除。

执行中,应注意以下问题。

① "与转让房地产有关的税金"不包括销售开发产品时缴纳的增值税。

② 房地产开发企业在转让房地产时缴纳的印花税,按照会计制度规定计入管理费用,已相应予以扣除,所以印花税不再作为税金扣除[⑤];自2016年12月3日起,管理费用项下的税金指标不再包括房产税、印花税、车船税和土地使用税[⑥]。

③ 土地增值税扣除项目涉及的增值税进项税额,允许在销项税额中计算抵扣的,不计

[①] 国家税务总局.关于营改增后土地增值税若干征管规定的公告.国家税务总局公告2016年第70号,2016.11.10.
[②] 财政部、国家税务总局.关于土地增值税一些具体问题规定的通知.财税〔1995〕48号,1995.5.25.
[③] 财政部、国家税务总局.关于土地增值税一些具体问题规定的通知.财税〔1995〕48号,1995.5.25.
[④] 国家税务总局.关于土地增值税清算有关问题的通知.国税函〔2010〕220号,2010.5.19.
[⑤] 财政部、国家税务总局.关于土地增值税一些具体问题规定的通知.财税〔1995〕48号,1995.5.25.
[⑥] 国家统计局统计设计管理司.关于明确财务报表有关税金指标填报要求的通知.2017.1.19.

入扣除项目;不允许在销项税额中计算抵扣的,可以计入扣除项目[①]。

④ 房地产开发企业实际缴纳的城市维护建设税、教育费附加,凡能够按清算项目准确计算的,允许据实扣除。凡不能按清算项目准确计算的,则按该清算项目预缴增值税时实际缴纳的城市维护建设税、教育费附加扣除。其他转让房地产行为的城市维护建设税、教育费附加扣除比照上述规定执行[②]。

(5) 财政部规定的其他扣除项目。从事房地产开发的纳税人,按照取得土地使用权所支付的金额和房地产开发成本两项金额之和,加计20%的比例扣除。这项规定,只适用于专门从事房地产开发的纳税人,其他纳税人不适用。

其他扣除项目金额=(取得土地使用权所支付的金额+房地产开发成本)×20%

土地增值税以纳税人房地产成本核算的最基本的核算项目或核算对象为单位计算。纳税人成片受让土地使用权后,分期分批开发、转让房地产的,其扣除项目金额的确定,可按照转让土地使用权的面积占总面积的比例计算分摊,或按建筑面积计算分摊,也可按税务机关确认的其他方式计算分摊。

2. 转让旧房及建筑物

单位和个人转让旧房及建筑物,按照下列办法计算增值额。

增值额=转让旧房及建筑物取得的收入-法定扣除项目金额

1)转让旧房及建筑物取得的收入

转让旧房及建筑物取得的收入,是指转让旧房及建筑物所取得的全部价款及有关的经济收益,包括货币收入、实物收入和其他收入。

2)法定扣除项目金额

(1) 房屋及建筑物的评估价格,是指在转让已使用的房屋及建筑物时,由政府批准设立的房地产评估机构评定的重置成本价乘以成新度折扣率后的价格。评估价格须经当地税务机关确认。

评估价格=重置成本价×成新度折扣率

纳税人转让加油站房地产时,对依法不得转让的成品油零售特许经营权作价或评估作价,不应从转让加油站整体资产的收入金额中扣除[③]。

(2) 在转让环节缴纳的税金及附加,包括城市维护建设税、印花税和教育费附加,不包括转让旧房及建筑物时缴纳的增值税。

(3) 取得土地使用权所支付的地价款和按国家统一规定交纳的有关费用。对取得土地使用权时未支付地价款或不能提供已支付的地价款凭据的,不允许扣除取得土地使用权所支付的金额[④]。

(4) 因计算纳税需要而支付的旧房及建筑物评估费用,允许在计算增值额时予以扣除。

---

① 财政部、国家税务总局.关于营改增后契税 房产税 土地增值税 个人所得税计税依据问题的通知.财税〔2016〕43号,2016.4.25.
② 国家税务总局.关于营改增后土地增值税若干征管规定的公告.国家税务总局公告2016年第70号,2016.11.10.
③ 国家税务总局.关于纳税人转让加油站房地产有关土地增值税计税收入确认问题的批复.税总函〔2017〕513号,2017.12.2.
④ 财政部、国家税务总局.关于土地增值税一些具体问题规定的通知.财税〔1995〕48号,1995.5.25.

对纳税人隐瞒、虚报房地产成交价格等情形而按房地产评估价格计算征收土地增值税所发生的评估费用，不允许扣除①。

值得注意的是，纳税人转让旧房及建筑物，凡不能取得评估价格，但能提供购房发票的，经当地税务部门确认，作为扣除项目的"取得土地使用权所支付的金额"和"旧房及建筑物的评估价格"，可以按照发票所载金额并从购买年度起至转让年度止每年加计5%计算。"每年"按购房发票所载日期起至售房发票开具之日止，每满12个月计1年；超过1年，未满12个月但超过6个月的，可以视同为1年。对纳税人购房时缴纳的契税，凡能提供契税完税凭证的，准予作为"与转让房地产有关的税金"予以扣除，但不作为加计5%的基数。对于转让旧房及建筑物，既没有评估价格，又不能提供购房发票的，税务机关可以根据《税收征管法》第三十五条的规定，实行核定征收②。

"营改增"试点后，纳税人转让旧房及建筑物，凡不能取得评估价格，但能提供购房发票的，作为扣除项目的"取得土地使用权所支付的金额"和"旧房及建筑物的评估价格"，可以按照下列方法计算③。

（1）提供的购房凭据为"营改增"试点前取得的营业税发票的，按照发票所载金额（不扣减营业税）并从购买年度起至转让年度止每年加计5%计算。

（2）提供的购房凭据为"营改增"试点后取得的增值税普通发票的，按照发票所载价税合计金额从购买年度起至转让年度止每年加计5%计算。

（3）提供的购房发票为"营改增"试点后取得的增值税专用发票的，按照发票所载不含增值税金额加上不允许抵扣的增值税进项税额之和，并从购买年度起至转让年度止每年加计5%计算。

3. 其他规定

1）按评估价格征收

纳税人有下列情形之一的，按照房地产评估价格计算征收。

（1）隐瞒、虚报房地产成交价格的。

（2）提供扣除项目金额不实的。

（3）转让房地产的成交价格低于房地产评估价格，又无正当理由的。

2）处理办法

（1）隐瞒、虚报房地产成交价格，应当由评估机构参照同类房地产的市场交易价格进行评估。税务机关根据评估价格确定转让房地产收入。

（2）提供扣除项目金额不实的，应当由评估机构按照房屋重置成本价乘以成新度折扣率计算的房屋成本价和取得土地使用权时的基准地价进行评估。税务机关根据评估确定扣除项目金额。

（3）转让房地产的成交价格低于房地产评估价格，又无正当理由的，由税务机关参照房地产评估价格确定转让房地产的收入。

7.2.2 适用税率

土地增值税实行四级超率累进税率，具体规定见表7-1。

---

① 财政部、国家税务总局.关于土地增值税一些具体问题规定的通知.财税〔1995〕48号，1995.5.25.

② 财政部、国家税务总局.关于土地增值税若干问题的通知.财税〔2006〕21号，2006.5.15；国家税务总局.关于土地增值税清算有关问题的通知.国税函〔2010〕220号，2010.5.19.

③ 国家税务总局.关于营改增后土地增值税若干征管规定的公告.国家税务总局公告2016年第70号，2016.11.10.

表7-1 土地增值税税率表

级数	级 距	税率	速算扣除系数
1	增值额未超过扣除项目金额50%的部分	30%	0
2	增值额超过扣除项目金额50%、未超过100%的部分	40%	5%
3	增值额超过扣除项目金额100%、未超过200%的部分	50%	15%
4	增值额超过扣除项目金额200%的部分	60%	35%

上述所列四级超率累进税率，每级"增值额未超过扣除项目金额"的比例，均包括本比例数。

7.3 税额计算、减免与缴纳

7.3.1 土地增值税的计算

1. 税款计算方法

土地增值税的计算方法有以下两种。

第一种计算方法：应纳税额=∑（每级距的增值额×适用税率）
第二种计算方法：应纳税额=增值额×适用税率-扣除项目金额×速算扣除系数

2. 税款计算程序

（1）确定转让房地产所取得的收入。
（2）确定扣除项目金额。
（3）确定增值额。
（4）确定增值额与扣除项目金额之比。
（5）运用计算公式，计算应纳税额。

7.3.2 土地增值税优惠政策

1. 建造销售普通标准住宅的免税优惠

纳税人建造普通标准住宅出售，增值额未超过扣除项目金额20%的，免征土地增值税。增值额超过扣除项目金额20%的，就其全部增值额征收土地增值税。

纳税人既建普通标准住宅又搞其他房地产开发的，应分别核算增值额。不分别核算增值额或不能准确核算增值额的，其建造的普通标准住宅不能适用免税规定[①]。

普通标准住宅是指按所在地一般民用住宅标准建造的居住用住宅。高级公寓、别墅、度假村等不属于普通标准住宅。普通标准住宅与其他住宅的具体划分界限由各省、自治区、直辖市人民政府规定。

自2006年3月2日起，"普通标准住宅"和"普通住宅"的认定，一律按各省、自治区、直辖市人民政府根据国办发〔2005〕26号文件制定并对社会公布的"中小套型、中低价位普

---

① 财政部、国家税务总局.关于土地增值税一些具体问题规定的通知.财税〔1995〕48号，1995.5.25.

通住房"的标准执行①。

2. 转让旧房作为廉租住房、经济适用住房、公租房房源的免税优惠

自2007年8月1日起,企事业单位、社会团体及其他组织转让旧房作为廉租住房、经济适用住房房源,且增值额未超过扣除项目金额20%的,免征土地增值税②。

自2013年9月28日至2020年12月31日,对企事业单位、社会团体及其他组织转让旧房作为公共租赁住房房源,且增值额未超过扣除项目金额20%的,免征土地增值税③。

3. 国家征用收回的房地产的免税优惠

(1)因国家建设需要依法征用、收回的房地产,免征土地增值税。因国家建设需要依法征用、收回的房地产,是指因城市实施规划、国家建设的需要而被政府批准征用的房产或收回的土地使用权。

(2)因城市实施规划、国家建设的需要而搬迁,由纳税人自行转让原房地产的,比照有关规定免征土地增值税。因城市实施规划而搬迁,是指因旧城改造或因企业污染、扰民(指产生过量废气、废水、废渣和噪声,使城市居民生活受到一定危害),而由政府或政府有关主管部门根据已审批通过的城市规划确定进行搬迁的情况;因国家建设的需要而搬迁,是指因实施国务院、省级人民政府、国务院有关部委批准的建设项目而进行搬迁的情况④。

4. 个人转让住房的免税优惠

《中华人民共和国土地增值税暂行条例实施细则》规定,个人因工作调动或改善居住条件而转让原自用住房,经向税务机关申报核准,凡居住满5年或5年以上的,免予征收土地增值税;居住满3年未满5年的,减半征收土地增值税。居住未满3年的,按规定计征土地增值税。

自2008年11月1日起,对个人销售住房暂免征收土地增值税⑤。

5. 企业改制重组适用的土地增值税政策⑥

为支持企业改制重组,优化市场环境,自2018年1月1日至2020年12月31日,继续执行企业在改制重组过程中涉及的土地增值税政策。

(1)按照《中华人民共和国公司法》的规定,非公司制企业整体改制为有限责任公司或者股份有限公司,有限责任公司(股份有限公司)整体改制为股份有限公司(有限责任公司),对改制前的企业将国有土地使用权、地上的建筑物及其附着物(以下称房地产)转移、变更到改制后的企业,暂不征收土地增值税。

整体改制,是指不改变原企业的投资主体,并承继原企业权利、义务的行为。不改变原企业投资主体,是指企业改制重组前后出资人不发生变动,出资人的出资比例可以发生变动。

(2)按照法律规定或者合同约定,两个或两个以上企业合并为一个企业,且原企业投资主

---

① 国办发〔2005〕26号文件规定:享受税收优惠的住房,原则上应同时满足以下条件:住宅小区建筑容积率在1.0以上、单套建筑面积在120平方米以下、实际成交价格低于同级别土地上住房平均交易价格1.2倍以下。各省、自治区、直辖市要根据实际情况,制定本地区享受优惠政策普通住房的具体标准。允许单套建筑面积和价格标准适当浮动,但向上浮动的比例不得超过上述标准的20%。
② 财政部、国家税务总局.关于廉租住房、经济适用住房和住房租赁有关税收政策的通知.财税〔2008〕24号,2008.3.3.
③ 财政部、国家税务总局.关于促进公共租赁住房发展有关税收优惠政策的通知.财税〔2014〕52号,2014.8.11;关于公共租赁住房税收优惠政策的通知.财税〔2015〕139号,2015.12.30;关于公共租赁住房税收优惠政策的公告.财政部 税务总局公告2019年第61号,2019.4.15.
④ 财政部、国家税务总局.关于土地增值税若干问题的通知.财税〔2006〕21号,2006.5.15.
⑤ 财政部、国家税务总局.关于调整房地产交易环节税收政策的通知.财税〔2008〕137号,2008.10.22.
⑥ 财政部、税务总局.关于继续实施企业改制重组有关土地增值税政策的通知.财税〔2018〕57号,2018.5.16.

体存续的,对原企业将房地产转移、变更到合并后的企业,暂不征收土地增值税。原企业投资主体存续,是指原企业出资人必须存在于改制重组后的企业,出资人的出资比例可以发生变动。

(3)按照法律规定或者合同约定,企业分设为两个或两个以上与原企业投资主体相同的企业,对原企业将房地产转移、变更到分立后的企业,暂不征收土地增值税。

原企业投资主体相同,是指企业改制重组前后出资人不发生变动,出资人的出资比例可以发生变动。

(4)单位、个人在改制重组时以房地产作价入股进行投资,对其将房地产转移、变更到被投资的企业,暂不征收土地增值税。

值得注意的是,上述改制重组有关土地增值税政策不适用于房地产转移任意一方为房地产开发企业的情形。

企业改制重组后再转让国有土地使用权并申报缴纳土地增值税时,以改制前取得该宗国有土地使用权所支付的地价款和按国家统一规定缴纳的有关费用,作为该企业"取得土地使用权所支付的金额"扣除。企业在改制重组过程中,经省级以上(含省级)国土管理部门批准,国家以国有土地使用权作价出资入股的,再转让该宗国有土地使用权并申报缴纳土地增值税时,以该宗土地作价入股时省级以上(含省级)国土管理部门批准的评估价格,作为该企业"取得土地使用权所支付的金额"扣除。办理纳税申报时,企业应提供该宗土地作价入股时省级以上(含省级)国土管理部门的批准文件和批准的评估价格,不能提供批准文件和批准的评估价格的,不得扣除。

企业申请享受上述土地增值税优惠政策时,应向主管税务机关提交房地产转移双方营业执照、改制重组协议或等效文件,相关房地产权属和价值证明、转让方改制重组前取得土地使用权所支付地价款的凭据(复印件)等书面材料。

7.3.3 土地增值税的缴纳

1. 申报时间

土地增值税纳税人应在转让房地产合同签订后的7日内,到房地产所在地主管税务机关办理纳税申报,并向税务机关提交下列资料:房屋及建筑物产权、土地使用权证书;土地转让、房产买卖合同;房地产评估报告及其他与转让房地产有关的资料。

纳税人因经常发生房地产转让而难以在每次转让后申报的,经税务机关审核同意后,可以定期进行纳税申报,具体期限由税务机关根据情况确定。

2. 预征税款

纳税人在项目全部竣工结算前转让房地产取得的收入可以预征土地增值税。具体办法由各省、自治区、直辖市税务局根据当地情况制定。

除保障性住房外,东部地区省份预征率不得低于2%,中部和东北地区省份不得低于1.5%,西部地区省份不得低于1%,各地要根据不同类型房地产确定适当的预征率(地区的划分按照国务院有关文件的规定执行)。对尚未预征或暂缓预征的地区,应按照税收法律法规开展预征,确保土地增值税在预征阶段及时、充分发挥调节作用[①]。

为方便纳税人,简化土地增值税预征税款计算,房地产开发企业采取预收款方式销售自行开发的房地产项目的,可按照以下方法计算土地增值税预征计征依据[②]:

---

① 国家税务总局.关于加强土地增值税征管工作的通知.国税发〔2010〕53号,2010.5.25.
② 国家税务总局.关于营改增后土地增值税若干征管规定的公告.国家税务总局公告2016年第70号,2016.11.10.

土地增值税预征的计征依据=预收款-应预缴增值税税款

对纳税人预售房地产所取得的收入，凡当地税务机关规定预征土地增值税的，纳税人应到主管税务机关办理纳税申报，并按规定比例预交，待办理决算后，多退少补；凡当地税务机关规定不预征土地增值税的，也应在取得收入时先到税务机关登记或备案[①]。

3. 纳税地点

土地增值税的纳税地点是房地产所在地。房地产所在地，是指房地产的坐落地。纳税人转让的房地产坐落在两个或两个以上地区的，应按房地产所在地分别申报纳税。

实务中，纳税地点的确定又可分为以下两种情况。

（1）纳税人是法人的，当转让的房地产坐落地与其机构所在地或经营所在地一致时，在办理税务登记的原管辖税务机关申报纳税；如果转让的房地产坐落地与其机构所在地或经营所在地不一致时，在房地产坐落地所管辖的税务机关申报纳税。

（2）纳税人是自然人的，当转让的房地产坐落地与其居住所在地一致时，在住所所在地税务机关申报纳税；当转让的房地产坐落地与其居住所在地不一致时，在办理过户手续所在地的税务机关申报纳税。

7.4 土地增值税清算[②]

土地增值税清算，是指纳税人在符合土地增值税清算条件后，依照税收法律、法规及土地增值税有关政策规定，计算房地产开发项目应缴纳的土地增值税额，并填写《土地增值税清算申报表》，向主管税务机关提供有关资料，办理土地增值税清算手续，结清该房地产项目应缴纳土地增值税款的行为。

7.4.1 基本要求

1. 清算单位

土地增值税以国家有关部门审批的房地产开发项目为单位进行清算。对于分期开发的项目，以分期项目为单位清算。开发项目中同时包含普通住宅和非普通住宅的，应当分别计算增值额。

2. 清算条件及时间要求

（1）纳税人符合下列条件之一的，应当进行土地增值税清算。

① 房地产开发项目全部竣工、完成销售的。

② 整体转让未竣工决算房地产开发项目的。

③ 直接转让土地使用权的。

纳税人应在满足条件之日起90日内到主管税务机关办理清算手续。

（2）符合以下条件之一的，主管税务机关可以要求纳税人进行土地增值税清算。

① 已竣工验收的房地产开发项目，已转让的房地产建筑面积占整个项目可售建筑面积的比例在85%以上，或者该比例虽未超过85%，但剩余的可售建筑面积已经出租或自用的。

② 取得销售（预售）许可证满3年仍未销售完毕的。

[①] 财政部、国家税务总局.关于土地增值税一些具体问题规定的通知.财税〔1995〕48号，1995.5.25.

[②] 国家税务总局.关于房地产开发企业土地增值税清算管理有关问题的通知.国税发〔2006〕187号，2006.12.28；土地增值税清算管理规程.国税发〔2009〕91号，2009.5.12.

③ 纳税人申请注销税务登记但未办理土地增值税清算手续的（该情形应在办理注销登记前，进行土地增值税清算）。

④ 省、自治区、直辖市、计划单列市税务机关规定的其他情况。

税务机关可以要求纳税人进行土地增值税清算的项目，由主管税务机关确定是否进行清算。对于确定需要进行清算的项目，由主管税务机关下达清算通知，纳税人应当在收到清算通知之日起90日内办理清算手续。

3. 清算时应提供的资料

纳税人清算土地增值税时，应当提供以下清算资料。

（1）土地增值税清算表及其附表。

（2）房地产开发项目清算说明。主要内容包括：开发项目立项、用地、开发、销售、关联方交易、融资、税款缴纳等基本情况，以及主管税务机关需要了解的其他情况。

（3）与房地产转让收入、成本和费用有关的证明资料。包括：项目竣工决算报表；取得土地使用权所支付的地价款凭证；国有土地使用权出让合同；银行贷款利息结算通知单；项目工程合同结算单；商品房购销合同统计表；销售明细表；预售许可证等。主管税务机关需要相应项目记账凭证的，纳税人还应提供记账凭证复印件。

（4）土地增值税清算税款鉴证报告。纳税人委托税务中介机构审核鉴证的清算项目，还应报送中介机构出具的《土地增值税清算税款鉴证报告》。

7.4.2 转让收入的确定

1. 直接销售收入的确定

在确定转让收入时，对于已全额开具商品房销售发票的，按照发票所载金额确认收入；未开具发票或未全额开具发票的，以交易双方签订的销售合同所载的售房金额及其他收益确认收入。销售合同所载商品房面积与有关部门实际测量面积不一致，在清算前已发生补、退房款的，应在计算土地增值税时予以调整①。

2. 视同销售收入的确定

开发企业将开发产品用于职工福利、奖励、对外投资、分配给股东或投资人、抵偿债务、换取其他单位和个人的非货币性资产等，在其所有权发生转移时，视同销售房地产，按照下列顺序和方法确认收入。

（1）按本企业在同一地区、同一年度销售的同类房地产的平均价格确定。

（2）参照当地当年、同类房地产的市场价格或评估价值确定。

开发企业将开发的部分房地产转为企业自用或者用于出租等商业用途时，如果产权未发生转移，不缴纳土地增值税，在税款清算时不列收入，不扣除相应的成本和费用。

7.4.3 扣除项目金额的确定

确定扣除项目金额的基本要求：扣除项目金额中所归集的各项成本、费用，必须是实际发生的，必须是清算项目开发中直接发生或者应当分摊的成本和费用；各个扣除项目金额之间，不能混淆；在实际发生的支出中，应当取得但未取得合法凭据的，不得在计算增值额时扣除。房地产开发企业的预提费用，除另有规定外，不得扣除②。

---

① 国家税务总局.关于土地增值税清算有关问题的通知.国税函〔2010〕220号，2010.5.19.
② 国家税务总局.关于房地产开发企业土地增值税清算管理有关问题的通知.国税发〔2006〕187号，2006.12.28.

1. 取得土地使用权所支付的金额

取得土地使用权所支付的金额，包括企业为取得土地使用权所支付的地价款、按国家统一规定交纳的有关费用。

清算时，应注意以下问题。

（1）是否取得合法有效凭证。

（2）同一宗土地有多个开发项目的，是否予以分摊；分摊办法是否合理、合规，具体金额的计算是否正确。

（3）有无将房地产开发费用计入取得土地使用权支付金额的情形。

2. 房地产开发成本

1）土地征用及拆迁补偿费

土地征用及拆迁补偿费，包括土地征用费、耕地占用税、劳动力安置费及有关地上、地下附着物拆迁补偿的净支出、安置动迁用房支出等。

清算时，应注意以下问题。

（1）计入开发成本的费用支出是否真实，有无合法有效凭证。

（2）同一宗土地有多个开发项目的，分摊金额的计算是否正确。

（3）有无将房地产开发费用计入土地征用费的情形。

（4）拆迁补偿费是否实际发生，尤其是支付给个人的拆迁补偿款、拆迁（回迁）合同和签收名册或签收凭证是否一一对应。

房地产开发企业发生的拆迁安置费，在政策执行上，按照以下规定处理[①]。

① 开发企业用建造的本项目房地产安置回迁户的，安置用房视同销售处理，按照规定确认收入（本企业在同一地区、同一年度销售的同类房地产的平均价格；当地当年、同类房地产的市场价格或评估价值）；同时，将此确认为房地产开发项目的拆迁补偿费。开发企业支付给回迁户的补差价款，计入拆迁补偿费；回迁户支付给房地产开发企业的补差价款，应抵减本项目拆迁补偿费[②]。

② 开发企业采取异地安置，异地安置的房屋属于自行开发建造的，房屋价值按照规定计算（本企业在同一地区、同一年度销售的同类房地产的平均价格；当地当年、同类房地产的市场价格或评估价值），计入清算本项目的拆迁补偿费；异地安置的房屋属于购入的，以实际支付的购房支出计入拆迁补偿费。

③ 货币安置拆迁的，房地产开发企业凭合法有效凭据计入拆迁补偿费。

另外，在计算土地增值税时，开发企业逾期开发缴纳的土地闲置费，不得在计算增值额时扣除。

2）前期工程费

前期工程费，包括规划、设计、项目可行性研究和水文、地质、勘察、测绘、"三通一平"等支出。

清算时，应注意以下问题。

（1）前期工程费是否真实发生，有无虚列的情形。

（2）有无将房地产开发费用计入前期工程费的情形。

（3）多个（或分期）项目共同发生的前期工程费是否按项目合理分摊。

[①] 国家税务总局. 关于土地增值税清算有关问题的通知. 国税函〔2010〕220号，2010.5.19.

[②] 国家税务总局. 关于土地增值税清算有关问题的通知. 国税函〔2010〕220号，2010.5.19.

3）建筑安装工程费

建筑安装工程费，包括：以出包方式支付给承包单位的建筑安装工程费；以自营方式发生的建筑安装工程费。房地产开发企业销售已装修的房屋，其装修费用可以计入房地产开发成本。

清算时，应注意以下问题。

（1）发生的费用是否与决算报告、审计报告、工程结算报告、工程施工合同记载的内容相符。

（2）开发企业自购建筑材料时，自购建材费用是否重复计算扣除项目。

（3）采用自营方式自行施工建设的，有无虚列、多列施工人工费、材料费、机械使用费等情况。

（4）建筑安装发票是否在项目所在地税务机关开具。

（5）参照当地当期同类开发项目单位平均建安成本，或者当地建设部门公布的单位定额成本，验证建筑安装工程费支出是否存在异常。

另外，开发企业在工程竣工验收后，根据合同约定，扣留建筑安装施工企业一定比例的工程款，作为开发项目的质量保证金。在计算土地增值税时，建筑安装施工企业就质量保证金对房地产开发企业开具发票的，开发企业按发票所载金额予以扣除；未开具发票的，开发企业扣留的质保金不得计算扣除[①]。

4）基础设施费

基础设施费，包括开发小区内道路、供水、供电、供气、排污、排洪、通信、照明、环卫、绿化等工程发生的支出。

清算时，应注意以下问题。

（1）基础设施费是否真实发生，有无虚列的情形。

（2）有无将房地产开发费用计入基础设施费的情形。

（3）多个（或分期）项目共同发生的基础设施费，是否按项目合理分摊。

5）公共配套设施费

公共配套设施费，包括不能有偿转让的开发小区内公共配套设施发生的支出。

开发企业开发建造的与清算项目配套的居委会和派出所用房、会所、停车场（库）、物业管理场所、变电站、热力站、水厂、文体场馆、学校、幼儿园、托儿所、医院、邮电通讯等公共设施，按以下原则处理。

（1）建成后产权属于全体业主所有的，其成本、费用可以扣除。

（2）建成后无偿移交给政府、公用事业单位用于非营利性社会公共事业的，其成本、费用可以扣除。

（3）建成后有偿转让的，应当计算收入，并准予扣除成本、费用。

清算时，应注意以下问题。

（1）公共配套设施的界定是否准确，公共配套设施费是否真实发生，有无预提的公共配套设施费情况。

（2）有无将房地产开发费用计入公共配套设施费的情况。

（3）多个（或分期）项目共同发生的公共配套设施费，是否按项目合理分摊。

---

① 国家税务总局.关于土地增值税清算有关问题的通知.国税函〔2010〕220号，2010.5.19.

6）开发间接费用

开发间接费用，是指直接组织和管理开发项目发生的费用，包括工资、职工福利费、折旧费、修理费、办公费、水电费、劳动保护费、周转房摊销等。

清算时，应注意以下问题。

（1）有无将企业行政管理部门（总部）为组织和管理生产经营活动而发生的管理费用计入开发间接费用的情况。

（2）开发间接费用是否真实发生，有无预提开发间接费用的情况，取得的凭证是否合法有效。

（3）在计算扣除项目（开发成本）金额时，是否将按照会计准则规定计入开发成本的借款利息支出，按照税收规定从"开发成本"中调出。

3. 房地产开发费用

在计算增值额时，房地产开发费用按照税收规定计算扣除。

清算时，应注意以下问题。

（1）企业是否按照规定，将"开发成本"账户中的利息支出调整至"房地产开发费用"项目。

（2）分期开发项目或者同时开发多个项目所发生的一般性贷款利息支出，是否按照开发项目合理分摊。

（3）利用闲置专项借款对外投资取得收益，其收益是否冲减利息支出。

（4）利息支出的扣除是否符合规定，超过国家规定上浮幅度的部分，以及超过贷款期限的利息部分和加罚的利息，是否计入扣除额。

需要说明的是，按照会计准则的规定，开发企业"取得土地使用权所支付的金额"（土地出让金或地价款，按国家统一规定交纳的有关费用），计入"开发成本"。企业为开发房地产借入资金发生的借款利息支出，在房地产开发期间发生的，计入"开发成本"；开发完成后发生的，计入"财务费用"。现行土地增值税制度规定的作为扣除项目的"房地产开发成本"，是按照原会计制度（1993年）确定的开发成本，不包括"取得土地使用权所支付的金额"和"借款利息支出"。所以，在计算"房地产开发成本"时，如果企业已执行会计准则，应将这两项金额从"开发成本"账户中调整出去，单独计算列示。

4. 与转让房地产有关的税金

复核与转让房地产有关的城市维护建设税、教育费附加和印花税额。

5. 其他扣除项目金额

根据已确认的"取得土地使用权所支付的金额"和"房地产开发成本"两项金额之和与20%的比例，复核其他扣除项目金额。

7.4.4 其他问题

1. 代收费用的处理

对于县级以上人民政府要求开发企业在售房时代收的各项费用，注意代收费用是否计入房价并向购买方一并收取；当代收费用计入房价时，注意有无将代收费用计入加计扣除，或者作为房地产开发费用计算基数的情形。

2. 清算后再转让房地产的处理

在土地增值税清算时未转让的房地产，清算后销售或有偿转让的，纳税人应按规定进行土地增值税的纳税申报，扣除项目金额按清算时的单位建筑面积成本费用乘以销售或转让面积计算。

单位建筑面积成本费用=清算时的扣除项目总金额÷清算的总建筑面积

3. 核定征收

纳税人符合以下条件之一的，可以按照核定征收方式，进行土地增值税清算。

（1）依照法律、行政法规的规定应当设置但未设置账簿的。

（2）擅自销毁账簿或者拒不提供纳税资料的。

（3）虽设置账簿，但账目混乱或者成本资料、收入凭证、费用凭证残缺不全，难以确定转让收入或扣除项目金额的。

（4）符合土地增值税清算条件，企业未按照规定的期限办理清算手续，经税务机关责令限期清算，逾期仍不清算的。

（5）申报的计税依据明显偏低，又无正当理由的。

7.5 案例分析

案例1 房地产开发企业销售开发产品

某市利达房地产开发公司（一般纳税人）于2019年8月份将其开发完成的普通标准住宅出售，取得收入5 450万元（含增值税），并向购买方开具了增值税普通发票。该普通住宅是该公司发包给某建筑企业建造完成的，《建筑工程施工许可证》上注明的开工日期为2017年10月1日。该公司为开发建造该普通住宅发生的有关成本费用如下：为取得土地使用权支付的地价款及有关税费450万元；发生的土地征用及拆迁补偿费、前期工程费、建筑安装工程费、基础设施费、公共配套设施费、开发间接费（不包括借款利息支出）等共计1 550万元；分摊的借款利息支出100万元。与销售该普通住宅有关的"税金及附加"25万元。

其他资料：该公司发生的借款利息支出能够按房地产转让项目计算分摊并提供金融机构证明；省政府规定的其他房地产开发费用的扣除比例为5%。

【要求】根据上述资料，计算该公司应缴纳的土地增值税额。

【解析】

（1）房地产销售收入=5 450÷（1+9%）=5 000（万元）

（2）计算扣除项目金额。

① 地价款及相关税费450万元。

② 房地产开发成本1 550万元。

③ 房地产开发费用=100+（450+1 550）×5%=200（万元）

④ 与转让房地产有关的税金及附加25万元。

⑤ 其他扣除项目金额=（450+1 550）×20%=400（万元）

扣除项目金额合计：450+1 550+200+25+400=2 625（万元）

（3）增值额=5 000−2 625=2 375（万元）

（4）增值额与扣除项目金额之比=（2 375÷2 625）×100%≈90.48%

故适用税率为40%，速算扣除系数为5%。

（5）应纳土地增值税额=2 375×40%-2 625×5%=818.75（万元）

案例2

企业转让旧房及建筑物

某市昌隆机械厂（一般纳税人）于2019年8月份将已使用多年的一栋办公楼产权转让给某单位，取得转让收入4 200万元（含增值税），并向购买方开具了增值税专用发票。该办公楼是该厂于6年前委托某建筑企业建造的，造价2 300万元（不含土地价款）；取得土地使用权时支付的地价款及相关费用198万元，能提供单独支付地价款的凭据；转让办公楼产权时，经房地产评估机构评定的重置成本为3 000万元，成新度折扣率为7成；支付给评估机构的评估费用4.9万元。

其他资料：该厂对该项业务选择适用简易计税方法计算缴纳增值税。

【要求】根据上述资料，回答以下问题。

（1）该厂应缴纳的增值税额是多少？

（2）该厂应纳的城市维护建设税、教育费附加和印花税各是多少？

（3）该厂应缴纳的土地增值税额是多少？

【解析】

（1）应纳增值税额=[4 200÷（1+5%）]×5%=200（万元）

（2）应纳城建税额=200×7%=14（万元）

应交教育费附加=200×3%=6（万元）

应纳印花税额=4200×0.5‰=2.1（万元）

（3）计算应纳土地增值税额。

①旧房转让收入=4200÷（1+5%）=4 000（万元）

②计算扣除项目金额：

评估价格=3 000×70%=2 100（万元）

地价款及相关费用198万元。

与转让房地产有关的税金及附加=14+6+2.10=22.10（万元）

评估费用4.90万元。

扣除项目金额合计：2 100+198+22.10+4.90=2 325（万元）

③增值额=4 000-2 325=1 675（万元）

④增值额与扣除项目金额的比率=（1 675÷2 325）×100%≈72.04%

故适用税率为40%，速算扣除系数为5%。

⑤应纳土地增值税额=1 675×40%-2 325×5%=553.75（万元）

本章小结

土地增值税是国家对转让国有土地使用权、地上建筑物及其附着物并取得收入的单位和个人，就其转让房地产所取得的增值额征收的一种税。土地增值税征收范围包括转让国有土地使用权、地上的建筑物及其附着物。土地增值税的计税依据是增值额。增值额是纳税人转让房地产所取得的收入减除法定扣除项目金额后的余额。土地增值税实行四级超率累进税率。纳税人应在转让房地产合同签订后的7日内，到房地产所在地主管税务机关办理纳税申报，纳税地点是房地产所在地。

复习思考题

1. 开征土地增值税的目的是什么？
2. 土地增值税征税对象及其界定标准是什么？
3. 土地增值税的纳税人是谁？
4. 土地增值税的计税依据是什么？
5. 土地增值税的适用税率是多少？
6. 土地增值税的优惠政策有哪些？

案例分析题

某市兴华房地产开发公司（一般纳税人）于2019年8月份将位于市区的已开发建成的写字楼销售给某单位，开具的增值税专用发票上注明的销售额为8 000万元、税额为720万元、价税合计8 720万元。该写字楼是该公司发包给某建筑企业建造完成的，《建筑工程施工许可证》上注明的合同开工日期为2017年10月1日。该公司为开发建造该写字楼取得土地使用权支付的地价款和有关税费900万元；发生的土地征用及拆迁补偿费、前期工程费、建筑安装工程费、基础设施费、公共配套设施费、开发间接费（不包括借款利息支出）等共计2 100万元；发生管理费用、销售费用、财务费用共计400万元，其中借款利息支出120万元，但不能够按转让项目准确分摊。与销售该写字楼相关的"税金及附加"40万元。

其他资料：省政府规定，允许扣除的房地产开发费用的计算比例为10%。

要求：根据上述资料，计算该公司应缴纳的土地增值税额。

（答案提示：应纳土地增值税额1 439万元）

第 8 章

城镇土地使用税和房产税

【本章要点提示】
◇城镇土地使用税　　　　◇房产税

本章内容引言

城镇土地使用税是以开征范围内的土地为征税对象，以实际占用的土地面积为计税标准，按规定税额对拥有土地使用权的单位和个人征收的一种税。开征城镇土地使用税，有利于地方筹集财政资金，调节土地级差收入，促进城镇土地的合理利用。现行城镇土地使用税的基本规范是国务院于1988年9月27日发布（同年11月1日起施行）、2006年修订的《中华人民共和国城镇土地使用税暂行条例》（简称《城镇土地使用税暂行条例》）。根据2011年1月8日《国务院关于废止和修改部分行政法规的决定》做了第二次修订；根据2013年12月7日《国务院关于修改部分行政法规的决定》做了第三次修订。在2019年3月2日对本条例部分条款进行了修正。

房产税是以开征范围内的房产为征税对象，按照房产计税余值和房产租金收入为计税依据，向房产产权所有人征收的一种财产税。开征房产税，有利于地方财政筹集资金，加强房产管理，提高房产使用效益。现行房产税的基本规范是国务院1986年9月15日发布（同年10月1日起施行）的《中华人民共和国房产税暂行条例》（简称《房产税暂行条例》）。2011年1月8日，根据《国务院关于废止和修改部分行政法规的决定》做了部分修正。

8.1 城镇土地使用税

8.1.1 征收范围和纳税人

1. 征收范围

城镇土地使用税的征收范围，包括在城市、县城、建制镇和工矿区内的国家所有和集体所有的土地①。

城市是指经国务院批准设立的市；县城是指县人民政府所在地；建制镇是指经省、自治区、直辖市人民政府批准设立的建制镇；工矿区是指工商业比较发达，人口比较集中，符合国务院规定的建制镇标准，但尚未设立镇建制的大中型工矿企业所在地。工矿区须经省、自治区、直辖市人民政府批准。

城市的征收范围为市区和郊区；县城的征收范围为县人民政府所在的城镇；建制镇的征收范围为镇人民政府所在地；城市、县城、建制镇、工矿区的具体征收范围，由各省、自治区、直辖市人民政府划定②。

自2007年1月1日起，在城镇土地使用税征收范围内，利用林场土地兴建度假村等休闲娱乐场所的，其经营、办公和生活用地，按照规定征收城镇土地使用税③。

自2009年1月1日起，公园、名胜古迹内的索道公司经营用地，按照规定缴纳城镇土地使用税④。

2. 纳税人

在城市、县城、建制镇、工矿区范围内使用土地的单位和个人，为城镇土地使用税的纳税人。单位，包括国有企业、集体企业、私营企业、股份制企业、外商投资企业、外国企业及其他企业和事业单位、社会团体、国家机关、军队及其他单位；个人，包括个体工商户和其他个人。

一般来说，拥有土地使用权的单位和个人是纳税人。拥有土地使用权的单位和个人不在土地所在地的，其土地的实际使用人和代管人为纳税人。土地使用权未确定的或权属纠纷未解决的，其实际使用人为纳税人。土地使用权共有的，共有各方都是纳税人，各方按各自占用的土地面积纳税⑤。

土地使用者不论以何种方式取得土地使用权，是否缴纳土地使用金，只要在城镇土地使用税的开征范围内，均应依照规定缴纳城镇土地使用税⑥。

自2006年5月1日起，在征收范围内实际使用应税集体所有建设用地、但未办理土地使用权流转手续的，由实际使用集体土地的单位和个人按规定缴纳城镇土地使用税⑦。

在城镇土地使用税征收范围内，承租集体所有建设用地的，由直接从集体经济组织承租土地的单位和个人，缴纳城镇土地使用税⑧。

8.1.2 计税依据和单位税额

1. 计税依据

城镇土地使用税以纳税人实际占用的土地面积为计税依据，依照规定税额计算征收。土地占用面积的组织测量工作，由省、自治区、直辖市人民政府根据实际情况确定。

纳税人实际占用的土地面积的确定办法是：凡有由省、自治区、直辖市人民政府确定的

---

① 国家税务局.关于土地使用税若干具体问题的解释和暂行规定.国税地字〔1988〕15号，1988.10.24.
② 国家税务局.关于土地使用税若干具体问题的解释和暂行规定.国税地字〔1988〕15号，1988.10.24.
③ 财政部、国家税务总局.关于房产税、城镇土地使用税有关政策的通知.财税〔2006〕186号，2006.12.25.
④ 财政部、国家税务总局.关于房产税、城镇土地使用税有关问题的通知.财税〔2008〕152号，2008.12.18.
⑤ 国家税务局.关于土地使用税若干具体问题的解释和暂行规定.国税地字〔1988〕15号，1988.10.24.
⑥ 国家税务总局.关于对已缴纳土地使用金的土地使用者应征收城镇土地使用税的批复.国税函〔1998〕669号，1998.11.12.
⑦ 财政部、国家税务总局.关于集体土地城镇土地使用税有关政策的通知.财税〔2006〕56号，2006.4.30.
⑧ 财政部、国家税务总局.关于承租集体土地城镇土地使用税有关政策的通知.财税〔2017〕29号，2017.3.31.

单位组织测定土地面积的，以测定的面积为准；尚未组织测量，但纳税人持有政府部门核发的土地使用证书的，以证书确认的土地面积为准；尚未核发出土地使用证书的，由纳税人申报土地面积，据以纳税，待核发土地使用证以后再作调整[①]。

税务部门和国土资源部门对纳税人土地占用及税收缴纳情况清查时，发现纳税人实际占用土地面积与土地使用证登记面积或批准面积不一致的，按照实际占用面积征收城镇土地使用税[②]。

自2009年12月1日起，在城镇土地使用税征收范围内，单独建造的地下建筑用地，按规定征收城镇土地使用税。其中，已取得地下土地使用权证的，按土地使用权证确认的土地面积计算应征税款；未取得地下土地使用权证，或者地下土地使用权证上未标明土地面积的，按照地下建筑垂直投影面积计算应征税款。对上述地下建筑用地，暂按应征税款的50%征收城镇土地使用税[③]。

2. 单位税额

城镇土地使用税实行分级幅度税额。每平方米土地年税额规定如下。

（1）大城市为1.5元至30元。

（2）中等城市为1.2元至24元。

（3）小城市为0.9元至18元。

（4）县城、建制镇、工矿区为0.6元至12元。

省、自治区、直辖市人民政府，在《城镇土地使用税暂行条例》规定的税额幅度内，根据市政建设状况、经济繁荣程度等条件，确定所辖地区的适用税额幅度。市、县人民政府根据实际情况，将本地区土地划分为若干等级，在省、自治区、直辖市人民政府确定的税额幅度内，制定相应的适用税额标准，报省、自治区、直辖市人民政府批准执行。

经省、自治区、直辖市人民政府批准，经济落后地区土地使用税的适用税额标准可以适当降低，但降低额不得超过《城镇土地使用税暂行条例》规定最低税额的30%。经济发达地区土地使用税的适用税额标准可以适当提高，但须报经财政部批准。

8.1.3 税额计算与缴纳

1. 税额计算

城镇土地使用税按照纳税人实际占用的土地面积和适用单位税额计算。

全年应纳税额=实际占用土地面积×单位税额

对已按规定免征城镇土地使用税的企业范围内荒山、林地、湖泊等占地，自2014年1月1日至2015年12月31日，按应纳税额减半征收城镇土地使用税；自2016年1月1日起，全额征收城镇土地使用税[④]。

2. 纳税义务发生时间与终止时间

（1）纳税人新征用的耕地，自批准征用之日起满1年时开始缴纳城镇土地使用税；征用

[①] 国家税务局.关于土地使用税若干具体问题的解释和暂行规定.国税地字〔1988〕15号，1988.10.24.
[②] 财政部、国家税务总局、国土资源部.关于进一步加强土地税收管理工作的通知.国税发〔2008〕14号，2008.1.23.
[③] 财政部、国家税务总局.关于房产税 城镇土地使用税有关问题的通知.财税〔2009〕128号，2009.11.22.
[④] 财政部、国家税务总局.关于企业范围内荒山 林地 湖泊等占地城镇土地使用税有关政策的通知.财税〔2014〕1号，2014.1.20.

的非耕地，自批准征用次月起缴纳城镇土地使用税。征用的耕地与非耕地，以土地管理机关批准征地的文件为依据确定。

（2）购置、出租、出借房屋用地，纳税义务发生时间按下列规定确定①。

① 购置新建商品房，自房屋交付使用之次月起计征城镇土地使用税。

② 购置存量房，自办理房屋权属转移、变更登记手续，房地产权属登记机关签发房屋权属证书之次月起计征城镇土地使用税。

③ 出租、出借房产，自交付出租、出借房产之次月起计征城镇土地使用税。

（3）以出让或者转让方式有偿取得土地使用权的，由受让方从合同约定交付土地时间的次月起缴纳城镇土地使用税；合同未约定交付土地时间的，由受让方从合同签订的次月起缴纳城镇土地使用税②。

（4）通过招标、拍卖、挂牌方式取得的建设用地，不属于新征用的耕地，从合同约定交付土地时间的次月起缴纳城镇土地使用税；合同未约定交付土地时间的，从合同签订的次月起缴纳城镇土地使用税③。

（5）纳税人因土地的权利发生变化而依法终止城镇土地使用税的纳税义务的，其应纳税款的计算截止到土地权利发生变化的当月末④。

3. 纳税期限

城镇土地使用税按年计算，分期缴纳。缴纳期限由省、自治区、直辖市人民政府确定。

4. 纳税地点

城镇土地使用税由土地所在地的税务机关征收。土地管理机关应当向土地所在地的税务机关提供土地使用权属资料。

纳税人使用的土地不属于同一省（自治区、直辖市）管辖范围的，由纳税人分别向土地所在地的税务机关缴纳土地使用税。在同一省（自治区、直辖市）管辖范围内，纳税人跨地区使用的土地，如何确定纳税地点，由各省、自治区、直辖市税务局确定⑤。

8.1.4　税收优惠

1. 基本规定⑥

（1）国家机关、人民团体、军队自用的土地，免税。人民团体，是指经国务院授权的政府部门批准设立或登记备案并由国家拨付行政事业费的各种社会团体。国家机关、人民团体、军队自用的土地，是指这些单位本身的办公用地和公务用地。

（2）由国家财政部门拨付事业经费的单位自用的土地，免税。由国家财政部门拨付事业经费的单位，是指由国家财政部门拨付经费、实行全额预算管理或差额预算管理的事业单位（不包括实行自收自支、自负盈亏的事业单位）。事业单位自用的土地，是指这些单位本身的业务用地。

（3）宗教寺庙、公园、名胜古迹自用的土地，免税。宗教寺庙自用的土地，是指举行宗

---

① 国家税务总局.关于房产税、城镇土地使用税有关政策规定的通知.国税发〔2003〕89号，2003.7.15.
② 财政部、国家税务总局.关于房产税、城镇土地使用税有关政策的通知.财税〔2006〕186号，2006.12.25.
③ 国家税务总局.关于通过招拍挂方式取得土地缴纳城镇土地使用税问题的公告.国家税务总局公告2014年第74号，2014.12.31.
④ 财政部、国家税务总局.关于房产税、城镇土地使用税有关问题的通知.财税〔2008〕152号，2008.12.18.
⑤ 国家税务局.关于土地使用税若干具体问题的解释和暂行规定.国税地字〔1988〕15号，1988.10.24.
⑥ 相关解释见:关于土地使用税若干具体问题的解释和暂行规定.国税地字〔1988〕15号，1988.10.24.

教仪式等用地和寺庙内的宗教人员生活用地。公园、名胜古迹自用的土地，是指供公共参观游览的用地及其管理单位的办公用地。但是，公园、名胜古迹中附设的营业单位，如影剧院、饮食部、茶社、照相馆等使用的土地，不予免税。上述免税单位的生产、营业用地和其他用地，不属于免税范围，应按规定缴纳城镇土地使用税。

（4）市政街道、广场、绿化地带等公共用地，免税。

（5）直接用于农、林、牧、渔业的生产用地，免税。直接用于农、林、牧、渔业的生产用地，是指直接从事于种植、养殖、饲养的专业用地，不包括农副产品加工场地和生活、办公用地。

在城镇土地使用税征收范围内，经营采摘、观光农业的单位和个人，其直接用于采摘、观光的种植、养殖、饲养的土地，免征城镇土地使用税[①]。

（6）经批准开山填海整治的土地和改造的废弃土地，从使用的月份起免征城镇土地使用税5至10年。

开山填海整治的土地和改造的废弃土地，以土地管理机关出具的证明文件为依据确定；具体免税期限由各省、自治区、直辖市税务局在规定的期限内自行确定。

享受免税5至10年的填海整治的土地，是指纳税人经有关部门批准后自行填海整治的土地，不包括纳税人通过出让、转让、划拨等方式取得的已填海整治的土地[②]。

（7）由财政部另行规定免税的能源、交通、水利设施用地和其他用地。

除上述规定外，纳税人缴纳城镇土地使用税确有困难需要定期减免的，由县以上税务机关批准。

2. 特殊规定[③]

（1）免税单位无偿使用纳税单位的土地（如公安、海关等单位使用铁路、民航等单位的土地），免征城镇土地使用税；纳税单位无偿使用免税单位的土地，纳税单位照章缴纳城镇土地使用税。

（2）纳税单位与免税单位共同使用共有使用权土地上的多层建筑，对纳税单位按其占用的建筑面积占建筑总面积的比例征收城镇土地使用税。

（3）对企业的铁路专用线、公路等用地，除另有规定者外，在企业厂区（包括生产、办公及生活区）以内的，照章征收城镇土地使用税；在厂区以外、与社会公用地段未加隔离的，暂免征收城镇土地使用税。

（4）对企业厂区（包括生产、办公及生活区）以内的绿化用地，照章征收城镇土地使用税；厂区以外的公共绿化用地和向社会开放的公园用地，暂免征收城镇土地使用税。

（5）非营利性医疗机构自用的房产和土地，免征房产税和城镇土地使用税；疾病控制机构和妇幼保健机构等卫生机构自用的房产和土地，免征房产税和城镇土地使用税[④]。

（6）对政府部门和企事业单位、社会团体以及个人等社会力量投资兴办的福利性、非营利性的老年服务机构自用的房产和土地，免征房产税和城镇土地使用税[⑤]。

---

① 财政部、国家税务总局.关于房产税城镇土地使用税有关政策的通知.财税〔2006〕186号，2006.12.25.
② 国家税务总局.关于填海整治土地免征城镇土地使用税问题的批复.国税函〔2005〕968号，2005.10.14.
③ 国家税务局.关于土地使用税若干具体问题的补充规定.国税地字〔1989〕140号，1989.12.21；国家税务总局.关于取消部分地方行政审批项目的通知.国税函〔2007〕629号，2007.6.11.
④ 财政部、国家税务总局.关于医疗卫生机构有关税收政策的通知.财税〔2000〕42号，2000.7.10.
⑤ 财政部、国家税务总局.关于对老年服务机构有关税收政策问题的通知.财税〔2000〕97号，2000.11.24.

（7）对非营利性科研机构自用的房产和土地，免征房产税和城镇土地使用税[1]。

（8）对邮政部门坐落在城市、县城、建制镇、工矿区范围内的房产和土地，依法征收房产税和城镇土地使用税；对坐落在上述范围以外尚在县邮政局内核算的房产和土地，须在单位财务账中划分清楚，不再征收房产税和城镇土地使用税[2]。

（9）对国家拨付事业经费和企业办的各类学校、托儿所、幼儿园自用的房产和土地，免征房产税和城镇土地使用税[3]。

（10）在一个纳税年度内，月平均实际安置残疾人就业人数占单位在职职工总数的比例高于25%（含25%）且实际安置残疾人人数高于10人（含10人）的单位，可减征或免征该年度城镇土地使用税。具体减免税比例及管理办法由省、自治区、直辖市财税主管部门确定[4]。

（11）对商品储备管理公司及其直属库承担商品储备业务自用的房产、土地，免征房产税、城镇土地使用税。商品储备管理公司及其直属库，是指接受中央、省、市、县四级政府有关部门委托，承担粮（含大豆）、食用油、棉、糖、肉、盐（限于中央储备）6种商品储备任务，取得财政储备经费或补贴的商品储备企业[5]。

（12）自2008年3月1日起，对个人出租住房，不区分用途，免征城镇土地使用税[6]。

（13）自2007年8月1日起，对廉租住房、经济适用住房建设用地以及廉租住房经营管理单位按照政府规定价格、向规定保障对象出租的廉租住房用地，免征城镇土地使用税。

开发商在经济适用住房、商品住房项目中配套建造廉租住房，在商品住房项目中配套建造经济适用住房，如能提供政府部门出具的相关材料，可按廉租住房、经济适用住房建筑面积占总建筑面积的比例免征开发商应缴纳的城镇土地使用税[7]。

（14）自2011年1月1日至2020年12月31日，天然林保护工程（二期）实施企业和单位，有关房产税和城镇土地使用税政策如下[8]。

① 长江上游、黄河中上游地区，东北、内蒙古等国有林区天然林二期工程实施企业和单位，专门用于天然林保护工程的房产、土地，免征房产税、城镇土地使用税；上述企业和单位用于其他生产经营活动的房产、土地，按照规定征收房产税、城镇土地使用税。

② 由于实施天然林二期工程造成森工企业房产、土地闲置1年以上不用的，暂免征收房产税和城镇土地使用税；闲置房产和土地用于出租或重新用于天然林二期工程之外其他生产经营的，按照规定征收房产税、城镇土地使用税。

③ 用于天然林二期工程的免税房产、土地应单独划分，与其他应税房产、土地划分不清的，按照规定征收房产税、城镇土地使用税。

（15）自2015年1月1日至2018年12月31日，对在中国境内从事大型客机、大型客机发动机整机设计制造的企业及其全资子公司自用的科研、生产、办公房产及土地，免征房产税、

---

[1] 财政部、国家税务总局.关于非营利性科研机构税收政策的通知.财税〔2001〕5号，2001.2.9.
[2] 国家税务总局.关于邮政企业征免房产税、土地使用税问题的通知.国税函〔2001〕379号，2001.6.1.
[3] 财政部、国家税务总局.关于教育税收政策的通知.财税〔2004〕39号，2004.2.5.
[4] 财政部、国家税务总局.关于安置残疾人就业单位城镇土地使用税等政策的通知.财税〔2010〕121号，2010.12.21.
[5] 财政部、国家税务总局.关于部分国家储备商品有关税收政策的通知.财税〔2013〕59号，2013.9.18.
[6] 财政部、国家税务总局.关于廉租住房经济适用住房和住房租赁有关税收政策的通知.财税〔2008〕24号，2008.3.3.
[7] 财政部、国家税务总局.关于廉租住房经济适用住房和住房租赁有关税收政策的通知.财税〔2008〕24号，2008.3.3.
[8] 财政部、国家税务总局.关于天然林保护工程（二期）实施企业和单位房产税 城镇土地使用税政策的通知.财税〔2011〕90号，2011.9.26.

城镇土地使用税①。

（16）自2015年7月1日起，石油天然气（含页岩气、煤层气）生产企业用地，有关城镇土地使用税政策如下②。

① 下列石油天然气生产建设用地，暂免征收城镇土地使用税：地质勘探、钻井、井下作业、油气田地面工程等施工临时用地；企业厂区以外的铁路专用线、公路及输油（气、水）管道用地；油气长输管线用地。

② 在城市、县城、建制镇以外工矿区内的消防、防洪排涝、防风、防沙设施用地，暂免征收城镇土地使用税。

③ 其他油气生产及办公、生活区用地，依照规定征收城镇土地使用税。

地方人民政府按照城镇土地使用税有关规定，确定工矿区范围。对在工矿区范围内的油气生产、办公、生活用地，其税额标准不得高于相邻的县城、建制镇的适用税额标准。

（17）自2016年1月1日至2018年12月31日，对城市公交站场、道路客运站场、城市轨道交通系统运营用地，免征城镇土地使用税③。

城市公交站场、道路客运站场，是指经县级以上（含县级）人民政府交通运输主管部门等批准建设的，为公众及旅客、运输经营者提供站务服务的场所。城市公交站场运营用地，包括城市公交首末车站、停车场、保养场、站场办公用地、生产辅助用地。道路客运站场运营用地，包括站前广场、停车场、发车位、站务用地、站场办公用地、生产辅助用地。

城市轨道交通系统，是指依规定批准建设的，采用专用轨道导向运行的城市公共客运交通系统，包括地铁系统、轻轨系统、单轨系统、有轨电车、磁浮系统、自动导向轨道系统、市域快速轨道系统，但不包括旅游景区等单位内部为特定人群服务的轨道系统。城市轨道交通系统运营用地，包括车站（含出入口、通道、公共配套及附属设施）、运营控制中心、车辆基地（含单独的综合维修中心、车辆段）及线路用地，但不包括购物中心、商铺等商业设施用地。

（18）自2017年1月1日至2019年12月31日止，对物流企业自有的（包括自用和出租）大宗商品仓储设施用地，减按所属土地等级适用税额标准的50%计征城镇土地使用税④。

但是，物流企业的办公、生活区用地及其他非直接从事大宗商品仓储的用地，不属于优惠范围，按照规定征收城镇土地使用税。非物流企业的内部仓库，不属于优惠范围，按照规定征收城镇土地使用税。

物流企业，是指至少从事仓储或运输一种经营业务，为工农业生产、流通、进出口和居民生活提供仓储、配送等第三方物流服务，实行独立核算、独立承担民事责任，并在工商部门注册登记为物流、仓储或运输的专业物流企业。

大宗商品仓储设施，是指同一仓储设施占地面积在6 000平方米及以上，且主要储存粮食、棉花、油料、糖料、蔬菜、水果、肉类、水产品、化肥、农药、种子、饲料等农产品和农业生产资料，煤炭、焦炭、矿砂、非金属矿产品、原油、成品油、化工原料、木材、橡胶、纸浆及纸制品、钢材、水泥、有色金属、建材、塑料、纺织原料等矿产品和工业原材料

---

① 财政部、国家税务总局.关于大型客机和大型客机发动机整机设计制造企业房产税 城镇土地使用税政策的通知.财税〔2016〕133号，2016.11.28.

② 财政部、国家税务总局.关于石油天然气生产企业城镇土地使用税政策的通知.财税〔2015〕76号，2015.7.1.

③ 财政部、税务总局.关于城市公交站场 道路客运站场 城市轨道交通系统城镇土地使用税优惠政策的通知.财税〔2016〕16号，2016.2.4.

④ 财政部、国家税务总局.关于继续实施物流企业大宗商品仓储设施用地城镇土地使用税优惠政策的通知.财税〔2017〕33号.2017.4.26.

的仓储设施。

仓储设施用地，包括仓库库区内的各类仓房（含配送中心）、油罐（池）、货场、晒场（堆场）、罩棚等储存设施和铁路专用线、码头、道路、装卸搬运区域等物流作业配套设施的用地。

（19）自2018年5月1日至2019年12月31日止，对物流企业承租用于大宗商品仓储设施的土地，减按所属土地等级适用税额标准的50%计征城镇土地使用税[①]。

（20）自2018年10月1日至2020年12月31日，对按照去产能和调结构政策要求停产停业、关闭的企业，自停产停业次月起，免征房产税、城镇土地使用税。企业享受免税政策的期限累计不得超过2年[②]。

（21）自2019年1月1日至2021年12月31日，对农产品批发市场、农贸市场（包括自有和承租）专门用于经营农产品的房产、土地，暂免征收房产税和城镇土地使用税。对同时经营其他产品的农产品批发市场和农贸市场使用的房产、土地，按其他产品与农产品交易场地面积的比例确定免征的房产税和城镇土地使用税[③]。

农产品批发市场和农贸市场，是指经工商登记注册，供买卖双方进行农产品及其初加工品现货批发或零售交易的场所。农产品包括粮油、肉禽蛋、蔬菜、干鲜果品、水产品、调味品、棉麻、活畜、可食用的林产品，以及由省、自治区、直辖市财税部门确定的其他可食用的农产品。

享受税收优惠的房产、土地，是指农产品批发市场、农贸市场直接为农产品交易提供服务的房产、土地。农产品批发市场、农贸市场的行政办公区、生活区，以及商业餐饮娱乐等非直接为农产品交易提供服务的房产、土地，不属于优惠范围，按照规定征收房产税和城镇土地使用税。

（22）自2019年1月1日至2020年12月31日，对公共租赁住房建设期间用地及公共租赁住房建成后占地，免征城镇土地使用税。在其他住房项目中配套建设公共租赁住房，按公共租赁住房建筑面积占总建筑面积的比例，免征建设、管理公共租赁住房涉及的城镇土地使用税[④]。

（23）自2019年1月1日至2020年12月31日，饮水工程运营管理单位自用的生产、办公用房产、土地，免征房产税、城镇土地使用税[⑤]。饮水工程，是指为农村居民提供生活用水而建设的供水工程设施。饮水工程运营管理单位，是指负责饮水工程运营管理的自来水公司、供水公司、供水（总）站（厂、中心）、村集体、农民用水合作组织等单位。对于既向城镇居民供水，又向农村居民供水的饮水工程运营管理单位，依据向农村居民供水量占总供水量的比例计算免征的房产税和城镇土地使用税。

（24）自2019年1月1日至2023年12月31日，对向居民供热收取采暖费的供热企业，为居民供热所使用的厂房及土地免征房产税、城镇土地使用税；对供热企业其他厂房及土地，按

[①] 财政部、税务总局.关于物流企业承租用于大宗商品仓储设施的土地城镇土地使用税优惠政策的通知.财税〔2018〕62号，2018.6.1.

[②] 财政部、国家税务总局.关于去产能和调结构房产税城镇土地使用税政策的通知.财税〔2018〕107号，2018.9.30.

[③] 财政部、税务总局.关于继续实行农产品批发市场 农贸市场房产税 城镇土地使用税优惠政策的通知.财税〔2019〕12号，2019.1.9.

[④] 财政部、税务总局.关于公共租赁住房税收优惠政策的公告.财政部 税务总局公告2019年第61号，2019.4.15.

[⑤] 财政部、税务总局.关于继续实行农村饮水安全工程税收优惠政策的公告.财政部 税务总局公告2019年第67号，2019.4.15.

照规定征收房产税、城镇土地使用税①。

对专业供热企业，按其向居民供热取得的采暖费收入占全部采暖费收入的比例，计算免征的房产税、城镇土地使用税。

对兼营供热企业，视其供热所使用的厂房及土地与其他生产经营活动所使用的厂房及土地是否可以区分，按照不同方法计算免征的房产税、城镇土地使用税：可以区分的，对其供热所使用厂房及土地，按向居民供热取得的采暖费收入占全部采暖费收入的比例，计算免征的房产税、城镇土地使用税。难以区分的，对其全部厂房及土地，按向居民供热取得的采暖费收入占其营业收入的比例，计算免征的房产税、城镇土地使用税。

对自供热单位，按向居民供热建筑面积占总供热建筑面积的比例，计算免征供热所使用的厂房及土地的房产税、城镇土地使用税。

（25）自2019年1月1日至2021年12月31日，省、自治区、直辖市人民政府根据本地区实际情况及宏观调控需要，对增值税小规模纳税人可以在50%的税额幅度内减征城镇土地使用税。增值税小规模纳税人已依法享受城镇土地使用税其他优惠政策的，可叠加享受该项优惠政策②。

8.2 房 产 税

8.2.1 征收范围和纳税人

1. 征税对象

房产税的征税对象是房产。房产是以房屋形态表现的财产。房屋是指有屋面和围护结构（有墙或两边有柱），能够遮风避雨，可供人们在其中生产、学习、工作、娱乐、居住或储藏物资的场所。独立于房屋之外的建筑物，如围墙、烟囱、水塔、变电塔、油池油柜、酒窖菜窖、酒精池、糖蜜池、室外游泳池、玻璃暖房、砖瓦石灰窑及各种油气罐等，不属于房产③。

对房地产开发企业建造的商品房，在售出前，不征收房产税；但对售出前房地产开发企业已使用或出租、出借的商品房，应按规定征收房产税④。

2. 征收范围

房产税的征收范围为城市、县城、建制镇和工矿区。

城市是指国务院批准设立的市；县城是指县人民政府所在地；建制镇是指经省、自治区、直辖市人民政府批准设立的建制镇；工矿区是指工商业比较发达、人口比较集中，符合国务院规定的建制镇标准而尚未设立建制镇的大中型工矿企业所在地。开征房产税的工矿区须经省、自治区、直辖市人民政府批准。不在开征地区范围之内的工厂、仓库，不征收房产税。

城市的征收范围为市区、郊区和市辖县县城。建制镇的征收范围为镇人民政府所在地，不包括所辖的行政村⑤。

---

① 财政部、税务总局.关于延续供热企业增值税 房产税 城镇土地使用税优惠政策的通知.财税〔2019〕38号，2019.4.3.
② 财政部、税务总局.关于实施小微企业普惠性税收减免政策的通知.财税〔2019〕13号，2019.1.17.
③ 财政部、国家税务总局.关于房产税和车船使用税几个业务问题的解释与规定.财税地字〔1987〕3号，1987.3.23.
④ 国家税务总局.关于房产税、城镇土地使用税有关政策规定的通知.国税发〔2003〕89号，2003.7.15.
⑤ 财政部、税务总局.关于房产税若干具体问题的解释和暂行规定.财税地字〔1986〕8号，1986.9.25.

对农林牧渔业用地和农民居住用房屋及土地，不征收房产税和城镇土地使用税[①]。

加油站罩棚不属于房产，不征收房产税[②]。

3. 纳税人

房产税以在征收范围内的房屋产权所有人为纳税人。

（1）产权属国家所有的，由经营管理单位缴纳房产税。

（2）产权属集体和个人所有的，由集体单位和个人缴纳房产税。

（3）产权出典的，由承典人缴纳房产税。

（4）产权所有人、承典人不在房产所在地的，或者产权未确定及租典纠纷未解决的，由房产代管人或者使用人缴纳房产税。

（5）无租使用的其他单位房产的，由使用人代为缴纳房产税[③]；承租人使用房产，以支付修理费抵交房产租金，由房屋产权所有人缴纳房产税[④]。

（6）自2009年1月1日起，外商投资企业、外国企业和组织及外籍个人，依照《房产税暂行条例》缴纳房产税[⑤]。

8.2.2 计税依据和税率

1. 计税依据

房产税的计税依据是房产余值或房产租金收入。纳税人自用的房产，采用从价计征方式，计税依据是房产余值。纳税人出租的房产，采用从租计征方式，计税依据是房产租金收入。

1）从价计征

房产税依照房产原值一次减除10%至30%后的余值计算征收。扣除比例由省、自治区、直辖市人民政府确定。

$$房产余值 = 房产原值 \times (1 - 扣除比例)$$

执行中，应注意下列问题。

（1）房屋原价根据国家有关会计制度规定进行核算。纳税人未按照国家会计制度核算并记载的，按照规定予以调整或重新评估。对依照房产原值计税的房产，不论是否记载在会计账簿"固定资产"科目中，均按照规定计算缴纳房产税[⑥]。

（2）房产原值包括与房屋不可分割的各种附属设备或一般不单独计算价值的配套设施。主要包括：暖气、卫生、通风、照明、煤气等设备；各种管线，如蒸气、压缩空气、石油、给水排水等管道及电力、电信、电缆导线；电梯、升降机、过道、晒台等。属于房屋附属设备的水管、下水道、暖气管、煤气管等从最近的探视井或三通管算起，计算原值；电灯网、照明线从进线盒连接管算起，计算原值[⑦]。

（3）为维持和增加房屋的使用功能或使房屋满足设计要求，凡以房屋为载体，不可随意移动的附属设备和配套设施，比如给排水、采暖、消防、中央空调、电气及智能化楼宇设备

[①] 国家税务总局.关于调整房产税和土地使用税具体征税范围解释规定的通知.国税发〔1999〕44号，1999.3.12.
[②] 财政部、国家税务总局.关于加油站罩棚房产税问题的通知.财税〔2008〕123号，2008.9.19.
[③] 财政部、国家税务总局.关于房产税城镇土地使用税有关问题的通知.财税〔2009〕128号，2009.11.22.
[④] 财政部、税务总局.关于房产税若干具体问题的解释和暂行规定.财税地字〔1986〕8号，1986.9.25.
[⑤] 国务院.中华人民共和国国务院令第546号，2008.12.31.
[⑥] 财政部、国家税务总局.关于房产税、城镇土地使用税有关问题的通知.财税〔2008〕152号，2008.12.18.
[⑦] 财政部、国家税务总局.关于房产税和车船使用税几个业务问题的解释与规定.财税地〔1987〕3号，1987.3.23.

等，无论在会计核算中是否单独记账与核算，都应计入房产原值计征房产税[1]。

对于更换房屋附属设备和配套设施的，在将其价值计入房产原值时，可扣减原来相应设备和设施的价值；对附属设备和配套设施中易损坏、需要经常更换的零配件，更新后不再计入房产原值[2]。

（4）纳税人对原有房屋进行改建、扩建的，要相应增加房屋的原值。

（5）自2010年12月21日起，对依照房产余值计税的房产，无论会计上如何核算，房产原值均应包含地价（包括为取得土地使用权支付的价款、开发土地发生的成本费用等）。宗地容积率低于0.5的，按房产建筑面积的2倍计算土地面积并据此确定计入房产原值的地价[3]。

2）从租计征

房产出租的，以房产租金收入为房产税的计税依据。

自2016年5月1日起，房产出租的，计征房产税的租金收入不含增值税。免征增值税的，租金收入不扣减增值税额[4]。

对纳税人不申报或者不如实申报租金收入的，按照《税收征管法》的有关规定实行核定征收。对房屋出租人不申报租金收入或申报的租金收入低于计税租金标准又无正当理由的，可按计税租金标准计算征收[5]。

3）应当注意的问题

（1）投资联营的房产，区分以下两种情况[6]：以房产投资联营，投资者参与投资利润分红，共担风险的，依照房产余值计算征收房产税；以房产投资，收取固定收入，不承担联营风险，实际上是以联营名义取得房产租金的，由出租方依照租金收入计算缴纳房产税。

（2）居民住宅区内业主共有的经营性房产，由实际经营（包括自营和出租）的代管人或使用人缴纳房产税。其中：自营的，依照房产原值减除10%至30%后的余值计征；没有房产原值或不能将业主共有房产与其他房产的原值准确划分开的，由房产所在地税务机关参照同类房产核定房产原值。将房产出租的，依照租金收入计征房产税[7]。

（3）产权出典的房产，由承典人依照房产余值计算缴纳房产税[8]。

（4）融资租赁的房产，由承租人依照房产余值计算缴纳房产税[9]。

（5）纳税人无租使用的其他单位房产，依照房产余值代为计算缴纳房产税[10]。

（6）自2010年12月21日起，纳税人出租房产，租赁双方签订的租赁合同约定有免收租金期限的，免收租金期间由产权所有人依照房产余值计算缴纳房产税[11]。

2. 税率

依照房产余值计算缴纳房产税的，税率为1.2%。

---

[1] 国家税务总局.关于进一步明确房屋附属设备和配套设施计征房产税有关问题的通知.国税发〔2005〕173号，2005.10.21.

[2] 国家税务总局.关于进一步明确房屋附属设备和配套设施计征房产税有关问题的通知.国税发〔2005〕173号，2005.10.21.

[3] 财政部、国家税务总局.关于安置残疾人就业单位城镇土地使用税等政策的通知.财税〔2010〕121号，2010.12.21.

[4] 财政部、国家税务总局.关于营改增后契税 房产税 土地增值税 个人所得税计税依据问题的通知.财税〔2016〕43号，2016.4.25.

[5] 国家税务总局.关于加强出租房屋税收征管的通知.国税发〔2005〕159号，2005.8.3.

[6] 国家税务总局.关于安徽省若干房产税业务问题的批复.国税函发〔1993〕368号，1993.11.8.

[7] 财政部、国家税务总局.关于房产税城镇土地使用税有关政策的通知.财税〔2006〕186号，2006.12.25.

[8] 财政部、国家税务总局.关于房产税城镇土地使用税有关问题的通知.财税〔2009〕128号，2009.11.22.

[9] 财政部、国家税务总局.关于房产税城镇土地使用税有关问题的通知.财税〔2009〕128号，2009.11.22.

[10] 财政部、国家税务总局.关于房产税城镇土地使用税有关问题的通知.财税〔2009〕128号，2009.11.22.

[11] 财政部、国家税务总局.关于安置残疾人就业单位城镇土地使用税等政策的通知.财税〔2010〕121号，2010.12.21.

依照房产租金收入计算缴纳房产税的,税率为12%。

自2008年3月1日起,对个人出租住房,不区分用途,均按4%的税率征收房产税[①];对企事业单位、社会团体及其他组织按市场价格向个人出租用于居住的住房,减按4%的税率征收房产税[②]。

8.2.3 税额计算与缴纳

1. 税额计算

1）基本计算办法

从价计征房产税：应纳税额=应税房产原值×（1-扣除比例）×税率（1.2%）

从租计征房产税：应纳税额=租金收入×税率（12%或4%）

2）地下建筑计税办法[③]

自2006年1月1日起,凡在房产税征收范围内的具备房屋功能的地下建筑,包括与地上房屋相连的地下建筑及完全建在地面以下的建筑、地下人防设施等,均应依照有关规定征收房产税。

具备房屋功能的地下建筑,是指有屋面和围护结构,能够遮风避雨,可供人们在其中生产、经营、工作、学习、娱乐、居住或储藏物资的场所。

（1）自用的地下建筑,按照以下规定计税。

① 工业用途房产,以房屋原价的50%至60%作为应税房产原值。

应税房产原值=房屋原价×（50%～60%）

应纳房产税额=应税房产原值×[1-（10%～30%）]×1.2%

② 商业和其他用途房产,以房屋原价的70%至80%作为应税房产原值。

应税房产原值=房屋原价×（70%～80%）

应纳房产税额=应税房产原值×[1-（10%～30%）]×1.2%

房屋原价折算为应税房产原值的具体比例,由各省、自治区、直辖市和计划单列市财政和税务部门在上述幅度内自行确定。

③ 对于与地上房屋相连的地下建筑,如房屋的地下室、地下停车场、商场的地下部分等,应将地下部分与地上房屋视为一个整体按照地上房屋建筑的有关规定计算征收房产税。

（2）出租的地下建筑,按照出租地上房屋建筑的有关规定计算征收房产税。

2. 纳税义务发生时间与终止时间[④]

（1）纳税人自建的房屋,自建成之次月起征收房产税。

（2）纳税人委托施工企业建设的房屋,从办理验收手续之次月起征收房产税。纳税人在办理验收手续前已使用或出租、出借的新建房屋,应按规定征收房产税。

---

① 财政部、国家税务总局.关于廉租住房经济适用住房和住房租赁有关税收政策的通知.财税〔2008〕24号,2008.3.3.
② 财政部、国家税务总局.关于廉租住房经济适用住房和住房租赁有关税收政策的通知.财税〔2008〕24号,2008.3.3.
③ 财政部、国家税务总局.关于具备房屋功能的地下建筑征收房产税的通知.财税〔2005〕181号,2005.12.23.
④ 财政部、税务总局.关于房产税若干具体问题的解释和暂行规定.财税地字〔1986〕8号,1986.9.25；国家税务总局.关于房产税、城镇土地使用税有关政策规定的通知.国税发〔2003〕89号,2003.7.15.

（3）购置新建商品房，自房屋交付使用之次月起计征房产税。

（4）购置存量房，自办理房屋权属转移、变更登记手续，房地产权属登记机关签发房屋权属证书之次月起计征房产税。

（5）出租、出借房产，自交付出租、出借房产之次月起计征房产税。

（6）房地产开发企业自用、出租、出借本企业建造的商品房，自房屋使用或交付之次月起计征房产税。

（7）融资租赁的房产，由承租人自融资租赁合同约定开始日的次月起，依照房产余值缴纳房产税。合同未约定开始日的，由承租人自合同签订的次月起，依照房产余值缴纳房产税[①]。

（8）纳税人因房产的实物或权利状态发生变化而依法终止房产税纳税义务的，其应纳税款的计算截止到房产的实物或权利状态发生变化的当月末[②]。

3. 纳税期限

房产税按年征收，分期缴纳。具体纳税期限由省、自治区、直辖市人民政府决定。

4. 纳税地点

房产税由房产所在地的税务机关征收。房产不在一地的纳税人，按房产的坐落地点，分别向房产所在地的税务机关缴纳房产税。

8.2.4 税收优惠

1. 免征房产税[③]

（1）国家机关、人民团体、军队自用的房产，免税。

人民团体，是指经国务院授权的政府部门批准设立或登记备案并由国家拨付行政事业费的各种社会团体。国家机关、人民团体、军队自用的房产，是指这些单位本身的办公用房和公务用房。

（2）由国家财政部门拨付事业经费的单位自用的房产，免税。

自用的房产是指本身的业务用房。实行差额预算管理的事业单位，也属于是由国家财政部门拨付事业经费的单位，对其本身自用的房产免征房产税。

（3）宗教寺庙、公园、名胜古迹自用的房产，免税。

宗教寺庙自用的房产，是指举行宗教仪式等房屋和宗教人员使用的生活用房屋。公园、名胜古迹自用的房产，是指供公共参观游览的房屋及其管理单位的办公用房屋。

但是，对公园、名胜古迹中附设的营业单位，如影剧院、饮食部、茶社、照相馆等所使用的房产及出租的房产，应征收房产税。

上述免税单位出租的房产及非本身业务用的生产、营业用房产不属于免税范围。

（4）个人所有非营业用的房产，免征房产税。

对个人所有的居住用房，不分面积多少，均免征房产税。

2011年1月28日，上海开始对部分个人住房征收房产税试点[④]。同时，重庆也开始对部分个人住房征收房产税试点[⑤]。

[①] 财政部、国家税务总局.关于房产税城镇土地使用税有关问题的通知.财税〔2009〕128号，2009.11.22.
[②] 财政部、国家税务总局.关于房产税、城镇土地使用税有关问题的通知.财税〔2008〕152号，2008.12.18.
[③] 相关解释见：关于房产税若干具体问题的解释和暂行规定.财税地字〔1986〕8号.1986.9.25.
[④] 上海市人民政府.上海市开展对部分个人住房征收房产税试点的暂行办法.沪府发〔2011〕3号，2011.1.27.
[⑤] 重庆市人民政府.关于进行对部分个人住房征收房产税改革试点的暂行办法.重庆市人民政府令第247号，2011.1.27.

（5）经财政部批准免税的其他房产。

除上述规定外，纳税人纳税确有困难的，可由省、自治区、直辖市人民政府确定，定期减征或者免征房产税。

2. 经批准减免房产税[①]

（1）纳税单位与免税单位共同使用的房屋，按各自使用的部分划分，分别征收或免征房产税。

（2）企业办的各类学校、医院、托儿所、幼儿园自用的房产，可比照由国家财政部门拨付事业经费的单位自用的房产，免征房产税。

（3）经有关部门鉴定，对毁损不能居住的房屋和危险房屋，在停止使用后，可免征房产税。

（4）在基建工地为基建工地服务的各种工棚、材料棚、休息棚和办公室、食堂、茶炉房、汽车房等临时性房屋，不论是施工企业自行建造还是由基建单位出资建造交施工企业使用，在施工期间，一律免征房产税。但是，如果在基建工程结束以后，施工企业将这种临时性房屋交还或者估价转让给基建单位的，从基建单位接收的次月起，依照规定征收房产税。

（5）纳税人因房屋大修导致连续停用半年以上的，在房屋大修期间免征房产税。

（6）集贸市场用房，按规定应征收房产税。但为促进集贸市场的发展，省、自治区、直辖市可根据具体情况暂给予减税或免税照顾[②]。

（7）对国有企业固定资产重估后的新增价值，应按规定征收房产税和印花税[③]。

（8）按政府规定价格出租的公有住房和廉租住房，包括企业和自收自支事业单位向职工出租的单位自有住房；房管部门向居民出租的公有住房；落实私房政策中带户发还产权并以政府规定租金标准向居民出租的私有住房等，暂免征收房产税[④]。

（9）军队空余房产租赁收入暂免征收房产税。暂免征收房产税的军队空余房产，在出租时必须悬挂《军队房地产租赁许可证》，以备查验[⑤]。

（10）自2007年8月1日起，对廉租住房经营管理单位按照政府规定价格、向规定保障对象出租廉租住房的租金收入，免征房产税[⑥]。

（11）自2019年1月1日至2020年12月31日，对公共租赁住房免征房产税[⑦]。

（12）自2019年1月1日至2023年12月31日，由财政部门拨付事业经费的文化单位转制为企业，自转制注册之日起5年内对其自用房产免征房产税。2018年12月31日之前已完成转制的企业，自2019年1月1日起对其自用房产可继续免征5年房产税[⑧]。

（13）自2019年1月1日至2021年12月31日，省、自治区、直辖市人民政府根据本地区实际情况及宏观调控需要，对增值税小规模纳税人可以在50%的税额幅度内减征房产税。增值税小规模纳税人已依法享受房产税其他优惠政策的，可叠加享受该项优惠政策[⑨]。

---

① 除个别标注外，其他见：关于房产税若干具体问题的解释和暂行规定.财税地字〔1986〕8号，1986.9.25.
② 财政部、国家税务总局.关于房产税和车船使用税几个业务问题的解释与规定.财税地字〔1987〕3号，1987.3.23.
③ 财政部、国家税务总局.关于清产核资企业有关税收问题的通知.财税〔1996〕69号，1996.8.23.
④ 财政部、国家税务总局.关于调整住房租赁市场税收政策的通知.财税〔2000〕125号，2000.12.7.
⑤ 财政部、国家税务总局.关于暂免征收军队空余房产租赁收入营业税房产税的通知.财税〔2004〕123号，2004.7.1.
⑥ 财政部、国家税务总局.关于廉租住房经济适用住房和住房租赁有关税收政策的通知.财税〔2008〕24号，2008.3.3.
⑦ 财政部、税务总局.关于公共租赁住房税收优惠政策的公告.财政部 税务总局公告2019年第61号，2019.4.15.
⑧ 财政部、税务总局、中央宣传部.关于继续实施文化体制改革中经营性文化事业单位转制为企业若干税收政策的通知.财税〔2019〕16号，2019.2.16.
⑨ 财政部、税务总局.关于实施小微企业普惠性税收减免政策的通知.财税〔2019〕13号，2019.1.17.

其他减免税规定参见本章8.1.4小节。

8.3 案例分析

案例1

城镇土地使用税的计算

宏达公司位于某市市区,该公司实际占地情况如下。
(1)厂区以外的公共绿化用地10 000平方米,厂区内绿化用地1 200平方米。
(2)2018年3月31日,公司将一块1 800平方米的土地无偿借给某国家机关作公务使用。
(3)2018年4月30日,公司将一块生产经营用地4 000平方米出租给另一企业使用。
(4)2018年5月16日,新征用厂区附近的两块土地共计5 000平方米,一块是征用的耕地,面积为2 000平方米,另一块是征用的非耕地,面积为3 000平方米。
(5)除上述土地外,其余土地面积76 000平方米,一直由公司生产经营占用。
省政府规定,城镇土地使用税每半年征收1次,每平方米土地年税额3元。
【要求】根据上述资料,计算该公司2018年上半年应缴纳的城镇土地使用税额。
【解析】
应纳城镇土地使用税额=[(1 200+4 000+76 000)×3×6]÷12+[1 800×3×3]÷12+[3 000×3×1]÷12=123 900(元)

说明:对企业厂区以外的公共绿化用地,暂免征收城镇土地使用税;厂区以内的绿化用地,照章征收城镇土地使用税;3月31日,借给国家机关无偿使用的土地,从4月份起,免征城镇土地使用税;4月30日,将土地出租给其他企业使用,与自用土地一样,由公司缴纳城镇土地使用税;5月份新征用的耕地,当年不缴纳城镇土地使用税;征用的非耕地,从6月份起缴纳城镇土地使用税。

案例2

房产税的计算

利达公司坐落在某市郊区,厂房和办公用房原值为5 000万元,其中:出租给某单位使用的房屋原值800万元,年租金(不含增值税)60万元。在郊区外的农村建有一个仓库,原值为40万元。当地规定的计算房产余值的扣除比例30%。
【要求】根据上述资料,计算该公司全年应缴纳的房产税额。
【解析】全年应纳房产税额=(5 000-800)×(1-30%)×1.2%+60×12%=42.48(万元)

说明:对自用的房产,按房产余值计税;对出租的房产,按租金收入计税;对建在农村的仓库不征收房产税。

本 章 小 结

城镇土地使用税以城镇土地为征收对象，征收范围包括在城市、县城、建制镇和工矿区内的国家所有和集体所有的土地。在征收范围内拥有并使用土地的单位和个人，都应按照规定缴纳城镇土地使用税。城镇土地使用税，以纳税人实际使用的土地面积为计税依据，实行分级幅度税额，按年计算，分期缴纳。

房产税以房产为征税对象，征收范围为城市、县城、建制镇和工矿区。纳税人是在征收范围内的房屋产权所有人。自用的房产，计税依据是房产余值；出租的房产，计税依据是租金收入。房产税按年征收，分期缴纳。

复习思考题

1. 征收城镇土地使用税的目的是什么？
2. 城镇土地使用税征收范围和纳税人包括哪些？
3. 城镇土地使用税的计税依据是什么？如何确定？
4. 征收房产税的目的是什么？
5. 房产税征收范围和纳税人包括哪些？
6. 房产税的计税依据是什么？如何确定？

案例分析题

1. 某公司是国有企业，生产经营用地分布于甲、乙、丙三个地域。甲的土地使用权属于该公司，面积10 000 m²，其中：幼儿园占地1 000 m²，厂区绿化占地2 000 m²；乙的土地使用权属于该公司与某企业共同拥有，面积5 000 m²，实际使用面积各半；丙面积3 000 m²，该公司一直使用但土地使用权未确定。三个地域适用的城镇土地使用税单位税额均为5元/m²。

要求： 根据上述资料，计算该公司全年应缴纳的城镇土地使用税额。

（答案提示：城镇土地使用税额为72 500元）

2. 某公司年初拥有房产原值19 500万元，其中：企业办的托儿所用房，原值3 000万元；出租仓库，原值 500万元，合同约定的不含增值税的租金为40万元/年。当地政府规定的房产税计税扣除比例为30%。

要求： 根据上述资料，计算该公司全年应缴纳的房产税额。

（答案提示：房产税额为139.20万元）

第9章

车辆购置税和车船税

【本章要点提示】
◇车辆购置税　　　　　　　　◇车船税

本章内容引言

　　车辆购置税是以在我国境内购置规定车辆为课税对象、在特定环节向车辆购置的单位和个人征收的一种税。车辆购置税的前身是车辆购置附加费。可以说，车辆购置税是税费改革的产物。2000年10月22日，国务院颁布了《中华人民共和国车辆购置税暂行条例》，并于2001年1月1日起实施。2018年12月29日，第十三届全国人民代表大会常务委员会第七次会议审议通过了《中华人民共和国车辆购置税法》，自2019年7月1日起施行，《车辆购置税暂行条例》同时废止。开征车辆购置税，有利于规范政府行为，理顺税费关系，缓解社会分配不公，合理筹集财政资金，促进交通基础设施建设。

　　车船税是对我国境内应税车船的所有人或者管理人征收的一种税。车船税的前身是车船使用牌照税和车船使用税。中华人民共和国成立后，中央人民政府政务院于1951年9月颁布了《中华人民共和国车船使用牌照税暂行条例》。1973年，把对企业征收的车船使用牌照税并入了工商税，但对个人和外资企业的车船仍继续征收。1986年9月15日，国务院颁布了《中华人民共和国车船使用税暂行条例》，并于同年10月1日起开始实施，但仅适用于内资企业、单位和个人。这两个税种自开征以来，在组织财政收入、促进经济发展方面发挥了积极作用，但内外两个税种并存，不符合税政统一、简化税制的要求，并且经历了这么多年一直没有调整，两个税种的税额标准明显偏低。为完善地方税制，2006年12月29日，国务院颁布了《中华人民共和国车船税暂行条例》，并于2007年1月1日起施行，取代了原车船使用牌照税和车船使用税。2011年2月25日，第十一届全国人民代表大会常务委员会第十九次会议审议通过了《中华人民共和国车船税法》（以下简称《车船税法》），自2012年1月1日起施行（于2019年4月23日修正）。

9.1 车辆购置税

9.1.1 征税对象和纳税人

1. 征税对象

车辆购置税的征税对象是在我国境内购置的应税车辆。购置,是指以购买、进口、自产、受赠、获奖或者其他方式取得并自用应税车辆的行为。

应税车辆,包括:汽车、有轨电车、汽车挂车、排气量超过150毫升的摩托车。

(1)汽车,包括各类汽车。

(2)有轨电车,是以电能为动力,在轨道上行驶的公共车辆。

(3)汽车挂车,包括全挂车和半挂车。全挂车,是指无动力设备,独立承载,由牵引车辆牵引行驶的车辆;半挂车,是指无动力设备,与牵引车辆共同承载,由牵引车辆牵引行驶的车辆。

(4)摩托车,是指排气量超过150毫升的摩托车。

值得注意的是,地铁、轻轨等城市轨道交通车辆,装载机、平地机、挖掘机、推土机等轮式专用机械车,以及起重机(吊车)、叉车、电动摩托车,不属于应税车辆[1]。

2. 纳税人

在我国境内购置汽车、有轨电车、汽车挂车、排气量超过150毫升的摩托车(以下统称应税车辆)的单位和个人,为车辆购置税的纳税人。单位,包括国有企业、集体企业、私营企业、股份制企业、外商投资企业、外国企业,以及其他企业和事业单位、社会团体、国家机关、部队及其他单位;个人,包括个体工商户及其他个人,既包括中国公民又包括外国公民。

9.1.2 征税环节、计税依据和适用税率

1. 征税环节

车辆购置税是对应税车辆的购置行为征税,征税环节在应税车辆上牌登记注册前的使用环节。具体地说,纳税人应当在向公安机关交通管理部门办理车辆注册登记前,缴纳车辆购置税。

车辆购置税实行一次征收制度。购置已征车辆购置税的车辆,不再征收车辆购置税。

2. 计税依据

车辆购置税实行从价定率办法计算征收。其计税依据是车辆的计税价格,根据车辆购置的不同情况分别确定。

1)购买自用的应税车辆的计税价格

纳税人购买自用的应税车辆,包括购买自用的国产应税车辆和购买自用的进口应税车辆,比如从国内汽车市场、汽车贸易公司购买自用的进口应税车辆等。

纳税人购买自用的应税车辆的计税价格,为纳税人购买应税车辆而支付给销售者的全部价款和价外费用,不包括增值税税款。

价外费用是指销售方价外向购买方收取的手续费、基金、违约金、包装费、运输费、保管费、代收款项、代垫款项及其他各种性质的价外费用[2]。

纳税人购车时,销售方一般按照价款与增值税款合并收取款项。但是,销售方在开具

---

[1] 财政部、税务总局.关于车辆购置税有关具体政策的公告.财政部 税务总局公告2019年第71号,2019.5.23.
[2] 国家税务总局.车辆购置税征收管理办法.国家税务总局令第15号,2005.11.15.

《机动车销售统一发票》(新版)时,其"不含税价"栏目中的数值按下列公式计算[①]。

不含税价=(全部价款+价外费用)÷(1+增值税税率或征收率).

纳税人以不含税价作为车辆购置税的计税依据。

2) 进口自用的应税车辆的计税价格

纳税人进口自用应税车辆,是指纳税人直接从境外进口或者委托代理进口自用的应税车辆,不包括在境内购买的进口车辆[②]。纳税人进口自用的应税车辆以组成计税价格为计税依据,组成计税价格按下列公式计算。

组成计税价格=关税完税价格+关税+消费税

3) 自产自用应税车辆的计税价格[③]

纳税人自产自用应税车辆的计税价格,按照同类应税车辆(即车辆配置序列号相同的车辆)的销售价格确定,不包括增值税税款;没有同类应税车辆销售价格的,按照组成计税价格确定。组成计税价格计算公式如下。

组成计税价格=成本×(1+成本利润率)

属于应征消费税的应税车辆,其组成计税价格中应加计消费税税额。

公式中的成本利润率,由各省、自治区、直辖市和计划单列市税务局确定。

4) 其他方式取得并自用的应税车辆的计税价格

纳税人以受赠、获奖或者其他方式取得自用应税车辆的计税价格,按照购置应税车辆时相关凭证载明的价格确定,不包括增值税税款。

5) 特殊情况下计税价格的确定[④]

(1) 底盘发生更换的车辆,计税依据为最新核发的同类型车辆最低计税价格的70%。同类型车辆是指同国别、同排量、同车长、同吨位、配置近似等(下同)。

(2) 免税、减税车辆因转让、改变用途等原因不再属于免税、减税范围的,纳税人应当在办理车辆转移登记或者变更登记前缴纳车辆购置税。计税价格以免税、减税车辆初次办理纳税申报时确定的计税价格为基准,每满1年扣减10%。

(3) 进口旧车,因不可抗力因素导致受损的车辆,库存超过3年的车辆,行驶8万千米以上的试验车辆,以及国家税务总局规定的其他车辆,凡纳税人能出具有效证明的,计税依据为其提供的统一发票或有效凭证注明的价格。

对国家授权的执法部门没收的走私车辆、被司法机关和行政执法部门依法没收并拍卖的车辆,其库存(或使用)年限超过3年或行驶里程超过8万千米以上的,主管税务机关依据纳税人提供的统一发票或有效证明注明的价格确定计税依据[⑤]。

值得注意的是,纳税人申报的应税车辆计税价格明显偏低,又无正当理由的,由税务机关依照《税收征管法》的规定核定其应纳税额。

---

① 国家税务总局.关于确定车辆购置税计税依据的通知.国税函〔2006〕1139号,2006.11.30.
② 财政部、税务总局.关于车辆购置税有关具体政策的公告.财政部 税务总局公告2019年第71号,2019.5.23.
③ 财政部、税务总局.关于车辆购置税有关具体政策的公告.财政部 税务总局公告2019年第71号,2019.5.23.
④ 国家税务总局.车辆购置税征收管理办法.国家税务总局令第15号,2005.11.15.
⑤ 国家税务总局.关于车辆购置税征收管理有关问题的通知.国税发〔2006〕123号,2006.8.15.

3. 税率

车辆购置税实行统一比例税率，税率为10%。

车辆购置税税率的调整，由国务院决定并公布。

9.1.3 税额计算、减免与缴纳

1. 车辆购置税的计算

车辆购置税实行从价定率的办法计算应纳税额。

应纳税额=计税价格×税率

纳税人以外汇结算应税车辆价款的，按照申报纳税之日中国人民银行公布的人民币基准汇价，折合成人民币计算应纳税额。

2. 车辆购置税的减免

下列车辆，免征车辆购置税。

（1）依照法律规定应当予以免税的外国驻华使馆、领事馆和国际组织驻华机构及其有关人员自用的车辆。

（2）中国人民解放军和中国人民武装警察部队列入装备订货计划的车辆。

（3）悬挂应急救援专用号牌的国家综合性消防救援车辆。

（4）设有固定装置的非运输专用作业车辆。

（5）城市公交企业购置的公共汽电车辆。

城市公交企业，是指由县级以上（含县级）人民政府交通运输主管部门认定的，依法取得城市公交经营资格，为公众提供公交出行服务，并纳入《城市公共交通管理部门与城市公交企业名录》的企业；公共汽电车辆是指按规定的线路、站点票价营运，用于公共交通服务，为运输乘客设计和制造的车辆，包括公共汽车、无轨电车和有轨电车[①]。

（6）国务院规定减免税的其他情形。

根据国民经济和社会发展的需要，国务院可以规定减征或者其他免征车辆购置税的情形，报全国人民代表大会常务委员会备案。

自2001年3月16日起，下列车辆免征车辆购置税[②]。

① 防汛部门和森林消防部门用于指挥、检查、调度、报汛（警）、联络的由指定厂家生产的设有固定装置的指定型号的车辆（简称防汛专用车和森林消防专用车）。

防汛专用车和森林消防专用车的型号和配置数量、流向，每年由财政部和国家税务总局共同下达。车辆注册登记地的征收机关据此办理免征车辆购置税手续。

② 回国服务的在外留学人员用现汇购买1辆个人自用国产小汽车。

③ 长期来华定居专家进口1辆自用小汽车。

④ 自2004年10月1日起，对农用三轮车免征车辆购置税。农用三轮车，是指柴油发动机，功率不大于7.4 kW，载重量不大于500 kg，最高车速不大于40 km/h的三个车轮的机动车[③]。

⑤ 为促进甩挂运输发展，提高物流效率和降低物流成本，自2018年7月1日至2021年6月30日，对购置挂车减半征收车辆购置税。购置日期按照《机动车销售统一发票》《海关关税

---

① 财政部、税务总局.关于车辆购置税有关具体政策的公告.财政部 税务总局公告2019年第71号，2019.5.23.

② 财政部、国家税务总局.关于防汛专用等车辆免征车辆购置税的通知.财税〔2001〕39号，2001.3.16.

③ 财政部、国家税务总局.关于农用三轮车免征车辆购置税的通知.财税〔2004〕66号，2004.9.7.

专用缴款书》或者其他有效凭证的开具日期确定。挂车，是指由汽车牵引才能正常使用且用于载运货物的无动力车辆。对挂车产品通过标注减征车辆购置税标识进行管理[①]。

3. 不再属于减免税范围的车辆的税额计算

已经办理免税、减税手续的车辆因转让、改变用途等原因不再属于免税、减税范围的，按照以下规定执行[②]。

（1）发生转让行为的，受让人为车辆购置税纳税人；未发生转让行为的，车辆所有人为车辆购置税纳税人。

（2）纳税义务发生时间为车辆转让或者用途改变等情形发生之日。

（3）应纳税额计算公式如下。

应纳税额=初次办理纳税申报时确定的计税价格×（1-使用年限×10%）×10%-已纳税额

应纳税额不得为负数。

使用年限的计算方法是：自纳税人初次办理纳税申报之日起，至不再属于免税、减税范围的情形发生之日止；使用年限取整计算，不满1年的不计算在内。

4. 车辆购置税的退还[③]

1）准予退税的情形

已缴纳车辆购置税的车辆，发生下列情形之一的，准予纳税人申请退税。

（1）因质量原因，车辆被退回生产企业或者销售企业。

（2）应当办理车辆登记注册的车辆，公安机关车辆管理机构不予办理车辆登记注册的。

2）退税额的确定

（1）纳税人将已征车辆购置税的车辆退回车辆生产企业或者销售企业的，可以向主管税务机关申请退还车辆购置税。退税额以已缴税款为基准，自缴纳税款之日至申请退税之日，每满1年扣减10%。应退税额计算公式如下[④]。

应退税额=已纳税额×（1-使用年限×10%）

应退税额不得为负数。

使用年限的计算方法是：自纳税人缴纳税款之日起，至申请退税之日止。

（2）公安机关车辆管理机构不予办理车辆登记注册的车辆，纳税人申请退税时，主管税务机关应退还全部已缴税款。

（3）符合免税条件但已征税的设有固定装置的非运输车辆，主管税务机关依据国家税务总局批准的《设有固定装置免税车辆图册》或免税文件，办理退税。

3）退税申请

纳税人申请退税时，如实填写《车辆购置税退税申请表》，分下列情况提供资料。

（1）未办理车辆登记注册的，提供生产企业或销售企业开具的退车证明和退车发票、完税证明正本和副本。

---

① 财政部、税务总局、工业和信息化部.关于对挂车减征车辆购置税的公告.财政部 税务总局 工业和信息化部公告2018年第69号，2018.5.25.

② 财政部、税务总局.关于车辆购置税有关具体政策的公告.财政部 税务总局公告2019年第71号，2019.5.23.

③ 国家税务总局.车辆购置税征收管理办法.国家税务总局令第15号，2005.11.15.

④ 财政部、税务总局.关于车辆购置税有关具体政策的公告.财政部 税务总局公告2019年第71号，2019.5.23.

（2）已办理车辆登记注册的，提供生产企业或销售企业开具的退车证明和退车发票、完税证明正本、公安机关车辆管理机构出具的注销车辆号牌证明。

5. 税额申报与缴纳

1）纳税期限

车辆购置税的纳税义务发生时间为纳税人购置应税车辆的当日，具体以纳税人购置应税车辆所取得的车辆相关凭证上注明的时间为准[①]。

纳税人购买自用应税车辆的，自购买之日起60日内申报纳税；进口自用应税车辆的，自进口之日起60日内申报纳税；自产、受赠、获奖或者以其他方式取得并自用应税车辆的，自取得之日起60日内申报纳税。

车辆购置税税款应当一次缴清。

2）纳税地点

车辆购置税由税务机关负责征收。

纳税人购置应税车辆，向车辆登记注册地的主管税务机关申报纳税；购置不需要办理车辆登记注册手续的应税车辆，向纳税人所在地的主管税务机关申报纳税。车辆登记注册地，是指车辆的上牌落籍地或落户地。

3）纳税申报[②]

车辆购置税实行一车一申报制度。

纳税人办理纳税申报时，如实填写《车辆购置税纳税申报表》，同时提供以下资料的原件和复印件。复印件和《机动车销售统一发票》（简称统一发票）报税联由主管税务机关留存，其他原件经主管税务机关审核后退还纳税人，并对已经办理纳税申报的车辆建立车辆购置税征收管理档案。

（1）车主身份证明。内地居民，提供内地居民身份证（含居住、暂住证明）或居民户口簿或军人（含武警）身份证明；香港、澳门特别行政区、台湾地区居民，提供入境的身份证明和居留证明；外国人，提供入境的身份证明和居留证明；组织机构，提供组织机构代码证书。

（2）车辆价格证明。境内购置车辆，提供统一发票（发票联和报税联）或有效凭证；进口自用车辆，提供海关关税专用缴款书、海关代征消费税专用缴款书或海关征免税证明。

（3）车辆合格证明。国产车辆，提供整车出厂合格证明（以下简称合格证）；进口车辆，提供《中华人民共和国海关货物进口证明书》或《中华人民共和国海关监管车辆进（出）境领（销）牌照通知书》或《没收走私汽车、摩托车证明书》。

（4）税务机关要求提供的其他资料。

符合免税条件的车辆，纳税人在办理免税申报时，除提供上述资料外，还应根据不同情况，提供有关证明资料原件、复印件及彩色照片。原件经主管税务机关审核后退还纳税人，复印件及彩色照片由主管税务机关留存。

已经办理免税申报的车辆发生下列情形之一的，纳税人应按规定重新办理纳税申报：底盘发生更换的；免税条件消失的。

4）其他规定

公安机关交通管理部门办理车辆注册登记时，根据税务机关提供的应税车辆完税或者免

[①] 财政部、税务总局.关于车辆购置税有关具体政策的公告.财政部 税务总局公告2019年第71号, 2019.5.23.
[②] 国家税务总局.车辆购置税征收管理办法.国家税务总局令第15号, 2005.11.15.

税电子信息对纳税人申请登记的车辆信息进行核对,核对无误后依法办理车辆注册登记。

税务机关和公安、商务、海关、工业和信息化等部门建立应税车辆信息共享和工作配合机制,及时交换应税车辆和纳税信息资料。

9.2 车 船 税

9.2.1 征税对象和纳税人

1. 征税对象

车船税的征税对象是车船,具体是指税法所附《车船税税目税额表》规定的车辆、船舶。

车辆包括:乘用车;商用车,包括客车、货车(包括半挂牵引车、三轮汽车和低速载货汽车等);挂车;其他车辆,包括专用作业车、轮式专用机械车,不包括拖拉机;摩托车。

其中:对于在设计和技术特性上用于特殊工作,并装置有专用设备或器具的汽车,应认定为专用作业车,如汽车起重机、消防车、混凝土泵车、清障车、高空作业车、洒水车、扫路车等。以载运人员或货物为主要目的的专用汽车,如救护车,不属于专用作业车。客货两用车,又称多用途货车,是指在设计和结构上主要用于载运货物,但在驾驶员座椅后带有固定或折叠式座椅,可运载3人以上乘客的货车[①]。

船舶,包括机动船舶、游艇。

上述车船,不论是否应向车船管理部门登记,均属于应税车船,纳入车船税的征收范围,体现了车船税的财产税性质和公平税负的原则。

2. 纳税人

在中国境内,应税车船的所有人或者管理人为车船税的纳税人。

车船管理人是指对车船具有管理使用权,不具有所有权的单位。通常情况下,车船的所有人与车船的管理人是一致的。但在实践中,经常会出现车船的所有权与管理权分离的情形,比如,某行政机关使用的车船,其所有权属于国家所有,其管理使用权属于该行政机关。在这种情况下,只能规定车船管理人是车船税的纳税人。

3. 扣缴义务人

从事机动车第三者责任强制保险业务的保险机构为机动车车船税的扣缴义务人。

在代收车船税并开具增值税发票时,应在增值税发票备注栏中注明代收车船税款信息。具体包括:保险单号、税款所属期(详细至月)、代收车船税金额、滞纳金金额、金额合计等。该增值税发票可作为纳税人缴纳车船税及滞纳金的会计核算原始凭证[②]。

扣缴义务人依法代收代缴车船税时,纳税人不得拒绝。

9.2.2 计税标准和适用税额

1. 计税标准

(1)乘用车、商用车客车、摩托车,以"辆"为计税单位。同时,对乘用车按排气量规定幅度税额。

[①] 国家税务总局.关于车船税征管若干问题的公告.国家税务总局公告2013年第42号,2013.7.26.
[②] 国家税务总局.关于保险机构代收车船税开具增值税发票问题的公告.国家税务总局公告2016年第51号,2016.8.7.

对乘用车按排气量征税，主要是基于以下考虑：从理论上讲，车船税作为财产税，其计税依据应当是车船的评估价值，但车船价值难以评估。从排气量与价格的相关性上看，它们之间总体上存在正相关关系，排气量越大，销售价格越高。从税收征管角度看，按排气量征税，比较简便易行。

（2）商用车货车、挂车、其他车辆（专用作业车、轮式专用机械车），以"整备质量每吨"为计税单位。客货两用车依照货车的计税单位和年基准税额计征车船税[①]。

（3）机动船舶，以"净吨位每吨"为计税单位。

（4）游艇，以"艇身长度每米"为计税单位。

国际上，大多数国家都将长度作为游艇的计税依据，主要考虑是游艇长度与其价值关联性较高，且直观、易于测量。从长远考虑，也可以较好地避免其他计税依据可能导致的征管漏洞。

2. 适用税额

车船税采用定额税率。车辆的具体适用税额由省、自治区、直辖市人民政府依照《车船税税目税额表》（见表9-1）规定的税额幅度和国务院的规定确定。船舶的具体适用税额由国务院在《车船税税目税额表》规定的税额幅度内确定。

表9-1 车船税税目税额表

税目			计税单位	年基准税额	备注
车辆	乘用车[按发动机气缸容量（排气量）分档]	1.0升（含）以下的	每辆	60元至360元	核定载客人数9人（含）以下
		1.0升以上至1.6升（含）的	每辆	300元至540元	核定载客人数9人（含）以下
		1.6升以上至2.0升（含）的	每辆	360元至660元	核定载客人数9人（含）以下
		2.0升以上至2.5升（含）的	每辆	660元至1 200元	核定载客人数9人（含）以下
		2.5升以上至3.0升（含）的	每辆	1 200元至2 400元	核定载客人数9人（含）以下
		3.0升以上至4.0升（含）的	每辆	2 400元至3 600元	核定载客人数9人（含）以下
		4.0升以上的	每辆	3 600元至5 400元	核定载客人数9人（含）以下
	商用车	客车	每辆	480元至1 440元	核定载客人数9人以上，包括电车
		货车	整备质量每吨	16元至120元	包括半挂牵引车、三轮汽车和低速载货汽车等
	挂车		整备质量每吨	按照货车税额的50%计算	
	其他车辆	专用作业车	整备质量每吨	16元至120元	不包括拖拉机
		轮式专用机械车	整备质量每吨	16元至120元	不包括拖拉机
	摩托车		每辆	36元至180元	

[①] 国家税务总局.关于车船税征管若干问题的公告.国家税务总局公告2013年第42号，2013.7.26.

税目		计税单位	年基准税额	备注
船舶	机动船舶	净吨位每吨	3元至6元	拖船、非机动驳船分别按照机动船舶税额的50%计算
	游艇	艇身长度每米	600元至2 000元	

（1）机动船舶具体适用税额为：
① 净吨位不超过200吨的，每吨3元；
② 净吨位超过200吨但不超过2 000吨的，每吨4元；
③ 净吨位超过2 000吨但不超过10 000吨的，每吨5元；
④ 净吨位超过10 000吨的，每吨6元。
拖船按照发动机功率每1千瓦折合净吨位0.67吨，计算征收车船税。
（2）游艇具体适用税额为：
① 艇身长度不超过10米的，每米600元；
② 艇身长度超过10米但不超过18米的，每米900元；
③ 艇身长度超过18米但不超过30米的，每米1 300元；
④ 艇身长度超过30米的，每米2 000元；
⑤ 辅助动力帆艇，每米600元。

9.2.3 税额计算与减免

1. 车船税的计算

车船税实行从量定额计税办法。乘用车以车辆登记管理部门核发的机动车登记证书或者行驶证书所载的排气量确定税额区间。车船整备质量、净吨位、艇身长度等计税单位，有尾数的一律按照含尾数的计税单位据实计算车船税应纳税额。计算得出的应纳税额小数点后超过两位的，可四舍五入保留两位小数①。

（1）乘用车、商用客车、摩托车应纳税额按下列公式计算。

应纳税额=辆数×适用单位税额

（2）商用货车（包括半挂牵引车、三轮汽车和低速载货汽车等）、其他车辆（包括专用作业车、轮式专用机械车）应纳税额按下列公式计算。

应纳税额=整备质量吨数×适用单位税额

（3）挂车应纳税额按下列公式计算。

应纳税额=整备质量吨数×货车单位税额×50%

（4）机动船舶应纳税额按下列公式计算。

---

① 国家税务总局.关于车船税征管若干问题的公告.国家税务总局公告2013年第42号，2013.7.26。

应纳税额＝净吨位数×适用单位税额

（5）拖船和非机动驳船应纳税额按下列公式计算。

应纳税额＝净吨位数×船舶单位税额×50%

（6）游艇应纳税额按下列公式计算。

应纳税额＝艇身长度（米）×适用单位税额

执行中，应注意以下问题。

（1）购置的新车船，购置当年的应纳税额自纳税义务发生的当月起按月计算。

应纳税额＝（年应纳税额÷12）×应纳税月份数
应纳税月份数＝12－纳税义务发生时间（取月份）+1

（2）在一个纳税年度内，已完税的车船被盗抢、报废、灭失的，纳税人可以凭有关管理机关出具的证明和完税凭证，向纳税所在地的主管税务机关申请退还自被盗抢、报废、灭失月份起至该纳税年度终了期间的税款。

（3）已办理退税的被盗抢车船失而复得的，纳税人应当从公安机关出具相关证明的当月起计算缴纳车船税。

（4）已缴纳车船税的车船在同一纳税年度内办理转让过户的，不另纳税，也不退税。

2. 车船税的减免

下列车船，免征车船税。

（1）捕捞、养殖渔船。

（2）军队、武装警察部队专用的车船。

（3）警用车船。

（4）依照法律规定应当予以免税的外国驻华使领馆、国际组织驻华代表机构及其有关人员的车船。

（5）对节约能源车船，减半征收车船税；对使用新能源车船，免征车船税[1]；对受地震、洪涝等严重自然灾害影响纳税困难，以及其他特殊原因确需减免税的车船，可以在一定期限内减征或者免征车船税。

（6）临时入境的外国车船和香港特别行政区、澳门特别行政区、台湾地区的车船，不征收车船税。

（7）按照规定缴纳船舶吨税的机动船舶，自车船税法实施之日起5年内免征车船税。

（8）依法不需要在车船登记管理部门登记的机场、港口、铁路站场内部行驶或者作业的车船，自车船税法实施之日起5年内免征车船税。

（9）境内单位和个人租入外国籍船舶的，不征收车船税。境内单位和个人将船舶出租到境外的，依法征收车船税[2]。

---

[1] 财政部、税务总局、工业和信息化部、交通运输部.关于节能新能源车船享受车船税优惠政策的通知.财税〔2018〕74号，2018.7.10.

[2] 国家税务总局.关于车船税征管若干问题的公告.国家税务总局公告2013年第42号，2013.7.26.

9.2.4 车船税的缴纳

1. 纳税义务发生时间与纳税期限

车船税纳税义务发生时间为取得车船所有权或者管理权的当月。以购买车船的发票或者其他证明文件所载日期的当月为准。

车船税按年申报,分月计算,一次性缴纳。纳税年度为公历1月1日至12月31日。机动车车船税扣缴义务人在代收车船税时,应当在机动车交通事故责任强制保险(简称交强险)的保险单及保费发票上注明已收税款的信息,作为代收税款凭证。

2. 纳税地点

车船税的纳税地点为车船的登记地或者车船税扣缴义务人所在地。依法不需要办理登记的车船,车船税的纳税地点为车船的所有人或者管理人所在地。

扣缴义务人代收代缴车船税的,纳税地点为扣缴义务人所在地。

纳税人自行申报缴纳车船税的,纳税地点为车船登记地的主管税务机关所在地。

在交通运输部直属海事管理机构(以下简称海事管理机构)登记的应税船舶,其车船税由船籍港所在地的税务机关委托当地海事管理机构代征[1]。

3. 车船因质量问题发生退货时的退税[2]

已经缴纳车船税的车船,因质量原因,车船被退回生产企业或者经销商的,纳税人可以向纳税所在地的主管税务机关申请退还自退货月份起至该纳税年度终了期间的税款。退货月份以退货发票所载日期的当月为准。

4. 税收管理

车船税由税务机关负责征收管理。

纳税人在购买交强险时,由扣缴义务人代收代缴车船税的,凭注明已收税款信息的交强险保险单,车辆登记地的主管税务机关不再征收该纳税年度的车船税。再次征收的,车辆登记地主管税务机关应予退还[3]。

车船税扣缴义务人代收代缴欠缴税款的滞纳金,从各省、自治区、直辖市人民政府规定的申报纳税期限截止日期的次日起计算。

公安、交通运输、农业、渔业等车船登记管理部门、船舶检验机构和车船税扣缴义务人的行业主管部门应当在提供车船有关信息等方面,协助税务机关加强车船税的征收管理。

车辆所有人或者管理人在申请办理车辆相关登记、定期检验手续时,应当向公安机关交通管理部门提交依法纳税或者免税证明,公安机关交通管理部门核查后办理相关手续。

---

[1] 国家税务总局、交通运输部.船舶车船税委托代征管理办法.国家税务总局、交通运输部公告2013年第1号,2013.1.5.
[2] 国家税务总局.关于车船税征管若干问题的公告.国家税务总局公告2013年第42号,2013.7.26.
[3] 国家税务总局.关于车船税征管若干问题的公告.国家税务总局公告2013年第42号,2013.7.26.

9.3 案例分析

案例1 进口（自用）小轿车应纳税额的计算

某外贸公司从A国进口某型号小轿车10辆。报关地海关确定的关税完税价格为200 000元/辆（人民币），关税税率为28%，增值税税率为13%，消费税税率为5%。该公司将其中2辆进口小轿车留作本单位自己使用。

【要求】根据上述资料，回答下列问题：
（1）该公司在进口环节应缴纳的各项税金是多少？
（2）该公司应缴纳的车辆购置税是多少？

【解析】
（1）计算该公司在进口环节应缴纳的各项税金。

应纳关税额=200 000×10×28%=560 000（元）

应纳消费税额=[（200 000×10+560 000）÷（1-5%）]×5%=134 736.84（元）

应纳增值税额=（200 000×10+560 000+134 736.84）×13%=350 315.79（元）

或：应纳增值税额=[（200 000×10+560 000）÷（1-5%）]×13%=350 315.79（元）

（2）计算该公司应缴纳的车辆购置税。

应纳车辆购置税额=（200 000×10+560 000+134 736.84）÷10×2×10%=53 894.74（元）

说明：进口小轿车，在进口环节不缴纳车辆购置税；本单位自用的2辆进口小轿车，应按规定缴纳车辆购置税。

案例2 车船税的计算

某公司拥有小轿车2辆，发动机气缸容量为2.0升，省政府规定的年税额为660元/辆；拥有商用客车1辆，核定载客人数为20人，省政府规定的年税额为800元/辆。

【要求】计算该公司应缴纳的车船税额。

【解析】
应纳车船税额=660×2+800=2 120（元）

本章小结

车辆购置税的征税对象是在我国境内购置（购买、进口、自产、受赠、获奖或者以其他方式取得并自用）的应税车辆，包括：汽车、有轨电车、汽车挂车、排气量超过150毫升的摩托车。纳税人是购置应税车辆的单位和个人。车辆购置税实行从价定率征收，征税环节在应税车辆上牌登记注册前的使用环节，税率为10%。车辆购置税实行一次课征制度和一车一申报制度，由税务机关负责征收。

车船税的征税对象是《车船税法》列举的车辆和船舶，包括乘用车、商用车、挂车、其他车辆（专用作业车、轮式专用机械车）、摩托车、机动船舶、游艇。车船税的纳税人是车船的所有人或者管理人。从事机动车第三者责任强制保险业务的保险机构为机动车车船税的扣缴义务人。车船税采用从量定额征收办法，由税务机关负责征收管理。

复习思考题

1. 车辆购置税的征税对象是什么？在什么环节征收？
2. 车辆购置税的计税依据是什么？如何确定？
3. 车辆购置税的优惠政策有哪些？免税条件消失时，应如何处理？
4. 车船税的纳税人是谁？扣缴义务人是谁？
5. 车船税的征税对象和计税依据是什么？

案例分析题

张先生参加某单位举办的有奖销售活动，中奖获得1辆小汽车。举办单位开具的销售发票金额为40 000元。国家税务总局确定的该类型小汽车最低计税价格为45 000元。车辆购置税税率为10%。

要求：根据上述资料，回答下列问题：

（1）张先生自用该辆小汽车，应缴纳的车辆购置税额是多少？

（2）如果张先生缴纳车辆购置税后，将该辆小汽车转让给王先生，转让价为50 000元，那么王先生应缴纳车辆购置税吗？

（答案提示：张先生应纳车辆购置税额4 500元；转让时无须缴纳车辆购置税）

第10章

印花税和契税

【本章要点提示】
◇ 印花税　　　　　　　◇ 契税

本章内容引言

　　印花税是对在经济活动和经济交往中书立、使用、领受的应税凭证征收的一种税。印花税是一个古老的税种，1624年创始于荷兰。我国首次开征印花税是在1913年。中华人民共和国成立后，中央人民政府政务院于1950年1月发布《全国税政实施要则》，规定印花税为全国统一开征的14个税种之一。1958年，将印花税并入工商统一税。1988年8月6日，国务院颁布了《中华人民共和国印花税暂行条例》（以下简称《印花税暂行条例》），并于同年10月1日起实施（于2011年1月8日进行修订）。印花税在筹集财政资金、维护凭证效力和提高公民纳税意识等方面发挥了重要的作用。

　　契税是以土地使用权和房屋产权转移为征税对象，向承受人征收的一种税。契税历史悠久，最早起源于东晋的"古税"，至今已有1 600多年的历史。中华人民共和国成立以后颁布的第一个税收法规就是《契税暂行条例》。1954年，财政部对《契税暂行条例》进行了修改。1997年7月7日，国务院重新颁布了《中华人民共和国契税暂行条例》，并于当年10月1日起实施（于2019年3月2日进行修正）。契税的征收，对于公平税负、规范房地产市场、增加财政收入具有重要的意义。

10.1　印　花　税

10.1.1　征税对象和纳税人

1. 征税对象

　　印花税的征税对象是在我国境内书立、领受的《印花税暂行条例》所列举的凭证（简称应税凭证），具体包括5大类13个税目。应税凭证是指在中国境内具有法律效力，受中国法律保护的凭证。对纳税人以电子形式签订的各类应税凭证，按规定征收印花税[①]。

1）合同或具有合同性质的凭证

合同，是指根据合同法和其他有关合同法规订立的合同。具有合同性质的凭证，是指具有合同效力的协议、契约、合约、单据、确认书及其他各种名称的凭证。

（1）购销合同，包括供应、预购、采购、购销结合及协作、调剂、补偿、易货等合同。

各类出版单位与发行单位之间订立的图书、报纸、期刊及音像制品的征订凭证（包括订购单、订数单等），按购销合同计税[②]。

工业、商业、物资、外贸等部门经销和调拨商品物资使用的调拨单，凡属于明确双方供需关系，据以供货和结算，具有合同性质的凭证，应按规定贴花[③]。

供需双方当事人不签订购销合同而以订单、要货单等作为建立供需关系、明确供需双方责任的业务凭证，属于合同性质的凭证，应按规定贴花。外商投资企业与境外的母公司或子公司相互之间开出的订单、要货单、要货生产指令单等，均应按规定贴花[④]。

对发电厂与电网之间、电网与电网之间（国家电网公司系统、南方电网公司系统内部各级电网互供电量除外）签订的购售电合同按购销合同征收印花税。电网与用户之间签订的供用电合同不属于印花税列举征税的凭证，不征收印花税[⑤]。

对企业集团内具有平等法律地位的主体之间自愿订立、明确双方购销关系、据以供货和结算、具有合同性质的凭证，应按规定征收印花税。对企业集团内部执行计划使用的、不具有合同性质的凭证，不征收印花税[⑥]。

（2）加工承揽合同，包括加工、定做、修缮、修理、印刷、广告、测绘、测试等合同。

（3）建设工程勘察设计合同，包括勘察、设计合同。

（4）建筑安装工程承包合同，包括建筑、安装工程承包合同。

（5）财产租赁合同，包括租赁房屋、船舶、飞机、机动车辆、机械、器具、设备等合同。

企业与主管部门等签订的租赁承包经营合同，不属于财产租赁合同，不贴花。企业、个人出租门店、柜台等签订的合同，属于财产租赁合同，应按照规定贴花[⑦]。

（6）货物运输合同，包括民用航空运输、铁路运输、海上运输、内河运输、公路运输和联运合同。

在货运业务中，凡是明确承、托运双方业务关系的运输单据均属于合同性质的凭证[⑧]。

（7）仓储保管合同，包括仓储、保管合同，以及作为合同使用的仓单、栈单（或称入库单等）。对有些凭证使用不规范，不便计税的，可就其结算单据作为计税贴花的凭证[⑨]。

（8）借款合同，指银行及其他金融组织和借款人（不包括银行同业拆借）所签订的借款合同。

银行同业拆借，是指按国家信贷制度规定，银行、非银行金融机构之间相互融通短期资金的行为。同业拆借合同不属于列举征税的凭证，不贴花[⑩]。

[①] 财政部、国家税务总局.关于印花税若干政策的通知.财税〔2006〕162号，2006.11.27.
[②] 国家税务局.关于图书、报刊等征订凭证征免印花税问题的通知.国税地字〔1989〕142号，1989.12.31.
[③] 国家税务总局.关于印花税若干具体问题的解释和规定的通知.国税发〔1991〕155号，1991.9.18.
[④] 国家税务总局.关于外商投资企业的订单要货单据征收印花税问题的批复.国税函〔1997〕505号，1997.9.5.
[⑤] 财政部、国家税务总局.关于印花税若干政策的通知.财税〔2006〕162号，2006.11.27.
[⑥] 国家税务总局.关于企业集团内部使用的有关凭证征收印花税问题的通知.国税函〔2009〕9号，2009.1.5.
[⑦] 国家税务局.关于印花税若干具体问题的规定.国税地字〔1988〕25号，1988.12.12.
[⑧] 国家税务总局.关于货运凭证征收印花税几个具体问题的通知.国税发〔1990〕173号，1990.10.12.
[⑨] 国家税务总局.关于印花税若干具体问题的解释和规定的通知.国税发〔1991〕155号，1991.9.18.
[⑩] 国家税务总局.关于印花税若干具体问题的解释和规定的通知.国税发〔1991〕155号，1991.9.18.

（9）财产保险合同，包括财产、责任、保证、信用等保险合同。

财产保险分为企业财产保险、机动车辆保险、货物运输保险、家庭财产保险和农牧业保险5大类。除对农林作物、牧业畜类保险合同暂不贴花外，其他几类财产保险合同均应按规定计税贴花①。

家庭财产两全保险属于家庭财产保险性质，其合同应照章贴花②。

（10）技术合同，包括技术开发、转让、咨询、服务等合同。

执行中，应注意下列问题③。

① 专利申请权转让、非专利技术转让所书立的合同，按"技术合同"计税；专利权转让、专利实施许可所书立的合同或书据，按"产权转移书据"计税。

② 技术咨询合同，是指当事人就有关项目的分析、论证、评价、预测和调查订立的技术合同。对于一般的法律、法规、会计、审计等方面的咨询，不属于技术咨询，其所立合同不贴花。

③ 技术服务合同的征税范围包括：技术服务合同、技术培训合同和技术中介合同。

技术服务合同，是指当事人一方委托另一方就解决有关特定技术问题，提出实施方案，进行实施指导所订立的技术合同。以常规手段或者为生产经营目的进行一般加工、**修理**、**修缮**、广告、印刷、测绘、标准化测试及勘察、设计等所书立的合同，不属于技术服务合同。

技术培训合同，是指当事人一方委托另一方对指定的专业技术人员进行特定项目的技术指导和专业训练所订立的技术合同。对各种职业培训、文化学习、职工业余教育等订立的合同，不属于技术培训合同，不贴花。

技术中介合同，是指当事人一方以知识、信息、技术为另一方与第三方订立技术合同进行联系、介绍、组织工业化开发所订立的技术合同。

2）产权转移书据

产权转移书据是指单位和个人产权的买卖、继承、赠与、交换、分割等所立的书据，包括财产所有权和版权、商标专用权、专利权、专有技术使用权等转移书据和专利实施许可合同。

"财产所有权"转移书据的征税范围是经政府管理机关登记注册的动产、不动产的所有权转移所立的书据，以及企业股权转让所立的书据④。

值得注意的是，对土地使用权出让合同、土地使用权转让合同，按产权转移书据征收印花税；对商品房销售合同，按照产权转移书据征收印花税⑤。

3）营业账簿

营业账簿是指生产经营用账册，即单位或者个人记载生产经营活动的财务会计核算账簿。按其内容不同，分为记载资金的账簿和其他营业账簿。

4）权利、许可证照

权利、许可证照包括政府部门发给的房屋产权证、工商营业执照、商标注册证、专利证、土地使用证等。

5）财政部确定征税的其他凭证

印花税只对《印花税暂行条例》列举的凭证和经财政部确定征税的其他凭证征税。

---

① 国家税务局.关于对保险公司征收印花税有关问题的通知.国税地字〔1988〕37号，1988.12.31。
② 国家税务局.关于家庭财产两全保险合同征收印花税问题的批复.国税地字〔1989〕77号，1989.7.15。
③ 国家税务局.关于对技术合同征收印花税问题的通知.国税地字〔1989〕34号，1989.4.12。
④ 国家税务总局.关于印花税若干问题的解释和规定的通知.国税发〔1991〕155号，1991.9.18。
⑤ 财政部、国家税务总局.关于印花税若干政策的通知.财税〔2006〕162号，2006.11.27。

对货物运输、仓储保管、财产保险、银行借款等，办理一项业务既书立合同，又开立单据的，只就合同贴花；凡不书立合同，只开立单据，以单据作为合同使用的，按照规定贴花[①]。

2. 纳税人

在我国境内书立、领受《印花税暂行条例》所列举凭证的单位和个人，都是印花税的纳税义务人，按照规定缴纳印花税。

单位和个人，是指国内各类企业、事业、机关、团体、部队，以及外商投资企业、外国企业和其他经济组织及其在华机构等单位和个人。

上述单位和个人按照书立、领受应税凭证不同，可分为立合同人、立据人、立账簿人、领受人和使用人。

1）立合同人

各类合同的纳税人是立合同人，即合同的当事人，具体是指对凭证有直接权利义务关系的单位和个人，不包括保人、证人、鉴定人。

如果合同有代理人的，当事人的代理人有代理纳税的义务。

2）立据人

产权转移书据的纳税人是立据人，即书立产权转移书据的单位和个人。

3）立账簿人

营业账簿的纳税人是立账簿人，即设立并使用营业账簿的单位和个人。

4）领受人

权利许可证照的纳税人是领受人，即领取并持有该项凭证的单位和个人。

5）使用人

应税凭证的纳税人是使用人，即在国外书立、领受，但在国内使用应税凭证的单位和个人。

值得注意的是，对于应税凭证，凡由两方或者两方以上当事人签订并各执一份的，由各方就所执的一份各自全额贴花，当事人各方都是印花税纳税人。

10.1.2 税额计算与减免

1. 计税依据

1）计税金额

合同、产权转移书据和资金账簿，印花税计税依据为应税凭证上所记载的计税金额。

（1）购销合同的计税依据为购销金额。商品购销活动中，采用以货换货方式进行商品交易签订的合同，是反映既购又销双重经济行为的合同。对此，按合同所载的购、销合计金额计税贴花。合同未列明金额的，按合同所载购、销数量依照国家牌价或市场价格计算应纳税金额[②]。

（2）加工承揽合同的计税依据为加工或承揽收入。加工或承揽收入，是指合同中规定的受托方的加工费收入和提供的辅助材料金额之和。

由受托方提供原材料的加工、定做合同，凡在合同中分别记载加工费金额与原材料金额的，分别按"加工承揽合同""购销合同"计税，两项税额相加数，即为合同应贴花；合同中不划分加工费金额与原材料金额的，按全部金额依照"加工承揽合同"计税贴花[③]。

（3）建设工程勘察设计合同的计税依据为勘察、设计收取的费用。

---

① 国家税务局.关于印花税若干具体问题的规定.国税地字〔1988〕25号，1988.12.12.
② 国家税务总局.关于印花税若干问题的解释和规定的通知.国税发〔1991〕155号，1991.9.18.
③ 国家税务局.关于印花税若干具体问题的规定.国税地字〔1988〕25号，1988.12.12.

（4）建筑安装工程承包合同的计税依据为承包金额。

（5）财产租赁合同的计税依据为租赁金额。税额不足1元的，按1元贴花。

（6）货物运输合同的计税依据为运输费金额，不包括所运货物的金额、装卸费和保险费等。铁路货运以运费结算凭证中所列运费为印花税的计税依据，包括统一运价运费、特价或加价运费、合资和地方铁路运费、新路均摊费、电力附加费。分段计费一次核收运费的，以结算凭证所记载的全程运费为计税依据；分段计费分别核收运费的，以分别核收运费的结算凭证所记载的运费为计税依据[①]。

对国内各种形式的货物联运，凡在起运地统一结算全程运费的，以全程运费作为计税依据，由起运地运费结算双方缴纳印花税；凡分程结算运费的，以分程的运费作为计税依据，分别由办理运费结算的各方缴纳印花税[②]。

国际货运凭证的征免税划分，按照下列规定执行：由我国运输企业运输的，不论在我国境内、境外起运或中转分程运输，我国运输企业所持的一份运费结算凭证，均按本程运费计算应纳税额；托运方所持的一份运费结算凭证，按全程运费计算应纳税额。由外国运输企业运输进出口货物的，外国运输企业所持的一份运费结算凭证免纳印花税；托运方所持的一份运费结算凭证应缴纳印花税。国际货运运费结算凭证在国外办理的，在凭证转回我国境内时按规定缴纳印花税[③]。

（7）仓储保管合同的计税依据为仓储保管费用。

（8）借款合同的计税依据为借款金额。

执行中，应注意以下问题[④]。

① 一项信贷业务既签订借款合同又一次或分次填开借据的，只就借款合同按所载借款金额计税贴花；凡只填开借据并作为合同使用的，按照借据所载借款金额计税，在借据上贴花。

② 借贷双方签订的流动资金周转性借款合同，一般是按年（期）签订的，规定最高限额，借款人在规定的期限和最高限额内随借随还。对这类借款合同，按照合同规定的最高借款限额计税贴花。以后，只要在限额内随借随还，不再签新合同的，不另贴印花。

③ 借款方以财产作抵押，与贷款方签订的抵押借款合同，属于资金信贷业务，借贷双方按"借款合同"计税贴花。因借款方无力偿还借款而将抵押财产转移给贷款方的，就双方书立的产权转移书据，按"产权转移书据"计税贴花。

④ 银行及其金融机构经营的融资租赁业务，是一种以融物方式达到融资目的的业务，实际上是分期偿还的固定资金借款。因此，对融资租赁合同，可据合同所载的租金总额暂按"借款合同"计税贴花。

⑤ 在信贷业务中，贷方是由若干银行组成的银团，银团各方均承担一定的贷款数额，借款合同由借款方与银团各方共同书立，各执一份合同正本。对这类借款合同，借款方与贷款银团各方分别在所执合同正本上按各自的借贷金额计税贴花。

⑥ 有些基本建设贷款，先按年度用款计划分年签订借款分合同，在最后一年按总概算签订借款总合同，总合同的借款金额中包括各分合同的借款金额。对这类基建借款合同，按分合同分别贴花，最后签订的总合同，只就借款总额扣除分合同借款金额后的余额计税贴花。

---

① 国家税务总局、铁道部.关于铁路货运凭证印花税若干问题的通知.国税发〔2006〕101号，2006.7.12.
② 国家税务总局.关于货运凭证征收印花税几个具体问题的通知.国税发〔1990〕173号，1990.10.12.
③ 国家税务总局.关于货运凭证征收印花税几个具体问题的通知.国税发〔1990〕173号，1990.10.12.
④ 国家税务局.关于对借款合同贴花问题的具体规定.国税地字〔1988〕30号，1988.12.12.

（9）财产保险合同的计税依据为合同所载保险费金额[①]。

（10）技术合同的计税依据为合同所载金额。

对各类技术合同，按合同所载价款、报酬、使用费的金额计税。为鼓励技术研究开发，对技术开发合同，只就合同所载的报酬金额计税，研究开发经费不作为计税依据。对合同约定按研究开发经费一定比例作为报酬的，按一定比例的报酬金额计税贴花[②]。

（11）产权转移书据的计税依据为所载金额。股份制企业向社会公开发行的股票，因购买、继承、赠与所书立的股权转让书据，计税依据为按照书立时证券市场当日实际成交价格计算的金额[③]。

从2008年9月19日起，将现行的对买卖、继承、赠与所书立的A股、B股股权转让书据按1‰的税率对双方当事人征收证券（股票）交易印花税，调整为单边征税，即对买卖、继承、赠与所书立的A股、B股股权转让书据的出让方按1‰的税率征收证券（股票）交易印花税，对受让方不再征税。

在上海证券交易所、深圳证券交易所、全国中小企业股份转让系统买卖、继承、赠与优先股所书立的股权转让书据，均依书立时实际成交金额，由出让方按1‰的税率计算缴纳证券（股票）交易印花税[④]。

（12）记载资金的账簿的计税依据为"实收资本"与"资本公积"两项的合计金额[⑤]。以后年度资金总额比已贴花资金总额增加的，增加部分按规定贴花。

外国银行在我国境内设立的分行，其境外总行需拨付规定数额的"营运资金"，分行在账户设置上不设"实收资本"和"资本公积"账户。外国银行分行记载由其境外总行拨付的"营运资金"账簿，按核拨的账面资金数额计税贴花[⑥]。

2）计税件数

权利、许可证照，计税依据为应税凭证件数。

2. 税率

印花税的税率有两种形式：比例税率和定额税率。

1）比例税率

各类合同或具有合同性质的凭证、产权转移书据、营业账簿中记载资金的账簿，适用比例税率，分别是：万分之零点五、万分之三、万分之五、千分之一。

2）定额税率

权利、许可证照适用定额税率，按件贴花5元。

印花税税率（税额）见表10-1。

表10-1 印花税税率（税额）表

应税凭证	税率（税额）
借款合同	万分之零点五
购销合同，建筑安装工程承包合同，技术合同	万分之三

[①] 国家税务总局.关于改变保险合同印花税计税办法的通知.国税发〔1990〕428号，1990.5.3.
[②] 国家税务局.关于对技术合同征收印花税问题的通知.国税地字〔1989〕34号，1989.4.12.
[③] 国家税务总局、国家体改委.关于股份制试点企业有关税收问题的暂行规定.国税发〔1992〕137号，1992.6.17.
[④] 财政部、国家税务总局.关于转让优先股有关证券（股票）交易印花税政策的通知.财税〔2014〕46号，2014.5.27.
[⑤] 国家税务总局.关于资金账簿印花税问题的通知.国税发〔1994〕25号，1994.2.5.
[⑥] 国家税务总局.关于外国银行分行营运资金缴纳印花税问题的批复.国税函〔2002〕104号，2002.1.28.

续表

应税凭证	税率（税额）
加工承揽合同，建设工程勘察设计合同，货物运输合同，产权转移书据，营业账簿中记载资金的账簿	万分之五
财产租赁合同，仓储保管合同，财产保险合同，股权转让合同	千分之一
权利、许可证照	每件5元

3. 印花税的计算

1）计算办法

适用比例税率的应税凭证，按下列公式计算印花税。

应纳税额=计税金额×比例税率

适用定额税率的应税凭证，按下列公式计算印花税。

应纳税额=计税件数×单位税额（5元）

2）应注意的问题

（1）应纳税额不足1角的，免纳印花税。应纳税额在1角以上的，其税额尾数不满5分的不计，满5分的按1角计算缴纳。

（2）同一凭证，因载有两个或者两个以上经济事项而适用不同税目税率，如分别记载金额的，分别计算应纳税额，相加后按合计税额贴花；如未分别记载金额的，按税率高的计税贴花。

（3）按金额比例贴花的应税凭证，未标明金额的，按照凭证所载数量及国家牌价计算金额；没有国家牌价的，按市场价格计算金额；然后，按规定税率计算应纳税额。

（4）应纳税凭证所载金额为外国货币的，按照凭证书立当日的国家外汇管理局公布的外汇牌价折合人民币，计算应纳税额。

（5）已贴花的凭证，修改后所载金额增加的，其增加部分应当补贴印花。

对已履行并贴花的合同，实际结算金额与合同所载金额不一致的，只要双方未修改合同金额，一般不再补贴印花[①]。

（6）合同签订时即应贴花，履行完税手续。所以，不论合同是否兑现或能否按期兑现，都一律按照规定贴花[②]。

（7）有些合同在签订时无法确定计税金额，如技术转让合同中的转让收入，是按销售收入的一定比例收取或是按实现利润分成的；财产租赁合同，只是规定了月（天）租金标准却无租赁期限的。对这类合同，可在签订时先按定额5元贴花，以后结算时再按实际金额计税，补贴印花[③]。

凡多贴印花税票者，不得申请退税或者抵用。

（8）开展融资租赁业务签订的融资租赁合同（含融资性售后回租），统一按照其所载明的租金总额依照"借款合同"税目，按万分之零点五的税率计税贴花。在融资性售后回租业

[①] 国家税务局.关于印花税若干具体问题的规定.国税地字〔1988〕25号，1988.12.12.
[②] 国家税务局.关于印花税若干具体问题的规定.国税地字〔1988〕25号，1988.12.12.
[③] 国家税务局.关于印花税若干具体问题的规定.国税地字〔1988〕25号，1988.12.12.

务中，对承租人、出租人因出售租赁资产及购回租赁资产所签订的合同，不征收印花税①。

4. 印花税的减免

1）免征印花税

（1）已缴纳印花税的凭证的副本或者抄本，免税。但是，以副本或者抄本视同正本使用的，应另贴花。即已缴纳印花税凭证的正本遗失或毁损，而以副本替代的，应另贴花。

（2）财产所有人将财产赠给政府、社会福利单位、学校所立的书据，免税。社会福利单位，是指抚养孤老伤残的社会福利单位。

（3）国家指定的收购部门与村民委员会、农民个人书立的农副产品收购合同，免税。

（4）无息、贴息贷款合同，免税。

（5）外国政府或者国际金融组织向我国政府及国家金融机构提供优惠贷款所书立的合同，免税。

（6）农林作物、牧业畜类保险合同，暂不贴花②。

（7）房地产管理部门与个人订立的租房合同，凡用于生活居住的，暂免贴花；用于生产经营的，按规定贴花。

（8）农民专业合作社与本社成员签订的农业产品和农业生产资料购销合同，免征印花税③。

（9）与高校学生签订的高校学生公寓租赁合同，免征印花税④。

（10）投资者（包括个人和机构）买卖封闭式证券投资基金，免征印花税⑤。

（11）股权分置改革过程中，因非流通股股东向流通股股东支付对价而发生的股权转让，暂免征收印花税⑥。

（12）特殊货运凭证免征印花税，包括军事物资运输、抢险救灾物资运输、新建铁路的工程临管线运输等运费结算凭证⑦。

（13）廉租住房、经济适用住房经营管理单位与廉租住房、经济适用住房相关的印花税，以及廉租住房承租人、经济适用住房购买人涉及的印花税，予以免征⑧。

开发商在经济适用住房、商品住房项目中配套建造廉租住房，在商品住房项目中配套建造经济适用住房，如能提供政府部门出具的相关材料，可按廉租住房、经济适用住房建筑面积占总建筑面积的比例免征开发商应缴纳的印花税。

（14）个人出租、承租住房签订的租赁合同，免征印花税。

（15）个人销售或购买住房暂免征收印花税⑨。

（16）为支持农村集体产权制度改革，自2017年1月1日起，对因农村集体经济组织及代行集体经济组织职能的村民委员会、村民小组进行清产核资收回集体资产而签订的产权转移书据，免征印花税⑩。

（17）自2018年5月1日起，对按万分之五税率贴花的资金账簿减半征收印花税；对按件

---

① 财政部、国家税务总局.关于融资租赁合同有关印花税政策的通知.财税〔2015〕144号，2015.12.24.
② 国家税务局.关于对保险公司征收印花税有关问题的通知.国税地字〔1988〕37号，1988.12.31.
③ 财政部、国家税务总局.关于农民专业合作社有关税收政策的通知.财税〔2008〕81号，2008.6.24.
④ 财政部、国家税务总局.关于经营高校学生公寓和食堂有关税收政策的通知.财税〔2013〕83号，2013.11.12.
⑤ 财政部、国家税务总局.关于对买卖封闭式证券投资基金继续予以免征印花税的通知.财税〔2004〕173号，2004.11.5.
⑥ 财政部、国家税务总局.关于股权分置试点改革有关税收政策问题的通知.财税〔2005〕103号，2005.6.13.
⑦ 国家税务总局.关于货运凭证征收印花税几个具体问题的通知.国税发〔1990〕173号，1990.10.12.
⑧ 财政部、国家税务总局.关于廉租住房经济适用住房和住房租赁有关税收政策的通知.财税〔2008〕24号，2008.3.3.
⑨ 财政部、国家税务总局.关于调整房地产交易环节税收政策的通知.财税〔2008〕137号，2008.10.22.
⑩ 财政部、税务总局.关于支持农村集体产权制度改革有关税收政策的通知.财税〔2017〕55号，2017.6.22.

贴花5元的其他账簿免征印花税[①]。

（18）自2019年1日1日至2020年12月31日，对公租房经营管理单位免征建设、管理公租房（公共租赁住房）涉及的印花税。在其他住房项目中配套建设公租房，按公租房建筑面积占总建筑面积的比例免征建设、管理公租房涉及的印花税。对公租房经营管理单位购买住房作为公租房，免征印花税；对公租房租赁双方免征签订租赁协议涉及的印花税[②]。

（19）自2019年1月1日至2020年12月31日，对饮水工程运营管理单位为建设饮水工程取得土地使用权而签订的产权转移书据，以及与施工单位签订的建设工程承包合同，免征印花税[③]。饮水工程，是指为农村居民提供生活用水而建设的供水工程设施。饮水工程运营管理单位，是指负责饮水工程运营管理的自来水公司、供水公司、供水（总）站（厂、中心）、村集体、农民用水合作组织等单位。对于既向城镇居民供水，又向农村居民供水的饮水工程运营管理单位，依据向农村居民供水量占总供水量的比例免征印花税。

2）企业改制过程中有关印花税征免问题[④]

（1）实行公司制改造的企业在改制过程中成立的新企业（重新办理法人登记的），其新启用的资金账簿记载的资金或因企业建立资本纽带关系而增加的资金，凡原已贴花的部分可不再贴花，未贴花的部分和以后新增加的资金按规定贴花。

以合并或分立方式成立的新企业，其新启用的资金账簿记载的资金，凡原已贴花的部分可不再贴花，未贴花的部分和以后新增加的资金按规定贴花。

企业债权转股权新增加的资金按规定贴花。企业改制中经评估增加的资金按规定贴花。企业其他会计科目记载的资金转为实收资本或资本公积的资金按规定贴花。

（2）企业改制前签订但尚未履行完的各类应税合同，改制后需要变更执行主体的，对仅改变执行主体、其余条款未作变动且改制前已贴花的，不再贴花。

（3）企业因改制签订的产权转移书据免予贴花。

自2004年7月1日起，对经国务院和省级人民政府决定或批准进行的国有（含国有控股）企业改组改制而发生的上市公司国有股权无偿转让行为，暂不征收债券（股票）交易印花税。对不属于上述情况的上市公司国有股权无偿转让行为，仍应征收债券（股票）交易印花税[⑤]。

3）小规模纳税人印花税减免

自2019年1月1日至2021年12月31日，省、自治区、直辖市人民政府根据本地区实际情况及宏观调控需要，对增值税小规模纳税人可以在50%的税额幅度内减征印花税（不含证券交易印花税）。增值税小规模纳税人已依法享受印花税其他优惠政策的，可叠加享受该项优惠政策[⑥]。

10.1.3 印花税的管理

1. 申报与缴纳

1）纳税办法

印花税纳税办法有以下3种。

[①] 政部、国家税务总局.关于对营业账簿减免印花税的通知.财税〔2018〕50号，2018.5.3.
[②] 财政部、税务总局.关于公共租赁住房税收优惠政策的公告.财政部 税务总局公告2019年第61号，2019.4.15.
[③] 财政部、税务总局.关于继续实行农村饮水安全工程税收优惠政策的公告.财政部 税务总局公告2019年第67号，2019.4.15.
[④] 财政部、国家税务总局.关于企业改制过程中有关印花税政策的通知.财税〔2003〕183号，2003.12.8.
[⑤] 国家税务总局.关于办理上市公司国有股权无偿转让暂不征收证券（股票）交易印花税有关审批事项的通知.国税函〔2004〕941号，2004.8.2.
[⑥] 财政部、税务总局.关于实施小微企业普惠性税收减免政策的通知.财税〔2019〕13号，2019.1.17.

（1）自行贴花。印花税实行由纳税人根据规定自行计算应纳税额，购买并一次贴足印花税票（简称贴花）的缴纳办法。

印花税票粘贴在应纳税凭证上，并由纳税人在每枚税票的骑缝处盖戳注销或者画销。纳税人有印章的，加盖印章注销；纳税人没有印章的，可用钢笔（圆珠笔）画几条横线注销。注销标记应与骑缝处相交。骑缝处是指粘贴的印花税票与凭证及印花税票之间的交接处。

（2）汇贴或汇缴。为简化贴花手续，应纳税额较大或者贴花次数频繁的，纳税人可向税务机关提出申请，采取以缴款书代替贴花或者按期汇总缴纳的办法。

一份凭证应纳税额超过500元的，应向当地税务机关申请填写缴款书或者完税证，将其中一联粘贴在凭证上或者由税务机关在凭证上加注完税标记代替贴花。

同一种类应纳税凭证，需频繁贴花的，纳税人可以根据实际情况自行决定是否采用按期汇总缴纳印花税的方式。汇总缴纳的期限为1个月。采用按期汇总缴纳方式的纳税人应事先告知主管税务机关。缴纳方式一经选定，1年内不得改变[①]。

凡汇总缴纳印花税的凭证，应加注税务机关指定的汇缴戳记、编号并装订成册后，将已贴印花或者缴款书的一联黏附册后，盖章注销，保存备查。

（3）委托代征。税务机关可以委托有关部门，如发放或者办理应税凭证的单位，代征印花税。税务机关发给代征单位代征委托书，并按规定支付手续费。

发放或者办理应税凭证的单位（指发放权利、许可证照的单位和办理凭证的鉴证、公证及其他有关事项的单位），负有监督纳税人依法纳税的义务。这些单位应对以下纳税事项监督：应纳税凭证是否已粘贴印花；粘贴的印花是否足额；粘贴的印花是否按规定注销。对未完成以上纳税手续的，应督促纳税人当场贴花。

纳税人对纳税凭证应妥善保存。统一设置印花税应税凭证登记簿，保证各类应税凭证及时、准确、完整地进行登记；应税凭证数量多或内部多个部门对外签订应税凭证的单位，要制定符合本单位实际的应税凭证登记管理办法。有条件的纳税人应指定专门部门、专人负责应税凭证的管理。印花税应税凭证应按照规定保存10年[②]。

2）纳税环节

应税凭证应于书立或者领受时贴花。具体是指在合同签订时、书据立据时、账簿启用时和证照领受时贴花。

如果合同是在国外签订的，应在国内使用时贴花。即在国外签订的合同，不便在合同签订时贴花，所以应在带入境内时办理贴花完税手续。

3）纳税地点

印花税一律实行就地纳税。对于全国性商品物资订货会（包括展览会、交易会等）上所签订合同应纳的印花税，由纳税人回其所在地后及时办理贴花完税手续；对地方主办、不涉及省际关系的订货会、展销会上所签合同的印花税，其纳税地点由各省、自治区、直辖市人民政府自行确定[③]。

2. 核定征收[④]

纳税人有下列情形的，税务机关可以核定纳税人印花税计税依据。

[①] 财政部、国家税务总局.关于改变印花税按期汇总缴纳管理办法的通知.财税〔2004〕170号，2004.11.5.
[②] 国家税务总局.关于进一步加强印花税征收管理有关问题的通知.国税函〔2004〕150号，2004.1.30.
[③] 国家税务总局.关于订货会所签合同印花税缴纳地点问题的通知.国税函〔1991〕1187号，1991.9.3.
[④] 国家税务总局.关于进一步加强印花税征收管理有关问题的通知.国税函〔2004〕150号，2004.1.30.

（1）未按规定建立印花税应税凭证登记簿，或未如实登记和完整保存应税凭证的。

（2）拒不提供应税凭证或不如实提供应税凭证致使计税依据明显偏低的。

（3）采用按期汇总缴纳办法的，未按税务机关规定的期限报送汇总缴纳印花税情况报告，经税务机关责令限期报告，逾期仍不报告的或者税务机关在检查中发现纳税人有未按规定汇总缴纳印花税情况的。

税务机关核定征收印花税，应向纳税人发放核定征收印花税通知书，注明核定征收的计税依据和规定的税款缴纳期限。

税务机关核定征收印花税，应根据纳税人的实际生产经营收入，参考纳税人各期印花税纳税情况及同行业合同签订情况，确定科学合理的数额或比例作为纳税人印花税计税依据。

3. 违章处罚[①]

印花税纳税人有下列行为之一的，由税务机关根据情节轻重予以处罚。

（1）在应税凭证上未贴或者少贴印花税票的，或者已粘贴在应税凭证上的印花税票未注销或者未画销的，由税务机关追缴其不缴或者少缴的税款、滞纳金，并处不缴或者少缴的税款50%以上5倍以下的罚款。

（2）已贴用的印花税票揭下重用造成未缴或少缴印花税的，由税务机关追缴其不缴或者少缴的税款、滞纳金，并处不缴或者少缴的税款50%以上5倍以下的罚款；构成犯罪的，依法追究刑事责任。

（3）伪造印花税票的，由税务机关责令改正，处2 000元以上1万元以下的罚款；情节严重的，处1万元以上5万元以下的罚款；构成犯罪的，依法追究刑事责任。

（4）按期汇总缴纳印花税的纳税人，超过税务机关核定的纳税期限，未缴或少缴印花税款的，由税务机关追缴其不缴或者少缴的税款、滞纳金，并处不缴或者少缴的税款50%以上5倍以下的罚款；情节严重的，同时撤销其汇缴许可证；构成犯罪的，依法追究刑事责任。

（5）纳税人发生下列行为之一的，由税务机关责令限期改正，可以处2 000元以下的罚款；情节严重的，处2 000元以上1万元以下的罚款。

① 对汇总缴纳印花税的凭证，未加注税务机关指定的汇缴戳记、编号并装订成册，未将已贴印花或者缴款书的一联黏附册后、盖章注销和保存备查的。

② 未按规定期限保存纳税凭证的。

10.2 契　税

10.2.1 征收范围和纳税人

1. 征收范围

契税的征税对象是在我国境内转移的土地、房屋权属。土地、房屋权属，是指土地使用权、房屋所有权。

1）基本规定

契税征收范围，包括国有土地使用权出让、土地使用权转让、房屋买卖、房屋赠与、房屋交换，以及视同土地使用权转让、房屋买卖或者房屋赠与。

---

① 国家税务总局. 关于印花税违章处罚有关问题的通知. 国税发〔2004〕15号，2004.1.29.

(1) 国有土地使用权出让,是指土地使用者向国家交付土地使用权出让费用,国家将国有土地使用权在一定年限内让予土地使用者的行为。

(2) 土地使用权转让,是指土地使用者以出售、赠与、交换或者其他方式将土地使用权转移给其他单位和个人的行为。

土地使用权出售,是指土地使用者以土地使用权作为交易条件,取得货币、实物、无形资产或者其他经济利益的行为。

土地使用权赠与,是指土地使用者将其土地使用权无偿转让给受赠者的行为。

土地使用权交换,是指土地使用者之间相互交换土地使用权的行为。

(3) 房屋买卖,是指房屋所有者将其房屋出售,由承受者交付货币、实物、无形资产或者其他经济利益的行为。

(4) 房屋赠与,是指房屋所有者将其房屋无偿转让给受赠者的行为。

(5) 房屋交换,是指房屋所有者之间相互交换房屋的行为。

(6) 视同土地使用权转让、房屋买卖或者房屋赠与,包括:以土地、房屋权属作价投资入股;土地、房屋权属抵债;以获奖方式承受土地、房屋权属;以预购方式或者预付集资建房款方式承受土地、房屋权属。

2) 应注意的问题

(1) 房屋使用权的转移行为不属于契税征收范围,不征收契税[①]。

(2) 根据我国婚姻法的规定,夫妻共有房屋属共有财产。因夫妻财产分割而将原共有房屋产权归属一方,是房产共有权的变动而不是现行契税政策规定征税的房屋产权转移行为。因此,对离婚后原共有房屋产权的归属人不征收契税[②]。

(3) 对《中华人民共和国继承法》规定的法定继承人(包括配偶、子女、父母、兄弟姐妹、祖父母、外祖父母)继承土地、房屋权属,不征收契税;非法定继承人根据遗嘱承受死者生前的土地、房屋权属,属于赠与行为,应征收契税[③]。

(4) 纳税人通过与房屋开发商签订"双包代建"合同,由开发商承办规划许可证、准建证、土地使用证等手续,并由委托方按地价与房价之和向开发商付款的方式取得房屋所有权,实质上是一种以预付款方式购买商品房的行为,应照章征收契税[④]。

(5) 对纳税人因改变土地用途而签订土地使用权出让合同变更协议或者重新签订土地使用权出让合同的,应征收契税[⑤]。

(6) 土地使用者转让、抵押或置换土地,无论其是否取得了该土地的使用权属证书,无论其在转让、抵押或置换土地过程中是否与对方当事人办理了土地使用权属证书变更登记手续,只要土地使用者享有占有、使用、收益或处分该土地的权利,且有合同等证据表明其实质转让、抵押或置换了土地并取得了相应的经济利益,土地使用者及其对方当事人应当依照税法规定缴纳契税等相关税[⑥]。

2. 纳税人

契税的纳税义务人是在我国境内转移土地、房屋权属承受的单位和个人。

[①] 国家税务总局.关于出售或租赁房屋使用权是否征收契税问题的批复.国税函〔1999〕465号,1999.7.8。

[②] 国家税务总局.关于离婚后房屋权属变化是否征收契税的批复.国税函〔1999〕391号,1999.6.3。

[③] 国家税务总局.关于继承土地、房屋权属有关契税问题的批复.国税函〔2004〕1036号,2004.9.2。

[④] 国家税务总局.关于城镇居民委托代建房屋契税征免问题的批复.国税函〔1998〕829号,1998.12.28。

[⑤] 国家税务总局.关于改变国有土地使用权出让方式征收契税的批复.国税函〔2008〕662号,2008.7.11。

[⑥] 国家税务总局.关于未办理土地使用权证转让土地有关税收问题的批复.国税函〔2007〕645号,2007.6.14。

承受，是指以受让、购买、受赠、交换等方式取得土地、房屋权属的行为。单位，包括企业单位、事业单位、国家机关、军事单位和社会团体及其他组织。个人，是指个体经营者及其他个人，包括中国公民和外籍人员。

10.2.2 契税的计算与缴纳

1. 计税依据

（1）国有土地使用权出让、土地使用权出售、房屋买卖，以成交价格为计税依据。

成交价格，是指土地、房屋权属转移合同确定的价格，包括承受者应交付的货币、实物、无形资产或者其他经济利益。

土地、房屋权属转移合同确定的成交价格中包含的所有价款（包括买卖已装修房屋的装修费用[①]）都属于计税依据范围。土地使用权出让、土地使用权转让、房屋买卖的成交价格中所包含的行政事业性收费，属于成交价格的组成部分，不应从中剔除，纳税人按合同确定的成交价格全额计算缴纳契税[②]。

出让国有土地使用权的，契税计税价格为承受人为取得该土地使用权而支付的全部经济利益[③]。

以协议方式出让的，其契税计税价格为成交价格。成交价格包括：土地出让金，土地补偿费，安置补助费，地上附着物和青苗补偿费，拆迁补偿费，以及市政建设配套费等承受者应支付的货币、实物、无形资产及其他经济利益。

没有成交价格或者成交价格明显偏低的，征收机关可依次按下列两种方式确定：一是评估价格，即由政府批准设立的房地产评估机构根据相同地段、同类房地产进行综合评定，并经当地税务机关确认的价格；二是土地基准地价，即由县以上人民政府公示的土地基准地价。

以竞价方式出让的，契税计税价格一般应确定为竞价的成交价格。土地出让金、市政建设配套费及各种补偿费用应包括在内。

（2）企业承受土地使用权用于房地产开发，并在该土地上代政府建设保障性住房的，计税价格为取得全部土地使用权的成交价格[④]。

（3）土地使用权赠与、房屋赠与，由征收机关参照土地使用权出售、房屋买卖的市场价格核定计税价格。

（4）土地使用权交换、房屋交换，以所交换的土地使用权、房屋的价格差额为计税依据。交换价格不相等的，由多交付货币、实物、无形资产或者其他经济利益的一方缴纳税款；交换价格相等的，免征契税。

（5）以划拨方式取得土地使用权的，经批准转让房地产时，由房地产转让者补缴契税。其计税依据为补缴的土地使用权出让费用或者土地收益。

（6）承受与房屋相关的附属设施（包括停车位、汽车库、自行车库、顶层阁楼及储藏室）所有权或土地使用权的，应按规定征收契税；不涉及土地使用权和房屋所有权转移变动的，不征收契税。采取分期付款方式购买房屋附属设施土地使用权、房屋所有权的，按合同

[①] 国家税务总局.关于承受装修房屋契税计税价格问题的批复.国税函〔2007〕606号，2007.6.1.
[②] 财政部、国家税务总局.关于契税征收中几个问题的批复.财税〔1998〕96号，1998.5.29.
[③] 财政部、国家税务总局.关于国有土地使用权出让等有关契税问题的通知.财税〔2004〕134号，2004.8.3.
[④] 财政部、国家税务总局.关于企业以售后回租方式进行融资等有关契税政策的通知.财税〔2012〕82号，2012.12.6.

规定的总价款计算征收契税①。

（7）个人无偿赠与不动产行为，对受赠人全额征收契税。个人向他人无偿赠与不动产，包括继承、遗产处分及其他无偿赠与不动产三种情况。法定继承人继承土地、房屋权属，不征收契税；非法定继承人根据遗嘱承受死者生前的土地、房屋权属，应征收契税②。

（8）纳税人因改变土地用途而签订土地使用权出让合同变更协议或者重新签订土地使用权出让合同的，应征收契税。计税依据为因改变土地用途应补缴的土地收益金及应补缴政府的其他费用③。

值得注意的是，成交价格明显低于市场价格且无正当理由的，或者所交换土地使用权、房屋的价格的差额明显不合理且无正当理由的，征收机关可以参照市场价格核定计税依据。

2. 适用税率

契税采用幅度比例税率，税率为3%~5%。具体执行税率由各省、自治区、直辖市人民政府在上述幅度内确定，并报财政部和国家税务总局备案。

执行中，应注意以下问题。

（1）自2016年2月22日起，对个人购买家庭唯一住房（家庭成员范围包括购房人、配偶及未成年子女），面积为90平方米及以下的，减按1%的税率征收契税；面积为90平方米以上的，减按1.5%的税率征收契税④。

（2）自2016年2月22日起，对个人购买家庭第2套改善性住房，面积为90平方米及以下的，减按1%的税率征收契税；面积为90平方米以上的，减按2%的税率征收契税⑤。

家庭第2套改善性住房是指已拥有1套住房的家庭，购买的家庭第2套住房。

（3）纳税人承受的房屋附属设施权属，如果是单独计价的，按照当地确定的适用税率征收契税；如果是与房屋统一计价的，适用与房屋相同的契税税率⑥。

3. 契税的计算

契税应纳税额依照计税依据和适用税率计算。计征契税的成交价格不含增值税⑦。

应纳税额=计税依据×税率

应纳税额以人民币计算。转移土地、房屋权属以外币结算的，按照纳税义务发生之日中国人民银行公布的人民币市场汇率中间价，折合成人民币计算。

4. 契税申报与缴纳

1）纳税义务发生时间

契税的纳税义务发生时间是纳税人签订土地、房屋权属转移合同的当天，或者纳税人取得其他具有土地、房屋权属转移合同性质凭证的当天。

---

① 财政部、国家税务总局.关于房屋附属设施有关契税政策的批复.财税〔2004〕126号，2004.7.23.
② 国家税务总局.关于加强房地产交易个人无偿赠与不动产税收管理有关问题的通知.国税发〔2006〕144号，2006.9.14.
③ 国家税务总局.关于改变国有土地使用权出让方式征收契税的批复.国税函〔2008〕662号，2008.7.11.
④ 财政部、国家税务总局、住房城乡建设部.关于调整房地产交易环节契税 营业税优惠政策的通知.财税〔2016〕23号.2016.2.17.
⑤ 财政部、国家税务总局、住房城乡建设部.关于调整房地产交易环节契税 营业税优惠政策的通知.财税〔2016〕23号.2016.2.17.
⑥ 财政部、国家税务总局.关于房屋附属设施有关契税政策的批复.财税〔2004〕126号，2004.7.23.
⑦ 财政部、国家税务总局.关于营改增后契税、房产税、土地增值税、个人所得税计税依据问题的通知.财税〔2016〕4号，2016.4.25.

其他具有土地、房屋权属转移合同性质凭证，是指具有合同效力的契约、协议、合约、单据、确认书，以及由省、自治区、直辖市人民政府确定的其他凭证。

购房人以按揭、抵押贷款方式购买房屋，当其从银行取得抵押凭证时，购房人与原产权人之间的房屋产权转移已经完成，契税纳税义务已经发生，必须依法缴纳契税[①]。

根据人民法院、仲裁委员会的生效法律文书发生土地、房屋权属转移，纳税人不能取得销售不动产发票的，可持人民法院执行裁定书原件及相关材料办理契税纳税申报，税务机关应予受理。购买新建商品房的纳税人在办理契税纳税申报时，由于销售新建商品房的房地产开发企业已办理注销税务登记或者被税务机关列为非正常户等原因，致使纳税人不能取得销售不动产发票的，税务机关在核实有关情况后应予受理[②]。

2）纳税期限

纳税人应自纳税义务发生之日起10日内，向土地、房屋所在地的契税征收机关办理纳税申报，并在契税征收机关核定的期限内缴纳税款。

纳税人办理纳税事宜后，契税征收机关向纳税人开具契税完税凭证。纳税人持契税完税凭证和其他文件材料，依法向土地管理部门、房产管理部门办理变更登记手续。纳税人未出具契税完税凭证的，土地管理部门、房产管理部门不予办理有关土地、房屋的权属变更登记手续。

已缴纳契税的购房单位和个人，在未办理房屋权属变更登记前退房的，退还已纳契税；在办理房屋权属变更登记后退房的，不予退还已纳契税[③]。

3）纳税地点

契税的纳税地点为土地、房屋所在地。征收机关为土地、房屋所在地税务机关。

10.2.3 契税的减免

1. 一般规定

（1）国家机关、事业单位、社会团体、军事单位承受土地、房屋用于办公、教学、医疗、科研和军事设施的，免征契税。

事业单位承受土地、房屋免征契税应同时符合两个条件：一是纳税人必须是按《事业单位财务规则》进行财务核算的事业单位；二是所承受的土地、房屋必须用于办公、教学、医疗、科研项目。凡不符合上述两个条件的，一律照章征收契税[④]。

对县级以上人民政府教育行政主管部门或劳动行政主管部门批准并核发《社会力量办学许可证》，由企业事业组织、社会团体及其他社会组织和公民个人利用非国家财政性教育经费面向社会举办的教育机构，其承受的土地、房屋权属用于教学的，免征契税[⑤]。

（2）城镇职工按规定第一次购买公有住房，免征契税。

城镇职工按规定第一次购买公有住房，是指经县以上人民政府批准，在国家规定标准面积以内购买的公有住房。城镇职工享受免征契税，仅限于第一次购买的公有住房。超过国家规定标准面积的部分，仍应按照规定缴纳契税。

[①] 国家税务总局.关于抵押贷款购买商品房征收契税的批复.国税函〔1999〕613号，1999.9.16.
[②] 国家税务总局.关于契税纳税申报有关问题的公告.国家税务总局公告2015年第67号，2015.9.25.
[③] 财政部、国家税务总局.关于购房人办理退房有关契税问题的批复.财税〔2011〕32号，2011.4.26.
[④] 财政部、国家税务总局.关于契税征收中几个问题的批复.财税〔1998〕96号，1998.5.29.
[⑤] 财政部、国家税务总局.关于社会力量办学契税政策问题的通知.财税〔2001〕156号，2001.9.8；关于教育税收政策的通知.财税〔2004〕39号，2004.2.5.

对各类公有制单位为解决职工住房而采取集资建房方式建成的普通住房或由单位购买的普通商品住房，经当地县以上人民政府房改部门批准，按照国家房改政策出售给本单位职工的，如属职工首次购买住房，均比照"城镇职工按规定第一次购买公有住房的，免征契税"的规定，免征契税①。

（3）因不可抗力灭失住房而重新购买住房的，酌情减免契税。不可抗力，是指自然灾害、战争等不能预见、不能避免并不能克服的客观情况。

（4）土地、房屋被县级以上人民政府征用、占用后，重新承受土地、房屋权属的，是否减征或者免征契税，由省、自治区、直辖市人民政府确定。

（5）纳税人承受荒山、荒沟、荒丘、荒滩土地使用权，用于农、林、牧、渔业生产的，免征契税。

（6）依照我国有关法律规定及我国缔结或参加的双边和多边条约或协定的规定应当予以免税的外国驻华使馆、领事馆、联合国驻华机构及其外交代表、领事官员和其他外交人员承受土地、房屋权属的，经外交部确认，可以免征契税。

（7）廉租住房经营管理单位购买住房作为廉租住房、经济适用住房经营管理单位回购经济适用住房继续作为经济适用住房房源的，免征契税②。

（8）自2019年1月1日至2020年12月31日，对公租房经营管理单位购买住房作为公租房（公共租赁住房）的，免征契税③。

（9）自2019年1月1日至2020年12月31日，对饮水工程运营管理单位为建设饮水工程而承受土地使用权的，免征契税④。饮水工程，是指为农村居民提供生活用水而建设的供水工程设施。饮水工程运营管理单位，是指负责饮水工程运营管理的自来水公司、供水公司、供水（总）站（厂、中心）、村集体、农民用水合作组织等单位。对于既向城镇居民供水，又向农村居民供水的饮水工程运营管理单位，依据向农村居民供水量占总供水量的比例免征契税。

值得注意的是，纳税人符合减征或者免征契税规定的，应在签订土地、房屋权属转移合同后10日内，向当地征收机关书面提出减税、免税申请，并提供有关证明材料。征收机关在审核后办理减税、免税手续。代征单位不得办理减税、免税手续⑤。

纳税人因改变土地、房屋用途应补缴已经减征、免征契税的，其纳税义务发生时间为改变有关土地、房屋用途的当天。

2. 改制重组涉及的契税政策⑥

（1）企业改制。企业按照《中华人民共和国公司法》的有关规定整体改制，包括非公司制企业改制为有限责任公司或股份有限公司，有限责任公司变更为股份有限公司，股份有限公司变更为有限责任公司，原企业投资主体存续并在改制（变更）后的公司中所持股权（股份）比例超过75%，且改制（变更）后公司承继原企业权利、义务的，对改制（变更）后公司承受的原企业的土地、房屋权属，免征契税。

（2）事业单位改制。事业单位按照国家有关规定改制为企业，原投资主体存续并在改制

---

① 财政部、国家税务总局.关于公有制单位职工首次购买住房免征契税的通知.财税〔2000〕130号，2000.11.29.
② 财政部、国家税务总局.关于廉租住房经济适用住房和住房租赁有关税收政策的通知.财税〔2008〕24号，2008.3.3.
③ 财政部、税务总局.关于公共租赁住房税收优惠政策的公告.财政部 税务总局公告2019年第61号，2019.4.15.
④ 财政部、税务总局.关于继续实行农村饮水安全工程税收优惠政策的公告.财政部 税务总局公告2019年第67号，2019.4.15.
⑤ 国家税务总局.关于契税征收管理若干具体事项的通知.国税发〔1997〕176号，1997.11.25.
⑥ 财政部、国家税务总局.关于继续支持企业事业单位改制重组有关契税政策的通知.财税〔2018〕17号，2018.3.2.

后企业中出资（股权、股份）比例超过50%的，对改制后企业承受的原事业单位的土地、房屋权属，免征契税。

（3）公司合并。两个或两个以上的公司，依照法律规定、合同约定，合并为一个公司，且原投资主体存续的，对合并后公司承受的原合并各方的土地、房屋权属，免征契税。

（4）公司分立。公司依照法律规定、合同约定，分立为两个或两个以上与原公司投资主体相同的公司，对分立后公司承受的原公司的土地、房屋权属，免征契税。

（5）企业破产。企业依照有关法律法规破产，债权人（包括破产企业职工）承受破产企业抵偿债务的土地、房屋权属，免征契税；对非债权人承受的破产企业的土地、房屋权属，凡按照《中华人民共和国劳动法》等有关法律法规妥善安置原企业全部职工，与原企业全部职工签订服务年限不少于3年的劳动用工合同的，对其承受的所购企业的土地、房屋权属，免征契税；与原企业超过30%的职工签订服务年限不少于3年的劳动用工合同的，减半征收契税。

（6）资产划转。对承受县级以上人民政府或国有资产管理部门按规定进行行政性调整、划转国有土地、房屋权属的单位，免征契税。

同一投资主体内部所属企业之间土地、房屋权属的划转，包括母公司与其全资子公司之间，同一公司所属全资子公司之间，同一自然人与其设立的个人独资企业、一人有限公司之间土地、房屋权属的划转，免征契税。

母公司以土地、房屋权属向其全资子公司增资，视同划转，免征契税。

（7）债权转股权。经国务院批准实施债权转股权的企业，对债权转股权后新设立的公司承受的原企业的土地、房屋权属，免征契税。

（8）划拨用地出让或作价出资。以出让方式或国家作价出资（入股）方式承受原改制重组企业、事业单位划拨用地的，不属上述规定的免税范围，对承受方应按规定征收契税。

（9）公司股权（股份）转让。在股权（股份）转让中，单位、个人承受公司股权（股份），公司土地、房屋权属不发生转移的，不征收契税。

3. 其他规定

（1）对金融租赁公司开展售后回租业务，承受承租人房屋、土地权属的，照章征收契税。对售后回租合同期满，承租人回购原房屋、土地权属的，免征契税[①]。

（2）市、县级人民政府根据《国有土地上房屋征收与补偿条例》有关规定征收居民房屋，居民因个人房屋被征收而选择货币补偿用以重新购置房屋，并且购房成交价格不超过货币补偿的，对新购房屋免征契税；购房成交价格超过货币补偿的，对差价部分按规定征收契税。居民因个人房屋被征收而选择房屋产权调换，并且不需交纳房屋产权调换差价的，对新换房屋免征契税；需交纳房屋产权调换差价的，对差价部分按规定征收契税[②]。

（3）个体工商户的经营者将其个人名下的房屋、土地权属转移至个体工商户名下，或个体工商户将其名下的房屋、土地权属转回原经营者个人名下，免征契税。

合伙企业的合伙人将其名下的房屋、土地权属转移至合伙企业名下，或合伙企业将其名下的房屋、土地权属转回原合伙人名下，免征契税[③]。

（4）在婚姻关系存续期间，房屋、土地权属原归夫妻一方所有，变更为夫妻双方共有或另一方所有的，或者房屋、土地权属原归夫妻双方共有，变更为其中一方所有的，或者房

[①] 财政部、国家税务总局.关于企业以售后回租方式进行融资等有关契税政策的通知.财税〔2012〕82号，2012.12.6.
[②] 财政部、国家税务总局.关于企业以售后回租方式进行融资等有关契税政策的通知.财税〔2012〕82号，2012.12.6.
[③] 财政部、国家税务总局.关于企业以售后回租方式进行融资等有关契税政策的通知.财税〔2012〕82号，2012.12.6.

屋、土地权属原归夫妻双方共有，双方约定、变更共有份额的，免征契税[①]。

（5）改造安置住房经营管理单位回购已分配的改造安置住房继续作为改造安置房源的，免征契税。个人首次购买90平方米以下改造安置住房，按1%的税率计征契税；购买超过90平方米，但符合普通住房标准的改造安置住房，按法定税率减半计征契税[②]。

10.3 案例分析

案例1 印花税的计算

某公司2019年度有关资料如下。

（1）实收资本比2018年增加100万元。

（2）与银行签订1年期借款合同，借款金额为300万元，年利率为6%。

（3）与甲企业签订以货易货合同，本公司的货物价值350万元，甲企业的货物价值450万元。

（4）与乙企业签订受托加工合同，乙企业（委托方）提供原材料价值80万元，本公司（受托方）提供辅助材料价值15万元，收取加工费20万元。

（5）与货运公司签订运输合同，载明运输费用7.5万元。

（6）与铁路部门签订运输合同，载明运输费和保管费共计20万元。

【要求】根据上述资料，逐项计算该公司2019年度应缴纳的印花税额。

【解析】

（1）计算实收资本增加部分应纳印花税额。

应纳税额=1 000 000×0.5‰×50%=250（元）

（2）计算借款合同应纳印花税额。

应纳税额=3 000 000×0.05‰=150（元）

（3）计算以货易货合同应纳印花税额。

应纳税额=（3 500 000+4 500 000）×0.3‰=2 400（元）

（4）计算受托加工合同应纳印花税额。

应纳税额=（150 000+200 000）×0.5‰=175（元）

（5）计算货运合同应纳印花税额。

应纳税额=75 000×0.5‰=37.5（元）

（6）计算铁路运输合同应纳印花税额。

应纳税额=200 000元×1‰=200（元）

说明：因运输合同中运费和保管费未分别列明，故从高适用税率，按仓储保管合同适用的1‰税率计算印花税。

该公司2019年度应纳印花税额=250+150+2 400+175+37.5+200=3 212.5（元）

[①] 财政部、国家税务总局.关于夫妻之间房屋土地权属变更有关契税政策的通知.财税〔2014〕4号，2013.12.31.

[②] 财政部、国家税务总局.关于棚户区改造有关税收政策的通知.财税〔2013〕101号，2013.12.2.

案例2　契税的计算

S厂将自有的房地产转让给H厂，成交价格为1 000万元。随同房屋一并转让的土地使用权是政府无偿划拨给S厂使用的，因其房地产已转让，S厂补交了土地出让金120万元。该省规定契税税率为4%。

【要求】根据上述资料，回答下列问题：
（1）谁是契税纳税人？
（2）应纳契税的金额是多少？

【解析】
（1）S厂和H厂都是契税纳税人。
（2）各厂应纳契税计算如下。
S厂应纳契税=120×4%=4.8（万元）
H厂应纳契税=1 000×4%=40（万元）
说明：S厂的土地使用权原是政府无偿划拨的，经批准转让时应向政府补缴土地出让金，承受该土地的使用权。因此，S厂应以补缴的土地出让金为计税依据补缴契税。H厂承受S厂的房地产，应以成交价格为计税依据，计算缴纳契税。

本章小结

印花税是对在经济活动和经济交往中书立、使用、领受具有法律效力的凭证的单位和个人征收的一种税。印花税的征收范围包括税法列举的各类经济凭证，共分为5大类13个税目。在我国境内书立、领受、使用应税凭证的单位和个人，都是印花税的纳税人。印花税的税率有比例税率和定额税率两种形式。适用比例税率的，计税依据为各种应税凭证上所记载的计税金额；适用定额税率的，计税依据是应税凭证的计税件数。印花税的纳税办法有三种：自行贴花、汇贴或汇缴和委托代征。

契税是以在我国境内转移土地、房屋权属为征税对象征收的一种税。纳税人是承受土地使用权、房屋产权的单位和个人。契税的计税依据为土地使用权、房屋产权的成交价格；采用的税率为幅度比例税率。契税在土地、房屋所在地缴纳。

复习思考题

1. 印花税的应税凭证包括哪些？
2. 各类应税凭证的印花税纳税人是谁？
3. 印花税的计税依据是什么？
4. 各类应税凭证应在什么时候完税？

5. 印花税的纳税办法有哪几种?
6. 印花税的优惠政策有哪些?
7. 契税的征税对象是什么?纳税人是谁?
8. 契税的计税依据是什么?
9. 契税的优惠政策有哪些?

案例分析题

1. 某建筑公司与甲企业签订一份建筑承包合同,合同金额为6 000万元。施工期间,该建筑公司又将其中800万元的安装工程分包给乙企业,并签订了分包合同。

要求: 计算该建筑公司应缴纳的印花税额。

(答案提示:印花税2.04万元)

2. 甲厂与乙厂互换房屋(产权),甲厂房屋价格为1 000万元,乙厂房屋价格为1 200万元。成交后,甲厂支付乙厂200万元的房屋差价款。该省规定契税税率为5%。

要求: 根据上述资料,回答下列问题:

(1) 谁是契税纳税人?

(2) 应纳契税多少?

(答案提示:甲厂是契税纳税人;应纳契税10万元)

第 11 章

耕地占用税和烟叶税

【本章要点提示】
◇ 耕地占用税　　　　　◇ 烟叶税

本章内容引言

耕地占用税是国家对占用耕地建设建筑物、构筑物或者从事非农业建设的单位和个人，按其占用的耕地面积一次性定额征收的一种税。开征耕地占用税的目的是促进土地资源的合理利用，加强土地管理，保护农用耕地。现行耕地占用税的基本规范是2018年12月29日第十三届全国人民代表大会常务委员会第七次会议通过的《中华人民共和国耕地占用税法》。

烟叶税是以烟叶为征收对象，以实际支付的价款总额为计税依据，对在我国境内依法收购烟叶的单位征收的一种税。开征烟叶税的目的是保持烟草税制的完整，加强地方税制建设。现行烟叶税的基本规范是2017年12月27日第十二届全国人民代表大会常务委员会第三十一次会议通过的《中华人民共和国烟叶税法》(简称《烟叶税法》)。

11.1　耕地占用税

11.1.1　征税对象与纳税人

耕地占用税的征税对象是建设建筑物、构筑物或者从事非农业建设所占用的耕地。所称耕地，是指用于种植农作物的土地。

占用园地、林地、草地、农田水利用地、养殖水面、渔业水域滩涂及其他农用地建设建筑物、构筑物或者从事非农业建设的，应依法缴纳耕地占用税。

建设直接为农业生产服务的生产设施占用上述农用地的，不征收耕地占用税。

占用耕地建设农田水利设施的，不缴纳耕地占用税。

纳税人因建设项目施工或者地质勘查临时占用耕地，应依法缴纳耕地占用税。纳税人在批准临时占用耕地期满之日起1年内依法复垦，恢复种植条件的，全额退还已经缴纳的耕地占用税。

耕地占用税的纳税人是在我国境内占用耕地建设建筑物、构筑物或者从事非农业建设的单位和个人。

11.1.2 税款计算与缴纳

1. 计税依据和适用税额

耕地占用税以纳税人实际占用的耕地面积为计税依据,按照规定的适用税额一次性征收。

耕地占用税的税额规定如下。

(1)人均耕地不超过1亩的地区(以县、自治县、不设区的市、市辖区为单位,下同),每平方米为10元至50元。

(2)人均耕地超过1亩但不超过2亩的地区,每平方米为8元至40元。

(3)人均耕地超过2亩但不超过3亩的地区,每平方米为6元至30元。

(4)人均耕地超过3亩的地区,每平方米为5元至25元。

各省、自治区、直辖市的耕地占用税平均税额见表11-1。

表11-1 各省、自治区、直辖市耕地占用税平均税额表

地　区	每平方米平均税额/元
上海	45
北京	40
天津	35
江苏、浙江、福建、广东	30
辽宁、湖北、湖南	25
河北、安徽、江西、山东、河南、重庆、四川	22.5
广西、海南、贵州、云南、陕西	20
山西、吉林、黑龙江	17.5
内蒙古、西藏、甘肃、青海、宁夏、新疆	12.5

各地区耕地占用税的适用税额,由省、自治区、直辖市人民政府根据人均耕地面积和经济发展等情况,在税法规定的税额幅度内提出,报同级人民代表大会常务委员会决定,并报全国人民代表大会常务委员会和国务院备案。各省、自治区、直辖市耕地占用税适用税额的平均水平,不得低于税法所附《各省、自治区、直辖市耕地占用税平均税额表》规定的平均税额。

在人均耕地低于0.5亩的地区,省、自治区、直辖市可以根据当地经济发展情况,适当提高耕地占用税的适用税额,但提高的部分不得超过法定适用税额的50%。具体适用税额按照上述规定的程序确定。

占用基本农田的,应当按照依法确定的当地适用税额,加按150%征收耕地占用税。

2. 税款计算

耕地占用税的应纳税额为纳税人实际占用的耕地面积(平方米)乘以适用税额。

应纳税额=实际占用的应税耕地面积×适用的单位税额

3. 税收优惠

(1)军事设施、学校、幼儿园、社会福利机构、医疗机构占用耕地,免征耕地占用税。

(2)铁路线路、公路线路、飞机场跑道、停机坪、港口、航道、水利工程占用耕地,减

按每平方米2元的税额征收耕地占用税。

（3）农村居民在规定用地标准以内占用耕地新建自用住宅，按照当地适用税额减半征收耕地占用税；其中农村居民经批准搬迁，新建自用住宅占用耕地不超过原宅基地面积的部分，免征耕地占用税。

（4）农村烈士遗属、因公牺牲军人遗属、残疾军人及符合农村最低生活保障条件的农村居民，在规定用地标准以内新建自用住宅，免征耕地占用税。

根据国民经济和社会发展的需要，国务院可以规定免征或者减征耕地占用税的其他情形，报全国人民代表大会常务委员会备案。

纳税人改变原占地用途，不再属于免征或者减征耕地占用税情形的，按照当地适用税额补缴耕地占用税。

自2019年1月1日至2021年12月31日，省、自治区、直辖市人民政府根据本地区实际情况及宏观调控需要，对增值税小规模纳税人可以在50%的税额幅度内减征耕地占用税。增值税小规模纳税人已依法享受耕地占用税其他优惠政策的，可叠加享受该项优惠政策[①]。

4. 申报缴纳

（1）征收机关。耕地占用税由税务机关负责征收。税务机关应与相关部门建立耕地占用税涉税信息共享机制和工作配合机制。县级以上地方人民政府自然资源、农业农村、水利等相关部门应定期向税务机关提供农用地转用、临时占地等信息，协助税务机关加强耕地占用税征收管理。

税务机关发现纳税人的纳税申报数据资料异常或者纳税人未按照规定期限申报纳税的，可以提请相关部门进行复核，相关部门自收到税务机关复核申请之日起30日内向税务机关出具复核意见。

（2）纳税义务发生时间与纳税期限。耕地占用税的纳税义务发生时间为纳税人收到自然资源主管部门办理占用耕地手续的书面通知的当日。纳税人自纳税义务发生之日起30日内申报缴纳耕地占用税。

自然资源主管部门凭耕地占用税完税凭证或者免税凭证和其他有关文件发放建设用地批准书。

11.2 烟 叶 税

11.2.1 征税对象和纳税人

1. 征税对象

烟叶税的征税对象是烟叶，包括烤烟叶和晾晒烟叶。其中：晾晒烟叶，包括列入名晾晒烟名录的晾晒烟叶和未列入名晾晒烟名录的其他晾晒烟叶[②]。

2. 纳税人

烟叶税的纳税人是在我国境内收购烟叶的单位。

收购烟叶的单位，是指依照《中华人民共和国烟草专卖法》（简称《烟草专卖法》）的

---

① 财政部、税务总局.关于实施小微企业普惠性税收减免政策的通知.财税〔2019〕13号，2019.1.17.
② 财政部、国家税务总局.关于烟叶税若干具体问题的规定.财税〔2006〕64号，2006.5.18.

规定有权收购烟叶的烟草公司或者受其委托收购烟叶的单位。依照《烟草专卖法》查处没收的违法收购的烟叶，由收购罚没烟叶的单位按照购买金额计算缴纳烟叶税[①]。

11.2.2 税款计算与缴纳

1. 税率

烟叶税实行比例税率，税率为20%。

2. 税款计算

烟叶税的应纳税额，按照纳税人收购烟叶实际支付的价款总额乘以20%的税率计算。

应纳税额＝收购烟叶实际支付的价款总额×税率（20%）

为保证《烟叶税法》有效实施，经国务院同意，纳税人收购烟叶实际支付的价款总额包括纳税人支付给烟叶生产销售单位和个人的烟叶收购价款和价外补贴。其中，价外补贴统一按烟叶收购价款的10%计算[②]。

收购烟叶实际支付的价款总额＝烟叶收购价款×（1+10%）

3. 申报缴纳

纳税人向烟叶收购地的主管税务机关申报缴纳烟叶税。

烟叶税的纳税义务发生时间为纳税人收购烟叶的当日。

烟叶税按月计征，纳税人应于纳税义务发生月终了之日起15日内申报并缴纳税款。

11.3 案例分析

案例1　耕地占用税的计算与缴纳

某企业因生产经营需要决定扩大生产规模，经有关土地管理部门批准，于2019年3月份占用耕地50亩用以新建厂房。已知当地耕地占用税的适用税额为30元/m^2，该企业收到自然资源主管部门（批准占用耕地）的书面通知之日为当年3月20日。

【要求】根据上述资料，回答下列问题：

（1）该企业应缴纳的耕地占用税额是多少？

（2）该企业应在什么期限内缴纳耕地占用税？

（3）该企业应向哪个部门申报缴纳耕地占用税？

【解析】

（1）计算该企业应缴纳的耕地占用税。

应纳税额＝50×666.67×30＝1 000 005（元）

（2）该企业应自3月20日起30日内向征收机关缴纳耕地占用税。

（3）该企业应向耕地所在地的税务机关申报缴纳耕地占用税。

[①] 财政部、国家税务总局.关于烟叶税若干具体问题的规定.财税〔2006〕64号，2006.5.18.
[②] 财政部、国家税务总局.关于明确烟叶税计税依据的通知.财税〔2018〕75号，2018.6.29.

案例2 烟叶税的计算与缴纳

2018年7月，A市烟草公司与B县的一些烟农签订了烟叶收购合同。2018年11月16日，该烟草公司向烟农收购了8 000 kg相同类型的烤烟叶，并于收购当天将全部收购款项支付给烟农并开具了收购凭据。由于烟农完全按照合同规定交售了烟叶，因此烟草公司于烟叶收购结束后，依照有关规定，以肥料形式兑付给每位烟农1元/kg的物质差价和0.6元/kg的煤炭补贴。已知该地区该类型烤烟叶的国家统一收购价格为500元/50 kg。

【要求】根据上述资料，回答下列问题：
（1）该烟草公司应缴纳的烟叶税额是多少？
（2）该烟草公司烟叶税的纳税地点在哪里？
（3）该烟草公司应在什么期限内缴纳烟叶税？

【解析】
（1）计算该烟草公司应缴纳的烟叶税。

应纳烟叶税额=（8 000×500÷50）×（1+10%）×20%=17 600（元）

说明：烟叶税的价外补贴统一按烟叶收购价款的10%计算。

（2）该烟草公司应向B县（烟叶收购地）的主管税务机关申报纳税。

（3）该笔收购业务的纳税义务发生时间为2018年11月16日。该烟草公司应自2018年11月终了之日起15日内申报缴纳烟叶税。

本章小结

耕地占用税是国家对占用耕地建设建筑物、构筑物或者从事非农业建设的单位和个人，按其占用的耕地面积一次性定额征收的一种税。纳税人是占用耕地建设建筑物、构筑物或者从事非农业建设的单位和个人。耕地占用税的纳税义务发生时间为纳税人收到自然资源主管部门办理占用耕地手续的书面通知的当日。纳税人自纳税义务发生之日起30日内申报缴纳耕地占用税。

烟叶税是以烟叶为征收对象，以实际支付的价款总额为计税依据，对在我国境内依法收购烟叶的单位征收的一种税。烟叶税的纳税人为在我国境内收购烟叶的单位。烟叶税实行比例税率，税率为20%。纳税人在收购烟叶时，向烟叶收购地的主管税务机关申报纳税。纳税人于纳税义务发生月终了之日起15日内申报并缴纳税款。

复习思考题

1. 为什么要征收耕地占用税？

2. 耕地占用税的征税对象是什么？
3. 耕地占用税的纳税人是谁？
4. 为什么要征收烟叶税？
5. 烟叶税的征税对象是什么？
6. 烟叶税的纳税人是谁？
7. 如何确定烟叶税的计税依据？

案例分析题

1. 某全日制中等职业技术学校因招生规模迅速扩大需要建设新校区。2019年3月，经有关自然资源主管部门批准占用耕地50亩，其中15亩为新建校办工厂用地，35亩为教学楼、操场、学生宿舍等用地。已知当地政府规定的耕地占用税适用税额为40元/m^2。

要求：根据上述资料，计算应申报缴纳的耕地占用税额。

（答案提示：耕地占用税额400 002元）

2. 某烟草公司于2018年10月26日从当地一些烟农（与烟草公司签订了烟叶收购合同）手中收购了6 500 kg烤烟叶。在收购烟叶的当天，该公司将全部收购款项支付给了烟农，同时向烟农支付了每千克烟叶0.6元的价外补贴，并向每位烟农分别开具了收购凭据。已知该地区该类型烤烟叶的国家统一收购价格为690元/50 kg。

要求：根据上述资料，计算该烟草公司应申报缴纳的烟叶税额。

（答案提示：烟叶税额19 734元）

第 12 章

环境保护税

【本章要点提示】
◇ 征税对象与纳税人　　◇ 税目税率与计税依据
◇ 税额计算与减免　　　◇ 税款缴纳与管理

本章内容引言

为了促使企业减少污染物排放，保护环境，加强对排污费征收使用的管理，我国在2002年1月30日国务院第五十四次常务会议上通过了《排污费征收使用管理条例》，自2003年7月1日起施行。环境保护税是"费"改"税"的重要成果之一，按照"税负平移"原则，实现排污费制度向环保税制度的平稳转移。环境保护税法是我国第一部专门体现"绿色税制"、推进生态文明建设的单行税法。

从税收作用机制看，环境保护税是把环境污染和生态破坏的社会成本，内化到生产成本和市场价格中去，再通过市场机制来分配环境资源的一种经济手段。开征环境保护税，有利于解决排污费制度存在的执法刚性不足、地方政府干预等问题；有利于提高纳税人环保意识和遵从度，强化企业治污减排的责任；有利于构建促进经济结构调整、发展方式转变的绿色税制体系；有利于规范政府分配秩序，优化财政收入结构，强化预算约束。

现行环境保护税是新设置的一个税种，其基本法律规范是2016年12月25日第十二届全国人民代表大会常务委员会第二十五次会议表决通过的《中华人民共和国环境保护税法》（简称《环境保护税法》）和2017年12月25日国务院颁布的《中华人民共和国环境保护税法实施条例》（简称《环境保护税法实施条例》）。《环境保护税法》及其实施条例自2018年1月1日起施行，《排污费征收使用管理条例》同时废止。

12.1 征税对象与纳税人

12.1.1 征税对象

环境保护税的征税对象是应税污染物。在我国领域和我国管辖的其他海域，直接向环境排放应税污染物的，应当缴纳环境保护税。

应税污染物，是指《环境保护税税目税额表》《应税污染物和当量值表》规定的大气污染物、水污染物、固体废物和噪声等应税污染物。

12.1.2 纳税人

环境保护税的纳税人是在我国领域和我国管辖的其他海域，直接向环境排放应税污染物的企业事业单位和其他生产经营者。

1. 不缴纳环境保护税的特定情形

有下列情形之一的，不属于直接向环境排放污染物，不缴纳相应污染物的环境保护税。

（1）企业事业单位和其他生产经营者向依法设立的污水集中处理、生活垃圾集中处理场所排放应税污染物的。

（2）企业事业单位和其他生产经营者在符合国家和地方环境保护标准的设施、场所储存或者处置固体废物的。

2. 缴纳环境保护税的特定情形

（1）依法设立的城乡污水集中处理、生活垃圾集中处理场所超过国家和地方规定的排放标准向环境排放应税污染物的，应当缴纳环境保护税。

城乡污水集中处理场所，是指为社会公众提供生活污水处理服务的场所，不包括为工业园区、开发区等工业聚集区域内的企业事业单位和其他生产经营者提供污水处理服务的场所，以及企业事业单位和其他生产经营者自建自用的污水处理场所。

（2）企业事业单位和其他生产经营者储存或者处置固体废物不符合国家和地方环境保护标准的，应当缴纳环境保护税。

（3）达到省级人民政府确定的规模标准并且有污染物排放口的畜禽养殖场，应当依法缴纳环境保护税。

依法对畜禽养殖废弃物进行综合利用和无害化处理的，不属于直接向环境排放污染物，不缴纳环境保护税。

直接向环境排放应税污染物的企业事业单位和其他生产经营者，除依照规定缴纳环境保护税外，应当对所造成的损害依法承担责任。

12.2 税目税率与计税依据

12.2.1 税目税率

环境保护税采用定额税率形式，具体税目税额依照《环境保护税税目税额表》（见表12-1）执行。

应税大气污染物和水污染物具体适用税额的确定和调整，由省、自治区、直辖市人民政府统筹考虑本地区环境承载能力、污染物排放现状和经济社会生态发展目标要求，在《环境保护税税目税额表》规定的税额幅度内提出，报同级人民代表大会常务委员会决定，并报全国人民代表大会常务委员会和国务院备案。

表12-1 环境保护税税目税额表

税　目		计税单位	税　额	备　注
大气污染物		每污染当量	1.2元至12元	
水污染物		每污染当量	1.4元至14元	
固体废物	煤矸石	每吨	5元	
	尾矿	每吨	15元	
	危险废物	每吨	1 000元	
	冶炼渣、粉煤灰、炉渣、其他固体废物（含半固态、液态废物）	每吨	25元	
噪声	工业噪声	超标1~3分贝	每月350元	（1）一个单位边界上有多处噪声超标，根据最高一处超标声级计算应纳税额；当沿边界长度超过100米有两处以上噪声超标，按照两个单位计算应纳税额。 （2）一个单位有不同地点的作业场所，应当分别计算应纳税额，合并计征。 （3）昼、夜均超标的环境噪声，昼、夜分别计算应纳税额，累计计征。 （4）声源一个月内超标不足15天的，减半计算应纳税额。 （5）夜间频繁突发和夜间偶然突发厂界超标噪声，按等效声级和峰值噪声两种指标中超标分贝值高的一项计算应纳税额
		超标4~6分贝	每月700元	
		超标7~9分贝	每月1 400元	
		超标10~12分贝	每月2 800元	
		超标13~15分贝	每月5 600元	
		超标16分贝以上	每月11 200元	

12.2.2　计税依据

1. 大气污染物的计税依据

应税大气污染物的计税依据，按照污染物排放量折合的污染当量数确定。

污染当量，是指根据污染物或者污染排放活动对环境的有害程度及处理的技术经济性，衡量不同污染物对环境污染的综合性指标或者计量单位。同一介质相同污染当量的不同污染物，其污染程度基本相当。

应税大气污染物的污染当量数，以该污染物的排放量除以该污染物的污染当量值计算。每种应税大气污染物的具体污染当量值，依照《大气污染物污染当量值》（见表12-2）执行。

应税大气污染物的污染当量数=该污染物的排放量（kg）÷该污染物的污染当量值（kg）

每一排放口或者没有排放口的应税大气污染物，按照污染当量数从大到小排序，对前三项污染物征收环境保护税。

表12-2 大气污染物污染当量值

污染物	污染当量值/kg	污染物	污染当量值/kg
1. 二氧化硫	0.95	23. 二甲苯	0.27
2. 氮氧化物	0.95	24. 苯并（a）芘	0.000 002
3. 一氧化碳	16.7	25. 甲醛	0.09
4. 氯气	0.34	26. 乙醛	0.45
5. 氯化氢	10.75	27. 丙烯醛	0.06
6. 氟化物	0.87	28. 甲醇	0.67
7. 氰化氢	0.005	29. 酚类	0.35
8. 硫酸雾	0.6	30. 沥青烟	0.19
9. 铬酸雾	0.000 7	31. 苯胺类	0.21
10. 汞及其化合物	0.000 1	32. 氯苯类	0.72
11. 一般性粉尘	4	33. 硝基苯	0.17
12. 石棉尘	0.53	34. 丙烯腈	0.22
13. 玻璃棉尘	2.13	35. 氯乙烯	0.55
14. 碳黑尘	0.59	36. 光气	0.04
15. 铅及其化合物	0.02	37. 硫化氢	0.29
16. 镉及其化合物	0.03	38. 氨	9.09
17. 铍及其化合物	0.000 4	39. 三甲胺	0.32
18. 镍及其化合物	0.13	40. 甲硫醇	0.04
19. 锡及其化合物	0.27	41. 甲硫醚	0.28
20. 烟尘	2.18	42. 二甲二硫	0.28
21. 苯	0.05	43. 苯乙烯	25
22. 甲苯	0.18	44. 二硫化碳	20

（注：燃烧产生废气中的颗粒物，按照烟尘征收环境保护税；排放的扬尘、工业粉尘等颗粒物，除可以确定为烟尘、石棉尘、玻璃棉尘、碳黑尘的外，按照一般性粉尘征收环境保护税[①]）

2. 水污染物的计税依据

应税水污染物的计税依据，按照污染物排放量折合的污染当量数确定。

应税水污染物的污染当量数，以该污染物的排放量除以该污染物的污染当量值计算。每种应税水污染物的具体污染当量值，依照《应税污染物和当量值表》执行。

每一排放口的应税水污染物，按照《应税污染物和当量值表》，区分第一类水污染物和其他类水污染物，按照污染当量数从大到小排序，对第一类水污染物按照前5项征收环境保

---

① 财政部、税务总局、生态环境部. 关于明确环境保护税应税污染物适用等有关问题的通知. 财税〔2018〕117号, 2018.10.25.

护税,对其他类水污染物按照前3项征收环境保护税。

省、自治区、直辖市人民政府根据本地区污染物减排的特殊需要,可以增加同一排放口征收环境保护税的应税污染物项目数,报同级人民代表大会常务委员会决定,并报全国人民代表大会常务委员会和国务院备案。

从两个以上排放口排放应税污染物的,对每一排放口排放的应税污染物分别计算征收环境保护税;纳税人持有排污许可证的,其污染物排放口按照排污许可证载明的污染物排放口确定。

1)第一类水污染物的污染当量数计算

第一类水污染物的污染当量数=该污染物的排放量(kg)÷该污染物的污染当量值(kg)

第一类水污染物的污染当量值见表12-3。

表12-3 第一类水污染物的污染当量值

污染物	污染当量值/kg	污染物	污染当量值/kg
1. 总汞	0.000 5	6. 总铅	0.025
2. 总镉	0.005	7. 总镍	0.025
3. 总铬	0.04	8. 苯并(a)芘	0.000 000 3
4. 六价铬	0.02	9. 总铍	0.01
5. 总砷	0.02	10. 总银	0.02

2)其他类水污染物的污染当量数计算

(1)第二类水污染物的污染当量数计算。与第一类水污染物的污染当量数计算办法相同。

第二类水污染物的污染当量值见表12-4。

表12-4 第二类水污染物的污染当量值

污染物	污染当量值/kg	备注
11. 悬浮物(SS)	4	
12. 生化需氧量(BOD_5)	0.5	同一排放口中的化学需氧量、生化需氧量和总有机碳,只征收一项
13. 化学需氧量(COD_{Cr})	1	
14. 总有机碳(TOC)	0.49	
15. 石油类	0.1	
16. 动植物油	0.16	
17. 挥发酚	0.08	
18. 总氰化物	0.05	
19. 硫化物	0.125	
20. 氨氮	0.8	
21. 氟化物	0.5	
22. 甲醛	0.125	
23. 苯胺类	0.2	
24. 硝基苯类	0.2	

续表

污染物	污染当量值/kg	备注
25. 阴离子表面活性剂（LAS）	0.2	
26. 总铜	0.1	
27. 总锌	0.2	
28. 总锰	0.2	
29. 彩色显影剂（CD-2）	0.2	
30. 总磷	0.25	
31. 单质磷（以P计）	0.05	
32. 有机磷农药（以P计）	0.05	
33. 乐果	0.05	
34. 甲基对硫磷	0.05	
35. 马拉硫磷	0.05	
36. 对硫磷	0.05	
37. 五氯酚及五氯酚钠（以五氯酚计）	0.25	
38. 三氯甲烷	0.04	
39. 可吸附有机卤化物（AOX）（以Cl计）	0.25	
40. 四氯化碳	0.04	
41. 三氯乙烯	0.04	
42. 四氯乙烯	0.04	
43. 苯	0.02	
44. 甲苯	0.02	
45. 乙苯	0.02	
46. 邻-二甲苯	0.02	
47. 对-二甲苯	0.02	
48. 间-二甲苯	0.02	
49. 氯苯	0.02	
50. 邻二氯苯	0.02	
51. 对二氯苯	0.02	
52. 对硝基氯苯	0.02	
53. 2, 4-二硝基氯苯	0.02	
54. 苯酚	0.02	
55. 间-甲酚	0.02	
56. 2, 4-二氯酚	0.02	
57. 2, 4, 6-三氯酚	0.02	
58. 邻苯二甲酸二丁脂	0.02	
59. 邻苯二甲酸二辛脂	0.02	
60. 丙烯腈	0.125	
61. 总硒	0.02	

（2）pH值、大肠菌群数、余氯量水污染物的污染当量数计算。

某污染物的污染当量数=污水排放量（吨）÷该污染物的污染当量值（吨）

（3）色度的污染当量数计算[①]。

色度的污染当量数=污水排放量（吨）×色度超标倍数÷色度的污染当量值（吨·倍）

pH值、色度、大肠菌群数、余氯量水污染物的污染当量值见表12-5。

表12-5　pH值、色度、大肠菌群数、余氯量水污染物的污染当量值

污染物		污染当量值	备注
1. pH值	① 0~1，13~14	0.06吨污水	pH值5~6指大于或等于5，小于6；pH值9~10指大于9，小于或等于10，其余类推
	② 1~2，12~13	0.125吨污水	
	③ 2~3，11~12	0.25吨污水	
	④ 3~4，10~11	0.5吨污水	
	⑤ 4~5，9~10	1吨污水	
	⑥ 5~6	5吨污水	
2. 色度		5吨水·倍	
3. 大肠菌群数（超标）		3.3吨污水	大肠菌群数和余氯量只征收一项
4. 余氯量（用氯消毒的医院废水）		3.3吨污水	

（4）禽畜养殖业、小型企业和第三产业的污染当量数计算。

畜禽养殖业水污染物的污染当量数，以该畜禽养殖场的月均存栏量除以适用的污染当量值计算。畜禽养殖场的月均存栏量按照月初存栏量和月末存栏量的平均数计算[②]。

污染当量数=月均存栏量÷污染当量值

小型企业和第三产业的污染当量数，依照污染当量值表计算。

禽畜养殖业、小型企业和第三产业的污染当量值见表12-6。

表12-6　禽畜养殖业、小型企业和第三产业的污染当量值

类型		污染当量值	备注
禽畜养殖场	1. 牛	0.1头	仅对存栏规模大于50头牛，500头猪，5 000羽鸡、鸭等的禽畜养殖场征收
	2. 猪	1头	
	3. 鸡、鸭等家禽	30羽	
4. 小型企业		1.8吨污水	
5. 饮食娱乐服务业		0.5吨污水	

---

① 财政部、税务总局、生态环境部.关于环境保护税有关问题的通知.财税〔2018〕23号，2018.3.30.
② 财政部、税务总局、生态环境部.关于环境保护税有关问题的通知.财税〔2018〕23号，2018.3.30.

续表

类型		污染当量值	备注
6.医院	消毒	0.14床	医院病床数大于20张的，按照本表计算污染当量数
		2.8吨污水	
	不消毒	0.07床	
		1.4吨污水	

（注：本表仅适用于计算无法进行实际监测或物料衡算的禽畜养殖业、小型企业和第三产业等小型排污者的污染当量数）

3. 固体废物的计税依据

应税固体废物的计税依据，按照固体废物的排放量确定。固体废物的排放量为当期应税固体废物的产生量减去当期应税固体废物的储存量、处置量、综合利用量的余额。

应税固体废物的排放量=当期应税固体废物的产生量-当期应税固体废物的储存量、处置量、综合利用量

固体废物的储存量、处置量，是指在符合国家和地方环境保护标准的设施、场所储存或者处置的固体废物数量；固体废物的综合利用量，是指按照国务院发展改革委、工业和信息化主管部门关于资源综合利用要求及国家和地方环境保护标准进行综合利用的固体废物数量。

纳税人有下列情形之一的，以其当期应税固体废物的产生量作为固体废物的排放量：

（1）非法倾倒应税固体废物；

（2）进行虚假纳税申报。

4. 噪声的计税依据

应税噪声的计税依据，按照超过国家规定标准的分贝数确定。

应税噪声的应纳税额为超过国家规定标准分贝数对应的具体适用税额。噪声超标分贝数不是整数值的，按四舍五入取整。一个单位的同一监测点当月有多个监测数据超标的，以最高一次超标声级计算应纳税额。声源一个月内累计昼间超标不足15昼或者累计夜间超标不足15夜的，分别减半计算应纳税额[①]。

5. 污染物排放量和噪声分贝数的计算

应税大气污染物、水污染物、固体废物的排放量和噪声的分贝数，按照下列方法和顺序计算。

（1）纳税人安装使用符合国家规定和监测规范的污染物自动监测设备的，按照污染物自动监测数据计算。

（2）纳税人未安装使用污染物自动监测设备的，按照监测机构出具的符合国家有关规定和监测规范的监测数据计算。该类纳税人自行对污染物进行监测所获取的监测数据，符合国家有关规定和监测规范的，视同监测机构出具的监测数据。

纳税人委托监测机构对应税大气污染物和水污染物排放量进行监测时，其当月同一个排放口排放的同一种污染物有多个监测数据的，应税大气污染物按照监测数据的平均值计算应税污染物的排放量；应税水污染物按照监测数据以流量为权的加权平均值计算应税污染物的

---

① 财政部、税务总局、生态环境部.关于环境保护税有关问题的通知.财税〔2018〕23号，2018.3.30.

排放量。在生态环境主管部门规定的监测时限内当月无监测数据的，可以跨月沿用最近一次的监测数据计算应税污染物排放量。纳入排污许可管理行业的纳税人，其应税污染物排放量的监测计算方法按照排污许可管理要求执行[①]。

（3）因排放污染物种类多等原因不具备监测条件的，按照国务院生态环境主管部门规定的排污系数、物料衡算方法计算。

排污系数，是指在正常技术经济和管理条件下，生产单位产品所应排放的污染物量的统计平均值。物料衡算，是指根据物质质量守恒原理对生产过程中使用的原料、生产的产品和产生的废物等进行测算的一种方法。

（4）不能按照以上规定的方法计算的，按照省、自治区、直辖市人民政府生态环境主管部门规定的抽样测算的方法核定计算。依照规定核定计算污染物排放量的，由税务机关会同生态环境主管部门核定污染物排放种类、数量和应纳税额。

6. 以大气污染物、水污染物的产生量为排放量的情形

纳税人有下列情形之一的，以其当期应税大气污染物、水污染物的产生量作为污染物的排放量。

（1）未依法安装使用污染物自动监测设备或者未将污染物自动监测设备与环境保护主管部门的监控设备联网。

（2）损毁或者擅自移动、改变污染物自动监测设备。

（3）篡改、伪造污染物监测数据。

（4）通过暗管、渗井、渗坑、灌注或者稀释排放及不正常运行防治污染设施等方式违法排放应税污染物。

（5）进行虚假纳税申报。

12.3 税额计算与减免

12.3.1 环境保护税的计算

1. 大气污染物应纳税额计算

应税大气污染物的应纳税额为污染当量数乘以具体适用税额。

应税大气污染物的应纳税额＝前3项污染物的污染当量数×适用税额

2. 水污染物应纳税额计算

应税水污染物的应纳税额为污染当量数乘以具体适用税额。

应税水污染物的应纳税额＝污染物的污染当量数（第一类前5项、其他类前3项）×适用税额

3. 固体废物应纳税额计算

应税固体废物的应纳税额为固体废物排放量乘以具体适用税额。

应税固体废物的应纳税额＝固体废物排放量×适用税额

[①] 财政部、税务总局、生态环境部.关于环境保护税有关问题的通知.财税〔2018〕23号，2018.3.30.

【例12-1】

某省甲公司2019年1月份产生煤矸石500吨,其中:综合利用的煤矸石100吨(符合国家和地方环境保护标准),在符合国家和地方环境保护标准的设施储存150吨。煤矸石适用的税额标准为5元/吨。请计算甲公司1月份煤矸石应缴纳的环境保护税。

解析:

应纳税额=(500-100-150)×5=1 250(元)

4. 噪声应纳税额计算

应税噪声的应纳税额为超过国家规定标准的分贝数对应的具体适用税额。

【例12-2】

某省乙公司2019年1月份A作业场所噪声超标。昼间超标1~3分贝,超标天数为18天;夜间超标4~6分贝,超标天数为14天;沿边界长度超过100米只有一处噪声超标。噪声适用税额为:超标1~3分贝的,每月350元;超标4~6分贝的,每月700元。请计算乙公司1月份噪声污染应缴纳的环境保护税。

解析:昼、夜均超标的环境噪声,昼、夜分别计算应纳税额,累计计征。声源一个月内超标不足15天的,减半计算应纳税额。

(1)A作业场所昼间噪声应纳税额为350元。

(2)A作业场所夜间噪声应纳税额=700÷2=350(元)

(3)乙公司1月份噪声应纳税额=350+350=700(元)

12.3.2 环境保护税的减免

1. 免税

下列情形,暂予免征环境保护税。

(1)农业生产(不包括规模化养殖)排放应税污染物的。

(2)机动车、铁路机车、非道路移动机械、船舶和航空器等流动污染源排放应税污染物的。

(3)依法设立的城乡污水集中处理(指为社会公众提供生活污水处理服务的场所,不包括为工业园区、开发区等工业聚集区域内的企业事业单位和其他生产经营者提供污水处理服务的场所,以及企业事业单位和其他生产经营者自建自用的污水处理场所)、生活垃圾集中处理场所排放相应应税污染物,不超过国家和地方规定的排放标准的。

(4)纳税人综合利用的固体废物,符合国家和地方环境保护标准的。

(5)国务院批准免税的其他情形。

2. 减税

纳税人排放应税大气污染物或者水污染物的浓度值低于国家和地方规定的污染物排放标准30%的,减按75%征收环境保护税。纳税人排放应税大气污染物或者水污染物的浓度值低于国家和地方规定的污染物排放标准50%的,减按50%征收环境保护税。

应税大气污染物或者水污染物的浓度值,是指纳税人安装使用的污染物自动监测设备当月自动监测的应税大气污染物浓度值的小时平均值再平均所得数值或者应税水污染物浓度值的日平均值再平均所得数值,或者监测机构当月监测的应税大气污染物、水污染物浓度值的平均值。

依照规定减征环境保护税的,应当对每一排放口排放的不同应税污染物分别计算。应税大气污染物浓度值的小时平均值或者应税水污染物浓度值的日平均值,以及监测机构当月每次监测的应税大气污染物、水污染物的浓度值,均不得超过国家和地方规定的污染物排放标准。

值得注意的是,依法设立的生活垃圾焚烧发电厂、生活垃圾填埋场、生活垃圾堆肥厂,属于生活垃圾集中处理场所,其排放应税污染物不超过国家和地方规定的排放标准的,依法予以免征环境保护税。纳税人任何一个排放口排放应税大气污染物、水污染物的浓度值,以及没有排放口排放应税大气污染物的浓度值,超过国家和地方规定的污染物排放标准的,依法不予减征环境保护税[①]。

12.4 税款缴纳与管理

12.4.1 税款缴纳

1. 纳税义务发生时间

环境保护税纳税义务发生时间为纳税人排放应税污染物的当日。

2. 纳税期限

环境保护税按月计算,按季申报缴纳。不能按固定期限计算缴纳的,可以按次申报缴纳。

纳税人申报缴纳税款时,向税务机关报送所排放应税污染物的种类、数量,大气污染物、水污染物的浓度值,以及税务机关根据实际需要要求纳税人报送的其他纳税资料。

纳税人按季申报缴纳的,自季度终了之日起15日内,向税务机关办理纳税申报并缴纳税款。纳税人按次申报缴纳的,自纳税义务发生之日起15日内,向税务机关办理纳税申报并缴纳税款。纳税人应依法如实办理纳税申报,对申报的真实性和完整性承担责任。

税务机关将纳税人的纳税申报数据资料与生态环境主管部门交送的相关数据资料进行比对,发现纳税人的纳税申报数据资料异常或者纳税人未按照规定期限办理纳税申报的,可以提请生态环境主管部门进行复核,生态环境主管部门自收到税务机关的数据资料之日起15日内向税务机关出具复核意见。税务机关按照生态环境主管部门复核的数据资料调整纳税人的应纳税额。所称纳税人的纳税申报数据资料异常,包括但不限于下列情形。

(1)纳税人当期申报的应税污染物排放量与上一年同期相比明显偏低,且无正当理由。

(2)纳税人单位产品污染物排放量与同类型纳税人相比明显偏低,且无正当理由。

3. 纳税地点

纳税人应当向应税污染物排放地的税务机关申报缴纳环境保护税。应税污染物排放地是指:

(1)应税大气污染物、水污染物排放口所在地;

(2)应税固体废物产生地;

(3)应税噪声产生地。

[①] 财政部、税务总局、生态环境部.关于明确环境保护税应税污染物适用等有关问题的通知.财税〔2018〕117号,2018.10.25.

纳税人跨区域排放应税污染物，税务机关对税收征收管辖有争议的，由争议各方按照有利于征收管理的原则协商解决；不能协商一致的，报请共同的上级税务机关决定。

纳税人从事海洋工程向我国管辖海域排放应税大气污染物、水污染物或者固体废物，按照《海洋工程环境保护税申报征收办法》的规定，申报缴纳环境保护税。

12.4.2 征收管理

1. 基本规定

环境保护税由税务机关依照《税收征管法》和《环境保护税法》的有关规定征收管理。税务机关依法履行环境保护税纳税申报受理、涉税信息比对、组织税款入库等职责。生态环境主管部门依照《环境保护税法》和有关环境保护法律法规的规定，负责对污染物的监测管理，制定和完善污染物监测规范。

县级以上地方人民政府建立税务机关、生态环境主管部门和其他相关单位分工协作工作机制，加强环境保护税征收管理，保障税款及时足额入库。

2. 协作机制

（1）生态环境主管部门和税务机关建立涉税信息共享平台和工作配合机制。生态环境主管部门将排污单位的排污许可、污染物排放数据、环境违法和受行政处罚情况等环境保护相关信息，定期交送税务机关。税务机关将纳税人的纳税申报、税款入库、减免税额、欠缴税款及风险疑点等环境保护税涉税信息，定期交送生态环境主管部门。

（2）国务院税务、环境保护主管部门制定涉税信息共享平台技术标准及数据采集、存储、传输、查询和使用规范。

环境保护主管部门通过涉税信息共享平台向税务机关交送在环境保护监督管理中获取的下列信息：① 排污单位的名称、统一社会信用代码及污染物排放口、排放污染物种类等基本信息；② 排污单位的污染物排放数据（包括污染物排放量及大气污染物、水污染物的浓度值等数据）；③ 排污单位环境违法和受行政处罚情况；④ 对税务机关提请复核的纳税人的纳税申报数据资料异常或者纳税人未按照规定期限办理纳税申报的复核意见；⑤ 与税务机关商定交送的其他信息。

（3）税务机关通过涉税信息共享平台向环境保护主管部门交送下列环境保护税涉税信息：① 纳税人基本信息；② 纳税申报信息；③ 税款入库、减免税额、欠缴税款及风险疑点等信息；④ 纳税人涉税违法和受行政处罚情况；⑤ 纳税人的纳税申报数据资料异常或者纳税人未按照规定期限办理纳税申报的信息；⑥ 与环境保护主管部门商定交送的其他信息。

（4）税务机关依据环境保护主管部门交送的排污单位信息进行纳税人识别。在环境保护主管部门交送的排污单位信息中没有对应信息的纳税人，由税务机关在纳税人首次办理环境保护税纳税申报时进行纳税人识别，并将相关信息交送环境保护主管部门。环境保护主管部门发现纳税人申报的应税污染物排放信息或者适用的排污系数、物料衡算方法有误的，应当通知税务机关处理。

纳税人申报的污染物排放数据与环境保护主管部门交送的相关数据不一致的，按照环境保护主管部门交送的数据确定应税污染物的计税依据。

税务机关依法实施环境保护税的税务检查，环境保护主管部门予以配合。

12.5 案例分析

案例

应税大气污染物的税额计算

某省甲企业只有一个排放口。2019年1月份向大气中排放二氧化硫10 kg,氮氧化物20 kg,一氧化碳300 kg,汞及其化合物1 kg,一般性粉尘40 kg。根据表12-2,相应污染物的污染当量值分别为0.95 kg、0.95 kg、16.7 kg、0.000 1 kg、4 kg。该省应税大气污染物适用税额标准为1.2元/污染当量。

【要求】根据上述资料,计算甲企业1月份排放大气污染物应缴纳的环境保护税额。

【解析】

(1) 计算各污染物的污染当量数。

二氧化硫污染当量数=10÷0.95=10.53

氮氧化物污染当量数=20÷0.95=21.05

一氧化碳污染当量数=300÷16.7=17.96

汞及其化合物污染当量数=1÷0.000 1=10 000

一般性粉尘污染当量数=40÷4=10

(2) 按污染当量数排序。

汞及其化合物(10 000)>氮氧化物(21.05)>一氧化碳(17.96)>二氧化硫(10.53)>一般性粉尘(10)

(3) 计算应纳环境保护税额。

每一排放口或者没有排放口的应税大气污染物,按照污染当量数从大到小排序,对前3项污染物征收环境保护税。

汞及其化合物应纳税额=10 000×1.2=12 000(元)

氮氧化物应纳税额=21.05×1.2=25.26(元)

一氧化碳应纳税额=17.96×1.2=21.55(元)

甲企业应税大气污染物应纳税额=12 000+25.26+21.55=12 046.81(元)

本章小结

我国环境保护税是"清费立税"的重要成果之一,旨在保护和改善环境,减少污染物排放,推进生态文明建设。现行环境保护税的征税对象是大气污染物、水污染物、固体废物和噪声等应税污染物。环境保护税的计税依据,分别按照应税大气污染物、应税水污染物排放量折合的污染当量数确定,按照应税固体废物的排放量确定,按照应税噪声超过国家规定标准的分贝数确定。环境保护税采用定额税率。环境保护税优惠较少,优惠方式主要是减免税。

复习思考题

1. 环境保护税的特殊作用有哪些?
2. 环境保护税的征税对象有哪些?
3. 环境保护税的纳税人包括哪些?
4. 如何确定环境保护税的计税依据?
5. 环境保护税应纳税额如何计算?
6. 环境保护税的优惠政策有哪些?

案例分析题

某省乙企业2019年1月份向水体直接排放第一类水污染物:总汞、总镉、总铬、总砷、总铅、总铍各1 kg,相应污染当量值分别为:0.0005 kg、0.005 kg、0.04 kg、0.02 kg、0.025 kg、0.01 kg;直接排放其他类水污染物:悬浮物(SS)、化学需氧量(COD_{Cr})、氨氮各20 kg,pH值检测为6,污水排放量为300 t,相应污染当量值分别为4 kg、1 kg、0.8 kg,pH值5~6的污染当量值为5 t污水。该省应税水污染物适用税额标准1.40元/污染当量。

要求:根据上述资料,计算乙企业1月份排放水污染物应缴纳的环境保护税额。

(答案提示:第一类水污染物按污染当量数排序取前5项,税额3 346元;其他类水污染物按污染当量数排序取前3项,税额147元;税额合计3 493元)

第 13 章

企业所得税

【本章要点提示】

◇ 纳税人、征税对象与税率　　◇ 应纳税所得额的计算
◇ 资产的税务处理　　　　　　◇ 资产处置与划转的税务处理
◇ 企业重组业务的税务处理　　◇ 特别纳税调整
◇ 税收优惠　　　　　　　　　◇ 境外所得税收抵免
◇ 税额计算与缴纳

本章内容引言

企业所得税（或称公司所得税、法人所得税）是一个产生时间较晚的税种。据考证，1894年，日本最早开征了法人所得税。1909年，美国开征了具有公司所得税性质的特许税。1916年、1918年和1920年，加拿大、荷兰、德国分别开征了企业所得税。在企业所得税产生后的20多年里，企业所得税并没有引起各国的广泛重视，开征的国家并不多。第二次世界大战前后，个人所得税已风靡世界并成为许多国家税收制度中的主要税种，涉及的企业所得税的问题逐渐增多，各国开始重视企业所得税问题。比如，法国、意大利、英国分别于1948年、1954年、1965年开征了企业所得税。目前，企业所得税已经成为世界各国普遍开征的一种税[①]。

1936年，"中华民国"政府开始创立所得税体系，对公司或企业征收营利事业所得税。中华人民共和国成立后，在工商业税中曾包括对所得额征税的部分。1958年，设置独立税种，称工商所得税，主要对非国有企业征收，后被集体企业所得税、私营企业所得税所替代。20世纪80年代，对国营企业实施"利改税"改革，将国营企业上缴利润改为上缴所得税，创立了国营企业所得税。改革开放初期，创立了中外合资经营企业所得税和外国企业所得税。1991年，将中外合资经营企业所得税与外国企业所得税合并，创立了统一的外商投资企业和外国企业所得税。1994年，将国营企业所得税、集体企业所得税与私营企业所得税合并，创立了统一的内资企业所得税。2007年，将内资企业所得税与外商投资企业和外国企业所得税合并，创立了完全统一的企业所得税。目前，企业所得税的法律依据，主要是2007年3月16

[①] 马国强.中国税收.8版.大连：东北财经大学出版社，2018.

日全国人民代表大会通过的《中华人民共和国企业所得税法》(以下简称《企业所得税法》)(于2017年2月24日和2018年12月29日进行了修正)和同年11月28日国务院通过的《中华人民共和国企业所得税法实施条例》(以下简称《企业所得税法实施条例》)(于2019年4月23日对部分条款予以修改)。

企业所得税是政府直接参与各类企业收入分配的主要形式。其特殊作用主要有以下方面：一是有利于正确处理政府与企业的利益关系，实现政府的经济权益；二是有利于平衡企业与其他经济活动主体的税收负担，实现税收负担的公平分配；三是有利于贯彻政府的经济政策，实现经济的稳定增长。

13.1 纳税人、征税对象与税率

13.1.1 纳税人及其纳税义务

企业所得税的纳税人是在中国境内取得收入的企业和其他组织（统称企业），但不包括个人独资企业和合伙企业。

企业所得税纳税人分为居民企业和非居民企业，分别承担不同的纳税义务。

1. 居民企业及其纳税义务

国际上，居民企业的界定标准有登记注册地标准、实际管理机构地标准和总机构所在地标准等，大多数国家都采用了多种标准相结合的办法。中国对居民企业的界定，采用了登记注册地标准和实际管理机构地标准相结合的办法。

居民企业是指依法在中国境内成立，或者依照外国（地区）法律成立但实际管理机构在中国境内的企业。居民企业承担全面纳税义务，应当就其来源于中国境内、中国境外的所得缴纳企业所得税。

居民企业包括以下两类。

(1) 依照中国法律、行政法规在中国境内成立的企业、事业单位、社会团体及其他取得收入的组织。

(2) 依照外国（地区）法律成立但实际管理机构在中国境内的企业和其他取得收入的组织。

实际管理机构，是指对企业的生产经营、人员、账务、财产等实施实质性全面管理和控制的机构。从各国税收实践看，实际管理机构所在地一般是指对企业的生产经营活动实施日常管理的地点，但在法律层面上，也包括做出重要经营决策的地点。为防止纳税人通过一些主观安排逃避纳税义务，我国采取了适当扩展实际管理机构范围的做法，以利于今后根据企业的实际情况做出判断，更好地维护国家税收权益。

2. 非居民企业及其纳税义务

非居民企业是指依照外国（地区）法律成立且实际管理机构不在中国境内，但在中国境内设立机构、场所的，或者在中国境内未设立机构、场所，但有来源于中国境内所得的企业。

机构、场所，是指在中国境内从事生产经营活动的机构、场所，包括：管理机构、营业机构、办事机构；工厂、农场、开采自然资源的场所；提供劳务的场所；从事建筑、安装、装配、修理、勘探等工程作业的场所；其他从事生产经营活动的机构、场所。非居民企业委托营业代理人在中国境内从事生产经营活动的，包括委托单位或个人经常代其签订合同，或储存、交付货物等，该营业代理人视为非居民企业在中国境内设立的机构、场所。

非居民企业承担有限纳税义务，一般只就其来源于中国境内的所得缴纳企业所得税。

（1）非居民企业在中国境内设立机构、场所的，应当就其所设机构、场所取得的来源于中国境内的所得，以及发生在中国境外但与其所设机构、场所有实际联系的所得，缴纳企业所得税。

（2）非居民企业在中国境内未设立机构、场所的，或者虽设立机构、场所但取得的所得与其所设机构、场所没有实际联系的，应当就其来源于中国境内的所得缴纳企业所得税。

实际联系，是指非居民企业在中国境内设立的机构、场所拥有据以取得所得的股权、债权，以及拥有、管理、控制据以取得所得的财产等。

13.1.2 征税对象与所得来源地

1. 征税对象

企业所得税的征税对象是企业取得的各项应税所得，包括：销售货物所得；提供劳务所得；转让财产所得；股息、红利等权益性投资所得；利息所得；租金所得；特许权使用费所得；接受捐赠所得；其他所得。

2. 所得来源地

确定所得来源地，主要是确认纳税人的所得是来源于中国境内还是来源于中国境外的，以便正确确认纳税义务。

（1）销售货物所得，按照交易活动发生地确定所得来源地。

（2）提供劳务所得，按照劳务发生地确定所得来源地。比如，境外机构为中国境内居民提供金融保险服务，向境内居民收取的保险费就属于来源于中国境内的所得。

（3）转让财产所得，分以下三种情况确定所得来源地：不动产转让所得，按照不动产所在地确定所得来源地；动产转让所得，按照转让动产的企业或者机构、场所所在地确定所得来源地；权益性投资资产转让所得，按照被投资企业所在地确定所得来源地，比如，境外企业之间转让中国居民企业发行的股票，其所得属于来源于中国境内的所得。

（4）股息、红利等权益性投资所得，按照分配所得的企业所在地确定所得来源地。

（5）利息所得、租金所得、特许权使用费所得，按照负担、支付所得的企业或者机构、场所所在地确定所得来源地，或者按照负担、支付所得的个人的住所地确定所得来源地。

（6）其他所得，由国务院财政、税务主管部门确定所得来源地。

13.1.3 适用税率

1. 居民企业和非居民企业在中国境内设立的机构、场所适用税率

企业所得税实行比例税率。参照世界各国和周边国家企业所得税的税率水平，我国现行企业所得税的法定税率为25%，适用范围包括：

（1）居民企业取得的各项所得；

（2）非居民企业在中国境内设立的机构、场所取得的来源于中国境内的所得，以及发生在中国境外但与其所设机构、场所有实际联系的所得。

2. 非居民企业预提所得税适用税率

非居民企业在中国境内未设立机构、场所而有来源于中国境内的所得，或虽设立机构、场所但取得的来源于中国境内的所得与其所设机构、场所没有实际联系的，其应缴纳的企业所得税，实行源泉扣缴，以支付人为扣缴义务人。这种采取源泉扣缴方式征收所得税的方法，习惯上称为预提所得税。预提所得税的法定税率为20%。实际执行中，减按10%的税率征收企业所得税。

同时，对下列所得免征企业所得税。

（1）外国政府向中国政府提供贷款取得的利息所得。

（2）国际金融组织（包括国际货币基金组织、世界银行、亚洲开发银行、国际开发协会、国际农业发展基金、欧洲投资银行及财政部和国家税务总局确定的其他国际金融组织）向我国政府和居民企业提供优惠贷款（指低于金融企业同期同类贷款利率水平的贷款）取得的利息所得。

（3）经国务院批准的其他所得。

为进一步推动债券市场对外开放，自2018年11月7日起至2021年11月6日止，对境外机构投资境内债券市场取得的债券利息收入，暂免征收企业所得税。但是，暂免征收企业所得税的范围，不包括境外机构在境内设立的机构、场所取得的与该机构、场所有实际联系的债券利息[①]。

13.2 应纳税所得额的计算

13.2.1 基本规定

企业所得税的计税依据是应纳税所得额。应纳税所得额是企业每一纳税年度的收入总额，减去不征税收入、免税收入、各项扣除及允许弥补的以前年度亏损后的余额。

应纳税所得额=收入总额-不征税收入-免税收入-各项扣除-允许弥补的以前年度亏损

应纳税所得额的计算依据是税收法律、行政法规。企业的财务、会计处理办法与税收法律、行政法规的规定不一致的，依照税收法律、行政法规的规定计算。

应纳税所得额的计算原则是权责发生制。凡属于当期的收入和费用，不论款项是否收付，均作为当期的收入和费用；不属于当期的收入和费用，即使款项已经在当期收付，也不作为当期的收入和费用，但税收法规另有规定的除外。

13.2.2 收入总额

收入总额是指企业以货币形式和非货币形式取得的各种收入。货币形式，包括现金、存款、应收账款、应收票据、准备持有至到期的债券投资及债务的豁免等。非货币形式，包括固定资产、生物资产、无形资产、股权投资、存货、不准备持有至到期的债券投资、劳务及有关权益等。企业以非货币形式取得的收入，按照公允价值确定收入额。公允价值是指按照市场价格确定的价值。

---

① 财政部、税务总局.关于境外机构投资境内债券市场企业所得税、增值税政策的通知.财税〔2018〕108号，2018.11.7.

1. 收入总额的一般规定

收入总额包括销售货物收入、提供劳务收入、转让财产收入、股息红利等权益性投资收益、利息收入、租金收入、特许权使用费收入、接受捐赠收入和其他收入。

1)销售货物收入

销售货物收入是指企业销售商品、产品、原材料、包装物、低值易耗品及其他存货取得的收入。

除税法及其实施条例另有规定外,企业销售收入的确认,必须遵循权责发生制原则和实质重于形式原则[①]。

(1)企业销售商品同时满足以下条件的,确认收入的实现:商品销售合同已经签订,企业已将与商品所有权相关的主要风险和报酬转移给购货方;企业对已售出的商品既没有保留通常与所有权相联系的继续管理权,也没有实施有效控制;收入的金额能够可靠地计量;已发生或将发生的销售方的成本能够可靠地核算。

(2)符合上述条件的,分以下销售方式确认收入实现:销售商品采取托收承付方式的,在办妥托收手续时确认收入;采取预收款方式的,在发出商品时确认收入;采取支付手续费方式委托代销的,在收到代销清单时确认收入;销售商品需要安装和检验的,在购买方接收商品及安装和检验完毕时确认收入,如果安装程序比较简单,可在发出商品时确认收入。

(3)采取以旧换新方式销售商品的,销售的商品按照销售收入确认条件确认收入;回收的商品作为购进商品处理。

(4)采取"买一赠一"等方式组合销售本企业商品的,不属于捐赠,应将总的销售金额按照各项商品公允价值的比例来分摊确认各项商品的销售收入。

(5)企业为促进商品销售而在商品价格上给予的价格扣除属于商业折扣。商品销售涉及商业折扣的,按照扣除商业折扣后的金额确定销售收入金额。

债权人为鼓励债务人在规定的期限内付款而向债务人提供的债务扣除属于现金折扣。销售商品涉及现金折扣的,按照扣除现金折扣前的金额确定销售收入金额;现金折扣在实际发生时作为财务费用处理。

企业因售出商品的质量不合格等原因而在售价上给予的减让属于销售折让;企业因售出商品质量、品种不符合要求等原因而发生的退货属于销售退回。企业已经确认销售收入的售出商品发生销售折让和销售退回的,在发生当期冲减当期销售商品收入。

(6)采用售后回购方式销售商品的,销售的商品按售价确认收入;回购的商品作为购进商品处理。有证据表明不符合销售收入确认条件的,如以销售商品方式进行融资,收到的款项应确认为负债,回购价格大于原售价的,差额应在回购期间确认为利息费用。

(7)在融资性售后回租业务中,承租人出售资产的行为,不确认为销售收入;对融资性租赁的资产,仍按承租人出售前原账面价值作为计税基础计提折旧。租赁期间,承租人支付的属于融资利息的部分,作为企业财务费用在税前扣除[②]。

2)提供劳务收入

提供劳务收入是指企业从事建筑安装、修理修配、交通运输、仓储租赁、金融保险、邮

---

① 国家税务总局.关于确认企业所得税收入若干问题的通知.国税函〔2008〕875号,2008.10.30.
② 国家税务总局.关于融资性售后回租业务中承租方出售资产行为有关税收问题的公告.国家税务总局公告2010年第13号,2010.9.8.

电通信、咨询经纪、文化体育、科学研究、技术服务、教育培训、餐饮住宿、中介代理、卫生保健、社区服务、旅游、娱乐、加工及其他劳务服务活动取得的收入。

企业在各个纳税期末，提供劳务交易的结果能够可靠估计的，采用完工进度（完工百分比）法确认提供劳务收入[①]。

（1）提供劳务交易的结果能够可靠估计，是指同时满足以下条件：收入的金额能够可靠地计量；交易的完工进度能够可靠地确定；交易中已发生和将发生的成本能够可靠地核算。

企业提供劳务的完工进度，可以选用以下方法确定：已完工作的测量；已提供劳务占劳务总量的比例；发生成本占总成本的比例。

（2）劳务收入总额按照从接受劳务方已收或者应收的合同或协议价款确定。当期劳务收入和当期劳务成本，按以下办法确认：

当期劳务收入=提供劳务收入总额×完工进度-以前纳税年度累计已确认的劳务收入
当期劳务成本=提供劳务估计总成本×完工进度-以前纳税期间累计已确认的劳务成本

（3）下列劳务，满足收入确认条件的，按照以下规定确认收入。

① 安装费。根据安装完工进度确认收入；安装工作是商品销售附带条件的，安装费在确认商品销售实现时确认收入。

② 宣传媒介的收费。在相关的广告或商业行为出现于公众面前时确认收入；广告的制作费，根据制作广告的完工进度确认收入。

③ 软件费（为特定客户开发软件的收费）。根据开发的完工进度确认收入。

④ 服务费（包含在商品售价内可区分的服务费）。在提供服务的期间分期确认收入。

⑤ 艺术表演、招待宴会和其他特殊活动的收费。在相关活动发生时确认收入；收费涉及几项活动的，预收的款项应合理分配给每项活动，分别确认收入。

⑥ 会员费。申请入会或加入会员，只允许取得会籍，所有其他服务或商品都要另行收费的，在取得该会员费时确认收入；申请入会或加入会员后，会员在会员期内不再付费就可以得到各种服务或商品，或者以低于非会员的价格销售商品或提供服务的，该会员费应当在整个受益期内分期确认收入。

⑦ 特许权费。属于提供设备和其他有形资产的特许权费，在交付资产或转移资产所有权时确认收入；属于提供初始及后续服务的特许权费，在提供服务时确认收入。

⑧ 劳务费。长期为客户提供重复的劳务收取的劳务费，在相关劳务活动发生时确认收入。

3）转让财产收入

转让财产收入，是指企业转让固定资产、生物资产、无形资产、股权、债权等财产取得的收入。

4）股息、红利等权益性投资收益

股息、红利等权益性投资收益是指企业因权益性投资从被投资方取得的收入。除国务院财政、税务主管部门另有规定外，股息、红利等权益性投资收益按照被投资方做出利润分配决定的日期确认收入的实现。具体地说，企业权益性投资取得的股息、红利等收入，以被投资企业股东会或股东大会做出利润分配或转股决定的日期确定收入的实现。被投资企业将股

[①] 国家税务总局.关于确认企业所得税收入若干问题的通知.国税函〔2008〕875号，2008.10.30.

权（票）溢价所形成的资本公积转为股本的，不作为投资方企业的股息、红利收入，投资方企业也不得增加该项长期投资的计税基础①。

被投资企业发生的经营亏损由被投资企业按规定结转弥补；投资企业不得调整减低其投资成本，也不得将其确认为投资损失②。

5）利息收入

利息收入是指企业将资金提供给他人使用但不构成权益性投资，或者因他人占用本企业资金而取得的收入，包括存款利息、贷款利息、债券利息、欠款利息等收入。利息收入按照合同约定的债务人应付利息的日期确认收入的实现。

值得注意的是，金融企业按规定发放的贷款，属于未逾期贷款（含展期，下同），根据先收利息后收本金的原则，按贷款合同确认的利率和结算利息的期限计算利息，并于债务人应付利息的日期确认收入的实现。属于逾期贷款，其逾期后发生的应收利息，应于实际收到的日期，或者虽未实际收到，但会计上确认为利息收入的日期，确认收入的实现。

金融企业已确认为利息收入的应收利息，逾期90天仍未收回，且会计上已冲减了当期利息收入的，准予抵扣当期应纳税所得额。金融企业已冲减了利息收入的应收未收利息，以后年度收回时，应计入当期应纳税所得额计算纳税③。

6）租金收入

租金收入是指企业提供固定资产、包装物或者其他有形资产的使用权取得的收入。租金收入按照合同约定的承租人应付租金的日期确认收入的实现。如果交易合同或协议中规定租赁期限跨年度，且租金提前一次性支付的，根据收入与费用配比原则，出租人可对上述已确认的收入，在租赁期内，分期均匀计入相关年度收入④。

7）特许权使用费收入

特许权使用费收入是指企业提供专利权、非专利技术、商标权、著作权及其他特许权的使用权取得的收入。特许权使用费收入按照合同约定的特许权使用人应付特许权使用费的日期确认收入的实现。

8）接受捐赠收入

接受捐赠收入是指企业接受的来自其他企业、组织或者个人无偿给予的货币性资产、非货币性资产。接受捐赠收入按照实际收到捐赠资产的日期确认收入的实现。

9）其他收入

其他收入是指除上述各项收入以外的其他收入，包括企业资产溢余收入、逾期未退包装物押金收入、确实无法偿付的应付款项、已作坏账损失处理后又收回的应收款项、债务重组收入（在债务重组合同或协议生效时确认收入的实现⑤）、补贴收入、违约金收入、汇兑收益等。

值得注意的是，企业取得财产转让收入（包括各类资产、股权、债权等转让收入）、债务重组收入、接受捐赠收入、无法偿付的应付款收入等，不论是以货币形式体现，还是以非货币形式体现，除另有规定外，均应一次性计入确认收入的年度计算缴纳企业所得税⑥。

---

① 国家税务总局.关于贯彻落实企业所得税法若干税收问题的通知.国税函〔2010〕79号，2010.2.22.
② 国家税务总局.关于企业所得税若干问题的公告.国家税务总局公告2011年第34号，2011.6.9.
③ 国家税务总局.关于金融企业贷款利息收入确认问题的公告.国家税务总局公告2010年第23号，2010.11.5.
④ 国家税务总局.关于贯彻落实企业所得税法若干税收问题的通知.国税函〔2010〕79号，2010.2.22.
⑤ 国家税务总局.关于贯彻落实企业所得税法若干税收问题的通知.国税函〔2010〕79号，2010.2.22.
⑥ 国家税务总局.关于企业取得财产转让等所得企业所得税处理问题的公告.国家税务总局公告2010年第19号，2010.10.27.

2. 收入总额的特殊规定

1）分期确认收入

（1）以分期收款方式销售货物的，按照合同约定的收款日期确认收入的实现。

（2）企业受托加工制造大型机械设备、船舶、飞机等，以及从事建筑、安装、装配工程业务或者提供劳务等，持续时间超过12个月的，按照纳税年度内完工进度或者完成的工作量确认收入的实现。

2）分成收入

企业采取产品分成方式取得收入的，按照企业分得产品的时间确认收入的实现，其收入额按照产品的公允价值确定。

3）视同销售收入

企业发生非货币性资产交换，以及将货物、财产、劳务用于捐赠、偿债、赞助、集资、广告、样品、职工福利和利润分配等用途的，应当视同销售货物、转让财产和提供劳务，但国务院财政、税务主管部门另有规定的除外。

企业处置（移送）资产，按照以下规定执行。

（1）企业发生下列情形的处置资产，除将资产转移至境外以外，由于资产所有权属于在形式和实质上均不发生改变，可作为内部处置资产，不视同销售确认收入，相关资产的计税基础延续计算：将资产用于生产、制造、加工另一产品；改变资产形状、结构或性能；改变资产用途（如自建商品房转为自用或经营）；将资产在总机构及其分支机构之间转移；上述两种或两种以上情形的混合；其他不改变资产所有权属的用途[①]。

（2）企业将资产移送他人的下列情形，因资产所有权属已发生改变而不属于内部处置资产，应按规定视同销售确定收入：用于市场推广或销售；用于交际应酬；用于职工奖励或福利；用于股息分配；用于对外捐赠；其他改变资产所有权属的用途[②]。

（3）发生视同销售行为的，除另有规定外，按照被移送资产的公允价值确定销售收入[③]。

【例13-1】

某企业（一般纳税人）将一批自制产品以福利形式分给本单位职工。该批商品售价金额为（不含增值税）50 000元，实际成本为40 000元，增值税税率为13%。

解析：该项业务应视同销售：视同销售收入50 000元，计入收入总额；视同销售成本40 000元，准予在计算应纳税所得额时扣除。同时，实现增值税销项税额6 500元（50 000×13%）。

【例13-2】

某企业（一般纳税人）将一批自制产品通过希望工程基金会捐赠给某学校，取得合法的公益性捐赠票据。该批商品售价金额（不含增值税）为100 000元，实际成本为80 000元，增值税税率为13%。

解析：该项业务应视同销售：视同销售收入100 000元，计入收入总额；视同销售成本80 000元，准予在计算应纳税所得额时扣除。同时，实现增值税销项税额13 000元（100 000×13%）。另外，按照税法规定确认的公益性捐赠支出额为113 000元（100 000+13 000）。

[①] 国家税务总局.关于企业处置资产所得税处理问题的通知.国税函〔2008〕828号，2008.10.9.
[②] 国家税务总局.关于企业处置资产所得税处理问题的通知.国税函〔2008〕828号，2008.10.9.
[③] 国家税务总局.关于企业所得税有关问题的公告.国家税务总局公告2016年第80号，2016.12.9.

值得注意的是，自2016年1月1日起，企业向中国境内公益性社会团体实施的股权捐赠，视同转让股权，股权转让收入额以企业所捐赠股权取得时的历史成本确定。股权是指企业持有的其他企业的股权、上市公司股票等。企业向公益性社会团体实施股权捐赠后，以其股权历史成本为依据确定公益性捐赠额。公益性社会团体接受股权捐赠后，按照捐赠企业提供的股权历史成本开具捐赠票据[①]。

公益性社会团体，是指注册在中国境内，以发展公益事业为宗旨，且不以营利为目的，并经确定为具有接受捐赠税前扣除资格的基金会、慈善组织等社会团体。股权捐赠行为，是指企业向中国境内公益性社会团体实施的股权捐赠行为。

3. 不征税收入

不征税收入是指排除在应税收入之外的、非经营活动或非营利活动带来的经济利益流入。不征税收入包括财政拨款、纳入财政管理的行政事业性收费和政府性基金，以及国务院规定的其他不征税收入。

1）财政拨款

财政拨款是指各级人民政府对纳入预算管理的事业单位、社会团体等组织拨付的财政资金，但国务院和国务院财政、税务主管部门另有规定的除外。

2）依法收取并纳入财政管理的行政事业性收费、政府性基金

行政事业性收费，是指依照法律、法规等有关规定，按照国务院规定程序批准，在实施社会公共管理，以及在向公民、法人或其他组织提供特定公共服务过程中，向特定对象收取并纳入财政管理的费用。政府性基金，是指企业依照法律、行政法规等有关规定，代政府收取的具有专项用途的财政资金。

企业收缴的各种基金和收费，按照以下规定处理[②]。

（1）企业收取的各种基金、收费，应计入企业当年收入总额。

（2）企业按照规定缴纳的、由国务院或财政部批准设立的政府性基金，以及由国务院和省、自治区、直辖市人民政府及其财政、价格主管部门批准设立的行政事业性收费，准予在计算应纳税所得额时扣除；企业缴纳的不符合上述审批管理权限设立的基金、收费，不得在计算应纳税所得额时扣除。

（3）企业依照法律、法规及国务院有关规定收取并上缴财政的政府性基金和行政事业性收费，准予作为不征税收入，于上缴财政的当年在计算应纳税所得额时从收入总额中减除；未上缴财政的部分，不得从收入总额中减除。

3）国务院规定的其他不征税收入

其他不征税收入，是指企业取得的由国务院财政、税务主管部门规定专项用途并经国务院批准的财政性资金。

财政性资金，是指企业取得的来源于政府及其有关部门的财政补助、补贴、贷款贴息，以及其他各类财政专项资金，包括直接减免的增值税和即征即退、先征后退、先征后返的各种税收，但不包括企业按规定取得的出口退税款。

[①] 财政部、国家税务总局.关于公益股权捐赠企业所得税政策问题的通知.财税〔2016〕45号，2016.4.20.
[②] 财政部、国家税务总局.关于财政性资金行政事业性收费政府性基金有关企业所得税政策问题的通知.财税〔2008〕151号，2008.12.16.

企事业单位取得的财政性资金,按照以下规定处理①。

(1)企业取得的各类财政性资金,除属于国家投资和资金使用后要求归还本金的以外,均应计入企业当年收入总额。国家投资是指国家以投资者身份投入企业、并按有关规定相应增加企业实收资本(股本)的直接投资。

(2)企业取得的由国务院财政、税务主管部门规定专项用途并经国务院批准的财政性资金,准予作为不征税收入,在计算应纳税所得额时从收入总额中减除。

比如,符合条件的软件企业按照规定取得的即征即退增值税款,由企业专项用于软件产品研发和扩大再生产并单独进行核算,可以作为不征税收入,在计算应纳税所得额时从收入总额中减除②。

再比如,企业从县级以上各级人民政府财政部门及其他部门取得的应计入收入总额的财政性资金,凡同时符合以下3个条件的,可以作为不征税收入,在计算应纳税所得额时,准予从收入总额中减除③:① 企业能够提供规定资金专项用途的资金拨付文件;② 财政部门或其他拨付资金的政府部门对该资金有专门的资金管理办法或具体管理要求;③ 企业对该资金及以该资金发生的支出单独进行核算。

企业将符合上述规定条件的财政性资金作为不征税收入处理后,在5年(60个月)内未发生支出且未缴回财政或其他拨付资金的政府部门的部分,应重新计入取得该资金第6年的收入总额;重新计入收入总额的财政性资金发生的支出,允许在计算应纳税所得额时扣除。

(3)纳入预算管理的事业单位、社会团体等组织按照核定的预算和经费报领关系收到的由财政部门或上级单位拨入的财政补助收入,准予作为不征税收入,在计算应纳税所得额时从收入总额中减除,但国务院和国务院财政、税务主管部门另有规定的除外。

4. 免税收入

1)国债利息收入

对国债利息收入免征企业所得税。国债利息收入是指企业持有国务院财政部门发行的国债取得的利息收入。

(1)国债利息收入以国债发行时约定应付利息的日期,确认利息收入的实现。企业转让国债,在国债转让收入确认时,确认利息收入的实现。

(2)企业在国债到期前转让国债或者从非发行者投资购买的国债,其持有期间尚未兑付的国债利息收入,按照以下公式计算确定。

国债利息收入 = 国债金额 × (适用年利率 ÷ 365) × 持有天数

公式中的"国债金额"按照国债发行面值或发行价格确定;"适用年利率"按照国债票面年利率或折合年收益率确定;若企业不同时间多次购买同一品种国债,"持有天数"可以按照平均持有天数计算确定。

(3)企业从发行者直接投资购买的国债持有至到期,从发行者取得的国债利息收入,全额免征企业所得税。企业在到期前转让国债或者从非发行者投资购买的国债,按上述公式计

---

① 财政部、国家税务总局.关于财政性资金 行政事业性收费 政府性基金有关企业所得税政策问题的通知.财税〔2008〕151号,2008.12.16.

② 财政部、国家税务总局.关于进一步鼓励软件产业和集成电路产业发展企业所得税政策的通知.财税〔2012〕27号,2012.4.20.

③ 财政部、国家税务总局.关于专项用途财政性资金企业所得税处理问题的通知.财税〔2011〕70号,2011.9.7.

算的国债利息收入，免征企业所得税①。

2）符合条件的股息、红利等权益性投资收益

（1）符合条件的居民企业之间的股息、红利等权益性投资收益，免征企业所得税。符合条件的居民企业之间的股息、红利等权益性投资收益，是指居民企业直接投资于其他居民企业取得的投资收益，但不包括连续持有居民企业公开发行并上市流通的股票不足12个月取得的投资收益。

（2）在中国境内设立机构、场所的非居民企业从居民企业取得与该机构、场所有实际联系的股息、红利等权益性投资收益，免征企业所得税。但是，免税的权益性投资收益，不包括连续持有居民企业公开发行并上市流通的股票短于12个月取得的投资收益。

3）符合条件的非营利组织的收入

符合条件的非营利组织的收入，免征企业所得税。符合条件的非营利组织，是指同时符合下列条件的组织：依法履行非营利组织登记手续；从事公益性或者非营利性活动；取得的收入除用于与该组织有关的、合理的支出外，全部用于登记核定或者章程规定的公益性或者非营利性事业；财产及其孳息不用于分配；按照登记核定或者章程规定，该组织注销后的剩余财产用于公益性或者非营利性目的，或者由登记管理机关转赠给与该组织性质、宗旨相同的组织，并向社会公告；投入人对投入该组织的财产不保留或者享有任何财产权利；工作人员工资福利开支控制在规定的比例内，不变相分配该组织的财产。

免税的非营利组织的收入，不包括非营利组织从事营利性活动取得的收入，但国务院财政、税务主管部门另有规定的除外。

非营利组织的下列收入为免税收入②：

（1）接受其他单位或者个人捐赠的收入；

（2）除财政拨款（不征税收入）以外的其他政府补助收入，但不包括因政府购买服务取得的收入；

（3）按照省级以上民政、财政部门规定收取的会费；

（4）不征税收入和免税收入孳生的银行存款利息收入；

（5）财政部、国家税务总局规定的其他收入。

13.2.3 扣除项目

在计算应纳税所得额时，准予从收入总额中扣除的项目，是指企业实际发生的与取得收入有关的、合理的支出，包括成本、费用、税金、损失和其他支出。

1. 税前扣除的基本要求

（1）真实性。准予在税前扣除的支出，必须是实际发生的支出。

（2）相关性。准予在税前扣除的支出，必须是实际发生的与取得收入有关的支出，即从性质和根源上与取得应税收入相关的支出，包括为产生、收取收入或为管理、保护和维修用于产生收入的财产而发生的支出。

企业不征税收入用于支出所形成的费用，不得在计算应纳税所得额时扣除；企业不征税收入用于支出所形成的资产，其折旧额、摊销额不得在计算应纳税所得额时扣除。

企业取得各项免税收入所对应的各项成本费用，除另有规定外，可以在计算应纳税所得

---

① 国家税务总局.关于国债投资业务企业所得税处理问题的公告.国家税务总局公告2011年第36号，2011.6.22.
② 财政部、国家税务总局.关于非营利组织企业所得税免税收入问题的通知.财税〔2009〕122号，2009.11.11.

额时扣除①。

（3）合理性。准予在税前扣除的支出，必须是实际发生的与取得收入有关的、合理的支出。合理的支出是指符合生产经营活动常规，应计入当期损益或有关资产成本的必要和正常的支出。

（4）收益性。企业发生的支出，应区分收益性支出和资本性支出。收益性支出在发生当期直接扣除；资本性支出应分期扣除，或者计入有关资产成本，不得在发生当期直接扣除。

（5）不重复性。除税收法规另有规定外，企业实际发生的成本、费用、税金、损失和其他支出，不得重复扣除。

2. 税前扣除的基本范围

（1）成本。是指企业在生产经营活动中发生的销售成本、销货成本、业务支出及其他耗费。

（2）费用。是指企业在生产经营活动中发生的销售费用、管理费用和财务费用，已经计入成本的有关费用除外。

（3）税金。是指企业发生的除企业所得税和允许抵扣的增值税以外的各项税金及其附加。

（4）损失。是指企业在生产经营活动中发生的固定资产和存货的盘亏、毁损、报废损失，转让财产损失，呆账损失，坏账损失，自然灾害等不可抗力因素造成的损失及其他损失。

企业发生的损失，减去责任人赔偿和保险赔款后的余额，依照国务院财政、税务主管部门的规定扣除。企业已经作为损失处理的资产，在以后纳税年度又全部收回或者部分收回时，应计入当期收入。

（5）其他支出。是指除成本、费用、税金、损失外，企业在生产经营活动中发生的与生产经营活动有关的、合理的支出。

3. 税前扣除的基本标准

下列项目，按照税法及其实施条例规定的范围和标准扣除。

1）工资、薪金支出

企业发生的合理的工资、薪金支出，准予扣除。

（1）工资、薪金支出范围。工资、薪金，是指企业每一纳税年度支付给在本企业任职或者受雇的员工的所有现金形式或者非现金形式的劳动报酬，包括基本工资、奖金、津贴、补贴、年终加薪、加班工资，以及与员工任职或者受雇有关的其他支出。

执行中，应注意以下问题。

① 企业列入工资、薪金制度，固定与工资、薪金一起发放的，"合理的"福利性补贴，可作为企业发生的工资、薪金支出，按规定在税前扣除。不同时符合上述条件的福利性补贴，作为职工福利费支出②。

② 企业因雇用季节工、临时工、实习生和返聘离退休人员所实际发生的费用，应区分为工资、薪金支出和职工福利费支出，并按照税法规定在税前扣除③。

③ 企业接受外部劳务派遣用工所实际发生的费用，分两种情况按规定在税前扣除：按照协议（合同）约定直接支付给劳务派遣公司的费用，作为劳务费支出；直接支付给员工个

---

① 国家税务总局.关于贯彻落实企业所得税法若干税收问题的通知.国税函〔2010〕79号，2010.2.22.
② 国家税务总局.关于企业工资薪金和职工福利费等支出税前扣除问题的公告.国家税务总局公告2015年第34号，2015.5.8.
③ 国家税务总局.关于企业所得税应纳税所得额若干税务处理问题的公告.国家税务总局公告2012年第15号，2012.4.24.

人的费用,作为工资、薪金支出和职工福利费支出。其中属于工资、薪金支出的费用,准予计入企业工资、薪金总额的基数,作为计算其他各项相关费用扣除的依据[1]。

(2)工资、薪金的合理性确认。合理工资、薪金,是指企业按照股东大会、董事会、薪酬委员会或相关管理机构制定的工资、薪金制度规定,实际发放给员工的工资、薪金。对工资、薪金进行合理性确认,按照以下原则掌握[2]:企业制定了较为规范的员工工资、薪金制度;企业所制定的工资、薪金制度符合行业及地区水平;企业在一定时期所发放的工资、薪金是相对固定的,工资、薪金的调整是有序进行的;企业对实际发放的工资、薪金,已依法履行了代扣代缴个人所得税义务;有关工资、薪金的安排,不以减少或逃避税款为目的。

值得注意的是,准予扣除的工资、薪金支出,必须是当年度已计提并已在当年度企业所得税汇缴结束前实际发放的工资、薪金。即企业在年度汇算清缴结束前,向员工实际支付的已预提汇缴年度工资、薪金,准予在汇缴年度按照规定扣除[3]。

2)三项费用支出

(1)企业发生的职工福利费支出,不超过工资、薪金总额14%的部分,准予扣除。

职工福利费支出扣除限额=工资、薪金总额×扣除比例(14%)

企业实际发生的职工福利费支出超过扣除限额的部分,不得在计算应纳税所得额时扣除。企业职工福利费,包括以下内容[4]。

① 尚未实行分离办社会职能的企业,其内设福利部门所发生的设备、设施和人员费用,包括职工食堂、职工浴室、理发室、医务所、托儿所、疗养院等集体福利部门的设备、设施及维修保养费用和福利部门工作人员的工资、薪金,社会保险费,住房公积金,劳务费等。

② 为职工卫生保健、生活、住房、交通等所发放的各项补贴和非货币性福利,包括企业向职工发放的因公外地就医费用、未实行医疗统筹企业职工医疗费用、职工供养直系亲属医疗补贴、供暖费补贴、职工防暑降温费、职工困难补贴、救济费、职工食堂经费补贴、职工交通补贴等。

③ 按照其他规定发生的其他职工福利费,包括丧葬补助费、抚恤费、安家费、探亲假路费等。

(2)企业拨缴的工会经费,不超过工资、薪金总额2%的部分,准予扣除。

工会经费扣除限额=工资、薪金总额×扣除比例(2%)

企业实际拨缴的工会经费超过扣除限额的部分,不得在计算应纳税所得额时扣除。

(3)自2018年1月1日起,企业发生的职工教育经费支出,不超过工资、薪金总额8%的部分,准予在计算应纳税所得额时扣除;超过部分,准予在以后纳税年度结转扣除[5]。

职工教育经费支出扣除限额=工资、薪金总额×扣除比例(8%)

自2011年1月1日起,集成电路设计企业和符合条件软件企业的职工培训费用,单独进行

---

[1] 国家税务总局.关于企业工资薪金和职工福利费等支出税前扣除问题的公告.国家税务总局公告2015年第34号,2015.5.8.
[2] 国家税务总局.关于工资薪金及职工福利费扣除问题的通知.国税函〔2009〕3号,2009.1.4.
[3] 国家税务总局.关于企业工资薪金和职工福利费等支出税前扣除问题的公告.国家税务总局公告2015年第34号,2015.5.8.
[4] 国家税务总局.关于工资薪金及职工福利费扣除问题的通知.国税函〔2009〕3号,2009.1.4.
[5] 财政部、税务总局.关于企业职工教育经费税前扣除政策的通知.财税〔2018〕51号,2018.5.7.

核算，并按实际发生额在计算应纳税所得额时扣除①。经认定的动漫企业自主开发、生产动漫产品，可申请享受国家现行鼓励软件产业发展的所得税优惠政策②。

值得注意的是，在测算职工福利费、工会经费和职工教育经费扣除限额时所依据的工资、薪金总额，是指企业按照规定实际发放的工资、薪金总和，不包括企业的职工福利费、职工教育经费、工会经费及养老保险费、医疗保险费、失业保险费、工伤保险费等社会保险费和住房公积金。属于国有性质的企业，其工资、薪金，不得超过政府有关部门给予的限定数额；超过部分，不得计入工资、薪金总额，也不得在计算应纳税所得额时扣除③。

3）社会保障性缴款

（1）企业依照国务院有关主管部门或省级人民政府规定的范围和标准为职工缴纳的基本养老保险费、基本医疗保险费、失业保险费、工伤保险费等基本社会保险费和住房公积金，准予扣除。

（2）企业根据国家有关政策规定，为在本企业任职或者受雇的全体员工支付的补充养老保险费、补充医疗保险费，分别在不超过职工工资总额5%标准内的部分，在计算应纳税所得额时准予扣除；超过的部分，不予扣除④。

补充养老保险费扣除限额=职工工资总额×扣除比例（5%）
补充医疗保险费扣除限额=职工工资总额×扣除比例（5%）

值得注意的是，除企业依照国家有关规定为特殊工种职工支付的人身安全保险费和国务院财政、税务主管部门规定可以扣除的其他商业保险费外，企业为投资者或者职工支付的商业保险费，不得扣除。但是，企业职工因公出差乘坐交通工具发生的人身意外保险费支出，准予企业在计算应纳税所得额时扣除⑤。

4）借款费用

企业为购置、建造固定资产、无形资产和经过12个月以上的建造才能达到预定可销售状态的存货发生借款的，在有关资产购置、建造期间发生的合理的借款费用，作为资本性支出计入有关资产的成本，依照税法实施条例的规定扣除。

企业在生产经营活动中发生的合理的不需要资本化的借款费用，准予扣除。

（1）非金融企业向金融企业借款的利息支出、金融企业的各项存款利息支出和同业拆借利息支出、企业经批准发行债券的利息支出，准予扣除。

（2）非金融企业向非金融企业借款的利息支出，不超过按照金融企业同期同类贷款利率计算的数额的部分，准予扣除。

同期同类贷款利率是指在贷款期限、贷款金额、贷款担保及企业信誉等条件基本相同的情况下，金融企业提供贷款的利率。它既可以是金融企业公布的同期同类平均利率，也可以是金融企业对某些企业提供的实际贷款利率⑥。

---

① 财政部、国家税务总局.关于进一步鼓励软件产业和集成电路产业发展企业所得税政策的通知.财税〔2012〕27号，2012.4.20.
② 财政部、国家税务总局.关于扶持动漫产业发展有关税收政策问题的通知.财税〔2009〕65号，2009.7.17.
③ 国家税务总局.关于工资薪金及职工福利费扣除问题的通知.国税函〔2009〕3号，2009.1.4.
④ 财政部、国家税务总局.关于补充养老保险费、补充医疗保险费有关企业所得税政策问题的通知.财税〔2009〕27号，2009.6.2.
⑤ 国家税务总局.关于企业所得税有关问题的公告.国家税务总局公告2016年第80号，2016.12.9.
⑥ 国家税务总局.关于企业所得税若干问题的公告.国家税务总局公告2011年第34号，2011.6.9.

值得注意的是，非金融企业向与其有关联关系的非金融企业（统称关联方）借款，超过税收规定的标准债资比例［接受关联方债权性投资与其权益性投资的比例（2∶1）］的部分，除特别规定外，其利息支出不得在税前扣除。具体内容见13.6节。

（3）企业向内部职工或其他人员借款，符合以下条件的，其利息支出准予扣除[①]：

① 企业与个人之间的借贷是真实、合法、有效的，并且不具有非法集资目的或其他违反法律、法规的行为；

② 企业与个人之间签订了借款合同；

③ 利息支出不超过按照金融企业同期同类贷款利率计算的数额的部分，准予扣除；超过的部分，不准予扣除。

（4）企业向自然人股东或其他与企业有关联关系的自然人（统称关联方）借款，符合以下条件的，其利息支出准予扣除[②]：

① 企业与个人之间的借贷是真实、合法、有效的，并且不具有非法集资目的或其他违反法律、法规的行为；

② 企业与个人之间签订了借款合同；

③ 利息支出不超过按照金融企业同期同类贷款利率计算的数额的部分，准予扣除；超过的部分，不准予扣除；

④ 企业向关联方（自然人）借款未超过税收规定的标准债资比例［接受关联方债权性投资与其权益性投资的比例（2∶1）］的部分，其利息支出不超过按照金融企业同期同类贷款利率计算的数额的部分，准予扣除；超过标准债资比例的借款，其利息支出不得扣除。

（5）企业因投资者投资未到位而发生的借款利息支出，按照下列规定处理[③]。

企业因投资者在规定期限内未缴足其应缴资本额而对外借款所发生的利息支出，相当于投资者实缴资本额与在规定期限内应缴资本额的差额应计付的利息，不属于企业合理的支出，应由企业投资者负担，不得在计算应纳税所得额时扣除。

在计算不得扣除的借款利息时，以企业一个年度内每一账面实收资本与借款余额保持不变的期间作为一个计算期，每一计算期内不得扣除的借款利息按该期间借款利息发生额乘以该期间企业未缴足的注册资本占借款总额的比例计算。

企业每一计算期内不得扣除的借款利息＝该期间借款利息发生额×（该期间未缴足注册资本额÷该期间借款总额）

企业一个年度内不得扣除的借款利息总额＝∑该年度内每一计算期不得扣除的借款利息额

【例13-3】

甲公司接受乙公司股权投资，协议投资额1 000万元，缴付期截至2017年12月31日。但是，乙公司在规定期限内只缴付资金600万元，尚有400万元无力缴付。为满足生产经营需要，甲公司于2018年1月1日向银行借款500万元，借款期限为1年，年利率为6.6%。2018年7月1日，乙公司将当初未缴足的投资额400万元缴付给甲公司。

[①] 国家税务总局.关于企业向自然人借款的利息支出企业所得税税前扣除的通知.国税函〔2009〕777号，2009.12.31.
[②] 国家税务总局.关于企业向自然人借款的利息支出企业所得税税前扣除的通知.国税函〔2009〕777号，2009.12.31.
[③] 国家税务总局.关于企业投资者投资未到位而发生的利息支出企业所得税前扣除问题的批复.国税函〔2009〕312号，2009.6.4.

解析：因未缴足注册资本发生借款，在2018年1月1日至2018年6月30日期间的利息支出，不得在税前扣除。

不得扣除的借款利息支出=[（500×6.6%×6）÷12]×（400÷500）=13.20（万元）

5）汇兑损失

企业在货币交易中和纳税年度终了时，将人民币以外的货币性资产、负债按照期末即期人民币汇率中间价折算为人民币时产生的汇兑损失，除已经计入有关资产成本及与向所有者进行利润分配相关的部分外，准予扣除。

6）业务招待费

企业发生的与生产经营活动有关的业务招待费支出，按照发生额的60%扣除，但最高不得超过当年销售（营业）收入的5‰。这样规定，主要是考虑业务招待费是由商业招待和个人消费混合而成的，而个人消费部分属于非经营性支出，不应该在税前扣除。但商业招待与个人消费一般是难以划分的，国际上通常的处理办法是在二者之间人为规定一个划分比例。因此，我国借鉴国际做法，结合以往按照销售收入的一定比例限制扣除的经验，采取了两者相结合的控制办法。

业务招待费最高扣除额=当年销售（营业）收入×5‰

实际发生额的60%=业务招待费实际发生额×60%

以业务招待费最高扣除额与实际发生额的60%相比较，低者为税前扣除限额。

值得注意的是，在测算业务招待费最高扣除额时所依据的当年销售（营业）收入，是指企业根据国家统一会计制度确认的当年主营业务收入、其他业务收入，以及根据税收规定确认的商品劳务视同销售收入[①]。从事股权投资业务的企业（包括集团公司总部、创业投资企业等）从被投资企业所分配的股息、红利及股权转让收入，可以按照规定的比例计算业务招待费扣除限额[②]。

【例13-4】

某生产企业2018年度实现销售收入8 000万元，其中：主营业务收入7 600万元，其他业务收入400万元；当年实际发生业务招待费30万元。

解析：

业务招待费最高扣除额=8 000×5‰=40（万元）

实际发生额的60%=30×60%=18（万元）<40万元

故2018年度准予在税前扣除的业务招待费为18万元，不得在税前扣除的业务招待费为12万元（30-18）。

【例13-5】

沿用例13-4资料。假如该企业2018年度实际发生业务招待费90万元，其他资料同例13-4。

解析：

业务招待费最高扣除额=8 000×5‰=40（万元）

[①] 国家税务总局.关于企业所得税年度纳税申报表的补充通知.国税函〔2008〕1081号，2008.12.31；关于企业所得税执行中若干税务处理问题的通知.国税函〔2009〕202号，2009.4.21.

[②] 国家税务总局.关于贯彻落实企业所得税法若干税收问题的通知.国税函〔2010〕79号，2010.2.22.

实际发生额的60%=90×60%=54（万元）>40万元

故2018年度准予在税前扣除的业务招待费为40万元，不得在税前扣除的业务招待费为50万元（90-40）。

7）广告费和业务宣传费

企业发生的符合条件的广告费和业务宣传费支出，除国务院财政、税务主管部门另有规定外，不超过当年销售（营业）收入15%的部分，准予扣除；超过部分，准予在以后纳税年度结转扣除。

广告费和业务宣传费扣除限额=当年销售（营业）收入×扣除比例

如果实际发生额大于扣除限额，按照限额扣除；超过扣除限额的部分，可以结转以后年度扣除。如果实际发生额小于扣除限额，按照实际发生额扣除；此时，可以两者的差额为限，扣除以前年度尚未税前扣除的金额。

执行中，应注意以下问题。

（1）测算广告费和业务宣传费扣除限额依据的收入基数，与测算业务招待费最高扣除额所依据的收入基数相同。

（2）除另有规定外，测算扣除限额时适用的扣除比例为15%。

（3）特定行业企业，按照以下规定执行[①]：自2016年至2020年12月31日，化妆品制造或销售、医药制造和饮料制造（不含酒类制造）企业发生的广告费和业务宣传费支出，不超过当年销售（营业）收入30%的部分，准予扣除；超过部分，准予在以后纳税年度结转扣除。

签订广告费和业务宣传费分摊协议的关联企业，其中一方发生的不超过当年销售（营业）收入税前扣除限额比例内的广告费和业务宣传费支出可以在本企业扣除，也可以将其中的部分或全部按照分摊协议归集至另一方扣除。另一方在计算本企业广告费和业务宣传费支出税前扣除限额时，可将按照上述办法归集至本企业的广告费和业务宣传费不计算在内。

烟草企业的烟草广告费和业务宣传费支出，一律不得在计算应纳税所得额时扣除。

【例13-6】

某家电生产企业2018年度实现销售收入5 000万元，其中：主营业务收入4 800万元，其他业务收入200万元；实际发生广告费和业务宣传费800万元。

解析：

广告费和业务宣传费扣除限额=5 000×15%=750（万元）

2018年度实际发生的广告费和业务宣传费为800万元，超过扣除限额，故准予在税前扣除的金额为750万元。超过扣除限额的50万元（800-750），可以结转以后年度扣除。

【例13-7】

沿用例13-6资料。假设该企业2019年度实现销售收入9 000万元，其中：主营业务收入8 800万元，其他业务收入200万元；2019年度实际发生广告费和业务宣传费780万元。

解析：

广告费和业务宣传费扣除限额=9 000×15%=1 350（万元）

---

① 财政部、国家税务总局.关于广告费和业务宣传费支出税前扣除政策的通知.财税〔2017〕41号，2017.5.27.

因2019年度实际发生广告费和业务宣传费780万元和上年结转金额50万元，共计830万元，未超过扣除限额1 350万元，故2019年度可在税前扣除的金额为830万元。

8）环境保护、生态恢复等专项资金

企业依照法律、行政法规有关规定提取的用于环境保护、生态恢复等方面的专项资金，准予扣除。上述专项资金提取后改变用途的，不得扣除。

9）固定资产租赁费

企业根据生产经营活动的需要租入固定资产支付的租赁费，按照以下办法扣除。

（1）以经营租赁方式租入固定资产发生的租赁费支出，按照租赁期限均匀扣除。

（2）以融资租赁方式租入固定资产发生的租赁费支出，按照规定构成融资租入固定资产价值的部分，应提取折旧费用，分期扣除。

10）管理费及服务费支出

（1）企业之间支付的管理费、企业内营业机构之间支付的租金和特许权使用费，以及非银行企业内营业机构之间支付的利息，不得扣除。

（2）非居民企业在中国境内设立的机构、场所，就其中国境外总机构发生的与该机构、场所生产经营有关的费用，能够提供总机构出具的费用汇集范围、定额、分配依据和方法等证明文件，并合理分摊的，准予扣除。

（3）在中国境内，属于不同独立法人的母子公司之间提供服务支付费用，按照以下规定处理[①]。

① 母公司为其子公司提供各种服务而发生的费用，按照独立企业之间公平交易原则确定服务的价格，作为企业正常的劳务费用进行税务处理。母子公司未按照独立企业之间的业务往来收取价款的，税务机关有权予以调整。

母公司向其子公司提供各项服务，双方应签订服务合同或协议，明确规定提供服务的内容、收费标准及金额等。母公司为多个子公司提供同类项服务的，可以采取分项签订合同或协议的方式，收取服务费；也可以采取服务分摊协议的方式，即由母公司与各子公司签订服务费用分摊合同或协议，以母公司为其子公司提供服务所发生的实际费用并附加一定比例的利润作为向子公司收取的总服务费，在各服务受益子公司（包括盈利企业、亏损企业和享受减免税企业）之间合理分摊。按照合同或协议规定所发生的服务费，母公司作为营业收入申报纳税，子公司作为成本费用在税前扣除。

② 母公司以管理费形式向子公司提取费用，子公司因此支付给母公司的管理费，不得在税前扣除。

11）手续费及佣金支出

（1）一般行业（企业）发生的手续费及佣金支出，按照以下规定处理[②]。

① 企业发生与生产经营有关的手续费及佣金支出，不超过以下规定计算限额以内的部分，准予扣除。

保险企业：从2019年1月1日起，保险企业发生与其经营活动有关的手续费及佣金支出，不超过当年全部保费收入扣除退保金等后余额的18%（含本数）的部分，在计算应纳税所得

[①] 国家税务总局.关于母子公司间提供服务支付费用有关企业所得税处理问题的通知.国税发〔2008〕86号，2008.8.14.

[②] 财政部、国家税务总局.关于企业手续费及佣金支出税前扣除政策的通知.财税〔2009〕29号，2009.3.19；关于保险企业手续费及佣金支出税前扣除政策的公告.财政部 税务总局公告2019年第72号，2019.5.28.

额时准予扣除；超过部分，允许结转以后年度扣除。保险企业2018年度企业所得税汇算清缴，按照上述规定执行①。

其他企业：按与具有合法经营资格中介服务机构或个人（不含交易双方及其雇员、代理人和代表人等）所签订服务协议或合同确认的收入金额的5%计算限额；超过部分，不得扣除。

② 企业应与具有合法经营资格的中介服务企业或个人签订代办协议或合同，并按国家有关规定支付手续费及佣金。

除委托个人代理外，企业以现金等非转账方式支付的手续费及佣金不得在税前扣除。

企业为发行权益性证券支付给有关证券承销机构的手续费及佣金不得在税前扣除。

企业已计入固定资产、无形资产等相关资产的手续费及佣金支出，应通过折旧、摊销等方式分期扣除，不得在发生当期直接扣除。

（2）特定行业（企业）发生的手续费及佣金支出，按照以下规定处理。

从事代理服务、主营业务收入为手续费、佣金的企业（如证券、期货、保险代理等企业），为取得该类收入而实际发生的营业成本（包括手续费及佣金支出），准予在企业所得税前据实扣除②。

电信企业在发展客户、拓展业务等过程中，因委托销售电话入网卡、电话充值卡所发生的手续费及佣金支出，不超过企业当年收入总额5%的部分，准予在企业所得税前据实扣除③。

12）公益性捐赠支出

企业发生的公益性捐赠支出，在年度利润总额12%以内的部分，准予在计算应纳税所得额时扣除。超过年度利润总额12%的部分，准予结转以后3年内在计算应纳税所得额时扣除。

公益性捐赠是指企业通过公益性社会组织或者县级以上人民政府及其部门，用于符合法律规定的慈善活动、公益事业的捐赠。

年度利润总额，是指企业依照国家统一会计制度的规定计算的年度会计利润（大于零的数额）。

执行中，应注意以下问题。

（1）企业当年发生及以前年度结转的公益性捐赠支出，不超过年度利润总额12%的部分，准予扣除。在计算公益性捐赠税前扣除额时，将当年发生额和以前年度结转金额加总，不超过当年度利润总额12%的，准予在当年度扣除；超过的部分，结转以后年度扣除，结转年限自捐赠发生年度的次年起计算，最长不得超过3年。扣除顺序为：先扣除以前年度结转的捐赠支出，再扣除当年发生的捐赠支出④。

【例13-8】

某生产企业2017年7月通过市民政局向遭受水灾的地区捐款150万元，取得市民政局开具的公益性捐赠票据。假定该企业2017年度实现利润总额1 000万元。

解析：

公益性捐赠扣除限额=1 000×12%=120（万元）

---

① 财政部、税务总局.关于保险企业手续费及佣金支出税前扣除政策的公告.财政部 税务总局公告2019年第72号，2019.5.28.
② 国家税务总局.关于企业所得税应纳税所得额若干税务处理问题的公告.国家税务总局公告2012年第15号，2012.4.24.
③ 国家税务总局.关于电信企业手续费及佣金支出税前扣除问题的公告.国家税务总局公告2013年第59号，2013.10.10.
④ 财政部、国家税务总局.关于公益性捐赠支出企业所得税税前结转扣除有关政策的通知.财税〔2018〕15号.2018.2.11.

因实际捐赠额为150万元，超过扣除限额，故2017年度可在税前扣除的公益性捐赠为120万元。超过扣除限额的30万元，可以结转至2018年度扣除。

【例13-9】

沿用例13-8资料。假如该生产企业2018年度发生公益性捐赠100万元，取得公益性捐赠票据；2018年度实现利润总额1 050万元；上年度尚未税前扣除的公益性捐赠为30万元。

解析：

公益性捐赠扣除限额=1 050×12%=126（万元）

2018年度和上年结转扣除金额=100+30=130（万元）＞126万元

故2018年度可在税前扣除的公益性捐赠为126万元：先扣除上年结转额30万元，再扣除2018年发生额96万元（126-30），其余4万元（100-96）结转以后年度扣除（不得超过3年）。

（2）企业发生公益性捐赠，应通过具有公益性捐赠税前扣除资格的公益性社会团体和县级以上人民政府及其组成部门或直属机构，并取得合法的公益性捐赠票据；否则，不得在税前扣除[①]。

公益性社会团体或县级以上人民政府及其部门对捐赠资产的价值，按以下原则确认。

① 货币性资产，按照实际收到的金额计算。

② 接受捐赠的非货币性资产，以其公允价值计算。捐赠方（企业）应提供注明捐赠非货币性资产公允价值的证明；如果不能提供证明，不得开具公益性捐赠票据。

自2016年1月1日起，企业向中国境内公益性社会团体实施的股权（包括上市公司股票）捐赠，以其股权历史成本为依据确定公益性捐赠额。公益性社会团体接受股权捐赠后，按照捐赠企业提供的股权历史成本开具捐赠票据[②]。

（3）自2019年1月1日至2022年12月31日，企业通过公益性社会组织或者县级（含县级）以上人民政府及其组成部门和直属机构，用于目标脱贫地区的扶贫捐赠支出，准予在计算应纳税所得额时据实扣除。在政策执行期限内，目标脱贫地区实现脱贫的，可继续适用上述政策[③]。

"目标脱贫地区"包括832个国家级扶贫开发工作重点县、集中连片特困地区县（新疆阿克苏地区6县1市享受片区政策）和建档立卡贫困村。企业发生对"目标脱贫地区"的捐赠支出时，应及时要求开具方在公益事业捐赠票据中注明目标脱贫地区的具体名称，并妥善保管该票据。

企业同时发生扶贫捐赠支出和其他公益性捐赠支出，在计算公益性捐赠支出年度扣除限额时，符合上述条件的扶贫捐赠支出不计算在内。

企业在2015年1月1日至2018年12月31日期间已发生的符合上述条件的扶贫捐赠支出，尚未在计算应纳税所得额时扣除的部分，可执行上述政策。

【例13-10】

某企业2019年度发生符合条件的扶贫捐赠支出200万元，发生符合条件的其他公益性捐赠支出150万元，共计350万元。该企业2019年度利润总额为1 000万元。

解析： 2019年度发生的符合条件的扶贫捐赠支出200万元，准予在税前据实扣除。

---

① 财政部、国家税务总局、民政部.关于公益性捐赠税前扣除有关问题的通知.财税〔2008〕160号，2008.12.31.

② 财政部、国家税务总局.关于公益股权捐赠企业所得税政策问题的通知.财税〔2016〕45号，2016.4.20.

③ 财政部、税务总局、国务院扶贫办.关于企业扶贫捐赠所得税税前扣除政策的公告.财政部 税务总局 国务院扶贫办公告2019年第49号，2019.4.2.

> 2019年度其他公益性捐赠扣除限额=1 000×12%=120（万元）<150万元
> 2019年度发生的其他公益性捐赠支出150万元中，准予在税前扣除120万元；不得在税前扣除的30万元（150-120）可以结转以后年度（3年）扣除。
> 2019年度在税前扣除的公益性捐赠支出共计320万元（200+120）。

（4）自2019年1月1日至2020年12月31日，企事业单位、社会团体及其他组织捐赠住房作为公租房（公共租赁住房），符合税收法律法规规定的，对其公益性捐赠支出在年度利润总额12%以内的部分，准予在计算应纳税所得额时扣除，超过年度利润总额12%的部分，准予结转以后3年内在计算应纳税所得额时扣除[①]。

13）财产保险费

企业参加财产保险，按照规定缴纳的保险费，准予扣除。

自2018年度起，企业参加雇主责任险、公众责任险等责任保险，按照规定缴纳的保险费，准予扣除[②]。雇主责任险、公众责任险等责任保险是参加责任保险的企业，出现保单中所列明的事故，需对第三者负损害赔偿责任时，由承保人代其履行赔偿责任的一种保险。《中华人民共和国保险法》规定的财产保险业务包括责任保险，因此，企业参加雇主责任险、公众责任险等责任保险而缴纳的保险费用，准予在税前扣除。

14）劳动保护支出

企业发生的合理的劳动保护支出，准予扣除。

企业根据其工作性质和特点，由企业统一制作并要求员工工作时统一着装所发生的工作服饰费用，可以作为企业合理的支出，准予在税前扣除[③]。

值得注意的是，企业发现以前年度实际发生的、按照税收规定应在税前扣除而未扣除或者少扣除的支出，企业做出专项申报及说明后，准予追补至该项目发生年度计算扣除，但追补确认期限不得超过5年。企业由此多缴纳的企业所得税款，可以在追补确认年度企业所得税应纳税款中抵扣，不足抵扣的，可向以后年度递延抵扣或申请退税。亏损企业追补确认以前年度未在税前扣除的支出，或盈利企业经过追补确认后出现亏损的，先调整该项支出所属年度的亏损额，再按照弥补亏损的原则计算以后年度多缴的企业所得税税款，并按上述规定处理[④]。

4. 税前扣除凭证管理

企业当年度实际发生的相关成本、费用，由于各种原因未能及时取得该成本、费用的有效凭证，企业在预缴季度所得税时，可暂按账面发生金额进行核算；但在汇算清缴所得税时，应补充提供该成本、费用的有效凭证[⑤]。

自2018年7月1日起，企业所得税税前扣除凭证管理，按照以下规定执行[⑥]。

1）税前扣除凭证管理原则

税前扣除凭证是指企业在计算应纳税所得额时，证明与取得收入有关的、合理的支出实际发生，并据以税前扣除的各类凭证。在税前扣除凭证管理中，遵循真实性、合法性、关联性原则。

---

① 财政部、税务总局.关于公共租赁住房税收优惠政策的公告.财政部 税务总局公告2019年第61号，2019.4.15.
② 国家税务总局.关于责任保险费企业所得税税前扣除有关问题的公告.国家税务总局公告2018年第52号，2018.10.31.
③ 国家税务总局.关于企业所得税若干问题的公告.国家税务总局公告2011年第34号，2011.6.9.
④ 国家税务总局.关于企业所得税应纳税所得额若干税务处理问题的公告.国家税务总局公告2012年第15号，2012.4.24.
⑤ 国家税务总局.关于企业所得税若干问题的公告.国家税务总局公告2011年第34号，2011.6.9.
⑥ 国家税务总局.关于发布《企业所得税税前扣除凭证管理办法》的公告.国家税务总局公告2018年第28号，2018.6.6.

（1）真实性，是指税前扣除凭证反映的经济业务真实，且支出已经实际发生。
（2）合法性，是指税前扣除凭证的形式、来源符合国家法律、法规等相关规定。
（3）关联性，是指税前扣除凭证与其反映的支出相关联且有证明力。

在三项原则中，真实性是基础。如果企业的经济业务及支出不具备真实性，便不涉及税前扣除问题。合法性和关联性是核心，只有税前扣除凭证的形式、来源符合法律、法规等相关规定，并与支出相关联且有证明力，才能作为支出在税前扣除的证明资料。

2）税前扣除凭证的取得时间

税前扣除凭证应在支出发生时取得。但考虑到某些情形，企业可在当年度企业所得税汇算清缴期结束前，取得税前扣除凭证。企业在规定期限内取得符合规定的税前扣除凭证的，相应支出可以在税前扣除。

3）税前扣除凭证的种类

税前扣除凭证按照来源，可分为内部凭证和外部凭证两大类。

内部凭证是指企业自制的用于核算成本、费用、损失和其他支出的会计原始凭证。内部凭证的填制和使用应符合国家会计法律、法规等相关规定。

外部凭证是指企业发生经营活动和其他事项时，从其他单位、个人取得的用于证明其支出发生的凭证，包括但不限于发票（包括纸质发票和电子发票）、财政票据、完税凭证、收款凭证、分割单等。

（1）企业在境内发生的支出项目属于增值税应税项目（简称应税项目）的，分以下情形处理。

① 对方是已办理税务登记的增值税纳税人的，企业发生的支出以发票（包括由税务机关代开的发票）作为税前扣除凭证。

② 对方是依法无须办理税务登记的单位，或者从事小额零星经营业务的个人，企业发生的支出以税务机关代开的发票，或者收款凭证及内部凭证作为税前扣除凭证。收款凭证应载明收款单位名称、个人姓名及身份证号、支出项目、收款金额等相关信息。

小额零星经营业务的判断标准是：个人从事应税项目经营业务的销售额不超过增值税相关政策规定的起征点。

国家税务总局对应税项目开具发票另有规定的，以规定的发票或者票据作为税前扣除凭证。

（2）企业在境内发生的支出项目不属于应税项目的，分以下情形处理。

对方是单位的，以对方开具的发票以外的其他外部凭证作为税前扣除凭证，比如财政票据、完税凭证、收款凭证等；对方是个人的，以内部凭证作为税前扣除凭证。

企业在境内发生的支出项目虽不属于应税项目，但按照规定可以开具发票的，以发票作为税前扣除凭证，比如不征税发票。

（3）企业从境外购进货物或者劳务发生的支出，以对方开具的发票或者具有发票性质的收款凭证、相关税费缴纳凭证作为税前扣除凭证。

（4）企业与其他企业（包括关联企业）、个人在境内共同接受应纳增值税劳务（简称应税劳务）发生的支出，采取分摊方式的，应按照独立交易原则进行分摊，企业以发票和分割单作为税前扣除凭证；共同接受应税劳务的其他企业以企业开具的分割单作为税前扣除凭证。

企业与其他企业、个人在境内共同接受非应税劳务发生的支出，采取分摊方式的，企业以发票外的其他外部凭证和分割单作为税前扣除凭证；共同接受非应税劳务的其他企业以企业开具的分割单作为税前扣除凭证。

（5）企业租用（包括企业作为单一承租方租用）办公、生产用房等资产发生的水、电、燃气、冷气、暖气、通信线路、有线电视、网络等费用，出租方作为应税项目开具发票的，企业以发票作为税前扣除凭证；出租方采取分摊方式的，企业以出租方开具的其他外部凭证作为税前扣除凭证。

值得注意的是，不合规发票和不合规其他外部凭证，不得作为税前扣除凭证。不合规发票是指企业取得的私自印制、伪造、变造、作废，开票方非法取得、虚开、填写不规范等不符合规定的发票。不合规其他外部凭证是指企业取得的不符合国家法律、法规等相关规定的其他外部凭证。

4）汇算清缴期结束前外部凭证的税务处理

企业在汇算清缴期结束前，应取得而未取得发票、其他外部凭证，或者取得不合规发票、不合规其他外部凭证的，按照以下规定处理。

（1）如果支出真实且已实际发生，应在当年度汇算清缴期结束前，要求对方补开、换开发票、其他外部凭证。补开、换开后的发票，其他外部凭证符合规定的，可以作为税前扣除凭证。

（2）在补开、换开发票，其他外部凭证过程中，因对方注销、撤销、依法被吊销营业执照、被税务机关认定为非正常户等特殊原因，无法补开、换开发票，其他外部凭证的，可凭以下资料证实支出真实性后，其支出允许税前扣除：

① 无法补开、换开发票，其他外部凭证的原因证明资料（包括工商注销、机构撤销、列入非正常经营户、破产公告等证明资料）；

② 相关业务活动的合同或者协议；

③ 采用非现金方式支付的付款凭证；

④ 货物运输的证明资料；

⑤ 货物入库、出库内部凭证；

⑥ 企业会计核算记录及其他资料。

上述①②③项为必备资料。

（3）未能补开、换开符合规定的发票，其他外部凭证，并且未能凭相关资料证实支出真实性的，相应支出不得在发生年度税前扣除。

5）汇算清缴期结束后外部凭证的税务处理

（1）企业因某种原因（如购销合同纠纷、工程项目纠纷等），在规定的期限内未能取得符合规定的发票、其他外部凭证，或者取得不合规发票、不合规其他外部凭证，且相应支出在该年度没有税前扣除的，待以后年度取得符合规定的发票、其他外部凭证后，相应支出可以追补至该支出发生年度扣除，追补扣除年限不得超过5年。其中，因对方注销、撤销、依法被吊销营业执照、被税务机关认定为非正常户等特殊原因，无法补开、换开符合规定的发票、其他外部凭证的，企业在以后年度凭相关资料证实支出真实性后，相应支出可以追补至该支出发生年度扣除，追补扣除年限不得超过5年。

（2）汇算清缴期结束后，税务机关发现企业应取得而未取得发票、其他外部凭证，或者取得不合规发票、不合规其他外部凭证并且告知企业的，企业应自被告知之日起60日内补开、换开符合规定的发票、其他外部凭证。其中，因对方注销、撤销、依法被吊销营业执照、被税务机关认定为非正常户等特殊原因，无法补开、换开发票、其他外部凭证的，企业应自被告知之日起60日内提供可以证实其支出真实性的相关资料。否则，该支出不得在发生年度税前扣除，也不得在以后年度追补扣除。

6）与税前扣除凭证相关的资料的保存

与税前扣除凭证相关的资料，包括合同协议、支出依据、付款凭证等资料。虽然它不属于税前扣除凭证，但属于与企业经营活动直接相关且能够证明税前扣除凭证真实性的资料，企业应按照规定留存备查，以证实税前扣除凭证的真实性。

5. 不得在税前扣除的项目

在计算应纳税所得额时，下列支出不得扣除。

（1）向投资者支付的股息、红利等权益性投资收益款项。

（2）企业所得税税款。

（3）税收滞纳金。

（4）罚金、罚款和被没收财物的损失。

（5）公益性捐赠以外的捐赠支出。

（6）赞助支出，是指企业发生的与生产经营活动无关的各种非广告性质支出。

（7）未经核定的准备金支出，是指不符合国务院财政、税务主管部门规定的各项资产减值准备、风险准备等准备金支出。

（8）与取得收入无关的其他支出。

13.2.4 亏损弥补

1. 基本规定

企业纳税年度发生的亏损，准予向以后年度结转，用以后年度的所得弥补，但结转年限最长不得超过5年。

（1）亏损的界定。亏损是指企业依照税法及其实施条例的规定将每一纳税年度的收入总额减除不征税收入、免税收入和各项扣除后小于零的数额。

企业筹办期间不计算为亏损年度。企业自开始生产经营的年度，为开始计算企业损益的年度。企业从事生产经营之前进行筹办活动期间发生筹办费用支出，不得计算为当期的亏损[①]。

（2）亏损的弥补。企业纳税年度发生的亏损，从发生亏损年度的次年起弥补，但弥补年限最长不得超过规定年限。弥补年限是连续计算的，弥补年限内不论是否有所得，都要计算在内。弥补期限届满后，尚未弥补的亏损，不再用应纳税所得额弥补。

企业在汇总计算缴纳企业所得税时，其境外营业机构的亏损不得抵减境内营业机构的盈利。但境外营业机构的盈利，可按税法规定弥补该境外营业机构以前年度的亏损和境内营业机构的亏损。

税务机关对企业以前年度纳税情况进行检查时调增的应纳税所得额，凡企业以前年度发生亏损，且该亏损属于税法规定允许弥补的，允许以调增的应纳税所得额弥补该亏损。弥补该亏损后仍有余额的，按照税法规定计算缴纳企业所得税。同时，对检查调增的应纳税所得额，根据其情节，依照《税收征管法》有关规定处罚[②]。

2. 特殊规定

为支持高新技术企业和科技型中小企业发展，自2018年1月1日起，当年具备高新技术企业或科技型中小企业资格的企业（以下统称资格），其具备资格年度之前5个年度发生的尚未

[①] 国家税务总局.关于贯彻落实企业所得税法若干税收问题的通知.国税函〔2010〕79号，2010.2.22.
[②] 国家税务总局.关于查增应纳税所得额弥补以前年度亏损处理问题的公告.国家税务总局公告2010年第20号，2010.10.27.

弥补完的亏损，准予结转以后年度弥补，最长结转年限由5年延长至10年[①]。

（1）具备资格年度的确定。高新技术企业，按其取得的高新技术企业证书注明的有效期所属年度，确定其具备资格的年度。比如，某高新技术企业，证书注明发证时间为2018年9月17日，有效期3年，则2018年、2019年、2020年、2021年为具备资格年度。

科技型中小企业，按照其取得的科技型中小企业入库登记编号注明的年度，确定其具备资格的年度。比如，某科技型中小企业，2018年5月取得入库登记编号，编号注明的年度为2018年，则2018年为具备资格年度。

（2）具备资格年度之前5个年度发生的尚未弥补完的亏损，是指当年具备资格的企业，其前5个年度无论是否具备资格，所发生的尚未弥补完的亏损。

比如，2018年具备资格的企业，无论前5个年度（2013年至2017年）是否具备资格，其前5个年度发生的尚未弥补完的亏损，均准予结转以后年度弥补，最长结转年限为10年；2018年以后年度具备资格的企业，以此类推，进行亏损结转弥补处理。

13.2.5 预提所得税应纳税所得额

非居民企业在中国境内未设立机构、场所的，或者虽设立机构、场所但取得的所得与其所设机构、场所没有实际联系的，就其来源于中国境内的所得缴纳企业所得税。应纳税所得额的计算，按照以下规定执行。

（1）股息、红利等权益性投资收益和利息、租金、特许权使用费所得，以收入全额为应纳税所得额。

（2）转让财产所得，以收入全额减除财产净值后的余额为应纳税所得额。

（3）其他所得，参照前两项规定的方法计算应纳税所得额。

具体内容见"13.9 税额计算与缴纳"。

13.3 资产的税务处理

13.3.1 一般规定

企业各项资产，包括固定资产、生物资产、无形资产、长期待摊费用、投资资产、存货等，以历史成本为计税基础。历史成本是指企业取得该项资产时实际发生的支出。

企业持有各项资产期间资产增值或减值，除国务院财政、税务主管部门规定可确认损益外，不得调整该资产的计税基础。

13.3.2 固定资产的税务处理

固定资产是指企业为生产产品、提供劳务、出租或经营管理而持有的、使用时间超过12个月的非货币性资产，包括房屋、建筑物、机器、机械、运输工具及其他与生产经营活动有关的设备、器具、工具等。

1. 固定资产计税基础

（1）外购的固定资产，以购买价款和支付的相关税费及直接归属于使该资产达到预定用

[①] 财政部、税务总局.关于延长高新技术企业和科技型中小企业亏损结转年限的通知.财税〔2018〕76号，2018.7.11.

途发生的其他支出为计税基础。

（2）自行建造的固定资产，以竣工结算前发生的支出为计税基础。

（3）融资租入的固定资产，以租赁合同约定的付款总额和承租人在签订租赁合同过程中发生的相关费用为计税基础；租赁合同未约定付款总额的，以该资产的公允价值和承租人在签订租赁合同过程中发生的相关费用为计税基础。

（4）盘盈的固定资产，以同类固定资产的重置完全价值为计税基础。

（5）通过捐赠、投资、非货币性资产交换、债务重组等方式取得的固定资产，以该资产的公允价值和支付的相关税费为计税基础。

（6）改建的固定资产，以改建过程中发生的改建支出为计税基础。但已足额提取折旧的固定资产和租入固定资产，其改建支出作长期待摊费用处理。

企业的房屋、建筑物在未足额提取折旧前进行改建扩建的，分以下情况处理[①]。

① 属于推倒重置的，该资产原值减除提取折旧后的净值，并入重置后的固定资产计税成本，并在该固定资产投入使用后的次月起，按照税法规定的折旧年限，一并计提折旧。

② 属于提升功能、增加面积的，该固定资产的改扩建支出，并入该固定资产计税基础，并从改扩建完工投入使用后的次月起，重新按税法规定的该固定资产折旧年限计提折旧，如该改扩建后的固定资产尚可使用的年限低于税法规定的最低年限，可以按尚可使用的年限计提折旧。

企业固定资产投入使用后，由于工程款项尚未结清未取得全额发票的，可暂按合同规定的金额计入固定资产计税基础计提折旧，待发票取得后进行调整。但该项调整应在固定资产投入使用后12个月内进行[②]。

2. 固定资产折旧范围

在计算应纳税所得额时，企业按照规定计算的固定资产折旧，准予扣除。但是，下列固定资产不得计算折旧扣除：

（1）房屋、建筑物以外未投入使用的固定资产；

（2）以经营租赁方式租入的固定资产；

（3）以融资租赁方式租出的固定资产；

（4）已足额提取折旧仍继续使用的固定资产；

（5）与经营活动无关的固定资产；

（6）单独估价作为固定资产入账的土地；

（7）其他不得计算折旧扣除的固定资产。

3. 固定资产折旧办法

除符合优惠条件采取加速折旧办法外，固定资产按照直线法计算折旧。企业自固定资产投入使用月份的次月起计算折旧；停止使用的固定资产，自停止使用月份的次月起停止计算折旧。

企业应根据固定资产的性质和使用情况，合理确定固定资产的预计净残值。固定资产的预计净残值一经确定，不得变更。

4. 固定资产折旧年限

除国务院财政、税务主管部门另有规定外，固定资产计算折旧的最低年限如下。

（1）房屋、建筑物，为20年。

---

① 国家税务总局.关于企业所得税若干问题的公告.国家税务总局公告2011年第34号，2011.6.9.
② 国家税务总局.关于贯彻落实企业所得税法若干税收问题的通知.国税函〔2010〕79号，2010.2.22.

（2）飞机、火车、轮船、机器、机械和其他生产设备，为10年。

（3）与生产经营活动有关的器具、工具、家具等，为5年。

（4）飞机、火车、轮船以外的运输工具，为4年。

（5）电子设备，为3年。

改建的固定资产延长使用年限的，除已足额提取折旧的固定资产和租入固定资产外，适当延长折旧年限。

13.3.3 油气企业资产折耗的税务处理[①]

油气企业是指从事开采石油、天然气（包括煤层气）等矿产资源的企业。油气企业在开始商业性生产前发生的费用和有关固定资产的折耗、折旧方法，按照国务院财政、税务主管部门的规定执行。

所称费用和有关固定资产，是指油气企业在开始商业性生产前取得矿区权益和勘探、开发的支出所形成的费用和固定资产。商业性生产，是指油（气）田（井）经过勘探、开发、稳定生产并商业销售石油、天然气的阶段。

1. 矿区权益支出折耗

矿区权益支出是指油气企业为了取得在矿区内的探矿权、采矿权、土地或海域使用权等所发生的各项支出，包括有偿取得各类矿区权益的使用费、相关中介费或其他可直接归属于矿区权益的合理支出。

油气企业在开始商业性生产前发生的矿区权益支出，可在发生的当期，从本企业其他油（气）田收入中扣除；或者自对应的油（气）田开始商业性生产月份的次月起，分3年按直线法计提的折耗准予扣除。

油气企业对其发生的矿区权益支出未选择在发生的当期扣除的，由于未发现商业性油（气）构造而终止作业，其尚未计提折耗的剩余部分，可在终止作业的当年作为损失扣除。

2. 勘探支出摊销

勘探支出是指油气企业为了识别勘探区域或探明油气储量而进行的地质调查、地球物理勘探、钻井勘探活动及其他相关活动所发生的各项支出。

油气企业在开始商业性生产前发生的勘探支出（不包括预计可形成资产的钻井勘探支出），可在发生的当期，从本企业其他油（气）田收入中扣除；或者自对应的油（气）田开始商业性生产月份的次月起，分3年按直线法计提的摊销准予扣除。

油气企业对其发生的勘探支出未选择在发生的当期扣除的，由于未发现商业性油（气）构造而终止作业，其尚未摊销的剩余部分，可在终止作业的当年作为损失扣除。

油气企业的钻井勘探支出，凡确定该井可作商业性生产，且该钻井勘探支出形成的资产符合固定资产确认条件的，将该钻井勘探支出结转为开发资产的成本，按照规定计提折旧。

3. 开发资产折旧

开发支出是指油气企业为了取得已探明矿区中的油气而建造或更新井及相关设施活动所发生的各项支出。

油气企业在开始商业性生产之前发生的开发支出，可不分用途，全部累计作为开发资产

[①] 财政部、国家税务总局. 关于开采油（气）资源企业费用和有关固定资产折耗折旧税务处理问题的通知. 财税〔2009〕49号, 2009.4.12.

的成本,自对应的油(气)田开始商业性生产月份的次月起,可不留残值,按直线法计提的折旧准予扣除,其最低折旧年限为8年。

油气企业终止本油(气)田生产的,其开发资产尚未计提折旧的剩余部分,可在该油(气)田终止生产的当年作为损失扣除。

油气企业按照规定选择有关费用和资产的折耗、摊销、折旧方法和年限后,不得变更。

油气企业在本油(气)田进入商业性生产之后,对本油(气)田新发生的矿区权益、勘探支出、开发支出,按照上述规定处理。

13.3.4 生产性生物资产的税务处理

生产性生物资产是指企业为生产农产品、提供劳务或者出租等而持有的生物资产,包括经济林、薪炭林、产畜和役畜等。

1. 生产性生物资产计税基础

企业外购的生产性生物资产,以购买价款和支付的相关税费为计税基础。

企业通过捐赠、投资、非货币性资产交换、债务重组等方式取得的生产性生物资产,以该资产的公允价值和支付的相关税费为计税基础。

2. 生产性生物资产折旧

生产性生物资产按照直线法计算的折旧,准予扣除。

企业自生产性生物资产投入使用月份的次月起计算折旧;停止使用的生产性生物资产,自停止使用月份的次月起停止计算折旧。

企业根据生产性生物资产的性质和使用情况,合理确定生产性生物资产的预计净残值。生产性生物资产的预计净残值一经确定,不得变更。

生产性生物资产计算折旧的最低年限如下:林木类生产性生物资产,为10年;畜类生产性生物资产,为3年。

13.3.5 无形资产的税务处理

无形资产是指企业为生产产品、提供劳务、出租或者经营管理而持有的、没有实物形态的非货币性长期资产,包括专利权、商标权、著作权、土地使用权、非专利技术、商誉等。

1. 无形资产计税基础

(1)外购的无形资产,以购买价款和支付的相关税费及直接归属于使该资产达到预定用途发生的其他支出为计税基础。

(2)自行开发的无形资产,以开发过程中该资产符合资本化条件后至达到预定用途前发生的支出为计税基础。

(3)通过捐赠、投资、非货币性资产交换、债务重组等方式取得的无形资产,以该资产的公允价值和支付的相关税费为计税基础。

2. 无形资产摊销范围

在计算应纳税所得额时,企业按照规定计算的无形资产摊销费用,准予扣除。但是,下列无形资产不得计算摊销费用扣除:

(1)自行开发的支出已在计算应纳税所得额时扣除的无形资产;

(2)自创商誉;

(3)与经营活动无关的无形资产；
(4)其他不得计算摊销费用扣除的无形资产。

3. 无形资产摊销方法

无形资产按照直线法计算的摊销费用，准予扣除。外购商誉的支出，在企业整体转让或清算时，准予扣除。

4. 无形资产摊销年限

无形资产的摊销年限不得低于10年。作为投资或受让的无形资产，有关法律规定或合同约定了使用年限的，可按照规定或约定的使用年限分期摊销。

13.3.6 长期待摊费用的税务处理

在计算应纳税所得额时，企业发生的以下支出作为长期待摊费用，按照规定摊销的，准予扣除。

1. 已足额提取折旧的固定资产的改建支出

改建支出是指改变房屋或者建筑物结构、延长使用年限等发生的支出。

对已足额提取折旧的固定资产的改建支出，按照固定资产预计尚可使用年限分期摊销。

2. 租入固定资产的改建支出

对租入固定资产的改建支出，按照合同约定的剩余租赁期限分期摊销。

3. 固定资产的大修理支出

固定资产的大修理支出，是指同时符合下列条件的支出：

(1)修理支出达到取得固定资产时的计税基础50%以上；
(2)修理后固定资产的使用年限延长2年以上。

固定资产的大修理支出，按照固定资产尚可使用年限分期摊销。

4. 其他长期待摊费用支出

其他长期待摊费用支出，自支出发生月份的次月起，分期摊销，摊销年限不得低于3年。

企业在筹建期间发生的开办费，税法没有明确规定列作长期待摊费用，企业可以在开始经营之日的当年一次性扣除，也可以按照税法有关长期待摊费用的规定处理，但一经选定，不得改变[①]。

自2011年起，企业在筹建期间发生的与筹办活动有关的业务招待费支出，可按实际发生额的60%计入企业筹办费，并按有关规定在税前扣除；发生的广告费和业务宣传费，可按实际发生额计入企业筹办费，并按有关规定在税前扣除[②]。

13.3.7 投资资产的税务处理

投资资产是指企业对外进行权益性投资和债权性投资形成的资产。

1. 投资资产的计税基础

企业通过支付现金方式取得的投资资产，以购买价款为计税基础；通过支付现金以外的方式取得的投资资产，以该资产的公允价值和支付的相关税费为计税基础。

2. 投资资产成本扣除

企业对外投资期间，投资资产的成本在计算应纳税所得额时不得扣除。企业在转让或者

---

① 国家税务总局.关于企业所得税若干税务事项衔接问题的通知.国税函〔2009〕98号，2009.2.27.
② 国家税务总局.关于企业所得税应纳税所得额若干税务处理问题的公告.国家税务总局公告2012年第15号，2012.4.24.

处置投资资产时，投资资产成本准予扣除。

13.3.8 存货的税务处理

存货是指企业持有以备出售的产品或者商品、处在生产过程中的在产品、在生产或者提供劳务过程中耗用的材料和物料等。

1. 存货计税基础

（1）通过支付现金方式取得的存货，以购买价款和支付的相关税费为计税基础。

（2）通过支付现金以外的方式取得的存货，以该存货的公允价值和支付的相关税费为计税基础。

（3）生产性生物资产收获的农产品，以产出或者采收过程中发生的材料费、人工费和分摊的间接费用等必要支出为计税基础。

2. 存货成本扣除

企业使用或销售存货，按照规定计算的存货成本，准予在计算应纳税所得额时扣除。

企业使用或销售的存货的成本计算方法，可以在先进先出法、加权平均法、个别计价法中选用一种。计价方法一经选用，不得随意变更。

13.4 资产处置与划转的税务处理

13.4.1 以非货币性资产投资的税务处理

1. 以非货币性资产投资入股[①]

自2014年1月1日起，实行查账征收的居民企业（简称企业）以非货币性资产向其他居民企业投资而确认的非货币性资产转让所得，可以自确认非货币性资产转让收入年度起，不超过连续5个纳税年度的期间内，分期均匀计入相应年度的应纳税所得额，按照规定计算缴纳企业所得税。

非货币性资产是指除现金、银行存款、应收账款、应收票据，以及准备持有至到期的债券投资等货币性资产以外的资产。

非货币性资产投资，限于以非货币性资产出资设立新的居民企业，或将非货币性资产注入现存的居民企业。

执行时，应注意以下问题。

（1）企业以非货币性资产对外投资，于投资协议生效并办理股权登记手续时，确认非货币性资产转让收入的实现。关联企业之间发生的非货币性资产投资行为，投资协议生效后12个月内尚未完成股权变更登记手续的，于投资协议生效时，确认非货币性资产转让收入的实现。

（2）非货币性资产转让所得的计算如下。

非货币性资产转让所得=非货币性资产评估后的公允价值-非货币性资产的计税基础

---

① 财政部、国家税务总局.关于非货币性资产投资企业所得税政策问题的通知.财税〔2014〕116号，2014.12.31；国家税务总局.关于非货币性资产投资企业所得税有关征管问题的公告.国家税务总局公告2015年第33号，2015.5.8.

（3）取得股权的计税基础，按照下列公式计算，并逐年进行调整。

股权计税基础=非货币性资产的原计税成本+每年确认的非货币性资产转让所得

（4）被投资企业取得非货币性资产的计税基础，按照非货币性资产的公允价值确定。

（5）企业在对外投资5年内转让上述股权或投资收回的，停止执行递延纳税政策，并就递延期内尚未确认的非货币性资产转让所得，在转让股权或投资收回当年的企业所得税年度汇算清缴时，一次性计算缴纳企业所得税；企业在计算股权转让所得时，可将股权的计税基础一次调整到位。

企业在对外投资5年内注销的，停止执行递延纳税政策，并就递延期内尚未确认的非货币性资产转让所得，在注销当年的企业所得税年度汇算清缴时，一次性计算缴纳企业所得税。

（6）企业发生非货币性资产投资，符合特殊性税务处理条件的，也可选择按特殊性税务处理规定执行。具体内容见13.5节。

2. 以技术成果投资入股[1]

技术成果是指专利技术（含国防专利）、计算机软件著作权、集成电路布图设计专有权、植物新品种权、生物医药新品种，以及科技部、财政部、国家税务总局确定的其他技术成果。技术成果投资入股，是指纳税人将技术成果所有权让渡给被投资企业，取得该企业股票（权）的行为。

自2016年9月1日起，实行查账征收的居民企业以技术成果投资入股到境内居民企业，被投资企业支付的对价全部为股票（权）的，企业可以选择继续按现行有关税收政策[2]执行，也可以选择适用递延纳税优惠政策。

选择技术成果投资入股递延纳税政策的，经向主管税务机关备案，投资入股当期可暂不纳税，允许递延至转让股权时，按股权转让收入减去技术成果原值和合理税费后的差额计算缴纳所得税。

企业选择适用上述任一项政策，均允许被投资企业按技术成果投资入股时的评估值入账并在税前摊销扣除。

13.4.2 投资转让或收回的税务处理

1. 股权投资转让或收回

企业转让或收回股权投资，按照规定确认股权投资所得或损失。

（1）企业转让股权收入于转让协议生效且完成股权变更手续时，确认收入的实现。企业转让股权收入扣除为取得该股权所发生的成本后，为股权转让所得。在计算股权转让所得时，不得扣除被投资企业未分配利润等股东留存收益中按该项股权所可能分配的金额[3]。

【例13-11】

甲公司持有乙公司（未上市）60%的股权，实际投资成本2 000万元。2018年9月，甲公

---

[1] 财政部、国家税务总局.关于完善股权激励和技术入股有关所得税政策的通知.财税〔2016〕101号，2016.9.20；国家税务总局.关于股权激励和技术入股所得税征管问题的公告.国家税务总局公告2016年第62号，2016.9.28.

[2] 企业现行税收政策，包括：在一个纳税年度内，居民企业技术转让所得不超过500万元的部分，免征企业所得税，超过500万元的部分，减半征收企业所得税；以非货币性资产投资入股，其非货币性资产转让所得可以享受5年期递延纳税政策.

[3] 国家税务总局.关于贯彻落实企业所得税法若干税收问题的通知.国税函〔2010〕79号，2010.2.22.

司将持有的乙公司股权全部转让给丙公司,成交价格(公允价值)2 350万元。转让该项股权时,乙公司"盈余公积"和"未分配利润"累计500万元。

解析:

甲公司实现的股权转让所得=2 350-2 000=350(万元)

(2)投资企业从被投资企业撤回或减少投资,其取得的资产中,相当于初始出资的部分,应确认为投资收回;相当于被投资企业累计未分配利润和累计盈余公积按减少实收资本比例计算的部分,应确认为股息所得;其余部分确认为投资资产转让所得[1]。

企业清算时,被清算企业的股东分得的剩余资产的金额,其中相当于被清算企业累计未分配利润和累计盈余公积中按该股东所占股份比例计算的部分,应确认为股息所得;剩余资产减除股息所得后的余额,超过或低于股东投资成本的部分,应确认为股东的投资转让所得或损失[2]。

【例13-12】

甲公司持有乙公司(未上市)60%的股权,实际投资成本2 000万元。假如甲公司于2018年9月份将持有的乙公司股权全部收回,取得价款(公允价值)2 350万元。收回该项股权时,乙公司"盈余公积"和"未分配利润"累计500万元。

解析:

甲公司实现的股息所得=500×60%=300(万元)

甲公司实现的股权转让所得=2 350-300-2 000=50(万元)

股息所得属于免税收入,免征企业所得税;股权转让所得,全额计算缴纳企业所得税。

(3)企业对外进行权益性(股权)投资所发生的损失,在经确认的损失发生年度,作为企业损失在计算企业应纳税所得额时一次性扣除[3]。

2. 国债转让或到期兑付[4]

企业转让国债属于转让财产,取得的收益,计入应纳税所得额计算纳税;发生的损失,准予在税前扣除。

(1)企业转让国债,于转让国债合同、协议生效的日期,或者国债移交时确认转让收入的实现。企业投资购买国债,到期兑付的,在国债发行时约定的应付利息的日期,确认国债转让收入的实现。

(2)企业转让或到期兑付国债取得的价款,减除其购买国债成本,再扣除其持有期间按照税收规定计算的国债利息收入及交易过程中相关税费后的余额,为企业转让国债收益(损失)。

转让收益或损失=转让或到期兑付国债取得的价款-国债成本-持有期间按照税收规定计算的利息收入-交易过程中相关税费

国债持有期间按照税法规定计算的利息收入,计算办法见"13.2 应纳税所得额的计算"。

---

[1] 国家税务总局.关于企业所得税若干问题的公告.国家税务总局公告2011年第34号,2011.6.9.
[2] 财政部、国家税务总局.关于企业清算业务企业所得税处理若干问题的通知.财税〔2009〕60号,2009.4.30.
[3] 国家税务总局.关于企业股权投资损失所得税处理问题的公告.国家税务总局公告2010年第6号,2010.7.28.
[4] 国家税务总局.关于国债投资业务企业所得税处理问题的公告.国家税务总局公告2011年第36号,2011.6.22.

国债成本,按照以下规定确定。

① 通过支付现金方式取得的国债,以买入价和支付的相关税费为成本。

② 通过支付现金以外的方式取得的国债,以该资产的公允价值和支付的相关税费为成本。

企业在不同时间购买同一种国债的,其转让时的成本计算方法,可在先进先出法、加权平均法、个别计价法中选用一种。计价方法一经选用,不得随意改变。

13.4.3 资产划转的税务处理

1. 企业接收政府划入资产[①]

(1) 企业接收县级以上人民政府(包括政府有关部门,下同)划入国有资产,凡明确以股权投资方式投入企业的,作为增加国家资本金(包括资本公积)处理。该项资产如为非货币性资产,按照政府确定的接收价值确定资产的计税基础。

(2) 企业接收县级以上人民政府无偿划入国有资产,凡指定专门用途并按"不征税收入"管理的,可以作为不征税收入。其中,该项资产属于非货币性资产的,按照政府确定的接收价值计算不征税收入。

(3) 企业接收县级以上人民政府无偿划入国有资产,属于上述(1)、(2)项以外情形的,按照政府确定的接收价值,计入当期收入总额计算缴纳企业所得税。政府没有确定接收价值的,按照资产的公允价值计算确定应税收入。

2. 企业接收股东划入资产[②]

(1) 企业接收股东划入资产(包括股东赠予资产、上市公司在股权分置改革过程中接收原非流通股股东和新非流通股股东赠予的资产、股东放弃本企业的股权,下同),凡合同、协议约定作为资本金(包括资本公积)且在会计上已做实际处理的,不计入企业的收入总额,企业按照公允价值确定该项资产的计税基础。

(2) 企业接收股东划入资产,凡作为收入处理的,按照公允价值计入收入总额,计算缴纳企业所得税,同时按照公允价值确定该项资产的计税基础。

3. 母子公司划转资产[③]

1) 特殊性税务处理的适用条件

100%直接控制的居民企业之间,以及受同一或相同多家居民企业100%直接控制的居民企业之间按账面净值划转股权或资产,同时符合以下条件的,可以选择特殊性税务处理。

(1) 具有合理商业目的,不以减少、免除或者推迟缴纳税款为主要目的。

(2) 股权或资产划转完成日起连续12个月内,不改变被划转股权或资产原来实质性经营活动(股权或资产划转完成日,是指股权或资产划转合同、协议或批复生效,且交易双方已进行会计处理的日期)。

(3) 划出方企业和划入方企业均未在会计上确认损益。

2) 特殊性税务处理办法

100%直接控制的居民企业之间,以及受同一或相同多家居民企业100%直接控制的居民

[①] 国家税务总局.关于企业所得税应纳税所得额若干问题的公告.国家税务总局公告2014年第29号.2014.5.23.

[②] 国家税务总局.关于企业所得税应纳税所得额若干问题的公告.国家税务总局公告2014年第29号.2014.5.23.

[③] 财政部、国家税务总局.关于促进企业重组有关企业所得税处理问题的通知.财税〔2014〕109号,2014.12.25;国家税务总局.关于资产(股权)划转企业所得税征管问题的公告.国家税务总局公告2015年第40号,2015.5.27.

企业之间按账面净值划转股权或资产,同时符合上述条件的,可以选择按以下规定进行特殊性税务处理。

(1) 划出方企业和划入方企业均不确认所得。

(2) 划入方企业取得被划转股权或资产的计税基础,以被划转股权或资产的原账面净值(原计税基础)确定。

(3) 划入方企业取得的被划转资产,按其原账面净值(原计税基础)计算折旧或摊销扣除。

交易双方进行特殊性税务处理的,必须在协商一致的基础上,采取一致处理原则,统一进行特殊性税务处理。在企业所得税年度汇算清缴时,分别向各自主管税务机关报送《居民企业资产(股权)划转特殊性税务处理申报表》和相关资料。

3) 特定情形及变化后的税务处理

100%直接控制的居民企业之间,以及受同一或相同多家居民企业100%直接控制的居民企业之间按账面净值划转股权或资产,限于以下情形。

(1) 100%直接控制的母子公司之间,母公司向子公司按账面净值划转其持有的股权或资产,母公司获得子公司100%的股权支付。符合特殊性税务处理条件,双方一致选择特殊性税务处理的:母公司按增加长期股权投资处理,取得子公司股权的计税基础,以划出股权或资产的原计税基础确定;子公司按接受投资(包括资本公积)处理,划入资产的计税基础,按其原计税基础确定。

因条件变化而不符合特殊性税务处理条件的,母公司按原划转完成时股权或资产的公允价值,视同销售处理,并按公允价值确认取得长期股权投资的计税基础;子公司按公允价值确认划入股权或资产的计税基础。

【例13-13】

2018年10月10日,母子公司进行资产重组。母公司将其部分房屋产权、土地使用权及其相关劳动力一并划入全资子公司(A)。母公司划出土地房屋原值1 080万元,累计折旧和摊销280万元,账面净值(与计税基础相同)800万元,公允价值1 200万元。母公司按照账面净值划转,作为增加长期股权投资处理。

解析:

① 符合特殊性税务处理的3个条件,选择特殊性税务处理的。

母公司按追加投资处理:对全资子公司(A)的长期股权投资计税基础增加800万元;土地房屋账面净值减少800万元;不确认资产转让所得,不缴纳企业所得税。

全资子公司(A)按接受投资处理:土地房屋计税基础增加800万元;实收资本或资本公积增加800万元。

② 因条件变化而不符合特殊性税务处理条件的。

母公司按视同销售和追加投资处理:对全资子公司(A)的长期股权投资的计税基础增加1 200万元;土地房屋账面净值减少800万元;确认资产转让所得400万元(1 200-800),可以分5年期缴纳企业所得税。

全资子公司(A)按接受投资处理:土地房屋计税基础增加1 200万元,实收资本或资本公积增加1 200万元。

(2) 100%直接控制的母子公司之间,母公司向子公司按账面净值划转其持有的股权或资产,母公司没有获得任何股权或非股权支付。符合特殊性税务处理条件,双方一致选择特殊性税务处理的:母公司按冲减实收资本(包括资本公积)处理;子公司按接受投资处理。

因条件变化而不符合特殊性税务处理条件的,母公司按原划转完成时股权或资产的公允价值视同销售处理;子公司按公允价值确认划入股权或资产的计税基础。

(3)100%直接控制的母子公司之间,子公司向母公司按账面净值划转其持有的股权或资产,子公司没有获得任何股权或非股权支付。符合特殊性税务处理条件,双方一致选择特殊性税务处理的:母公司按收回投资处理,按被划转股权或资产的原计税基础,相应调减持有子公司股权的计税基础;子公司按冲减实收资本处理。

因条件变化而不符合特殊性税务处理条件的,子公司按原划转完成时股权或资产的公允价值视同销售处理;母公司按撤回或减少投资处理。

【例13-14】
2018年10月10日,母子公司进行资产重组。全资子公司(B)将其部分房屋产权、土地使用权及其相关劳动力一并划给母公司;划出土地房屋原值1 000万元,累计折旧和摊销400万元,账面净值(与计税基础相同)600万元,公允价值700万元。全资子公司(B)按照账面净值划转,没有获得任何股权或非股权支付。母公司按收回投资处理,收回投资时,全资子公司(B)净资产1 550万元,其中:实收资本1 600万元(系接受母公司投入资本),未分配利润-50万元。

解析:
① 符合特殊性税务处理的3个条件,选择特殊性税务处理的。
母公司按收回投资处理:土地房屋计税基础增加600万元,对全资子公司(B)的长期股权投资计税基础减少600万元。
全资子公司(B)按减资处理:实收资本或资本公积减少600万元,土地房屋计税基础减少600万元;不确认资产转让所得,不缴纳企业所得税。
② 因条件变化而不符合特殊性税务处理条件的。
母公司按收回投资处理:土地房屋计税基础增加700万元,对全资子公司(B)的长期股权投资计税基础减少700万元。
全资子公司(B)按减资处理:实收资本或资本公积减少700万元,土地房屋计税基础减少600万元;确认资产转让所得100万元(700-600),应计算缴纳企业所得税。

(4)受同一或相同多家母公司100%直接控制的子公司之间,在母公司主导下,一家子公司向另一家子公司按账面净值划转其持有的股权或资产,划出方没有获得任何股权或非股权支付。符合特殊性税务处理条件,双方一致选择特殊性税务处理的:划出方按冲减所有者权益处理,划入方按接受投资处理。即划出方,按照划出资产原计税基础,做减资处理;划入方,按照划入资产原计税基础,做增资处理。

因条件变化而不符合特殊性税务处理条件的,划出方按原划转完成时股权或资产的公允价值视同销售处理;母公司根据交易情形和会计处理,对划出方按分回股息进行处理,或者按撤回或减少投资进行处理,对划入方按以股权或资产的公允价值进行投资处理;划入方按接受母公司投资处理,以公允价值确认划入股权或资产的计税基础。

13.5 企业重组业务的税务处理[①]

13.5.1 企业重组概述

1. 企业重组的类型

企业重组是指企业在日常经营活动以外发生的法律结构或经济结构重大改变的交易，包括企业法律形式改变、债务重组、股权收购、资产收购、合并、分立等。

（1）企业法律形式改变，是指企业注册名称、住所及企业组织形式等的简单改变，但符合规定其他重组的类型除外。

（2）债务重组是指在债务人发生财务困难的情况下，债权人按照其与债务人达成的书面协议或者法院裁定书，就其债务人的债务做出让步的事项。

（3）股权收购是指一家企业（收购企业）购买另一家企业（被收购企业）的股权，以实现对被收购企业控制的交易。收购企业支付对价的形式包括股权支付、非股权支付或者两者的组合。

（4）资产收购是指一家企业（受让企业）购买另一家企业（转让企业）实质经营性资产的交易。实质经营性资产，是指企业用于从事生产经营活动、与产生经营收入直接相关的资产，包括经营所用各类资产、企业拥有的商业信息和技术、经营活动产生的应收款项、投资资产等。受让企业支付对价的形式包括股权支付、非股权支付或者两者的组合。

（5）合并是指一家或多家企业（被合并企业）将其全部资产和负债转让给另一家现存或新设企业（合并企业），被合并企业股东换取合并企业的股权或非股权支付，实现两个或两个以上企业的依法合并。

（6）分立是指一家企业（被分立企业）将部分或全部资产分离转让给现存或新设的企业（分立企业），被分立企业股东换取分立企业的股权或非股权支付，实现企业的依法分立。

股权支付是指企业重组中购买、换取资产的一方支付的对价中，以本企业或其控股企业的股权、股份作为支付的形式；非股权支付是指以本企业的现金、银行存款、应收款项、本企业或其控股企业股权和股份以外的有价证券、存货、固定资产、其他资产及承担债务等作为支付的形式。控股企业是指由本企业直接持有股份的企业。

2. 当事各方与主导方

（1）重组的当事各方。债务重组中当事各方是债务人、债权人；股权收购中当事各方是指收购方、转让方及被收购企业；资产收购中当事各方是指收购方、转让方；企业合并中当事各方是合并企业、被合并企业及被合并企业股东；企业分立中当事各方是分立企业、被分立企业及被分立企业股东。

上述重组交易中，股权收购中转让方、企业合并中被合并企业股东、企业分立中被分立企业股东，可以是自然人。当事各方中的自然人应按个人所得税的相关规定进行税务处理。

（2）重组主导方。债务重组，债务人是主导方；股权收购，股权转让方是主导方（涉及两个或两个以上股权转让方的，转让股权比例最大的一方是主导方；转让股权比例相同的，可协商确定主导方）；资产收购，资产转让方是主导方；企业合并，被合并企业是主导方；涉

[①] 财政部、国家税务总局.关于企业重组业务企业所得税处理若干问题的通知.财税〔2009〕59号，2009.4.30；国家税务总局.企业重组业务企业所得税管理办法，国家税务总局公告2010年第4号，2010.7.26；财政部、国家税务总局.关于促进企业重组有关企业所得税处理问题的通知.财税〔2014〕109号，2014.12.25；国家税务总局.关于企业重组业务企业所得税征收管理若干问题的公告.国家税务总局公告2015年第48号，2015.6.24.

及同一控制下多家被合并企业的,净资产最大的一方是主导方;企业分立,被分立企业是主导方。

3. 重组业务完成年度

重组业务完成当年,是指重组日所属的企业所得税纳税年度。企业重组日的确定,按照以下规定处理。

(1)债务重组,以债务重组合同(协议)或法院裁定书生效日为重组日。

(2)股权收购,以转让合同(协议)生效且完成股权变更手续日为重组日;关联企业之间发生股权收购,转让合同(协议)生效后12个月内尚未完成股权变更手续的,以转让合同(协议)生效日为重组日。

(3)资产收购,以转让合同(协议)生效且当事各方已进行会计处理的日期为重组日。

(4)企业合并,以合并合同(协议)生效、当事各方已进行会计处理且完成工商新设登记或变更登记日为重组日;按规定不需要办理工商新设或变更登记的合并,以合并合同(协议)生效且当事各方已进行会计处理的日期为重组日。

(5)企业分立,以分立合同(协议)生效、当事各方已进行会计处理且完成工商新设登记或变更登记日为重组日。

13.5.2 一般性税务处理

1. 企业法律形式改变的税务处理

企业由法人转变为个人独资企业、合伙企业等非法人组织,或者将登记注册地转移至中国境外(包括港、澳、台地区),视同企业进行清算、分配,股东重新投资成立新企业。企业的全部资产及股东投资的计税基础,均以公允价值为基础确定。

企业发生其他法律形式简单改变的,可以直接变更税务登记,除另有规定外,有关企业所得税纳税事项(包括亏损结转、税收优惠等权益和义务)由变更后企业承继,但因住所发生变化而不符合税收优惠条件的除外。

2. 债务重组的一般性税务处理

企业债务重组,相关交易的一般性税务处理,按照以下规定执行。

(1)以非货币资产清偿债务,应当分解为转让相关非货币性资产、按非货币性资产公允价值清偿债务两项业务,确认相关资产的所得或损失。

(2)发生债权转股权的,应当分解为债务清偿和股权投资两项业务,确认有关债务清偿所得或损失。

(3)债务人按照支付的债务清偿额低于债务计税基础的差额,确认债务重组所得;债权人按照收到的债务清偿额低于债权计税基础的差额,确认债务重组损失。

(4)债务人的相关所得税纳税事项原则上保持不变。

3. 股权收购的一般性税务处理

企业股权收购,相关交易的一般性税务处理,按照以下规定执行。

(1)被收购方应当确认股权转让所得或损失。

(2)收购方取得股权的计税基础,应当以公允价值为基础确定。

(3)被收购企业的相关所得税事项原则上保持不变。

4. 资产收购的一般性税务处理

企业资产收购,相关交易的一般性税务处理,按照以下规定执行。

（1）被收购方应当确认资产转让所得或损失。
（2）收购方取得资产的计税基础，应当以公允价值为基础确定。
（3）被收购企业的相关所得税事项原则上保持不变。

5. 企业合并的一般性税务处理

企业合并的一般性税务处理，按照以下规定执行。
（1）合并企业应当按照公允价值确定接受被合并企业各项资产和负债的计税基础。
（2）被合并企业及其股东应当按照清算进行所得税处理。
（3）被合并企业的亏损不得在合并企业结转弥补。

6. 企业分立的一般性税务处理

企业分立的一般性税务处理，按照以下规定执行。
（1）被分立企业对分立出去的资产，应当按照公允价值确认资产转让所得或损失。
（2）分立企业应当按照公允价值确认接受资产的计税基础。
（3）被分立企业继续存在时，其股东取得的对价应当视同被分立企业分配进行处理。
（4）被分立企业不再继续存在时，被分立企业及其股东应当按照清算进行所得税处理。
（5）企业分立相关企业的亏损不得相互结转弥补。

13.5.3 特殊性税务处理

1. 适用特殊性税务处理的基本条件

企业重组同时符合以下条件的，适用特殊性税务处理规定。
（1）具有合理的商业目的，且不以减少、免除或者推迟缴纳税款为主要目的。
（2）被收购、合并或分立部分的资产或股权比例符合规定的比例。
（3）企业重组后的连续12个月内不改变重组资产原来的实质性经营活动。
（4）重组交易对价中涉及股权支付金额符合规定的比例。
（5）企业重组中取得股权支付的原主要股东，在重组后连续12个月内，不得转让所取得的股权。

企业重组后的连续12个月内，是指自重组日起计算的连续12个月内。原主要股东，是指原持有转让企业或被收购企业20%以上股权的股东。

企业重组业务适用特殊性税务处理的，除企业发生其他法律形式简单改变情形外，重组各方应在该重组业务完成当年，办理企业所得税年度申报时，分别向各自主管税务机关报送《企业重组所得税特殊性税务处理报告表及附表》和申报资料。合并、分立中重组一方涉及注销的，应在尚未办理注销税务登记手续前进行申报。

重组主导方申报后，其他当事方向其主管税务机关办理纳税申报。申报时附送重组主导方经主管税务机关受理的《企业重组所得税特殊性税务处理报告表及附表》（复印件）。

2. 债务重组的特殊性税务处理

企业重组业务符合规定条件的，交易各方对其交易中的股权支付部分，可以按照特殊性税务处理办法进行处理。

企业债务重组确认的应纳税所得额占该企业当年应纳税所得额50%以上的，可以在5个纳税年度的期间内，均匀计入各年度的应纳税所得额。

企业发生债权转股权业务，对债务清偿和股权投资两项业务暂不确认有关债务清偿所得或损失，股权投资的计税基础以原债权的计税基础确定。企业的其他相关所得税事项保持不变。

具体地说，企业发生债权转股权业务，债务人对债务清偿业务暂不确认所得；债权人对股权投资的计税基础以原债权的计税基础确定，也不确认损失。

3. 股权收购的特殊性税务处理

1）适用特殊性税务处理的具体条件

股权收购，同时符合以下5个条件的，适用特殊性税务处理规定。

（1）具有合理的商业目的，且不以减少、免除或推迟缴纳税款为主要目的。

（2）收购企业购买的股权不低于被收购企业全部股权的50%[①]。

（3）收购企业在收购该股权时的股权支付金额，不低于其交易支付总额的85%。

（4）自重组日起计算的连续12个月内，不改变重组资产原来的实质性经营活动。

（5）取得股权支付的原主要股东，自重组日起计算的连续12个月内，不得转让所取得的股权。

2）特殊性税务处理办法

股权收购符合特殊性重组条件的，交易各方对其交易中的股权支付部分，可以选择适用特殊性税务处理。

（1）被收购企业的股东取得收购企业股权的计税基础，以被收购股权的原有计税基础确定。

（2）收购企业取得被收购企业股权的计税基础，以被收购股权的原有计税基础确定。

（3）收购企业、被收购企业的原有各项资产和负债的计税基础和其他相关所得税事项保持不变。

值得注意的是，股权支付部分暂不确认有关资产的转让所得或损失，但非股权支付应在交易当期确认相应的资产转让所得或损失，并调整相应资产的计税基础。

非股权支付对应的股权转让所得或损失＝（被转让股权的公允价值－被转让股权的计税基础）×（非股权支付金额÷被转让股权的公允价值）

4. 资产收购的特殊性税务处理

1）适用特殊性税务处理的具体条件

资产收购，同时符合以下5个条件的，适用特殊性税务处理规定。

（1）具有合理的商业目的，且不以减少、免除或推迟缴纳税款为主要目的。

（2）受让企业收购的资产不低于转让企业全部资产的50%[②]。

（3）受让企业在收购该资产时的股权支付金额，不低于其交易支付总额的85%。

（4）自重组日起计算的连续12个月内，不改变重组资产原来的实质性经营活动。

（5）取得股权支付的原主要股东，自重组日起计算的连续12个月内，不得转让所取得的股权。

2）特殊性税务处理办法

资产收购符合特殊性重组条件的，交易各方对其交易中的股权支付部分，可以选择适用特殊性税务处理。

（1）转让企业（被收购资产的企业）取得受让企业股权的计税基础，以被转让资产的原

[①] 财政部、国家税务总局.关于促进企业重组有关企业所得税处理问题的通知.财税〔2014〕109号，2014.12.25.
[②] 财政部、国家税务总局.关于促进企业重组有关企业所得税处理问题的通知.财税〔2014〕109号，2014.12.25.

有计税基础确定。

（2）受让企业（受让资产的企业）取得转让企业的资产的计税基础，以被转让资产的原有计税基础确定。

值得注意的是，股权支付部分暂不确认有关资产的转让所得或损失的，但非股权支付仍应在交易当期确认相应的资产转让所得或损失，并调整相应资产的计税基础。

非股权支付对应的资产转让所得或损失=（被转让资产的公允价值-被转让资产的计税基础）×（非股权支付金额÷被转让资产的公允价值）

5．企业合并的特殊性税务处理

1）适用特殊性税务处理的具体条件

企业合并，同时符合以下条件的，适用特殊性税务处理规定。

（1）具有合理的商业目的，且不以减少、免除或推迟缴纳税款为主要目的。

（2）企业股东在该企业合并发生时取得的股权支付金额，不低于其交易支付总额的85%，以及同一控制[①]下且不需要支付对价的企业合并。

（3）自重组日起计算的连续12个月内，不改变重组资产原来的实质性经营活动。

（4）取得股权支付的原主要股东，自重组日起计算的连续12个月内，不得转让所取得的股权。

2）特殊性税务处理办法

企业合并，符合特殊性重组条件的，交易各方对其交易中的股权支付部分，可以选择适用特殊性税务处理。

（1）合并企业接受被合并企业资产和负债的计税基础，以被合并企业的原有计税基础确定。

（2）被合并企业合并前的相关所得税事项由合并企业承继（包括尚未确认的资产损失、分期确认收入的处理及尚未享受期满的税收优惠政策承继处理问题等）。

（3）可由合并企业弥补的被合并企业亏损的限额按下列公式计算。

可由合并企业弥补的被合并企业亏损的限额=被合并企业净资产公允价值×截至合并业务发生当年年末国家发行的最长期限的国债利率

可由合并企业弥补的被合并企业亏损的限额，是指按税法规定的剩余结转年限内，每年可由合并企业弥补的被合并企业亏损的限额。

（4）被合并企业股东取得合并企业股权的计税基础，以其原持有的被合并企业股权的计税基础确定。

值得注意的是，股权支付部分暂不确认所得或损失的，但非股权支付仍应在交易当期确认相应的所得或损失，并调整相应资产的计税基础。计算公式同"资产收购"。

[①]《企业重组业务企业所得税管理办法》规定：同一控制，是指参与合并的企业在合并前后均受同一方或相同的多方最终控制，且该控制并非暂时性的。能够对参与合并的企业在合并前后实施最终控制权的相同多方，是指根据合同或协议的约定，对参与合并企业的财务和经营政策拥有决定控制权的投资者群体。在企业合并前，参与合并各方受最终控制方的控制在12个月以上，企业合并后所形成的主体在最终控制方的控制时间也应达到连续12个月。

【例13-15】

甲公司于2018年8月定向增发股票1 000万股（每股1元），公允价值5 000万元，吸收合并乙公司。乙公司是由A公司、B公司出资设立的，注册资本1 000万元；A公司、B公司对乙公司投资的计税基础分别为600万元、400万元，持股比例分别为60%、40%。合并后，乙公司的资产、债权、债务、劳动力一并划归甲公司。合并后，不改变重组资产原来的实质经营活动。乙公司资产、负债会计处理与税收规定没有差异。合并日，乙公司资产负债如表13-1所示。

表13-1　乙公司（被合并企业）资产负债情况　　　　　　　　金额：万元

项目	账面价值	计税基础	公允价值
资产	5 200	5 200	6 000
负债	1 000	1 000	1 000
净资产	4 200		
其中：实收资本	1 000	4 200	5 000
留存收益	3 200		

解析：该项交易中，甲公司是合并企业，乙公司是被合并企业，A公司、B公司是被合并企业的股东。甲公司以增资方式吸收合并乙公司。

满足特殊性重组条件的，经协商一致，可以适用特殊性税务处理。

（1）甲公司（合并企业）接受乙公司（被合并企业）资产、负债的计税基础，以乙公司原有计税基础确定，分别为5 200万元、1 000万元。

（2）乙公司（被合并企业）不办理企业所得税清算，合并前的相关所得税事项由甲公司（合并企业）承继。

（3）乙公司的股东A公司、B公司取得甲公司（合并企业）股权的计税基础，以其原持有的乙公司（被合并企业）股权的计税基础确定，分别为600万元、400万元。

6. 企业分立的特殊性税务处理

1）适用特殊性税务处理的具体条件

企业分立，同时符合以下条件的，适用特殊性税务处理规定。

（1）具有合理的商业目的，且不以减少、免除或推迟缴纳税款为主要目的。

（2）被分立企业所有股东按原持股比例取得分立企业的股权，且在该企业分立时取得的股权支付金额不低于其交易支付总额的85%。

（3）自重组日起计算的连续12个月内，分立企业和被分立企业均不改变原来的实质性经营活动。

（4）取得股权支付的原主要股东，自重组日起计算的连续12个月内，不得转让所取得的股权。

2）特殊性税务处理办法

企业分立，符合特殊性重组条件的，交易各方对其交易中的股权支付部分，可以选择适用特殊性税务处理。

（1）分立企业接受被分立企业资产和负债的计税基础，以被分立企业的原有计税基础确定。

（2）被分立企业已分立出去资产相应的所得税事项由分立企业承继（包括尚未确认的资产损失、分期确认收入的处理及尚未享受期满的税收优惠政策承继处理问题等）。

（3）被分立企业未超过法定弥补期限的亏损额，可按分立资产占全部资产的比例进行分配，由分立企业继续弥补。

（4）被分立企业的股东取得分立企业的股权（新股），如需部分或全部放弃原持有的被分立企业的股权（旧股），"新股"的计税基础应以放弃"旧股"的计税基础确定。如不需放弃"旧股"，则其取得"新股"的计税基础可从以下两种方法中选择确定。

① 直接将"新股"的计税基础确定为零。

② 以被分立企业分立出去的净资产占被分立企业全部净资产的比例，先调减原持有的"旧股"的计税基础，再将调减的计税基础平均分配到"新股"上。

值得注意的是，股权支付部分暂不确认所得或损失，但非股权支付仍应在交易当期确认相应的所得或损失，并调整相应资产的计税基础。计算公式同"资产收购"。

【例13-16】

甲公司是由A公司与B公司两个股东共同出资设立的有限责任公司，注册资本1 000万元，其中：A公司出资600万元，B公司出资400万元，持股比例分别为60%、40%。2018年8月，甲公司将其一个分部从公司分立出去，设立乙公司，注册资本1 200万元。所有股东（A公司和B公司）仍按原持股比例对乙公司持股。公司分立后，甲、乙公司原来的实质经营活动均不改变。分立前，甲公司资产、负债会计处理与税收规定没有差异。分立日，甲公司资产负债如表13-2所示。

表13-2 甲公司（被分立企业）资产负债情况　　　　　金额：万元

项目	分立日金额			分出金额		
	账面价值	计税基础	公允价值	账面价值	计税基础	公允价值
资产	5 800	5 800	6 000	1 300	1 300	1 400
负债	1 200	1 200	1 200	200	200	200
净资产	4 600	4 600	4 800	1 100	1 100	1 200
其中：实收资本	1 000					
留存收益	3 600					

解析：甲公司是被分立企业，乙公司是分立企业（甲公司分立后成立的企业），A公司、B公司是甲公司（被分立企业）的股东，也是乙公司（分立企业）的股东，且持股比例不变。

满足特殊性重组条件的，经协商一致，可以适用特殊性税务处理。

（1）甲公司（被分立企业）对分立出去资产，不确认资产转让所得或损失；分立出去资产相应的所得税事项由乙公司（分立企业）承继。

（2）乙公司（分立企业）接受甲公司（被分立企业）资产和负债的计税基础，以甲公司的原有计税基础确定，分别为1 300万元、200万元。

（3）股东A公司和B公司没有放弃持有的甲公司（被分立企业）的股权（旧股），取得乙公司（分立企业）"新股"的计税基础，可从以下方法中选择确定。

① 直接将"新股"的计税基础确定为零。
② 以甲公司（被分立企业）分立出去的净资产占甲公司全部净资产的比例，先调减"旧股"的计税基础，再将调减的计税基础平均分配到"新股"上。
A公司"新股"计税基础=600×（1 200÷4 800）=150（万元）
A公司"旧股"计税基础=600-150=450（万元）
B公司"新股"计税基础=400×（1 200÷4 800）=100（万元）
B公司"旧股"计税基础=400-100=300（万元）

13.5.4 其他相关问题处理

1. 税收优惠政策承继问题[①]

企业合并或者分立，适用特殊性税务处理的，凡属于依照税法规定，就企业整体（即全部生产经营所得）享受税收优惠政策的，合并或者分立后的企业性质及适用税收优惠条件未发生改变的，可以继续享受合并前各企业或者分立前被分立企业剩余期限的税收优惠。合并前各企业剩余的税收优惠年限不一致的，合并后企业每年度的应纳税所得额，统一按照合并日各合并前企业资产占合并后企业总资产的比例进行划分，再分别按照相应的剩余优惠计算应纳税额。合并前各企业或者分立前被分立企业按照税收优惠规定，就有关生产经营项目所得享受的税收优惠，优惠政策尚未期满的，享受至期满；优惠政策届满后，不得重复享受。

2. 涉及境内外之间股权、资产收购的税务处理

企业发生涉及中国境内与境外之间（包括港、澳、台地区）的股权和资产收购交易，除应符合特殊性税务处理的基本条件外，还应同时符合下列条件，才可选择适用特殊性税务处理规定。

（1）非居民企业向其100%直接控股的另一非居民企业转让其拥有的居民企业股权，没有因此造成以后该项股权转让所得预提税负担变化，且转让方非居民企业向主管税务机关书面承诺在3年（3年）内不转让其拥有受让方非居民企业的股权。

（2）非居民企业向与其具有100%直接控股关系的居民企业转让其拥有的另一居民企业股权。

（3）居民企业以其拥有的资产或股权向其100%直接控股的非居民企业进行投资（若其资产或股权转让收益选择特殊性税务处理，可以在10个纳税年度内均匀计入各年度应纳税所得额）。

（4）财政部、国家税务总局核准的其他情形。

3. 企业分步进行股权、资产收购的税务处理

企业在重组发生前后连续12个月内分步对其资产、股权进行交易，根据实质重于形式原则，将其作为一项企业重组交易进行处理。

跨年度分步交易，若当事方在首个纳税年度不能预计整个交易是否符合特殊性税务处理条件，适用一般性税务处理。在下一纳税年度全部交易完成后，适用特殊性税务处理的，可以调整上一纳税年度的企业所得税年度申报表，涉及多缴税款的，给予退税，或抵缴当年应纳税款[②]。

---

① 国家税务总局.企业重组业务企业所得税管理办法，国家税务总局公告2010年第4号，2010.7.26.
② 国家税务总局.企业重组业务企业所得税管理办法，国家税务总局公告2010年第4号，2010.7.26.

13.6 特别纳税调整

为防范做各种避税行为,我国借鉴国际惯例,对关联企业的转让定价、成本分摊、利润分配等问题做出管理规定,强化反避税管理,维护国家税收利益。

13.6.1 关联交易的纳税调整

1. 关联交易及原则

1）关联方的认定

关联方是指与企业有下列关联关系之一的企业、其他组织或个人。

（1）在资金、经营、购销等方面存在直接或者间接的控制关系。

（2）直接或者间接地同为第三者控制。

（3）在利益上具有相关联的其他关系。

2）关联交易应遵循的原则

关联交易是指企业与其关联方之间进行的业务往来,包括有形资产使用权或者所有权的转让、金融资产的转让、无形资产使用权或者所有权的转让、资金融通、劳务交易等。

企业与其关联方之间的业务往来,应当按照独立交易原则收取或支付价款、费用。独立交易原则是指没有关联关系的交易各方,按照公平成交价格和营业常规进行业务往来所遵循的原则。

2. 预约定价安排

预约定价,是指企业就其未来年度关联交易的定价原则和计算方法,向税务机关提出申请,与税务机关按照独立交易原则协商、确认后达成的协议。

预约定价安排的谈签与执行,通常经过预备会谈、正式申请、审核评估、磋商、签订安排和监控执行六个阶段。预约定价安排的类型,包括单边、双边和多边三种。预约定价安排由设区的市、自治州以上的税务机关受理,一般适用于同时满足以下条件的企业[①]。

（1）年度发生的关联交易金额在4 000万元人民币以上。

（2）依法履行关联申报义务。

（3）按规定准备、保存和提供同期资料。

3. 关联申报与同期资料准备

1）关联申报[②]

企业向税务机关报送年度企业所得税纳税申报表时,应就其与关联方之间的业务往来,附送年度关联业务往来报告表。

实行查账征收的居民企业和在中国境内设立机构、场所并据实申报缴纳企业所得税的非居民企业,年度内与其关联方发生业务往来的,均应进行关联申报。

2）同期资料准备[③]

企业依据税法实施条例规定,按纳税年度准备并按税务机关要求提供其关联交易的同期资料。同期资料包括主体文档、本地文档和特殊事项文档。

[①] 国家税务总局.特别纳税调整实施办法（试行）.国税发〔2009〕2号,2009.1.8.
[②] 国家税务总局.关于完善关联申报和同期资料管理有关事项的公告.国家税务总局公告2016年第42号,2016.6.29.
[③] 国家税务总局.关于完善关联申报和同期资料管理有关事项的公告.国家税务总局公告2016年第42号,2016.6.29.

企业执行预约定价安排的,可以不准备预约定价安排涉及关联交易的本地文档和特殊事项文档。企业仅与境内关联方发生关联交易的,可以不准备主体文档、本地文档和特殊事项文档。

同期资料自税务机关要求之日起30日内提供。企业因不可抗力无法按期提供同期资料的,在不可抗力消除后30日内提供同期资料。

同期资料自税务机关要求的准备完毕之日起保存10年。企业合并、分立的,由合并、分立后的企业保存同期资料。

4. 成本费用分摊

企业与其关联方共同开发、受让无形资产,或者共同提供、接受劳务发生的成本,在计算应纳税所得额时,按照独立交易原则进行分摊。

企业可以依照税法规定,按照独立交易原则与其关联方分摊共同发生的成本,达成成本分摊协议。分摊成本时,按照成本与预期收益相配比的原则进行分摊,并在税务机关规定的期限内,按照税务机关的要求报送有关资料。违反上述规定的,其自行分摊的成本不得在计算应纳税所得额时扣除。

5. 转让定价方法[①]

企业与其关联方之间的业务往来,不符合独立交易原则而减少企业或其关联方应纳税收入或所得额的,税务机关有权按照合理方法进行调整。

1)可比非受控价格法

可比非受控价格法,是指按照没有关联关系的交易各方进行相同或者类似业务往来的价格进行定价的方法。该方法适用于所有类型的关联交易。

2)再销售价格法

再销售价格法,是指按照从关联方购进商品再销售给没有关联关系的交易方的价格,减去相同或者类似业务的销售毛利进行定价的方法。该方法通常适用于再销售者未对商品进行改变外型、性能、结构或更换商标等实质性增值加工的简单加工或单纯购销业务。

公平成交价格=再销售给非关联方的价格×(1−可比非关联交易毛利率)

可比非关联交易毛利率=(可比非关联交易毛利÷可比非关联交易收入净额)×100%

3)成本加成法

成本加成法,是指按照成本加合理的费用和利润进行定价的方法。该方法通常适用于有形资产的购销、转让和使用,以及劳务提供或资金融通的关联交易。

公平成交价格=关联交易的合理成本×(1+可比非关联交易成本加成率)

可比非关联交易成本加成率=(可比非关联交易毛利÷可比非关联交易成本)×100%

4)交易净利润法

交易净利润法,是指按照没有关联关系的交易各方进行相同或者类似业务往来取得的净利润水平确定利润的方法。该方法通常适用于有形资产的购销、转让和使用,无形资产的转让和使用,以及劳务提供等关联交易。

5)利润分割法

利润分割法,是指将企业与其关联方的合并利润或者亏损在各方之间采用合理标准进行

---

① 国家税务总局.特别纳税调查调整及相互协商程序管理办法.国家税务总局公告2017年第6号,2017.3.17.

分配的方法。该方法通常适用于各参与方关联交易高度整合且难以单独评估各方交易结果的情况。

利润分割法分为一般利润分割法和剩余利润分割法。一般利润分割法根据关联交易各参与方所执行的功能、承担的风险及使用的资产，确定各自应取得的利润。剩余利润分割法将关联交易各参与方的合并利润减去分配给各方的常规利润的余额作为剩余利润，再根据各方对剩余利润的贡献程度进行分配。

6）其他符合独立交易原则的方法

其他符合独立交易原则的方法包括成本法、市场法和收益法等资产评估方法，以及其他能够反映利润与经济活动发生地和价值创造地相匹配原则的方法。

6. 资本弱化管理

1）基本规定

税法规定，企业从其关联方接受的债权性投资与权益性投资的比例超过规定标准而发生的利息支出，不得在计算应纳税所得额时扣除。

债权性投资，是指企业直接或者间接从关联方获得的，需要偿还本金和支付利息或者需要以其他具有支付利息性质的方式予以补偿的融资。企业间接从关联方获得的债权性投资，包括关联方通过无关联第三方提供的债权性投资，无关联第三方提供的、由关联方担保且负有连带责任的债权性投资，其他间接从关联方获得的具有负债实质的债权性投资。权益性投资，是指企业接受的不需要偿还本金和支付利息，投资人对企业净资产拥有所有权的投资。

在计算应纳税所得额时，企业实际支付给关联方的利息支出，若其接受关联方债权性投资与其权益性投资比例不超过规定比例（金融企业为5∶1，其他企业为2∶1）和按税法及其实施条例有关规定计算的部分，准予扣除，超过的部分不得在发生当期和以后年度扣除。但是，如果企业能够按照税法及其实施条例的有关规定提供相关资料，并证明相关交易活动符合独立交易原则的；或者该企业的实际税负不高于境内关联方的，其实际支付给境内关联方的利息支出，在计算应纳税所得额时准予扣除[1]。

2）具体处理办法[2]

（1）企业关联债资比例超过标准比例的利息支出，不得在计算应纳税所得额时扣除。

不得扣除利息支出＝年度实际支付的全部关联方利息×（1－标准比例÷关联债资比例）

其中：标准比例，是指税法规定的企业接受关联方债权性投资与其权益性投资的比例，金融企业为5∶1，其他企业为2∶1。关联债资比例，是指企业从其全部关联方接受的债权性投资（简称关联债权投资）占企业接受的权益性投资（简称权益投资）的比例，关联债权投资包括关联方以各种形式提供担保的债权性投资。

关联债资比例＝年度各月平均关联债权投资之和÷年度各月平均权益投资之和

其中：

各月平均关联债权投资＝（关联债权投资月初账面余额＋关联债权投资月末账面余额）÷2
各月平均权益投资＝（权益投资月初账面余额＋权益投资月末账面余额）÷2

---

[1] 财政部、国家税务总局.关于企业关联方利息支出税前扣除标准有关税收政策的通知.财税〔2008〕121号，2008.9.19.
[2] 国家税务总局.特别纳税调整实施办法（试行）.国税发〔2009〕2号，2009.1.8.

权益投资为企业资产负债表所列示的所有者权益金额。如果所有者权益小于实收资本（股本）与资本公积之和，则权益投资为实收资本（股本）与资本公积之和；如果实收资本（股本）与资本公积之和小于实收资本（股本）金额，则权益投资为实收资本（股本）金额。

（2）不得在税前扣除的利息支出，不得结转到以后纳税年度，应按照实际支付给各关联方利息占关联方利息总额的比例，在各关联方之间进行分配。其中，分配给实际税负高于企业的境内关联方的利息准予扣除；直接或间接实际支付给境外关联方的利息应视同分配的股息，按照股息和利息分别适用的所得税税率差补征企业所得税，如已扣缴的所得税款多于按股息计算应征所得税款，多出的部分不予退税。

（3）企业未按规定准备、保存和提供相关资料，不能证明关联债权投资金额、利率、期限、融资条件及债资比例符合独立交易原则的，其超过标准比例的关联方利息支出，不得在计算应纳税所得额时扣除。

上述所称利息支出，包括直接或间接关联债权投资实际支付的利息、担保费、抵押费和其他具有利息性质的费用。

7. 应纳税所得额的核定

税务机关在进行关联业务调查时，企业及其关联方，以及与关联业务调查有关的其他企业，应按照规定提供相关资料。企业不提供与其关联方之间业务往来资料，或提供虚假、不完整资料，未能真实反映其关联业务往来情况的，税务机关有权依照下列办法核定其应纳税所得额。

（1）参照同类或者类似企业的利润率水平核定。
（2）按照企业成本加合理的费用和利润的方法核定。
（3）按照关联企业集团整体利润的合理比例核定。
（4）按照其他合理方法核定。

企业对税务机关按照上述办法核定的应纳税所得额有异议的，应提供相关证据，经税务机关认定后，调整核定的应纳税所得额。

8. 受控外国企业管理

由居民企业或者由居民企业和中国居民控制的设立在实际税负明显低于税法规定的税率水平（25%）的国家（地区）的企业，并非由于合理的经营需要而对利润不作分配或者减少分配的，上述利润中应归属于该居民企业的部分，应计入该居民企业的当期收入。

中国居民是指根据我国个人所得税法的规定，就其从中国境内、境外取得的所得在中国缴纳个人所得税的个人。居民企业和居民个人，统称为中国居民股东，包括中国居民企业股东和中国居民个人股东。受我国居民股东控制的外国企业，简称受控外国企业。

所称控制，是指在股份、资金、经营、购销等方面构成实质控制。其中，股份控制是指由中国居民股东在纳税年度任何一天单层直接或多层间接单一持有外国企业10%以上有表决权股份，且由其共同持有该外国企业50%以上股份。中国居民股东多层间接持有股份，按各层持股比例相乘计算。中间层持有股份超过50%的，按100%计算。

实际税负明显低于企业所得税法规定税率水平，是指低于企业所得税法规定税率（25%）的50%。

1）视同股息分配所得的计算[①]

受控外国企业并非由于合理的经营需要而对利润不作分配或者减少分配的，中国居民企

---

① 国家税务总局.特别纳税调整实施办法（试行）.国税发〔2009〕2号，2009.1.8.

业股东按以下办法计算应归属于当期的视同受控外国企业股息分配的所得。

中国居民企业股东当期所得＝视同股息分配额×实际持股天数÷受控外国企业纳税年度天数×股东持股比例

中国居民股东多层间接持有股份的，股东持股比例按各层持股比例相乘计算。

受控外国企业与中国居民企业股东纳税年度存在差异的，将视同股息分配所得计入受控外国企业纳税年度终止日所属的中国居民企业股东的纳税年度。

受控外国企业实际分配的利润已按照中国税法规定征税的，不再计入中国居民企业股东的当期所得。

2）当期所得的税收抵免[①]

计入中国居民企业股东的当期所得，已在境外缴纳的企业所得税款，可以按照税法或税收协定的有关规定抵免。

3）免于计入当期所得的视同股息分配额[②]

中国居民企业股东能够提供资料证明其控制的外国企业满足以下条件之一的，可免于将外国企业不作分配或减少分配的利润视同股息分配额计入中国居民企业股东的当期所得。

（1）设立在国家税务总局指定的非低税率国家（地区）。
（2）主要取得积极经营活动所得。
（3）年度利润总额低于500万元人民币。

为简化判定受控外国企业的实际税负，国家税务总局规定，中国居民企业或居民个人能够提供资料证明其控制的外国企业设立在美国、英国、法国、德国、日本、意大利、加拿大、澳大利亚、印度、南非、新西兰和挪威的，可免于将该外国企业不作分配或者减少分配的利润视同股息分配额计入中国居民企业的当期所得[③]。

9. 其他安排的税务处理

企业实施其他不具有合理商业目的的安排而减少其应纳税收入或所得额的，税务机关有权按照合理方法调整。不具有合理商业目的是指以减少、免除或推迟缴纳税款为主要目的。

企业与其关联方之间的业务往来，不符合独立交易原则，或企业实施其他不具有合理商业目的的安排的，税务机关有权在该业务发生的纳税年度起10年内，进行纳税调整。

13.6.2 补税与加收利息

1. 基本规定

税务机关依照"特别纳税调整"规定做出纳税调整，需要补征税款的，应当补征税款。同时，对补征的税款，自税款所属纳税年度的次年6月1日起至补缴税款之日止的期间，按日加收利息。利息按照税款所属纳税年度中国人民银行公布的与补税期间同期的人民币贷款基准利率加5个百分点计算。企业依照税法规定提供有关资料的，可以只按人民币贷款基准利率计算利息。

企业被加收的利息，不得在计算应纳税所得额时扣除。

[①] 国家税务总局.特别纳税调整实施办法（试行）.国税发〔2009〕2号，2009.1.8.
[②] 国家税务总局.特别纳税调整实施办法（试行）.国税发〔2009〕2号，2009.1.8.
[③] 国家税务总局.关于简化判定中国居民股东控制外国企业所在国实际税负的通知，国税函〔2009〕37号，2009.1.21.

2. 具体规定①

特别纳税调查调整补缴的税款，按照应补缴税款所属年度的先后顺序，确定补缴税款的所属年度，以入库日为截止日，分别计算应加收的利息额。

（1）企业在《特别纳税调查调整通知书》送达前缴纳或者送达后补缴税款的，自税款所属纳税年度的次年6月1日起至缴纳或者补缴税款之日止计算加收利息。企业超过《特别纳税调查调整通知书》补缴税款期限仍未缴纳税款的，自补缴税款期限届满次日起，按照《税收征管法》及其实施细则的有关规定加收滞纳金，在加收滞纳金期间不再加收利息。

（2）利息率按照税款所属纳税年度12月31日公布的与补税期间同期的中国人民银行人民币贷款基准利率（以下简称基准利率）加5个百分点计算，并按照一年365天折算日利息率。

（3）企业按照有关规定提供同期资料及有关资料的，或者按照有关规定不需要准备同期资料但根据税务机关要求提供其他相关资料的，可以只按照基准利率加收利息。

企业自行调整补税且主动提供同期资料等有关资料，或者按照有关规定不需要准备同期资料但根据税务机关要求提供其他相关资料的，其2008年1月1日以后发生交易的自行调整补税，按照基准利率加收利息。

但是，经税务机关调查，企业实际关联交易额达到准备同期资料标准，但未按照规定向税务机关提供同期资料的，税务机关补征税款加收的利息，按照基准利率加5个百分点计算。

13.7 税收优惠

企业所得税优惠政策体现了国家经济政策和社会政策。从优惠目的上看，包括经济政策性优惠和社会政策性优惠。从优惠方式上看，包括税基式优惠和税额式优惠，具体包括减免税、减计收入、加速折旧、加计扣除、减低税率、税额抵免等。

13.7.1 免税收入与减计收入

1. 免税收入

除"13.2 应纳税所得额的计算"中叙及的免税收入（国债利息收入，符合条件的股息红利等权益性投资收益，符合条件的非营利组织的收入，免征预提所得税的收入）外，以下收入，免征企业所得税。

（1）企业取得的地方政府债券利息收入，免征企业所得税②。

地方政府债券是指经国务院批准，以省、自治区、直辖市和计划单列市政府为发行和偿还主体的债券。

（2）投资者从证券投资基金分配中取得的收入，暂不征收企业所得税③。

为支持证券投资基金发展，对证券投资基金从证券市场中取得的收入，包括买卖股票、债券的差价收入，股权的股息、红利收入，债券的利息收入及其他收入，暂不征收企业所得税。

对证券投资基金管理人运用基金买卖股票、债券的差价收入，暂不征收企业所得税。

---

① 国家税务总局.特别纳税调查调整及相互协商程序管理办法.国家税务总局公告2017年第6号，2017.3.17.
② 财政部、国家税务总局.关于地方政府债券利息免征所得税问题的通知.财税〔2013〕5号，2013.2.6.
③ 财政部、国家税务总局.关于企业所得税若干优惠政策的通知.财税〔2008〕1号，2008.2.22.

对投资者从证券投资基金分配中取得的收入,暂不征收企业所得税。

2. 减计收入

1) 综合利用资源生产产品取得收入减计收入

企业以《资源综合利用企业所得税优惠目录》规定的资源作为主要原材料,生产国家非限制和非禁止并符合国家和行业相关标准的产品取得的收入,减按90%计入收入总额。

执行中,应注意以下问题。

(1) 企业所从事的项目必须符合《资源综合利用企业所得税优惠目录》规定范围、条件和技术标准。

(2) 企业同时从事其他项目而取得的非资源综合利用收入,必须与资源综合利用收入分开核算;如果没有分开核算,不能享受优惠政策。

2) 金融、保险等机构取得涉农利息、保费减计收入

(1) 自2017年1月1日至2019年12月31日,对金融机构农户小额贷款的利息收入,在计算应纳税所得额时,按90%计入收入总额[1]。小额贷款是指单笔且该农户贷款余额总额在10万元(含本数)以下的贷款。

(2) 自2017年1月1日至2019年12月31日,对经省级金融管理部门(金融办、局等)批准成立的小额贷款公司取得的农户小额贷款利息收入,在计算应纳税所得额时,按90%计入收入总额[2]。

(3) 自2017年1月1日至2019年12月31日,对保险公司为种植业、养殖业提供保险业务取得的保费收入,在计算应纳税所得额时,按90%计入收入总额[3]。保费收入是指原保险保费收入加上分保费收入减去分出保费后的余额。

3) 取得铁路债券利息收入减半征税

企业持有2016—2023年发行的铁路债券取得的利息收入,减半征收企业所得税[4]。铁路债券是指以中国铁路总公司为发行和偿还主体的债券,包括中国铁路建设债券、中期票据、短期融资券等债务融资工具。

13.7.2 研究开发费用加计扣除[5]

税法实施条例规定,企业开发新技术、新产品、新工艺发生的研究开发费用,未形成无形资产计入当期损益的,在按照规定据实扣除的基础上,按照研究开发费用的50%加计扣除;形成无形资产的,按照无形资产成本的150%摊销。

为进一步激励企业加大研发投入,支持科技创新,企业开展研发活动中实际发生的研发费用,未形成无形资产计入当期损益的,在按规定据实扣除的基础上,在2018年1月1日至2020年12月31日期间,再按照实际发生额的75%在税前加计扣除;形成无形资产的,在上述

---

[1] 财政部、国家税务总局.关于延续支持农村金融发展有关税收政策的通知.财税〔2017〕44号,2017.6.9.

[2] 财政部、国家税务总局.关于小额贷款公司有关税收政策的通知.财税〔2017〕48号,2017.6.9.

[3] 财政部、国家税务总局.关于延续支持农村金融发展有关税收政策的通知.财税〔2017〕44号,2017.6.9.

[4] 财政部、国家税务总局.关于铁路债券利息收入所得税政策问题的通知.财税〔2016〕30号,2016.3.10;关于铁路债券利息收入所得税政策的公告.财政部 税务总局公告2019年第57号,2019.4.16.

[5] 财政部、国家税务总局、科技部.关于完善研究开发费用税前加计扣除政策的通知.财税〔2015〕119号,2015.11.2;国家税务总局.关于企业研究开发费用税前加计扣除政策有关问题的公告.国家税务总局公告2015年第97号,2015.12.29;关于研发费用税前加计扣除归集范围有关问题的公告.国家税务总局公告2017年第40号,2017.11.8;财政部、税务总局、科技部.关于企业委托境外研究开发费用税前加计扣除有关政策问题的通知.财税〔2018〕64号,2018.6.25;关于提高研究开发费用税前加计扣除比例有关问题的通知.财税〔2018〕99号,2018.9.20.

期间按照无形资产成本的175%在税前摊销①。

1. 研发活动的界定

适用加计扣除政策的研发活动,是指企业为获得科学与技术新知识,创造性运用科学技术新知识,或实质性改进技术、产品(服务)、工艺而持续进行的具有明确目标的系统性活动。

1)不适用加计扣除政策的活动

下列活动,不适用加计扣除政策。

(1)企业产品(服务)的常规性升级。

(2)对某项科研成果的直接应用,比如,直接采用公开的新工艺、材料、装置、产品、服务或知识等。

(3)企业在商品化后为顾客提供的技术支持活动。

(4)对现存产品、服务、技术、材料或工艺流程进行的重复或简单改变。

(5)市场调查研究、效率调查或管理研究。

(6)作为工业(服务)流程环节或常规的质量控制、测试分析、维修维护。

(7)社会科学、艺术或人文学方面的研究。

2)不适用加计扣除政策的行业

下列行业,不适用加计扣除政策:烟草制造业;住宿和餐饮业;批发和零售业;房地产业;租赁和商务服务业;娱乐业;财政部和国家税务总局规定的其他行业。上述行业以《国民经济行业分类与代码》(GB/T 4754—2017)为准,并随之更新。

不适用加计扣除政策行业的企业,是指以上述所列行业业务为主营业务,其研发费用发生当年的主营业务收入占企业收入总额减去不征税收入和投资收益的余额50%(不含)以上的企业。

3)适用加计扣除政策的特别事项

企业为获得创新性、创意性、突破性的产品进行创意设计活动而发生的相关费用,可以按照规定进行加计扣除。创意设计活动,是指以下活动。

(1)多媒体软件、动漫游戏软件开发,数字动漫、游戏设计制作。

(2)房屋建筑工程设计(绿色建筑评价标准为三星)、风景园林工程专项设计。

(3)工业设计、多媒体设计、动漫及衍生产品设计、模型设计等。

2. 允许加计扣除的研发费用

1)人员人工费用

人员人工费用,包括直接从事研发活动人员的工资、薪金,基本养老保险费,基本医疗保险费,失业保险费,工伤保险费和住房公积金,以及外聘研发人员的劳务费用。

执行中,应注意以下问题。

(1)直接从事研发活动人员,包括研究人员、技术人员、辅助人员。

研究人员是指主要从事研究开发项目的专业人员;技术人员是指具有工程技术、自然科学和生命科学中一个或一个以上领域的技术知识和经验,在研究人员指导下,参与研发工作的人员;辅助人员是指参与研究开发活动的技工。外聘研发人员是指与本企业或劳务派遣企业签订劳务用工协议(合同)和临时聘用的研究人员、技术人员、辅助人员。

接受劳务派遣的企业按照协议(合同)约定支付给劳务派遣企业,且由劳务派遣企业实

---

① 财政部、税务总局、科技部.关于提高研究开发费用税前加计扣除比例的通知.财税〔2018〕99号,2018.9.20.

际支付给外聘研发人员的工资、薪金等费用,属于外聘研发人员的劳务费用。

(2)工资、薪金包括按规定可以在税前扣除的对研发人员股权激励的支出。

(3)直接从事研发活动的人员、外聘研发人员同时从事非研发活动的,企业应对其人员活动情况做必要记录,并将其实际发生的相关费用按实际工时占比等合理方法在研发费用和生产经营费用间分配,未分配的不得加计扣除。

2)直接投入费用

直接投入费用,包括:研发活动直接消耗的材料、燃料和动力费用;用于中间试验和产品试制的模具、工艺装备开发及制造费,不构成固定资产的样品、样机及一般测试手段购置费,试制产品的检验费;用于研发活动的仪器、设备的运行维护、调整、检验、维修等费用,以及通过经营租赁方式租入的用于研发活动的仪器、设备租赁费。

执行中,应注意以下问题。

(1)以经营租赁方式租入的用于研发活动的仪器、设备,同时用于非研发活动的,应对其仪器、设备使用情况做必要记录,并将其实际发生的租赁费按实际工时占比等合理方法在研发费用和生产经营费用间分配,未分配的不得加计扣除。

(2)企业研发活动直接形成产品或作为组成部分形成的产品对外销售的,研发费用中对应的材料费用不得加计扣除。

产品销售与对应的材料费用发生在不同纳税年度且材料费用已计入研发费用的,可在销售当年以对应的材料费用发生额直接冲减当年的研发费用,不足冲减的,结转以后年度继续冲减。

3)折旧费用

折旧费用,仅指用于研发活动的仪器、设备的折旧费。

执行中,应注意以下问题。

(1)用于研发活动的仪器、设备,同时用于非研发活动的,应对其仪器、设备使用情况做必要记录,并将其实际发生的折旧费按实际工时占比等合理方法在研发费用和生产经营费用间分配,未分配的不得加计扣除。

(2)企业用于研发活动的仪器、设备,符合税法规定且选择加速折旧优惠政策的,在享受研发费用加计扣除政策时,就税前扣除的折旧部分计算加计扣除数额。

4)无形资产摊销费用

无形资产摊销费用,仅指用于研发活动的软件、专利权、非专利技术(包括许可证、专有技术、设计和计算方法等)的摊销费用。

执行中,应注意以下问题。

(1)用于研发活动的无形资产,同时用于非研发活动的,企业应对其无形资产使用情况做必要记录,并将其实际发生的摊销费按实际工时占比等合理方法在研发费用和生产经营费用间分配,未分配的不得加计扣除。

(2)用于研发活动的无形资产,符合税法规定且选择缩短摊销年限的,在享受研发费用加计扣除政策时,就税前扣除的摊销部分计算加计扣除数额。

5)新产品设计费、新工艺规程制定费、新药研制的临床试验费、勘探开发技术的现场试验费

这部分费用仅指企业在新产品设计、新工艺规程制定、新药研制的临床试验、勘探开发技术的现场试验过程中发生的与开展该项活动有关的各类费用。

6）其他相关费用

其他相关费用，仅指与研发活动直接相关的其他费用，包括：技术图书资料费、资料翻译费、专家咨询费、高新科技研发保险费；研发成果的检索、分析、评议、论证、鉴定、评审、评估、验收费用；知识产权的申请费、注册费、代理费、差旅费、会议费；职工福利费、补充养老保险费、补充医疗保险费。此类费用总额不得超过可加计扣除研发费用总额的10%。

企业在一个纳税年度内进行多项研发活动的，按照不同研发项目分别归集可加计扣除的研发费用。在计算每个项目其他相关费用的限额时，按照以下公式计算。

其他相关费用限额=上述研发费用的第1）项至第5）项费用之和×10%÷（1-10%）

当其他相关费用实际发生数小于限额时，按实际发生数计算加计扣除数额；当其他相关费用实际发生数大于限额时，按限额计算加计扣除数额。

3. 与研发费用归集相关的其他事项

1）财政性资金的处理

企业取得作为不征税收入处理的财政性资金用于研发活动所形成的费用或无形资产，不得计算加计扣除或摊销。

企业取得的政府补助，会计处理时采用直接冲减研发费用方法且税务处理时未将其确认为应税收入的，应按冲减后的余额计算加计扣除金额。

2）不允许加计扣除的费用

法律、行政法规和国务院财政税务主管部门规定不允许企业所得税前扣除的费用和支出项目，不得计算加计扣除。

已计入无形资产但不属于允许加计扣除研发费用范围的，企业摊销时不得计算加计扣除数额。

3）特殊收入的扣减

企业取得的研发过程中形成的下脚料、残次品、中间试制品等特殊收入，在计算确认收入当年的加计扣除研发费用时，应从已归集研发费用中扣减该特殊收入，不足扣减的，加计扣除研发费用按零计算。

4）资本化时点

企业开展研发活动中实际发生的研发费用形成无形资产的，其资本化的时点与会计处理保持一致。

5）失败的研发活动

失败的研发活动所发生的研发费用，可享受税前加计扣除政策。

4. 委托、合作、集中研发的税务处理

1）委托研发的税务处理

企业委托外部机构或者个人进行研发活动所发生的费用，可以按规定税前扣除。加计扣除时，按照费用实际发生额的80%计入委托方研发费用并计算加计扣除，即以委托方实际支付给受托方的费用的80%作为加计扣除基数。受托方不得进行加计扣除。

执行中，应注意以下问题。

（1）委托外部研究开发费用实际发生额，按照独立交易原则确定。委托方委托关联方开

展研发活动的,受托方需向委托方提供研发过程中实际发生的研发项目费用支出明细情况。

委托个人研发的,应凭个人出具的发票等合法有效凭证在税前加计扣除。

(2)从2018年1月1日起,企业委托境外进行研发活动所发生的费用,按照费用实际发生额的80%计入委托方的委托境外研发费用①。委托境外研发费用不超过境内符合条件的研发费用三分之二的部分,可以按规定在税前加计扣除。

委托境外研发费用实际发生额,按照独立交易原则确定。委托方与受托方存在关联关系的,受托方应向委托方提供研发项目费用支出明细情况。

委托境外进行研发活动应签订技术开发合同,并由委托方到科技行政主管部门进行登记。

值得注意的是,委托境外进行研发活动不包括委托境外个人进行的研发活动。

2)合作开发的税务处理

企业共同合作开发的项目,由合作各方就自身实际承担的研发费用,分别计算加计扣除。

3)集中研发的税务处理

企业集团根据生产经营和科技开发的实际情况,对技术要求高、投资数额大,需要集中研发的项目,其实际发生的研发费用,可以按照权利和义务相一致、费用支出和收益分享相配比的原则,合理确定研发费用的分摊方法,在受益成员企业间进行分摊,由相关成员企业分别计算加计扣除。

5. 研发费用的管理与扣除

企业按照研发项目设置研发支出辅助账,归集核算当年可以加计扣除的各项研发费用实际发生额。按照税务机关的要求,留存备查资料,接受后续管理。

企业在预缴企业所得税时,可以据实扣除研发费用;在汇算清缴企业所得税时,按照规定加计扣除研发费用。

企业符合规定的研发费用加计扣除条件,在2016年1月1日以后未及时享受该项税收优惠的,可以追溯享受并履行相关手续,追溯期限最长为3年。

【例13-17】

某生产企业2018年自行研究开发一项新产品专利技术,在研究开发过程中发生材料费4 000万元、人工费1 000万元、其他费用3 000万元,总计8 000万元。其中:符合资本化条件的支出为4 800万元,费用化支出为3 200万元。2018年12月1日,该专利技术达到预定可使用状态并开始摊销,摊销年限10年。该项目研发费用符合加计扣除政策。

解析:

(1)2018年计入当期损益的研发费用3 200万元,准予在税前据实扣除。同时,加计扣除:3 200×75%=2 400(万元)。

计算年度应纳税所得额时,在会计利润基础上,调减应纳税所得额2 400万元。

(2)2018年,会计上计提无形资产摊销额40万元〔(4 800÷10)÷12〕,准予在税前扣除。

按照税法规定,准予在税前扣除的摊销额:(4 800×175%÷10)÷12=70(万元)。

摊销额加计扣除:70-40=30(万元)或者40×75%=30(万元)。

计算年度应纳税所得额时,在会计利润基础上,调减应纳税所得额30万元。

(3)2019年,会计上计提的无形资产摊销额为480万元(4 800÷10),按税法规定准予在

---

① 财政部、税务总局、科技部.关于企业委托境外研究开发费用税前加计扣除有关政策问题的通知.财税〔2018〕64号,2018.6.25.

税前扣除的摊销额为840万元（4 800×175%÷10）。

摊销额加计扣除：840-480=360（万元），或者480×75%=360（万元）。

计算年度应纳税所得额时，在会计利润基础上，调减应纳税所得额360万元。

（4）2020年度，比照2019年办法处理。

13.7.3 残疾职工工资加计扣除

企业安置残疾人员就业的，在据实扣除其支付给残疾职工工资的基础上，再按照支付给残疾职工工资的100%加计扣除。残疾人员的范围适用《中华人民共和国残疾人保障法》的有关规定。

企业享受安置残疾职工工资100%加计扣除，应同时具备以下条件[①]。

（1）依法与安置的每位残疾人签订了1年以上（含1年）的劳动合同或服务协议，并且安置的每位残疾人在企业实际上岗工作。

（2）为安置的每位残疾人按月足额缴纳了企业所在区县人民政府根据国家政策规定的基本养老保险、基本医疗保险、失业保险和工伤保险等社会保险。

（3）定期通过银行等金融机构向安置的每位残疾人实际支付了不低于企业所在区县适用的经省级人民政府批准的最低工资标准的工资。

（4）具备安置残疾人上岗工作的基本设施。

13.7.4 固定资产加速折旧

符合优惠条件的固定资产，可以采用加速折旧办法。

1. 加速折旧适用范围

1）一般规定

企业拥有并用于生产经营的主要或关键的固定资产，由于以下原因确需加速折旧的，可以缩短折旧年限或者采取加速折旧的方法。

（1）由于技术进步，产品更新换代较快的。

（2）常年处于强震动、高腐蚀状态的。

2）软件和集成电路生产企业的生产设备[②]

（1）企业外购的软件，凡符合固定资产或无形资产确认条件的，可以按照固定资产或无形资产进行核算，其折旧或摊销年限可以适当缩短，最短可为2年（含）。

（2）集成电路生产企业的生产设备，其折旧年限可以适当缩短，最短可为3年（含）。

3）特定行业企业适用的加速折旧政策

（1）自2014年1月1日起，生物药品制造业，专用设备制造业，铁路、船舶、航空航天和其他运输设备制造业，计算机、通信和其他电子设备制造业，仪器仪表制造业，信息传输、软件和信息技术服务业6个行业的企业新购进的固定资产，可以缩短折旧年限或采取加速折旧方法。上述行业的小型微利企业新购进的研发和生产经营共用的仪器、设备，单位价值不超过100万元的，允许一次性计入当期成本费用在计算应纳税所得额时扣除，不再分年度计

---

① 财政部、国家税务总局.关于安置残疾人员就业有关企业所得税优惠政策问题的通知.财税〔2009〕70号，2009.4.30.

② 财政部、国家税务总局.关于进一步鼓励软件产业和集成电路产业发展企业所得税政策的通知.财税〔2012〕27号，2012.4.20.

算折旧;单位价值超过100万元的,可以缩短折旧年限或采取加速折旧方法[①]。

(2)自2015年1月1日起,轻工、纺织、机械、汽车四个领域重点行业的企业新购进的固定资产,可以缩短折旧年限或采取加速折旧方法。上述行业的小型微利企业新购进的研发和生产经营共用的仪器、设备,单位价值不超过100万元的,允许一次性计入当期成本费用在计算应纳税所得额时扣除,不再分年度计算折旧;单位价值超过100万元的,可以缩短折旧年限或采取加速折旧方法[②]。

(3)自2019年1月1日起,上述(1)(2)规定的加速折旧优惠的行业范围,扩大至全部制造业领域[③]。制造业按照国家统计局《国民经济行业分类与代码》(GB/T 4754—2017)确定,以后更新国民经济行业分类与代码的,从其规定。

4)自2014年起所有行业企业适用的加速折旧政策[④]

(1)自2014年1月1日起,所有行业企业新购进的专门用于研发的仪器、设备,单位价值不超过100万元的,允许一次性计入当期成本费用在计算应纳税所得额时扣除,不再分年度计算折旧;单位价值超过100万元的,可以缩短折旧年限或采取加速折旧方法。

(2)自2014年1月1日起,所有行业企业持有的单位价值不超过5 000元的固定资产,允许一次性计入当期成本费用在计算应纳税所得额时扣除,不再分年度计算折旧。

5)自2018年至2020年所有行业企业适用的加速折旧政策[⑤]

企业在2018年1月1日至2020年12月31日期间新购进的设备、器具,单位价值不超过500万元的,允许一次性计入当期成本费用在计算应纳税所得额时扣除,不再分年度计算折旧;单位价值超过500万元的,仍按照税法实施条例及相关文件规定执行。

执行中,应注意以下问题。

(1)设备、器具,是指除房屋、建筑物以外的固定资产(简称固定资产)。

(2)购进,包括以货币形式购进或自行建造,其中:以货币形式购进的固定资产包括购进的使用过的固定资产。

以货币形式购进的固定资产,以购买价款和支付的相关税费,以及直接归属于使该资产达到预定用途发生的其他支出确定单位价值。

自行建造的固定资产,以竣工结算前发生的支出确定单位价值。

(3)固定资产购进时点,按以下原则确认:以货币形式购进的固定资产,除采取分期付款或赊销方式购进外,按发票开具时间确认;以分期付款或赊销方式购进的固定资产,按固定资产到货时间确认;自行建造的固定资产,按竣工结算时间确认。

(4)一次性扣除时点:固定资产在投入使用月份的次月所属年度,一次性税前扣除。

(5)企业选择享受一次性税前扣除政策的,其资产的税务处理可以与会计处理不一致。

(6)企业根据自身生产经营核算需要,可以自行选择享受一次性税前扣除政策。未选择

---

① 财政部、国家税务总局.关于完善固定资产加速折旧企业所得税政策的通知.财税〔2014〕75号,2014.10.20;国家税务总局.关于固定资产加速折旧税收政策有关问题的公告.国家税务总局公告,2014年第64号,2014.11.14.

② 财政部、国家税务总局.关于进一步完善固定资产加速折旧企业所得税政策的通知.财税〔2015〕106号,2015.9.17;国家税务总局.关于进一步完善固定资产加速折旧企业所得税政策有关问题的公告.国家税务总局公告2015年第68号,2015.9.25.

③ 财政部、国家税务总局.关于扩大固定资产加速折旧优惠政策适用范围的公告.财政部 税务总局公告〔2019〕66号,2019.4.23.

④ 财政部、国家税务总局.关于完善固定资产加速折旧企业所得税政策的通知.财税〔2014〕75号,2014.10.20.

⑤ 财政部、税务总局.关于设备 器具扣除有关企业所得税政策的通知.财税〔2018〕54号,2018.5.7;关于设备 器具扣除有关企业所得税政策执行问题的公告.国家税务总局公告2018年第46号,2018.8.23.

享受一次性税前扣除政策的,以后年度不得再变更。这是针对单个固定资产而言的,单个固定资产未选择享受的,不影响其他固定资产选择享受一次性税前扣除政策。

2. 加速折旧办法

除适用规定的一次性扣除外,可以缩短折旧年限或者采用加速折旧方法。

(1)采取缩短折旧年限办法的,对其购置的新固定资产,最低折旧年限不得低于税法实施条例规定的折旧年限的60%;若购置已使用过的固定资产,其最低折旧年限不得低于税法实施条例规定的最低折旧年限减去已使用年限后剩余年限的60%。最低折旧年限一经确定,一般不得变更。

(2)采取加速折旧方法的,可采用双倍余额递减法或者年数总和法。加速折旧方法一经确定,一般不得变更。

13.7.5 项目所得减免

项目所得减免是针对某一项目所得实施的税收减免。

1. 农、林、牧、渔业项目[①]

1)免税项目

企业从事下列项目的所得,免征企业所得税。

(1)蔬菜、谷物、薯类、油料、豆类、棉花、麻类、糖料、水果、坚果的种植。

(2)农作物新品种的选育。

(3)中药材的种植。

(4)林木的培育和种植。

(5)牲畜、家禽的饲养。

(6)林产品的采集。

(7)灌溉、农产品初加工[②]、兽医、农技推广、农机作业和维修等农、林、牧、渔服务业项目。

(8)远洋捕捞。

2)减半征税项目

企业从事下列项目的所得,减半征收企业所得税。

(1)花卉、茶及其他饮料作物和香料作物的种植。

(2)海水养殖、内陆养殖。

值得注意的是,企业从事国家限制和禁止发展的项目,不得享受减免税优惠。

2. 国家重点扶持的公共基础设施项目

国家重点扶持的公共基础设施项目,是指《公共基础设施项目企业所得税优惠目录》[③]规定的港口码头、机场、铁路、公路、城市公共交通、电力、水利等项目。

[①] 农、林、牧、渔业项目:见《产业结构调整指导目录(2011年版)》(国家发展和改革委员会令第9号);关于实施农 林 牧 渔业项目企业所得税优惠问题的公告.国家税务总局公告2011年第48号.2011.9.13.

[②] 农产品初加工范围,按照《关于发布享受企业所得税优惠政策的农产品初加工范围(试行)的通知》(财税〔2008〕149号)执行.

[③] 财政部、国家税务总局、国家发展和改革委员会.关于公布公共基础设施项目企业所得税优惠目录(2008年版)的通知.财税〔2008〕116号,2008.9.8;财政部、国家税务总局.关于支持农村饮水安全工程建设运营税收政策的通知.财税〔2012〕30号,2012.4.24;国家税务总局.关于电网企业电网新建项目享受所得税优惠政策问题的公告.国家税务总局公告2013年第26号,2013.5.24.

企业从事国家重点扶持的公共基础设施项目的投资经营所得，自项目取得第1笔生产经营收入所属纳税年度起，第1年至第3年免征企业所得税，第4年至第6年减半征收企业所得税。上述项目，在减免税期限内转让的，受让方自受让之日起，可以在剩余期限内享受规定的减免税优惠；减免税期限届满后转让的，受让方不得就该项目重复享受减免税优惠。

执行中，应注意以下问题[①]。

（1）享受税收优惠的投资经营所得是指符合《公共基础设施项目企业所得税优惠目录》内规定的条件、技术标准和国家投资管理规定的公共基础设施项目的投资经营所得。

（2）第1笔生产经营收入是指公共基础设施项目已建成并投入运营后所取得的第1笔收入。

（3）企业同时从事不在目录范围内的项目取得的所得，应与享受优惠的公共基础设施项目所得分开核算，并合理分摊期间费用；没有分开核算的，不得享受上述优惠政策。

（4）企业承包经营、承包建设和内部自建自用公共基础设施项目，不得享受上述税收优惠。

3. 符合条件的环境保护、节能节水项目

符合条件的环境保护、节能节水项目，包括：公共污水处理；公共垃圾处理；沼气综合开发利用；节能减排技术改造；海水淡化等[②]。

企业从事符合条件的环境保护、节能节水项目的所得，自项目取得第1笔生产经营收入所属纳税年度起，第1年至第3年免征企业所得税，第4年至第6年减半征收企业所得税。上述项目，在减免税期限内转让的，受让方自受让之日起，可以在剩余期限内享受规定的减免税优惠；减免税期限届满后转让的，受让方不得就该项目重复享受减免税优惠。

4. 符合条件的技术转让项目

一个纳税年度内，居民企业技术转让所得不超过500万元的部分，免征企业所得税；超过500万元的部分，减半征收企业所得税。

执行中，应注意以下问题[③]：

1）税收优惠适用条件

（1）技术转让的主体是居民企业。

（2）技术转让的范围，包括转让专利技术、计算机软件著作权、集成电路布图设计权、植物新品种权、生物医药新品种权，以及财政部和国家税务总局确定的其他技术。其中：专利技术，是指法律授予独占权的发明、实用新型和非简单改变产品图案的外观设计。

技术转让是指居民企业转让技术所有权，或者5年以上（含5年）全球独占许可使用权、5年以上非独占许可使用权。5年以上非独占许可使用权的技术，限于其拥有所有权的技术。

（3）签订技术转让合同。其中，境内的技术转让须经省级以上（含省级）科技部门认定登记；跨境的技术转让须经省级以上（含省级）商务部门认定登记；涉及财政经费支持产生技术的转让，需经省级以上（含省级）科技部门审批。

居民企业技术出口，由有关部门按照商务部、科技部发布的《中国禁止出口限制出口技术目录》进行审查。居民企业取得禁止出口和限制出口技术转让所得，不享受技术转让减免

[①] 财政部、国家税务总局.关于执行公共基础设施项目企业所得税优惠目录有关问题的通知.财税〔2008〕46号，2018.9.23.

[②] 财政部、国家税务总局、国家发展和改革委员会.关于公布环境保护节能节水项目企业所得税优惠目录（试行）的通知.财税〔2009〕166号，2009.12.31.

[③] 国家税务总局.关于技术转让所得减免企业所得税有关问题的通知，国税函〔2009〕212号，2008.4.24；财政部、国家税务总局.关于居民企业技术转让有关企业所得税政策问题的通知.财税〔2010〕111号，2010.12.31；国家税务总局.关于技术转让所得减免企业所得税有关问题的公告.国家税务总局公告2013年第62号，2013.10.21；国家税务总局.关于许可使用权技术转让所得企业所得税有关问题的公告.国家税务总局公告2015年第82号，2015.11.16.

所得税政策。

居民企业从直接或间接持有股权之和达到100%的关联方取得的技术转让所得，不享受技术转让减免所得税政策。

2）技术转让所得的计算

（1）技术所有权或者5年以上（含5年）全球独占许可使用权的转让所得，按照以下公式计算。

技术转让所得=技术转让收入−技术转让成本−相关税费−合理分摊的期间费用

技术转让收入，是指当事人履行技术转让合同后获得的价款，不包括销售或转让设备、仪器、零部件、原材料等非技术性收入。不属于与技术转让项目密不可分的技术咨询、技术服务、技术培训等收入，不得计入技术转让收入。

可以计入技术转让收入的技术咨询、技术服务、技术培训收入，是指转让方为使受让方掌握所转让的技术投入使用、实现产业化而提供的必要的技术咨询、技术服务、技术培训所产生的收入，并同时符合以下条件：在技术转让合同中约定的与该技术转让相关的技术咨询、技术服务、技术培训；技术咨询、技术服务、技术培训收入与该技术转让项目收入一并收取价款。

技术转让成本，是指转让的无形资产的净值，即该无形资产的计税基础减去在资产使用期间按照规定计算的摊销扣除额后的余额。

相关税费，是指技术转让过程中实际发生的有关税费，包括除企业所得税和允许抵扣的增值税以外的各项税金及附加、合同签订费用、律师费等相关费用及其他支出。

企业应单独计算技术转让所得，并合理分摊企业的期间费用；没有单独计算的，不得享受技术转让所得减免税优惠。

（2）符合条件的5年以上非独占许可使用权技术转让所得，按照以下公式计算。

技术转让所得=技术转让收入−无形资产摊销费用−相关税费−应分摊的期间费用

技术转让收入，是指转让方履行技术转让合同后获得的价款，不包括销售或转让设备、仪器、零部件、原材料等非技术性收入。不属于与技术转让项目密不可分的技术咨询、服务、培训等收入，不得计入技术转让收入。技术许可使用权转让收入，按转让协议约定的许可使用权人应付许可使用权使用费的日期确认收入的实现。

无形资产摊销费用，是指该无形资产按税法规定当年计算摊销的费用。涉及自用和对外许可使用的，按照受益原则合理划分。

相关税费，是指技术转让过程中实际发生的有关税费，包括除企业所得税和允许抵扣的增值税以外的各项税金及其附加、合同签订费用、律师费等相关费用。

应分摊期间费用（不含无形资产摊销费用和相关税费），是指技术转让按照当年销售收入占比分摊的期间费用。

5. 节能服务企业实施合同能源管理项目[①]

符合条件的节能服务企业实施合同能源管理项目，自项目取得第1笔生产经营收入所属纳

[①] 财政部、国家税务总局.关于促进节能服务产业发展增值税营业税和企业所得税政策问题的通知.财税〔2010〕110号，2010.12.30；国家税务总局、国家发展改革委.关于落实节能服务企业合同能源管理项目企业所得税优惠政策有关征收管理问题的公告.国家税务总局 国家发展改革委公告2013年第77号，2013.12.17.

税年度起，第1年至第3年免征企业所得税，第4年至第6年按照25%的法定税率减半征收企业所得税。若节能服务企业的分享型合同约定的效益分享期短于6年的，按照实际分享期享受优惠。

节能服务企业享受上述优惠的期限应连续计算。在优惠期限内，将享受优惠的项目转让给其他符合条件的节能服务企业，受让企业承续经营该项目的，可自项目受让之日起，在剩余期限内享受规定的优惠；优惠期限届满后转让的，受让企业不得就该项目重复享受优惠。

执行中，应注意以下问题。

1）税收优惠适用条件

所称"符合条件"，是指同时满足以下条件。

（1）具有独立法人资格，注册资金不低于100万元，且能够单独提供用能状况诊断、节能项目设计、融资、改造（包括施工、设备安装、调试、验收等）、运行管理、人员培训等服务的专业化节能服务公司。

（2）实施合同能源管理项目相关技术，符合国家质检总局和国家标准化管理委员会发布的《合同能源管理技术通则》（GB/T 24915—2010）规定的技术要求。

（3）与用能企业签订节能效益分享型合同，其合同格式和内容符合《中华人民共和国合同法》和国家质检总局和国家标准化管理委员会发布的《合同能源管理技术通则》（GB/T 24915—2010）等规定。

（4）享受所得税优惠的项目，属于《环境保护节能节水项目企业所得税优惠目录》规定的节能减排技术改造项目，包括余热余压利用、绿色照明等节能效益分享型合同能源管理项目。

（5）节能服务企业投资额不低于实施合同能源管理项目投资总额的70%。

（6）节能服务企业拥有匹配的专职技术人员和合同能源管理人才，具有保障项目顺利实施和稳定运行的能力。

2）项目支出的税务处理

（1）节能服务企业投资项目所发生的支出，按照税法规定作资本化或费用化处理。形成的固定资产或无形资产，按照合同约定的效益分享期计提折旧或摊销。

节能服务企业应分别核算各项目的成本费用支出额。对在合同约定的效益分享期内发生的期间费用划分不清的，按照项目投资额和销售（营业）收入额两个因素计算分摊比例，两个因素的权重各为50%。

（2）用能企业按照能源管理合同实际支付给节能服务企业的合理支出，均可以在计算当期应纳税所得额时扣除，不再区分服务费用和资产价款进行税务处理。

（3）能源管理合同期满后，节能服务企业转让给用能企业的因实施合同能源管理项目形成的资产，按照折旧或摊销期满的资产进行税务处理，用能企业从节能服务企业接受有关资产的计税基础也按照折旧或摊销期满的资产进行税务处理。

（4）能源管理合同期满后，节能服务企业与用能企业办理有关资产的权属转移时，用能企业已支付的资产价款，不再另行计入节能服务企业的收入。

6. 集成电路生产项目[①]

2018年1月1日后投资新设的集成电路线宽小于130纳米，且经营期在10年以上的集成电路生产企业或项目，第1年至第2年免征企业所得税，第3年至第5年按照25%的法定税率减半

[①] 财政部、税务总局、国家发展改革委、工业和信息化部.关于集成电路生产企业有关企业所得税政策问题的通知.财税〔2018〕27号，3.28.

征收企业所得税，并享受至期满为止。

2018年1月1日后投资新设的集成电路线宽小于65纳米或投资额超过150亿元，且经营期在15年以上的集成电路生产企业或项目，第1年至第5年免征企业所得税，第6年至第10年按照25%的法定税率减半征收企业所得税，并享受至期满为止。

值得注意的是，按照集成电路生产项目享受上述优惠政策的，优惠期自项目取得第1笔生产经营收入所属纳税年度起计算。其主体企业应符合集成电路生产企业条件，且能够对该项目单独进行会计核算、计算所得，并合理分摊期间费用。

13.7.6 抵扣应纳税所得额

1. 创业投资企业抵扣应纳税所得额

创业投资企业从事国家需要重点扶持和鼓励的创业投资，可以按照投资额的一定比例抵扣应纳税所得额。

1）创业投资企业以股权投资方式投资于未上市的中小高新技术企业[①]

创业投资企业采取股权投资方式投资于未上市的中小高新技术企业2年（24个月）以上的，可以按照其投资额的70%在股权持有满2年的当年抵扣该创业投资企业的应纳税所得额；当年不足抵扣的，可以在以后纳税年度结转抵扣。

中小高新技术企业，是指职工人数不超过500人、年销售（营业）额不超过2亿元、资产总额不超过2亿元的高新技术企业。

中小企业接受创业投资之后，经认定符合高新技术企业标准的，自其被认定为高新技术企业的年度起，计算创业投资企业的投资期限。该期限内中小企业接受创业投资后，企业规模超过中小企业标准，但仍符合高新技术企业标准的，不影响创业投资企业享受有关税收优惠。

【例13-18】

某创业投资公司于2014年2月以股权投资方式向某未上市的中型高新技术企业投资，投资额1 000万元。

解析：2年后，可抵扣应纳税所得额700万元（1 000×70%）。

假如2016年该创业投资公司实现应纳税所得额600万元，则抵扣后的应纳税所得额为0；尚未抵扣的投资额为100万元（700-600）。

假如2017年该创业投资公司实现应纳税所得额680万元，抵扣后的应纳税所得额为580万元（680-100）。

2年共抵扣应纳税所得额700万元。如果未抵扣完，可以结转以后年度抵扣，直至扣完为止。

2）公司制创业投资企业以股权投资方式直接投资于初创科技型企业[②]

自2018年1月1日起，公司制创业投资企业采取股权投资方式直接投资于种子期、初创期科技型企业（简称初创科技型企业）满2年（24个月）的，可以按照投资额的70%在股权持有满2年的当年抵扣该公司制创业投资企业的应纳税所得额；当年不足抵扣的，可以在以后

[①] 国家税务总局.关于实施创业投资企业所得税优惠问题的通知.国税发〔2009〕87号，2009.4.30.
[②] 财政部、国家税务总局.关于创业投资企业和天使投资个人有关税收政策的通知.财税〔2018〕55号，2018.5.14；国家税务总局.关于创业投资企业和天使投资个人税收政策有关问题的公告.国家税务总局公告2018年第43号，2018.7.30.

纳税年度结转抵扣。

享受优惠政策的投资，仅限于通过向被投资初创科技型企业直接支付现金方式取得的股权投资，不包括受让其他股东的存量股权。投资额，按照创业投资企业对初创科技型企业的实缴投资额确定。满2年是指对初创科技型企业的实缴投资满2年，投资时间从初创科技型企业接受投资并完成工商变更登记的日期算起（下同）。

（1）享受优惠政策的创业投资企业，应同时符合以下条件。

① 在中国境内（不含港、澳、台地区）注册成立、实行查账征收的居民企业或有限合伙制创业投资企业，且不属于被投资初创科技型企业的发起人。

② 符合《创业投资企业管理暂行办法》规定或者《私募投资基金监督管理暂行办法》关于创业投资基金的特别规定，按照上述规定完成备案且规范运作。

③ 投资后2年内，创业投资企业及其关联方持有被投资初创科技型企业的股权比例合计应低于50%。

（2）初创科技型企业，应同时符合以下条件。

① 在中国境内（不含港、澳、台地区）注册成立、实行查账征收的居民企业。

② 接受投资时，从业人数不超过300人[①]，其中具有大学本科以上学历的从业人数不低于30%；资产总额和年销售收入均不超过5 000万元[②]。

③ 接受投资时设立时间不超过5年（60个月）。

④ 接受投资时及接受投资后2年内未在境内外证券交易所上市。

⑤ 接受投资当年及下一纳税年度，研发费用总额合计占同期成本费用总额合计的比例不低于20%。

值得注意的是，执行日期前2年内发生的投资，在执行日期后投资满2年且符合规定的其他条件的，可以适用上述优惠政策。

2. 法人合伙人抵扣应纳税所得额

1）合伙创投企业以股权投资方式投资于未上市的中小高新技术企业[③]

自2015年10月1日起，有限合伙制创业投资企业（简称合伙创投企业）采取股权投资方式投资于未上市的中小高新技术企业满2年（24个月）的，合伙创投企业的法人合伙人，可以按照对未上市中小高新技术企业投资额的70%，抵扣其从合伙创投企业分得的应纳税所得额；当年不足抵扣的，可以在以后纳税年度结转抵扣。

法人合伙人对未上市中小高新技术企业的投资额，按照合伙创投企业对未上市中小高新技术企业的投资额和合伙协议约定的法人合伙人占合伙创投企业的出资比例计算确定。

2）合伙创投企业以股权投资方式投资于初创科技型企业[④]

自2018年1月1日起，合伙创投企业采取股权投资方式直接投资于种子期、初创期科技型企业（简称初创科技型企业）满2年（24个月）的，合伙创投企业的法人合伙人，可以按照对初创科技型企业投资额的70%，抵扣其从合伙创投企业分得的应纳税所得额；当年不足抵

---

① 财政部 税务总局.关于实施小微企业普惠性税收减免政策的通知.财税〔2019〕13号，2019.1.17.

② 财政部 税务总局.关于实施小微企业普惠性税收减免政策的通知.财税〔2019〕13号，2019.1.17

③ 财政部、国家税务总局.关于将国家自主创新示范区有关税收试点政策推广到全国范围实施的通知.财税〔2015〕116号，2015.10.23；国家税务总局.关于有限合伙制创业投资企业法人合伙人企业所得税有关问题的公告.国家税务总局公告2015年第81号，2015.11.16.

④ 财政部、国家税务总局.关于创业投资企业和天使投资个人有关税收政策的通知.财税〔2018〕55号，2018.5.14；国家税务总局.关于创业投资企业和天使投资个人税收政策有关问题的公告.国家税务总局公告2018年第43号，2018.7.30.

扣的，可以在以后纳税年度结转抵扣。

法人合伙人对初创科技型企业的投资额，按照合伙创投企业对初创科技型企业的投资额和合伙协议约定的法人合伙人占合伙创投企业的出资比例计算确定。

合伙人出资比例，按投资满2年当年年末各合伙人对合伙创投企业的实缴出资额占所有合伙人全部实缴出资额的比例计算。其他相关政策条件，与公司制创业投资企业适用的相关政策条件基本相同。

法人合伙人投资于多个符合条件的合伙创投企业，可以合并计算其可抵扣的投资额和分得的所得。当年不足抵扣的，可结转以后纳税年度继续抵扣；当年抵扣后有结余的，按照税法规定计算缴纳企业所得税。

13.7.7 特定企业减免税

特定企业减免税，是指对某些特定企业，就其全部生产经营所得或者特定区域内所得应缴纳的企业所得税额，给予免征或者减征，属于"税额式减免"。

1. 符合条件的小型微利企业减免税[①]

自2019年1月1日至2021年12月31日，小型微利企业年应纳税所得额不超过100万元的部分，减按25%计入应纳税所得额，按20%的税率缴纳企业所得税；年应纳税所得额超过100万元但不超过300万元的部分，减按50%计入应纳税所得额，按20%的税率缴纳企业所得税。

小型微利企业，是指从事国家非限制和非禁止行业，且同时符合年度应纳税所得额不超过300万元、从业人数不超过300人、资产总额不超过5 000万元等条件的企业。

从业人数，包括与企业建立劳动关系的职工人数和企业接受的劳务派遣用工人数。从业人数和资产总额指标，按企业全年的季度平均值确定。

季度平均值=（季初值+季末值）÷2
全年季度平均值=全年各季度平均值之和÷4

企业年度中间开业或者终止经营活动的，以其实际经营期作为一个纳税年度确定上述相关指标。

执行中，应注意以下问题。

（1）小型微利企业无论是按查账征收方式还是按核定征收方式缴纳企业所得税，均可享受上述优惠政策。

（2）小型微利企业所得税统一实行按季度预缴。预缴企业所得税时，小型微利企业的资产总额、从业人数、年度应纳税所得额指标，暂按当年度截至本期申报所属期末的情况进行判断。其中，资产总额、从业人数指标比照"全年季度平均值"的计算公式，计算截至本期申报所属期末的季度平均值；年度应纳税所得额指标，暂按截至本期申报所属期末不超过300万元的标准判断。

（3）小型微利企业在预缴和汇算清缴企业所得税时，通过填写纳税申报表相关内容，即可享受小型微利企业所得税减免政策。

企业预缴企业所得税时已享受小型微利企业所得税减免政策，汇算清缴企业所得税时不符合小型微利企业条件的，应按照规定补缴企业所得税税款。

[①] 财政部 税务总局.关于实施小微企业普惠性税收减免政策的通知.财税〔2019〕13号，2019.1.17；国家税务总局.关于实施小型微利企业普惠性所得税减免政策有关问题的公告.国家税务总局公告2019年第2号，2019.1.18.

【例13-19】
某工业企业2019年度应纳税所得额280万元,从业人数200人,资产总额3 500万元。该企业2019年度应纳的企业所得税额和减免的企业所得税额各是多少?

解析:
应纳所得税额=100×25%×20%+(280-100)×50%×20%=23(万元)

实际上,该项优惠政策引入了超额累进计算方法:年应纳税所得额不超过100万元的部分,减按25%计入应纳税所得额,并按20%的税率计算缴纳企业所得税,实际税负为5%;年应纳税所得额超过100万元但不超过300万元的部分,减按50%计入应纳税所得额,并按20%的税率计算缴纳企业所得税,实际税负为10%。

应纳所得税额=100×5%+(280-100)×10%=23(万元)
减免的企业所得税额=280×25%-23=47(万元)

2. 国家需要重点扶持的高新技术企业减免税

国家需要重点扶持的高新技术企业,减按15%的税率征收企业所得税。高新技术企业,是指在国家重点支持的高新技术领域内,持续进行研究开发与技术成果转化,形成企业核心自主知识产权,并以此为基础开展经营活动,在中国境内(不包括港、澳、台地区)注册的居民企业。

企业认定为高新技术企业,必须同时满足以下条件[①]。

(1)企业申请认定时须注册成立1年以上。

(2)企业通过自主研发、受让、受赠、并购等方式,获得对其主要产品(服务)在技术上发挥核心支持作用的知识产权的所有权。

(3)对企业主要产品(服务)发挥核心支持作用的技术属于国家重点支持的高新技术领域规定的范围。

(4)企业从事研发和相关技术创新活动的科技人员占企业当年职工总数的比例不低于10%。

(5)企业近3个会计年度(实际经营期不满3年的按实际经营时间计算)的研发费用总额占同期销售收入总额的比例符合以下要求:最近1年销售收入小于5 000万元(含)的企业,比例不低于5%;最近1年销售收入在5 000万元至2亿元(含)的企业,比例不低于4%;最近1年销售收入在2亿元以上的企业,比例不低于3%。其中:企业在中国境内发生的研究开发费用总额占全部研究开发费用总额的比例不低于60%。

(6)近1年高新技术产品(服务)收入占企业同期总收入的比例不低于60%。

(7)企业创新能力评价应达到相应要求。

(8)企业申请认定前1年内未发生重大安全、重大质量事故或严重环境违法行为。

自2016年1月1日起,高新技术企业的认定管理,按照《高新技术企业认定管理办法》(国科发火〔2016〕32号)和《高新技术企业认定管理工作指引》(国科发火〔2016〕195号)的规定办理。科技部、财政部、国家税务总局组成全国高新技术企业认定管理工作领导小组;各省、自治区、直辖市、计划单列市科技行政管理部门同本级财政、税务部门组成本地区高新技术企业认定管理机构。通过认定的高新技术企业,其资格自颁发证书之日起有效期为3年。企业获得高新技术企业资格后,自高新技术企业证书颁发之日所在年度起享受减低税率的优惠。

---

① 科技部、财政部、国家税务总局.关于修订印发《高新技术企业认定管理办法》的通知.国科发火〔2016〕32号,2016,1.29.

3. 特定区域内高新技术企业区内所得减免税

对经济特区和上海浦东新区内在2008年1月1日（含）之后完成登记注册的国家需要重点扶持的高新技术企业，在经济特区和上海浦东新区内取得的所得，自取得第1笔生产经营收入所属纳税年度起，第1年至第2年免征企业所得税，第3年至第5年按照25%的法定税率减半征收企业所得税[①]。

值得注意的是，经济特区和上海浦东新区内新设高新技术企业，同时在经济特区和上海浦东新区以外的地区从事生产经营的，其区内所得享受定期免减税优惠；而区外所得适用15%的优惠税率。定期免减税期满后，仍为高新技术企业的，其区内、区外所得均适用15%的优惠税率。

4. 民族自治地方企业减免税

民族自治地方的自治机关对本民族自治地方的企业应缴纳的企业所得税中属于地方分享的部分，可以决定减征或者免征。

民族自治地方，是指依照《中华人民共和国民族区域自治法》实行民族区域自治的自治区、自治州、自治县。自治州、自治县决定减征或者免征的，须报省、自治区、直辖市人民政府批准。但是，对民族自治地方内国家限制和禁止行业的企业，不得减征或免征企业所得税。

5. 西部地区鼓励类产业企业减免税[②]

自2011年1月1日至2020年12月31日，对设在西部地区的鼓励类产业企业减按15%的税率征收企业所得税。

鼓励类产业企业是指以《西部地区鼓励类产业目录》中规定的产业项目为主营业务，且其主营业务收入占企业收入总额70%以上的企业。

自2014年10月1日起，实行新颁布的《西部地区鼓励类产业目录》。对设在西部地区以《西部地区鼓励类产业目录》中新增鼓励类产业项目为主营业务，且其当年度主营业务收入占企业收入总额70%以上的企业，自2014年10月1日起，可减按15%的税率缴纳企业所得税。

西部地区包括：重庆市、四川省、贵州省、云南省、西藏自治区、陕西省、甘肃省、宁夏回族自治区、青海省、新疆维吾尔自治区、新疆生产建设兵团、内蒙古自治区和广西壮族自治区。湖南省湘西土家族苗族自治州、湖北省恩施土家族苗族自治州、吉林省延边朝鲜族自治州，可以比照西部地区的税收政策执行。

6. 赣州市鼓励类产业企业减免税[③]

自2012年1月1日至2020年12月31日，对设在赣州市的鼓励类产业的内资企业和外商投资企业，减按15%的税率征收企业所得税。

鼓励类产业的内资企业是指以《产业结构调整指导目录》中规定的鼓励类产业项目为主营业务，且其主营业务收入占企业收入总额70%以上的企业。

鼓励类产业的外商投资企业是指以《外商投资产业指导目录》中规定的鼓励类项目和《中西部地区外商投资优势产业目录》中规定的江西省产业项目为主营业务，且其主营业务

---

① 国务院.关于经济特区和上海浦东新区新设立高新技术企业实行过渡性税收优惠的通知.国发〔2007〕40号，2007.12.26；财政部、国家税务总局.关于贯彻落实国务院关于实施企业所得税过渡优惠政策有关问题的通知.财税〔2008〕21号，2008.2.20.

② 财政部、海关总署、国家税务总局.关于深入实施西部大开发战略有关税收政策问题的通知.财税〔2011〕58号，2011.7.27；国家税务总局.关于深入实施西部大开发战略有关企业所得税问题的公告，国家税务总局公告2012年第12号，2012.4.6；国家发展和改革委员会.西部地区鼓励类产业目录.国家发展和改革委员会令第15号，2014.8.20；国家税务总局.关于执行西部地区鼓励类产业目录有关企业所得税问题的公告.国家税务总局公告2015年第14号，2015.3.10.

③ 财政部、国家税务总局.关于赣州市执行西部大开发税收政策问题的通知.财税〔2013〕4号，2013.1.10.

收入占企业收入总额70%以上的企业。

7. 新疆困难地区新办企业减免税[1]

自2010年1月1日至2020年12月31日，对在新疆困难地区新办的属于《新疆困难地区重点鼓励发展产业企业所得税优惠目录》范围内的企业，自取得第1笔生产经营收入所属纳税年度起，第1年至第2年免征企业所得税，第3年至第5年减半征收企业所得税。

执行中，应注意以下问题。

（1）新疆困难地区包括南疆三地州、其他国家扶贫开发重点县和边境县、市。

（2）属于目录范围内的企业，是指以目录中规定的产业项目为主营业务，其主营业务收入占企业收入总额70%以上的企业。

（3）第1笔生产经营收入，是指新疆困难地区重点鼓励发展产业项目已建成并投入运营后所取得的第1笔收入。

（4）在减半征税期内，按照法定税率25%计算的应纳税额减半征收。

8. 新疆喀什、霍尔果斯特殊经济开发区新办企业减免税[2]

自2010年1月1日至2020年12月31日，在新疆喀什、霍尔果斯两个特殊经济开发区内新办的属于《新疆困难地区重点鼓励发展产业企业所得税优惠目录》范围内的企业，自取得第1笔生产经营收入所属纳税年度起，5年内免征企业所得税。

属于目录范围内的企业是指以目录中规定的产业项目为主营业务，其主营业务收入占企业收入总额70%以上的企业。第1笔生产经营收入，是指产业项目已建成并投入运营后所取得的第1笔收入。

9. 其他特定区域鼓励类产业企业减免税[3]

自2014年1月1日起至2020年12月31日，对设在广东横琴新区、福建平潭综合实验区和深圳前海深港现代服务业合作区的鼓励类产业企业，减按15%的税率征收企业所得税。

鼓励类产业企业是指以所在区域《企业所得税优惠目录》中规定的产业项目为主营业务，且其主营业务收入占企业收入总额70%以上的企业。

企业在优惠区域内、外分别设有机构的，仅就其设在优惠区域内的机构的所得适用15%的优惠税率。

10. 软件企业和集成电路企业减免税[4]

（1）集成电路线宽小于0.8微米（含）的集成电路生产企业，在2017年12月31日前自获利年

---

[1] 财政部、国家税务总局.关于新疆困难地区新办企业所得税优惠政策的通知.财税〔2011〕53号，2011.6.17；财政部、国家税务总局、国家发展改革委、工业和信息化部.关于完善新疆困难地区重点鼓励发展产业企业所得税优惠目录的通知.财税〔2016〕85号，2016.7.29。

[2] 财政部、国家税务总局.关于新疆喀什 霍尔果斯两个特殊经济开发区企业所得税优惠政策的通知.财税〔2011〕112号，2011.11.29；财政部、国家税务总局、国家发展改革委、工业和信息化部.关于完善新疆困难地区重点鼓励发展产业企业所得税优惠目录的通知.财税〔2016〕85号，2016.7.29。

[3] 财政部、国家税务总局.关于广东横琴新区、福建平潭综合实验区、深圳前海深港现代化服务业合作区企业所得税优惠政策及优惠目录的通知.财税〔2014〕26号，2014.3.25。

[4] 依据：关于进一步鼓励软件产业和集成电路产业发展企业所得税政策的通知.财税〔2012〕27号，2012.4.20；关于进一步鼓励集成电路产业发展企业所得税政策的通知.财税〔2015〕6号，2015.3.2；关于软件和集成电路产业企业所得税优惠政策有关问题的通知.财税〔2016〕49号，2016.5.4；关于修订印发《高新技术企业认定管理办法》的通知.国科发火〔2016〕32号，2016.1.29；关于印发国家规划布局内重点软件和集成电路设计领域的通知.发改高技〔2016〕1056号，2016.5.16；关于集成电路生产企业有关企业所得政策问题的通知.财税〔2018〕27号，2018.3.28；关于集成电路设计和软件产业企业所得税政策的公告.财政部 税务总局公告2019年第68号，2019.5.17。

度起计算优惠期,第1年至第2年免征企业所得税,第3年至第5年按照25%的法定税率减半征收企业所得税,并享受至期满为止。获利年度,是指企业当年应纳税所得额大于零的纳税年度。

企业在2017年12月31日前设立但尚未获利的,自获利年度起第1年至第2年免征企业所得税,第3年至第5年按照25%的法定税率减半征收企业所得税,并享受至期满为止。

(2)集成电路线宽小于0.25微米或投资额超过80亿元的集成电路生产企业,减按15%的税率征收企业所得税,其中经营期在15年以上的,在2017年12月31日前自获利年度起计算优惠期,第1年至第5年免征企业所得税,第6年至第10年按照25%的法定税率减半征收企业所得税,并享受至期满为止。

企业于2017年12月31日前设立但尚未获利的,自获利年度起第1年至第5年免征企业所得税,第6年至第10年按照25%的法定税率减半征收企业所得税,并享受至期满为止。

(3)2018年1月1日后投资新设的集成电路线宽小于130纳米,且经营期在10年以上的集成电路生产企业或项目,第1年至第2年免征企业所得税,第3年至第5年按照25%的法定税率减半征收企业所得税,并享受至期满为止。按照集成电路生产企业享受上述税收优惠的,优惠期自企业获利年度起计算。

(4)2018年1月1日后投资新设的集成电路线宽小于65纳米或投资额超过150亿元,且经营期在15年以上的集成电路生产企业或项目,第1年至第5年免征企业所得税,第6年至第10年按照25%的法定税率减半征收企业所得税,并享受至期满为止。按照集成电路生产企业享受上述税收优惠的,优惠期自企业获利年度起计算。

(5)依法成立且符合条件的集成电路设计企业和软件企业,在2018年12月31日前自获利年度起计算优惠期,第1年至第2年免征企业所得税,第3年至第5年按照25%的法定税率减半征收企业所得税,并享受至期满为止。

(6)国家规划布局内的重点软件企业和集成电路设计企业,如当年未享受免税优惠的,可减按10%的税率征收企业所得税。

(7)自2014年1月1日起,符合条件的集成电路封装、测试企业及集成电路关键专用材料生产企业、集成电路专用设备生产企业,在2017年(含2017年)前实现获利的,自获利年度起,第1年至第2年免征企业所得税,第3年至第5年按照25%的法定税率减半征收企业所得税,并享受至期满为止;2017年前未实现获利的,自2017年起计算优惠期,享受至期满为止。

11. 动漫企业减免税[①]

经认定的动漫企业自主开发、生产动漫产品,可以申请享受软件企业所得税优惠政策。

12. 技术先进型服务企业减免税[②]

自2017年1月1日起,在全国范围内,对经认定的技术先进型服务企业,减按15%的税率征收企业所得税。

享受税收优惠的技术先进型服务企业,必须同时符合以下条件。

(1)在中国境内(不包括港、澳、台地区)注册的法人企业。

(2)从事《技术先进型服务业务认定范围(试行)》(见表13-3)中的一种或多种技术先进型服务业务,采用先进技术或具备较强的研发能力。

(3)具有大专以上学历的员工占企业职工总数的50%以上。

[①] 财政部、国家税务总局.关于扶持动漫产业发展有关税收政策问题的通知.财税〔2009〕65号,2009.7.17.

[②] 财政部、税务总局、商务部、科技部、国家发展改革委.关于将技术先进型服务企业所得税政策推广至全国实施的通知.财税〔2017〕79号,2017.11.2.

（4）从事《技术先进型服务业务认定范围（试行）》中的技术先进型服务业务取得的收入占企业当年总收入的50%以上。

（5）从事离岸服务外包业务取得的收入不低于企业当年总收入的35%。

从事离岸服务外包业务取得的收入，是指企业根据境外单位与其签订的委托合同，由本企业或其直接转包的企业为境外单位提供《技术先进型服务业务认定范围（试行）》中所规定的信息技术外包服务（ITO）、技术性业务流程外包服务（BPO）和技术性知识流程外包服务（KPO），而从上述境外单位取得的收入。

符合条件的企业向所在省级科技部门提出申请，由省级科技部门会同本级商务、财政、税务和发改委联合评审后发文认定，并将认定企业名单及有关情况通过科技部"全国技术先进型服务企业业务办理管理平台"备案，科技部与商务部、财政部、税务总局和国家发改委共享备案信息。经认定的技术先进型服务企业，持相关认定文件向所在地主管税务机关办理享受优惠事宜。

表13-3 技术先进型服务业务认定范围（试行）

类别			适用范围
1.信息技术外包服务（ITO）	（1）软件研发及外包	软件研发及开发服务	用于金融、政府、教育、制造业、零售、服务、能源、物流、交通、媒体、电信、公共事业和医疗卫生等部门和企业，为用户的运营、生产、供应链、客户关系、人力资源和财务管理、计算机辅助设计、工程等业务进行软件开发，包括定制软件开发、嵌入式软件、套装软件开发、系统软件开发、软件测试等
		软件技术服务	软件咨询、维护、培训、测试等技术性服务
	（2）信息技术研发服务外包	集成电路和电子电路设计	集成电路和电子电路产品设计及相关技术支持服务等
		测试平台	为软件、集成电路和电子电路的开发运用提供测试平台
	（3）信息系统运营维护外包	信息系统运营和维护服务	客户内部信息系统集成、网络管理、桌面管理与维护服务；信息工程、地理信息系统、远程维护等信息系统应用服务
		基础信息技术服务	基础信息技术管理平台整合、IT基础设施管理、数据中心、托管中心、安全服务、通信服务等基础信息技术服务
2.技术性业务流程外包服务（BPO）		企业业务流程设计服务	为客户企业提供内部管理、业务运作等流程设计服务
		企业内部管理服务	为客户企业提供后台管理、人力资源管理、财务、审计与税务管理、金融支付服务、医疗数据及其他内部管理业务的数据分析、数据挖掘、数据管理、数据使用的服务；承接客户专业数据处理、分析和整合服务
		企业运营服务	为客户企业提供技术研发服务，为企业经营、销售、产品售后服务提供的应用客户分析、数据库管理等服务，主要包括金融服务业务、政务与教育业务、制造业务和生命科学、零售和批发与运输业务、卫生保健业务、通信与公共事业业务、呼叫中心、电子商务平台等
		企业供应链管理服务	为客户企业提供采购、物流的整体方案设计及数据库服务

续表

类别	适用范围
3. 技术性知识流程外包服务（KPO）	知识产权研究、医药和生物技术研发和测试、产品技术研发、工业设计、分析学和数据挖掘、动漫及网游设计研发、教育课件研发、工程设计等领域

13. 服务贸易类技术先进型服务企业减免税[①]

自2018年1月1日起，对经认定的服务贸易类技术先进型服务企业，减按15%的税率征收企业所得税。

享受税收优惠的服务贸易类技术先进型服务企业的适用条件及认定管理事项，与技术先进型服务企业相同。其业务领域范围见表13-4。

表13-4　技术先进型服务业务领域范围（服务贸易类）

类别		适用范围
1. 计算机和信息服务	（1）信息系统集成服务	系统集成咨询服务；系统集成工程服务；提供硬件设备现场组装、软件安装与调试及相关运营维护支撑服务；系统运营维护服务，包括系统运行检测监控、故障定位与排除、性能管理、优化升级等
	（2）数据服务	数据存储管理服务，提供数据规划、评估、审计、咨询、清洗、整理、应用服务，数据增值服务，提供其他未分类数据处理服务
2. 研究开发和技术服务	（1）研究和实验开发服务	物理学、化学、生物学、基因学、工程学、医学、农业科学、环境科学、人类地理科学、经济学和人文科学等领域的研究和实验开发服务
	（2）工业设计服务	对产品的材料、结构、机理、形状、颜色和表面处理的设计与选择；对产品进行的综合设计服务，即产品外观的设计、机械结构和电路设计等服务
	（3）知识产权跨境许可与转让	以专利、版权、商标等为载体的技术贸易。知识产权跨境许可是指授权境外机构有偿使用专利、版权和商标等；知识产权跨境转让是指将专利、版权和商标等知识产权售卖给境外机构
3. 文化技术服务	（1）文化产品数字制作及相关服务	采用数字技术对舞台剧目、音乐、美术、文物、非物质文化遗产、文献资源等文化内容及各种出版物进行数字化转化和开发，为各种显示终端提供内容，以及采用数字技术传播、经营文化产品等相关服务
	（2）文化产品的对外翻译、配音及制作服务	将本国文化产品翻译或配音成其他国家语言，将其他国家文化产品翻译或配音成本国语言及与其相关的制作服务
4. 中医药医疗服务	中医药医疗保健及相关服务	与中医药相关的远程医疗保健、教育培训、文化交流等服务

[①] 财政部、税务总局、商务部、科技部、国家发展改革委.关于将服务贸易创新发展试点地区技术先进型服务企业所得税政策推广至全国实施的通知.财税〔2018〕44号，2018.5.19.

14. 经营性文化事业单位转制为企业的减免税[①]

经营性文化事业单位转制为企业，自转制注册之日起5年内免征企业所得税。2018年12月31日之前已完成转制的企业，自2019年1月1日起可继续免征5年企业所得税。上述政策执行期限为2019年1月1日至2023年12月31日。企业在2023年12月31日享受上述政策不满5年的，可继续享受至5年期满为止。

经营性文化事业单位转制中资产评估增值、资产转让或划转涉及的企业所得税、增值税、城市维护建设税、契税、印花税等，符合现行规定的享受相应税收优惠政策。

"经营性文化事业单位"是指从事新闻出版、广播影视和文化艺术的事业单位。转制包括整体转制和剥离转制。其中，整体转制包括：（图书、音像、电子）出版社、非时政类报刊出版单位、新华书店、艺术院团、电影制片厂、电影（发行放映）公司、影剧院、重点新闻网站等整体转制为企业；剥离转制包括：新闻媒体中的广告、印刷、发行、传输网络等部分，以及影视剧等节目制作与销售机构，从事业体制中剥离出来转制为企业。

"转制注册之日"是指经营性文化事业单位转制为企业并进行企业法人登记之日。对于经营性文化事业单位转制前已进行企业法人登记，则按注销事业单位法人登记之日，或核销事业编制的批复之日（转制前未进行事业单位法人登记的）确定转制完成并享受上述税收优惠政策。

"2018年12月31日之前已完成转制"是指经营性文化事业单位在2018年12月31日及以前已转制为企业、进行企业法人登记，并注销事业单位法人登记或批复核销事业编制（转制前未进行事业单位法人登记的）。

享受税收优惠政策的转制文化企业，应同时符合以下条件。

（1）根据相关部门的批复进行转制。

（2）转制文化企业已进行企业法人登记。

（3）整体转制前已进行事业单位法人登记的，转制后已核销事业编制、注销事业单位法人；整体转制前未进行事业单位法人登记的，转制后已核销事业编制。

（4）已同在职职工全部签订劳动合同，按企业办法参加社会保险。

（5）转制文化企业引入非公有资本和境外资本的，须符合国家法律法规和政策规定；变更资本结构依法应经批准的，需经行业主管部门和国有文化资产监管部门批准。

15. 生产装配伤残人员专门用品企业减免税[②]

自2016年1月1日至2020年12月31日，对符合下列条件的居民企业，免征企业所得税。

（1）生产和装配伤残人员专门用品，且在民政部发布的《中国伤残人员专门用品目录》范围之内。

（2）以销售本企业生产或者装配的伤残人员专门用品为主，其所取得的年度伤残人员专门用品销售收入（不含出口取得的收入）占企业收入总额60%以上。

（3）企业账证健全，能够准确、完整地向主管税务机关提供纳税资料，且本企业生产或者装配的伤残人员专门用品所取得的收入能够单独、准确核算。

（4）企业拥有假肢制作师、矫形器制作师资格证书的专业技术人员不得少于1人；企业

[①] 财政部、税务总局、中央宣传部.关于继续实施文化体制改革中经营性文化事业单位转制为企业若干税收政策的通知.财税〔2019〕16号，2019.2.16.

[②] 财政部、国家税务总局、民政部.关于生产和装配伤残人员专门用品企业免征企业所得税的通知.财税〔2016〕111号，2016.10.24.

生产人员如超过20人,则其拥有假肢制作师、矫形器制作师资格证书的专业技术人员不得少于全部生产人员的1/6。

(5) 具有与业务相适应的测量取型、模型加工、接受腔成型、打磨、对线组装、功能训练等生产装配专用设备和工具。

(6) 具有独立的接待室、假肢或者矫形器(辅助器具)制作室和假肢功能训练室,使用面积不少于115平方米。

16. 招用自主就业退役士兵就业扣减税额[①]

企业招用自主就业退役士兵,与其签订1年以上期限劳动合同并依法缴纳社会保险费的,自签订劳动合同并缴纳社会保险当月起,在3年(36个月)内按实际招用人数予以定额依次扣减增值税、城市维护建设税、教育费附加、地方教育附加和企业所得税优惠。定额标准为每人每年6 000元,最高可上浮50%,各省、自治区、直辖市人民政府可根据本地区实际情况在此幅度内确定具体定额标准。具体见"第2章 增值税"相关内容。

17. 招用重点群体就业扣减税额[②]

企业招用建档立卡贫困人口,以及在人力资源社会保障部门公共就业服务机构登记失业半年以上且持"就业创业证"或"就业失业登记证"(注明"企业吸纳税收政策")的人员,与其签订1年以上期限劳动合同并依法缴纳社会保险费的,自签订劳动合同并缴纳社会保险当月起,在3年内按实际招用人数予以定额依次扣减增值税、城市维护建设税、教育费附加、地方教育附加和企业所得税优惠。定额标准为每人每年6 000元,最高可上浮30%,各省、自治区、直辖市人民政府可根据本地区实际情况在此幅度内确定具体定额标准。具体见"第2章 增值税"相关内容。

18. 从事污染防治的第三方企业所得税优惠[③]

为鼓励污染防治企业的专业化、规模化发展,更好地支持生态文明建设,自2019年1月1日起至2021年12月31日止,对符合条件的从事污染防治的第三方企业(简称第三方防治企业),减按15%的税率征收企业所得税。

第三方防治企业是指受排污企业或政府委托,负责环境污染治理设施(包括自动连续监测设施,下同)运营维护的企业。第三方防治企业应当同时符合以下条件。

(1) 在中国境内(不包括港、澳、台地区)依法注册的居民企业。

(2) 具有1年以上连续从事环境污染治理设施运营实践,且能够保证设施正常运行。

(3) 具有至少5名从事本领域工作且具有环保相关专业中级及以上技术职称的技术人员,或者至少2名从事本领域工作且具有环保相关专业高级及以上技术职称的技术人员。

(4) 从事环境保护设施运营服务的年度营业收入占总收入的比例不低于60%。

(5) 具备检验能力,拥有自有实验室,仪器配置可满足运行服务范围内常规污染物指标的检测需求。

(6) 保证其运营的环境保护设施正常运行,使污染物排放指标能够连续稳定地达到国家

[①] 财政部、税务总局、退役军人部.关于进一步扶持自主就业退役士兵创业就业有关税收政策的通知.财税〔2019〕21号,2019.2.2.

[②] 财政部、税务总局、人力资源社会保障部、国务院扶贫办.关于进一步支持和促进重点群体创业就业有关税收政策的通知.财税〔2019〕22号,2019.2.2.

[③] 财政部、税务总局、国家发展改革委、生态环境部.关于从事污染防治的第三方企业所得税政策问题的公告.财政部 税务总局 国家发展改革委 生态环境部公告2019年第60号,2019.4.13.

或者地方规定的排放标准要求。

（7）具有良好的纳税信用，近3年内纳税信用等级未被评定为C级或D级。

13.7.8 专用设备投资抵免税额

企业实际购置并自身实际投入使用《环境保护专用设备企业所得税优惠目录》《节能节水专用设备企业所得税优惠目录》[①]和《安全生产专用设备企业所得税优惠目录》[②]规定的环境保护、节能节水、安全生产等专用设备的，该专用设备的投资额的10%可以从企业当年的应纳税额中抵免；当年不足抵免的，可以在以后5个纳税年度结转抵免。企业购置上述专用设备在5年内转让、出租的，应停止享受企业所得税优惠，并补缴已经抵免的企业所得税款。

执行中，应注意以下问题[③]。

（1）享受税收优惠的专用设备，必须是企业购置并实际使用的列入目录范围内的环境保护、节能节水和安全生产专用设备。

（2）专用设备投资额，是指购买专用设备发票价税合计价格，但不包括按有关规定退还（抵扣）的增值税款及设备运输、安装和调试等费用。

（3）当年应纳税额，是指企业当年的应纳税所得额乘以适用税率，扣除依照企业所得税法和国务院有关税收优惠规定减征、免征税额后的余额。

（4）企业利用自筹资金和银行贷款购置专用设备的投资额，可以按照规定抵免企业应纳的所得税额；企业利用财政拨款购置专用设备的投资额，不得抵免企业应纳的所得税额。

（5）企业购置并实际投入使用、已开始享受税收优惠的专用设备，如从购置之日起5个纳税年度内转让、出租的，应在该专用设备停止使用当月停止享受企业所得税优惠，并补缴已经抵免的企业所得税税款；转让的受让方可以按照该专用设备投资额的10%抵免当年企业所得税应纳税额；当年应纳税额不足抵免的，可以在以后5个纳税年度结转抵免。

（6）企业购置并实际使用的环境保护、节能节水和安全生产专用设备，包括以融资租赁方式租入的，并在融资租赁合同中约定租赁期届满时租赁设备所有权转移给承租方企业，且符合规定条件的上述专用设备。凡融资租赁期届满后租赁设备所有权未转移至承租方企业的，承租方企业应停止享受抵免企业所得税优惠，并补缴已经抵免的企业所得税税款。

【例13-20】

某生产企业（一般纳税人）于2019年10月份购置并投入使用环保专用设备，取得销售方开具的增值税专用发票上注明的价款、税款分别为1 000万元、130万元，其中增值税款130万元已作为进项税额申报抵扣。该环保专用设备属于《环境保护专用设备企业所得税优惠目录》规定的专用设备，符合税额抵免条件。设备购置当年，该企业应纳税所得额为240万元，应纳企业所得税额为60万元。

解析：
可抵免税额=1 000×10%=100（万元）

[①] 财政部、税务总局、国家发展改革委、工业和信息化部、环境保护部.关于印发《节能节水和环境保护专用设备企业所得税优惠目录（2017年版）》的通知.财税〔2017〕71号，2017.9.6.

[②] 财政部、税务总局、应急管理部.关于印发《安全生产专用设备企业所得税优惠目录（2018年版）》的通知.财税〔2018〕84号，2018.8.15.

[③] 财政部、国家税务总局.关于执行环境保护专用设备企业所得税优惠目录、节能节水专用设备企业所得税优惠目录和安全生产专用设备企业所得税优惠目录有关问题的通知.财税〔2008〕48号，2008.9.23.

当年实际抵免额60万元。

抵免后当年度实际缴纳税额=60-60=0

抵免后尚有40万元（100-60）可以结转以后年度抵免。

假如2020年度企业应纳所得税额为75万元，则实际抵免税额为40万元；抵免后缴纳企业所得税额为35万元。

13.7.9 暂不征收预提所得税[①]

为鼓励境外投资者在华投资，对境外投资者从中国境内居民企业分配的利润，用于境内直接投资，暂不征收预提所得税。

境外投资者，是指在中国境内未设立机构、场所，或者虽设立机构、场所但取得的所得与其所设机构、场所没有实际联系的非居民企业。中国境内居民企业，是指依法在中国境内成立的居民企业。

1. 投资项目和领域

对境外投资者从中国境内居民企业分配的利润，用于境内直接投资暂不征收预提所得税政策的适用范围，包括所有非禁止外商投资的项目和领域。

2. 暂不征收预提所得税的适用条件

对境外投资者暂不征收预提所得税，须同时满足以下条件。

（1）境外投资者以分得利润进行的直接投资，包括境外投资者以分得利润进行的增资、新建、股权收购等权益性投资行为，但不包括新增、转增、收购上市公司股份（符合条件的战略投资除外）。具体是指：

① 新增或转增中国境内居民企业实收资本或者资本公积；

② 在中国境内投资新建居民企业；

③ 从非关联方收购中国境内居民企业股权；

④ 财政部、税务总局规定的其他方式。

境外投资者采取上述投资行为所投资的企业统称为被投资企业。

（2）境外投资者分得的利润属于中国境内居民企业向投资者实际分配已经实现的留存收益而形成的股息、红利等权益性投资收益。

（3）境外投资者用于直接投资的利润以现金形式支付的，相关款项从利润分配企业的账户直接转入被投资企业或股权转让方账户，在直接投资前不得在境内外其他账户周转；境外投资者用于直接投资的利润以实物、有价证券等非现金形式支付的，相关资产所有权直接从利润分配企业转入被投资企业或股权转让方，在直接投资前不得由其他企业、个人代为持有或临时持有。

3. 暂不征收预提所得税的管理

（1）境外投资者符合上述规定条件的，向利润分配企业提供相关资料。利润分配企业经适当审核后，认为符合规定条件的，可暂不扣缴预提所得税，并向其主管税务机关履行备案手续。

境外投资者已享受暂不征收预提所得税政策，经税务机关后续管理核实不符合规定条件的，除属于利润分配企业责任外，视为境外投资者未按照规定申报缴纳企业所得税，依法追

---

① 财政部、税务总局、国家发展改革委、商务部.关于扩大境外投资者以分配利润直接投资暂不征收预提所得税政策适用范围的通知.财税〔2018〕102号，2018.9.29.

究延迟纳税责任，税款延迟缴纳期限自相关利润支付之日起计算。

（2）境外投资者按照规定可以享受暂不征收预提所得税政策但未实际享受的，可在实际缴纳相关税款之日起3年内申请追补享受该政策，退还已缴纳的税款。

（3）境外投资者通过股权转让、回购、清算等方式，实际收回享受暂不征收预提所得税政策待遇的直接投资，在实际收取相应款项后7日内，按规定程序向税务机关申报补缴递延的税款。

但是，境外投资者享受暂不征收预提所得税政策待遇后，被投资企业发生重组符合特殊性重组条件，并实际按照特殊性重组进行税务处理的，可以继续享受暂不征收预提所得税政策待遇，不需补缴递延的税款。

13.8 境外所得税收抵免

为消除对同一所得的国际间重复征税问题，中国同大多数国家（地区）一样，对本国纳税人来源于境外的所得采取抵免法进行税务处理。

13.8.1 税收抵免类型

按照税收抵免的适用对象不同，税收抵免分为直接抵免和间接抵免。

1. 直接抵免

直接抵免，是指企业直接作为纳税人就其境外所得在境外缴纳的所得税额在本国应纳税总额中抵免。直接抵免主要适用于企业就来源于境外的营业利润所得在境外缴纳的企业所得税，以及就来源于或发生于境外的股息、红利等权益性投资所得、利息、租金、特许权使用费、财产转让等所得在境外被源泉扣缴的预提所得税。

2. 间接抵免

间接抵免，是指境外企业就分配股息前的利润缴纳的外国所得税额中由本国居民企业就该项分得的股息性质的所得间接负担的部分，在本国应纳税总额中抵免。比如，中国居民企业（母公司）的境外子公司在所在国（地区）缴纳企业所得税后，将税后利润的一部分作为股息、红利分配给该母公司，子公司在境外就其应税所得实际缴纳的企业所得税额中按母公司所得股息占全部税后利润之比的部分即属于该母公司间接负担的境外企业所得税额。

我国现行的税收抵免包括直接抵免和间接抵免。我国政府同外国政府订立的有关税收的协定与现行企业所得税法有不同规定的，依照协定的规定办理。

13.8.2 税收抵免办法

1. 基本规定

企业取得的下列所得已在境外缴纳的所得税额，可以从其当期应纳税额中抵免，抵免限额为该项所得依照中国税法规定计算的应纳税额；超过抵免限额的部分，可以在以后5个年度内，用每年度抵免限额抵免当年应抵税额后的余额进行抵补。

（1）居民企业来源于中国境外的应税所得；非居民企业在中国境内设立机构、场所，取得发生在中国境外但与该机构、场所有实际联系的应税所得。

（2）居民企业从其直接或间接控制的外国企业分得的来源于中国境外的股息、红利等权益性投资收益，外国企业在境外实际缴纳的所得税额中属于该项所得负担的部分，可以作为该居民企业的可抵免境外所得税额，在规定的抵免限额内抵免。

直接控制，是指居民企业直接持有外国企业20%以上股份。间接控制是指居民企业以间接持股方式持有外国企业20%以上股份。

2. 税收抵免的计算[①]

境外所得税额抵免计算的基本项目，包括：境内应纳税所得额和境外应纳税所得额；可抵免境外所得税额、抵免限额和实际抵免税额。

自2017年1月1日起，企业可以选择按国别（地区）分别计算［即"分国（地区）不分项"］，或者不按国别（地区）汇总计算［即"不分国（地区）不分项"］其来源于境外的应纳税所得额，分别计算其可抵免境外所得税税额和抵免限额。抵免方式一经选定，5年内不得改变。企业选择采用不同于以前年度的方式（简称新方式）的，对其以前年度按照规定没有抵免完的余额，可以在税法规定结转的剩余年限内，按新方式计算的抵免限额中继续结转抵免[②]。

1）境外应纳税所得额的确定

（1）居民企业在境外投资设立不具有独立纳税地位的分支机构（指根据企业设立地法律不具有独立法人地位或者按照税收协定规定不认定为对方国家或地区的税收居民），其来源于境外的所得，以境外收入总额扣除与取得境外收入有关的各项合理支出后的余额为应纳税所得额。各项收入、支出按照我国税法及实施条例的有关规定确定。

居民企业在境外设立不具有独立纳税地位的分支机构取得的各项境外所得，无论是否汇回中国境内，均应计入该企业所属纳税年度的境外应纳税所得额。

（2）居民企业应就其来源于境外的股息、红利等权益性投资收益，以及利息、租金、特许权使用费、转让财产等收入，扣除按照我国税法及实施条例等规定计算的与取得该项收入有关的各项合理支出后的余额为应纳税所得额。

来源于境外的股息、红利等权益性投资收益，按被投资方做出利润分配决定的日期确认收入实现；来源于境外的利息、租金、特许权使用费、转让财产等收入，按有关合同约定应付交易对价款的日期确认收入实现。

【例13-21】

中国境内某银行向A国某企业发放贷款1 000万元，合同约定的利率为5%。2010年，该银行收到A国该企业支付的税后利息45万元，已在A国扣缴预提所得税5万元（A国预提所得税税率为10%）。该银行2010年应纳税所得总额为2 000万元，从中已扣除该笔境外贷款的融资成本40万元。

解析：

境外利息收入额为50万元（1 000×5%，或45+5）。

对应调整扣除相关成本费用后的应纳税所得额为10万元（50-40）。

该境外利息收入用于计算境外税额抵免限额的应纳税所得额为10万元，应纳税所得总额仍为2 000万元不变。

[①] 财政部、国家税务总局.关于企业境外所得税收抵免有关问题的通知.财税〔2009〕125号，2009.12.25；国家税务总局.企业境外所得税收抵免操作指南.国家税务总局公告2010年第1号，2010.7.2；财政部、税务总局.关于完善企业境外所得税收抵免政策问题的通知.财税〔2017〕84号，2017.12.28.

[②] 财政部、税务总局.关于完善企业境外所得税收抵免政策问题的通知.财税〔2017〕84号，2017.12.28.

非居民企业在境内设立机构、场所的，应就其发生在境外但与境内所设机构、场所有实际联系的各项应税所得，比照上项规定计算相应的应纳税所得额。

（3）在计算境外应纳税所得额时，企业为取得境内外所得而在境内、境外发生的共同支出，与取得境外应税所得有关的、合理的部分，应在境内、境外应税所得之间，按照合理比例进行分摊后扣除。

（4）企业选择"分国（地区）不分项"的境外所得抵免方式，在汇总计算境外应纳税所得额时，企业在境外同一国家（地区）设立不具有独立纳税地位的分支机构，按照我国税法及实施条例的有关规定计算的亏损，不得抵减其境内或他国（地区）的应纳税所得额，但可以用同一国家（地区）其他项目或以后年度的所得按规定弥补[①]。企业选择"不分国（地区）不分项"的境外所得抵免方式，也不得抵减其境内的应纳税所得额。

2）可抵免境外所得税额的确定

可抵免境外所得税额，是指企业来源于境外的所得依照境外税收法律及相关规定应当缴纳并已实际缴纳的企业所得税性质的税款。

（1）可抵免境外所得税额不包括以下内容。

① 按照境外所得税法律及相关规定属于错缴或错征的境外所得税款。

② 按照税收协定规定不应征收的境外所得税款。

③ 因少缴或迟缴境外所得税而追加的利息、滞纳金或罚款。

④ 境外所得税纳税人或其利害关系人从境外征税主体得到实际返还或补偿的境外所得税款。

⑤ 按照我国税法及其实施条例规定，在我国已经免征所得税的境外所得负担的境外所得税款。

⑥ 按照国务院财政、税务主管部门有关规定，已经从企业境外应纳税所得额中扣除的境外所得税款。

（2）居民企业进行间接抵免时，其境外投资收益实际间接负担的税额，是指根据直接或者间接持股方式合计持股20%以上（含20%）的规定层级的外国企业股份，由此应分得的股息、红利等权益性投资收益中，从最低一层外国企业起逐层计算的属于由上一层企业负担的税额，其计算公式如下。

本层企业所纳税额属于由一家上一层企业负担的税额=（本层企业就利润和投资收益所实际缴纳的税额+符合规定的由本层企业间接负担的税额）×（本层企业向一家上一层企业分配的股息（红利）÷本层企业所得税后利润额）

公式中"本层企业"是指实际分配股息（红利）的境外被投资企业。

"本层企业就利润和投资收益所实际缴纳的税额"是指本层企业按所在国税法就利润缴纳的企业所得税和在被投资方所在国就分得的股息等权益性投资收益被源泉扣缴的预提所得税。

"符合规定的由本层企业间接负担的税额"是指该层企业由于从下一层企业分回股息（红利）而间接负担的由下一层企业就其利润缴纳的企业所得税额。

"本层企业向一家上一层企业分配的股息（红利）"是指该层企业向上一层企业实际分配的扣缴预提所得税前的股息（红利）数额。

"本层企业所得税后利润额"是指该层企业实现的利润总额减去就其利润实际缴纳的企

---

① 国家税务总局.关于修订《中华人民共和国企业所得税年度纳税申报表（A类，2017年版）》部分表单样式及填报说明的公告.国家税务总局公告2018年第57号，2018.12.17.

业所得税后的余额。

执行中，应注意以下问题。

① 每一层企业从其持股的下一层企业在一个年度中分得的股息（红利），如果是由该下一层企业不同年度的税后未分配利润组成，则应按该股息（红利）对应的每一年度未分配利润，分别计算就该项分配利润所间接负担的税额；按各年度计算的间接负担税额之和，即为取得股息（红利）的企业该一个年度中分得的股息（红利）所得间接负担的所得税额。

② 境外第二层及以下层级企业归属不同国家的，在计算居民企业负担境外税额时，均以境外第一层企业所在国（地区）为国别划分进行归集计算，而不论该第一层企业的下层企业归属何国（地区）。

③ 间接抵免适用于居民企业从其直接或者间接持有20%以上股份的外国企业分得的来源于境外的股息、红利等权益性投资收益，由外国企业在境外缴纳但属于该项所得负担的所得税款。自2017年1月1日起，由居民企业直接或者间接持有20%以上股份的外国企业，限于符合以下持股方式的五层外国企业[①]。

第一层：企业直接持有20%以上股份的外国企业。

第二层至第五层：单一上一层外国企业直接持有20%以上股份，且由该企业直接持有或通过一个或多个符合规定持股方式的外国企业间接持有总和达到20%以上股份的外国企业。

3）境外所得税抵免限额的计算

抵免限额，是指企业来源于中国境外的所得依照我国税法及其实施条例的规定计算的应纳税额。若企业选择"分国（地区）不分项"的境外所得抵免方式，则抵免限额应当分国（地区）不分项计算。

抵免限额＝中国境内、境外所得依照我国税法及其实施条例的规定计算的应纳税总额×来源于某国（地区）的应纳税所得额÷中国境内、境外应纳税所得总额

执行中，应注意以下问题。

（1）计算"境内、境外所得依照我国税法及其实施条例的规定计算的应纳税总额"时所适用的税率，除国务院财政、税务主管部门另有规定外，一律为法定税率25%。

自2010年1月1日起，以与境内、境外全部生产经营活动有关的研究开发费用总额、总收入、销售收入总额、高新技术产品（服务）收入等指标申请并经认定的高新技术企业，其来源于境外的所得可以享受高新技术企业所得税优惠政策，即对其来源于境外所得可以按照15%的优惠税率缴纳企业所得税，在计算境外抵免限额时，可按照15%的优惠税率计算境内外应纳税总额。

（2）按照规定计算的当期境内、境外应纳税所得总额小于零的，其当期境外所得税的抵免限额为零。也就是说，当企业境内所得为亏损、境外所得为盈利时，企业按照规定用境外的全部盈利弥补了境内亏损后没有余额的，其当期境外所得税的抵免限额为零。

4）实际抵免税额的确定

企业当年在境外直接缴纳和间接负担的符合规定的所得税额低于抵免限额的，以该项税额作为境外所得税抵免额从企业应纳税总额中据实抵免；超过抵免限额的，当年以抵免限额作为境外所得税抵免额进行抵免，超过抵免限额的余额允许从次年起在连续5个纳税年度内，

---

① 财政部、税务总局.关于完善企业境外所得税收抵免政策问题的通知.财税〔2017〕84号，2017.12.28.

用每年度抵免限额抵免其应抵税额后的余额进行抵补。

如果企业当年境外可抵免税额中，既有属于当年已直接缴纳或间接负担的境外所得税额，又有以前年度结转的未逾期可抵免税额，则先抵免当年已直接缴纳或间接负担的境外所得税额；抵免限额有余额的，再抵免以前年度结转的未逾期可抵免税额；仍抵免不足的，继续向以后年度结转抵免。

值得注意的是，自2017年1月1日起，企业可以选择"分国（地区）不分项"抵免方式，也可以选择"不分国（地区）不分项"抵免方式汇总计算。一经选择，5年内不得改变。

【例13-22】

某居民企业我国本部2017年度实现的应纳税所得额为1 000万元；取得的境外分公司按我国税法计算的应纳税所得额为100万元，已在境外缴纳所得税折合人民币28万元。

解析：

境外所得税抵免限额＝（1 000+100）×25%×[100÷（1 000+100）]＝25（万元）

因实际缴纳税额（28万元）超过抵免限额（25万元），故实际抵免税额为25万元；尚未抵免的税额3万元，可以按规定结转以后年度抵免（5年）。

该企业2017年度应在我国缴纳的企业所得税额＝（1 000+100）×25%−25＝250（万元）

3. 适用简易办法的规定

下列情形，经企业申请，主管税务机关核准，可以采取简易办法对境外所得已纳税额计算抵免。

（1）企业从境外取得营业利润所得及符合境外税额间接抵免条件的股息所得，虽有所得来源国（地区）政府机关核发的具有纳税性质的凭证或证明，但因客观原因无法真实、准确地确认应当缴纳并已经实际缴纳的境外所得税额的，除就该所得直接缴纳及间接负担的税额在所得来源国（地区）的实际有效税率低于我国税法规定税率50%以上的外，可按境外应纳税所得额的12.5%作为抵免限额；该国（地区）税务机关或政府机关核发的具有纳税性质凭证或证明的金额，不超过抵免限额的部分，准予抵免；超过的部分不得抵免。

（2）企业从境外取得营业利润所得及符合境外税额间接抵免条件的股息所得，凡就该所得缴纳及间接负担的税额在所得来源国（地区）的法定税率且其实际有效税率明显高于我国的，可直接以按规定计算的境外应纳税所得额和我国税法规定的税率计算的抵免限额，作为可抵免的已在境外实际缴纳的企业所得税额。目前，法定税率明显高于我国的有：美国、阿根廷、布隆迪、喀麦隆、古巴、法国、日本、摩洛哥、巴基斯坦、赞比亚、科威特、孟加拉国、叙利亚、约旦、老挝。

上述两种情形以外的股息、利息、租金、特许权使用费、转让财产等投资性所得，不适用简易办法。

13.9 税额计算与缴纳

13.9.1 税额计算公式

企业所得税应纳税额，按照以下公式计算。

应纳税额=应纳税所得额×适用税率-减免税额-抵免税额

公式中的减免税额和抵免税额，是指依照企业所得税法和国务院的税收优惠规定减征、免征和抵免的所得税税额。

实务中，为方便计算，先在会计利润基础上按照税法规定调整计算应纳税所得额，再依照适用税率计算应纳税额。

13.9.2 应纳税所得额的计算

首先，计算利润总额。利润总额是指按照国家统一会计制度计算的年度利润额。

利润总额=主营业务收入-主营业务成本+其他业务收入-其他业务成本-税金及附加-销售费用-管理费用（包括研发费用）-财务费用-资产减值损失+其他收益（计入其他收益的政府补助收入等）+公允价值变动收益+投资收益+资产处置收益+营业外收入-营业外支出

然后，在利润总额的基础上，按照税法规定调整计算应纳税所得额。

纳税调整后所得=利润总额-境外所得+纳税调整增加额-纳税调整减少额-免税、减计收入及加计扣除+境外应税所得抵减境内亏损

应纳税所得额=纳税调整后所得-所得减免-弥补以前年度亏损-抵扣应纳税所得额

1. 境外所得

境外所得，是指企业从境外取得的已计入当年利润总额的所得。将该部分所得从境内外所得总额中调减出去，单独处理。

2. 纳税调整增加额和纳税调整减少额

纳税调整增加额和纳税调整减少额，是指企业会计处理与税法规定不一致，进行纳税调整增加和减少的金额。

1）收入类调整项目

收入类调整项目，主要包括以下内容。

（1）视同销售收入，即企业会计处理不确认为销售收入，税法规定确认应税收入的收入。

（2）未按权责发生制原则确认的收入，即企业会计处理按照权责发生制确认收入，税法规定未按权责发生制确认的收入。

（3）投资收益，包括持有收益和处置收益。

（4）按权益法核算长期股权投资对初始投资成本调整确认收益，即企业采取权益法核算长期股权投资，其初始投资成本小于取得投资时应享有被投资单位可辨认净资产公允价值份额的差额，计入投资当期的营业外收入的金额。

（5）交易性金融资产初始投资调整，即企业根据税法规定确认交易性金融资产初始投资金额与会计核算的交易性金融资产初始投资账面价值的差额。

（6）公允价值变动净损益，即企业会计核算的以公允价值计量的金融资产、金融负债及投资性房地产类项目，计入当期损益的公允价值变动金额。

（7）不征税收入，即企业计入收入总额，属于税法规定的不征税收入。

（8）不符合税法规定的销售折扣、折让和退回。

（9）其他因会计处理与税法规定有差异需要进行纳税调整的收入类项目。

2）扣除类调整项目

扣除类调整项目，主要包括以下内容。

（1）视同销售成本，即企业会计处理不作为销售核算，税法规定作为应税收入的同时，确认的销售成本。

（2）职工薪酬，包括工资薪金支出、职工福利费支出、职工教育经费支出、工会经费支出、各类基本社会保障性缴款、住房公积金、补充养老保险和补充医疗保险。

（3）业务招待费支出。

（4）广告费和业务宣传费支出。

（5）捐赠支出，包括公益性捐赠支出和非公益性捐赠支出。

（6）利息支出，是指企业向非金融企业借款，会计核算计入当期损益的利息支出。

（7）罚金、罚款和被没收财物的损失。

（8）税收滞纳金、加收利息。

（9）赞助支出。

（10）与未实现融资收益相关在当期确认的财务费用。

（11）佣金和手续费支出。

（12）不征税收入用于支出所形成的费用。

（13）跨期扣除项目，包括维简费、安全生产费用、预提费用、预计负债等跨期扣除项目。

（14）与取得收入无关的支出。

（15）境外所得分摊的共同支出。

（16）其他因会计处理与税法规定有差异需要进行纳税调整的扣除类项目。

3）资产类调整项目

资产类调整项目，主要包括以下内容。

（1）资产折旧摊销。

（2）资产减值准备金（坏账准备、存货跌价准备、理赔费用准备金等不允许税前扣除的各类资产减值准备金）。

（3）资产损失。

（4）其他因会计处理与税法规定有差异需要进行纳税调整的资产类项目。

4）特殊事项调整项目

特殊事项调整项目，主要包括以下内容。

（1）企业重组及递延纳税事项。

（2）企业政策性搬迁。

（3）特殊行业准备金（保险类准备金、证券类准备金、期货类准备金、担保类准备金等）。

（4）房地产开发企业特定业务计算的纳税调整额。

5）特别纳税调整所得项目

特别纳税调整所得，是指按照"特别纳税调整"的有关规定，进行纳税调增或调减的所得项目金额。

3. 免税收入、减计收入及加计扣除

税法规定的免税收入、减计收入、加计扣除，应调减应纳税所得额。

（1）免税收入，主要包括：国债利息收入；符合条件的股息、红利等权益性投资收益；符合条件的非营利组织的收入；投资者从证券投资基金分配中取得的收入；取得的地方政府债券利息收入等。

（2）减计收入，主要包括：综合利用资源生产产品减计收入；金融机构取得的涉农贷款利息收入减计收入；小额贷款公司取得的农户小额贷款利息收入减计收入；保险机构取得的涉农保费收入减计收入；取得铁路债券利息收入因减半征税而纳税调减收入等。

（3）加计扣除，主要包括：研究开发费用的加计扣除；残疾人员工资的加计扣除。

4. 境外应税所得抵减境内亏损

企业根据税法规定，选择用境外所得抵减境内亏损时，以境外所得抵减当年度境内亏损金额。

5. 所得减免

所得减免，主要包括：农、林、牧、渔业项目所得的减免；国家重点扶持的公共基础设施项目所得的减免；符合条件的环境保护、节能节水项目所得的减免；符合条件的技术转让项目所得的减免；符合条件的节能服务公司实施合同能源管理项目所得的减免；符合条件的集成电路生产项目所得的减免等。

1）项目所得额的计算

项目所得额=项目收入-项目成本-相关税费-应分摊期间费用-纳税调整额

项目收入，是指优惠项目取得的收入总额。

项目成本，是指优惠项目发生的成本总额。

相关税费，是指优惠项目实际发生的有关税费，包括除企业所得税和允许抵扣的增值税以外的各项税金及其附加、合同签订费用、律师费等相关费用及其他支出。

应分摊期间费用，是指优惠项目合理分摊的期间费用。分摊比例可以按照投资额、销售收入、资产额、人员工资等参数确定。分摊比例一经确定，不得随意变更。

纳税调整额，是指按照税法规定需要调整优惠项目的收入、成本、费用金额。

2）减免所得额的确定

在免税期间，以项目所得额为减免所得额；在减半征税期间，以"项目所得额"的50%为减免所得额。

在计算应纳税所得额时，分以下情形处理。

（1）如果"纳税调整后所得"为负数，不需考虑"所得减免"，此时"纳税调整后所得"即为当年度发生的亏损额。

（2）如果"纳税调整后所得"为正数，则

当"减免所得额"大于或等于0且大于"纳税调整后所得"时，以"纳税调整后所得"金额为限，确定"所得减免"金额；两者相减后，当年度应纳税所得额为零。

当"减免所得额"大于或等于0但小于或等于"纳税调整后所得"时，"减免所得额"即为"所得减免"金额，可以从"纳税调整后所得"中减除，计算当年度应纳税所得额。

（3）如果优惠项目"减免所得额"为负数，则无须计算"所得减免"金额。

6. 弥补以前年度亏损

（1）当"纳税调整后所得"为负数，表明当年度发生亏损。此时，无法用当年度所得弥补以前年度的亏损。

（2）当"纳税调整后所得"为正数，先享受项目所得减免优惠，再弥补以前年度亏损。

可弥补亏损的所得=纳税调整后所得-所得减免

如果"纳税调整后所得"为正数但小于"所得减免"金额时，两者相减后，当年度应纳税所得额为零，无可弥补亏损的所得。

如果"纳税调整后所得"为正数且大于"所得减免"金额时，两者相减后的余额，即为当年可弥补亏损的所得。

7. 抵扣应纳税所得额

抵扣应纳税所得额，是指公司制创业投资企业、有限合伙制创业投资企业的法人合伙人根据税法规定抵扣的应纳税所得额。

在计算应纳税所得额时，先按规定弥补亏损，再按规定抵扣应纳税所得额。

13.9.3 应纳税额的计算

应纳税额的计算公式如下。

本年实际应纳税额＝应纳税所得额×税率（25%）－减免所得税额－抵免所得税额+境外所得应纳税额－境外所得抵免税额

1. 减免所得税额

减免所得税额，是指按照税法规定对特定企业减免的企业所得税额。该部分税额，应从企业所得税应纳税额中减除。

减免所得税额，主要包括：符合条件的小型微利企业减免税；国家重点扶持的高新技术企业减免税；特定区域企业区内所得减免税；民族自治地方企业减免税；西部地区鼓励类产业企业减免税；赣州市鼓励类产业企业减免税；新疆困难地区新办企业减免税；新疆喀什、霍尔果斯特殊经济开发区新办企业减免税；其他特定区域鼓励类产业企业减免税；软件企业和集成电路企业减免税；动漫企业减免税；技术先进型服务企业减免税；服务贸易类技术先进型服务企业减免税；经营性文化事业单位转制为企业的减免税；生产装配伤残人员专门用品企业减免税等。

执行中，应注意以下问题。

（1）项目所得减半征税叠加优惠的，应当进行调整。具体地说，企业从事农林牧渔业项目，国家重点扶持的公共基础设施项目，符合条件的环境保护、节能节水项目，符合条件的技术转让项目，其他专项优惠等所得额，按照法定税率25%减半征收，同时享受小型微利企业、高新技术企业、技术先进型服务企业、集成电路线宽小于0.25微米或投资额超过80亿元人民币集成电路生产企业、国家规划布局内重点软件企业和集成电路设计企业等优惠税率政策的，由于纳税申报表填报顺序（应纳税所得额和应纳税额计算顺序），按照优惠税率减半叠加享受减免税优惠部分，应当进行调整，从"减免所得税额"中调减出去。

项目所得额按法定税率减半征收所得税叠加享受减免税优惠金额＝减半征税项目所得额×50%×（25%－优惠税率）

（2）企业招用自主就业退役士兵和重点群体就业，在当年准予扣减的企业所得税额，计入"减免所得税额"，从应纳税额中减除。

2. 抵免所得税额

抵免所得税额是指企业购置并实际使用环境保护、节能节水、安全生产等专用设备而抵免的企业所得税额。

3. 境外所得应纳税额

境外所得应纳税额是指企业来源于中国境外的所得，按照我国税法规定，在弥补境外以前年度亏损和抵减境内亏损后计算的应纳所得税额。

（1）境外税后所得=境外分支机构营业利润所得+股息、红利等权益性投资所得+利息所得+租金所得+特许权使用费所得+财产转让所得+其他所得

（2）境外税前所得=境外税后所得+直接缴纳的所得税额+间接负担的所得税额

（3）境外所得纳税调整后所得=境外税前所得+境外分支机构收入与支出纳税调整额−境外分支机构调整分摊扣除的有关成本费用−境外所得对应调整的相关成本费用

（4）境外应纳税所得额=境外所得纳税调整后所得−弥补境外以前年度亏损

（5）抵减境内亏损后的应纳税所得额=境外应纳税所得额−抵减境内亏损

（6）境外所得应纳税额=抵减境内亏损后的应纳税所得额×税率

其中："税率"为法定税率25%；符合条件的高新技术企业，适用税率为15%。

4. 境外所得抵免税额

境外所得抵免税额是指可从境外所得应纳税额中抵免的税额。

企业境外所得依照境外税收法律及相关规定应缴纳并实际缴纳（包括视同已实际缴纳）的企业所得税性质的税款，小于境外所得依照我国税法规定计算的应纳税额（抵免限额）的，抵免税额为企业已在境外实际缴纳（包括视同已实际缴纳）的企业所得税性质的税款；反之，则以抵免限额为抵免税额，超过抵免限额的部分，可在以后5个年度内，用每年度抵免限额抵免当年应抵免税额后的余额进行抵补。

13.9.4 税款缴纳

企业所得税实行按年计算、分期预缴、年终汇算清缴办法。按年计算是指按纳税年度计算。纳税年度自公历1月1日起至12月31日止。企业在一个纳税年度中间开业，或终止经营活动，使该纳税年度的实际经营期不足12个月的，以其实际经营期为一个纳税年度。企业依法清算时，以清算期间作为一个纳税年度。

1. 分期预缴

企业所得税实行分月预缴或分季预缴。企业自月份或季度终了之日起15日内，向税务机关报送预缴企业所得税纳税申报表，预缴税款。

企业分月或分季预缴企业所得税时，按照月度或季度的实际利润额计算预缴；按照月度或季度的实际利润额计算预缴有困难的，可以按照上一纳税年度应纳税所得额的月度或季度平均额计算预缴；或按照经税务机关认可的其他方法预缴。预缴方法一经确定，该纳税年度内不得随意变更。

企业在纳税年度内无论盈利或者亏损，均应依照税法规定的期限，向税务机关报送预缴企业所得税纳税申报表、年度企业所得税纳税申报表、财务会计报告和税务机关规定的其他有关资料。

2. 汇算清缴

1）一般规定

企业自年度终了之日起5个月内，向税务机关报送企业所得税年度纳税申报表，汇算清缴，结清应缴应退税款。在报送企业所得税年度纳税申报表时，附送财务会计报告和其他有关资料。

企业在年度中间终止经营活动的，自实际经营终止之日起60日内，向税务机关办理当期企业所得税汇算清缴。

企业发生清算的，在办理注销登记前，就清算所得向税务机关申报并依法缴纳企业所得税。清算所得是指企业的全部资产可变现价值或者交易价格减除资产净值（计税基础）、清算费用、相关税费，加上债务清偿损益等后的余额。

投资方企业从被清算企业分得的剩余资产，其中相当于从被清算企业累计未分配利润和累计盈余公积中应分得的部分，确认为股息所得；剩余资产减除上述股息所得后的余额，超过或低于投资成本的部分，确认为投资资产转让所得或者损失。

2）企业清算的所得税处理[①]

企业清算的所得税处理，是指企业在不再持续经营，发生结束自身业务、处置资产、偿还债务及向所有者分配剩余财产等经济行为时，对清算所得、清算所得税、股息分配等事项的处理。

（1）下列企业，应当进行清算的所得税处理：按照《公司法》《企业破产法》等规定需要进行清算的企业；企业重组中需要按清算处理的企业。

（2）所得税处理的内容包括：全部资产均按照可变现价值或交易价格，确认资产转让所得或损失；确认债权清理、债务清偿的所得或损失；改变持续经营核算原则，对预提或待摊性质的费用进行处理；依法弥补亏损，确定清算所得；计算并缴纳清算所得税；确定可向股东分配的剩余财产、应付股息等。

（3）企业的全部资产可变现价值或交易价格，减除资产的计税基础、清算费用、相关税费，加上债务清偿损益等后的余额，为清算所得。

（4）企业全部资产的可变现价值或交易价格减除清算费用、职工工资、社会保险费用和法定补偿金，结清清算所得税、以前年度欠税等税款，清偿企业债务后，按规定计算可以向所有者分配的剩余资产。

被清算企业的股东从被清算企业分得的资产，按其可变现价值或实际交易价格确定计税基础。

3. 税款计算单位

企业所得税以人民币计算。所得以人民币以外的货币计算的，折合成人民币计算并缴纳税款。

企业所得以人民币以外的货币计算的，预缴企业所得税时，按照月度或季度最后一日的人民币汇率中间价，折合成人民币计算应纳税所得额。年度终了汇算清缴时，对已经按照月度或季度预缴税款的，不再重新折合计算，只就该纳税年度内未缴纳企业所得税的部分，按照纳税年度最后一日的人民币汇率中间价，折合成人民币计算应纳税所得额。

经税务机关检查确认，企业少计或多计外币所得的，按照检查确认补税或退税时的上一个月最后一日的人民币汇率中间价，将少计或多计的外币所得折合成人民币计算应纳税所得额，再计算应补缴或应退的税款。

4. 纳税地点

1）居民企业纳税地点

除税收法律、行政法规另有规定外，居民企业以企业登记注册地为纳税地点；登记注册

[①] 财政部、国家税务总局.关于企业清算业务企业所得税处理若干问题的通知.财税〔2009〕60号，2009.4.30.

地在境外的,以实际管理机构所在地为纳税地点。企业登记注册地是指企业依照国家有关规定登记注册的住所所在地。

居民企业在中国境内设立不具有法人资格的营业机构的,应汇总计算并缴纳企业所得税。

除国务院另有规定外,母子公司不得合并缴纳企业所得税。

2)非居民企业在中国境内设立的机构、场所的纳税地点

非居民企业在中国境内设立的机构、场所取得的来源于中国境内的所得,以及发生在中国境外但与该机构、场所有实际联系的所得,以机构、场所所在地为纳税地点。

非居民企业在中国境内设立两个或两个以上机构、场所,符合国务院税务主管部门规定条件的,可以选择由其主要机构、场所汇总缴纳企业所得税。负责汇总纳税的主要机构、场所,应当同时符合下列条件。

(1)对其他各机构、场所的生产经营活动负有监督管理责任。

(2)设有完整的账簿、凭证,能够准确反映各机构、场所的收入、成本、费用和盈亏情况。

13.9.5 非居民企业所得税的源泉扣缴[①]

1. 扣缴义务人

在中国境内未设立机构、场所的非居民企业,或虽设立机构、场所但取得的所得与其所设机构、场所没有实际联系的非居民企业,其来源于中国境内的股息、红利等权益性投资收益和利息、租金、特许权使用费所得、转让财产所得,以及其他所得应缴纳的企业所得税,实行源泉扣缴,以支付人为扣缴义务人。

支付人是指依照有关法律规定或合同约定对非居民企业直接负有支付相关款项义务的单位或个人。支付人自行委托代理人或指定其他第三方代为支付相关款项,或者因担保合同或法律规定等原因由第三方保证人或担保人支付相关款项的,仍由委托人、指定人或被保证人、被担保人承担扣缴义务。

2. 税款扣缴

1)扣缴义务发生时间

扣缴义务发生时间即扣缴义务发生之日,是指相关款项实际支付或者到期应支付之日。扣缴义务人应在每次向非居民企业支付或者到期应支付相关款项时,从支付或者到期应支付的款项中扣缴企业所得税。

(1)支付,包括现金支付、汇拨支付、转账支付和权益兑价支付等货币支付和非货币支付。

非居民企业取得的应源泉扣缴所得税的股息、红利等权益性投资收益,扣缴义务发生之日为股息、红利等权益性投资收益实际支付之日。

非居民企业采取分期收款方式取得的应源泉扣缴所得税的同一项转让财产所得,其分期收取的款项,可视为先收回以前投资财产的成本,待成本全部收回后,再计算并扣缴应扣税款。

【例13-23】

境外A企业(非居民企业)持有境内B企业(居民企业)50%的股权,股权实际成本为500万元人民币。2018年1月10日,境外A企业将其持有的B企业股权全部转让给C企业(居民企业),成交价格为人民币1 000万元。按照股权转让合同约定,C企业分别于2018年2月10日、

[①] 国家税务总局.关于非居民企业所得税源泉扣缴有关问题的公告.国家税务总局公告2017年第37号,2017.10.17.

3月10日、4月10日支付人民币300万元、400万元和300万元。

解析：在本次交易中，境外A企业股权转让成本500万元。C企业于2018年2月10日支付人民币300万元，可视为境外A企业收回股权转让成本300万元；C企业于3月10日支付人民币400万元中，属于境外A企业收回股权转让成本200万元（至此，股权转让成本已全部收回），其余200万元作为境外A企业的股权转让所得计算扣缴税款；C企业于4月10日支付人民币300万元，全部作为境外A企业的股权转让所得计算扣缴税款。

（2）到期应支付的款项，是指支付人按照权责发生制原则应计入相关成本、费用的应付款项。

企业和非居民企业签订与利息、租金、特许权使用费等所得有关的合同或协议，如果未按照合同或协议约定的日期支付款项，或者变更、修改合同或协议延期支付，但已计入企业当期成本、费用，并在企业所得税年度纳税申报中作税前扣除的，应在企业所得税年度纳税申报时，按照规定代扣代缴企业所得税。如果企业到期未支付的款项，不是一次性计入当期成本、费用，而是计入相应资产原价或企业筹办费，在该类资产投入使用或开始生产经营后分期摊入成本、费用，分年度在企业所得税前扣除的，应在企业计入相关资产的年度纳税申报时，就上述所得全额代扣代缴企业所得税。如果企业在合同或协议约定的支付日期之前支付上述款项的，应在实际支付时，按照规定代扣代缴企业所得税。

2）申报与解缴

税法规定，扣缴义务人每次代扣的税款，自代扣之日起7日内缴入国库，并向所在地的税务机关报送扣缴企业所得税报告表。

具体地说，扣缴义务人自扣缴义务发生之日起7日内，向扣缴义务人所在地主管税务机关申报和解缴代扣税款。扣缴义务人在申报和解缴代扣税款时，填报《中华人民共和国扣缴企业所得税报告表》。扣缴义务人可以在申报和解缴应扣税款前报送有关申报资料；已经报送的，在申报时不再重复报送。

3. 所得计算

税法规定，非居民企业（在中国境内未设立机构、场所，或虽设立机构、场所但取得的所得与其所设机构、场所没有实际联系的）来源于中国境内的股息、红利等权益性投资收益和利息、租金、特许权使用费所得，以收入全额为应纳税所得额；转让财产所得，以收入全额减除财产净值后的余额为应纳税所得额；其他所得，参照前两项规定的方法计算应纳税所得额。收入全额，是指非居民企业向支付人收取的全部价款和价外费用，但不包括增值税税额。

1）股权转让所得的计算

转让财产所得包括转让股权等权益性投资资产（简称股权）所得。股权转让收入减除股权净值后的余额为股权转让所得的应纳税所得额。

股权转让收入，是指股权转让人转让股权所收取的对价，包括货币形式和非货币形式的各种收入。

股权净值，是指取得该股权的计税基础。股权的计税基础是股权转让人投资入股时向中国居民企业实际支付的出资成本，或购买该项股权时向该股权的原转让人实际支付的股权受让成本。股权在持有期间发生减值或者增值，按照国务院财政、税务主管部门规定可以确认损益的，股权净值应进行相应调整。

在计算股权转让所得时，不得扣除被投资企业未分配利润等股东留存收益中按该项股权所可能分配的金额。

多次投资或收购的同项股权被部分转让的，从该项股权全部成本中按照转让比例计算确定被转让股权对应的成本。

【例13-24】

境外A公司（非居民企业）先后3次向境内B公司（居民企业）投资，共持有B公司40%的股权。第1次投资人民币100万元，第2次投资人民币200万元，第3次投资人民币400万元，投资成本合计人民币700万元。2018年1月10日，境外A公司与境内C公司（居民企业）签订股权转让合同，将持有的B公司30%的股权转让给C公司，成交价格为人民币1 000万元。

解析：

本次转让比例：30%÷40%=75%

对应的股权转让成本：700×75%=525（万元）

本次股权转让实现的应纳税所得额：1 000-525=475（万元）

2）外币折算

（1）扣缴义务人支付或者到期应支付的款项以人民币以外的货币支付或计价的，分别按照以下情形进行外币折算。

① 扣缴义务人扣缴企业所得税的，按照扣缴义务发生之日人民币汇率中间价折合成人民币，计算非居民企业应纳税所得额。

② 取得收入的非居民企业在主管税务机关责令限期缴纳税款前，自行申报缴纳应源泉扣缴税款的，按照填开税收缴款书之日前一日人民币汇率中间价折合成人民币，计算非居民企业应纳税所得额。

③ 主管税务机关责令取得收入的非居民企业限期缴纳应源泉扣缴税款的，按照主管税务机关做出限期缴税决定之日前一日人民币汇率中间价折合成人民币，计算非居民企业应纳税所得额。

（2）非居民企业的财产转让收入或财产净值以人民币以外的货币计价的，分以上三种情形，先将非人民币计价项目金额折合成人民币金额；再按税法规定计算财产转让所得的应纳税所得额。

财产净值或财产转让收入的计价货币，按照取得或转让财产时实际支付或收取的计价币种确定。原计价币种停止流通并启用新币种的，按照新旧货币市场转换比例转换为新币种后进行计算。

【例13-25】

境外D公司（非居民企业）先后2次向境内E公司（居民企业）投资，共持有E公司40%的股权。第1次投资100万美元（假设当时人民币汇率中间价为1美元=8.6元人民币）；第2次投资50万欧元（假设当时人民币汇率中间价为1欧元=8.9元人民币）。2018年1月10日，境外D公司将其持有的E公司股权转让给境内F公司（居民企业），成交价格为人民币2 000万元。按照股权转让合同约定，F公司于2018年1月15日向境外D公司支付了人民币2 000万元。假设2018年1月15日人民币兑美元和欧元的中间价分别为：1美元=6.6元人民币，1欧元=7.2元人民币。

解析：

> 本次财产转让收入：2 000万元人民币。
> 本次转让财产净值：100×6.6+50×7.2=1 020（万元人民币）
> 本次实现的应纳税所得额：2 000-1 020=980（万元人民币）

3）不含税所得换算

扣缴义务人和非居民企业（在中国境内未设立机构、场所，或虽设立机构、场所但取得的所得与其所设机构、场所没有实际联系的）签订与股息、利息、租金、特许权使用费所得、转让财产所得及其他所得有关的业务合同时，凡合同中约定由扣缴义务人实际承担应纳税款的，应将非居民企业取得的不含税所得换算为含税所得，据以计算和解缴应扣税款。

4. 税收管理

1）税款补缴

扣缴义务人未依法扣缴或者无法履行扣缴义务的，由取得所得的非居民企业按照税法规定向所得发生地主管税务机关申报缴纳未扣缴税款，并填报《中华人民共和国扣缴企业所得税报告表》。

非居民企业未按照税法规定申报缴纳税款的，税务机关可以责令限期缴纳，非居民企业应按照税务机关确定的期限申报缴纳税款；非居民企业在税务机关责令限期缴纳前自行申报缴纳税款的，视为已按期缴纳税款。

非居民企业取得的同一项所得在境内存在多个所得发生地，涉及多个主管税务机关的，在按税法规定自行申报缴纳未扣缴税款时，可以选择一地办理申报缴税事宜。受理申报地主管税务机关在受理申报后5个工作日内，向扣缴义务人所在地和同一项所得其他发生地主管税务机关发送《非居民企业税务事项联络函》，告知非居民企业涉税事项。

对于所得发生地主管税务机关，按照以下原则确定：不动产转让所得，为不动产所在地主管税务机关；权益性投资资产转让所得，为被投资企业的所得税主管税务机关；股息、红利等权益性投资所得，为分配所得企业的所得税主管税务机关；利息所得、租金所得、特许权使用费所得，为负担、支付所得的单位或个人的所得税主管税务机关。

2）税款追缴

扣缴义务人应扣未扣税款的，由扣缴义务人所在地主管税务机关依照《中华人民共和国行政处罚法》的有关规定，责令扣缴义务人补扣税款，并依法追究扣缴义务人责任。需要向纳税人（非居民企业）追缴税款的，由所得发生地主管税务机关依法执行。扣缴义务人所在地与所得发生地不一致的，负责追缴税款的所得发生地主管税务机关应通过扣缴义务人所在地主管税务机关核实有关情况；扣缴义务人所在地主管税务机关自确定应纳税款未依法扣缴之日起5个工作日内，向所得发生地主管税务机关发送《非居民企业税务事项联络函》，告知非居民企业涉税事项。

主管税务机关按照规定追缴非居民企业应纳税款时，可以采取以下措施。

（1）责令该非居民企业限期申报缴纳应纳税款。

（2）收集、查实该非居民企业在中国境内其他收入项目及其支付人的相关信息，并向该其他项目支付人发出《税务事项通知书》，从该非居民企业其他收入项目款项中，依照法定程序追缴欠缴税款及应缴的滞纳金。

3）法律责任

扣缴义务人应源泉扣缴税款的款项已由其实际支付，但未在规定期限内解缴应扣税款，并具有以下情形之一的，作为税款已扣但未解缴情形，按照有关法律、行政法规规定处理。

（1）扣缴义务人已明确告知收款人已代扣税款的。

（2）已在财务会计处理中单独列示应扣税款的。

（3）在其纳税申报中单独扣除或开始单独摊销扣除应扣税款的。

（4）其他证据证明已代扣税款的。

除上述情形外，应源泉扣缴的税款未在规定的期限内解缴入库的，均作为应扣未扣税款情形，按照有关法律、行政法规规定处理。

13.10 案例分析

案例

生产企业应纳企业所得税额的计算

某工业公司系国有控股企业，2019年度有关情况如下。

（1）主营业务收入8 800万元，其中委托A公司代销商品收入500万元；主营业务成本5 100万元。

（2）其他业务收入400万元，其他业务成本320万元。

（3）税金及附加148万元。

（4）管理费用1 450万元，其中业务招待费50万元，研究开发费用800万元。

（5）销售费用255万元，其中广告费和业务宣传费120万元，支付A公司代销手续费35万元。

（6）财务费用账户借方余额16万元。该账户贷方记载：存款利息收入5万元；借方记载：手续费支出1万元，借款利息支出20万元。企业借款情况是：本年初向银行借款100万元，年利率为6%；年初向其他企业拆借资金140万元，年利率为10%；两项借款均用于生产经营，年底尚未归还。

（7）营业外收入250万元，是按权益法核算长期股权投资，对初始投资成本调整确认收益250万元。

（8）资产处置收益1 000万元，是将专利技术所有权转让给B公司而实现的利得。

（9）营业外支出453万元，其中税收滞纳金3万元；公益性捐赠支出450万元。

（10）投资收益82万元，其中国债利息收入2万元；从境内被投资企业分回利润80万元。

（11）其他资料如下。

① 将专利技术所有权转让给B公司，转让收入1 200万元，转让成本200万元，相关税费和应分摊的期间费用为140万元。

② 实际发生工资支出900万元（其中支付残疾职工工资50万元），职工福利费129.20万元，职工教育经费73万元，拨缴工会经费18万元，上述支出已计入成本费用。

③ 以自有资金购置并投入使用环保专用设备，取得的增值税专用发票上注明的价款、税款分别为550万元、71.50万元，其中增值税款71.50万元已作为进项税额申报抵扣；该环保专用设备属于《环境保护专用设备企业所得税优惠目录》规定的专用设备，符合税额抵免条件。

④ 已预缴企业所得税464.50万元。

⑤ 上年度发生亏损100万元。

注：该公司本年度会计核算无误，各项支出均有合法有效凭据。

【要求】根据上述资料，回答下列问题：

（1）该公司本年度实现的利润总额是多少？

（2）该公司本年度实现的应纳税所得额是多少？

（3）该公司可予抵免的企业所得税额是多少？

（4）该公司本年度实际应纳企业所得税额是多少？

（5）该公司汇算清缴时应补（退）企业所得税额是多少？

【解析】

（1）计算利润总额。

利润总额=8 800−5 100+400−320−148−1450−255−16+250+1 000−453+82=2 790（万元）

（2）计算应纳税所得额。

① 业务招待费最高扣除额=（8 800+400）×5‰=46（万元）

实际发生额的60%=50×60%=30（万元）<46（万元）

应调增应纳税所得额=50−30=20（万元）

② 研究开发费用加计扣除额=800×75%=600（万元）

应调减应纳税所得额600万元。

③ 广告费和业务宣传费扣除限额=（8 800+400）×15%=1 380（万元）

实际发生额120万元小于扣除限额，无须进行纳税调整。

④ 代销手续费扣除限额=500×5%=25（万元）

应调增应纳税所得额=35−25=10（万元）

⑤ 超标准列支的利息支出=140×（10%−6%）=5.60（万元）

应调增应纳税所得额5.60万元。

⑥ 按权益法核算长期股权投资对初始投资成本调整确认收益250万元，应调减应纳税所得额。

⑦ 技术转让所得=1 200−200−140=860（万元）

应调减应纳税所得额=500+（860−500）×50%=680（万元）

⑧ 税收滞纳金不得在税前扣除，应调增应纳税所得额3万元。

⑨ 公益性捐赠扣除限额=2 790×12%=334.80（万元）

应调增应纳税所得额=450−334.80=115.20（万元）

⑩ 国债利息收入属于免税收入，应调减应纳税所得额2万元。

⑪ 从境内被投资企业分回利润属于免税收入，应调减所得额80万元。

⑫ 残疾职工工资加计扣除额=50×100%=50（万元）

应调减应纳税所得额50万元。

⑬ 职工福利费扣除限额=900×14%=126（万元）

应调增应纳税所得额=129.20−126=3.20（万元）

⑭ 职工教育经费扣除限额=900×8%=72（万元）

应调增应纳税所得额=73-72=1（万元）

⑮ 工会经费扣除限额=900×2%=18（万元）

实际发生额18万元未超标准，无须进行纳税调整。

⑯ 弥补上年度亏损100万元。

应调减应纳税所得额100万元。

⑰ 应纳税所得额=2 790+20-600+10-680-50+5.60-250+3+115.20-2-80+3.20+1-100=1 186（万元）

（3）计算可予抵免的企业所得税额：

可予抵免的企业所得税额=550×10%=55（万元）

（4）计算实际缴纳的企业所得税额：

全年应纳税额=1 186×25%=296.50（万元）>55（万元）（可予抵免税额）

本年度实际应纳税额=296.50-55=241.50（万元）

（5）计算应补（退）企业所得税额：

应退税额=464.50-241.50=223（万元）

本 章 小 结

企业所得税是对企业生产经营所得和其他所得征收的一种税。按照登记注册地和实际管理机构地标准，将企业区分为居民企业和非居民企业，分别负有全面纳税义务和有限纳税义务。居民企业和非居民企业在中国境内设立的机构、场所适用的法定税率为25%。对非居民企业征收的预提所得税实行20%的法定税率，实际执行中适用10%的优惠税率。企业所得税的计税依据是应纳税所得额。应纳税所得额是企业每一纳税年度的收入总额，减除不征税收入、免税收入、各项扣除及允许弥补的以前年度亏损后的余额。企业所得税优惠体现了国家经济政策和社会政策。从优惠目的上看，包括经济政策性优惠和社会政策性优惠。从优惠方式上看，包括税基式优惠和税额式优惠，具体包括减免税、减计收入、加速折旧、加计扣除、减低税率、税额抵免等。企业所得税实行按年计算、分期预缴、年终汇算清缴、多退少补的征收办法。

复习思考题

1. 如何界定居民企业与非居民企业？
2. 居民企业和非居民企业各自负有何种纳税义务？
3. 如何确定所得来源地？

4. 不征税收入与免税收入有什么区别？
5. 税前扣除的基本要求有哪些？
6. 哪些支出不得在税前扣除？
7. 以非货币性资产投资，如何进行税务处理？
8. 企业收回或转让股权投资，如何进行税务处理？
9. 母子公司资产划转，如何适用特殊性税务处理？
10. 企业重组适用特殊性税务处理的政策意图是什么？
11. 企业境外所得的税收抵免类型有哪些？
12. 企业所得税优惠政策包括哪些内容？优惠方式有哪些？

案例分析题

某设备制造公司是国有控股企业，2019年度有关情况如下。
（1）主营业务收入19 500万元；主营业务成本14 910万元。
（2）其他业务收入500万元；其他业务成本370万元。
（3）税金及附加380万元。
（4）销售费用360万元，其中广告费和业务宣传费80万元。
（5）管理费用1 100万元，其中业务招待费140万元；新技术研究开发费280万元。
2019年度，公司为研究开发新技术共发生研发支出（符合税法规定的研发费用范围）1 240万元，其中符合资本化条件的支出960万元，已计入无形资产成本并自12月份起按10年摊销，12月份摊销8万元计入制造费用。
（6）财务费用240万元，其中年初向非金融企业（非关联企业）借款2 000万元，期限1年，借款年利率为10.6%，支付利息212万元。已知金融企业同期同类贷款年利率为6.6%。
（7）投资收益300万元，是从境内子公司分回的股利。
（8）资产处置收益80万元，是商标权转让净收益。
（9）营业外支出420万元，其中通过市民政局向遭受水灾地区捐款400万元；合同违约金支出20万元。
（10）其他资料如下。
① 全年工资支出共计1 600万元（其中支付给残疾职工的工资50万元），职工福利费支出258万元，职工教育经费支出150万元，拨缴工会经费32万元，上述支出均已计入成本费用。
② 以自有资金购置并投入使用节能节水专用设备，取得的增值税专用发票上注明的价款、税款分别为500万元、65万元，其中增值税款65万元已作为进项税额申报抵扣；该套专用设备属于《节能节水专用设备企业所得税优惠目录》规定的专用设备，符合税额抵免条件。
注：该公司本年度会计核算无误，各项支出均有合法有效凭据。
要求：根据上述资料，回答以下问题。

（1）该公司本年度实现的利润总额是多少？
（2）该公司本年度实现的应纳税所得额是多少？
（3）该公司可予抵免的企业所得税额是多少？
（4）该公司本年度实际缴纳的企业所得税额是多少？

（答案提示：利润总额2 600万元；应纳税所得额2 314万元；可予抵免税额50万元；实际应纳税额528.50万元）

第14章

个人所得税

【本章要点提示】
- 纳税人与所得来源地
- 征税对象与适用税率
- 减免税优惠
- 采用综合征收方式的税额计算
- 采用分类征收方式的税额计算
- 特殊情形的税额计算
- 扣缴申报与自行申报

本章内容引言

个人所得税是对个人取得的应税所得征收的一种税。它最早于1799年在英国创立,初期只是为筹集军费而设置的临时税,并随着战争的结束而取消,直到19世纪中叶才成为一种经常税。目前,它已成为世界各国(地区)普遍开征的税种。

我国个人所得税的创议始于清朝末年。宣统年间,曾起草过《所得税章程》,其中包括对个人所得征税的内容。"中华民国"时期,曾制定过《所得税条例》,但未真正实行。1936年7月,民国政府制定并正式发布了《所得税暂行条例》,开征了属于个人所得税性质的薪给报酬所得税和证券存款所得税。中华人民共和国成立后,在1950年颁布的《全国税政实施要则》中列有薪给报酬所得税(未开征)和存款利息所得税。1980年9月,第五届全国人民代表大会第三次会议通过了《中华人民共和国个人所得税法》,正式确立了个人所得税,主要适用于中国境内的外籍人员。1986年,国务院发布了《中华人民共和国城乡个体工商业户所得税暂行条例》和《中华人民共和国个人收入调节税暂行条例》,对个体工商业户和国内公民征收所得税。1993年10月,第八届全国人民代表大会常务委员会第四次会议通过了对个人所得税法的第一次修正,将个人所得税与个体工商业户所得税、个人收入调节税合并,设置了统一的个人所得税。在实施过程中,根据社会经济发展状况,全国人民代表大会常务委员会分别于1999年8月、2005年10月、2007年6月、2007年12月、2011年6月、2018年8月,对个人所得税法进行了修正。目前,我国个人所得税的法律依据是2018年8月31日第十三届全国人民代表大会常务委员会第五次会议修改通过的《中华人民共和国个人所得税法》(以下简称《个人所得税法》)和同年12月13日国务院颁布的《个人所得税专项附加扣除暂行办法》、12月18日修订的《中华人民共和国个人所得税法实施条例》(以下简称《个人所得税法实施条例》)。

个人所得税是税法体系中的重要税种，除具有税收的共性作用外，其特殊作用主要是缩小个人之间的收入差距，实现收入分配的社会公平；调节社会的总需求，保持经济稳定增长。

14.1 纳税人与所得来源地

14.1.1 纳税人及其纳税义务

个人所得税纳税人是取得应税所得的个人，依据住所和居住时间两个标准，划分为居民个人与非居民个人，分别承担不同的纳税义务。

1. 居民个人及其纳税义务

居民个人是指在中国境内有住所，或者无住所而一个纳税年度内在中国境内居住累计满183天的个人。

中国境内有住所的个人，是指因户籍、家庭、经济利益关系而在中国境内习惯性居住的个人。税法所称"住所"是一个特定概念，不等同于实物意义上的住房。习惯性居住是判定纳税人是居民个人或非居民个人的法律意义上的标准，不是指实际居住或在某一个特定时期内的居住地。如因学习、工作、探亲、旅游等而在中国境外居住的，在其原因消除之后，必须回到中国境内居住的个人，则中国即为该纳税人习惯性居住地[①]。

纳税年度，是指自公历1月1日起至12月31日止。

在中国境内无住所个人一个纳税年度内在中国境内累计居住天数，按照个人在中国境内累计停留的天数计算。在中国境内停留的当天满24小时的，计入中国境内居住天数；在中国境内停留的当天不足24小时的，不计入中国境内居住天数[②]。

居民个人承担全面纳税义务，就其来源于中国境内的所得和来源于中国境外的所得缴纳个人所得税。

2. 非居民个人及其纳税义务

非居民个人是指在中国境内无住所又不居住，或者无住所而一个纳税年度内在中国境内居住累计不满183天的个人。

非居民个人承担有限纳税义务，仅就其来源于中国境内的所得缴纳个人所得税。

税法中关于"中国境内"的概念，是指施行《个人所得税法》的地区，即中国大陆地区，目前还不包括香港、澳门和台湾地区。

3. 无住所个人的免税规定

（1）在中国境内无住所的个人，在一个纳税年度内在中国境内居住累计不超过90天的，其来源于中国境内的所得，由境外雇主支付并且不由该雇主在中国境内的机构、场所负担的部分，免予缴纳个人所得税。

（2）在中国境内无住所的个人，在中国境内居住累计满183天的年度连续不满6年的，经向主管税务机关备案，其来源于中国境外且由境外单位或者个人支付的所得，免予缴纳个人

[①] 国家税务总局.征收个人所得税若干问题的规定.国税发〔1994〕89号，1994.3.31.
[②] 财政部 税务总局.关于在中国境内无住所的个人居住时间判定标准的公告.财政部 税务总局公告2019年第34号，2019.3.14.

所得税；在中国境内居住累计满183天的任一年度中有一次离境超过30天的，其在中国境内居住累计满183天的年度的连续年限重新起算。

具体地说，无住所个人一个纳税年度在中国境内累计居住满183天的，如果此前6年在中国境内每年累计居住天数都满183天而且没有任何一年单次离境超过30天，则该纳税年度来源于中国境内、境外所得应当缴纳个人所得税；如果此前6年的任一年在中国境内累计居住天数不满183天或者单次离境超过30天，该纳税年度来源于中国境外且由境外单位或者个人支付的所得，免予缴纳个人所得税。"此前6年"是指该纳税年度的前1年至前6年的连续6个年度，"此前6年"的起始年度自2019年（含）以后年度开始计算[①]。2018年（含）之前已经居住的年度一律"清零"，不计算在内。按此规定，自2019年起至2024年（含）之前，所有无住所个人在境内居住年限都不满6年，其取得境外支付的境外所得都能享受免税优惠。此外，自2019年起任一年度如果有单次离境超过30天的情形，此前连续年限"清零"，重新计算。

比如，约翰先生（在中国境内无住所个人）2018年1月1日来中国工作，2026年8月30日回国工作。在此期间，除2025年2月1日至3月20日回国处理公务外，其余时间一直在中国。自2019年开始计算，2019年至2024年期间，约翰先生在中国境内居住累计满183天的年度连续不满6年，其取得的境外支付的境外所得，可以免缴个人所得税。2025年，如果约翰先生在中国境内居住满183天，且从2019年开始计算，他在中国境内居住累计满183天的年度已经连续满6年（2019年至2024年），且没有单次离境超过30天的情形，则2025年约翰先生应就在境内和境外取得的所得缴纳个人所得税。2026年，由于约翰先生2025年有单次离境超过30天的情形（2025年2月1日至3月20日），他在中国境内居住累计满183天的连续年限清零，重新起算，2026年当年约翰先生取得的境外支付的境外所得，可以免缴个人所得税。

14.1.2 所得来源地

所得来源地根据经济活动的实质确定。除国务院财政、税务主管部门另有规定外，下列所得，不论支付地点是否在中国境内，均为来源于中国境内的所得。

（1）因任职、受雇、履约等在中国境内提供劳务取得的所得。

（2）将财产出租给承租人在中国境内使用而取得的所得。

（3）许可各种特许权在中国境内使用而取得的所得。

（4）转让中国境内的不动产等财产或者在中国境内转让其他财产取得的所得。

（5）从中国境内企业、事业单位、其他组织及居民个人取得的利息、股息、红利所得。

（6）由中国境内企业、事业单位、其他组织支付或者负担的稿酬所得[②]。

14.2 征税对象与适用税率

14.2.1 征税对象

个人所得税的征税对象是个人取得的应税所得，包括来源于劳动、经营、资产的所得，

[①] 财政部 税务总局.关于在中国境内无住所的个人居住时间判定标准的公告.财政部 税务总局公告2019年第34号，2019.3.14.

[②] 财政部 税务总局.关于非居民个人和无住所居民个人有关个人所得税政策的公告.财政部 税务总局公告2019年第35号，2019.3.14.

以及偶然所得。自2019年1日1日起,个人所得税实行分类综合征收方式。应税所得包括:工资、薪金所得,劳务报酬所得,稿酬所得,特许权使用费所得,经营所得,利息、股息、红利所得,财产租赁所得,财产转让所得,偶然所得。

1. 工资、薪金所得

工资、薪金所得,是指个人因任职或者受雇取得的工资、薪金、奖金、年终加薪、劳动分红、津贴、补贴,以及与任职或者受雇有关的其他所得。

但是,下列不属于工资、薪金性质的补贴、津贴或者不属于纳税人本人工资、薪金所得的收入,不征收个人所得税[①]。

(1)独生子女补贴。

(2)执行公务员工资制度未纳入基本工资总额的补贴、津贴差额和家属成员的副食品补贴。

(3)托儿补助费。

(4)差旅费津贴、误餐补助。

不征税的误餐补助,是指按照财政部门规定,个人因公在城区、郊区工作,不能在工作单位或返回就餐,确实需要在外就餐的,根据实际误餐顿数,按照规定标准领取的误餐费。一些单位以误餐补助名义发给职工的补贴、津贴,应并入当月工资、薪金所得缴纳个人所得税[②]。

2. 劳务报酬所得

劳务报酬所得,是指个人从事劳务取得的所得,包括从事设计、装潢、安装、制图、化验、测试、医疗、法律、会计、咨询、讲学、翻译、审稿、书画、雕刻、影视、录音、录像、演出、表演、广告、展览、技术服务、介绍服务、经纪服务、代办服务及其他劳务取得的所得。

"工资、薪金所得"与"劳务报酬所得"是两种不同的应税所得。"工资、薪金所得"是属于非独立个人劳务活动,即在机关、团体、学校、部队、企事业单位及其他组织中任职、受雇而得到的报酬;"劳务报酬所得"则是个人独立从事各种技艺、提供各项劳务取得的报酬。两者的主要区别在于:前者存在雇佣与被雇佣关系,后者则不存在这种关系[③]。

执行中,注意以下问题。

(1)个人担任公司董事、监事,且不在公司任职、受雇的,其取得的董事费收入属于劳务报酬所得性质,按照"劳务报酬所得"计算个人所得税;个人在公司(包括关联公司)任职、受雇,同时兼任董事、监事的,应将董事费、监事费与个人工资收入合并,统一按照"工资、薪金所得"计算个人所得税[④]。

(2)个人兼职取得的收入,按照"劳务报酬所得"计算个人所得税;退休人员再任职取得的收入,在减除税法规定的费用扣除标准后,按照"工资、薪金所得"计算个人所得税[⑤]。

(3)雇员为本企业提供非有形商品(保险、旅游等)推销、代理等服务活动取得佣金、

---

① 国家税务总局.征收个人所得税若干问题的规定.国税发〔1994〕89号,1994.3.31.
② 财政部、国家税务总局.关于误餐补助范围确定问题的通知.财税〔1995〕82号,1995.8.21.
③ 国家税务总局.征收个人所得税若干问题的规定.国税发〔1994〕89号,1994.3.31.
④ 国家税务总局.关于明确个人所得税若干政策执行问题的通知.国税发〔2009〕121号,2009.8.17.
⑤ 国家税务总局.关于个人兼职和退休人员再任职取得收入如何计算征收个人所得税问题的批复.国税函〔2005〕382号,2005.4.26.

奖励和劳务费等名目的收入，计入该雇员的当期"工资、薪金所得"计算个人所得税；非本企业雇员取得上述收入，计入个人的"劳务报酬所得"计算个人所得税[①]。

（4）在商品营销活动中，企业和单位对营销业绩突出人员以培训班、研讨会、工作考察等名义组织旅游活动，通过免收差旅费、旅游费对个人实行的营销业绩奖励（包括实物、有价证券等），应将所发生的费用，全额计入营销人员的应税所得，依法征收个人所得税。其中：企业雇员享受的此类奖励，与当期的工资薪金合并，按照"工资、薪金所得"计算个人所得税；其他人员享受的此类奖励，作为当期的劳务收入，按照"劳务报酬所得"计算个人所得税[②]。

3. 稿酬所得

稿酬所得，是指个人因其作品以图书、报刊等形式出版、发表而取得的所得。

但是，不以图书、报刊形式出版、发表的翻译、审稿、书画等所得，不属于稿酬所得，而划归劳务报酬所得。

执行中，注意以下问题。

（1）作者去世后，取得其遗作稿酬的个人，按照"稿酬所得"计算个人所得税[③]。

（2）出版社的专业作者撰写、编写或翻译的作品，由本社以图书形式出版而取得的稿费收入，按照"稿酬所得"计算个人所得税[④]。

（3）任职、受雇于报纸、杂志等单位的记者、编辑等专业人员，因在本单位的报纸、杂志上发表作品取得的所得，属于因任职、受雇而取得的所得，与其当月工资收入合并，按照"工资、薪金所得"计算个人所得税。除上述专业人员以外，其他人员在本单位的报纸、杂志上发表作品取得的所得，按照"稿酬所得"计算个人所得税[⑤]。

4. 特许权使用费所得

特许权使用费所得，是指个人提供专利权、商标权、著作权、非专利技术及其他特许权的使用权取得的所得。提供著作权的使用权取得的所得，不包括稿酬所得。

执行中，注意以下问题。

（1）作者将自己的文字作品手稿原件或复印件公开拍卖（竞价）取得的所得，按照"特许权使用费所得"计算个人所得税[⑥]。

（2）剧本作者从电影、电视剧的制作单位取得的剧本使用费，不区分剧本的使用方是否为其任职单位，统一按照"特许权使用费所得"计算个人所得税[⑦]。

5. 经营所得

经营所得，是指：

（1）个体工商户从事生产、经营活动取得的所得；

（2）个人独资企业投资人、合伙企业的个人合伙人来源于境内注册的个人独资企业、合伙企业生产、经营的所得；

---

① 财政部、国家税务总局. 关于个人提供非有形商品推销、代理等服务活动取得收入征收营业税和个人所得税有关问题的通知. 财税字〔1997〕103号，1997.7.21.

② 财政部、国家税务总局. 关于企业以免费旅游方式提供对营销人员个人奖励有关个人所得税政策的通知. 财税〔2004〕11号，2004.1.20.

③ 国家税务总局. 征收个人所得税若干问题的规定. 国税发〔1994〕89号，1994.3.31.

④ 国家税务总局. 关于个人所得税若干业务问题的批复. 国税函〔2002〕146号，2002.2.9.

⑤ 国家税务总局. 关于个人所得税若干业务问题的批复. 国税函〔2002〕146号，2002.2.9.

⑥ 国家税务总局. 征收个人所得税若干问题的规定. 国税发〔1994〕89号，1994.3.31.

⑦ 国家税务总局. 关于剧本使用费征收个人所得税问题的通知. 国税发〔2002〕52号，2002.5.9.

（3）个人依法从事办学、医疗、咨询及其他有偿服务活动取得的所得；

（4）个人对企业、事业单位承包经营、承租经营，以及转包、转租取得的所得；

（5）个人从事其他生产、经营活动取得的所得。

值得注意的是，个体工商户和从事生产、经营活动的个人，取得与生产、经营活动无关的各项应税所得，按照规定分别计算缴纳个人所得税。个体工商户与企业联营而分得的利润，按照"利息、股息、红利所得"项目缴纳个人所得税[1]。个人从事彩票代销业务而取得的所得，属于个体工商户从事生产、经营取得的所得[2]。

6. 利息、股息、红利所得

利息、股息、红利所得，是指个人拥有债权、股权等而取得的利息、股息、红利所得。

股份制企业在分配股息、红利时，以股票形式向股东个人支付应得的股息、红利（派发红股），以派发红股的股票票面金额为收入额，按照"利息、股息、红利所得"项目计算个人所得税[3]。

7. 财产租赁所得

财产租赁所得，是指个人出租不动产、机器设备、车船及其他财产取得的所得。

确认财产租赁所得的纳税人，以产权凭证为依据。无产权凭证的，由主管税务机关根据实际情况确定纳税人。产权所有人死亡，在未办理产权继承手续期间，该财产出租而有租金收入的，以领取租金的个人为纳税人[4]。

8. 财产转让所得

财产转让所得，是指个人转让有价证券、股权、合伙企业中的财产份额、不动产、机器设备、车船及其他财产取得的所得。

9. 偶然所得

偶然所得，是指个人得奖、中奖、中彩及其他偶然性质的所得。

执行中，注意以下问题。

（1）个人参加有奖储蓄取得的各种形式的中奖所得，属于机遇性的所得，按照"偶然所得"项目计算个人所得税[5]。

（2）外商投资企业在购买内资企业经营资产过程中向内资企业自然人股东支付的不竞争款项，属于个人因偶然因素取得的一次性所得，按照"偶然所得"项目计算个人所得税。

不竞争款项，是指资产购买方企业与资产出售方企业自然人股东之间在资产购买交易中，通过签订保密和不竞争协议等方式，约定资产出售方企业自然人股东在交易完成后一定期限内，承诺不从事有市场竞争的相关业务，并负有相关技术资料的保密义务，资产购买方企业则在约定期限内，按照一定方式向资产出售方企业自然人股东所支付的款项[6]。

（3）自2011年6月9日起，企业在销售商品（产品）和提供服务过程中，向个人赠送礼品，属于下列情形之一的，不征收个人所得税[7]。

① 企业通过价格折扣、折让方式向个人销售商品（产品）和提供服务。

---

[1] 财政部、国家税务总局. 关于个人所得税若干政策问题的通知. 财税字〔1994〕20号，1994.5.13.
[2] 国家税务总局. 关于个人所得税若干政策问题的批复. 国税函〔2002〕629号，2002.7.12.
[3] 国家税务总局. 征收个人所得税若干问题的规定. 国税发〔1994〕89号，1994.3.31.
[4] 国家税务总局. 征收个人所得税若干问题的规定. 国税发〔1994〕89号，1994.3.31.
[5] 国家税务总局. 关于有奖储蓄中奖收入征收个人所得税的批复. 国税函〔1995〕98号，1995.3.13.
[6] 财政部、国家税务总局. 关于企业向个人支付不竞争款项征收个人所得税问题的批复. 财税〔2007〕102号，2007.9.12.
[7] 财政部、国家税务总局. 关于企业促销展业赠送礼品有关个人所得税问题的通知. 财税〔2011〕50号，2011.6.9.

② 企业在向个人销售商品（产品）和提供服务的同时给予赠品，如通信企业对个人购买手机赠话费、入网费，或者购话费赠手机等。

③ 企业对累积消费达到一定额度的个人按消费积分反馈礼品。

但是，企业对累积消费达到一定额度的顾客，给予额外抽奖机会，个人的获奖所得，按照"偶然所得"项目缴纳个人所得税。

④ 自2019年1月1日起，个人为单位或他人提供担保获得收入，按照"偶然所得"项目计算缴纳个人所得税[①]。

⑤ 自2019年1月1日起，企业在业务宣传、广告等活动中，随机向本单位以外的个人赠送礼品（包括网络红包，下同），以及企业在年会、座谈会、庆典及其他活动中向本单位以外的个人赠送礼品，个人取得的礼品收入，按照"偶然所得"项目计算缴纳个人所得税，但企业赠送的具有价格折扣或折让性质的消费券、代金券、抵用券、优惠券等礼品除外[②]。

企业赠送的礼品是自产产品（服务）的，按该产品（服务）的市场销售价格确定个人的应税所得；是外购商品（服务）的，按该商品（服务）的实际购置价格确定个人的应税所得。

值得注意的是，个人取得的所得，难以界定应纳税所得项目的，由国务院税务主管部门确定。

14.2.2 适用税率

居民个人的工资、薪金所得，劳务报酬所得，稿酬所得，特许权使用费所得，统称综合所得，按纳税年度合并计算个人所得税；非居民个人取得上述四项所得，按月或者按次分项计算个人所得税。纳税人的经营所得，利息、股息、红利所得，财产租赁所得，财产转让所得和偶然所得，依照税法规定分别计算个人所得税。

1. 综合所得的适用税率

居民个人的综合所得，适用3%至45%的7级超额累进税率，具体见表14-1。

表14-1 "综合所得"年度税率表

级数	全年应纳税所得额	税率/%	速算扣除数
1	不超过36 000元的	3	0
2	超过36 000元至144 000元的部分	10	2 520
3	超过144 000元至300 000元的部分	20	16 920
4	超过300 000元至420 000元的部分	25	31 920
5	超过420 000元至660 000元的部分	30	52 920
6	超过660 000元至960 000元的部分	35	85 920
7	超过960 000元的部分	45	181 920

（注：本表所称全年应纳税所得额是指依照税法规定，居民个人取得综合所得以每一纳税年度收入额减除费用6万元以及专项扣除、专项附加扣除和依法确定的其他扣除后的余额。）

---

① 财政部、税务总局. 关于个人取得有关收入适用个人所得税应税所得项目的公告. 财政部 税务总局公告2019年第74号, 2019.6.13.

② 财政部、税务总局. 关于个人取得有关收入适用个人所得税应税所得项目的公告. 财政部 税务总局公告2019年第74号, 2019.6.13.

2. 非居民个人"四项所得"的适用税率

非居民个人的工资薪金所得、劳务报酬所得、稿酬所得和特许权使用费所得(简称"四项所得"),适用3%至45%的7级超额累进税率,即依照年度税率表按月换算后的税率计算,具体见表14-2。

表14-2 非居民个人"四项所得"月度税率表

级数	全月应纳税所得额	税率/%	速算扣除数
1	不超过3 000元的	3	0
2	超过3 000元至12 000元的部分	10	210
3	超过12 000元至25 000元的部分	20	1 410
4	超过25 000元至35 000元的部分	25	2 660
5	超过35 000元至55 000元的部分	30	4 410
6	超过55 000元至80 000元的部分	35	7 160
7	超过80 000元的部分	45	15 160

3. 经营所得的适用税率

纳税人的经营所得,适用5%至35%的5级超额累进税率,具体见表14-3。

表14-3 "经营所得"年度税率表

级数	全年应纳税所得额	税率/%	速算扣除数
1	不超过30 000元的	5	0
2	超过30 000元至90 000元的部分	10	1 500
3	超过90 000元至300 000元的部分	20	10 500
4	超过300 000元至500 000元的部分	30	40 500
5	超过500 000元的部分	35	65 500

(注:本表所称全年应纳税所得额是指依照税法规定,以每一纳税年度的收入总额减除成本、费用及损失后的余额。)

4. 其他各类所得的适用税率

纳税人的利息、股息、红利所得,财产租赁所得,财产转让所得,偶然所得,适用比例税率,税率为20%。

对个人按市场价格出租住房取得的所得,减按10%的税率征收个人所得税[①]。

14.3 减免税优惠

税法规定了九项免税所得和两种减税情形。同时,授权国务院规定其他免税所得和其他减税情形,报全国人民代表大会常务委员会备案。

---

① 财政部、国家税务总局.关于调整住房租赁市场税收政策的通知.财税〔2000〕125号,2000.12.7;关于廉租住房 经济适用住房和住房租赁有关税收政策的通知.财税〔2008〕24号,2008.3.3.

14.3.1 免税或暂免征税

1. 免征个人所得税

下列各项个人所得,免征个人所得税。

(1) 省级人民政府、国务院部委和中国人民解放军军以上单位,以及外国组织、国际组织颁发的科学、教育、技术、文化、卫生、体育、环境保护等方面的奖金,免征个人所得税。

(2) 国债和国家发行的金融债券利息,免征个人所得税。国债利息,是指个人持有财政部发行的债券而取得的利息;国家发行的金融债券利息,是指个人持有经国务院批准发行的金融债券而取得的利息。

个人取得的2012年及以后年度发行的地方政府债券利息收入,免征个人所得税[①]。地方政府债券是指经国务院批准同意,以省、自治区、直辖市、计划单列市政府为发行和偿还主体的债券。

(3) 按照国家统一规定发给的补贴、津贴,免征个人所得税。按照国家统一规定发给的补贴、津贴,是指按照国务院规定发给的政府特殊津贴、院士津贴,以及国务院规定免予缴纳个人所得税的其他补贴、津贴。

自2007年8月1日起,个人按照建设部制定的《廉租住房保障办法》规定取得的廉租住房货币补贴,免征个人所得税。廉租住房货币补贴,是指县级以上地方人民政府向申请廉租住房保障的城市低收入住房困难家庭,按其现住房面积与保障面积标准的差额和每平方米租赁住房补贴标准计算发放的租赁住房补贴。但是,对所在单位以廉租住房名义发放的不符合规定的补贴,征收个人所得税[②]。

自2008年3月7日起,生育妇女按照县级以上人民政府根据国家有关规定制定的生育保险办法,取得的生育津贴、生育医疗费或其他属于生育保险性质的津贴、补贴,免征个人所得税[③]。

自2019年1月1日至2020年12月31日,对符合地方政府规定条件的城镇住房保障家庭从地方政府领取的住房租赁补贴,免征个人所得税[④]。

(4) 福利费、抚恤金、救济金,免征个人所得税。福利费,是指根据国家有关规定,从企业、事业单位、国家机关、社会组织提留的福利费或者工会经费中支付给个人的生活补助费;救济金,是指各级人民政府民政部门支付给个人的生活困难补助费。

值得注意的是,生活补助费是指由于某些特定事件或原因而给纳税人或其家庭的正常生活造成一定困难,其任职单位按照国家规定从提留的福利费或者工会经费中向其支付的临时性生活困难补助。但是,下列收入不属于免税的福利费范围,应并入纳税人的工资薪金收入计算个人所得税[⑤]。

① 从超出国家规定的比例或基数计提的福利费、工会经费中支付给个人的各种补贴、补助。

[①] 财政部、国家税务总局.关于地方政府债券利息免征所得税问题的通知.财税〔2013〕5号,2013.2.6.
[②] 财政部、国家税务总局.关于廉租住房经济适用住房和住房租赁有关税收政策的通知.财税〔2008〕24号,2008.3.3.
[③] 财政部、国家税务总局.关于生育补贴和生育医疗费有关个人所得税政策的通知.财税〔2008〕8号,2008.3.7.
[④] 财政部、税务总局.关于公共租赁住房税收优惠政策的公告.财政部 税务总局公告2019年第61号,2019.4.15.
[⑤] 国家税务总局.关于生活补助费范围确定问题的通知.国税发〔1998〕155号,1998.9.25.

② 从福利费和工会经费中支付给单位职工的人人有份的补贴、补助。
③ 单位为个人购买汽车、住房、电子计算机等不属于临时性生活困难补助性质的支出。
（5）保险赔款，免征个人所得税。
（6）军人的转业费、复员费、退役金，免征个人所得税。
（7）按照国家统一规定发给干部、职工的安家费、退职费、基本养老金或者退休费、离休费、离休生活补助费，免征个人所得税。

但是，离退休人员除按规定领取离退休工资或养老金外，另从原任职单位取得的各类补贴、奖金、实物，不属于免税的退休工资、离休工资、离休生活补助费，应在减除费用扣除标准后，按照"工资、薪金所得"缴纳个人所得税。

（8）依照有关法律规定应予免税的各国驻华使馆、领事馆的外交代表、领事官员和其他人员的所得，免征个人所得税。免税所得具体是指依照《中华人民共和国外交特权与豁免条例》和《中华人民共和国领事特权与豁免条例》规定免税的所得。

（9）中国政府参加的国际公约、签订的协议中规定免税的所得。

（10）乡、镇（含乡、镇）以上人民政府或经县（含县）以上人民政府主管部门批准成立的有机构、有章程的见义勇为基金或者类似性质组织，奖励见义勇为者的奖金或奖品，经主管税务机关核准，免征个人所得税①。

（11）对个人取得的教育储蓄存款利息所得以及国务院财政部门确定的其他专项储蓄存款或者储蓄性专项基金存款的利息所得，免征个人所得税②。储蓄存款在2008年10月9日后（含当日）孳生的利息所得，暂免征收个人所得税③。

（12）企业依照国家有关法律规定宣告破产，企业职工从该破产企业取得的一次性安置费收入，免征个人所得税④。

（13）个人与用人单位解除劳动关系取得一次性补偿收入（包括用人单位发放的经济补偿金、生活补助费和其他补助费），在当地上年职工平均工资3倍数额以内的部分，免征个人所得税⑤。

（14）被拆迁人按照国家有关城镇房屋拆迁管理办法规定的标准取得的拆迁补偿款，免征个人所得税⑥。

（15）工伤职工及其近亲属按照《中华人民共和国工伤保险条例》（简称《工伤保险条例》）规定取得的工伤保险待遇，免征个人所得税⑦。

工伤保险待遇，包括工伤职工按照《工伤保险条例》规定取得的一次性伤残补助金、伤残津贴、一次性工伤医疗补助金、一次性伤残就业补助金、工伤医疗待遇、住院伙食补助费、外地就医交通食宿费用、工伤康复费用、辅助器具费用、生活护理费等，以及职工因工死亡，其近亲属按照《工伤保险条例》规定取得的丧葬补助金、供养亲属抚恤金和一次性工亡补助金等。

---

① 财政部、国家税务总局.关于发给见义勇为者的奖金免征个人所得税问题的通知.财税〔1995〕25号，1995.8.20.
② 国务院.对储蓄存款利息所得征收个人所得税的实施办法.国务院令1999年272号，1999.9.30.
③ 财政部、国家税务总局.关于储蓄存款利息所得有关个人所得税政策的通知.财税〔2008〕132号，2008.10.9.
④ 财政部、国家税务总局.关于个人与用人单位解除劳动关系取得一次性补偿收入征免个人所得税问题的通知.财税〔2001〕157号，2001.9.10.
⑤ 财政部、税务总局.关于个人所得税法修改后有关优惠政策衔接问题的通知.财税〔2018〕164号，2018.12.27.
⑥ 财政部、国家税务总局.关于城镇房屋拆迁有关税收政策的通知.财税〔2005〕45号，2005.3.22.
⑦ 财政部、国家税务总局.关于工伤职工取得的工伤保险待遇有关个人所得税政策的通知.财税〔2012〕40号，2012.5.3.

2. 暂免征收个人所得税[①]

下列所得，暂免征收个人所得税。

（1）外籍个人以非现金形式或实报实销形式取得的住房补贴、伙食补贴、搬迁费、洗衣费。

（2）外籍个人按合理标准取得的境内、外出差补贴。

（3）外籍个人取得的探亲费、语言训练费、子女教育费等，经当地税务机关审核为合理的部分。享受免税待遇的探亲费，仅限于外籍个人在我国的受雇地与其家庭所在地（包括配偶或父母居住地）之间搭乘交通工具且每年不超过2次的费用[②]。

值得注意的是，2019年1月1日至2021年12月31日期间，外籍个人符合居民个人条件的，可以选择享受个人所得税专项附加扣除，也可以选择享受住房补贴、语言训练费、子女教育费等津补贴免税优惠政策，但不得同时享受。外籍个人一经选择，在一个纳税年度内不得变更。自2022年1月1日起，外籍个人不再享受住房补贴、语言训练费、子女教育费等津补贴免税优惠政策，应按规定享受专项附加扣除[③]。

（4）个人举报、协查各种违法、犯罪行为而获得的奖金，暂免征收个人所得税。

（5）个人办理代扣代缴税款手续，按规定取得的扣缴手续费，暂免征收个人所得税。

储蓄机构内从事代扣代缴工作的办税人员取得的扣缴利息税手续费所得，免征个人所得税[④]。

（6）个人转让自用达5年以上，并且是唯一的家庭生活用房取得的所得，暂免征收个人所得税。

（7）达到离休、退休年龄，但确因工作需要，适当延长离休退休年龄的高级专家，在延长离休退休期间的工资、薪金所得，视同退休工资、离休工资免征个人所得税。

高级专家，是指享受国家发放的政府特殊津贴的专家、学者，以及中国科学院、中国工程院院士。免税政策执行口径是：高级专家从其劳动人事关系所在单位取得的，单位按国家有关规定向职工统一发放的工资、薪金、奖金、津贴、补贴等收入，视同离休、退休工资，免征个人所得税；除上述所列收入以外的各种名目的津补贴收入，以及从其劳动人事关系所在单位之外的其他地方取得的培训费、讲课费、顾问费、稿酬等各种收入，依法征收个人所得税[⑤]。

（8）凡符合下列条件之一的外籍专家取得的工资、薪金所得，可免征个人所得税。

① 根据世界银行专项贷款协议由世界银行直接派往我国工作的外国专家。

② 联合国组织直接派往我国工作的专家。

③ 为联合国援助项目来华工作的专家。

④ 援助国派往我国专为该国无偿援助项目工作的专家。

⑤ 根据两国政府签订文化交流项目来华工作2年以内的文教专家，其工资、薪金所得由该国负担的。

[①] 财政部、国家税务总局.关于个人所得税若干政策问题的通知.财税〔1994〕20号，1994.5.13.
[②] 国家税务总局.关于外籍个人取得的探亲费免征个人所得税有关执行标准问题的通知.国税函〔2001〕336号，2001.5.14.
[③] 财政部、税务总局.关于个人所得税法修改后有关优惠政策衔接问题的通知.财税〔2018〕164号，2018.12.27.
[④] 国家税务总局.关于代扣代缴储蓄存款利息所得个人所得税手续费收入征免税问题的通知.国税发〔2001〕31号，2001.3.16.
[⑤] 财政部、国家税务总局.关于高级专家延长离休退休期间取得工资薪金所得有关个人所得税问题的通知.财税〔2008〕7号，2008.7.1.

⑥ 根据我国大专院校国际交流项目来华工作2年以内的文教专家，其工资、薪金所得由该国负担的。

⑦ 通过民间科研协定来华工作的专家，其工资、薪金所得由该国政府机构负担的。

（9）个人购买社会福利有奖募捐奖券①、体育彩票，凡一次中奖收入不超过1万元的，暂免征收个人所得税；超过1万元的，按照税法规定全额征收个人所得税②。

个人取得单张有奖发票奖金所得不超过800元（含800元）的，暂免征收个人所得税；个人取得单张有奖发票奖金所得超过800元的，全额按照"偶然所得"项目征收个人所得税③。

（10）持有B股或海外股（包括H股）的外籍个人，从发行该B股或海外股的中国境内企业所取得的股息（红利）所得，暂免征收个人所得税④。

（11）个人转让上市公司股票取得的所得，暂免征收个人所得税⑤。

（12）在股权分置改革中，非流通股股东通过对价方式向流通股股东支付的股份、现金等收入，暂免征收流通股股东应缴纳的个人所得税⑥。

（13）个人、个体工商户、个人独资企业和合伙企业（投资者）从事种植业、养殖业、饲养业和捕捞业（简称"四业"）取得的"四业"所得，暂不征收个人所得税⑦。

（14）从事个体经营的随军家属、军队转业干部，自领取税务登记证之日起，3年内免征个人所得税⑧。

（15）内地个人投资者通过深港通投资香港联交所上市股票取得的转让差价所得，自2016年12月5日起至2019年12月4日止，暂免征收个人所得税⑨。

深港通是深港股票市场交易互联互通机制的简称。香港联交所是香港联合交易所有限公司的简称。

（16）内地个人投资者通过沪港通投资香港联交所上市股票取得的转让差价所得，自2017年11月17日起至2019年12月4日止，继续暂免征收个人所得税⑩。

沪港通是沪港股票市场交易互联互通机制的简称。

（17）内地个人投资者通过基金互认买卖香港基金份额取得的转让差价所得，自2018年12月18日起至2019年12月4日止，继续暂免征收个人所得税⑪。

---

① 国家税务总局.关于社会福利有奖募捐发行收入税收问题的通知.国税发〔1994〕127号，1994.5.23.
② 财政部、国家税务总局.关于个人取得体育彩票中奖所得征免个人所得税问题的通知.财税〔1998〕12号，1998.4.27.
③ 财政部、国家税务总局.关于个人取得有奖发票奖金征免个人所得税问题的通知.财税〔2007〕34号，2007.2.27.
④ 国家税务总局.关于外籍个人持有中国境内上市公司股票所取得的股息有关税收问题的函.国税函〔1994〕440号，1994.7.26.
⑤ 财政部、国家税务总局.关于个人转让股票所得继续暂免征收个人所得税的通知.财税〔1998〕61号，1998.3.30.
⑥ 财政部、国家税务总局.关于股权分置试点改革有关税收政策问题的通知.财税〔2005〕103号，2005.6.13.
⑦ 财政部、国家税务总局.关于个人所得税若干政策问题的通知.财税字〔1994〕20号，1994.5.15；关于农村税费改革试点地区有关个人所得税问题的通知.财税〔2004〕30号，2004.1.17；关于个人独资企业和合伙企业投资者取得种植业 养殖业 饲养业 捕捞业所得有关个人所得税问题的批复.财税〔2010〕96号，2010.11.2.
⑧ 财政部、国家税务总局.关于随军家属就业有关税收政策的通知.财税〔2000〕84号，2000.9.27；关于自主择业的军队转业干部有关税收政策的通知.财税〔2003〕26号，2003.4.9.
⑨ 财政部、国家税务总局、证监会.关于深港股票市场交易互联互通机制试点有关税收政策的通知.财税〔2016〕127号，2016.11.5.
⑩ 财政部、税务总局、证监会.关于继续执行沪港股票市场交易互联互通机制有关个人所得税政策的通知.财税〔2017〕78号，2017.11.1.
⑪ 财政部、税务总局、证监会.关于继续执行内地与香港基金互认有关个人所得税政策的通知.财税〔2018〕154号，2018.12.17.

14.3.2 减税

1. 法定减税情形

有下列情形之一的,可以减征个人所得税,具体幅度和期限,由省、自治区、直辖市人民政府规定,并报同级人民代表大会常务委员会备案。

(1)残疾、孤老人员和烈属的所得(包括:工资、薪金所得;经营所得;劳务报酬所得;稿酬所得;特许权使用费所得。其他各项所得,不属减征照顾的范围[①])。

(2)因自然灾害遭受重大损失的。

2. 其他减税情形

(1)个人持有2016—2023年发行的铁路债券取得的利息收入,减按50%计入应纳税所得额计算缴纳个人所得税[②]。

铁路债券是指以中国铁路总公司为发行和偿还主体的债券,包括中国铁路建设债券、中期票据、短期融资券等债务融资工具。

(2)自主就业退役士兵从事个体经营的,自办理个体工商户登记当月起,在3年(36个月)内按每户每年12 000元为限额依次扣减其当年实际应缴纳的增值税、城市维护建设税、教育费附加、地方教育附加和个人所得税。限额标准最高可上浮20%,各省、自治区、直辖市人民政府可根据本地区实际情况在此幅度内确定具体限额标准[③]。具体见"第2章 增值税"相关内容。

(3)建档立卡贫困人口、持"就业创业证"(注明"自主创业税收政策"或"毕业年度内自主创业税收政策")或"就业失业登记证"(注明"自主创业税收政策")的人员,从事个体经营的,自办理个体工商户登记当月起,在3年(36个月)内按每户每年12 000元为限额依次扣减其当年实际应缴纳的增值税、城市维护建设税、教育费附加、地方教育附加和个人所得税。限额标准最高可上浮20%,各省、自治区、直辖市人民政府可根据本地区实际情况在此幅度内确定具体限额标准[④]。具体见"第2章 增值税"相关内容。

(4)自2018年7月1日起,依法批准设立的非营利性研究开发机构和高等学校(简称非营利性科研机构和高校)根据《中华人民共和国促进科技成果转化法》规定,从职务科技成果转化收入中给予科技人员的现金奖励,可减按50%计入科技人员当月"工资、薪金所得",依法缴纳个人所得税[⑤]。

非营利性科研机构和高校包括国家设立的科研机构和高校、民办非营利性科研机构和高校。

科技人员享受税收优惠政策,须同时符合以下条件。

① 科技人员,是指非营利性科研机构和高校中对完成或转化职务科技成果作出重要贡献的人员。

---

① 国家税务总局.关于明确残疾人所得征免个人所得税范围的批复.国税函〔1999〕329号,1999.5.21.
② 财政部、国家税务总局.关于铁路债券利息收入所得税政策问题的通知.财税〔2016〕30号,2016.3.10;关于铁路债券利息收入所得税政策的公告.财政部 税务总局公告2019年第57号,2019.4.16.
③ 财政部、税务总局、退役军人部.关于进一步扶持自主就业退役士兵创业就业有关税收政策的通知.财税〔2019〕21号,2019.2.2.
④ 财政部、税务总局、人力资源社会保障部、国务院扶贫办.关于进一步支持和促进重点群体创业就业有关税收政策的通知.财税〔2019〕22号,2019.2.2.
⑤ 财政部、税务总局、科技部.关于科技人员取得职务科技成果转化现金奖励有关个人所得税政策的通知.财税〔2018〕58号,2018.5.29.

② 科技成果，是指专利技术（含国防专利）、计算机软件著作权、集成电路布图设计专有权、植物新品种权、生物医药新品种，以及科技部、财政部、税务总局确定的其他技术成果。

③ 科技成果转化，是指非营利性科研机构和高校向他人转让科技成果或者许可他人使用科技成果；现金奖励，是指非营利性科研机构和高校在实际取得科技成果转化收入3年（36个月）内奖励给科技人员的现金。

④ 非营利性科研机构和高校转化科技成果时，签订技术合同，并根据《技术合同认定登记管理办法》，在技术合同登记机构进行审核登记，取得技术合同认定登记证明。

非营利性科研机构和高校向科技人员发放现金奖励时，应按照规定向税务机关履行备案手续。

14.4　采用综合征收方式的税额计算

居民个人的综合所得，包括工资、薪金所得，劳务报酬所得，稿酬所得，特许权使用费所得，采取综合征收方式，按纳税年度合并计算个人所得税。

14.4.1　综合所得的应纳税所得额

居民个人的综合所得，以每一纳税年度的收入额减除费用6万元，以及专项扣除、专项附加扣除和依法确定的其他扣除后的余额，为应纳税所得额。

年度应纳税所得额=年度收入额-费用6万元-专项扣除-专项附加扣除-依法确定的其他扣除

1. 年度收入额

年度收入额，包括工资、薪金所得，劳务报酬所得，稿酬所得，特许权使用费所得的收入额。其中：劳务报酬所得、稿酬所得、特许权使用费所得以收入减除20%的费用后的余额为收入额。稿酬所得的收入额减按70%计算。

劳务报酬所得、特许权使用费所得的收入额=收入×（1-20%）

稿酬所得的收入额=稿酬收入×（1-20%）×70%

执行中，注意以下问题。

（1）个人因公务用车和通信制度改革而取得的公务用车、通信补贴收入，扣除一定标准的公务费用后，计入工资、薪金所得。公务费用扣除标准，由省级税务局根据纳税人公务交通、通信费用的实际发生情况调查测算，报经省级人民政府批准后确定，并报国家税务总局备案[①]。

因公务用车制度改革而以现金、报销等形式向职工个人支付的收入，均视为个人取得公务用车补贴收入[②]。

（2）个人从事技术转让、提供劳务等过程中所支付的中介费，如能提供有效、合法凭证的，允许从其所得中扣除[③]。

[①] 国家税务总局.关于个人所得税有关政策问题的通知.国税发〔1999〕58号，1999.4.9。

[②] 国家税务总局.关于个人因公务公车制度改革取得补贴收入征收个人所得税问题的通知.国税函〔2006〕245号，2006.3.6。

[③] 财政部、国家税务总局.关于个人所得税若干政策问题的通知.财税〔1994〕20号，1994.5.13。

2. 基本减除费用

综合所得的基本减除费用为6万元/年，即5 000元/月。

3. 专项扣除

专项扣除，包括居民个人按照国家规定的范围和标准缴纳的基本养老保险、基本医疗保险、失业保险等社会保险费和住房公积金（简称"三险一金"）等。

在2018年12月31日前，个人按照规定缴纳的"三险一金"作为免税政策执行；2019年1月1日后，成为法定扣除项目。

2006年6月，财政部、国家税务总局对"三险一金"作了如下规定[①]。

（1）单位按照国家或省（自治区、直辖市）人民政府规定的缴费比例或办法实际缴付的基本养老保险费、基本医疗保险费和失业保险费，免征个人所得税；个人按照国家或省（自治区、直辖市）人民政府规定的缴费比例或办法实际缴付的基本养老保险费、基本医疗保险费和失业保险费，允许在个人应纳税所得额中扣除。

单位和个人超过规定的比例和标准缴付的基本养老保险费、基本医疗保险费和失业保险费，应将超过部分并入个人当期的工资、薪金收入，缴纳个人所得税。

（2）单位和个人分别在不超过职工本人上一年度月平均工资12%的幅度内，其实际缴存的住房公积金，允许在个人应纳税所得额中扣除。单位和职工个人缴存住房公积金的月平均工资不得超过职工工作地所在设区城市上一年度职工月平均工资的3倍，具体标准按照各地有关规定执行。

单位和个人超过上述规定比例和标准缴付住房公积金的，将超过部分并入个人当期的工资、薪金收入，缴纳个人所得税。

（3）个人实际领（支）取原提存的基本养老保险金、基本医疗保险金、失业保险金和住房公积金时，免征个人所得税。

4. 专项附加扣除

专项附加扣除，是指税法规定的子女教育费用、继续教育费用、大病医疗费用、住房贷款利息或者住房租金、赡养老人费用6项专项附加扣除。

专项附加扣除遵循公平合理、利于民生、简便易行的原则。国家根据教育、医疗、住房、养老等民生支出变化情况，适时调整专项附加扣除范围和标准。

1）子女教育费用

（1）扣除标准：纳税人的子女接受全日制学历教育的相关支出，按照每个子女每月1 000元的标准定额扣除。

学历教育包括义务教育（小学、初中教育）、高中阶段教育（普通高中、中等职业、技工教育）、高等教育（大学专科、大学本科、硕士研究生、博士研究生教育）。

年满3岁至小学入学前处于学前教育阶段的子女，按照上述规定执行。

（2）起止时间：学前教育阶段，从子女年满3周岁当月至小学入学前一月。学历教育，从子女接受全日制学历教育入学的当月至全日制学历教育结束的当月。学历教育期间，包含因病或其他非主观原因休学但学籍继续保留的休学期间，以及施教机构按规定组织实施的寒暑假等假期[②]。

[①] 财政部、国家税务总局.关于基本养老保险费、基本医疗保险费、失业保险费、住房公积金有关个人所得税政策的通知.财税〔2006〕10号，2006.6.27.

[②] 国家税务总局.个人所得税专项附加扣除操作办法（试行）.国家税务总局公告2018年第60号，2018.12.21.

纳税人子女在中国境外接受教育的，纳税人应当留存境外学校录取通知书、留学签证等相关教育的证明资料备查。

（3）扣除方式：父母可以选择由其中一方按扣除标准的100%扣除，也可以选择由双方分别按扣除标准的50%扣除，具体扣除方式在一个纳税年度内不能变更。

2）继续教育费用

（1）扣除标准：纳税人在中国境内接受学历（学位）继续教育的支出，在学历（学位）教育期间按照每月400元定额扣除。同一学历（学位）继续教育的扣除期限不能超过48个月（4年）。纳税人接受技能人员职业资格继续教育、专业技术人员职业资格继续教育的支出，在取得相关证书的当年，按照3 600元定额扣除。

（2）起止时间：学历（学位）继续教育，为在中国境内接受学历（学位）继续教育入学的当月至学历（学位）继续教育结束的当月，同一学历（学位）继续教育的扣除期限最长不得超过48个月。学历（学位）继续教育的期间，包含因病或其他非主观原因休学但学籍继续保留的休学期间，以及施教机构按规定组织实施的寒暑假等假期①。

技能人员职业资格继续教育、专业技术人员职业资格继续教育，扣除时间为取得相关证书的当年。

纳税人接受技能人员职业资格继续教育、专业技术人员职业资格继续教育的，应当留存相关证书等资料备查。

（3）扣除方式：由纳税人本人扣除。但是，个人接受本科及以下学历（学位）继续教育，符合规定扣除条件的，可以选择由其父母扣除，也可以选择由本人扣除。

3）大病医疗费用

（1）扣除标准：在一个纳税年度内，纳税人发生的与基本医保相关的医药费用支出，扣除医保报销后个人负担（指医保目录范围内的自付部分）累计超过15 000元的部分，由纳税人在办理年度汇算清缴时，在80 000元限额内据实扣除。

（2）起止时间：医疗保障信息系统记录的医药费用实际支出的当年②。

纳税人应当留存医药服务收费及医保报销相关票据原件（或者复印件）等资料备查。医疗保障部门应当向患者提供在医疗保障信息系统记录的本人年度医药费用信息查询服务。

（3）扣除方式：纳税人发生的医药费用支出可以选择由本人或者其配偶扣除；未成年子女发生的医药费用支出可以选择由其父母一方扣除。

纳税人及其配偶、未成年子女发生的医药费用支出，按上述规定分别计算扣除额。

4）住房贷款利息

（1）扣除标准：纳税人本人或者配偶单独或者共同使用商业银行或者住房公积金个人住房贷款为本人或者其配偶购买中国境内住房，发生的首套住房贷款利息支出，在实际发生贷款利息的年度，按照每月1 000元的标准定额扣除，扣除期限最长不超过240个月（20年）。纳税人只能享受一次首套住房贷款的利息扣除。首套住房贷款，是指购买住房享受首套住房贷款利率的住房贷款。

（2）起止时间：贷款合同约定开始还款的当月至贷款全部归还或贷款合同终止的当月，扣除期限最长不得超过240个月③。

---

① 国家税务总局.个人所得税专项附加扣除操作办法（试行）.国家税务总局公告2018年第60号，2018.12.21.
② 国家税务总局.个人所得税专项附加扣除操作办法（试行）.国家税务总局公告2018年第60号，2018.12.21.
③ 国家税务总局.个人所得税专项附加扣除操作办法（试行）.国家税务总局公告2018年第60号，2018.12.21.

纳税人应当留存住房贷款合同、贷款还款支出凭证备查。

（3）扣除方式：经夫妻双方约定，可以选择由其中一方扣除，具体扣除方式在一个纳税年度内不能变更。

夫妻双方婚前分别购买住房发生的首套住房贷款，其贷款利息支出，婚后可以选择其中一套购买的住房，由购买方按扣除标准的100%扣除，也可以由夫妻双方对各自购买的住房分别按扣除标准的50%扣除，具体扣除方式在一个纳税年度内不能变更。

5）住房租金

（1）扣除标准：纳税人在主要工作城市没有自有住房而发生的住房租金支出，可以按照以下标准定额扣除：直辖市、省会（首府）城市、计划单列市，以及国务院确定的其他城市，扣除标准为每月1 500元；除上述所列城市以外，市辖区户籍人口超过100万的城市，扣除标准为每月1 100元；市辖区户籍人口不超过100万的城市，扣除标准为每月800元。市辖区户籍人口，以国家统计局公布的数据为准。

纳税人的配偶在纳税人的主要工作城市有自有住房的，视同纳税人在主要工作城市有自有住房。

主要工作城市是指纳税人任职受雇的直辖市、计划单列市、副省级城市、地级市（地区、州、盟）全部行政区域范围；纳税人无任职受雇单位的，为受理其综合所得汇算清缴的税务机关所在城市。

（2）起止时间：租赁合同（协议）约定的房屋租赁期开始的当月至租赁期结束的当月。提前终止合同（协议）的，以实际租赁期限为准①。

纳税人应当留存住房租赁合同、协议等有关资料备查。

（3）扣除方式：住房租金支出由签订租赁住房合同的承租人扣除。夫妻双方主要工作城市相同的，只能由一方扣除住房租金支出。

值得注意的是，纳税人及其配偶在一个纳税年度内不能同时分别享受住房贷款利息和住房租金专项附加扣除。

6）赡养老人费用

（1）扣除标准：纳税人赡养一位及以上被赡养人的赡养支出，按照每月2 000元的标准定额扣除。（每年240 00元）

被赡养人是指年满60岁的父母，以及子女均已去世的年满60岁的祖父母、外祖父母。

父母，是指生父母、继父母、养父母。子女，是指婚生子女、非婚生子女、继子女、养子女。父母之外的其他人担任未成年人的监护人的，比照规定执行。

（2）起止时间：被赡养人年满60周岁的当月至赡养义务终止的年末②。

（3）扣除方式：统一按照以下标准定额扣除。

① 纳税人为独生子女的，按照每月2 000元的标准定额扣除。

② 纳税人为非独生子女的，由其与兄弟姐妹分摊每月2 000元的扣除额度，每人分摊的额度不能超过每月1 000元。可以由赡养人均摊或者约定分摊，也可以由被赡养人指定分摊。约定或者指定分摊的，须签订书面分摊协议；指定分摊优先于约定分摊。具体分摊方式和额度在一个纳税年度内不能变更。

---

① 国家税务总局.个人所得税专项附加扣除操作办法（试行）.国家税务总局公告2018年第60号，2018.12.21.
② 国家税务总局.个人所得税专项附加扣除操作办法（试行）.国家税务总局公告2018年第60号，2018.12.21.

5. 依法确定的其他扣除

依法确定的其他扣除，包括个人缴付符合国家规定的企业年金、职业年金，个人购买符合国家规定的商业健康保险、税收递延型商业养老保险的支出，以及国务院规定可以扣除的其他项目。

1）企业年金和职业年金[①]

我国养老保险体系主要包括基本养老保险、补充养老保险和个人储蓄性养老保险三个层次，其中补充养老保险包括企业年金和职业年金。企业年金，是指根据《企业年金试行办法》的规定，企业及其职工在依法参加基本养老保险的基础上，自愿建立的补充养老保险。职业年金，是指根据《事业单位职业年金试行办法》的规定，事业单位及其工作人员在依法参加基本养老保险的基础上，建立的补充养老保险。自2014年1月1日起，对企业年金和职业年金（以下统称年金）实行递延纳税政策。

（1）在年金缴费环节，按照以下规定处理。

① 单位根据国家有关政策规定的办法和标准，为在本单位任职或者受雇的全体职工缴付的年金单位缴费部分，在计入个人账户时，个人暂不缴纳个人所得税。

② 个人根据国家有关政策规定缴付的年金个人缴费部分，在不超过本人缴费工资计税基数的4%标准内的部分，暂从个人当期的应纳税所得额中扣除。

企业年金个人缴费工资计税基数为本人上一年度月平均工资。月平均工资按国家统计局规定列入工资总额统计的项目计算。月平均工资超过职工工作地所在设区城市上一年度职工月平均工资300%以上的部分，不计入个人缴费工资计税基数。

职业年金个人缴费工资计税基数为职工岗位工资和薪级工资之和。职工岗位工资和薪级工资之和超过职工工作地所在设区城市上一年度职工月平均工资300%以上的部分，不计入个人缴费工资计税基数。

③ 超过规定标准缴付的年金单位缴费和个人缴费部分，并入个人当期的工资、薪金所得，依法计征个人所得税。税款由建立年金的单位代扣代缴，并向主管税务机关申报解缴。

（2）在年金基金投资环节，年金基金投资运营收益分配计入个人账户时，个人暂不缴纳个人所得税。

（3）在年金领取环节，按照"工资、薪金所得"计算缴纳个人所得税。税款由受托人代表委托人委托托管人代扣代缴。税额计算见14.6.2小节。

2）商业健康保险[②]

自2017年7月1日起，个人购买符合规定的商业健康保险产品的支出，允许在当年（月）计算应纳税所得额时予以税前扣除，扣除限额为2 400元/年（200元/月）。单位统一为员工购买符合规定的商业健康保险产品的支出，分别计入员工个人工资薪金，视同个人购买，按上述限额予以扣除。2 400元/年（200元/月）的限额扣除是税法规定减除费用标准之外的扣除。

适用商业健康保险税收优惠政策的个人，是指取得工资、薪金所得，连续性劳务报酬所得（指连续3个月及以上为同一单位提供劳务而取得的所得）的个人，以及取得生产经营所

[①] 财政部、人力资源社会保障部、国家税务总局.关于企业年金 职业年金个人所得税有关问题的通知.财税〔2013〕103号，2013.12.6.

[②] 财政部、税务总局、保监会.关于将商业健康保险个人所得税试点政策推广到全国范围实施的通知.财税〔2017〕39号，2017.4.28；国家税务总局.关于推广实施商业健康保险个人所得税政策有关征管问题的公告.国家税务总局公告2017年第17号，2017.5.19.

得、承包承租经营所得的个体工商户业主、个人独资企业投资者、合伙企业合伙人和承包承租经营者。

符合规定的商业健康保险产品,是指保险公司参照个人税收优惠型健康保险产品指引框架及示范条款开发的、符合下列条件的健康保险产品。

(1)健康保险产品采取具有保障功能并设立有最低保证收益账户的万能险方式,包含医疗保险和个人账户积累两项责任。被保险人个人账户由其所投保的保险公司负责管理维护。

(2)被保险人为16周岁以上、未满法定退休年龄的纳税人群;保险公司不得因被保险人既往病史拒保,并保证续保。

(3)医疗保险保障责任范围,包括被保险人医保所在地基本医疗保险基金支付范围内的自付费用及部分基本医疗保险基金支付范围外的费用,费用的报销范围、比例和额度由各保险公司根据具体产品特点自行确定。

(4)同一款健康保险产品,可依据被保险人的不同情况,设置不同的保险金额,具体保险金额下限由保监会规定。

(5)健康保险产品坚持"保本微利"原则,对医疗保险部分的简单赔付率低于规定比例的,保险公司要将实际赔付率与规定比例之间的差额部分返还到被保险人的个人账户。

根据目标人群已有保障项目和保障需求的不同,符合规定的健康保险产品共有三类,分别适用于:一是对公费医疗或基本医疗保险报销后个人负担的医疗费用有报销意愿的人群;二是对公费医疗或基本医疗保险报销后个人负担的特定大额医疗费用有报销意愿的人群;三是未参加公费医疗或基本医疗保险,对个人负担的医疗费用有报销意愿的人群。

符合上述条件的个人税收优惠型健康保险产品,保险公司按照《中华人民共和国保险法》规定程序上报保监会(现为银保监会)审批。保险公司销售符合规定的商业健康保险产品时,为购买保险的个人开具发票和保单凭证,并在保单凭证上注明税优识别码。税优识别码,是指为确保税收优惠商业健康保险保单的唯一性、真实性和有效性,由商业健康保险信息平台按照"一人一单一码"的原则,对投保人进行校验后,下发给保险公司,并在保单凭证上打印的数字识别码。个人购买商业健康保险未获得税优识别码的,其支出金额不得税前扣除。

6. 应当注意的问题

在计算应纳税所得额时,专项扣除、专项附加扣除和依法确定的其他扣除,以居民个人一个纳税年度的应纳税所得额为限额;一个纳税年度扣除不完的,不结转以后年度扣除。

14.4.2 综合所得的税款预扣预缴[①]

个人所得税以所得人为纳税人,以支付所得的单位或者个人为扣缴义务人。扣缴义务人向居民个人支付工资、薪金所得,劳务报酬所得,稿酬所得,特许权使用费所得时,按照规定预扣预缴个人所得税。年度预扣预缴税额与年度应纳税额不一致的,由居民个人于次年3月1日至6月30日向主管税务机关办理综合所得年度汇算清缴,税款多退少补。

1. 居民个人工资、薪金所得的税款预扣预缴

扣缴义务人向居民个人支付工资、薪金所得时,按照累计预扣法计算预扣税款,并按月办理扣缴申报。累计预扣法,是指扣缴义务人在一个纳税年度内预扣预缴税款时,以纳税人在本单位截至当前月份工资、薪金所得累计收入减除累计免税收入、累计减除费用、累计专

---

① 国家税务总局.关于全面实施新个人所得税法若干征管衔接问题的公告.国家税务总局公告2018年第56号,2018.12.19;个人所得税扣缴申报管理办法(试行).国家税务总局公告2018年第61号,2018.12.21.

项扣除、累计专项附加扣除和累计依法确定的其他扣除后的余额为累计预扣预缴应纳税所得额,依照3%至45%的预扣率计算累计应预扣预缴税额,再减除累计减免税额和累计已预扣预缴税额,其余额为本期应预扣预缴税额。余额为负值时,暂不退税。纳税年度终了后余额仍为负值时,由纳税人通过办理综合所得年度汇算清缴,税款多退少补。

1) 预扣预缴应纳税所得额的计算

累计预扣预缴应纳税所得额=累计收入−累计免税收入−累计减除费用−累计专项扣除−累计专项附加扣除−累计依法确定的其他扣除

其中:

累计减除费用=5000×当年截至本月在本单位的任职受雇月份数

2) 预扣率

计算居民个人工资、薪金所得预扣预缴税额时适用的预扣率,按照《个人所得税预扣率表一(居民个人工资、薪金所得预扣预缴适用)》执行,具体见表14-4。

表14-4 个人所得税预扣率表一
(居民个人工资、薪金所得预扣预缴适用)

级数	累计预扣预缴应纳税所得额	预扣率/%	速算扣除数
1	不超过36 000元的部分	3	0
2	超过36 000元至144 000元的部分	10	2 520
3	超过144 000元至300 000元的部分	20	16 920
4	超过300 000元至420 000元的部分	25	31 920
5	超过420 000元至660 000元的部分	30	52 920
6	超过660 000元至960 000元的部分	35	85 920
7	超过960 000元的部分	45	181 920

(注:该表与居民个人综合所得年度税率表(表14-1)相同。)

3) 预扣预缴税额的计算

居民个人工资、薪金所得的预扣预缴税额,按照下列公式计算。

本期应预扣预缴税额=(累计预扣预缴应纳税所得额×预扣率−速算扣除数)−累计减免税额−累计已预扣预缴税额

【例14-1】

王先生(中国公民,国内某单位职工)2019年1—12月份,工资、薪金收入为20 000元/月,个人按照规定缴纳的"三险一金"为3 300元/月,按照规定享受专项附加扣除3 000元/月。请计算任职单位每月应预扣预缴的个人所得税额。

解析:按照"累计预扣法"计算预扣预缴税款,具体见表14-5。

表14-5 工资、薪金所得预扣预缴税额计算简表

月份	累计收入额	累计减除费用	累计专项扣除	累计专项附加扣除	累计其他扣除	应纳税所得额	预扣率	速算扣除数	应纳税额	已扣缴税额	应补(退)税额
1	20 000	5 000	3 300	3 000	0	8 700	3%	0	261		261

续表

月份	累计收入额	累计减除费用	累计专项扣除	累计专项附加扣除	累计其他扣除	应纳税所得额	预扣率	速算扣除数	应纳税额	已扣缴税额	应补（退）税额
2	40 000	10 000	6 600	6 000	0	17 400	3%	0	522	261	261
3	60 000	15 000	9 900	9 000	0	26 100	3%	0	783	522	261
4	80 000	20 000	13 200	12 000	0	34 800	3%	0	1 044	783	261
5	100 000	25 000	16 500	15 000	0	43 500	10%	2 520	1 830	1 044	786
6	120 000	30 000	19 800	18 000	0	52 200	10%	2 520	2 700	1 830	870
7	140 000	35 000	23 100	21 000	0	60 900	10%	2 520	3 570	2 700	870
8	160 000	40 000	26 400	24 000	0	69 600	10%	2 520	4 440	3 570	870
9	180 000	45 000	29 700	27 000	0	78 300	10%	2 520	5 310	4 440	870
10	200 000	50 000	33 000	30 000	0	87 000	10%	2 520	6 180	5 310	870
11	220 000	55 000	36 300	33 000	0	95 700	10%	2 520	7 050	6 180	870
12	240 000	60 000	39 600	36 000	0	104 400	10%	2 520	7 920	7 050	870
合计	240 000	60 000	39 600	36 000	0	104 400	10%	2 520	7 920	7 920	0

从表14-5可以看出，如果王先生2019年度除工资、薪金所得外，没有劳务报酬所得、稿酬所得、特许权使用费所得，其任职单位累计扣缴的税额为7 920元，即为全年综合所得应纳税额，那么年度终了后，王先生不需要办理汇算清缴。

2. 居民个人其他综合所得的税款预扣预缴

扣缴义务人向居民个人支付劳务报酬所得、稿酬所得、特许权使用费所得，按次或者按月预扣预缴个人所得税。

1）预扣预缴应纳税所得额的计算

（1）劳务报酬所得、稿酬所得、特许权使用费所得，以每次收入额为预扣预缴应纳税所得额。每次收入额是以每次收入减除费用后的余额，其中稿酬所得的收入额减按70%计算。

减除费用：劳务报酬所得、稿酬所得、特许权使用费所得，每次收入不超过4 000元的，减除费用按800元计算；每次收入4 000元以上的，减除费用按20%计算。

① 劳务报酬所得、特许权使用费所得的预扣预缴应纳税所得额计算公式如下：

每次收入不超过4 000元的：

预扣预缴应纳税所得额=每次收入-800

每次收入4 000元以上的：

预扣预缴应纳税所得额=每次收入×（1-20%）

② 稿酬所得预扣预缴应纳税所得额计算公式如下：

每次收入不超过4 000元的：

预扣预缴应纳税所得额=（每次收入-800）×70%

每次收入4 000元以上的：

预扣预缴应纳税所得额=每次收入×（1−20%）×70%

（2）劳务报酬所得、特许权使用费所得、稿酬所得，属于一次性收入的，以取得该项收入为1次；属于同一项目连续性收入的，以1个月内取得的收入为1次。

2）预扣率

（1）劳务报酬所得适用20%至40%的超额累进预扣率，具体见表14-6。

表14-6 个人所得税预扣率表二

（居民个人劳务报酬所得预扣预缴适用）

级数	预扣预缴应纳税所得额	预扣率/%	速算扣除数
1	不超过20 000元的	20	0
2	超过20 000元至50 000元的部分	30	2 000
3	超过50 000元的部分	40	7 000

（2）特许权使用费所得、稿酬所得，适用20%的比例预扣率。

3）预扣预缴税额的计算

（1）劳务报酬所得的预扣预缴税额，按照下列公式计算。

劳务报酬所得应预扣预缴税额=预扣预缴应纳税所得额×预扣率−速算扣除数

【例14-2】

王先生（中国公民，国内某单位职工）于2019年1—12月份担任A公司（非任职单位）技术顾问，协议约定，每月报酬10 000元。请计算A公司应预扣预缴的个人所得税额。

解析：

每月预扣预缴应纳税所得额=10 000×（1−20%）=8 000（元）

每月预扣预缴税额=8 000×20%=1 600（元）

全年预扣预缴税额=1 600×12=19 200（元）

【例14-3】

沿用例14-2资料。假定王先生每月报酬26 000元。请计算A公司应预扣预缴的个人所得税额。

解析：

每月预扣预缴应纳税所得额=26 000×（1−20%）=20 800（元）

对照表14-6，预扣率为30%，速算扣除数为2 000元。

每月预扣预缴税额=20 800×30%−2 000=4 240（元）

全年预扣预缴税额=4 240×12=50 880（元）

（2）特许权使用费所得的预扣预缴税额，按照下列公式计算。

特许权使用费所得应预扣预缴税额=预扣预缴应纳税所得额×20%

（3）稿酬所得的预扣预缴税额，按照下列公式计算。

稿酬所得应预扣预缴税额=预扣预缴应纳税所得额×20%

【例14-4】

王先生（中国公民，国内某单位职工）于2019年10月份，出版一部工具书，稿酬20 000元。请计算出版社应预扣预缴的个人所得税额。

解析：

预扣预缴应纳税所得额=20 000×（1-20%）×70%=11 200（元）

应预扣预缴税额=11 200×20%=2 240（元）

【例14-5】

王先生（中国公民，国内某单位职工）于2019年12月份，公开发表一篇学术论文，稿酬3 000元。请计算杂志社应预扣预缴的个人所得税额。

解析：

预扣预缴应纳税所得额=（3 000-800）×70%=1 540（元）

应预扣预缴税额=1 540×20%=308（元）

14.4.3 综合所得的税款汇算清缴

居民个人办理年度综合所得汇算清缴个人所得税时，首先，计算年度应纳税所得额：以一个纳税年度内的工资、薪金所得，劳务报酬所得，稿酬所得，特许权使用费所得的收入额，减除费用6万元及专项扣除、专项附加扣除和依法确定的其他扣除后的余额，为应纳税所得额；然后，依照适用税率计算年度应纳税额，减除年度累计已预扣预缴税额，确定应补（或应退）税额。

综合所得应纳税额=年度应纳税所得额×税率-速算扣除数

综合所得应补（或应退）税额=年度应纳税额-年度累计已预扣预缴税额

【例14-6】

沿用例14-1、例14-2、例14-4、例14-5资料。王先生（中国公民，国内某单位职工）2019年1—12月份有关情况如下。

（1）工资、薪金收入20 000元/月，全年累计240 000元；个人按照规定缴纳的"三险一金"为3 300元/月，全年累计39 600元；按照规定享受专项附加扣除3 000元/月，全年累计36 000元；任职单位累计已预扣预缴税额7 920元。

（2）担任A公司（非任职单位）技术顾问，每月报酬10 000元，全年累计120 000元；A公司累计已预扣预缴税额19 200元。

（3）出版工具书一部，稿酬20 000元，出版社已预扣预缴2 240元。

（4）公开发表论文一篇，稿酬3 000元，杂志社已预扣预缴税308元。

请计算王先生全年综合所得应纳税额和应补（或应退）税额。

解析：

（1）综合所得的收入额=240 000+120 000×（1-20%）+（20 000+3 000）×（1-20%）×70%=348 880（元）

（2）综合所得的应纳税所得额=348 880-60 000-39 600-36 000=213 280（元）

对照"综合所得"年度税率表（表14-1），处于第3级距，税率为20%，速算扣除数为16 920元。

（3）综合所得应纳税额=213 280×20%-16 920=25 736（元）

（4）综合所得已预扣预缴税额=7 920+19 200+2 240+308=29 668（元）
（5）综合所得应退税额=29 668-25 736=3 932（元）

14.5 采用分类征收方式的税额计算

14.5.1 非居民个人"四项所得"的税额计算①

非居民个人的工资、薪金所得，劳务报酬所得，稿酬所得，特许权使用费所得，实行分类征收，按月或者按次分项计算个人所得税。扣缴义务人向非居民个人支付工资薪金所得、劳务报酬所得、稿酬所得和特许权使用费所得时，依照税法规定按月或者按次代扣代缴税款。

1. 非居民个人的工资、薪金所得

1）应纳税所得额的计算

非居民个人的工资、薪金所得，以每月收入额减除费用5 000元后的余额为应纳税所得额。

月应纳税所得额=每月收入额-5 000

2）应纳税额的计算

非居民个人的工资、薪金所得，按照下列公式计算应纳税额。

应纳税额=应纳税所得额×税率-速算扣除数

公式中的税率和速算扣除数，见表14-2。

【例14-7】

约翰先生（非居民个人）2019年5月份在中国境内工作1个月，取得工资收入28 000元。请计算约翰先生应缴纳的个人所得税额。

解析：

月应纳税所得额=28 000-5 000=23 000（元）

对照非居民个人"四项所得"月度税率表（表14-2），处于第3级距，税率为20%，速算扣除数为1 410元。

应纳税额=23 000×20%-1 410=3 190（元）

2. 非居民个人的劳务报酬所得、稿酬所得、特许权使用费所得

1）应纳税所得额的计算

非居民个人的劳务报酬所得、稿酬所得、特许权使用费所得，以每次收入额为应纳税所得额。其中：劳务报酬所得、稿酬所得、特许权使用费所得以收入减除20%的费用后的余额为收入额；稿酬所得的收入额减按70%计算。

劳务报酬所得、特许权使用费所得的应纳税所得额=每次收入×（1-20%）

---

① 国家税务总局. 关于全面实施新个人所得税法若干征管衔接问题的公告.国家税务总局公告2018年第56号，2018.12.19；个人所得税扣缴申报管理办法（试行）.国家税务总局公告2018年第61号，2018.12.21.

稿酬所得的应纳税所得额=每次收入×（1−20%）×70%

劳务报酬所得、稿酬所得、特许权使用费所得，属于一次性收入的，以取得该项收入为1次；属于同一项目连续性收入的，以1个月内取得的收入为1次。

2）应纳税额的计算

非居民个人的劳务报酬所得、稿酬所得、特许权使用费所得，按照下列公式计算应纳税额。

应纳税额=应纳税所得额×税率−速算扣除数

公式中的税率和速算扣除数，见表14−2。

【例14−8】

约翰先生（非居民个人）2019年5月份在中国境内出版一部科技著作，一次性稿酬收入20 000元。请计算约翰先生应缴纳的个人所得税额。

解析：

应纳税所得额=20 000×（1−20%）×70%=11 200（元）

对照非居民个人"四项所得"月度税率表（表14−2），处于第2级距，税率为10%，速算扣除数为210元。

应纳税额=11 200×10%−210=910（元）

14.5.2 经营所得的税额计算

1. 应纳税所得额的计算

纳税人的经营所得，以每一纳税年度的收入总额减除成本、费用及损失后的余额，为应纳税所得额。其中：成本、费用，是指生产、经营活动中发生的各项直接支出和分配计入成本的间接费用及销售费用、管理费用、财务费用。损失，是指生产、经营活动中发生的固定资产和存货的盘亏、毁损、报废损失，转让财产损失，坏账损失，自然灾害等不可抗力因素造成的损失及其他损失。

执行中，应注意以下问题。

（1）取得经营所得的个人，没有综合所得的，计算其每一纳税年度的应纳税所得额时，应当减除费用6万元、专项扣除、专项附加扣除，以及依法确定的其他扣除。专项附加扣除在办理汇算清缴时减除。

（2）纳税人从事生产、经营活动，未提供完整、准确的纳税资料，不能正确计算应纳税所得额的，由主管税务机关核定应纳税所得额或者应纳税额。

2. 应纳税额的计算

纳税人的经营所得，按照下列公式计算应纳税额。

应纳税额=应纳税所得额×税率−速算扣除数

公式中的税率和速算扣除数，见"经营所得"年度税率表（表14−3）。

14.5.3 财产租赁所得的税额计算

1. 应纳税所得额的计算

纳税人的财产租赁所得，按次计算缴纳个人所得税。每次收入不超过4 000元的，减除费用800元；每次收入在4 000元以上的，减除20%的费用，其余额为应纳税所得额。

每次收入不超过4 000元的：应纳税所得额=每次收入-800
每次收入在4 000元以上的：应纳税所得额=每次收入×（1-20%）

执行中，应注意以下问题。

（1）财产租赁所得，以1个月内取得的收入为1次。

（2）个人出租房屋的个人所得税应税收入不含增值税；计算房屋出租所得时可扣除的税费，不包括本次出租缴纳的增值税。个人转租房屋的，其向房屋出租方支付的租金及增值税额，在计算转租所得时予以扣除。但是，免征增值税的，在确定应税收入时，出租房屋取得的租金收入不扣减增值税额[①]。

（3）个人在出租财产过程中缴纳的税金和教育费附加，可凭完税（缴款）凭证，从其财产租赁收入中扣除。由纳税人负担的出租财产实际开支的修缮费用，能够提供有效、准确凭证，证明由纳税人负担的，准予从其租赁收入中扣除。准予扣除的修缮费用，以每次800元为限，一次扣除不完的，准予在下一次继续扣除，直至扣完为止[②]。个人将承租房屋转租的，取得转租收入的个人向房屋出租方支付的租金，可凭房屋租赁合同和合法支付凭据，从该项转租收入中扣除[③]。

在计算个人所得税时，"财产租赁所得"相关税费的税前扣除次序为[④]：
① 财产租赁过程中缴纳的税费；
② 向出租方支付的租金；
③ 由纳税人负担的租赁财产实际开支的修缮费用；
④ 税法规定的费用扣除标准。

2. 应纳税额的计算

纳税人的财产租赁所得，按照下列公式计算应纳税额。

应纳税额=应纳税所得额×适用税率（20%或10%）

14.5.4 财产转让所得的税额计算

1. 应纳税所得额的计算

纳税人的财产转让所得，以转让财产的收入额减除财产原值和合理费用后的余额，为应纳税所得额。

应纳税所得额=转让财产的收入额-财产原值-合理费用

执行中，应注意以下问题。

（1）个人转让房屋的个人所得税应税收入不含增值税；其取得房屋时所支付价款中包含的增值税计入财产原值；计算转让所得时可扣除的税费不包括本次转让缴纳的增值税。但

[①] 财政部.国家税务总局.关于营改增后契税 房产税 土地增值税 个人所得税计税依据问题的通知.财税〔2016〕43号，2016.4.25.

[②] 国家税务总局.征收个人所得税若干问题的规定.国税发〔1994〕89号，1994.3.31.

[③] 国家税务总局.关于个人转租房屋取得收入征收个人所得税问题的通知.国税函〔2009〕639号，2009.11.18.

[④] 国家税务总局.关于个人转租房屋取得收入征收个人所得税问题的通知.国税函〔2009〕639号，2009.11.18.

是，免征增值税的，在确定应税收入时，转让房地产取得的收入不扣减增值税税额[①]。

（2）财产原值，按照下列方法确定：有价证券，为买入价以及买入时按照规定交纳的有关费用；建筑物，为建造费或者购进价格以及其他有关费用；土地使用权，为取得土地使用权所支付的金额、开发土地的费用以及其他有关费用；机器设备、车船，为购进价格、运输费、安装费以及其他有关费用；其他财产，参照上述规定的方法确定财产原值。

纳税人未提供完整、准确的财产原值凭证，不能按照规定的方法确定财产原值的，由主管税务机关核定财产原值。

（3）合理费用，是指卖出财产时按照规定支付的有关税费。

2. 应纳税额的计算

纳税人的财产转让所得，按照下列公式计算应纳税额：

应纳税额=应纳税所得额×适用税率（20%）

14.5.5 其他各类所得的税额计算

1. 利息、股利、红利所得的税额计算

纳税人的利息、股息、红利所得，以每次收入额为应纳税所得额，按次计算缴纳个人所得税。

应纳税所得额=每次收入额
应纳税额=应纳税所得额×适用税率

利息、股息、红利所得，以支付利息、股息、红利时取得的收入为1次。

自2015年9月8日起，对上市公司股息红利，实行差别化个人所得税政策。个人从公开发行和转让市场取得的上市公司股票，持股期限在1个月以内（含1个月）的，其股息红利所得全额计入应纳税所得额；持股期限在1个月以上至1年（含1年）的，其股息红利暂减按50%计入应纳税所得额；持股期限超过1年的，其股息红利所得暂免征收个人所得税[②]。

上市公司派发股息红利时，对个人持股1年以内（含1年）的，上市公司暂不扣缴个人所得税；待个人转让股票时，证券登记结算公司根据其持股期限计算应纳税额，由证券公司等股份托管机构从个人资金账户中扣收并划付证券登记结算公司，证券登记结算公司于次月5个工作日内划付上市公司，上市公司在收到税款当月的法定申报期内向主管税务机关申报缴纳。

全国中小企业股份转让系统挂牌公司股息红利差别化个人所得税政策，按照上述规定执行。

【例14-9】

王先生拥有A公司（上市）的股票，持股期限10个月，取得股息10 000元；拥有B公司（未上市）的股份，取得股利20 000元。请计算王先生应缴纳的个人所得税额。

解析：

持有A公司（上市）股票取得股息，应纳税额=10 000×50%×20%=1 000（元）
持有B公司（未上市）股份取得股利，应纳税额=20 000×20%=4 000（元）

[①] 财政部、国家税务总局.关于营改增后契税 房产税 土地增值税 个人所得税计税依据问题的通知.财税〔2016〕43号，2016.4.25.

[②] 财政部、国家税务总局、证监会.关于上市公司股息红利差别化个人所得税政策有关问题的通知.财税〔2015〕101号，2015.9.7.

2. 偶然所得的税额计算

纳税人的偶然所得，以每次收入额为应纳税所得额，按次计算缴纳个人所得税。

应纳税所得额=每次收入额
应纳税额=应纳税所得额×适用税率

偶然所得，以每次取得该项收入为1次。

【例14-10】
王先生参加电视台举办的有奖竞猜活动获得奖品价值1 000元。请计算王先生应缴纳的个人所得税额。

解析：
应纳税额=1 000×20%=200（元）

14.6 特殊情形的税额计算

14.6.1 特定情形的税务处理

1. 所得形式与计算单位

（1）个人所得的形式，包括现金、实物、有价证券和其他形式的经济利益。

所得为实物的，按照取得的凭证上所注明的价格计算应纳税所得额，无凭证的实物或者凭证上所注明的价格明显偏低的，参照市场价格核定应纳税所得额。

所得为有价证券的，根据票面价格和市场价格核定应纳税所得额。

所得为其他形式的经济利益的，参照市场价格核定应纳税所得额。

（2）各项所得的计算，以人民币为单位。所得为人民币以外的货币的，按照人民币汇率中间价折合成人民币缴纳税款。

所得为人民币以外货币的，按照办理纳税申报或者扣缴申报的上一月最后一日人民币汇率中间价，折合成人民币计算应纳税所得额。年度终了后办理汇算清缴的，对已经按月、按季或者按次预缴税款的人民币以外货币所得，不再重新折算；对应当补缴税款的所得部分，按照上一纳税年度最后一日人民币汇率中间价，折合成人民币计算应纳税所得额。

2. 公益性捐赠的税务处理

个人将其所得对教育、扶贫、济困等公益慈善事业进行捐赠，捐赠额未超过纳税人申报的应纳税所得额30%的部分，可以从其应纳税所得额中扣除；国务院规定对公益慈善事业捐赠实行全额税前扣除的，从其规定。

个人将其所得对教育、扶贫、济困等公益慈善事业进行捐赠，是指个人将其所得通过中国境内的公益性社会组织、国家机关向教育、扶贫、济困等公益慈善事业的捐赠。应纳税所得额，是指计算扣除捐赠额之前的应纳税所得额。

个人捐赠住房作为公租房（公共租赁住房），符合税收法律法规规定的，对其公益性捐赠支出未超过其申报的应纳税所得额30%的部分，准予从其应纳税所得额中扣除①。

3. 共同取得同一项所得的税务处理

两个以上的个人共同取得同一项目收入的，对每个人取得的收入分别按照税法规定计算缴纳个人所得税。

【例14-11】

甲、乙、丙三人（均为居民个人）共同出版一部工具书，稿酬共计20 000元，其中：甲应得稿酬16 000元，乙应得稿酬3 500元，丙应得稿酬500元。请计算出版社应预扣预缴的个人所得税额。

解析：

对甲预扣预缴税额=16 000×（1-20%）×70%×20%=1 792（元）

对乙预扣预缴税额=（3 500-800）×20%×70%=378（元）

丙取得的稿酬500元，不足800元，故不预扣预缴税款。

4. 以非货币性资产投资的税务处理②

个人以非货币性资产投资，属于个人转让非货币性资产和投资同时发生。个人转让非货币性资产的所得，按照"财产转让所得"项目，依法计算缴纳个人所得税。

非货币性资产，是指除现金、银行存款等货币性资产以外的资产，包括股权、不动产、技术发明成果及其他形式的非货币性资产。

非货币性资产投资，包括以非货币性资产出资设立新的企业，以及以非货币性资产出资参与企业增资扩股、定向增发股票、股权置换、重组改制等投资行为。

（1）个人以非货币性资产投资，按照评估后的公允价值确认非货币性资产转让收入。非货币性资产转让收入减除该资产原值及合理税费后的余额为应纳税所得额。

个人以非货币性资产投资，于非货币性资产转让、取得被投资企业股权时，确认非货币性资产转让收入的实现。

非货币性资产原值为个人取得该项资产时实际发生的支出。无法提供完整、准确的非货币性资产原值凭证，不能正确计算非货币性资产原值的，主管税务机关可依法核定其非货币性资产原值。

合理税费是指纳税人在非货币性资产投资过程中发生的与资产转移相关的税金及合理费用。

（2）以非货币性资产投资的个人所得税，以发生非货币性资产投资行为并取得被投资企业股权的个人为纳税人。纳税人向主管税务机关自行申报缴纳税款。纳税人以不动产投资的，以不动产所在地税务机关为主管税务机关；以其持有的企业股权对外投资的，以该企业所在地税务机关为主管税务机关；以其他非货币资产投资的，以被投资企业所在地税务机关为主管税务机关。

（3）纳税人一次性缴税有困难的，可合理确定分期缴纳计划并报主管税务机关备案后，自发生上述应税行为之日起不超过5个公历年度内（含）分期缴纳个人所得税。

个人以非货币性资产投资交易过程中取得现金补价的，现金部分应优先用于缴税；现金

---

① 财政部、税务总局.关于公共租赁住房税收优惠政策的公告.财政部 税务总局公告2019年第61号，2019.4.15.

② 财政部、国家税务总局.关于个人非货币性资产投资有关个人所得税政策的通知.财税〔2015〕41号，2015.3.30；国家税务总局.关于个人非货币性资产投资有关个人所得税征管问题的公告.国家税务总局公告2015年第20号，2015.4.8.

不足以缴纳的部分,可以分期缴纳。

个人在分期缴税期间转让其持有的上述全部或部分股权,并取得现金收入的,该现金收入应优先用于缴纳尚未缴清的税款。

5. 以技术成果投资入股的税务处理[①]

技术成果是指专利技术(含国防专利)、计算机软件著作权、集成电路布图设计专有权、植物新品种权、生物医药新品种,以及科技部、财政部、国家税务总局确定的其他技术成果。

以技术成果投资入股,是指纳税人将技术成果所有权让渡给被投资企业、取得该企业股票(权)的行为。

个人以技术成果投资入股到境内居民企业,被投资企业支付的对价全部为股票(权)的,个人可以选择继续按现行有关税收政策执行,也可以选择适用递延纳税优惠政策。

个人选择技术成果投资入股递延纳税政策的,经向主管税务机关备案,投资入股当期可以暂不纳税,允许递延至转让股权时,按股权转让收入减去技术成果原值和合理税费后的差额计算缴纳个人所得税。

值得注意的是,个人以技术成果投资入股,以取得技术成果的企业为个人所得税扣缴义务人。递延纳税期间,扣缴义务人应在每个纳税年度终了后向主管税务机关报告递延纳税有关情况。

6. 个人终止投资经营收回款项的税务处理[②]

个人因各种原因终止投资、联营、经营合作等行为,从被投资企业或合作项目、被投资企业的其他投资者及合作项目的经营合作人取得股权转让收入、违约金、补偿金、赔偿金及以其他名目收回的款项等,均属于个人所得税应税收入,按照"财产转让所得"项目计算缴纳个人所得税。

应纳税所得额=个人取得的股权转让收入、违约金、补偿金、赔偿金及以其他名目收回款项合计数-原实际出资额(投入额)及相关税费

7. 股权转让所得的税务处理[③]

自然人股东(简称个人)将投资于中国境内企业或组织(统称被投资企业)的股权或股份转让给其他个人或法人的,以股权转让收入减去股权原值和合理费用(股权转让时按照规定支付的有关税费)后的余额为应纳税所得额,按照"财产转让所得"缴纳个人所得税。

股权转让,包括以下情形:出售股权;公司回购股权;发行人首次公开发行新股时,被投资企业股东将其持有的股份以公开发行方式一并向投资者发售;股权被司法机关或行政机关强制过户;以股权对外投资或进行其他非货币性交易;以股权抵偿债务;其他股权转移行为。

个人转让股权,以股权转让方为纳税人,以受让方为扣缴义务人。扣缴义务人于股权转让协议签订后5个工作日内,将股权转让情况报告主管税务机关。被投资企业详细记录股东持有本企业股权的相关成本,如实向税务机关提供与股权转让有关的信息,协助税务机关依法执行公务。

1)股权转让收入的确认

(1)股权转让收入,是指转让方因股权转让而获得的现金、实物、有价证券和其他形式的经济利益。

[①] 财政部、国家税务总局.关于完善股权激励和技术入股有关所得税政策的通知.财税〔2016〕101号,2016.9.20.
[②] 国家税务总局.关于个人终止投资经营收回款项征收个人所得税问题的公告.国家税务总局公告2011年第41号,2011.7.25.
[③] 国家税务总局.股权转让所得个人所得税管理办法(试行).国家税务总局公告2014年第67号,2014.12.7.

转让方取得与股权转让相关的各种款项，包括违约金、补偿金及其他名目的款项、资产、权益等，均并入股权转让收入。

纳税人按照合同约定，在满足约定条件后取得的后续收入，也作为股权转让收入。

（2）股权转让收入按照公平交易原则确定。符合下列情形之一的，主管税务机关可以核定股权转让收入：

① 申报的股权转让收入明显偏低且无正当理由的；
② 未按照规定期限办理纳税申报，经税务机关责令限期申报，逾期仍不申报的；
③ 转让方无法提供或拒不提供股权转让收入的有关资料；
④ 其他应核定股权转让收入的情形。

（3）符合下列情形之一，视为股权转让收入明显偏低：

① 申报的股权转让收入低于股权对应的净资产份额的，其中被投资企业拥有土地使用权、房屋、房地产企业未销售房产、知识产权、探矿权、采矿权、股权等资产的，申报的股权转让收入低于股权对应的净资产公允价值份额的；
② 申报的股权转让收入低于初始投资成本或低于取得该股权所支付的价款及相关税费的；
③ 申报的股权转让收入低于相同或类似条件下同一企业同一股东或其他股东股权转让收入的；
④ 申报的股权转让收入低于相同或类似条件下同类行业的企业股权转让收入的；
⑤ 不具合理性的无偿让渡股权或股份；
⑥ 主管税务机关认定的其他情形。

（4）符合下列条件之一的股权转让收入明显偏低，视为有正当理由：

① 能出具有效文件，证明被投资企业因国家政策调整，生产经营受到重大影响，导致低价转让股权；
② 继承或将股权转让给其能提供具有法律效力身份关系证明的配偶、父母、子女、祖父母、外祖父母、孙子女、外孙子女、兄弟姐妹，以及对转让人承担直接抚养或者赡养义务的抚养人或者赡养人；
③ 相关法律、政府文件或企业章程规定，并有相关资料充分证明转让价格合理且真实的本企业员工持有的不能对外转让股权的内部转让；
④ 股权转让双方能够提供有效证据证明其合理性的其他合理情形。

（5）主管税务机关依次按照下列方法核定股权转让收入：

① 净资产核定法。股权转让收入按照每股净资产或股权对应的净资产份额核定。

被投资企业的土地使用权、房屋、房地产企业未销售房产、知识产权、探矿权、采矿权、股权等资产占企业总资产比例超过20%的，主管税务机关可参照纳税人提供的具有法定资质的中介机构出具的资产评估报告核定股权转让收入。

6个月内再次发生股权转让且被投资企业净资产未发生重大变化的，主管税务机关可参照上一次股权转让时被投资企业的资产评估报告核定此次股权转让收入。

② 类比法。参照相同或类似条件下，同一企业同一股东或其他股东股权转让收入核定；参照相同或类似条件下，同类行业企业股权转让收入核定。

③ 其他合理方法。主管税务机关采用以上方法核定股权转让收入存在困难的，可以采取其他合理方法核定。

2）股权原值的确认

个人转让股权的原值依照以下方法确认。

（1）以现金出资方式取得的股权，按照实际支付的价款与取得股权直接相关的合理税费之和确认股权原值。

（2）以非货币性资产出资方式取得的股权，按照税务机关认可或核定的投资入股时非货币性资产价格与取得股权直接相关的合理税费之和确认股权原值。

（3）通过无偿让渡方式取得股权（仅指继承或接受配偶、父母、子女、祖父母、外祖父母、孙子女、外孙子女、兄弟姐妹，以及承担直接抚养或者赡养义务的抚养人或者赡养人无偿让渡的股权），按取得股权发生的合理税费与原持有人的股权原值之和确认股权原值。

（4）被投资企业以资本公积、盈余公积、未分配利润转增股本，个人股东已依法缴纳个人所得税的，以转增额和相关税费之和确认其新转增股本的股权原值。

（5）除以上情形外，由主管税务机关按照避免重复征收个人所得税的原则合理确认股权原值。

值得注意的是，股权转让人已被主管税务机关核定股权转让收入并依法征收个人所得税的，该股权受让人的股权原值，以取得股权时发生的合理税费与股权转让人被主管税务机关核定的股权转让收入之和确认。

个人转让股权未提供完整、准确的股权原值凭证，不能正确计算股权原值的，由主管税务机关核定其股权原值。

个人多次取得同一被投资企业股权，转让部分股权时，采用"加权平均法"确定其股权原值。

3）其他规定

个人股权转让所得的个人所得税，以被投资企业所在地税务机关为主管税务机关。

具有下列情形之一的，扣缴义务人、纳税人在次月15日内向主管税务机关申报纳税。

（1）受让方已支付或部分支付股权转让价款的。

（2）股权转让协议已签订生效的。

（3）受让方已经实际履行股东职责或者享受股东权益的。

（4）国家有关部门判决、登记或公告生效的。

（5）股权被司法机关或行政机关强制过户，以股权对外投资或进行其他非货币性交易，以股权抵偿债务，以及其他股权转移行为已经完成的。

（6）税务机关认定的其他有证据表明股权已发生转移的情形。

8. 中小高新技术企业转增股本的个人所得税政策[①]

自2016年1月1日起，全国范围内的中小高新技术企业以未分配利润、盈余公积、资本公积向个人股东转增股本时，个人股东一次缴纳个人所得税确有困难的，可根据实际情况自行制订分期缴税计划，在不超过5个公历年度内（含）分期缴纳，并将有关资料报主管税务机关备案。

个人股东获得转增的股本，按照"利息、股息、红利所得"项目，适用20%的税率缴纳个人所得税。

个人股东转让股权并取得现金收入的，该现金收入应优先用于缴纳尚未缴清的税款。个人股东在转让该部分股权之前，企业依法宣告破产，股东进行相关权益处置后没有取得收益

[①] 财政部、国家税务总局. 关于将国家自主创新示范区有关税收试点政策推广到全国范围实施的通知. 财税〔2015〕116号，2015.10.23.

或收益小于初始投资额的,主管税务机关对其尚未缴纳的个人所得税可不予追征。

值得注意的是,中小高新技术企业,是指注册在中国境内实行查账征收的、经认定取得高新技术企业资格,且年销售额和资产总额均不超过2亿元、从业人数不超过500人的企业。

上市中小高新技术企业或在全国中小企业股份转让系统挂牌的中小高新技术企业向个人股东转增股本,股东应纳的个人所得税,继续按照现行有关股息红利差别化个人所得税政策执行,不适用上述规定的分期纳税政策。

9. 特别纳税调整

(1)有下列情形之一的,税务机关有权按照合理方法进行纳税调整。

① 个人与其关联方之间的业务往来不符合独立交易原则而减少本人或者其关联方应纳税额,且无正当理由。

② 居民个人控制的,或者居民个人和居民企业共同控制的设立在实际税负明显偏低的国家(地区)的企业,无合理经营需要,对应当归属于居民个人的利润不作分配或者减少分配。

③ 个人实施其他不具有合理商业目的的安排而获取不当税收利益。

(2)税务机关依照上述规定做出纳税调整,需要补征税款的,应当补征税款,并依法加收利息。

加收利息,按照税款所属纳税申报期最后一日中国人民银行公布的与补税期间同期的人民币贷款基准利率计算,自税款纳税申报期满次日起至补缴税款期限届满之日止按日加收。纳税人在补缴税款期限届满前补缴税款的,利息加收至补缴税款之日。

14.6.2 某些特定情形的计税问题

1. 居民个人取得全年一次性奖金的计税问题①

全年一次性奖金,是指行政机关、企事业单位等扣缴义务人根据全年经济效益和对雇员全年工作业绩的综合考核情况,向雇员发放的一次性奖金。一次性奖金也包括年终加薪、实行年薪制和绩效工资办法的单位根据考核情况兑现的年薪和绩效工资。

(1)在2021年12月31日前,居民个人取得全年一次性奖金,不并入当年综合所得,以全年一次性奖金收入除以12个月得到的数额,依照按月换算后的综合所得月度税率表(简称月度税率表,见表14-7),确定适用税率和速算扣除数,单独计算缴纳个人所得税。计算公式为

应纳税额=全年一次性奖金收入×适用税率-速算扣除数

表14-7 按月换算后的综合所得月度税率表

级数	全月应纳税所得额	税率/%	速算扣除数
1	不超过3 000元的	3	0
2	超过3 000元至12 000元的部分	10	210
3	超过12 000元至25 000元的部分	20	1 410
4	超过25 000元至35 000元的部分	25	2 660
5	超过35 000元至55 000元的部分	30	4 410
6	超过55000元至80 000元的部分	35	7 160
7	超过80 000元的部分	45	15 160

---

① 国家税务总局.关于调整个人取得全年一次性奖金等计算征收个人所得税方法问题的通知.国税发〔2005〕9号,2005.1.21;财政部、税务总局.关于个人所得税法修改后有关优惠政策衔接问题的通知.财税〔2018〕164号,2018.12.27.

【例14-12】

王先生（中国公民，国内某单位职工）2020年1月份取得全年一次性奖金120 000元。请计算王先生应缴纳的个人所得税额。

解析：

确定税率时依据的月应纳税所得额=120 000÷12=10 000（元）

对照按月折算的综合所得月度税率表（表14-7），处于第2级距，税率为10%，速算扣除数为210元。

应纳税额=120 000×10%-210=11 790（元）

值得注意的是，在一个纳税年度内，对每一个纳税人，该计税办法只允许采用一次。雇员取得除全年一次性奖金以外的其他各种名目奖金，如半年奖、季度奖、加班奖、先进奖、考勤奖等，一律与当月工资、薪金收入合并，按税法规定缴纳个人所得税。

中央企业负责人取得年度绩效薪金延期兑现收入和任期奖励，符合国税发〔2007〕118号文件规定的，在2021年12月31日前，按照上述政策执行。

在2021年12月31日前，居民个人取得全年一次性奖金，也可以选择并入当年综合所得计算纳税。

（2）自2022年1月1日起，居民个人取得全年一次性奖金，并入当年综合所得计算缴纳个人所得税。中央企业负责人取得年度绩效薪金延期兑现收入和任期奖励，符合国税发〔2007〕118号文件规定的，在2022年1月1日之后的政策另行明确。

2. 保险营销员、证券经纪人取得佣金收入的计税问题[①]

保险营销员、证券经纪人取得的佣金收入，属于劳务报酬所得，以不含增值税的收入减去20%的费用后的余额为收入额，收入额减去展业成本及附加税费后，并入当年综合所得，计算缴纳个人所得税。保险营销员、证券经纪人展业成本按照收入额的25%计算。

扣缴义务人向保险营销员、证券经纪人支付佣金收入时，按照规定的"累计预扣法"计算预扣税款。

3. 领取企业年金和职业年金的计税问题

（1）个人达到国家规定的退休年龄，领取的企业年金、职业年金，不并入综合所得，全额单独计算应纳税款。其中：按月领取的，适用综合所得月度税率表计算纳税；按季领取的，平均分摊计入各月，按每月领取额适用综合所得月度税率表计算纳税；按年领取的，适用综合所得年度税率表计算纳税[②]。

（2）单位和个人在2014年1月1日以前开始缴付年金缴费的，在2014年1月1日以后，个人在领取年金时，允许其从领取的年金中，减去在2014年1月1日以前缴付的年金单位缴费和个人缴费且已经缴纳个人所得税的部分，就其余额按照上述规定纳税。个人分期领取年金的，可按2014年1月1日以前缴付的年金缴费金额占全部缴费金额的百分比，减计当期的应纳税所得额，减计后的余额，按照上述规定，计算缴纳个人所得税[③]。

（3）个人因出境定居而一次性领取的年金个人账户资金，或个人死亡后，其指定的受益人

[①] 财政部、税务总局.关于个人所得税法修改后有关优惠政策衔接问题的通知.财税〔2018〕164号，2018.12.27.
[②] 财政部、税务总局.关于个人所得税法修改后有关优惠政策衔接问题的通知.财税〔2018〕164号，2018.12.27.
[③] 财政部、人力资源社会保障部、国家税务总局.关于企业年金 职业年金个人所得税有关问题的通知.财税〔2013〕103号，2013.12.6.

或法定继承人一次性领取的年金个人账户余额,适用综合所得年度税率表计算纳税。对个人除上述特殊原因外一次性领取年金个人账户资金或余额的,适用综合所得月度税率表计算纳税[1]。

4. 内部退养人员取得收入的计税问题[2]

在企业减员增效和行政事业单位、社会团体在机构改革过程中,实行内部退养办法人员取得的收入按照以下规定处理。

(1)实行内部退养的个人在其办理内部退养手续后至法定离退休年龄之间从原任职单位取得的工资、薪金,不属于离退休工资,按照"工资、薪金所得"计算个人所得税。

(2)个人在办理内部退养手续后从原任职单位取得的一次性收入,按照办理内部退养手续后至法定离退休年龄之间的所属月份进行平均,并与领取当月的"工资、薪金所得"合并后减除当月费用扣除标准,以余额为基数确定适用税率;再将当月工资、薪金加上取得的一次性收入,减去费用扣除标准,按适用税率计算个人所得税。

(3)个人在办理内部退养手续后至法定离退休年龄之间重新就业取得的工资、薪金所得,应与其从原单位取得的同一月份的工资、薪金所得合并,依法自行向主管税务机关申报缴纳个人所得税。

5. 个人提前退休取得补贴收入的计税问题[3]

个人办理提前退休手续而取得的一次性补贴收入,按照办理提前退休手续至法定离退休年龄之间实际年度数平均分摊,确定适用税率和速算扣除数,单独适用综合所得年度税率表,计算纳税。计算公式为:

应纳税额={[(一次性补贴收入÷办理提前退休手续至法定退休年龄的实际年度数)-费用扣除标准]×适用税率-速算扣除数}×办理提前退休手续至法定退休年龄的实际年度数

【例14-13】

张先生是国内某单位职工,于2019年10月份办理了提前退休手续,取得补贴收入240 000元。张先生办理提前退休手续至法定退休年龄之间为3年。请计算张先生应缴纳的个人所得税额。

解析:

确定税率时依据的年应纳税所得额=240 000÷3-60 000=20 000(元)

对照综合所得年度税率表(表14-1),处于第1级距,税率为3%,速算扣除数为0。

应纳税额=20 000×3%×3=1 800(元)

6. 个人与用人单位解除劳动关系取得一次性补偿收入的计税问题

个人与用人单位解除劳动关系取得一次性补偿收入(包括用人单位发放的经济补偿金、生活补助费和其他补助费),在当地上年职工平均工资3倍数额以内的部分,免征个人所得税;超过3倍数额的部分,不并入当年综合所得,单独适用综合所得年度税率表,计算缴纳个人所得税[4]。

个人领取一次性补偿收入时,按照国家和地方政府规定的比例实际缴纳的住房公积金、医疗

---

[1] 财政部、税务总局.关于个人所得税法修改后有关优惠政策衔接问题的通知.财税〔2018〕164号,2018.12.27.
[2] 国家税务总局.关于个人所得税有关政策问题的通知.国税发〔1999〕58号,1999.4.9;财政部、税务总局.关于个人所得税法修改后有关优惠政策衔接问题的通知.财税〔2018〕164号,2018.12.27.
[3] 财政部、税务总局.关于个人所得税法修改后有关优惠政策衔接问题的通知.财税〔2018〕164号,2018.12.27.
[4] 财政部、税务总局.关于个人所得税法修改后有关优惠政策衔接问题的通知.财税〔2018〕164号,2018.12.27.

保险费、基本养老保险费、失业保险费，可以在计算其一次性补偿收入的个人所得税时扣除[①]。

7. 单位低价向职工售房有关个人所得税问题

根据住房制度改革政策的有关规定，国家机关、企事业单位及其他组织（简称单位）在住房制度改革期间，按照所在地县级以上人民政府规定的房改成本价格向职工出售公有住房，职工因支付的房改成本价格低于房屋建造成本价格或市场价格而取得的差价收益，免征个人所得税[②]。

除上述情形外，单位按低于购置或建造成本价格出售住房给职工，职工因此而少支出的差价部分，属于个人所得税应税所得，应按照"工资、薪金所得"缴纳个人所得税。差价部分，是指职工实际支付的购房价款低于该房屋的购置或建造成本价格的差额。对于该差价收入，不并入当年综合所得，以差价收入除以12个月得到的数额，依照按月换算后的综合所得月度税率表，确定适用税率和速算扣除数，单独计算缴纳个人所得税[③]。计算公式为

应纳税额=职工实际支付的购房价款低于该房屋的购置或建造成本价格的差额×适用税率−速算扣除数

【例14-14】

张先生（中国公民，国内某单位职工）于2019年5月份以50万元的价格从任职单位购得一套住房。该套住房是任职单位于年初建造完成的，建造成本56万元。请计算张先生应缴纳的个人所得税额。

解析：

确定税率时依据的月应纳税所得额=（560 000−500 000）÷12=5 000（元）

对照依照按月换算后的综合所得月度税率表（表14-7），处于第2级距，税率为10%，速算扣除数为210元。

应纳税额=（560 000−500 000）×10%−210=5 790（元）

8. 员工股票期权所得的计税问题[④]

实施股票期权计划企业授予该企业员工的股票期权所得，按照规定征收个人所得税。

企业员工股票期权（简称股票期权），是指上市公司按照规定的程序授予本公司及其控股企业员工的一项权利，该权利允许被授权员工在未来时间内，以某一特定价格购买本公司一定数量的股票。

"某一特定价格"被称为"授予价"或"施权价"，即根据股票期权计划可以购买股票的价格，一般为股票期权授予日的市场价格或该价格的折扣价格，也可以是按照事先设定的计算方法约定的价格；"授予日"，也称"授权日"，是指公司授予员工上述权利的日期；"行权"，也称"执行"，是指员工根据股票期权计划选择购买股票的过程；员工行使上述权利的当日为"行权日"，也称"购买日"。

[①] 财政部、国家税务总局. 关于个人与用人单位解除劳动关系取得一次性补偿收入征免个人所得税问题的通知. 财税〔2001〕157号，2001.9.10.

[②] 财政部、国家税务总局. 关于单位低价向职工售房有关个人所得税问题的通知. 财税〔2007〕13号，2007.2.8.

[③] 财政部、税务总局. 关于个人所得税法修改后有关优惠政策衔接问题的通知. 财税〔2018〕164号，2018.12.27.

[④] 财政部、国家税务总局. 关于个人股票期权所得征收个人所得税的通知. 财税〔2005〕35号，2005.3.8；国家税务总局. 关于个人股票期权所得缴纳个人所得税有关问题的补充通知. 国税函〔2006〕902号，2006.9.30；财政部、税务总局. 关于个人所得税法修改后有关优惠政策衔接问题的通知. 财税〔2018〕164号，2018.12.27.

员工接受雇主（含上市公司和非上市公司）授予的股票期权，凡该股票期权指定的股票为上市公司（含境内、外上市公司）股票的，均按照以下规定进行税务处理。

1）股票期权所得性质的确认

（1）员工接受实施股票期权计划企业授予的股票期权时，除另有规定外，一般不作为应税所得征税。

（2）员工行权时，从企业取得股票的实际购买价（施权价）低于购买日公平市场价（指该股票当日的收盘价）的差额，是因员工在企业的表现和业绩情况而取得的与任职、受雇有关的所得，按照"工资、薪金所得"缴纳个人所得税。

因特殊情况，员工在行权日之前将股票期权转让的，以股票期权的转让净收入，作为工资、薪金所得缴纳个人所得税。转让净收入，一般是指股票期权转让收入。如果员工以折价购入方式取得股票期权，可以股票期权转让收入扣除折价购入股票期权时实际支付的价款后的余额，作为股票期权的转让净收入。

员工行权日所在期间的工资、薪金所得，按照下列公式计算应纳税所得额：

股票期权形式的工资、薪金应纳税所得额（股权激励收入）=（行权股票的每股市场价−员工取得该股票期权支付的每股施权价）×股票数量

公式中"员工取得该股票期权支付的每股施权价"，一般是指员工行使股票期权购买股票实际支付的每股价格。如果员工以折价购入方式取得股票期权，上述施权价可包括员工折价购入股票期权时实际支付的价格。

取得股票期权的员工在行权日不实际买卖股票，而按行权日股票期权所指定股票的市场价与施权价之间的差额，直接从授权企业取得价差收益的，该价差收益也属于员工取得的股票期权形式的工资、薪金所得。

（3）员工将行权后的股票再转让时，获得的高于购买日公平市场价的差额，是因个人在证券二级市场上转让股票等有价证券而获得的所得，按照"财产转让所得"适用的征免规定。

（4）员工因拥有股权而参与企业税后利润分配取得的所得，按照"利息、股息、红利所得"适用规定计算缴纳个人所得税。

2）应纳税额的计算

（1）认购股票所得（行权所得）的税额计算。居民个人因参加股票期权计划而从中国境内取得的所得，应按照"工资、薪金所得"计算纳税的，在2021年12月31日前，不并入当年综合所得，全额单独适用综合所得年度税率表，计算纳税。计算公式为

应纳税额=股权激励收入×适用税率−速算扣除数

居民个人一个纳税年度内取得两次以上（含两次）股权激励的，应合并计算纳税。2022年1月1日之后的股权激励政策另行明确[①]。

（2）转让股票（销售）取得所得的税额计算。员工转让股票等有价证券取得的所得，按照现行税法和政策规定征免个人所得税。即：个人将行权后的境内上市公司股票再行转让而取得的所得，暂不征收个人所得税；个人转让境外上市公司的股票而取得的所得，按照税法规定计算应纳税所得额和应纳税额，依法缴纳税款。

---

① 财政部、税务总局. 关于个人所得税法修改后有关优惠政策衔接问题的通知. 财税〔2018〕164号，2018.12.27.

（3）参与税后利润分配取得所得的税额计算。员工因拥有股权参与税后利润分配而取得的股息、红利所得，除依照有关规定可以免税或减税的外，全额按照规定税率计算纳税。

3）可公开交易的股票期权计税问题

一般来说，员工接受实施股票期权计划企业授予的股票期权时，一般不作为应税所得征税。但是，有些股票期权在授权时即约定可以转让，且在境内或境外存在公开市场及挂牌价格（以下称可公开交易的股票期权）。员工接受可公开交易的股票期权时，按照以下规定进行税务处理。

（1）员工取得可公开交易的股票期权，属于员工已实际取得有确定价值的财产，按授权日股票期权的市场价格，作为员工的工资、薪金所得，按照上述规定计算缴纳个人所得税。

如果员工以折价购入方式取得股票期权，可以授权日股票期权的市场价格扣除折价购入股票期权时实际支付的价款后的余额，作为工资、薪金所得。

（2）员工取得上述可公开交易的股票期权后，转让该股票期权所取得的所得，属于财产转让所得，按照上述规定进行税务处理。

（3）员工取得可公开交易的股票期权后，实际行使该股票期权购买股票时，不再计算缴纳个人所得税。

9. 股票增值权所得和限制性股票所得的计税问题[①]

个人因任职、受雇从上市公司取得的股票增值权所得和限制性股票所得，由上市公司或其境内机构按照"工资、薪金所得"和股票期权所得计税方法，依法扣缴其个人所得税。

1）股票增值权应纳税所得额的确定

股票增值权，是指上市公司授予公司员工在未来一定时期和约定条件下，获得规定数量的股票价格上升所带来收益的权利。被授权人在约定条件下行权，上市公司按照行权日与授权日二级市场股票差价乘以授权股票数量，发放给被授权人现金。

股票增值权某次行权应纳税所得额（股权激励收入）=（行权日股票价格−授权日股票价格）×行权股票份数

股权激励收入取得时间为上市公司向被授权人兑现股票增值权所得的日期。

2）限制性股票应纳税所得额的确定

限制性股票，是指上市公司按照股权激励计划约定的条件，授予公司员工一定数量本公司的股票。限制性股票应纳税所得额，原则上应在限制性股票所有权归属于被激励对象时确认。即：上市公司实施限制性股票计划时，以被激励对象限制性股票在中国证券登记结算公司（境外为证券登记托管机构）进行股票登记日期的股票市价（指当日收盘价）和本批次解禁股票当日市价（指当日收盘价）的平均价格乘以本批次解禁股票份数，减去被激励对象本批次解禁股份数所对应的为获取限制性股票实际支付资金数额，其差额为应纳税所得额。

应纳税所得额（股权激励收入）=［（股票登记日股票市价+本批次解禁股票当日市价）÷2］×本批次解禁股票份数−被激励对象实际支付的资金总额×（本批次解禁股票份数

[①] 财政部、国家税务总局.关于股票增值权所得和限制性股票所得征收个人所得税有关问题的通知.财税〔2009〕5号，2009.1.7；国家税务总局.关于股权激励有关个人所得税问题的通知.国税函〔2009〕461号，2009.8.24；关于个人所得税有关问题的公告.国家税务总局公告2011年第27号，2011.4.18；财政部、税务总局.关于个人所得税法修改后有关优惠政策衔接问题的通知.财税〔2018〕164号，2018.12.27.

÷被激励对象获取的限制性股票总份数）

股权激励收入取得时间为每一批次限制性股票解禁的日期。

3）应纳税额的计算

个人从上市公司（含境内、境外上市公司）取得的股票增值权所得和限制性股票所得，比照股票期权所得计算个人所得税。在2021年12月31日前，不并入当年综合所得，全额单独适用综合所得年度税率表，计算纳税。计算公式为

应纳税额＝股权激励收入×适用税率－速算扣除数

居民个人一个纳税年度内取得两次以上（含两次）股权激励的，应合并计算纳税。
2022年1月1日之后的股权激励政策另行明确[①]。

4）应当注意的问题

（1）股票期权、股票增值权和限制性股票等有关股权激励个人所得税政策，适用于上市公司（含所属分支机构）和上市公司控股企业的员工，其中上市公司占控股企业股份比例最低为30%。间接持股比例，按各层持股比例相乘计算，上市公司对一级子公司持股比例超过50%的，按100%计算。

（2）具有下列情形之一的股权激励所得，不适用上述规定的优惠计税方法，直接计入个人当期所得征收个人所得税：

① 除上述第（1）项规定之外的集团公司、非上市公司员工取得的股权激励所得；
② 公司上市之前设立股权激励计划，待公司上市后取得的股权激励所得；
③ 上市公司未按照规定向其主管税务机关报备有关资料的。

上市公司授予个人的股票期权、限制性股票和股权奖励，经向主管税务机关备案，个人可自股票期权行权、限制性股票解禁或取得股权奖励之日起，在不超过12个月的期限内缴纳个人所得税[②]。

10. 转化职务科技成果以股权形式给予个人奖励的计税问题

科研机构、高等学校转化职务科技成果，以股份或出资比例等股权形式给予个人奖励。获奖人在取得股份或出资比例时，暂不缴纳个人所得税[③]。获奖人按照股份或出资比例获得分红时，对其所得按照"利息、股息、红利所得"项目征收个人所得税；获奖人转让股权或出资比例，对其所得按照"财产转让所得"项目征收个人所得税，财产原值为零[④]。

11. 高新技术企业相关技术人员获得股权奖励的计税问题[⑤]

自2016年1月1日起，全国范围内的高新技术企业转化科技成果，给予本企业相关技术人员的股权奖励，个人一次缴纳税款有困难的，可根据实际情况自行制订分期缴税计划，在不超过5个公历年度内（含）分期缴纳，并将有关资料报主管税务机关备案。

股权奖励，是指企业无偿授予相关技术人员一定份额的股权或一定数量的股份。

（1）技术人员获得股权奖励时，按照"工资、薪金所得"项目计算个人所得税。股权奖

---

① 财政部、税务总局.关于个人所得税法修改后有关优惠政策衔接问题的通知.财税〔2018〕164号，2018.12.27.
② 财政部、国家税务总局.关于完善股权激励和技术入股有关所得税政策的通知.财税〔2016〕101号，2016.9.20.
③ 财政部、国家税务总局.关于促进科技成果转化有关税收政策的通知.财税〔1999〕45号，1999.5.27.
④ 国家税务总局.关于促进科技成果转化有关个人所得税问题的通知.国税发〔1999〕125号，1999.7.1.
⑤ 财政部、国家税务总局.关于将国家自主创新示范区有关税收试点政策推广到全国范围实施的通知.财税〔2015〕116号，2015.10.23；关于个人所得税法修改后有关优惠政策衔接问题的通知.财税〔2018〕164号，2018.12.27.

励的计税价格参照获得股权时的公平市场价格确定。在2021年12月31日前，不并入当年综合所得，全额单独适用综合所得年度税率表，计算纳税。计算公式为

应纳税额＝股权激励收入×适用税率－速算扣除数

居民个人一个纳税年度内取得两次以上（含两次）股权激励的，应合并计算纳税。2022年1月1日之后的股权激励政策另行明确[①]。

（2）技术人员转让奖励的股权（含奖励股权孳生的送、转股）并取得现金收入的，该现金收入应优先用于缴纳尚未缴清的税款。

技术人员在转让奖励的股权之前企业依法宣告破产，技术人员进行相关权益处置后没有取得收益或资产，或取得的收益和资产不足以缴纳其取得股权尚未缴纳的应纳税款的部分，税务机关可不予追征。

（3）高新技术企业，是指实行查账征收、经省级高新技术企业认定管理机构认定的高新技术企业。相关技术人员，是指经公司董事会和股东大会决议批准获得股权奖励的以下两类人员：

① 对企业科技成果研发和产业化做出突出贡献的技术人员，包括企业内关键职务科技成果的主要完成人、重大开发项目的负责人、对主导产品或者核心技术、工艺流程做出重大创新或者改进的主要技术人员。

② 对企业发展做出突出贡献的经营管理人员，包括主持企业全面生产经营工作的高级管理人员，负责企业主要产品（服务）生产经营合计占主营业务收入（或者主营业务利润）50%以上的中、高级经营管理人员。

企业面向全体员工实施的股权奖励，不得按上述规定的税收政策执行。

12. 个人取得拍卖收入的计税问题[②]

自2007年5月1日起，个人通过拍卖市场拍卖各种财产（包括字画、瓷器、玉器、珠宝、邮品、钱币、古籍、古董等物品）取得的所得，按照规定计算缴纳个人所得税。其中：作者将自己的文字作品手稿原件或复印件拍卖，按照"特许权使用费所得"计算纳税；拍卖除文字作品原稿及复印件外的其他财产，按照"财产转让所得"计算纳税。

对于"财产转让所得"，应注意以下问题。

（1）以财产最终拍卖成交价格为其转让收入额。以转让收入额减去相应的财产原值、拍卖财产过程中缴纳的税金及有关合理费用后的余额，为应纳税所得额。

（2）财产原值，是指售出方个人取得该拍卖品的价格（以合法有效凭证为准）。具体为：通过商店、画廊等途径购买的，为购买该拍卖品时实际支付的价款；通过拍卖行拍得的，为拍得该拍卖品实际支付的价款及交纳的相关税费；通过祖传收藏的，为其收藏该拍卖品而发生的费用；通过赠送取得的，为其受赠该拍卖品时发生的相关税费；通过其他形式取得的，参照以上原则确定财产原值。

（3）拍卖财产过程中缴纳的税金，是指在拍卖财产时纳税人实际缴纳的相关税金及附加。

（4）有关合理费用，是指拍卖财产时纳税人按照规定实际支付的拍卖费（佣金）、鉴定费、评估费、图录费、证书费等费用。

---

① 财政部、税务总局.关于个人所得税法修改后有关优惠政策衔接问题的通知.财税〔2018〕164号，2018.12.27.
② 国家税务总局.关于加强和规范个人取得拍卖收入征收个人所得税有关问题的通知.国税发〔2007〕38号，2007.4.4.

纳税人不能提供合法、完整、准确的财产原值凭证，不能正确计算财产原值的，按转让收入额的3%征收率计算缴纳个人所得税；拍卖品为经文物部门认定是海外回流文物的，按转让收入额的2%征收率计算缴纳个人所得税。

纳税人的财产原值凭证内容填写不规范，或者一份财产原值凭证包括多件拍卖品且无法确认每件拍卖品一一对应的原值的，不得将其作为扣除财产原值的计算依据，应视为不能提供合法、完整、准确的财产原值凭证，并按上述规定的征收率计算缴纳个人所得税。纳税人能够提供合法、完整、准确的财产原值凭证，但不能提供有关税费凭证的，不得按征收率计算纳税，应就财产原值凭证上注明的金额据实扣除，并按照税法规定计算缴纳个人所得税。

13. 个人住房转让所得的计税问题[①]

个人住房转让所得按照"财产转让所得"项目缴纳个人所得税。

应纳税所得额=转让收入−房屋原值−转让住房过程中缴纳的税金−合理费用

（1）个人转让住房，以实际成交价格为转让收入。缴纳增值税的，以不含增值税的成交价格为转让收入。个人申报的住房成交价格明显低于市场价格且无正当理由的，税务机关有权依法根据有关信息核定其转让收入，但必须保证各税种计税价格一致。

（2）房屋原值，按照以下规定确定。

① 商品房的原值，为购置该房屋时实际支付的房价款及交纳的相关税费。

② 自建住房的原值，为实际发生的建造费用及建造和取得产权时实际交纳的相关税费。

③ 经济适用房（含集资合作建房、安居工程住房）的原值，为原购房人实际支付的房价款及相关税费，以及按照规定交纳的土地出让金。

④ 已购公有住房的原值，为原购公有住房标准面积按照当地经济适用房价格计算的房价款，加上原购公有住房超标准面积实际支付的房价款，以及按照规定向财政部门（或原产权单位）交纳的所得收益及相关税费。

⑤ 城镇拆迁安置住房的原值分别为：房屋拆迁取得货币补偿后购置房屋的，原值为购置该房屋实际支付的房价款及交纳的相关税费；房屋拆迁采取产权调换方式的，所调换房屋原值为《房屋拆迁补偿安置协议》注明的价款及交纳的相关税费。如果被拆迁人除取得所调换房屋外，又取得部分货币补偿的，所调换房屋原值为《房屋拆迁补偿安置协议》注明的价款和交纳的相关税费，减去货币补偿后的余额；如果被拆迁人取得所调换房屋，又支付部分货币的，所调换房屋原值为《房屋拆迁补偿安置协议》注明的价款，加上所支付的货币及交纳的相关税费。

（3）转让住房过程中缴纳的税金，是指个人在转让住房时，实际缴纳的城市维护建设税、教育费附加、土地增值税、印花税等税金。

（4）合理费用，是指个人按照规定实际支付的住房装修费用、住房贷款利息、手续费、公证费等费用。

① 支付的住房装修费用。个人能提供实际支付装修费用的税务统一发票，并且发票上所列付款人姓名与转让房屋产权人一致的，经税务机关审核，所转让的住房在转让前实际发生的装修费用，可在以下规定比例内扣除：已购公有住房、经济适用房，最高扣除限额为房屋原值的15%；商品房及其他住房，最高扣除限额为房屋原值的10%。

[①] 国家税务总局.关于个人住房转让所得征收个人所得税有关问题的通知.国税发〔2006〕108号，2006.7.18.

纳税人原购房为装修房，即合同注明房价款中含有装修费（铺装了地板，装配了洁具、厨具等）的，不得再重复扣除装修费用。

② 支付的住房贷款利息。纳税人出售以按揭贷款方式购置的住房的，其向贷款银行实际支付的住房贷款利息，凭贷款银行出具的有效证明据实扣除。

③ 个人按照有关规定实际支付的手续费、公证费等，凭有关部门出具的有效证明据实扣除。

（5）执行中，应注意以下问题。

① 纳税人未提供完整、准确的房屋原值凭证，不能正确计算房屋原值和应纳税额的，税务机关可根据《税收征管法》第三十五条的规定，实行核定征收，即按照纳税人住房转让收入的一定比例核定应纳个人所得税额。具体比例由省级税务局或者省级税务局授权的地市级税务局，根据纳税人出售住房的所处区域、地理位置、建造时间、房屋类型、住房平均价格水平等因素，在住房转让收入1%~3%的幅度内确定。

② 个人通过拍卖市场取得的房屋拍卖所得，在计税时，房屋原值按照纳税人提供的合法、完整、准确的凭证予以扣除；不能提供完整、准确的房屋原值凭证，不能正确计算房屋原值和应纳税额的，统一按转让收入全额的3%计算缴纳个人所得税[1]。

③ 自2010年10月1日起，对出售自有住房并在1年内重新购房的个人，不再减免个人所得税[2]。但对个人转让自用5年以上、并且是家庭唯一生活用房取得的所得，继续免征个人所得税。

14. 个人无偿赠与房屋有关个人所得税问题[3]

（1）以下情形的房屋产权无偿赠与，对当事双方不征收个人所得税：房屋产权所有人将房屋产权无偿赠与配偶、父母、子女、祖父母、外祖父母、孙子女、外孙子女、兄弟姐妹；房屋产权所有人将房屋产权无偿赠与对其承担直接抚养或者赡养义务的抚养人或赡养人；房屋产权所有人死亡，依法取得房屋产权的法定继承人、遗嘱继承人或者受遗赠人。

上述受赠人受赠房屋产权后将其转让的，按照"财产转让所得"缴纳个人所得税。

应纳税所得额=转让受赠房屋取得的收入-原捐赠人取得该房屋的实际购置成本-赠与和转让过程中受赠人支付的相关税费

受赠人转让受赠房屋价格明显偏低且无正当理由的，税务机关可以依据该房屋的市场评估价格或者其他合理方式确定的价格核定其转让收入。

（2）除上述情形外，房屋产权所有人将房屋产权无偿赠与他人的，受赠人因无偿受赠房屋取得的受赠收入，按照"偶然所得"项目计算缴纳个人所得税。

受赠收入的应纳税所得额=房地产赠与合同上标明的赠与房屋价值-赠与过程中受赠人支付的相关税费

赠与合同标明的房屋价值明显低于市场价格或房地产赠与合同未标明赠与房屋价值的，税务机关可依据受赠房屋的市场评估价格或采取其他合理方式确定受赠人的应纳税所得额。

---

[1] 国家税务总局.关于个人取得房屋拍卖收入征收个人所得税问题的批复.国税函〔2007〕1145号，2007.11.20.

[2] 财政部、国家税务总局、住房和城乡建设部.关于调整房地产交易环节契税、个人所得税优惠政策的通知.财税〔2010〕94号，2010.9.29.

[3] 财政部、国家税务总局.关于个人无偿受赠房屋有关个人所得税问题的通知.财税〔2009〕78号，2009.5.25；关于个人取得有关收入适用个人所得税应税所得项目的公告.财政部税务总局公告2019年第74号，2019.6.13.

15. 居民个人境外所得的税收抵免

为避免对同一所得双重征税，居民个人从中国境外取得的所得，可以从其应纳税额中抵免已在境外缴纳的个人所得税税额，但抵免额不得超过该纳税人境外所得依照税法规定计算的应纳税额。

居民个人从中国境内和境外取得的综合所得、经营所得，应当分别合并计算应纳税额；从中国境内和境外取得的其他所得，应当分别单独计算应纳税额。

1) 已在境外缴纳的个人所得税额

境外所得已在境外缴纳的个人所得税税额，是指居民个人来源于中国境外的所得，依照该所得来源国家（地区）的法律应当缴纳并且实际已经缴纳的所得税税额。

2) 依照税法规定计算的应纳税额

境外所得依照税法规定计算的应纳税额，是指居民个人抵免已在境外缴纳的综合所得、经营所得及其他所得的所得税税额的限额（简称抵免限额）。除国务院财政、税务主管部门另有规定外，来源于中国境外一个国家（地区）的综合所得抵免限额、经营所得抵免限额，以及其他所得抵免限额之和，为来源于该国家（地区）所得的抵免限额。

3) 境外所得的税额抵免

居民个人在中国境外一个国家（地区）实际已经缴纳的个人所得税税额，低于依照规定计算出的来源于该国家（地区）所得的抵免限额的，在中国缴纳差额部分的税款；超过来源于该国家（地区）所得的抵免限额的，其超过部分不得在本纳税年度的应纳税额中抵免，但是可以在以后纳税年度来源于该国家（地区）所得的抵免限额的余额中补扣。补扣期限最长不得超过5年。

居民个人申请抵免已在境外缴纳的个人所得税税额，应当提供境外税务机关出具的税款所属年度的有关纳税凭证。

14.6.3 无住所个人应纳税额的计算[①]

1. 所得来源地的确定

1) 工资、薪金所得来源地的确定

个人取得归属于中国境内（以下称境内）工作期间的工资、薪金所得为来源于境内的工资、薪金所得。境内工作期间按照个人在境内工作天数计算，包括其在境内的实际工作日，以及境内工作期间在境内、境外享受的公休假、个人休假、接受培训的天数。在境内、境外单位同时担任职务或者仅在境外单位任职的个人，在境内停留的当天不足24小时的，按照半天计算境内工作天数。

无住所个人在境内、境外单位同时担任职务或者仅在境外单位任职，且当期同时在境内、境外工作的，按照工资、薪金所属境内、境外工作天数占当期公历天数的比例计算确定来源于境内、境外工资、薪金所得的收入额。境外工作天数按照当期公历天数减去当期境内工作天数计算。

值得注意的是，境内工作天数与在境内实际居住的天数不是同一个概念。境内工作天数包括无住所个人在境内的实际工作日，以及境内工作期间在境内、境外享受的公休假、个人休假、接受培训的天数。无住所个人未在境外单位任职的，无论其是否在境外停留，都不计算境外工作天数。

---

① 财政部 税务总局.关于非居民个人和无住所居民个人有关个人所得税政策的公告.财政部 税务总局公告2019年第35号，2019.3.14.

2）数月奖金或股权激励所得来源地的确定

数月奖金是指一次取得归属于数月的奖金、年终加薪、分红等工资、薪金所得，不包括每月固定发放的奖金及一次性发放的数月工资。股权激励包括股票期权、股权期权、限制性股票、股票增值权、股权奖励，以及其他因认购股票等有价证券而从雇主取得的折扣或者补贴。数月奖金和股权激励属于工资、薪金所得，无住所个人取得数月奖金、股权激励，按照工资、薪金所得来源地判定规则，划分境内和境外所得，具体规定如下。

（1）无住所个人在境内履职或者执行职务时收到的数月奖金或者股权激励所得，归属于境外工作期间的部分，为来源于境外的工资、薪金所得；无住所个人停止在境内履约或者执行职务离境后收到的数月奖金或者股权激励所得，对属于境内工作期间的部分，为来源于境内的工资、薪金所得。

具体计算方法为：数月奖金或者股权激励乘以数月奖金或者股权激励所属工作期间境内工作天数与所属工作期间公历天数之比。

（2）无住所个人一个月内取得的境内外数月奖金或者股权激励包含归属于不同期间的多笔所得的，先分别按照上述规定计算不同归属期间来源于境内的所得，然后再加总计算当月来源于境内的数月奖金或者股权激励收入额。

但是，高管人员取得的数月奖金、股权激励，按照高管人员工资、薪金所得的规则，划分境内、境外所得。

【例14-15】

约翰先生（系无住所个人）2020年1月份同时取得2019年第4季度（公历天数92天）奖金和全年奖金。假设约翰先生取得季度奖金20万元，对应境内工作天数为46天；取得全年奖金50万元，对应境内工作天数为73天。两笔奖金分别由境内公司、境外公司各支付50%。（不考虑税收协定因素）

解析：2019年度，约翰先生在中国境内居住天数不超过90天，系非居民个人。约翰先生仅就境内支付的境内所得，计算在境内应计税的收入。

约翰先生当月取得数月奖金在境内应计税的收入额为：
$20 \times 50\% \times 46/92 + 50 \times 50\% \times 73/365 = 10$（万元）

3）高管人员取得报酬所得来源地的确定

对于担任境内居民企业的董事、监事及高层管理职务的个人（统称高管人员），无论是否在境内履行职务，取得由境内居民企业支付或者负担的董事费、监事费、工资薪金或者其他类似报酬（统称高管人员报酬，包含数月奖金和股权激励），属于来源于境内的所得。

高层管理职务包括企业正、副（总）经理，各职能总师，总监及其他类似公司管理层的职务。

2. 无住所非居民个人工资、薪金收入额及应纳税额的计算

1）无住所非居民个人工资、薪金收入额的计算

除高管人员外，非居民个人取得工资、薪金所得，当月工资、薪金收入额分别按照以下两种情形计算。

（1）非居民个人境内居住时间累计不超过90天的情形。在一个纳税年度内，在境内累计居住不超过90天的非居民个人，仅就归属于境内工作期间并由境内雇主支付或者负担的工

资、薪金所得计算缴纳个人所得税。当月工资、薪金收入额的计算公式如下。

当月工资、薪金收入额=当月境内外工资、薪金总额×（当月境内支付工资、薪金数额÷当月境内外工资、薪金总额）×（当月工资、薪金所属工作期间境内工作天数÷当月工资、薪金所属工作期间公历天数）

境内雇主包括雇用员工的境内单位和个人，以及境外单位或者个人在境内的机构、场所。凡境内雇主采取核定征收所得税或者无营业收入未征收所得税的，无住所个人为其工作取得工资、薪金所得，不论是否在该境内雇主会计账簿中记载，均视为由该境内雇主支付或者负担。

工资、薪金所属工作期间的公历天数，是指无住所个人取得工资、薪金所属工作期间按公历计算的天数。

当月境内外工资、薪金包含归属于不同期间的多笔工资、薪金的，先分别按照规定计算不同归属期间工资、薪金收入额，然后再加总计算当月工资、薪金收入额。

（2）非居民个人境内居住时间累计超过90天不满183天的情形。在一个纳税年度内，在境内累计居住超过90天但不满183天的非居民个人，取得归属于境内工作期间的工资、薪金所得（包括境内支付和境外支付），均应计算缴纳个人所得税；其取得归属于境外工作期间的工资、薪金所得，不征收个人所得税。当月工资、薪金收入额的计算公式如下。

当月工资、薪金收入额=当月境内外工资、薪金总额×（当月工资、薪金所属工作期间境内工作天数÷当月工资、薪金所属工作期间公历天数）

2）无住所非居民个人应纳税额的计算

（1）非居民个人当月取得工资、薪金所得，以按照上述规定计算的当月收入额，减去税法规定的减除费用后的余额，为应纳税所得额，适用按月换算后的综合所得税率表（月度税率表）计算应纳税额。

（2）非居民个人一个月内取得数月奖金，单独按照上述规定计算当月收入额，不与当月其他工资、薪金合并，按6个月分摊计税，不减除费用，适用月度税率表计算应纳税额。在一个公历年度内，对每一个非居民个人，该计税办法只允许适用一次。计算公式如下。

当月数月奖金应纳税额=[（数月奖金收入额÷6）×适用税率-速算扣除数]×6

（3）非居民个人一个月内取得股权激励所得，单独按照上述规定计算当月收入额，不与当月其他工资、薪金合并，按6个月分摊计税（一个公历年度内的股权激励所得应合并计算），不减除费用，适用月度税率表计算应纳税额，计算公式如下。

当月股权激励所得应纳税额=[（本公历年度内股权激励所得合计额÷6）×适用税率-速算扣除数]×6-本公历年度内股权激励所得已纳税额

按照个人所得税法规定，非居民个人取得工资、薪金所得，按月计算缴纳个人所得税。如果将其取得的数月奖金或股权激励作为一个月的工资、薪金收入计税，会存在税负畸高的问题。从公平合理角度出发，允许其数月奖金和股权激励在一定期间内分摊且单独计税。考虑到非居民个人在一个年度内境内累计停留时间不超过183天，即最长约为6个月，因此，对非居民个人取得数月奖金或股权激励，允许在6个月内分摊计算税额。

【例14-16】

迈克先生（系无住所个人）2020年在中国境内居住天数不满90天。2020年1月份，迈克先生取得境内支付的股权激励所得40万元，其中归属于境内工作期间的所得为12万元；2020年5月份，迈克先生取得境内支付的股权激励所得70万元，其中归属于境内工作期间的所得为18万元。请计算迈克先生在境内股权激励所得应纳的个人所得税额。（不考虑税收协定因素）

解析：

（1）2020年1月份：

按6个月分摊，每月应纳税所得额=120 000÷6=20 000（元）

对照月度税率表（表14-2），处于第3级距，税率为20%，速算扣除数为1 410元。

应纳税额=（20 000×20%−1 410）×6=15 540（元）

（2）2020年5月份：

按6个月分摊，每月应纳税所得额=（120 000+180 000）÷6=50 000（元）

对照月度税率表（表14-2），处于第5级距，税率为30%，速算扣除数为4 410元。

累计应纳税额=（50 000×30%−4 410）×6=63 540（元）

应补税额=63 540−15 540=48 000（元）

（4）非居民个人取得来源于境内的劳务报酬所得、稿酬所得、特许权使用费所得，以税法规定的每次收入额为应纳税所得额，适用月度税率表（表14-2）计算应纳税额。

3. 无住所居民个人工资、薪金收入额及应纳税额的计算

1）无住所居民个人工资、薪金收入额的计算

在一个纳税年度内，在境内累计居住满183天的无住所居民个人取得工资、薪金所得，当月工资、薪金收入额按照以下规定计算。

（1）无住所居民个人在境内居住累计满183天的年度连续不满6年的情形。在境内居住累计满183天的年度连续不满6年的无住所居民个人，符合《个人所得税法实施条例》第四条规定优惠条件的，其取得的全部工资、薪金所得，除归属于境外工作期间且由境外单位或者个人支付的工资、薪金所得部分外，均应计算缴纳个人所得税。工资、薪金所得收入额的计算公式如下。

当月工资、薪金收入额=当月境内外工资、薪金总额×［1−（当月境外支付工资、薪金数额÷当月境内外工资、薪金总额）×（当月工资、薪金所属工作期间境外工作天数÷当月工资、薪金所属工作期间公历天数）］

从公式可以看出，上述居民个人取得的由境外支付的境外所得，不计入在境内应计税的工资、薪金收入额，免予缴税；全部境内所得（包括境内支付和境外支付）和境内支付的境外所得，计入在境内应计税的工资、薪金收入额。

（2）无住所居民个人在境内居住累计满183天的年度连续满6年的情形。在境内居住累计满183天的年度连续满6年后，不符合《个人所得税法实施条例》第四条规定优惠条件的无住所居民个人，其从境内、境外取得的全部工资、薪金所得均应计算缴纳个人所得税。该居民个人从境内、境外取得的全部工资、薪金所得，均计入在境内应计税的工资、薪金收入额。

值得注意的是，在中国境内居住累计满183天的任一年度中有一次离境超过30天的，其

在中国境内居住累计满183天的年度的连续年限重新起算。

2）无住所居民个人应纳税额的计算

无住所居民个人取得综合所得，年度终了后，按年计算个人所得税；有扣缴义务人的，由扣缴义务人按月或者按次预扣预缴税款；需要办理汇算清缴的，按照规定办理汇算清缴。年度综合所得应纳税额计算公式如下。

年度综合所得应纳税额=（年度工资、薪金收入额+年度劳务报酬收入额+年度稿酬收入额+年度特许权使用费收入额−减除费用−专项扣除−专项附加扣除−依法确定的其他扣除）×适用税率−速算扣除数

无住所居民个人为外籍个人的，2022年1月1日前计算工资、薪金收入额时，已经按规定减除住房补贴、子女教育费、语言训练费等八项津补贴的，不能同时享受专项附加扣除。

年度工资、薪金，劳务报酬，稿酬，特许权使用费收入额分别按年度内每月工资、薪金及每次劳务报酬，稿酬，特许权使用费收入额合计数额计算。

对于无住所居民个人取得的全年一次性奖金或股权激励所得，其应纳税额的计算办法与有住所居民个人的税额计算办法相同。

4. 高管人员工资、薪金收入额及应纳税额的计算

1）高管人员工资、薪金收入额的计算

无住所高管人员为居民个人的，其工资、薪金收入额，按照上述"无住所居民个人工资、薪金收入额的计算"办法确定。

无住所高管人员为非居民个人的，按照以下规定处理。

（1）高管人员在境内居住时间累计不超过90天的情形。在一个纳税年度内，在境内累计居住不超过90天的高管人员，其取得由境内雇主支付或者负担的工资、薪金所得应当计算缴纳个人所得税；不是由境内雇主支付或者负担的工资、薪金所得，不缴纳个人所得税。当月工资、薪金收入额为当月境内支付或者负担的工资、薪金收入额。

（2）高管人员在境内居住时间累计超过90天但不满183天的情形。在一个纳税年度内，在境内居住累计超过90天但不满183天的高管人员，其取得的工资、薪金所得，除归属于境外工作期间且不是由境内雇主支付或者负担的部分外，应当计算缴纳个人所得税。当月工资、薪金收入额计算公式如下。

当月工资、薪金收入额=当月境内外工资、薪金总额×［1−（当月境外支付工资、薪金数额÷当月境内外工资、薪金总额）×（当月工资、薪金所属工作期间境外工作天数÷当月工资、薪金所属工作期间公历天数）］

2）高管人员应纳税额的计算

对于高管人员，根据其居民个人或者非居民个人身份计算应纳税额。

5. 无住所个人适用税收协定问题

按照我国政府签订的避免双重征税协定，内地与香港、澳门签订的避免双重征税安排（以下称税收协定）居民条款规定为缔约对方税收居民的个人（以下称对方税收居民个人），可以按照税收协定及财政部、国家税务总局有关规定享受税收协定待遇，也可以选择不享受税收协定待遇计算纳税。除税收协定及财政部、国家税务总局另有规定外，无住所个人适用税收协定的，按照以下规定执行。

1)无住所个人适用受雇所得条款的规定

(1)无住所个人享受境外受雇所得协定待遇。境外受雇所得协定待遇,是指按照税收协定受雇所得条款规定,对方税收居民个人在境外从事受雇活动取得的受雇所得,可不缴纳个人所得税。

无住所个人为对方税收居民个人,其取得的工资、薪金所得可享受境外受雇所得协定待遇的,可不缴纳个人所得税。工资、薪金收入额计算公式如下。

当月工资、薪金收入额=当月境内外工资、薪金总额×(当月工资、薪金所属工作期间境内工作天数÷当月工资、薪金所属工作期间公历天数)

无住所居民个人为对方税收居民个人的,可在预扣预缴和汇算清缴时按上述规定享受协定待遇;非居民个人为对方税收居民个人的,可在取得所得时按上述规定享受协定待遇。

(2)无住所个人享受境内受雇所得协定待遇。境内受雇所得协定待遇,是指按照税收协定受雇所得条款规定,在税收协定规定的期间内境内停留天数不超过183天的对方税收居民个人,在境内从事受雇活动取得受雇所得,不是由境内居民雇主支付或者代其支付的,也不是由雇主在境内常设机构负担的,可不缴纳个人所得税。

无住所个人为对方税收居民个人,其取得的工资、薪金所得可享受境内受雇所得协定待遇的,可不缴纳个人所得税。工资、薪金收入额计算公式如下。

当月工资、薪金收入额=当月境内外工资、薪金总额×(当月境内支付工资、薪金数额÷当月境内外工资、薪金总额)×(当月工资、薪金所属工作期间境内工作天数÷当月工资、薪金所属工作期间公历天数)

无住所居民个人为对方税收居民个人的,可在预扣预缴和汇算清缴时按上述规定享受协定待遇;非居民个人为对方税收居民个人的,可在取得所得时按上述规定享受协定待遇。

2)无住所个人适用独立个人劳务或者营业利润条款的规定

独立个人劳务或者营业利润协定待遇,是指按照税收协定独立个人劳务或者营业利润条款规定,对方税收居民个人取得的独立个人劳务所得或者营业利润符合税收协定规定条件的,可不缴纳个人所得税。

无住所居民个人为对方税收居民个人,其取得的劳务报酬所得、稿酬所得可享受独立个人劳务或者营业利润协定待遇的,在预扣预缴和汇算清缴时,可不缴纳个人所得税。

非居民个人为对方税收居民个人,其取得的劳务报酬所得、稿酬所得可享受独立个人劳务或者营业利润协定待遇的,在取得所得时可不缴纳个人所得税。

3)无住所个人适用董事费条款的规定

对方税收居民个人为高管人员,该个人适用的税收协定未纳入董事费条款,或者虽然纳入董事费条款但该个人不适用董事费条款,且该个人取得的高管人员报酬可享受税收协定受雇所得、独立个人劳务或者营业利润条款规定待遇的,该个人取得的高管人员报酬可不适用上述"高管人员工资、薪金收入额及应纳税额的计算"的相关规定,分别按照上述"无住所个人适用受雇所得条款的规定""无住所个人适用独立个人劳务或者营业利润条款的规定"执行。

对方税收居民个人为高管人员,该个人取得的高管人员报酬按照税收协定董事费条款规定可以在境内征收个人所得税的,按照有关工资、薪金所得或者劳务报酬所得规定缴纳个人所得税。

4）无住所个人适用特许权使用费或者技术服务费条款的规定

特许权使用费或者技术服务费协定待遇，是指按照税收协定特许权使用费或者技术服务费条款规定，对方税收居民个人取得符合规定的特许权使用费或者技术服务费，可按照税收协定规定的计税所得额和征税比例计算纳税。

无住所居民个人为对方税收居民个人，其取得的特许权使用费所得、稿酬所得或者劳务报酬所得可享受特许权使用费或者技术服务费协定待遇的，可不纳入综合所得，在取得当月按照税收协定规定的计税所得额和征税比例计算应纳税额，并预扣预缴税款。年度汇算清缴时，该个人取得的已享受特许权使用费或者技术服务费协定待遇的所得不纳入年度综合所得，单独按照税收协定规定的计税所得额和征税比例计算年度应纳税额及补退税额。

非居民个人为对方税收居民个人，其取得的特许权使用费所得、稿酬所得或者劳务报酬所得可享受特许权使用费或者技术服务费协定待遇的，可按照税收协定规定的计税所得额和征税比例计算应纳税额。

6. 相关征管问题

1）无住所个人预计境内居住时间

无住所个人在一个纳税年度内首次申报时，应当根据合同约定等情况预计一个纳税年度内境内居住天数及在税收协定规定的期间内境内停留天数，按照预计情况计算缴纳税款。实际情况与预计情况不符的，分别按照以下规定处理。

（1）无住所个人预先判定为非居民个人，因延长居住天数达到居民个人条件的，一个纳税年度内税款扣缴方法保持不变，年度终了后按照居民个人有关规定办理汇算清缴，但该个人在当年离境且预计年度内不再入境的，可以选择在离境之前办理汇算清缴。

（2）无住所个人预先判定为居民个人，因缩短居住天数不能达到居民个人条件的，在不能达到居民个人条件之日起至年度终了15天内，应当向主管税务机关报告，按照非居民个人重新计算应纳税额，申报补缴税款，不加收税收滞纳金。需要退税的，按照规定办理。

（3）无住所个人预计一个纳税年度境内居住天数累计不超过90天，但实际累计居住天数超过90天的，或者对方税收居民个人预计在税收协定规定的期间内境内停留天数不超过183天，但实际停留天数超过183天的，待达到90天或者183天的月度终了后15天内，应当向主管税务机关报告，就以前月份工资、薪金所得重新计算应纳税款，并补缴税款，不加收税收滞纳金。

2）境外关联方支付所得的处理

无住所个人在境内任职、受雇取得来源于境内的工资、薪金所得，凡境内雇主与境外单位或者个人存在关联关系，将本应由境内雇主支付的工资、薪金所得，部分或者全部由境外关联方支付的，无住所个人可以自行申报缴纳税款，也可以委托境内雇主代为缴纳税款。无住所个人未委托境内雇主代为缴纳税款的，境内雇主应当在相关所得支付当月终了后15天内向主管税务机关报告相关信息，包括境内雇主与境外关联方对无住所个人的工作安排、境外支付情况及无住所个人的联系方式等信息。

14.7 扣缴申报与自行申报

个人所得税的申报缴纳方式有两种：全员全额扣缴申报和自行纳税申报。

14.7.1 全员全额扣缴申报①

个人所得税以所得人为纳税人,以支付所得的单位或者个人为扣缴义务人。扣缴义务人向个人支付应税款项时,依照税法规定预扣预缴或者代扣税款。支付,包括现金支付、汇拨支付、转账支付和以有价证券、实物及其他形式的支付。

扣缴义务人按照规定办理全员全额扣缴申报,并向纳税人提供其个人所得和已扣缴税款等信息。全员全额扣缴申报,是指扣缴义务人在代扣税款的次月15日内,向主管税务机关报送其支付所得的所有个人的有关信息、支付所得数额、扣除事项和数额、扣缴税款的具体数额和总额及其他相关涉税信息资料。扣缴义务人每月或者每次预扣、代扣的税款,在次月15日内缴入国库,并向税务机关报送《个人所得税扣缴申报表》。

实行全员全额扣缴申报的应税所得包括:工资、薪金所得;劳务报酬所得;稿酬所得;特许权使用费所得;利息、股息、红利所得;财产租赁所得;财产转让所得;偶然所得。

扣缴义务人首次向纳税人支付所得时,按照纳税人提供的纳税人识别号等基础信息,填写《个人所得税基础信息表》,并于次月扣缴申报时向税务机关报送。纳税人有中国公民身份号码的,以中国公民身份号码为纳税人识别号;纳税人没有中国公民身份号码的,由税务机关赋予其纳税人识别号。扣缴义务人扣缴税款时,纳税人向扣缴义务人提供纳税人识别号。

1. 居民个人综合所得的税款预扣预缴申报

1)居民个人工资、薪金所得的税款预扣预缴申报

扣缴义务人向居民个人支付工资、薪金所得时,按照"累计预扣法"计算预扣税款,并按月办理扣缴申报。

居民个人取得工资、薪金所得时,向扣缴义务人提供专项附加扣除有关信息,由扣缴义务人扣缴税款时减除专项附加扣除。纳税人同时从两处以上取得工资、薪金所得,并由扣缴义务人减除专项附加扣除的,对同一专项附加扣除项目,在一个纳税年度内只能选择从一处取得的所得中减除。居民个人向扣缴义务人提供专项附加扣除信息的,扣缴义务人按月预扣预缴税款时,按照规定予以扣除,不得拒绝。

纳税人对所提交信息的真实性、准确性、完整性负责。专项附加扣除信息发生变化的,及时向扣缴义务人或者税务机关提供相关信息。扣缴义务人发现纳税人提供的信息与实际情况不符的,可以要求纳税人修改。纳税人拒绝修改的,扣缴义务人报告税务机关,税务机关应及时处理。专项附加扣除相关信息,包括纳税人本人、配偶、子女、被赡养人等个人身份信息,以及国务院税务主管部门规定的其他与专项附加扣除相关的信息。纳税人需要留存备查的相关资料应当留存5年。纳税人、扣缴义务人按照规定保存与专项附加扣除相关的资料。税务机关可以对纳税人提供的专项附加扣除信息进行抽查。税务机关发现纳税人提供虚假信息的,责令改正并通知扣缴义务人;情节严重的,由有关部门依法予以处理,纳入信用信息系统并实施联合惩戒。

公安、人民银行、金融监督管理等相关部门应当协助税务机关确认纳税人的身份、金融账户信息。教育、卫生、医疗保障、民政、人力资源社会保障、住房城乡建设、公安、人民

---

① 依据:个人所得税法;个人所得税法实施条例(国务院令第707号);个人所得税专项附加扣除暂行办法(国发〔2018〕41号);个人所得税扣缴申报管理办法(试行)(国家税务总局公告2018年第61号)。

银行、金融监督管理等相关部门应当向税务机关提供纳税人子女教育、继续教育、大病医疗、住房贷款利息、住房租金、赡养老人等专项附加扣除信息。

个人转让不动产的，税务机关根据不动产登记等相关信息核验应缴的个人所得税，登记机关办理转移登记时，查验与该不动产转让相关的个人所得税的完税凭证。个人转让股权办理变更登记的，市场主体登记机关查验与该股权交易相关的个人所得税的完税凭证。

有关部门和单位有责任和义务向税务部门提供或者协助核实以下与专项附加扣除有关的信息。

（1）公安部门有关户籍人口基本信息、户成员关系信息、出入境证件信息、相关出国人员信息、户籍人口死亡标识等信息。

（2）卫生健康部门有关出生医学证明信息、独生子女信息。

（3）民政部门、外交部门、法院有关婚姻状况信息。

（4）教育部门有关学生学籍信息（包括学历继续教育学生学籍、考籍信息）、在相关部门备案的境外教育机构资质信息。

（5）人力资源社会保障等部门有关技工院校学生学籍信息、技能人员职业资格继续教育信息、专业技术人员职业资格继续教育信息。

（6）住房城乡建设部门有关房屋（含公租房）租赁信息、住房公积金管理机构有关住房公积金贷款还款支出信息。

（7）自然资源部门有关不动产登记信息。

（8）人民银行、金融监督管理部门有关住房商业贷款还款支出信息。

（9）医疗保障部门有关在医疗保障信息系统记录的个人负担的医药费用信息。

（10）国务院税务主管部门确定需要提供的其他涉税信息。

有关部门和单位拥有专项附加扣除涉税信息，但未按规定要求向税务部门提供的，拥有涉税信息的部门或者单位的主要负责人及相关人员承担相应责任。

税务机关核查专项附加扣除情况时，纳税人任职受雇单位所在地、经常居住地、户籍所在地的公安派出所、居民委员会或者村民委员会等有关单位和个人应当协助核查。

2）居民个人其他综合所得的税款预扣预缴申报

扣缴义务人向居民个人支付劳务报酬所得、特许权使用费所得、稿酬所得时，按次或者按月预扣预缴个人所得税。

居民个人取得劳务报酬所得、稿酬所得、特许权使用费所得，在汇算清缴时向税务机关提供有关信息，减除专项附加扣除。

居民个人办理年度综合所得汇算清缴时，依法计算劳务报酬所得、稿酬所得、特许权使用费所得的收入额，并入年度综合所得计算应纳税款，税款多退少补。

2. 非居民个人"四项所得"的税款扣缴申报

非居民个人取得工资、薪金所得，劳务报酬所得，稿酬所得，特许权使用费所得，有扣缴义务人的，由扣缴义务人按月或者按次代扣代缴个人所得税，不办理汇算清缴。

非居民个人在一个纳税年度内税款扣缴方法保持不变，达到居民个人条件时，应当告知扣缴义务人基础信息变化情况，年度终了后按照居民个人有关规定办理汇算清缴。

3. 其他各类所得的税款扣缴申报

纳税人取得利息、股息、红利所得，财产租赁所得，财产转让所得和偶然所得，按月或者按次计算个人所得税；有扣缴义务人的，由扣缴义务人按月或者按次代扣代缴税款。

4. 其他规定

（1）税收协定待遇。纳税人需要享受税收协定待遇的，应在取得应税所得时，主动向扣缴义务人提出，并提交相关信息、资料。扣缴义务人代扣代缴税款时，按照享受税收协定待遇有关办法办理。

（2）扣缴税款信息提供。支付工资、薪金所得的扣缴义务人于年度终了后2个月内，向纳税人提供其个人所得和已扣缴税款等信息。纳税人年度中间需要提供上述信息的，扣缴义务人应当提供。

纳税人取得除工资、薪金所得以外的其他所得，扣缴义务人在扣缴税款后，及时向纳税人提供其个人所得和已扣缴税款等信息。

（3）信息资料保存与保密。扣缴义务人对纳税人提供的《个人所得税专项附加扣除信息表》，按照规定妥善保存备查，并依法对纳税人报送的专项附加扣除等相关涉税信息和资料保密。

（4）扣缴手续费。对扣缴义务人按照规定扣缴的税款，按年付给2%的手续费，但不包括税务机关、司法机关等查补或者责令补扣的税款。扣缴义务人领取的扣缴手续费，可用于提升办税能力、奖励办税人员。

（5）相关责任。扣缴义务人依法履行代扣代缴义务，纳税人不得拒绝。纳税人拒绝的，扣缴义务人及时报告税务机关。扣缴义务人有未按照规定向税务机关报送资料和信息、未按照纳税人提供信息虚报虚扣专项附加扣除、应扣未扣税款、不缴或少缴已扣税款、借用或冒用他人身份等行为的，依照《税收征管法》等相关法律、行政法规处理。

14.7.2 自行纳税申报[①]

1. 基本规定

税法规定，有下列情形之一的，纳税人应当依法办理纳税申报。
（1）取得综合所得需要办理汇算清缴。
（2）取得应税所得没有扣缴义务人。
（3）取得应税所得，扣缴义务人未扣缴税款。
（4）取得境外所得。
（5）因移居境外注销中国户籍。
（6）非居民个人在中国境内从两处以上取得工资、薪金所得。
（7）国务院规定的其他情形。

2. 具体规定

1）取得综合所得需要办理汇算清缴的纳税申报

取得综合所得且符合下列情形之一的纳税人，应当依法办理汇算清缴。
（1）从两处以上取得综合所得，且综合所得年收入额减除专项扣除的余额超过6万元；
（2）取得劳务报酬所得、稿酬所得、特许权使用费所得中一项或者多项所得，且综合所得年收入额减除专项扣除的余额超过6万元。
（3）纳税年度内预缴税额低于应纳税额。
（4）纳税人申请退税。

---

① 依据：个人所得税法；个人所得税法实施条例（国务院令第707号）；关于个人所得税自行纳税申报有关问题的公告（国家税务总局公告2018年第62号）。

纳税人可以委托扣缴义务人或者其他单位和个人办理汇算清缴。

需要办理汇算清缴的纳税人，在取得所得的次年3月1日至6月30日内，向任职、受雇单位所在地主管税务机关办理纳税申报，并报送《个人所得税年度自行纳税申报表》。纳税人有两处以上任职、受雇单位的，选择向其中一处任职、受雇单位所在地主管税务机关办理纳税申报；纳税人没有任职、受雇单位的，向户籍所在地或经常居住地主管税务机关办理纳税申报。

纳税人办理综合所得汇算清缴，应当准备与收入、专项扣除、专项附加扣除、依法确定的其他扣除、捐赠、享受税收优惠等相关的资料，并按规定留存备查或报送。

2) 取得经营所得的纳税申报

纳税人取得经营所得，按年计算个人所得税，由纳税人在月度或季度终了后15日内，向经营管理所在地主管税务机关办理预缴纳税申报，并报送《个人所得税经营所得纳税申报表（A表）》。在取得所得的次年3月31日前，向经营管理所在地主管税务机关办理汇算清缴，并报送《个人所得税经营所得纳税申报表（B表）》；从两处以上取得经营所得的，选择向其中一处经营管理所在地主管税务机关办理年度汇总申报，并报送《个人所得税经营所得纳税申报表（C表）》。

3) 扣缴义务人未扣缴税款的纳税申报

纳税人取得应税所得，扣缴义务人未扣缴税款的，区别以下情形办理纳税申报。

（1）居民个人取得综合所得，扣缴义务人未扣缴税款的，按照"取得综合所得需要办理汇算清缴的纳税申报"办理。

（2）非居民个人取得工资、薪金所得，劳务报酬所得，稿酬所得，特许权使用费所得，扣缴义务人未扣缴税款的，在取得所得的次年6月30日前，向扣缴义务人所在地主管税务机关办理纳税申报，并报送《个人所得税自行纳税申报表（A表）》。有两个以上扣缴义务人均未扣缴税款的，选择向其中一处扣缴义务人所在地主管税务机关办理纳税申报。

非居民个人在次年6月30日前离境（临时离境除外）的，在离境前办理纳税申报。

（3）纳税人取得利息、股息、红利所得，财产租赁所得，财产转让所得和偶然所得，扣缴义务人未扣缴税款的，在取得所得的次年6月30日前，按相关规定向主管税务机关办理纳税申报，并报送《个人所得税自行纳税申报表（A表）》。

税务机关通知限期缴纳的，纳税人应当按照期限缴纳税款。

4) 取得境外所得的纳税申报

居民个人从中国境外取得所得的，在取得所得的次年3月1日至6月30日内，向中国境内任职、受雇单位所在地主管税务机关办理纳税申报；在中国境内没有任职、受雇单位的，向户籍所在地或中国境内经常居住地主管税务机关办理纳税申报；户籍所在地与中国境内经常居住地不一致的，选择其中一地主管税务机关办理纳税申报；在中国境内没有户籍的，向中国境内经常居住地主管税务机关办理纳税申报。

5) 因移居境外注销中国户籍的纳税申报

纳税人因移居境外注销中国户籍的，在申请注销中国户籍前，向户籍所在地主管税务机关办理纳税申报，进行税款清算。

（1）纳税人在注销户籍年度取得综合所得的，在注销户籍前，办理当年综合所得的汇算清缴，并报送《个人所得税年度自行纳税申报表》。尚未办理上一年度综合所得汇算清缴的，在办理注销户籍纳税申报时一并办理。

（2）纳税人在注销户籍年度取得经营所得的，在注销户籍前，办理当年经营所得的汇算清缴，并报送《个人所得税经营所得纳税申报表（B表）》。从两处以上取得经营所得的，一并报送《个人所得税经营所得纳税申报表（C表）》。尚未办理上一年度经营所得汇算清缴的，在办理注销户籍纳税申报时一并办理。

（3）纳税人在注销户籍当年取得利息、股息、红利所得，财产租赁所得，财产转让所得和偶然所得的，在注销户籍前，申报当年上述所得的完税情况，并报送《个人所得税自行纳税申报表（A表）》。

（4）纳税人有未缴或者少缴税款的，在注销户籍前，结清欠缴或未缴的税款。纳税人存在分期缴税且未缴纳完毕的，在注销户籍前，结清尚未缴纳的税款。

（5）纳税人办理注销户籍纳税申报时，需要办理专项附加扣除、依法确定的其他扣除的，向税务机关报送《个人所得税专项附加扣除信息表》《商业健康保险税前扣除情况明细表》《个人税收递延型商业养老保险税前扣除情况明细表》等。

6）非居民个人在中国境内从两处以上取得工资、薪金所得的纳税申报

非居民个人在中国境内从两处以上取得工资、薪金所得的，在取得所得的次月15日内，向其中一处任职、受雇单位所在地主管税务机关办理纳税申报，并报送《个人所得税自行纳税申报表（A表）》。

纳税人自行申报，可以采用远程办税端、邮寄等方式申报，也可以直接到主管税务机关申报。

14.8 案例分析

> **案例**
>
> ### 个人所得税的计算与缴纳
>
> 王先生（中国公民，国内某单位职工）2019年度有关情况如下所述。
>
> （1）2019年1—12月份，工资薪金收入18 000元/月，个人按照规定缴纳的"三险一金"为3 300元/月，按照规定享受专项附加扣除1 000元/月。
>
> （2）自2019年1月1日起，担任A公司技术顾问，任期1年，月收入10 000元。
>
> （3）2019年2月份，出版一部工具书，稿酬20 000元。
>
> （4）2019年3月份，将车辆租给B公司使用，月租金收入为3 000元。
>
> （5）2019年6月份，因持有境内C公司（未上市）股份，取得股息红利6 000元。
>
> （6）2019年12月份，因将资金借给D公司使用，取得年利息收入15 000元。
>
> （7）2019年12月份，因消费索取的发票中奖，一次中奖金额为18 800元。
>
> （8）2019年12月份，因将持有的境内E公司（未上市）股份转让给境内F公司，取得转让收入300 000元；该股份实际成本及相关费用为200 000元。
>
> 其他资料：上述收入均为税前收入。
>
> 【要求】根据上述资料，回答下列问题：
>
> （1）任职单位每月及全年预扣预缴税额是多少？
>
> （2）A公司每月及全年预扣预缴税额是多少？

（3）出版社预扣预缴税额是多少？
（4）B公司代扣代缴税额是多少？
（5）C公司代扣代缴税额是多少？
（6）D公司代扣代缴税额是多少？
（7）发奖单位代扣代缴税额是多少？
（8）F公司代扣代缴税额是多少？
（9）王先生应在什么时间内办理综合所得的汇算清缴？
（10）汇算清缴时，应补（或应退）税额是多少？

【解析】（1）2019年1—12月份，任职单位预扣预缴税款计算见表14-8。

表14-8 工资、薪金所得预扣预缴税额计算简表　　　　　　　　　单位：元

月份	累计收入额	累计减除费用	累计专项扣除	累计专项附加扣除	累计其他扣除	应纳税所得额	预扣率	速算扣除数	应纳税额	已扣缴税额	应补（退）税额
1	18 000	5 000	3 300	1 000	0	8 700	3%	0	261		261
2	36 000	10 000	6 600	2 000	0	17 400	3%	0	522	261	261
3	54 000	15 000	9 900	3 000	0	26 100	3%	0	783	522	261
4	72 000	20 000	13 200	4 000	0	34 800	3%	0	1 044	783	261
5	90 000	25 000	16 500	5 000	0	43 500	10%	2 520	1 830	1 044	786
6	108 000	30 000	19 800	6 000	0	52 200	10%	2 520	2 700	1 830	870
7	126 000	35 000	23 100	7 000	0	60 900	10%	2 520	3 570	2 700	870
8	144 000	40 000	26 400	8 000	0	69 600	10%	2 520	4 440	3 570	870
9	162 000	45 000	29 700	9 000	0	78 300	10%	2 520	5 310	4 440	870
10	180 000	50 000	33 000	10 000	0	87 000	10%	2 520	6 180	5 310	870
11	198 000	55 000	36 300	11 000	0	95 700	10%	2 520	7 050	6 180	870
12	216 000	60 000	39 600	12 000	0	104 400	10%	2 520	7 920	7 050	870
合计	216 000	60 000	39 600	12 000	0	104 400	10%	2 520	7 920	7 920	0

（2）A公司每月预扣预缴税额：10 000×（1−20%）×20%=1 600（元）
全年预扣预缴税额：1 600×12=19 200（元）
（3）出版社预扣预缴税额：20 000×（1−20%）×70%×20%=2 240（元）
（4）B公司代扣代缴税额：（3 000−800）×20%=440（元）
（5）C公司代扣代缴税额：6 000×20%=1 200（元）
（6）D公司代扣代缴税额：15 000×20%=3 000（元）
（7）发奖单位代扣代缴税额：18 800×20%=3 760（元）
（8）F公司代扣代缴税额：（300 000−200 000）×20%=20 000（元）
（9）2020年3月1日至6月30日，王先生就其综合所得办理汇算清缴。
（10）办理汇算清缴：
综合所得的收入额=216 000+10 000×12×（1−20%）+20 000×（1−20%）×70%=323 200（元）

应纳税所得额=323 200-60 000-39 600-12 000=211 600（元）

对照综合所得年度税率表（表14-1），处于第3级距，税率为20%，速算扣除数16 920元。

应纳税额=211 600×20%-16 920=25 400（元）

综合所得已预扣预缴税额=7 920+19 200+2 240=29 360（元）

应退税额=29 360-25 400=3 960（元）

本 章 小 结

个人所得税是对个人取得的应税所得征收的一种税。个人所得税的纳税人，依据住所和居住时间两个标准，区分为居民个人和非居民个人，分别承担不同的纳税义务。应税所得包括9项：工资、薪金所得；劳务报酬所得；稿酬所得；特许权使用费所得；经营所得；利息、股息、红利所得；财产租赁所得；财产转让所得；偶然所得。个人所得税实行分类综合征收制。居民个人的工资、薪金所得，劳务报酬所得，稿酬所得，特许权使用费所得，统称为综合所得，实行"按年计算，按月或按次预扣预缴，年终汇算清缴"的综合征收方式；扣除项目包括基本减除费用、专项扣除、专项附加扣除和依法确定的其他扣除。非居民个人的工资、薪金所得，劳务报酬所得，稿酬所得，特许权使用费所得，实行"按月或按次分项代扣代缴"的分类征收方式。个人的其他各类所得，包括经营所得，利息、股息、红利所得，财产租赁所得，财产转让所得，偶然所得，实行"按月或按次分项代扣代缴"的分类征收方式。个人所得税的税率形式有超额累进税率和比例税率。税款申报缴纳方式包括全员全额扣缴申报和自行申报。

复习思考题

1. 如何判定居民个人与非居民个人？
2. 居民个人与非居民个人各自负有何种纳税义务？
3. 个人所得税的应税所得项目包括哪些？
4. 如何区分工资、薪金所得，劳务报酬所得，稿酬所得？
5. 如何区分特许权使用费所得、财产租赁所得、财产转让所得？
6. 居民个人的综合所得包括哪些？对综合所得采用什么方式征收个人所得税？
7. 个人所得税规定的专项扣除、专项附加扣除和依法确定的其他扣除，各包括哪些项目？
8. 对居民个人的综合所得，如何预扣预缴个人所得税？

9. 对非居民个人的工资、薪金所得，劳务报酬所得，稿酬所得，特许权使用费所得，如何计算征收个人所得税？

10. 对个人的财产租赁所得，财产转让所得，利息、股利、红利所得，偶然所得，如何计算征收个人所得税？

11. 对劳务报酬所得，稿酬所得，特许权使用费所得，财产租赁所得，利息、股利、红利所得，偶然所得，如何确认其"收入次数"？

12. 个人所得税申报缴纳方式包括哪些？

案例分析题

1. 约翰先生在中国境内无住所，2019年在中国境内居住80天。约翰先生于该年6月份在中国境内实际工作天数为20天，在境外工作10天。约翰先生6月份应仅就在中国境内实际工作20天取得的由中国境内雇主（机构）支付（或负担的）的工资、薪金缴纳个人所得税。

问题：上述说法是否正确？为什么？

（答案提示：正确）

2. 张先生（中国公民，国内某单位职工）2019年度有关情况如下所述。

（1）2019年12月份，工资、薪金收入20 000元，按照规定缴纳的"三险一金"为3 300元，按照规定享受专项附加扣除3 000元。截至2019年11月份，累计工资、薪金220 000元，累计"三险一金"36 300元，累计专项附加扣除33 000元，累计已预扣税款7 050元。

（2）自2019年1月1日起，担任A公司技术顾问，任期1年，每月收入6 000元。

（3）2019年1月1将专利技术使用权转让给B公司，期限3年，每月收入4 000元。

（4）2019年6月份，出版一部工具书，稿酬20 000元。

（5）2019年7月份，因持有境内C公司（未上市）股份，取得股息收入5 000元。

（6）2019年12月份，将门市房出租给D公司使用，取得月租金收入10 000元。

（7）2019年12月份，购买的国债到期，取得利息收入10 000元。

（8）2019年12月份，因交通事故，取得保险公司赔款50 000元。

其他资料：上述收入均为税前收入；取得门市房租金时未提供其他税种完税凭证。

要求：根据上述资料，回答下列问题。

（1）上述项目中，哪些不需缴纳个人所得税？

（2）各支付单位预扣预缴或代扣代缴的个人所得税额是多少？

（3）汇算清缴时，张先生应补（或应退）个人所得税额是多少？

（答案提示：任职单位12月份预扣预缴税额870元；A公司预扣预缴税额960元/月，11 520元/年；B公司预扣预缴税额640元/月，7 680元/年；出版社预扣预缴税额2 240元；C公司代扣代缴税额1 000元；D公司代扣代缴税额1 600元；汇算清缴时应退税额3 960元）

第 15 章

税收征收管理

【本章要点提示】
- ◇ 税务管理
- ◇ 税款征收
- ◇ 税务检查
- ◇ 法律责任

本章内容引言

税收征收管理的法律规范是税收征管法。税收征管法是税法的重要组成部分。国家制定税收征管法的目的是加强税收征收管理,规范税收征纳行为,保障国家税收收入,保护纳税人的合法权益。在适用范围上,税收征管法只适用于由税务机关征收的各种税收的征收管理,不适用于海关征收的关税、船舶吨税及代征的进口环节增值税、消费税的征收管理。

《中华人民共和国税收征收管理法》诞生于1992年(1993年1月1日起开始实施)。1995年2月28日,第八届全国人民代表大会常务委员会第十二次会议进行了第一次修正。2001年4月28日,第九届全国人民代表大会常务委员会第二十一次会议进行了重新修订。2013年6月29日和2015年4月24日分别进行了第二次和第三次修正。本章主要介绍最新修订的《中华人民共和国税收征收管理法》(简称《税收征管法》)和2016年2月6日国务院修订后实施的《中华人民共和国税收征收管理法实施细则》。

15.1 税 务 管 理

15.1.1 税务登记[①]

税务登记又称纳税登记,是税务机关对纳税人的设立、变更、歇业,以及生产、经营活动情况进行登记管理的一项基本制度,也是纳税人已经纳入税务机关监控范围的一种证明。

---
① 参见《税收征管法》及其实施细则;国家税务总局令第7号.税务登记管理办法.2003.12.17;国家税务总局公告2011年第21号.国家税务总局关于进一步完善税务登记管理有关问题的公告.2011.3.21;国家税务总局令第36号.国家税务总局关于修改税务登记管理办法的决定.2014.12.27.

1. 税务登记的种类与程序

1）设立税务登记

设立税务登记也称开业税务登记,是税务机关对纳税人的设立情况进行登记管理的一种活动。设立税务登记主要适用于从事生产经营活动的纳税人。

办理设立税务登记的要求如下。

（1）企业,企业在外地设立的分支机构和从事生产、经营的场所,个体工商户和从事生产、经营的事业单位（统称从事生产、经营的纳税人）自领取营业执照之日起30日内,向生产、经营地或者纳税义务发生地的主管税务机关申报办理税务登记。

（2）上述以外的纳税人,除国家机关和个人外,自纳税义务发生之日起30日内,持有关证件向所在地的主管税务机关申报办理税务登记。

（3）税务机关于收到申报的当日办理登记并发给税务登记证件。

2）变更税务登记

变更税务登记是税务机关对纳税人税务登记内容变动情况进行登记管理的一种活动。

办理变更税务登记的要求如下。

（1）纳税人税务登记内容发生变化的,自工商行政管理机关或者其他机关办理变更登记之日起30日内,向原税务登记机关申报办理变更税务登记。

（2）纳税人税务登记内容发生变化,不需要到工商行政管理机关或者其他机关办理变更登记的,自发生变化之日起30日内,向原税务登记机关申报办理变更税务登记。

3）注销税务登记

注销税务登记是税务机关对纳税人的纳税义务终止、主体资格消亡等情况进行登记管理的一种活动。

纳税人在办理注销税务登记前,先向税务机关提交相关证明文件和资料,结清应纳税款、多退（免）税款、滞纳金和罚款,缴销发票、税务登记证件和其他税务证件；经税务机关核准后,再办理注销税务登记手续。

办理注销税务登记的要求如下。

（1）纳税人发生解散、破产、撤销及其他情形,依法终止纳税义务的,在向工商行政管理机关或其他机关办理注销登记前,向原税务登记机关申报办理注销税务登记；按规定不需要在工商行政管理机关或其他机关办理注销登记的,自有关机关批准或宣告终止之日起15日内,向原税务登记机关申报办理注销税务登记。

（2）纳税人被工商行政管理机关吊销营业执照或者被其他机关予以撤销登记的,自营业执照被吊销或被撤销登记之日起15日内,向原税务登记机关申报办理注销税务登记。

（3）纳税人因住所、经营地点变动,涉及改变税务登记机关的,在向工商行政管理机关或其他机关申报办理变更、注销登记前或者住所、经营地点变动前,向原税务登记机关申报办理注销税务登记,并自注销税务登记之日起30日内向迁达地税务机关申报办理税务登记。

4）停业、复业登记

实行定期定额征收方式的个体工商户需要停业的,在停业前向税务机关申报办理停业登记。

纳税人的停业期限不得超过1年。在停业期间发生纳税义务的,按照税收法律、行政法规的规定申报缴纳税款。

纳税人停业期限将满,应于恢复生产经营之前,向税务机关申报办理复业登记。期满不能及时恢复生产经营的，在停业期满前向税务机关提出延长停业登记申请。

5）外出经营报验登记

外出经营报验登记是税务机关对纳税人外出经营情况进行登记管理的一种活动。从事生产、经营的纳税人到外县（市）临时从事生产、经营活动的，应向经营地税务机关报验登记，接受税务管理。

6）扣缴义务登记

扣缴义务登记是税务机关对扣缴义务人的税款扣缴情况进行登记管理的一种活动。扣缴义务人自扣缴义务发生之日起30日内，向所在地的主管税务机关申报办理扣缴税款登记，领取扣缴税款登记证件；税务机关对已办理税务登记的扣缴义务人，可以只在其税务登记证件上登记扣缴税款事项，不再发给其扣缴税款登记证件。

2. 税务登记证件的管理

税务登记证是税务机关颁发给符合法定条件的纳税人，允许其从事经济活动并依法纳税的法律文书。加强税务登记证件的管理，有利于发挥税务登记的作用。

纳税人领取税务登记证件后，应将税务登记证件正本在其生产、经营场所或办公场所公开悬挂，接受税务机关检查。除按照规定不需要发给税务登记证件的以外，纳税人开立银行账户、申请减免退税、申请办理延期申报纳税、领购发票、办理停歇业等有关税务事项，须持税务登记证件。

纳税人不得转借、涂改、损毁、买卖或者伪造税务登记证件。纳税人遗失税务登记证件的，在15日内书面报告主管税务机关，并登报声明作废。

3. 税务登记管理的部门配合

各级工商行政管理机关向同级税务局定期通报办理开业、变更、注销登记以及吊销营业执照的情况。银行和其他金融机构在从事生产、经营的纳税人的账号中登录税务登记证件号码，并在税务登记证件中登录从事生产经营的纳税人的账户账号。税务机关依法查询从事生产、经营的纳税人开立账户的情况时，有关银行和其他金融机构应予以协助。

4. 行政登记制度改革

1）"五证合一"登记制度改革

2014年6月4日，我国发布了《国务院关于促进市场公平竞争维护市场正常秩序的若干意见》（国发〔2014〕20号），鼓励探索"三证合一"登记制度。"三证合一"登记制度是指将企业登记时依次申请的，分别由工商行政管理部门核发的工商营业执照、质量技术监督部门核发的组织机构代码证、税务部门核发的税务登记证等三个证件，合并为由工商行政管理部门一次性核发一个营业执照的登记制度。"三证合一"登记制度改革的目标是通过"一窗受理、互联互通、信息共享"，将由工商行政管理、质量技术监督、税务三个部门分别核发不同证照，改为由工商行政管理部门核发一个加载法人和其他组织统一社会信用代码的营业执照，即"一照一码"登记模式。全面推行"三证合一"登记制度改革是推进简政放权、便利市场准入、鼓励投资创业、激发市场活力的重要途径。2015年6月23日，我国发布了《国务院办公厅关于加快推进"三证合一"登记制度改革的意见》（国办发〔2015〕50号），"三证合一"登记制度的改革步伐明显加快。在深圳、江苏等部分地区的试点基础上，2015年10月1日起，"三证合一"登记制度改革已在全国全面推开。

为进一步为企业开办和发展提供便利化服务，降低创业准入的制度性成本，优化营商环境，激发企业活力，推进大众创业、万众创新，促进就业增加和经济社会持续健康发展，

2016年6月30日，我国发布了《国务院办公厅关于加快推进"五证合一、一照一码"登记制度改革的通知》（国办发〔2016〕53号），在全面实施工商营业执照、组织机构代码证、税务登记证"三证合一"登记制度改革的基础上，再整合社会保险登记证和统计登记证，从2016年10月1日起正式实施"五证合一、一照一码"。

2）"两证整合"登记制度改革

2016年8月29日，国家工商行政管理总局、国家税务总局、国家发展和改革委员会及国务院法制办公室四部门发布了《关于实施个体工商户营业执照和税务登记证"两证整合"的意见》（工商个字〔2016〕167号），决定在全国范围内推行个体工商户的"两证整合"登记制度。"两证整合"登记制度是指将个体工商户登记时依次申请、分别由工商行政管理部门核发营业执照、税务部门核发税务登记证，改为一次申请、由工商行政管理部门核发一个营业执照的登记制度。按照总体规划，确定黑龙江、上海、福建、湖北省（市）为试点地区。4个试点地区自2016年10月1日起实施个体工商户"两证整合"，工商行政管理部门向新开业个体工商户发放加载统一社会信用代码的营业执照。其他27个省（自治区、直辖市）及5个计划单列市自2016年12月1日起实施个体工商户"两证整合"。

15.1.2 账簿、凭证管理

1. 账簿管理

1）账簿设置

纳税人、扣缴义务人应按照有关法律、行政法规和国务院财政、税务主管部门的规定设置账簿，并根据合法、有效凭证记账，进行核算。

（1）从事生产、经营的纳税人自领取营业执照或者发生纳税义务之日起15日内，按照国家有关规定设置账簿。

生产、经营规模小又确无建账能力的纳税人，可以聘请经批准从事会计代理记账业务的专业机构或者经税务机关认可的财会人员代为建账和办理账务；聘请上述机构或者人员有实际困难的，经县以上税务机关批准，可以按照税务机关的规定，建立收支凭证粘贴簿、进货销货登记簿或者使用税控装置。

（2）扣缴义务人自税收法律、行政法规规定的扣缴义务发生之日起10日内，按照所代扣、代收的税种，分别设置代扣代缴、代收代缴税款账簿。

（3）纳税人、扣缴义务人会计制度健全，能够通过计算机正确、完整计算其收入和所得或者代扣代缴、代收代缴税款情况的，其计算机输出的完整的书面会计记录，可视同会计账簿。

纳税人、扣缴义务人会计制度不健全，不能通过计算机正确、完整计算其收入和所得或者代扣代缴、代收代缴税款情况的，应建立总账及与纳税或者代扣代缴、代收代缴税款有关的其他账簿。

账簿、会计凭证和报表，应当使用中文。民族自治地方可以同时使用当地通用的一种民族文字。外商投资企业和外国企业可以同时使用一种外国文字。

2）账务管理

从事生产、经营的纳税人的财务、会计制度或者财务、会计处理办法和会计核算软件，应当报送税务机关备案。

从事生产、经营的纳税人自领取税务登记证件之日起15日内，将其财务、会计制度或者财务、会计处理办法报送主管税务机关备案。

纳税人使用计算机记账的，在使用前将会计电算化系统的会计核算软件、使用说明书及有关资料报送主管税务机关备案。纳税人建立的会计电算化系统应符合国家有关规定，并能正确、完整核算其收入或者所得。

纳税人、扣缴义务人的财务、会计制度或者财务、会计处理办法与国务院或者国务院财政、税务主管部门有关税收的规定相抵触的，依照国务院或者国务院财政、税务主管部门有关税收的规定计算应纳税款、代扣代缴和代收代缴税款。

3）账簿、凭证的保管

从事生产、经营的纳税人、扣缴义务人必须按照国务院财政、税务主管部门规定的保管期限保管账簿、记账凭证、报表、完税凭证、出口凭证及其他有关涉税资料，不得伪造、变造或者擅自损毁。除法律、行政法规另有规定外，账簿、记账凭证、报表、完税凭证、出口凭证及其他有关涉税资料应保存10年。

2. 发票管理

发票是指在购销商品、提供或者接受服务及从事其他经营活动中，开具、收取的收付款凭证。

国务院税务主管部门统一负责全国的发票管理工作。省、自治区、直辖市税务机关负责本行政区域内发票的印制、领购、开具、取得、保管、缴销的管理工作。

增值税专用发票由国务院税务主管部门确定的企业印制；其他发票，按照国务院税务主管部门的规定，由省、自治区、直辖市税务机关确定的企业印制。禁止私自印制、伪造、变造发票。

发票套印全国统一发票监制章，并实行不定期换版制度。

3. 税控管理

税控管理是指税务机关利用税控装置（如税控收款机等）对纳税人的生产经营状况进行监督的一种税收征管手段。税控管理是税收征收管理的重要内容，对加强税源监控、防止税收流失具有重要作用。

国家根据税收征收管理的需要，积极推广使用税控装置。纳税人应按照税务机关的要求安装、使用税控装置，不得损毁或者擅自改动税控装置，并按照税务机关的规定报送有关数据和资料。

15.1.3 纳税申报

纳税申报是指纳税人发生纳税义务后，依照税法规定，就有关纳税事项向税务机关提交书面报告的制度。纳税申报是税收征收管理的重要组成部分，对加强税收征管，确保国家税收收入具有重要意义。

1. 纳税申报对象

纳税人必须依照法律、行政法规的规定或者税务机关依照法律、行政法规的规定确定的申报期限、申报内容如实办理纳税申报，报送纳税申报表、财务会计报表及税务机关根据实际需要要求纳税人报送的其他纳税资料。

纳税人享受减税、免税待遇的，在减税、免税期间应按照规定办理纳税申报。纳税人在纳税期内没有应纳税款的，也应按照规定办理纳税申报。

扣缴义务人必须依照法律、行政法规规定或者税务机关依照法律、行政法规的规定确定的申报期限、申报内容如实报送代扣代缴、代收代缴税款报告表，以及税务机关根据实际需要要求扣缴义务人报送的其他有关资料。

2. 延期申报

纳税人、扣缴义务人因不可抗力，不能按期办理纳税申报或者报送代扣代缴、代收代缴税款报告表的，可以延期办理；但是，应在不可抗力情形消除后立即向税务机关报告。税务机关应查明事实，予以核准。

经核准延期办理纳税申报、报送事项的，在纳税期内按照上期实际缴纳的税额或者税务机关核定的税额预缴税款，并在核准的延期内办理税款结算。

3. 纳税申报方式

纳税人、扣缴义务人可以直接到税务机关办理纳税申报或者报送代扣代缴、代收代缴税款报告表，也可以按照规定采取邮寄、数据电文或者其他方式办理上述申报、报送事项。

1）直接申报

直接申报，即上门申报，是指纳税人、扣缴义务人在规定的申报期限内，直接到税务机关办理纳税申报或者报送代扣代缴、代收代缴税款报告表的申报方式。

2）邮寄申报

邮寄申报，是指纳税人、扣缴义务人经税务机关批准在规定的申报期限内，通过邮寄的方式向主管税务机关办理纳税申报或者报送代扣代缴、代收代缴税款报告表的申报方式。

纳税人采取邮寄方式办理纳税申报的，使用统一的纳税申报专用信封，并以邮政部门收据作为申报凭据。邮寄申报以寄出的邮戳日期为实际申报日期。

3）数据电文申报

数据电文申报，即电子申报，是指纳税人、扣缴义务人通过税务机关确定的电话语音、电子数据交换和网络传输等电子方式向主管税务机关办理纳税申报或者报送代扣代缴、代收代缴税款报告表的申报方式。

纳税人采取电子方式办理纳税申报的，应按照税务机关规定的期限和要求保存有关资料，并定期书面报送主管税务机关。

4）简易申报、简并征期[①]

实行定期定额缴纳税款的纳税人，也可以实行简易申报、简并征期等申报纳税方式。

简易申报，是指实行定期定额缴纳税款的纳税人在法律、行政法规规定的期限或者在税务机关依照法律、行政法规的规定确定的期限内缴纳税款的，税务机关可以视同申报。

简并征期，是指实行定期定额缴纳税款的纳税人，经税务机关批准，可以采取将纳税期限合并为按季、半年、年的方式缴纳税款，具体期限由省级税务机关根据具体情况确定。

15.2 税款征收

税款征收是税务机关依照税收法律、行政法规的规定，将纳税义务人依法应缴纳的各种税收组织征收入库的一系列活动的总称。税款征收是税收征收管理工作的中心环节，是税收征管工作的最终目的和归宿。

[①] 国家税务总局. 关于贯彻《中华人民共和国税收征收管理法》及其实施细则若干具体问题的通知. 国税发〔2003〕47号, 2003.4.23.

税款由税务机关、税务人员及经税务机关依照法律、行政法规委托的单位和人员征收，除此以外，任何单位和个人不得进行税款征收活动。

税务机关依照法律、行政法规的规定征收税款，不得违反法律、行政法规的规定开征、停征、多征、少征、提前征收、延缓征收或者摊派税款。

扣缴义务人依照法律、行政法规的规定履行代扣、代收税款义务。对法律、行政法规没有规定负有代扣、代收税款义务的单位和个人，税务机关不得要求其履行代扣、代收税款义务。扣缴义务人依法履行代扣、代收税款义务时，纳税人不得拒绝。纳税人拒绝的，扣缴义务人应及时报告税务机关处理。

15.2.1 延期纳税

纳税人因有特殊困难，不能按期缴纳税款的，经省、自治区、直辖市税务局批准，可以延期缴纳税款，但最长不得超过3个月。

特殊困难，是指纳税人有下列情形之一的：一是因不可抗力，导致纳税人发生较大损失，正常生产经营活动受到较大影响的；二是当期货币资金在扣除应付职工工资、社会保险费后，不足以缴纳税款的。

纳税人需要延期缴纳税款的，应在缴纳税款期限届满前提出申请，并报送下列材料：申请延期缴纳税款报告、当期货币资金余额情况及所有银行存款账户的对账单、资产负债表、应付职工工资和社会保险费等税务机关要求提供的支出预算。

税务机关自收到申请延期缴纳税款报告之日起20日内做出批准或者不予批准的决定；不予批准的，从缴纳税款期限届满之日起加收滞纳金。

15.2.2 加收滞纳金

纳税人未按照规定期限缴纳税款的，扣缴义务人未按照规定期限解缴税款的，税务机关除责令限期缴纳外，从滞纳税款之日起，按日加收滞纳税款万分之五的滞纳金。

加收滞纳金的起止时间为法律、行政法规规定或者税务机关依照法律、行政法规的规定确定的税款缴纳期限届满次日起至纳税人、扣缴义务人实际缴纳或者解缴税款之日止。

15.2.3 减免税管理

纳税人可以依照法律、行政法规的规定书面申请减税、免税。

减税、免税的申请须经法律、行政法规规定的减税、免税审查批准机关审批。地方各级人民政府、各级人民政府主管部门、单位和个人违反法律、行政法规规定，擅自做出的减税、免税决定无效，税务机关不得执行，并向上级税务机关报告。

享受减税、免税优惠的纳税人，减税、免税条件发生变化的，自发生变化之日起15日内向税务机关报告；不再符合减税、免税条件的，依法履行纳税义务；未依法纳税的，税务机关予以追缴。

15.2.4 核定征收

1. 核定征收的适用范围

纳税人有下列情形之一的，税务机关有权核定其应纳税额：

（1）依照法律、行政法规的规定可以不设置账簿的；

（2）依照法律、行政法规的规定应当设置但未设置账簿的；

（3）擅自销毁账簿的或者拒不提供纳税资料的；

（4）虽设置账簿，但账目混乱或者成本资料、收入凭证、费用凭证残缺不全，难以查账的；

（5）发生纳税义务，未按照规定的期限办理纳税申报，经税务机关责令限期申报，逾期仍不申报的；

（6）纳税人申报的计税依据明显偏低，又无正当理由的。

2. 税额核定方法

纳税人有以上所列情形之一的，税务机关有权采用下列任何一种方法核定其应纳税额：

（1）参照当地同类行业或者类似行业中经营规模和收入水平相近的纳税人的税负水平核定；

（2）按照营业收入或者成本加合理的费用和利润的方法核定；

（3）按照耗用的原材料、燃料、动力等推算或者测算核定；

（4）按照其他合理方法核定。

税务机关采用上述所列的一种方法不足以正确核定应纳税额时，可以同时采用两种以上的方法核定。纳税人对税务机关采取上述所列方法核定的应纳税额有异议的，应提供相关证据，经税务机关认定后，调整应纳税额。

15.2.5 纳税担保[①]

纳税担保，是指经税务机关同意或确认，纳税人或其他自然人、法人、经济组织以保证、抵押、质押的方式，为纳税人应当缴纳的税款及滞纳金提供担保的行为。

纳税担保人包括以保证方式为纳税人提供纳税担保的纳税保证人和其他以未设置或者未全部设置担保物权的财产为纳税人提供纳税担保的第三人。

1. 纳税担保的范围

纳税人有下列情况之一的，适用纳税担保：

（1）税务机关有根据认为从事生产、经营的纳税人有逃避纳税义务行为，在规定的纳税期之前经责令其限期缴纳应纳税款，在限期内发现纳税人有明显的转移、隐匿其应纳税的商品、货物及其他财产或者应纳税收入的迹象，责成纳税人提供纳税担保的；

（2）欠缴税款、滞纳金的纳税人或者其法定代表人需要出境的；

（3）纳税人同税务机关在纳税上发生争议而未缴清税款，需要申请行政复议的；

（4）税收法律、行政法规规定可以提供纳税担保的其他情形。

纳税担保的内容，包括税款、滞纳金和实现税款、滞纳金的费用。费用包括抵押、质押登记费用，质押保管费用，以及保管、拍卖、变卖担保财产等相关费用支出。

用于纳税担保的财产、权利的价值不得低于应缴纳的税款、滞纳金，并考虑相关的费用。纳税担保的财产价值不足以抵缴税款、滞纳金的，税务机关向提供担保的纳税人或纳税担保人继续追缴。

2. 纳税担保的形式

1）纳税保证

纳税保证，是指纳税保证人向税务机关保证，当纳税人未按照税收法律、行政法规规定

[①] 国家税务总局.纳税担保试行办法.国家税务总局令第11号，2005.5.24.

或者税务机关确定的期限缴清税款、滞纳金时，由纳税保证人按照约定履行缴纳税款及滞纳金的行为。

纳税保证人，是指在中国境内具有纳税担保能力的自然人、法人或者其他经济组织。具有纳税担保能力，是指法人或其他经济组织财务报表资产净值超过需要担保的税额及滞纳金2倍以上的，自然人、法人或其他经济组织所拥有或者依法可以处分的未设置担保的财产的价值超过需要担保的税额及滞纳金的。国家机关，学校、幼儿园、医院等事业单位、社会团体不得作为纳税保证人。

纳税保证必须经税务机关认可，税务机关认可的，保证成立；税务机关不认可的，保证不成立。

2）纳税抵押

纳税抵押，是指纳税人或纳税担保人不转移对财产的占有，将该财产作为税款及滞纳金的担保。纳税人逾期未缴清税款及滞纳金的，税务机关有权依法处置该财产以抵缴税款及滞纳金。

下列财产可以抵押：
（1）抵押人所有的房屋和其他地上定着物；
（2）抵押人所有的机器、交通运输工具和其他财产；
（3）抵押人依法有权处分的国有的房屋和其他地上定着物；
（4）抵押人依法有权处分的国有的机器、交通运输工具和其他财产；
（5）经设区的市、自治州以上税务机关确认的其他可以抵押的合法财产。

3）纳税质押

纳税质押，是指经税务机关同意，纳税人或纳税担保人将其动产或权利凭证移交税务机关占有，将该动产或权利凭证作为税款及滞纳金的担保。纳税人逾期未缴清税款及滞纳金的，税务机关有权依法处置该动产或权利凭证以抵缴税款及滞纳金。

纳税质押分为动产质押和权利质押。动产质押包括现金及其他除不动产以外的财产提供的质押。汇票、支票、本票、债券、存款单等权利凭证可以质押。对于实际价值波动很大的动产或权利凭证，经设区的市、自治州以上税务机关确认，税务机关可以不接受其作为纳税质押。

15.2.6 税收保全措施

税收保全措施，是指税务机关在纳税人的某些行为将导致税款难以保证的情况下，于规定的纳税期之前对纳税人采取的限制性措施。

税务机关有根据认为从事生产、经营的纳税人有逃避纳税义务行为的，可以在规定的纳税期之前，责令限期缴纳应纳税款；在限期内发现纳税人有明显的转移、隐匿其应纳税的商品、货物及其他财产或者应纳税的收入的迹象的，税务机关可以责成纳税人提供纳税担保。如果纳税人不能提供纳税担保，经县以上税务局（分局）局长批准，税务机关可以采取下列税收保全措施：一是书面通知纳税人开户银行或者其他金融机构冻结纳税人的金额相当于应纳税款的存款；二是扣押、查封纳税人的商品、货物或者其他财产。所称其他财产，包括纳税人的房地产、现金、有价证券等不动产和动产。

税务机关在采取税收保全措施时，不得查封、扣押纳税人个人及其所扶养家属（指与纳税人共同居住生活的配偶、直系亲属及无生活来源并由纳税人扶养的其他亲属）维持生活必需的住房和用品。但是，机动车辆、金银饰品、古玩字画、豪华住宅或者一处以外的住房不属于个人及其所扶养家属维持生活必需的住房和用品。此外，税务机关对单价5 000元以下的其他生活用品，不采取税收保全措施。

1. 实施前提与实施程序

税收保全措施适用于从事生产经营的纳税人。在税务机关有根据认为纳税人有逃避纳税义务行为的情况下，必须先在规定的纳税期之前，责令限期缴纳税款；在限期内发现纳税人有明显的转移、隐匿其财产或收入迹象的，再责成纳税人提供纳税担保；在纳税人不提供纳税担保的情况下，经县以上税务局（分局）局长批准，再采取冻结存款或扣押、查封商品等保全措施。实施程序严格按照：责令限期纳税在先；责成提供纳税担保居中；冻结存款或扣押、查封商品在后。

2. 扣押、查封的相关规定

税务机关在扣押、查封纳税人的商品、货物或者其他财产时，必须严格依照法律、行政法规的有关规定执行。

1）执行人和被执行人

税务机关执行扣押、查封商品、货物或者其他财产时，应由2名以上税务人员执行，并通知被执行人。被执行人是自然人的，应通知被执行人本人或者其成年家属到场；被执行人是法人或者其他组织的，应通知其法定代表人或者主要负责人到场；拒不到场的，不影响执行。

2）扣押、查封财产的价值

扣押、查封商品、货物或者其他财产的价值应相当于应纳税款。商品、货物或者其他财产的价值，参照同类商品的市场价、出厂价或者评估价估算。税务机关按照前述方法确定应扣押、查封的商品、货物或者其他财产的价值时，还应当包括滞纳金和拍卖、变卖所发生的费用[①]。

值得注意的是，按照《中华人民共和国行政强制法》第二十六条的规定，对查封、扣押的场所、设施或者财物，行政机关应当妥善保管，不得使用或者损毁。因查封、扣押发生的保管费用由行政机关承担。因此，税务机关按照前述方法确定应扣押、查封的商品、货物或者其他财产的价值时，不应包括查封、扣押发生的保管费用。

此外，对价值超过应纳税额且不可分割的商品、货物或者其他财产，税务机关在纳税人、扣缴义务人或者纳税担保人无其他可供强制执行的财产的情况下，可以整体扣押、查封、拍卖。

3）扣押、查封财产的保管

税务机关实施扣押、查封时，对有产权证件的动产或者不动产，税务机关可以责令当事人将产权证件交税务机关保管，同时可以向有关机关发出协助执行通知书，有关机关在扣押、查封期间不再办理该动产或者不动产的过户手续。

对查封的商品、货物或者其他财产，税务机关可以指令被执行人负责保管，保管责任由被执行人承担。继续使用被查封的财产不会减少其价值的，税务机关可以允许被执行人继续使用；因被执行人保管或者使用的过错造成的损失，由被执行人承担。

4）其他要求

税务机关扣押商品、货物或者其他财产时，必须开付收据；查封商品、货物或者其他财

[①] 国务院.关于修改和废止部分行政法规的决定.国务院令第628号，2012.11.9.

产时，必须开付清单。

扣押纳税人商品、货物的，纳税人应当自扣押之日起15日内缴纳税款。对扣押的鲜活、易腐烂变质或者易失效的商品、货物，税务机关根据被扣押物品的保质期，可以缩短扣押期限。

3. 税收保全措施的终止

纳税人在税务机关采取税收保全措施后，按照税务机关规定的期限缴纳税款的，税务机关自收到税款或者银行转回的完税凭证之日起1日内解除税收保全。

纳税人在限期期满后仍未缴纳税款的，经县以上税务局（分局）局长批准，税务机关可以采取强制执行措施：书面通知纳税人开户银行或者其他金融机构从其冻结的存款中扣缴税款，或者依法拍卖或者变卖所扣押、查封的商品、货物或者其他财产，以拍卖或者变卖所得抵缴税款。

4. 税收保全措施的法律责任

采取税收保全措施的权力，不得由法定的税务机关以外的单位和个人行使。

纳税人在限期内已缴纳税款，税务机关未立即解除税收保全措施，或由于税务机关滥用职权违法采取税收保全措施，致使纳税人的合法利益遭受直接损失的，税务机关应当承担赔偿责任。

15.2.7 税收强制执行措施

税收强制执行措施，是指税务机关对未按规定期限履行纳税义务、扣缴义务或担保义务的纳税人、扣缴义务人或纳税担保人依法采取的强制性的税款收缴措施。

从事生产、经营的纳税人、扣缴义务人未按照规定的期限缴纳或者解缴税款，纳税担保人未按照规定的期限缴纳所担保的税款，由税务机关责令限期缴纳，逾期仍未缴纳的，经县以上税务局（分局）局长批准，税务机关可以采取下列强制执行措施：一是书面通知其开户银行或者其他金融机构从其存款中扣缴税款；二是扣押、查封、依法拍卖或者变卖其价值相当于应纳税款的商品、货物或者其他财产。

1. 税收强制执行措施的实施程序

1）责令限期缴纳

从事生产、经营的纳税人、扣缴义务人未按照规定的期限缴纳或者解缴税款的，纳税担保人未按照规定的期限缴纳所担保的税款的，由税务机关发出限期缴纳税款通知书，责令其限期缴纳。

2）采取强制执行措施

在税务机关责令限期缴纳后，上述从事生产、经营的纳税人、扣缴义务人及纳税担保人逾期仍未缴纳的，经县以上税务局（分局）局长批准，税务机关可以采取强制执行措施，即书面通知其开户银行或者其他金融机构从其存款中扣缴税款，或者扣押、查封、依法拍卖或者变卖其价值相当于应纳税款的商品、货物或者其他财产，以拍卖或者变卖所得抵缴税款、滞纳金、罚款及拍卖、变卖等费用。

税务机关将扣押、查封的商品、货物或者其他财产变价抵缴税款时，应交由依法成立的拍卖机构拍卖；无法委托拍卖或者不适于拍卖的，可以交由当地商业企业代为销售，也可以责令纳税人限期处理；无法委托商业企业销售，纳税人也无法处理的，可以由税务机关变价处理。国家禁止自由买卖的商品，应交由有关单位按照国家规定的价格收购。拍卖或者变卖所得抵缴税款、滞纳金、罚款及拍卖、变卖等费用后，剩余部分应当在3日内退还被执行人[①]。

2. 税收强制执行措施的法律责任

采取强制执行措施的权力,不得由法定的税务机关以外的单位和个人行使。

税务机关滥用职权违法采取强制执行措施,或者采取强制措施不当,致使纳税人、扣缴义务人或者纳税担保人的合法权益遭受直接损失的,应当依法承担赔偿责任。

15.2.8 其他情形的税款征收

对未按照规定办理税务登记的从事生产、经营的纳税人(包括到外县从事生产、经营而未向经营地税务机关报验登记的纳税人),以及临时从事经营的纳税人,由税务机关核定其应纳税额,责令缴纳;不缴纳的,税务机关可以扣押其价值相当于应纳税款的商品、货物。纳税人自扣押之日起15日内缴纳税款的,税务机关立即解除扣押,并归还所扣押的商品、货物;扣押后仍不缴纳应纳税款的,经县以上税务局(分局)局长批准,依法拍卖或者变卖所扣押的商品、货物,以拍卖或者变卖所得抵缴税款。

承包人或者承租人有独立的生产经营权,在财务上独立核算,并定期向发包人或者出租人上缴承包费或者租金的,承包人或者承租人就其生产、经营收入和所得纳税,并接受税务管理;但是,法律、行政法规另有规定的除外。

发包人或者出租人自发包或者出租之日起30日内将承包人或者承租人的有关情况向主管税务机关报告。发包人或者出租人不报告的,发包人或者出租人与承包人或者承租人承担纳税连带责任。

15.2.9 税款优先

税务机关征收税款,税收优先于无担保债权,法律另有规定的除外。

纳税人欠缴的税款发生在纳税人以其财产设定抵押、质押或者纳税人的财产被留置之前的,税收应先于抵押权、质权、留置权执行。

纳税人欠缴税款,同时又被行政机关决定处以罚款、没收违法所得的,税收优先于罚款、没收违法所得。

15.2.10 欠税清缴

欠税是指纳税人未按照规定期限缴纳税款,扣缴义务人未按照规定期限解缴税款的行为。为保证国家税款及时足额入库,现行法律、行政法规明确规定了欠税清缴制度。

1. 限期缴纳

从事生产、经营的纳税人、扣缴义务人未按照规定的期限缴纳或者解缴税款的,纳税担保人未按照规定的期限缴纳所担保的税款的,由税务机关发出限期缴纳税款通知书,责令缴纳或者解缴税款的最长期限不得超过15日。

2. 撤销权、代位权

欠缴税款的纳税人因怠于行使到期债权,或者放弃到期债权,或者无偿转让财产,或者以明显不合理的低价转让财产而受让人知道该情形,对国家税收造成损害的,税务机关可以依照合同法的有关规定行使代位权、撤销权。

税务机关依法行使代位权、撤销权的,不免除欠缴税款的纳税人尚未履行的纳税义务和

---

① 国务院.关于修改和废止部分行政法规的决定.国务院令第628号,2012.11.9.

应承担的法律责任。

3. 离境清税

欠缴税款的纳税人或者他的法定代表人需要出境的，应在出境前向税务机关结清应纳税款、滞纳金或者提供担保。未结清税款、滞纳金，又不提供担保的，税务机关可以通知出入境管理机关阻止其出境。

4. 欠税公告与报告

税务机关应对纳税人欠缴税款的情况定期予以公告。县级以上各级税务机关应当将纳税人的欠税情况，在办税场所或者广播、电视、报纸、期刊、网络等新闻媒体上定期公告。

纳税人有欠税情形而以其财产设定抵押、质押的，应向抵押权人、质权人说明其欠税情况。抵押权人、质权人可以请求税务机关提供有关的欠税情况。

欠缴税款数额较大（指欠缴税款5万元以上）的纳税人在处分其不动产或者大额资产之前，应向税务机关报告。

纳税人有解散、撤销、破产情形的，在清算前应向其主管税务机关报告；未结清税款的，由其主管税务机关参加清算。

5. 合并分立清税

纳税人有合并、分立情形的，应向税务机关报告，并依法缴清税款。纳税人合并时未缴清税款的，应由合并后的纳税人继续履行未履行的纳税义务；纳税人分立时未缴清税款的，分立后的纳税人对未履行纳税义务应承担连带责任。

15.2.11 税款的补缴、追征与退还

1. 税款的补缴与追征

税款的补缴与追征，是根据造成税款少缴、未缴的原因来区分的，前者是因税务机关的责任造成的，后者是由纳税人、扣缴义务人的责任造成的。

1) 税款的补缴

因税务机关适用税收法律、行政法规不当或者执法行为违法，致使纳税人、扣缴义务人未缴或者少缴税款的，税务机关在3年内可以要求纳税人、扣缴义务人补缴税款，但不得加收滞纳金。

2) 税款的追征

因纳税人、扣缴义务人计算错误等失误（指非主观故意的计算公式运用错误及明显的笔误），未缴或者少缴税款的，税务机关在3年内可以追征税款、滞纳金；纳税人或者扣缴义务人因计算错误等失误，未缴或者少缴、未扣或者少扣、未收或者少收税款，累计数额在10万元以上的，追征期可以延长到5年。对偷税、抗税、骗税的，税务机关追征其未缴或者少缴的税款、滞纳金或者所骗取的税款，不受上述规定期限的限制。

补缴和追征税款、滞纳金的期限，自纳税人、扣缴义务人应缴未缴或者少缴税款之日起计算。

2. 多缴税款的退还

纳税人多缴的税款可以依法申请收回。纳税人超过应纳税额缴纳的税款，税务机关发现后应当立即退还；纳税人自结算缴纳税款之日起3年内发现的，可以向税务机关要求退还多缴的税款并加算银行同期存款利息，税务机关及时查实后应当立即退还；涉及从国库中退库的，依照法律、行政法规有关国库管理的规定退还。

1）退还税款利息的计算

加算银行同期存款利息的多缴税款退税，不包括依法预缴税款形成的结算退税、出口退税和各种减免退税。退税利息按照税务机关办理退税手续当天中国人民银行规定的活期存款利率计算。

2）退还税款的时间和办法

税务机关发现纳税人多缴税款的，应当自发现之日起10日内办理退还手续；纳税人发现多缴税款，要求退还的，税务机关应当自接到纳税人退还申请之日起30日内查实并办理退还手续。

纳税人既有应退税款又有欠缴税款的，税务机关可以将应退税款和利息先抵扣欠缴税款；抵扣后有余额的，退还纳税人。

15.2.12 税款征收的其他规定

税务机关按照国家规定的税款征收管理范围和税款入库预算级次，将征收的税款缴入国库。

对审计机关、财政机关依法查出的税收违法行为，税务机关应根据有关机关的决定、意见书，依法将应收的税款、滞纳金按照税款入库预算级次缴入国库，并将结果及时回复有关机关。

审计机关、财政机关依法进行审计、检查时，对税务机关的税收违法行为做出的决定，税务机关应当执行；发现被审计、检查单位有税收违法行为的，向被审计、检查单位下达决定、意见书，责成被审计、检查单位向税务机关缴纳应缴纳的税款、滞纳金。税务机关根据有关机关的决定、意见书，依照税收法律、行政法规的规定，将应收的税款、滞纳金按照国家规定的税收征收管理范围和税款入库预算级次缴入国库。

税务机关自收到审计机关、财政机关的决定、意见书之日起30日内，将执行情况书面回复审计机关、财政机关。

有关机关不得将其履行职责过程中发现的税款、滞纳金自行征收入库或者以其他款项的名义自行处理、占压。

15.3 税务检查

税务检查是税务机关以现行的税收法律、行政法规为依据，对纳税人、扣缴义务人履行纳税义务、扣缴义务的情况进行的检查和处理等行为的总称。税务检查是税务机关重要的工作内容，也是确保税收收入的有力手段。

15.3.1 税务检查权限

1. 查账权

税务机关有权检查纳税人的账簿、记账凭证、报表和有关资料，检查扣缴义务人代扣代缴、代收代缴税款账簿、记账凭证和有关资料。

2. 场地检查权

税务机关有权到纳税人的生产、经营场所和货物存放地，检查纳税人应纳税的商品、货物或者其他财产，检查扣缴义务人与代扣代缴、代收代缴税款有关的经营情况。

3. 责成提供资料权

税务机关有权责成纳税人、扣缴义务人提供与纳税或者代扣代缴、代收代缴税款有关的文件、证明材料和有关资料。

4. 询问权

税务机关有权询问纳税人、扣缴义务人与纳税或者代扣代缴、代收代缴税款有关的问题和情况。

5. 查证权

税务机关有权到车站、码头、机场、邮政企业及其分支机构检查纳税人托运、邮寄应纳税商品、货物或者其他财产的有关单据、凭证和有关资料。

6. 存款账户核查权

经县以上税务局（分局）局长批准，税务机关可以凭全国统一格式的检查存款账户许可证明，查询从事生产、经营的纳税人、扣缴义务人在银行或者其他金融机构的存款账户。税务机关在调查税收违法案件时，经设区的市、自治州以上税务局（分局）局长批准，可以查询案件涉嫌人员的储蓄存款。税务机关查询所获得的资料，不得用于税收以外的用途。

税务机关行使该项职权时，应指定专人负责，凭全国统一格式的检查存款账户许可证明进行，并有责任为被检查人保守秘密。税务机关查询的内容，包括纳税人存款账户余额和资金往来情况。

15.3.2 税收保全与强制执行

税务机关对从事生产、经营的纳税人以前纳税期的纳税情况依法进行税务检查时，发现纳税人有逃避纳税义务行为，并有明显的转移、隐匿其应纳税的商品、货物及其他财产或者应纳税的收入的迹象的，可以按照《税收征管法》规定的批准权限采取税收保全措施或者强制执行措施。

税务机关采取税收保全措施的期限一般不得超过6个月；重大案件需要延长的，应报国家税务总局批准。

15.3.3 税务检查的基本要求

1. 对相对人的基本要求

纳税人、扣缴义务人必须接受税务机关依法进行的税务检查，如实反映情况，提供有关资料，不得拒绝、隐瞒。

税务机关依法进行税务检查时，有权向有关单位和个人调查纳税人、扣缴义务人和其他当事人与纳税或者代扣代缴、代收代缴税款有关的情况，有关单位和个人有义务向税务机关如实提供有关资料及证明材料。

税务机关调查税务违法案件时，对与案件有关的情况和资料，可以记录、录音、录像、照相和复制。

2. 对税务机关的基本要求

税务人员进行税务检查时，应出示税务检查证和税务检查通知书；无税务检查证和税务检查通知书的，纳税人、扣缴义务人及其他当事人有权拒绝检查。税务机关对集贸市场及集中经营业户进行检查时，可以使用统一的税务检查通知书。

税务机关行使税务检查职权时，可以在纳税人、扣缴义务人的业务场所进行；必要时，经县以上税务局（分局）局长批准，可以将纳税人、扣缴义务人以前会计年度的账簿、记账凭证、报表和其他有关资料调回税务机关检查，但税务机关必须向纳税人、扣缴义务人开付清单，并在3个月内完整退还；有特殊情况的，经设区的市、自治州以上税务局局长批准，税务机关可以将纳税人、扣缴义务人当年的账簿、记账凭证、报表和其他有关资料调回检查，但税务机关必须在30日内退还。

15.4 法律责任

15.4.1 税务管理方面的法律责任

1. 税务登记的法律责任

1) 未按照规定办理税务登记事项的法律责任

（1）纳税人未按照规定的期限申报办理税务登记、变更或者注销登记的，由税务机关责令其限期改正，可以处2 000元以下的罚款；情节严重的，处2 000元以上10 000元以下的罚款。

（2）纳税人不办理税务登记的，由税务机关责令其限期改正，可以处2 000元以下的罚款；情节严重的，处2 000元以上10 000元以下的罚款。逾期不改正的，经税务机关提请，由工商行政管理机关吊销其营业执照。

（3）扣缴义务人未按照规定办理扣缴税款登记的，税务机关自发现之日起3日内责令其限期改正，并可处以2 000元以下的罚款[1]。

2) 未按照规定使用税务登记证件的法律责任

纳税人未按照规定使用税务登记证件，或者转借、涂改、损毁、买卖、伪造税务登记证件的，处2 000元以上10 000元以下的罚款；情节严重的，处10 000元以上50 000元以下的罚款。

3) 骗取税务登记证的法律责任

纳税人通过提供虚假的证明资料等手段，骗取税务登记证的，处2 000元以下的罚款；情节严重的，处2 000元以上10 000元以下的罚款。纳税人涉嫌其他违法行为的，按有关法律、行政法规的规定处理[2]。

4) 拒不接受税务机关处理的法律责任

纳税人、扣缴义务人违反税务登记管理办法的规定，拒不接受税务机关处理的，税务机关可以收缴其发票或者停止向其发售发票[3]。

2. 账簿、凭证管理的法律责任

1) 账簿、凭证使用管理的法律责任

纳税人有下列行为之一的，由税务机关责令限期改正，可以处2 000元以下的罚款；情节严重的，处2 000元以上10 000元以下的罚款：

（1）未按照规定设置、保管账簿或者保管记账凭证和有关资料的；

（2）未按照规定将财务、会计制度或者财务、会计处理办法和会计核算软件报送税务机关备查的；

---

[1] 国家税务总局.关于修改《税务登记管理办法》的决定.国家税务总局令第36号，2014.12.27.
[2] 国家税务总局.税务登记管理办法.国家税务总局令第7号，2003.12.17.
[3] 国家税务总局.税务登记管理办法.国家税务总局令第7号，2003.12.17.

（3）未按照规定安装、使用税控装置，或者损毁或者擅自改动税控装置的；

（4）外商投资企业、外国企业的会计记录不使用中文的[①]。

扣缴义务人未按照规定设置、保管代扣代缴、代收代缴税款账簿或者保管代扣代缴、代收代缴税款记账凭证及有关资料的，由税务机关责令限期改正，可以处2 000元以下的罚款；情节严重的，处2 000元以上5 000元以下的罚款。

非法印制、转借、倒卖、变造或者伪造完税凭证的，由税务机关责令改正，处2 000元以上10 000元以下的罚款；情节严重的，处10 000元以上50 000元以下的罚款；构成犯罪的，依法追究刑事责任。

2）银行账户管理的法律责任

（1）纳税人未按照规定将其全部银行账号向税务机关报告的，由税务机关责令限期改正，可以处2 000元以下的罚款；情节严重的，处2 000元以上10 000元以下的罚款。

（2）银行和其他金融机构未按照《税收征管法》的规定在从事生产、经营的纳税人的账户中登录税务登记证件号码，或者未按规定在税务登记证件中登录从事生产、经营的纳税人的账户账号的，由税务机关责令其限期改正，处2 000元以上20 000元以下的罚款；情节严重的，处20 000元以上50 000元以下的罚款。

（3）为纳税人、扣缴义务人非法提供银行账户、发票、证明或者其他方便，导致未缴、少缴税款或者骗取国家出口退税款的，税务机关除没收其违法所得外，可以处未缴、少缴或者骗取的税款1倍以下的罚款。

（4）纳税人、扣缴义务人的开户银行或者其他金融机构拒绝接受税务机关依法检查纳税人、扣缴义务人存款账户，或者拒绝执行税务机关做出的冻结存款或者扣缴税款的决定，或者在接到税务机关的书面通知后帮助纳税人、扣缴义务人转移存款，造成税款流失的，由税务机关处10万元以上50万元以下的罚款，对直接负责的主管人员和其他直接责任人员处1 000元以上10 000元以下的罚款。

3）发票管理方面的法律责任[②]

（1）违反发票管理办法的规定，有下列情形之一的，由税务机关责令改正，可以处10 000元以下的罚款，有违法所得的予以没收：应当开具而未开具发票，或者未按照规定的时限、顺序、栏目，全部联次一次性开具发票，或者未加盖发票专用章的；使用税控装置开具发票，未按期向主管税务机关报送开具发票的数据的；使用非税控电子器具开具发票，未将非税控电子器具使用的软件程序说明资料报主管税务机关备案，或者未按照规定保存、报送开具发票的数据的；拆本使用发票的；扩大发票使用范围的；以其他凭证代替发票使用的；跨规定区域开具发票的；未按照规定缴销发票的；未按照规定存放和保管发票的。

（2）跨规定的使用区域携带、邮寄、运输空白发票，以及携带、邮寄或者运输空白发票出入境的，由税务机关责令改正，可以处10 000元以下的罚款；情节严重的，处10 000元以上30 000元以下的罚款；有违法所得的予以没收。

丢失发票或者擅自损毁发票的，依照上述规定处罚。

（3）虚开发票的（包括：为他人、为自己开具与实际经营业务情况不符的发票，让他人为自己开具与实际经营业务情况不符的发票，介绍他人开具与实际经营业务情况不符的

[①] 国家税务总局.关于贯彻《中华人民共和国税收征收管理法》及其实施细则若干具体问题的通知.国税发〔2003〕47号，2003.4.23.

[②] 国务院.中华人民共和国发票管理办法.国务院令第587号，2010.12.20

发票），由税务机关没收违法所得；虚开金额在10 000元以下的，可以并处50 000元以下的罚款；虚开金额超过10 000元的，并处50 000元以上500 000元以下的罚款；构成犯罪的，依法追究刑事责任。

非法代开发票的，依照上述规定处罚。

（4）私自印制、伪造、变造发票，非法制造发票防伪专用品，伪造发票监制章的，由税务机关没收违法所得，没收、销毁作案工具和非法物品，并处10 000元以上50 000元以下的罚款；情节严重的，并处50 000元以上500 000元以下的罚款；对印制发票的企业，可以并处吊销发票准印证；构成犯罪的，依法追究刑事责任。

上述规定的处罚，《税收征管法》有规定的，依照其规定执行。

（5）有下列情形之一的，由税务机关处10 000元以上50 000元以下的罚款；情节严重的，处50 000元以上500 000元以下的罚款；有违法所得的予以没收：转借、转让、介绍他人转让发票、发票监制章和发票防伪专用品的；知道或者应当知道是私自印制、伪造、变造、非法取得或者废止的发票而受让、开具、存放、携带、邮寄、运输的。

（6）违反发票管理法规，导致其他单位或者个人未缴、少缴或者骗取税款的，由税务机关没收违法所得，可以并处未缴、少缴或者骗取的税款1倍以下的罚款。

3. 纳税申报的法律责任

1）未按规定期限申报的法律责任

纳税人未按照规定的期限办理纳税申报和报送纳税资料的，或者扣缴义务人未按照规定的期限向税务机关报送代扣代缴、代收代缴税款报告表和有关资料的，由税务机关责令限期改正，可以处2 000元以下的罚款；情节严重的，可以处2 000元以上10 000元以下的罚款。

2）不申报或进行虚假申报的法律责任

纳税人、扣缴义务人编造虚假计税依据的，由税务机关责令限期改正，并处50 000元以下的罚款。纳税人不进行纳税申报，不缴或者少缴应纳税款的，由税务机关追缴其不缴或者少缴的税款、滞纳金，并处不缴或者少缴的税款50%以上5倍以下的罚款。

15.4.2 税款征收方面的法律责任

1. 对偷税的处罚

1）偷税行为的认定及处罚

纳税人伪造、变造、隐匿、擅自销毁账簿、记账凭证，或者在账簿上多列支出或者不列、少列收入，或者经税务机关通知申报而拒不申报或者进行虚假的纳税申报，不缴或者少缴应纳税款的，是偷税。

对纳税人偷税的，由税务机关追缴其不缴或者少缴的税款、滞纳金，并处不缴或者少缴的税款50%以上5倍以下的罚款；构成犯罪的，依法追究刑事责任。

扣缴义务人采取前述所列手段，不缴或者少缴已扣、已收税款，由税务机关追缴其不缴或者少缴的税款、滞纳金，并处不缴或者少缴的税款50%以上5倍以下的罚款；构成犯罪的，依法追究刑事责任。

2）对逃避缴纳税款的刑事处罚[①]

《中华人民共和国刑法》已将"偷税罪"改为"逃避缴纳税款罪"。

---

① 十一届全国人民代表大会常务委员会第七次会议通过. 中华人民共和国刑法修正案（七）. 中华人民共和国主席令第10号，2009.2.28.

（1）纳税人采取欺骗、隐瞒手段进行虚假纳税申报或者不申报，逃避缴纳税款数额较大并且占应纳税额10%以上的，处3年以下有期徒刑或者拘役，并处罚金；数额巨大并且占应纳税额30%以上的，处3年以上7年以下有期徒刑，并处罚金。

纳税人上述行为，经税务机关依法下达追缴通知后，补缴应纳税款，缴纳滞纳金，已受行政处罚的，不予追究刑事责任；但是，5年内因逃避缴纳税款受过刑事处罚或者被税务机关给予2次以上行政处罚的除外。

（2）扣缴义务人采取上述所列手段，不缴或者少缴已扣、已收税款，数额较大的，依照上述规定处罚。

对多次实施上述两项行为，未经处理的，按照累计数额计算。

2. 对逃避追缴欠税的处罚

纳税人欠缴应纳税款，采取转移或者隐匿财产的手段，妨碍税务机关追缴欠缴的税款的，由税务机关追缴欠缴的税款、滞纳金，并处欠缴税款50%以上5倍以下的罚款；构成犯罪的，依法追究刑事责任。

纳税人欠缴应纳税款，采取转移或者隐匿财产的手段，致使税务机关无法追缴欠缴的税款，数额在10 000元以上不满100 000元的，处3年以下有期徒刑或者拘役，并处或者单处欠缴税款1倍以上5倍以下罚金；数额在100 000以上的，处3年以上7年以下有期徒刑，并处欠缴税款1倍以上5倍以下罚金[①]。

3. 对骗税的处罚

以假报出口或者其他欺骗手段，骗取国家出口退税款，由税务机关追缴其骗取的退税款，并处骗取税款1倍以上5倍以下的罚款；构成犯罪的，依法追究刑事责任。对骗取国家出口退税款的，税务机关可以在规定期间内停止为其办理出口退税。

以假报出口或者其他欺骗手段，骗取国家出口退税款，数额较大的，处5年以下有期徒刑或者拘役，并处骗取税款1倍以上5倍以下罚金；数额巨大或者有其他严重情节的，处5年以上10年以下有期徒刑，并处骗取税款1倍以上5倍以下罚金；数额特别巨大或者有其他特别严重情节的，处10年以上有期徒刑或者无期徒刑，并处骗取税款1倍以上5倍以下罚金或者没收财产[②]。

4. 对抗税的处罚

以暴力、威胁方法拒不缴纳税款的，是抗税。情节轻微，未构成犯罪的，由税务机关追缴其拒缴的税款、滞纳金，并处拒缴税款1倍以上5倍以下的罚款。

构成犯罪的，处3年以下有期徒刑或者拘役，并处拒缴税款1倍以上5倍以下罚金；情节严重的，处3年以上7年以下有期徒刑，并处拒缴税款1倍以上5倍以下罚金[③]。

5. 对不缴、少缴税款等行为的处罚

纳税人、扣缴义务人在规定期限内不缴或者少缴应纳或者应解缴的税款，经税务机关责令限期缴纳，逾期仍未缴纳的，税务机关除依法采取强制执行措施追缴其不缴或者少缴的税款外，可以处不缴或者少缴的税款50%以上5倍以下的罚款。

纳税人拒绝代扣、代收税款的，扣缴义务人应当向税务机关报告，由税务机关直接向纳税人追缴税款、滞纳金；纳税人拒不缴纳的，税务机关除依法采取强制执行措施追缴其不缴或者少缴的税款外，可以处不缴或者少缴的税款50%以上5倍以下的罚款。

[①] 八届全国人民代表大会第五次会议修订.中国人民共和国刑法.第203条，中华人民共和国主席令第83号，1997.3.14.
[②] 八届全国人民代表大会第五次会议修订.中国人民共和国刑法.第204条，中华人民共和国主席令第83号，1997.3.14.
[③] 八届全国人民代表大会第五次会议修订.中国人民共和国刑法.第202条，中华人民共和国主席令第83号，1997.3.14.

6. 对扣缴义务人应扣未扣税款的处罚

扣缴义务人应扣未扣、应收而不收税款的，由税务机关向纳税人追缴税款，对扣缴义务人处应扣未扣、应收未收税款50%以上3倍以下的罚款。

7. 税务代理人的法律责任

税务代理人违反税收法律、行政法规，造成纳税人未缴或者少缴税款的，除由纳税人缴纳或者补缴应纳税款、滞纳金外，对税务代理人处纳税人未缴或者少缴税款50%以上3倍以下的罚款。

15.4.3 税务检查方面的法律责任

纳税人、扣缴义务人逃避、拒绝或者以其他方式阻挠税务机关检查（包括提供虚假资料，不如实反映情况，或者拒绝提供有关资料的；拒绝或阻止税务机关记录、录音、录像、照相和复制与案件有关的情况和资料的；在检查期间，纳税人、扣缴义务人转移、隐匿、销毁有关资料的；有不依法接受税务检查的其他情形）的，由税务机关责令改正，可以处10 000元以下的罚款；情节严重的，处10 000元以上50 000元以下的罚款。

15.4.4 税务机关及人员的法律责任

1. 对违法征收税款的处罚

税务机关违反规定擅自改变税收征收管理范围和税款入库预算级次的，责令限期改正，对直接负责的主管人员和其他直接责任人员依法给予降级或者撤职的行政处分。

税务机关违反规定提前征收、延缓征收或者摊派税款的，由其上级机关或者行政监察机关责令改正，对直接负责的主管人员和其他直接责任人员依法给予行政处分。

税务机关违反规定擅自做出税收的开征、停征或者减税、免税、退税、补税及其他同税收法律、行政法规相抵触的决定的，除依法撤销其擅自做出的决定外，补征应征未征税款，退还不应征收而征收的税款，并由上级机关追究直接负责的主管人员和其他直接责任人员的行政责任；构成犯罪的，依法追究刑事责任。

2. 对违法采取保全措施的处罚

税务机关、税务人员查封、扣押纳税人个人及其所扶养家属维持生活必需的住房和用品的，责令退还，依法给予行政处分；构成犯罪的，依法追究刑事责任。

税务人员私分扣押、查封的商品、货物或者其他财产，情节严重，构成犯罪的，依法追究刑事责任；尚不构成犯罪的，依法给予行政处分。

3. 对勾结、唆使或协助偷骗税的处罚

税务人员与纳税人、扣缴义务人勾结，唆使或者协助纳税人、扣缴义务人有偷税、逃避追缴欠税、骗税等行为的，构成犯罪的，依法追究刑事责任；尚不构成犯罪的，依法给予行政处分。

4. 对徇私舞弊、滥用职权等行为的处罚

税务人员徇私舞弊或者玩忽职守，不征或者少征应征税款，致使国家税收遭受重大损失，构成犯罪的，依法追究刑事责任；尚不构成犯罪的，依法给予行政处分。

税务人员滥用职权，故意刁难纳税人、扣缴义务人的，调离税收工作岗位，并依法给予行政处分。

税务人员对控告、检举税收违法违纪行为的纳税人、扣缴义务人及其他检举人进行打击

报复的，依法给予行政处分；构成犯罪的，依法追究刑事责任。

税务人员利用职务上的便利，收受或者索取纳税人、扣缴义务人财物或者谋取其他不正当利益，构成犯罪的，依法追究刑事责任；尚不构成犯罪的，依法给予行政处分。

5. 对违反回避和保密制度的处罚

税务人员在征收税款或者查处税收违法案件时，未依法进行回避的，对直接负责的主管人员和其他直接责任人员，依法给予行政处分。

未依法为纳税人、扣缴义务人、检举人保密的，对直接负责的主管人员和其他直接责任人员，由所在单位或者有关单位依法给予行政处分。

6. 不移送的法律责任

纳税人、扣缴义务人有偷税、逃避追缴欠税、骗税、抗税、非法印制发票等行为涉嫌犯罪的，税务机关应当依法移交司法机关追究刑事责任。税务人员徇私舞弊，对依法应当移交司法机关追究刑事责任的不移交，情节严重的，依法追究刑事责任。

值得注意的是，税务机关对纳税人、扣缴义务人及其他当事人处以罚款或者没收违法所得时，应开付罚没凭证；未开付罚没凭证的，纳税人、扣缴义务人及其他当事人有权拒绝给付。

当事人违反税收法律、行政法规应当给予行政处罚的行为，在5年内未被发现的，不再给予行政处罚。

15.5 案 例 分 析

案例1

税收保全与强制执行问题

2018年6月，某县税务局在调查摸底的基础上，对某纳税户的税收定额从7月份起进行调整，将其税收定额由原来的40 000元调整为45 000元并书面通知该纳税户。该纳税户不服，表示不准备缴纳7月份的税款。7月25日，税务机关经过调查，有根据认为该企业有逃避纳税义务的行为，于是书面责令该纳税户必须于8月5日前缴纳该月份税款。8月2日，税务机关发现该纳税户已开始转移财产，便责令该纳税户提供纳税担保，但该纳税户没有提供纳税担保。8月3日，税务机关书面通知该纳税户的开户银行从其存款中扣缴了7月份的税款。

【要求】根据上述资料，回答下列问题：

（1）税务机关的行政行为是否合法？依据是什么？

（2）就该纳税户的行为，提出处理意见。

【解析】

（1）税务机关的行政行为不合法。依据：根据《税收征管法》的规定，税务机关有根据认为从事生产、经营的纳税人有逃避纳税义务行为的，可以在规定的纳税期之前，责令限期缴纳应纳税款；在限期内发现纳税人有明显的转移、隐匿其应纳税的商品、货物及其他财产或者应纳税的收入的迹象的，税务机关可以责成纳税人提供纳税担保。如果纳税人不能提供纳税担保，经县以上税务局局长批准，税务机关可以采取税收保全措施。

（2）正确的处理办法：8月2日以后，因该纳税户没有提供纳税担保，经县税务局局长批准，可以书面通知该纳税户开户银行冻结该纳税户相当于7月份应缴税款的存款，而不应直接采取强制执行措施。在8月5日后纳税人仍未缴纳税款的，方可对该纳税户采取税收强制执行措施，即经县税务局局长批准，可以书面通知该纳税户开户银行从其冻结的存款中扣缴7月份的税款。

案例2　偷税及其法律责任

2018年7月5日，某县税务局接到市民举报，称凯林造纸厂有偷税行为，遂以县税务局的名义下发了《税务检查通知书》，并于7月8日派检查人员李某和刘某到该厂检查。检查人员在向该厂的相关人员出示了《税务检查通知书》和税务检查证后，即开始实施检查。经过检查核实，该厂2017年度应纳税总额为498.96万元，而该厂在2017年度通过销售不入账等手段不缴或者少缴各税种税款的总额为47.12万元。

【要求】根据上述资料，分析下列问题：

（1）该造纸厂的行为属于什么性质？

（2）对该造纸厂应如何处理？

【解析】

（1）逃避缴纳税款数额占应纳税额的比例 = $47.12 \div 498.96 \approx 9.44\%$。

该造纸厂逃避缴纳税款数额占应纳税额的比例不足10%，所以构成偷税行为，但未构成刑事犯罪（逃避缴纳税款罪）。

（2）对该造纸厂的偷税行为，应由税务机关追缴其不缴或者少缴的税款、滞纳金，并处所偷税额50%以上5倍以下的罚款。

本章小结

《税收征管法》是有关税收征纳及其管理程序方面的法律规范，适用于由税务机关征收的各种税收的征收管理。《税收征管法》的遵从主体，包括各级税务部门、税务行政管理相对人（纳税人、扣缴义务人及其他税务当事人），以及包括地方政府在内的其他有关单位和部门。《税收征管法》的内容，包括税务管理、税款征收、税务检查和法律责任四个部分。其中：税务管理包括税务登记、账簿凭证管理和纳税申报；税款征收包括延期纳税、加收滞纳金、减免税管理、核定征收、纳税担保、税收保全措施、税收强制执行措施、税款优先、欠税清缴，以及税款的补缴、追征、退还等；税务检查包括税务检查权限、税收保全与强制执行和税务税检查的基本要求等；法律责任包括有关税务管理、税款征收和税务检查方面征纳双方的法律责任。

复习思考题

1. 税务登记的类型有哪几种？
2. 纳税申报的方式有哪几种？
3. 延期申报与延期缴纳的规定有哪些？
4. 核定征收的适用范围包括哪些？
5. 纳税担保的形式有哪几种？哪些人不能作为担保人？
6. 试说明税收保全措施的实施前提和法定程序。
7. 试说明税收强制执行措施的实施前提和法定程序。
8. 有关税款优先的规定有哪些？
9. 如何理解税款征收中的"撤销权"和"代位权"？
10. 如何区分税款补征与税款追征，各自有哪些规定？
11. 有关税款退还并加算利息的规定有哪些？
12. 税务机关的检查权限有哪些？
13. 如何界定偷税行为？对此如何处罚？
14. 扣缴义务人未履行扣缴义务应承担什么样的法律责任？

案例分析题

某市居民王某于2016年5月15日领取个体营业执照，在市内开设了一家照相馆，从事照相业务。同年8月25日，主管税务机关在漏征漏管户清理工作中，发现王某未办理税务登记，也未申报纳税。经核实，王某自领取营业执照以来，一直从事经营活动，且经营情况很好。（注：王某领取个体营业执照时，尚未实行"两证整合"）

要求：根据上述资料，回答下列问题：

（1）对该纳税户应如何处理？
（2）如果该纳税户拒不执行税务机关的决定，应如何处理？
（答案提示：适用税务登记和税款征收方面的法律）

第 16 章

行政处罚与行政救济

【本章要点提示】
◇ 税务行政处罚　　　　　　　◇ 税务行政救济

本章内容引言

我国没有单独的税务行政处罚法和税务行政救济法。税务行政处罚所依据的法律，是2017年9月10日以中华人民共和国主席令第76号公布的《中华人民共和国行政处罚法》、2015年4月24日第十二届全国人民代表大会常务委员令第十四次会议修订的《中华人民共和国税收征收管理法》和2016年2月6日国务院修订后实施的《中华人民共和国税收征收管理法实施细则》。税务行政救济所依据的法律规范，是1989年4月4日第七届全国人民代表大会第二次会议通过的《中华人民共和国行政诉讼法》(于2017年6月27日修订)、1999年4月29日第九届全国人民代表大会常务委员会第九次会议通过的《中华人民共和国行政复议法》(2017年9月1日修正)和1994年5月12日第八届全国人民代表大会常务委员会第七次会议通过的《中华人民共和国国家赔偿法》(于2012年10月26日修正)，以及国家税务总局制定的相关规章。

16.1　税务行政处罚

税务行政处罚，是税务机关依照税收法律、行政法规的有关规定，对违反税收法律、法规的公民、法人或者其他组织进行的惩罚性制裁。税务行政处罚的根本目的是保证有效实施税法，维护国家的税收权益和经济秩序。

16.1.1　税务行政处罚的实施主体

税务行政处罚由县级以上税务机关管辖。对于罚款额在2 000元(含本数)以下的罚款，可以由税务所决定。

税务行政处罚的种类，包括罚款、没收财物和违法所得、停止出口退税权等，以及税收相关法律、行政法规、规章规定的其他行政处罚等。

16.1.2 税务行政处罚的程序

税务行政处罚的程序包括简易程序和一般程序两种。

1. 简易程序

对于违法事实确凿并有法定依据，对公民处以50元以下、对法人或者其他组织处以1 000元以下罚款的情形，税务行政处罚适用于简易程序，即税务执法人员可以当场做出行政处罚决定。

税务执法人员当场做出行政处罚决定时，依照以下程序进行。

（1）表明身份。税务执法人员应首先向当事人出示税务行政执法身份证件。

（2）履行告知义务。税务执法人员在做出行政处罚决定之前，应告知当事人受到行政处罚的违法事实、依据，以及当事人享有的陈述、申辩的权利。

（3）听取当事人意见。如果当事人选择进行陈述、申辩，税务执法人员必须充分听取当事人的意见。

（4）制作处罚决定书。税务执法人员应当场填写具有预定格式、编有号码的《税务行政处罚决定书》，由税务执法人员签名或盖章后，将《税务行政处罚决定书》当场交付当事人，并由当事人签名。

（5）执行。行政处罚决定依法做出后，当事人应当在行政处罚决定的期限内，予以履行。

有下列情形之一的，税务执法人员可以当场收缴罚款：依法给予20元以下的罚款；不当场收缴事后难以执行的；边远、水上、交通不便地区，当事人向指定的银行缴纳罚款确有困难并经当事人提出的。

税务执法人员当场收缴罚款的，应出具财政部门统一制发的罚款收据。税务执法人员不出具财政部门统一制发的罚款收据的，当事人有权拒绝缴纳罚款。

（6）备案。税务执法人员当场做出的行政处罚决定，必须报所属税务机关备案。

2. 一般程序

除依法可以当场做出行政处罚外，税务机关发现公民、法人或者其他组织违反税收法律、行政法规应当给予行政处罚的，必须全面、客观、公正地调查，收集有关证据；必要时，依照法律、行政法规的规定，可以进行税务检查。

（1）立案调查。税务机关在调查或者进行检查时，执法人员不得少于2人，并向当事人或者有关人员出示税务行政执法身份证件。

税务机关在进行询问或者检查时应制作笔录，当事人或者有关人员应如实回答询问，并协助调查或者检查，不得阻挠。

执法人员与当事人有直接利害关系的，应当回避。

（2）审查。调查终结，审查机构应对调查结果进行审查，并根据不同情况，分别做出如下决定：确有应受行政处罚的违法行为的，根据情节轻重及具体情况，做出行政处罚决定；违法行为轻微，依法可以不予行政处罚的，不予行政处罚；违法事实不能成立的，不得给予行政处罚；违法行为已构成犯罪的，移送司法机关。

（3）告知。税务机关在做出行政处罚决定之前，应向当事人送达《税务行政处罚事项告知书》，告知当事人做出行政处罚决定的事实、理由及依据，并告知当事人依法享有陈述、申辩的权利。税务机关在做出行政处罚决定之前，不依法向当事人告知给予行政处罚的事实、理由和依据,或者拒绝听取当事人的陈述、申辩,行政处罚决定不能成立;当事人放弃陈述或者申辩权利的除外。

在对公民做出2 000元以上(含本数)罚款或者对法人或者对其他组织做出10 000元以上(含本数)罚款的情况下,在《税务行政处罚事项告知书》中还应告知当事人有要求举行听证的权利[①]。

(4)听证。在符合听证条件的情况下,如果当事人要求听证,税务机关应举行听证。

(5)决定。税务机关对确有应受行政处罚的违法行为的当事人,决定予以行政处罚的,应制作《税务行政处罚决定书》。《税务行政处罚决定书》必须盖有做出行政处罚决定的税务机关的印章。

(6)送达。《税务行政处罚决定书》应在宣告后当场交付当事人;当事人不在场的,税务机关应当在7日内依照民事诉讼法的有关规定,将《税务行政处罚决定书》送达当事人。

(7)执行。行政处罚决定依法做出后,当事人应当在行政处罚决定的期限内,予以履行。当事人对行政处罚决定不服,申请行政复议或者提起行政诉讼的,行政处罚不停止执行,法律另有规定的除外。

做出罚款决定的税务机关应与收缴罚款的机构分离。除当场收缴的罚款外,做出行政处罚决定的税务机关及其执法人员不得自行收缴罚款。当事人应当自收到《税务行政处罚决定书》之日起15日内,到指定的银行缴纳罚款。银行应当收受罚款,并将罚款直接上缴国库。

当事人逾期不履行行政处罚决定时,做出行政处罚决定的税务机关可以采取下列措施:到期不缴纳罚款的,每日按罚款数额的3%加处罚款;根据法律规定,将查封、扣押的财物拍卖或者将冻结的存款划拨抵缴罚款;申请人民法院强制执行。

16.1.3 税务行政处罚的听证程序[②]

税务行政处罚听证程序的适用范围,是税务机关对公民做出2 000元以上(含本数)罚款或者对法人或者对其他组织做出10 000元以上(含本数)罚款的案件。当事人要求听证的,税务机关应当组织听证。对应当进行听证的案件,税务机关不组织听证,行政处罚决定不能成立;当事人放弃听证权利或者被正当取消听证权利的除外。

1. 听证的提出

要求听证的当事人,应在《税务行政处罚事项告知书》送达后3日内向税务机关书面提出听证;逾期不提出的,视为放弃听证权利。

税务机关应在收到当事人听证要求后15日内举行听证,并在举行听证的7日前将《税务行政处罚听证通知书》送达当事人,通知当事人举行听证的时间、地点、听证主持人的姓名及有关事项。

2. 听证的参与人

税务行政处罚的听证,由税务机关负责人指定的非本案调查机构的人员主持,当事人、本案调查人员及其他有关人员参加。

当事人可以亲自参加听证,也可以委托1~2人代理,当事人委托代理人参加听证的,应向其代理人出具代理委托书。代理委托书应注明有关事项,并经税务机关或者听证主持人审核确认。当事人认为听证主持人与本案有直接利害关系的,有权申请回避。

---

① 国家税务总局.税务行政处罚听证程序实施办法(试行).国税发〔1996〕190号,1996.9.28.
② 国家税务总局.税务行政处罚听证程序实施办法(试行).国税发〔1996〕190号,1996.9.28.

3. 听证的程序

（1）听证开始。听证开始时，听证主持人应首先声明并出示税务机关负责人授权主持听证的决定，然后查明当事人或其代理人、本案调查人员、证人及其他有关人员是否到场，宣布案由；宣布听证会的组成人员名单；告知当事人有关的权利和义务。记录员宣读听证会场纪律。

（2）指控、申辩和质证。听证过程中，由本案调查人员就当事人的违法行为予以指控，并出示事实证据材料，提出行政处罚建议。当事人或其代理人可以就所指控的事实及相关问题进行申辩和质证。

（3）询问、陈述和辩论。听证主持人可以对本案所涉及的事实进行询问，保障控辩双方充分陈述事实，发表意见，并就各自出示的证据的合法性、真实性进行辩论。辩论先由本案调查人员发言，再由当事人或其代理人答辩，然后双方相互辩论。

（4）辩论终结。辩论终结时，听证主持人可以再就本案的事实、证据及有关问题向当事人或其代理人、本案调查人员征求意见。当事人或其代理人有最后陈述的权利。

（5）听证结束。听证结束后，听证主持人应将听证情况和处理意见报告税务机关负责人。

4. 听证的其他要求

听证的全部活动，应由记录员写成笔录，经听证主持人审阅并由听证主持人和记录员签名后，封卷上交税务机关负责人审阅。

税务行政处罚听证应当公开进行。但是涉及国家秘密、商业秘密或者个人隐私的，听证不公开进行。

听证费用由组织听证的税务机关支付，不得由要求听证的当事人承担或者变相承担。

16.2 税务行政救济

税务行政救济，是指为制止和纠正征税主体的行政违法行为，对税务行政管理相对人的合法权益进行补救与恢复所进行的一系列活动的总称。税务行政救济的根本目的是保护税务行政管理相对人的合法权益，促进税务机关依法行使职权。

16.2.1 税务行政复议[①]

税务行政复议，是指纳税人及其他当事人对税务机关所做的具体行政行为不服，或认为税务机关的具体行政行为及其所依据的某些规定不合法，而向税务行政复议机关提出重新裁决，由税务行政复议机关对原税务机关所做的具体行政行为做出维持、变更、撤销等决定的程序制度。

税务行政复议机关，是指依法受理行政复议申请，对具体行政行为进行审查并做出行政复议决定的税务机关。在实际执行中，由各级税务行政复议机关负责法制工作的机构（简称行政复议机构）具体办理行政复议事项。

1. 税务行政复议受案范围

1）对税务机关具体行政行为不服，申请行政复议

（1）征税行为，包括：确认纳税主体、征税对象、征税范围、减税、免税、退税、抵扣

[①] 国家税务总局.税务行政复议规则.国家税务总局令2010年第21号，2010.2.10.

税款、适用税率、计税依据、纳税环节、纳税期限、纳税地点和税款征收方式等具体行政行为；征收税款、加收滞纳金；扣缴义务人、受税务机关委托的单位和个人做出的代扣代缴、代收代缴、代征行为等。

（2）行政许可、行政审批行为。

（3）发票管理行为，包括发售、收缴、代开发票等。

（4）税收保全措施、强制执行措施。

（5）行政处罚行为，包括：罚款；没收财物和违法所得；停止出口退税权。

（6）不依法履行下列职责的行为：税务登记；开具、出具完税凭证、外出经营活动税收管理证明；行政赔偿；行政奖励；其他不依法履行职责的行为。

（7）资格认定行为。

（8）不依法确认纳税担保行为。

（9）政府信息公开工作中的具体行政行为。

（10）纳税信用等级评定行为。

（11）通知出入境管理机关阻止出境行为。

（12）其他具体行政行为。

2）认为税务机关的具体行政行为所依据的规定不合法，申请行政复议

申请人认为税务机关的具体行政行为所依据的下列规定不合法，对具体行政行为申请行政复议时，可以一并向行政复议机关提出对有关规定的审查申请；申请人对具体行政行为提出行政复议申请时不知道该具体行政行为所依据的规定的，可以在行政复议机关做出行政复议决定以前，提出对该规定的审查申请：

（1）国家税务总局和国务院其他部门的规定；

（2）其他各级税务机关的规定；

（3）地方各级人民政府的规定；

（4）地方人民政府工作部门的规定。

但是，以上规定不含国务院各部委和地方人民政府制定的规章，以及国家税务总局制定的具有规章效力的规范性文件，也就是说，部、委规章一级的规定不可以提请审查。

2. 税务行政复议管辖

税务行政复议的管辖，实质上是为了明确税务行政复议申请人应该向哪一级税务机关提出复议申请的问题，即由哪一级税务机关受理复议的问题。

1）一般管辖

我国税务行政复议，原则上实行一级复议制度。纳税人及其他当事人对各级税务机关的具体行政行为不服，原则上向其上一级税务机关申请复议。

（1）对各级税务局的具体行政行为不服的，向其上一级税务局申请行政复议[①]。

（2）对计划单列市税务局的具体行政行为不服的，向国家税务总局申请行政复议[②]。

（3）对税务所（分局）、各级税务局的稽查局的具体行政行为不服的，向其所属税务局申请行政复议[③]。

（4）对国家税务总局的具体行政行为不服的，向国家税务总局申请行政复议。对行政复

[①] 国家税务总局.关于修改部分税务部门规章的决定.国家税务总局令第44号，2018.6.15.

[②] 国家税务总局.关于修改部分税务部门规章的决定.国家税务总局令第44号，2018.6.15.

[③] 国家税务总局.关于修改部分税务部门规章的决定.国家税务总局令第44号，2018.6.15.

议决定不服的,申请人可以向人民法院提起行政诉讼,也可以向国务院申请裁决。国务院的裁决为最终裁决。

2)特殊管辖

对一般管辖以外的税务行政主体做出的具体行政行为,实行特殊管辖。在特殊管辖的行政复议案件中,申请人既可以向具有管辖权的复议机构直接申请复议,也可以向具体行政行为发生地的县级地方人民政府提出行政复议申请,由接受申请的县级地方人民政府依法转送。

(1)对两个以上税务机关以共同的名义做出的具体行政行为不服的,向共同上一级税务机关申请行政复议;对税务机关与其他行政机关以共同的名义做出的具体行政行为不服的,向其共同上一级行政机关申请行政复议[1]。

(2)对被撤销的税务机关在撤销以前所做出的具体行政行为不服的,向继续行使其职权的税务机关的上一级税务机关申请行政复议。

(3)对税务机关做出逾期不缴纳罚款加处罚款的决定不服的,向做出行政处罚决定的税务机关申请行政复议。对已处罚款和加处罚款都不服的,一并向做出行政处罚决定的税务机关的上一级税务机关申请行政复议。

申请人向具体行政行为发生地的县级地方人民政府提交行政复议申请的,由接受申请的县级地方人民政府依照《中华人民共和国行政复议法》(简称《行政复议法》)第十五条、第十八条的规定予以转送[2]。

3. 税务行政复议申请

行政复议的类型有两种:一是必经复议;二是选择复议。

必经复议是指纳税人、扣缴义务人及纳税担保人对税务机关做出的征税行为不服,先向行政复议机关申请行政复议;对行政复议决定不服的,可以再向人民法院提起行政诉讼。由于在这类复议中,行政复议是行政诉讼的必经前置程序,因此称为必经复议。

选择复议是指纳税人及其他当事人对税务机关做出的其他具体行政行为不服,可以申请行政复议,也可以直接向人民法院提起行政诉讼。由于在这类复议中,行政相对人可以自行选择是申请行政复议还是提起行政诉讼,因此称为选择复议。

1)申请人

依法提起行政复议的纳税人及其他当事人为税务行政复议申请人,具体是指纳税义务人、扣缴义务人、纳税担保人和其他当事人。

(1)合伙企业申请行政复议的,应当以核准登记的企业为申请人,由执行合伙事务的合伙人代表该企业参加行政复议;其他合伙组织申请行政复议的,由合伙人共同申请行政复议[3]。

合伙企业以外的不具备法人资格的其他组织申请行政复议的,由该组织的主要负责人代表该组织参加行政复议;没有主要负责人的,由共同推选的其他成员代表该组织参加行政复议。

(2)股份制企业的股东大会、股东代表大会、董事会认为税务具体行政行为侵犯企业合法权益的,可以企业的名义申请行政复议。

(3)有权申请行政复议的公民死亡的,其近亲属可以申请行政复议;有权申请行政复议

---

[1] 国家税务总局.关于修改部分税务部门规章的决定.国家税务总局令第44号,2018.6.15.
[2] 国家税务总局.关于修改部分税务部门规章的决定.国家税务总局令第44号,2018.6.15.
[3] 国家税务总局.关于修改部分税务部门规章的决定.国家税务总局令第44号,2018.6.15.

的公民为无行为能力人或者限制行为能力人，其法定代理人可以代理申请行政复议。

有权申请行政复议的法人或者其他组织发生合并、分立或终止的，承受其权利和义务的法人或者其他组织可以申请行政复议。

（4）行政复议期间，行政复议机关认为申请人以外的公民、法人或者其他组织与被审查的具体行政行为有利害关系的，可以通知其作为第三人参加行政复议。

申请人以外的公民、法人或者其他组织与被审查的税务具体行政行为有利害关系的，可以向行政复议机关申请作为第三人参加行政复议。第三人不参加行政复议，不影响行政复议案件的审理。

（5）非具体行政行为的行政管理相对人，但其权利直接被该具体行政行为所剥夺、限制或者被赋予义务的公民、法人或其他组织，在行政管理相对人没有申请行政复议时，可以单独申请行政复议。

（6）同一行政复议案件申请人超过5人的，应当推选1~5名代表参加行政复议。

申请人、第三人可以委托1~2名代理人参加行政复议。申请人、第三人委托代理人的，应当向行政复议机构提交授权委托书。授权委托书应当载明委托事项、权限和期限。公民在特殊情况下无法书面委托的，可以口头委托。口头委托的，行政复议机构应当核实并记录在卷。申请人、第三人解除或者变更委托的，应当书面告知行政复议机构。

2）被申请人

（1）申请人对具体行政行为不服申请行政复议的，做出该具体行政行为的税务机关为被申请人。

（2）申请人对扣缴义务人的扣缴税款行为不服的，主管该扣缴义务人的税务机关为被申请人；对税务机关委托的单位和个人的代征行为不服的，委托税务机关为被申请人。

（3）税务机关与法律、法规授权的组织以共同的名义做出具体行政行为的，税务机关和法律、法规授权的组织为共同被申请人。

税务机关与其他组织以共同名义做出具体行政行为的，税务机关为被申请人。

（4）税务机关依照法律、法规和规章规定，经上级税务机关批准做出具体行政行为的，批准机关为被申请人。

申请人对经重大税务案件审理程序做出的决定不服的，审理委员会所在税务机关为被申请人。

（5）税务机关设立的派出机构、内设机构或者其他组织，未经法律、法规授权，以自己名义对外做出具体行政行为的，税务机关为被申请人。

被申请人不得委托本机关以外人员参加行政复议。

3）申请期限及相关规定

（1）申请人可以在知道税务机关做出具体行政行为之日起60日内，提出行政复议申请。因不可抗力或者被申请人设置障碍等原因耽误法定申请期限的，申请期限的计算应当扣除被耽误时间。

（2）申请人对税务机关做出的征税行为不服的，应当先向行政复议机关申请行政复议；对行政复议决定不服的，可以向人民法院提起行政诉讼。

申请人对征税行为申请行政复议的，必须依照税务机关根据法律、法规确定的税额、期限，先行缴纳或者解缴税款和滞纳金，或者提供相应的担保，才可以在缴清税款和滞纳金以后或者所提供的担保得到做出具体行政行为的税务机关确认之日起60日内，提出行政复议申请。

申请人提供担保的方式包括保证、抵押和质押。

（3）申请人对征税行为以外的其他具体行政行为不服的，可以申请行政复议，也可以直接向人民法院提起行政诉讼。

申请人对税务机关做出逾期不缴纳罚款加处罚款的决定不服的，应当先缴纳罚款和加处罚款，再申请行政复议。

（4）对复议申请期限的计算，依照下列规定办理：当场做出具体行政行为的，自具体行政行为做出之日起计算；载明具体行政行为的法律文书直接送达的，自受送达人签收之日起计算；载明具体行政行为的法律文书邮寄送达的，自受送达人在邮件签收单上签收之日起计算，没有邮件签收单的，自受送达人在送达回执上签名之日起计算；具体行政行为依法通过公告形式告知受送达人的，自公告规定的期限届满之日起计算；税务机关作出具体行政行为时未告知申请人，事后补充告知的，自该申请人收到税务机关补充告知的通知之日起计算；被申请人能够证明申请人知道具体行政行为的，自证据材料证明其知道具体行政行为之日起计算。

税务机关做出具体行政行为，依法应当向申请人送达法律文书而未送达的，视为该申请人不知道该具体行政行为。

（5）税务机关做出的具体行政行为对申请人的权利、义务可能产生不利影响的，应当告知其申请行政复议的权利、行政复议机关和行政复议申请期限。

4）复议申请的提交

申请人申请行政复议，可以书面申请，也可以口头申请。

（1）申请人书面申请行政复议的，可以采取当面递交、邮寄或者传真等方式提出行政复议申请。

有条件的行政复议机关可以接受以电子邮件形式提出的行政复议申请。

申请人书面申请行政复议的，应当在行政复议申请书中载明下列事项：申请人的基本情况；被申请人的名称；行政复议请求、申请行政复议的主要事实和理由；申请人的签名或者盖章；申请行政复议的日期。

（2）申请人口头申请行政复议的，行政复议机构应当依照规定，当场制作行政复议申请笔录，交申请人核对或者向申请人宣读，并由申请人确认。

（3）有下列情形之一的，申请人应当提供证明材料：认为被申请人不履行法定职责的，提供要求被申请人履行法定职责而被申请人未履行的证明材料；申请行政复议时一并提出行政赔偿请求的，提供受具体行政行为侵害而造成损害的证明材料；法律、法规规定需要申请人提供证据材料的其他情形。

（4）申请人提出行政复议申请时错列被申请人的，行政复议机关应当告知申请人变更被申请人。申请人不变更被申请人的，行政复议机关不予受理，或者驳回行政复议申请。

（5）申请人向行政复议机关申请行政复议，行政复议机关已经受理的，申请人不得向人民法院提起行政诉讼；申请人向人民法院提起行政诉讼，人民法院已经依法受理的，不得申请行政复议。

4. 税务行政复议受理

1）受理条件

行政复议申请符合下列规定的，行政复议机关应当受理：

（1）属于税务行政复议规则规定的行政复议范围；

（2）在法定申请期限内提出；

（3）有明确的申请人和符合规定的被申请人；

（4）申请人与具体行政行为有利害关系；

（5）有具体的行政复议请求和理由；

（6）申请人对税务机关做出的征税行为不服的，必须依照规定缴清了税款和滞纳金，或者所提供的担保得到了税务机关的确认；对税务机关做出的逾期不缴纳罚款加处罚款的决定不服的，必须缴纳了罚款和加处罚款；

（7）属于收到行政复议申请的行政复议机关的职责范围；

（8）其他行政复议机关尚未受理同一行政复议申请，人民法院尚未受理同一主体就同一事实提起的行政诉讼。

2）受理时限及相关规定

（1）行政复议机关收到行政复议申请以后，应当在5日内审查，决定是否受理。

对不符合税务行政复议规则规定的行政复议申请，决定不予受理，并书面告知申请人。对不属于本机关受理的行政复议申请，应当告知申请人向有关行政复议机关提出。行政复议机关收到行政复议申请以后，未按照上述规定期限审查并做出不予受理决定的，视为受理。

（2）对符合规定的行政复议申请，自行政复议机构收到之日起即为受理；受理行政复议申请，应当书面告知申请人。

（3）行政复议申请材料不齐全、表述不清楚的，行政复议机关可以自收到该行政复议申请之日起5日内书面通知申请人补正。补正通知应当载明需要补正的事项和合理的补正期限。无正当理由逾期不补正的，视为申请人放弃行政复议申请。

补正申请材料所用时间不计入行政复议审理期限。

（4）上级税务机关认为行政复议机关不予受理行政复议申请的理由不成立的，可以督促其受理；经督促仍然不受理的，责令其限期受理。

上级税务机关认为行政复议申请不符合法定受理条件的，应当告知申请人。

上级税务机关认为有必要的，可以直接受理或者提审由下级税务机关管辖的行政复议案件。

3）不予受理或逾期不作答复的诉讼时效

对应当先向行政复议机关申请行政复议，对行政复议决定不服再向人民法院提起行政诉讼的具体行政行为，行政复议机关决定不予受理，或者受理以后超过行政复议期限不作答复的，申请人可以自收到不予受理决定书之日起，或者行政复议期满之日起15日内，依法向人民法院提起行政诉讼。

4）复议期间具体行政行为的执行问题

在行政复议期间，具体行政行为不停止执行。但是，有下列情形之一的，可以停止执行：

（1）被申请人认为需要停止执行的；

（2）行政复议机关认为需要停止执行的；

（3）申请人申请停止执行，行政复议机关认为其要求合理，决定停止执行的；

（4）法律规定停止执行的。

5. 税务行政复议证据

1）证据类别与举证责任

行政复议证据，包括以下类别：书证，物证，视听资料，电子数据，证人证言，当事人的陈述，鉴定意见，勘验笔录、现场笔录①。

在行政复议中，被申请人对其做出的具体行政行为负有举证责任。但是，被申请人不得自行向申请人和其他有关组织或者个人收集证据。

2）复议证据的审查

行政复议机关应当依法全面审查相关证据。审查行政复议案件，应当以证据证明的案件事实为依据。定案证据应当具有合法性、真实性和关联性。

（1）审查证据的合法性。主要审查：证据是否符合法定形式；证据的取得是否符合法律、法规、规章和司法解释的规定；是否有影响证据效力的其他违法情形。

（2）审查证据的真实性。主要审查：证据形成的原因；发现证据时的环境；证据是否为原件、原物，复制件、复制品与原件、原物是否相符；提供证据的人或者证人与行政复议参加人是否具有利害关系；影响证据真实性的其他因素。

（3）审查证据的关联性。主要审查：证据与待证事实是否具有证明关系；证据与待证事实的关联程度；影响证据关联性的其他因素。

值得注意的是，下列证据材料不得作为定案依据：违反法定程序收集的证据材料；以偷拍、偷录和窃听等手段获取侵害他人合法权益的证据材料；以利诱、欺诈、胁迫和暴力等不正当手段获取的证据材料；无正当事由超出举证期限提供的证据材料；无正当理由拒不提供原件、原物，又无其他证据印证，且对方不予认可的证据的复制件、复制品；无法辨明真伪的证据材料；不能正确表达意志的证人提供的证言；不具备合法性、真实性的其他证据材料。

行政复议机关依据规定的职责所取得的有关材料，不得作为支持被申请人具体行政行为的证据。

（4）复议机关的调查取证。行政复议机关认为必要时，可以调查取证。

行政复议工作人员向有关组织和人员调查取证时，可以查阅、复制和调取有关文件和资料，向有关人员询问。调查取证时，行政复议工作人员不得少于2人，并向当事人和有关人员出示证件。被调查单位和人员应当配合行政复议工作人员的工作，不得拒绝、阻挠。

需要现场勘验的，现场勘验所用时间不计入行政复议审理期限。

申请人和第三人可以查阅被申请人提出的书面答复、做出具体行政行为的证据、依据和其他有关材料，除涉及国家秘密、商业秘密或者个人隐私外，行政复议机关不得拒绝。

6. 税务行政复议审查

1）材料发送与提交

行政复议机关应当自受理行政复议申请之日起7日内，将行政复议申请书副本或者行政复议申请笔录复印件发送被申请人。被申请人应当自收到申请书副本或者申请笔录复印件之日起10日内，提出书面答复，并提交当初做出具体行政行为的证据、依据和其他有关材料。

对国家税务总局的具体行政行为不服申请行政复议的案件，由原承办具体行政行为的相关机关向行政复议机关提出书面答复，并提交当初做出具体行政行为的证据、依据和其他有关材料。

2）复议案件的审查

（1）行政复议机关审理行政复议案件，应当由2名以上行政复议工作人员参加。

---

① 国家税务总局.关于修改《税务行政复议规则》的决定.国家税务总局令第39号，2015.12.28.

（2）行政复议原则上采用书面审查的办法。但是，申请人提出要求或者行政复议机关认为有必要时，应当听取申请人、被申请人和第三人的意见，并可以向有关组织和人员调查了解情况。

（3）对重大、复杂的案件，申请人提出要求或者行政复议机关认为必要时，可以采取听证的方式审理。

行政复议机关决定举行听证的，应当将举行听证的时间、地点和具体要求等事项通知申请人、被申请人和第三人。第三人不参加听证的，不影响听证的举行。

听证应当公开举行，但是涉及国家秘密、商业秘密或者个人隐私的除外。

行政复议听证人员不得少于2人，听证主持人由行政复议机关指定。

听证应当制作笔录。申请人、被申请人和第三人应当确认听证笔录内容。听证笔录应当附卷，作为行政复议机关审理案件的依据之一。

（4）行政复议机关应当全面审查被申请人的具体行政行为所依据的事实证据、法律程序、法律依据和设定的权利、义务内容的合法性、适当性。

3）复议申请的处理和移交

行政复议机关审查被申请人的具体行政行为时，认为其依据不合法，本机关有权处理的，应当在30日内依法处理；无权处理的，应当在7日内按照法定程序，逐级转送有权处理的国家机关依法处理。处理期间，中止对具体行政行为的审查。

申请人在申请行政复议时，一并提出对有关规定的审查申请的，行政复议机关对该规定有权处理的，应当在30日内依法处理；无权处理的，应当在7日内按照法定程序，逐级转送有权处理的行政机关依法处理，有权处理的行政机关应当在60日内依法处理。处理期间，中止对具体行政行为的审查。

4）复议申请的撤回

申请人在行政复议决定做出以前，撤回行政复议申请的，经行政复议机关同意，可以撤回。

申请人撤回行政复议申请的，不得再以同一事实和理由提出行政复议申请。但是，申请人能够证明撤回行政复议申请违背其真实意思表示的除外。

行政复议期间，被申请人改变原具体行政行为的，不影响行政复议案件的审理。但是，申请人依法撤回行政复议申请的除外。

5）行政复议中止

行政复议期间，有下列情形之一的，行政复议中止：

（1）作为申请人的公民死亡，其近亲属尚未确定是否参加行政复议的；

（2）作为申请人的公民丧失参加行政复议的能力，尚未确定法定代理人参加行政复议的；

（3）作为申请人的法人或者其他组织终止，尚未确定权利、义务承受人的；

（4）作为申请人的公民下落不明或者被宣告失踪的；

（5）申请人、被申请人因不可抗力，不能参加行政复议的；

（6）行政复议机关因不可抗力原因暂时不能履行工作职责的；

（7）案件涉及法律适用问题，需要有权机关做出解释或者确认的；

（8）案件审理需要以其他案件的审理结果为依据，而其他案件尚未审结的；

（9）其他需要中止行政复议的情形。

行政复议中止的原因消除以后,应当及时恢复行政复议案件的审理。

行政复议机构中止、恢复行政复议案件的审理,应当告知申请人、被申请人、第三人。

6)行政复议终止

行政复议期间,有下列情形之一的,行政复议终止:

(1)申请人要求撤回行政复议申请,行政复议机关准予撤回的;

(2)作为申请人的公民死亡,没有近亲属,或者其近亲属放弃行政复议权利的;

(3)作为申请人的法人或者其他组织终止,其权利、义务的承受人放弃行政复议权利的;

(4)申请人与被申请人依照《税务行政复议规则》第八十七条的规定,经行政复议机构准许达成和解的;

(5)行政复议申请受理以后,发现其他行政复议机关已经先于本机关受理,或者人民法院已经受理的;

(6)属于下列情形而中止行政复议,满60日中止原因未消除的,行政复议终止:作为申请人的公民死亡,其近亲属尚未确定是否参加行政复议的;作为申请人的公民丧失参加行政复议的能力,尚未确定法定代理人参加行政复议的;作为申请人的法人或者其他组织终止,尚未确定权利、义务承受人的。

7. 税务行政复议决定

行政复议机关应当对被申请人的具体行政行为提出审查意见,经行政复议机关负责人批准,做出行政复议决定。

1)复议决定的类型

(1)决定维持。具体行政行为认定事实清楚,证据确凿,适用依据正确,程序合法,内容适当的,决定维持。

(2)决定其在一定期限内履行。被申请人不履行法定职责的,决定其在一定期限内履行。

(3)决定撤销、变更或者确认行为违法,责令重新做出具体行政行为。

具体行政行为有下列情形之一的,决定撤销、变更或者确认该具体行政行为违法。决定撤销或者确认该具体行政行为违法的,可以责令被申请人在一定期限内重新做出具体行政行为:主要事实不清、证据不足的;适用依据错误的;违反法定程序的;超越职权或者滥用职权的;具体行政行为明显不当的。

被申请人未按照规定提出书面答复,提交当初做出具体行政行为的证据、依据和其他有关材料的,视为该具体行政行为没有证据、依据,决定撤销该具体行政行为。

行政复议机关责令被申请人重新做出具体行政行为的,被申请人不得以同一事实和理由做出与原具体行政行为相同或者基本相同的具体行政行为;但是,行政复议机关以原具体行政行为违反法定程序决定撤销的,被申请人重新做出具体行政行为的除外。

行政复议机关责令被申请人重新做出具体行政行为的,被申请人不得做出对申请人更为不利的决定。但是,行政复议机关以原具体行政行为主要事实不清、证据不足或适用依据错误决定撤销的,被申请人重新做出具体行政行为的除外。

(4)决定变更。有下列情形之一的,行政复议机关可以决定变更:认定事实清楚,证据确凿,程序合法,但是明显不当或者适用依据错误的;认定事实不清,证据不足,但是经行政复议机关审理查明事实清楚,证据确凿的。

(5)决定驳回复议申请。有下列情形之一的,行政复议机关应当决定驳回行政复议申请:

申请人认为税务机关不履行法定职责申请行政复议，行政复议机关受理以后，发现该税务机关没有相应法定职责，或者在受理以前已经履行法定职责的；受理行政复议申请后，发现该行政复议申请不符合《行政复议法》及其实施条例和《税务行政复议规则》规定的受理条件的。

上级税务机关认为行政复议机关驳回行政复议申请的理由不成立的，应当责令限期恢复受理。行政复议机关审理行政复议申请期限的计算，应当扣除因驳回耽误的时间。

2）税务行政赔偿

申请人在申请行政复议时，可以一并提出行政赔偿请求。复议机关对符合《中华人民共和国国家赔偿法》(简称《国家赔偿法》) 的规定应当赔偿的，在决定撤销、变更具体行政行为或者确认具体行政行为违法时，应当同时决定被申请人依法赔偿。

申请人在申请行政复议时，没有提出行政赔偿请求的，复议机关在依法决定撤销、变更原具体行政行为确定的税款、滞纳金、罚款和对财产的扣押、查封等强制措施时，应当同时责令被申请人退还税款、滞纳金和罚款，解除对财产的扣押、查封等强制措施，或者赔偿相应的价款。

3）复议决定做出时间

行政复议机关应当自受理申请之日起60日内，做出行政复议决定。情况复杂，不能在规定期限内做出行政复议决定的，经行政复议机关负责人批准，可以适当延期，并告知申请人和被申请人。但是，延期不得超过30日。

行政复议机关做出行政复议决定，应当制作行政复议决定书，并加盖行政复议机关印章。
行政复议决定书一经送达，即发生法律效力。

4）复议决定的执行

（1）被申请人应当履行行政复议决定。被申请人不履行、无正当理由拖延履行行政复议决定的，行政复议机关或者有关上级税务机关应当责令其限期履行。

行政复议机关责令被申请人重新做出具体行政行为的，被申请人应当在60日内重新做出具体行政行为；情况复杂，不能在规定期限内重新做出具体行政行为的，经行政复议机关批准，可以适当延期，但是延期不得超过30日。

公民、法人或者其他组织对被申请人重新做出的具体行政行为不服，可以依法申请行政复议，或者提起行政诉讼。

（2）申请人、第三人逾期不起诉又不履行行政复议决定的，或者不履行最终裁决的行政复议决定的，按照下列规定分别处理：维持决定的，由做出具体行政行为的税务机关依法强制执行，或者申请人民法院强制执行；变更决定的，由行政复议机关依法强制执行，或者申请人民法院强制执行。

8. 税务行政复议和解与调解

1）准予达成和解或调解的事项

对下列行政复议事项，按照自愿、合法的原则，申请人和被申请人在行政复议机关做出行政复议决定以前，可以达成和解，行政复议机关也可以调解：

（1）行使自由裁量权做出的具体行政行为，如行政处罚、核定税额、确定应税所得率等；

（2）行政赔偿；

（3）行政奖励；

（4）存在其他合理性问题的具体行政行为。

申请人和被申请人达成和解的，应当向行政复议机构提交书面和解协议。和解内容不损害社会公共利益和他人合法权益的，行政复议机关应当准许。

经行政复议机关准许和解终止行政复议的，申请人不得以同一事实和理由再次申请行政复议。

2）调解的基本要求

调解应当符合下列要求：

（1）尊重申请人和被申请人的意愿；
（2）在查明案件事实的基础上进行；
（3）遵循客观、公正和合理原则；
（4）不得损害社会公共利益和他人合法权益。

3）调解的基本程序

行政复议机关按照下列程序调解：

（1）征得申请人和被申请人同意；
（2）听取申请人和被申请人的意见；
（3）提出调解方案；
（4）达成调解协议；
（5）制作行政复议调解书。

行政复议调解书应当载明行政复议请求、事实、理由和调解结果，并加盖行政复议机关印章。行政复议调解书经双方当事人签字，即具有法律效力。

调解未达成协议，或者行政复议调解书不生效的，行政复议机关应当及时做出行政复议决定。

申请人不履行行政复议调解书的，由被申请人依法强制执行，或者申请人民法院强制执行。

16.2.2 税务行政诉讼

税务行政诉讼，是指纳税人及其他当事人对税务机关做出的具体行政行为或复议决定不服，而请求人民法院根据法定程序，按照法律规定对税务机关做出的具体行政行为或复议决定做出审理裁决的诉讼活动。

人民法院依法对税务行政诉讼案件独立行使审判权，不受行政机关、社会团体和个人的干涉。人民法院行政审判庭负责审理税务行政诉讼案件。

1. 税务行政诉讼的受案范围

纳税人及其他当事人对税务机关做出的具体行政行为不服的，或者对复议机关做出的行政复议决定不服，可以向人民法院提起行政诉讼。

但是，纳税人及其他当事人对税务机关做出的征税行为不服的，必须先向复议机关申请行政复议；对行政复议决定不服的，方可向人民法院提起行政诉讼。对税务机关做出的其他具体行政行为不服，或者对复议机关做出的行政复议决定不服，可以直接向人民法院提起行政诉讼。

2. 税务行政诉讼的管辖

税务行政诉讼的管辖，是指人民法院之间受理第一审税务行政诉讼案件的分工和权限。

1）级别管辖

基层人民法院管辖第一审税务行政诉讼案件；中级人民法院管辖对国家税务总局所作的

具体行政行为提起诉讼的案件和本辖区内重大、复杂的税务行政诉讼案件;高级人民法院管辖本辖区内重大、复杂的第一审税务行政诉讼案件;最高人民法院管辖全国范围内重大、复杂的第一审税务行政诉讼案件。

2)地域管辖

对于一般的税务行政案件,由最初做出具体行政行为的税务机关所在地人民法院管辖;但是复议机关改变了原具体行政行为的,既可以由做出具体行政行为税务机关所在地人民法院管辖,也可由复议机关所在地人民法院管辖。

3. 税务行政诉讼的程序

税务行政诉讼主要包括起诉、受理、审理、判决和执行等程序。

1)起诉

(1)起诉期限。纳税人及其他当事人对税务机关做出的征税行为不服,应先向复议机关申请行政复议,对行政复议决定不服,可以在接到复议决定书之日起15日内向人民法院起诉。

对税务机关做出的其他具体行政行为不服的,可以向复议机关申请行政复议,也可以在知道做出具体行政行为之日起3个月内直接向人民法院起诉。

(2)起诉条件。纳税人及其他当事人在提起税务行政诉讼时,必须符合下列条件:原告是认为具体税务行政行为侵犯其合法权益的公民、法人或者其他组织;有明确的被告;有具体的诉讼请求和事实、法律根据;属于人民法院的受案范围和受诉人民法院管辖。

2)受理①

人民法院对符合起诉条件的案件应当立案,依法保障纳税人及其他当事人行使诉讼权利。

对纳税人及其他当事人依法提起的诉讼,人民法院应当根据《中华人民共和国行政诉讼法》(简称《行政诉讼法》)第五十一条的规定接收起诉状。能够判断符合起诉条件的,应当当场登记立案;当场不能判断是否符合起诉条件的,应当在接收起诉状后7日内决定是否立案;7日内仍不能做出判断的,应当先予立案。

法律、法规规定应当先申请复议,纳税人及其他当事人未申请复议直接提起诉讼的,人民法院裁定不予立案。依照《行政诉讼法》第四十五条的规定,复议机关不受理复议申请或者在法定期限内不做出复议决定,纳税人及其他当事人不服,依法向人民法院提起诉讼的,人民法院应当依法立案。

3)审理

人民法院受理原告的起诉后,对税务行政诉讼案件进行审理。

人民法院审理税务行政诉讼案件,不适用调解。但是,行政赔偿、补偿及行政机关行使法律、法规规定的自由裁量权的案件可以调解。调解应当遵循自愿、合法原则,不得损害国家利益、社会公共利益和他人合法权益。

税务行政诉讼期间,不停止具体税务行政行为的执行。但有下列情形之一的,停止具体行政行为的执行:

(1)被告认为需要停止执行的;

(2)原告申请停止执行,人民法院认为该具体行政行为的执行会造成难以弥补的损失,并且停止执行不损害社会公共利益,裁定停止执行的;

(3)法律、行政法规规定停止执行的。

---

① 最高人民法院.关于适用《中华人民共和国行政诉讼法》的解释.法释〔2018〕1号,2018.2.6.

4)判决

人民法院经过审理,根据不同情况,分别做出以下判决。

(1)具体行政行为证据确凿,适用法律、行政法规正确,符合法定程序的,判决维持。

(2)具体行政行为有下列情形之一的,判决撤销或者部分撤销,并可以判决被告重新做出具体行政行为:主要证据不足的;适用法律、行政法规错误的;违反法定程序的;超越职权的;滥用职权的。

(3)被告不履行或者拖延履行法定职责的,判决其在一定期限内履行。

(4)行政处罚显失公正的,可以判决变更。

当事人不服人民法院第一审判决的,可在规定的时限内,向上一级人民法院提起上诉。

5)执行

当事人必须履行人民法院发生法律效力的判决、裁定。

纳税人及其他当事人拒绝履行判决、裁定的,税务机关可以向第一审人民法院申请强制执行,或者依法强制执行。

税务机关拒绝履行判决、裁定的,第一审人民法院可以采取以下措施。

(1)对应当归还的罚款或者应当给付的赔偿金,通知银行从该税务机关的账户内划拨。

(2)在规定期限内不履行的,从期满之日起,对该税务机关按日处50~100元的罚款。

(3)向该税务机关的上一级税务机关或者监察、人事机关提出司法建议(接受司法建议的机关,根据有关规定进行处理,并将处理情况告知人民法院)。

(4)拒不履行判决、裁定,情节严重构成犯罪的,依法追究主管人员和直接责任人员的刑事责任。

16.2.3 税务行政赔偿

税务行政赔偿,是指税务机关及其工作人员的违法行为给纳税人及其他当事人的合法权益造成损害时,依法由税务机关负责赔偿的一种行为。

按照《国家赔偿法》的规定,税务机关及其工作人员行使职权,有本法规定的侵犯纳税人及其他当事人合法权益的情形,造成损害的,受害人有依法取得国家赔偿的权利。

纳税人及其他当事人单独就损害赔偿提出请求,应先由税务机关解决。对税务机关的处理不服,可以向人民法院提起诉讼。赔偿诉讼可以适用调解。

1. 税务行政赔偿范围

税务机关和税务机关工作人员违法侵犯纳税人及其他当事人的下列合法权利,应对纳税人及其他当事人给予赔偿。

1)侵犯人身权

(1)非法拘禁纳税人及其他当事人或以其他方式剥夺纳税人及其他当事人的人身自由的。

(2)以殴打、虐待等行为或者唆使、放纵他人以殴打、虐待等行为造成纳税人及其他当事人身体伤害或者死亡的。

(3)造成纳税人及其他当事人身体伤害或者死亡的其他违法行为。

2)侵犯财产权

(1)违法向纳税人及其他当事人征收税款或滞纳金的。

(2)违法对纳税人及其他当事人实施罚款、没收非法所得或财物等行政处罚的。

（3）违法对纳税人及其他当事人的商品、货物或者其他财产采取税收保全措施或者税收强制执行措施的。

（4）违法向纳税人及其他当事人征收、征用财产的。

（5）造成纳税人及其他当事人财产损害的其他违法行为。

但是，属于下列情形之一的，国家不承担赔偿责任：税务机关工作人员与行使职权无关的个人行为；因纳税人及其他当事人自己的行为致使损害发生的；法律规定的其他情形。

2. 赔偿请求人和赔偿义务机关

1）赔偿请求人

受税务机关和税务机关工作人员的违法行为损害的纳税人及其他当事人，为赔偿请求人。受害的纳税人及其他当事人死亡，其继承人和其他有扶养关系的亲属有权要求赔偿。受害的法人或者其他组织终止，其权利承受人有权要求赔偿。

2）赔偿义务机关

一般情况下，税务机关和税务机关工作人员在行使行政职权时，侵犯纳税人及其他当事人的合法权益造成损害的，该税务机关为赔偿义务机关。

下列情形，按照以下规定确认赔偿义务机关。

（1）两个以上税务机关共同行使行政职权时，侵犯纳税人及其他当事人的合法权益造成损害的，共同行使行政职权的税务机关为共同赔偿义务机关。

（2）税收法律、行政法规授权的组织在行使授予的行政权力时，侵犯纳税人及其他当事人的合法权益造成损害的，被授权的组织为赔偿义务机关。

（3）受税务机关委托的组织或者个人在行使受委托的行政权力时侵犯纳税人及其他当事人的合法权益造成损害的，委托的税务机关为赔偿义务机关。

（4）赔偿义务机关被撤销的，继续行使其职权的税务机关为赔偿义务机关；没有继续行使其职权的税务机关的，撤销该赔偿义务机关的税务机关为赔偿义务机关。

（5）经税务行政复议机关复议的，最初造成侵权行为的税务机关为赔偿义务机关，但复议机关的复议决定加重损害的，复议机关对加重的部分履行赔偿义务。

3. 税务行政赔偿程序

1）申请

赔偿请求人因税务机关做出的具体行政行为使其合法权益受到损害时，应先向赔偿义务机关提出赔偿申请，也可在申请行政复议和提起行政诉讼时一并提出。两个以上税务机关共同行使行政职权时，侵犯纳税人及其他当事人的合法权益造成损害的，赔偿请求人可以向共同赔偿义务机关中的任何一个赔偿义务机关要求赔偿，该赔偿义务机关应当先予赔偿。

赔偿请求人要求赔偿，应递交赔偿申请书。赔偿请求人书写申请书确有困难的，可以委托他人代书，也可以口头申请，由赔偿义务机关记入笔录。赔偿请求人根据受到的不同损害，可以同时提出数项赔偿要求。

赔偿请求人请求国家赔偿的时效为2年，自其知道或者应当知道国家机关及其工作人员行使职权时的行为侵犯其人身权、财产权之日起计算，但被羁押等限制人身自由期间不计算在内。在申请行政复议或者提起行政诉讼时一并提出赔偿请求的，适用《行政复议法》《行政诉讼法》有关时效的规定。赔偿请求人在赔偿请求时效的最后6个月内，因不可抗力或者其他障碍不能行使请求权的，时效中止。从中止时效的原因消除之日起，赔偿请求时效期间继续计算。

2）决定

赔偿义务机关应当自收到申请之日起2个月内，做出是否赔偿的决定。赔偿义务机关做出赔偿决定，应当充分听取赔偿请求人的意见，并可以与赔偿请求人就赔偿方式、赔偿项目和赔偿数额依法进行协商。

赔偿义务机关决定赔偿的，制作赔偿决定书，并自做出决定之日起10日内送达赔偿请求人。赔偿义务机关决定不予赔偿的，自做出决定之日起10日内书面通知赔偿请求人，并说明不予赔偿的理由。

3）起诉

赔偿义务机关在规定期限内未做出是否赔偿的决定，赔偿请求人可以自期限届满之日起3个月内，向人民法院提起诉讼。

赔偿请求人对赔偿的方式、项目、数额有异议的，或者赔偿义务机关做出不予赔偿决定的，赔偿请求人可以自赔偿义务机关做出赔偿或者不予赔偿决定之日起3个月内，向人民法院提起诉讼。

人民法院审理行政赔偿案件，赔偿请求人和赔偿义务机关对自己提出的主张，应当提供证据。

4）支付[①]

赔偿请求人申请支付国家赔偿费用的，应当向赔偿义务机关提出书面申请，并提交与申请有关的生效判决书、复议决定书、赔偿决定书或者调解书及赔偿请求人的身份证明。

赔偿义务机关应当自受理赔偿请求人支付申请之日起7日内，依照预算管理权限向有关财政部门提出书面支付申请，并提交相关材料。

财政部门应当自受理申请之日起15日内，按照预算和财政国库管理的有关规定支付国家赔偿费用。财政部门自支付国家赔偿费用之日起3个工作日内告知赔偿义务机关、赔偿请求人。

4. 税务行政赔偿方式

1）支付赔偿金

税务行政赔偿以支付赔偿金为主要方式。

侵犯人身自由的，每日的赔偿金按照国家上年度职工日平均工资计算。

侵犯生命健康权的，赔偿金按照下列规定计算：造成身体伤害的，应当支付医疗费、护理费，以及赔偿因误工减少的收入。造成部分或者全部丧失劳动能力的，应当支付医疗费、护理费、残疾生活辅助具费、康复费等因残疾而增加的必要支出和继续治疗所必需的费用，以及残疾赔偿金。造成死亡的，应当支付死亡赔偿金、丧葬费，总额为国家上年度职工年平均工资的20倍。

致人精神损害的，应当在侵权行为影响的范围内，为受害人消除影响，恢复名誉，赔礼道歉；造成严重后果的，应当支付相应的精神损害抚慰金。

2）返还财产或者恢复原状

侵犯财产权造成损害的，按照下列规定处理。

（1）处罚款、追缴、没收财产或者违法征收、征用财产的，返还财产。

（2）查封、扣押、冻结财产的，解除对财产的查封、扣押、冻结。造成财产损坏或者灭

[①] 国务院.国家赔偿费用管理条例.国务院令第589号，2011.1.17.

失的,依照以下规定赔偿:
① 应当返还的财产损坏的,能够恢复原状的,恢复原状;不能恢复原状的,按照损害程度给付相应的赔偿金;
② 应当返还的财产灭失的,给付相应的赔偿金。
(3)财产已经拍卖或者变卖的,给付拍卖或者变卖所得的价款;变卖的价款明显低于财产价值的,应当支付相应的赔偿金。
(4)提请工商部门吊销许可证和执照、责令停产停业的,赔偿停产停业期间必要的经常性费用开支。
(5)返还执行的罚款、追缴或者没收的金钱,解除冻结的存款或者汇款的,应当支付银行同期存款利息。
(6)对财产权造成其他损害的,按照直接损失给予赔偿。

5. 税务行政赔偿费用

赔偿费用列入各级财政预算。财政部门发现赔偿项目、计算标准违反《国家赔偿法》规定的,应当提交做出赔偿决定的机关或者其上级机关依法处理、追究有关人员的责任[①]。

赔偿请求人要求国家赔偿的,赔偿义务机关、复议机关和人民法院不得向赔偿请求人收取任何费用。对赔偿请求人取得的赔偿金不予征税。

赔偿义务机关应当依照《国家赔偿法》的规定,责令有关工作人员、受委托的组织或者个人承担或者向有关工作人员追偿部分或者全部国家赔偿费用。赔偿义务机关依照上述规定做出决定后,应当书面通知有关财政部门。有关工作人员、受委托的组织或者个人应当依照财政收入收缴的规定,上缴应当承担或者被追偿的国家赔偿费用[②]。

16.3 案例分析

案例1 税务行政处罚听证

2018年1月,临江县居民王某在县工商局办理了营业执照,开办了一家个体电器修理部,从事各种家用电器修理业务。2018年11月2日,县税务局在例行检查中,发现王某自开业以来一直没有向税务机关申报缴纳税款。县税务局在进行了调查取证后,决定对王某罚款3 000元,以示惩戒。11月6日,县税务局执行人员将《税务行政处罚事项告知书》送达王某签收,并告知做出处罚建议的事实、理由和依据,以及王某依法享有的各项权利。王某认为处罚过重,遂于11月8日向县税务局书面提出了听证要求。

【要求】根据上述资料,回答下列问题:
(1)王某可否提出听证要求?县税务局是否应当组织听证?为什么?
(2)如果县税务局决定组织听证,应在什么时间内举行?《税务行政处罚听证通知书》应在什么时间内送达王某?

---

① 国务院.国家赔偿费用管理条例.国务院令第589号,2011.1.17.
② 国务院.国家赔偿费用管理条例.国务院令第589号,2011.1.17.

【解析】

（1）王某可以提出听证要求，县税务局应当组织听证。原因：一是县税务局对王某（公民）的罚款数额超过了2 000元，王某依法享有听证的权利；二是王某是在《税务行政处罚事项告知书》后3日内提出要求听证的，所以县税务局应当组织听证。

（2）县税务局应在收到王某听证要求后15日内举行听证；《税务行政处罚听证通知书》应当在举行听证的7日前送达王某。

案例2 法律责任、复议与诉讼

东方餐饮娱乐城地处市区，是集餐饮、娱乐等多项服务为一体的大型股份制企业。该企业2017年度申报缴纳的各项税款为662.96万元。2018年6月9日，该企业的主管税务机关北海市东城区税务局在检查中发现，该企业在2017年度采取收入不开发票、收入不入账等手段，少缴各项税款43.46万元。东城区税务局在进行全面调查取证后做出决定，依法追缴该企业少缴的税款，加收滞纳金，并对该企业处以65.19万元的罚款。2018年6月12日，该局执行人员将《税务行政处罚事项告知书》送达该企业签收。6月16日，将《税务处理决定书》和《税务行政处罚决定书》送达该企业并签收。该企业对东城区税务局做出的处理决定不服，拟提出行政复议或者行政诉讼。

【要求】根据上述资料，回答下列问题：

（1）东城区税务局做出的处理决定是否合理？依据是什么？

（2）该企业拟提出行政复议，前提条件是什么？复议申请应在什么时间内提出？

（3）本案复议机关是谁？被申请人是谁？

（4）若复议机关受理复议申请，应在什么时间内做出复议决定？

（5）该企业可否不经过复议程序直接向法院提起行政诉讼，为什么？

【解析】

（1）东城区税务局做出的处理决定是合理的。该企业的行为确属偷税行为，东城区税务局应对其追征税款，加收滞纳金，并处罚款，且罚款额度在所偷税款50%至5倍以内。

（2）该企业对东城区税务局做出的征税行为不服，必须先依照规定缴纳税款和滞纳金，或者提供相应的担保，之后方可申请行政复议。

对征税行为不服，可在实际缴清税款和滞纳金后，或者所提供的担保得到主管税务机关确认之日起60日内提出复议申请。

对处罚行为不服的，可在知道税务机关做出处罚决定之日起60日内提出复议申请。

（3）本案复议机关是北海市税务局，被申请人是东城区税务局。

（4）复议机关应当自受理申请之日起60日内做出行政复议决定。情况复杂，不能在规定期限内做出行政复议决定的，经复议机关负责人批准，可以适当延长，并告知申请人和被申请人；但延长期限最多不超过30日。

（5）该企业对主管税务机关做出的征税行为不服，不可以直接向人民法院提起行政诉讼。因为对征税行为引起的争议，当事人在向人民法院提起诉讼前，必须先经过税务行政复议。对处罚行为不服，可以直接向人民法院提起行政诉讼。

本章小结

税务行政处罚由县以上税务机关管辖。对于罚款额在2 000元（含本数）以下的罚款，可以由税务所决定。税务行政处罚的程序包括简易程序和一般程序两种。税务行政处罚听证是为了保护税务行政管理相对人的合法权益而设立的，其适用范围是税务机关对公民做出2 000元以上（含本数）罚款或者对法人或者对其他组织做出10 000元以上（含本数）罚款的案件。

税务行政救济，是指为制止和纠正征税主体的行政违法行为，对税务行政管理相对人的合法权益进行补救与恢复所进行的一系列活动的总称。税务行政救济主要包括税务行政复议、税务行政诉讼和税务行政赔偿等。

复习思考题

1. 税务行政处罚的实施主体是谁？处罚的种类有哪几种？
2. 税务行政处罚的简易程序适用于哪些案件？听证程序适用于哪些案件？
3. 对税务机关做出的征税行为不服，提请复议和诉讼的前提条件是什么？
4. 税务行政复议的申请人、被申请人和复议机关是谁？
5. 税务行政复议决定的类型有哪几种？各适用于哪些情形？
6. 税务行政诉讼的受案范围包括哪些？
7. 税务行政赔偿的范围包括哪些？
8. 税务行政赔偿的方式有哪几种？

案例分析题

东岭市临江县长河酒厂于2018年3月份接受该县利民医药公司委托，加工药酒20箱。同年5月份，该酒厂将加工完的药酒交付给了医药公司，并按合同规定向医药公司收取了加工费，但没有履行消费税代收代缴义务。2018年7月15日，该县税务局在日常检查中发现了这一问题。经查实，该酒厂应代收代缴消费税56 000元。于是，县税务局决定对该酒厂处以84 000元的罚款。该局执行人员于7月18日将《税务行政处罚事项告知书》送达该酒厂签收，7月22日将《税务行政处罚决定书》送达该酒厂签收。

该酒厂认为处罚过重，在2018年7月27日向东岭市税务局申请行政复议。东岭市税务局经过审理后，做出了维持原处罚的复议决定，并于8月30日将《税务行政复议决定书》送达该酒厂签收。

要求：根据上述资料，回答下列问题：

（1）临江县税务局做出的行政处罚决定是否正确？为什么？
（2）东岭市税务局做出的复议决定是否正确？为什么？
（答案提示：正确）